조선의
예언사상

下

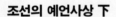

조선의 예언사상 下

2016년 3월 20일 초판 인쇄
2016년 3월 25일 초판 발행

지은이 | 김　탁
펴낸이 | 이찬규
펴낸곳 | 북코리아
등록번호 | 제03-01240호
주소 | 13209 경기도 성남시 중원구 사기막골로 45번길 14
　　　　우림2차 A동 1007호
전화 | 02-704-7840
팩스 | 02-704-7848
이메일 | sunhaksa@korea.com
홈페이지 | www.북코리아.kr
ISBN | 978-89-6324-477-8(94150)
　　　　978-89-6324-472-3(전2권)

값 28,000원

● 이 도서의 국립중앙도서관 출판예정도서목록(CIP)은 서지정보유통지원시스템 홈페이지(http://seoji.nl.go.kr)와 국가자
료공동목록시스템(http://www.nl.go.kr/kolisnet)에서 이용하실 수 있습니다. (CIP제어번호: CIP2016007938)

조선의
예언사상

의
언
상

下

김 탁

북코리아

차례 下

차례 上

양 제 해
사 건

59

순조 13년(1813) 12월에는 제주도에서 양제해(梁濟海)가 홍경래사건이 일어났다는 소문을 듣고 역모를 도모했다는 보고가 있었다.

제주목사 김수기(金守基)가 급히 계문하기를, "양인(良人) 윤광종(尹光宗)의 진고(進告)한 내용에, '중면(中面)의 풍헌(風憲) 양제해(梁濟海)는 원래 간힐(奸詰)하고 음특(陰慝)한 자로 항상 분수를 넘어 흉악한 짓을 하려는 생각을 품고 있다가, 서적(西賊)이 일어났다는 말을 듣고는 무리를 모아 모반을 도모할 생각을 한 지가 오래였습니다. 마침내 앞장서서 떠들기를, 「근래에 와서 섬 백성들의 부역이 너무 무거워 편히 살 수가 없다. 그러니 무리를 모아 힘을 합쳐서 제주 영읍의 네 관원을 죽이고, 섬 전체를 내가 주장(主張)하여 섬의 배는 육지로 못 나가게 하고 육지의 배가 오면 재물은 빼앗고 배는 엎어버려서 북쪽으로 통하는 길을 일체 막아버린다면 마땅히 후환이 없을 것이고, 영구히 안락을 보장할 수 있다.」 하면서 어리석은 백성들을 감언이설로 어르고 위협하여 선동해서 김익강(金益剛), 고덕호(高德好), 강필방(姜必方) 등과 함께 속여서 불러 모아들이니 무리가 차츰 늘어났습니다. 그리하여 빈틈없이 배포(排布)하고 역사(力士)를 모집하고 병기를 만들어서, 이달 16일 밤에 주성(州城)

에 돌입하여 변란을 일으키되, 정의(旌義)와 대정(大靜)에서도 같은 날 거병(擧兵)하기로 하였습니다 … .'라고 하였으니, 너무도 듣기에 놀랍고 분하여 양제해와 그 무리들은 추적 체포하여 엄중히 문초한 결과 일일이 자백하였으므로 모조리 굳게 가두었으며, 양제해가 오라를 풀고 도망하므로 즉시 잡아서 다시 가두었습니다 … ." 하였는데, 임금이 그 장계를 비변사에 내려 품처하게 하였다.[1]

비변사에서 아뢰기를, "제주에서 장문한 죄인 양제해(梁濟海) 등은 이미 잡았고 정절(情節)은 모두 사실대로 말했지만, 본도(本島)의 눈앞의 광경을 생각해 본다면, 잡아 가둔 자가 감옥에 가득할 것이고, 이졸(吏卒)들이 사방으로 퍼져서 체포하게 되매 섬사람들의 마음이 필시 두렵고 불안할 것이니, 그들을 진압하여 안정시키는 일을 늦추거나 소홀히 할 수 없습니다. 안핵겸위유사(按覈兼慰諭使)를 차하(差下)하여 곧 내려보내서 (…) 그리고 본도는 오랫동안 시재(試才)를 못 하였으니, 특별히 문무과의 시험을 설행하되, 한결같이 도과(道科)의 제도에 따라 등문(登聞)한 다음 급제를 내려, 궁벽한 구석에 출세의 길을 열어주소서." 하니, 그대로 따랐다.[2]

순조 14년(1814) 윤 2월에 다음과 같이 사건이 종료되었다.

제주찰리사(濟州察理使) 이재수(李在秀)가 치계(馳啓)하기를, "변을 도모한 죄인 양제해(梁濟海)의 옥사(獄事)에 대하여 여러 가지로 철저히 조사하였습니다. 그런데 양제해와 다른 죄수들 중 7명이 전후로 죽게 되었습니다. 이번의 이 옥사는 양제해가 섬 안의 품관(品官)으로서 동지들과 약속하고서 세 고을의 수재(守宰)를 모해(謀害)하고, 배를 엎어버리고 재물을 빼앗으며 육지와의 길을 막으려는 생각까지 하였습니다. 그래서 어리석은 백성들을 꾀어 무리를 모아서, 혹은 여럿이 모인 데 의탁해 등소(等訴)를 하기도 하고, 혹은 계(禊)를 만든다고 핑계하여 서로 돕기도 합니다. 패설(悖說)을 할 때는 꾸짖어 물리친 자가 간혹 있습니다만 몹시 어리석은 자들이 등소나 계를 만든다는 것으로서 좋은 뜻으로 인식했던 자와 일의 내용에 전혀 어둡고 이름이나 얼굴도 서로 모르는 자가 모두 공초(供招)의 잘못으로 인하여 많이 잡혀서 갇혀 들어가게 되었습니다. 그래서 그 경중을 참작하고 허실(虛實)을 살펴 사형, 도배(島配), 석방 등으로 등급을 구분하였습니다. 그중에 고덕호(高德好)는 이

---

1 『순조실록』 순조 13년(1813) 12월 3일(병신).

2 『순조실록』 순조 13년(1813) 12월 4일(정유).

미 거병(擧兵)하여 성을 치는 흉모(凶謀)에 가담하였음을 불었고, 양일회(梁日會)는 양제해의 아들로서 제주를 공격할 계획을 주선하였으므로, 아울러 사형에 처하여야 겠습니다. 강필방(姜必方)은 모여서 거사하겠다는 말을 물리치지 못한 사실을 실토하였고, 양인복(梁仁福)은 세 고을을 나누어 맡는 계획에서 자신이 하나를 맡았으므로 양제해와 서로 호흡을 맞추었음을 알 수 있으며, 김익강(金益剛)은 처음부터 내용을 알았으므로 변명할 말이 없음을 실토하였고, 김창서(金昌瑞)는 양제해가 관리를 죽이고 비장(裨將)을 죽이려 한다는 말을 듣고 미친 개[狂狗]니 눈먼 말[盲馬]이니 하는 말들로 편지를 주고받았으니, 앞장서서 시작한 것은 아니지만 함께 공모한 죄목을 면하기 어렵습니다. 이 네 죄수는 연한(年限)이 없이 절도(絶島)에 정배토록 하는 것이 마땅하겠습니다. 양일신(梁日新)과 양일빈(梁日彬)은 양제해의 종자로서 비록 범한 죄는 없지만 의당 연좌의 율을 적용하여야겠고, 강성삼(姜成三), 강성규(姜成圭), 고원창(高元昌), 이애창(李愛昌)의 네 죄수는 같은 패거리라는 지목이 비록 혹시 억울하다고 하지만 실정을 알고서 고발하지 않았으니, 그들이 어찌 죄를 면할 수 있겠습니까? 섬에 귀양 보내는 처분이 마땅하겠습니다. 김은실(金殷實) 등 25명의 죄수는 간혹 의심스러운 점이 있기는 하지만 다시 조사한 바 밝혀내지 못했습니다. 더러는 평민으로서 공초 속에 잘못 섞여 들어간 것이니, 모두 특별히 놓아 보내야겠습니다. 고발한 사람인 윤광종(尹光宗)은 그들의 계획을 탐지하고 정확한 증거를 잡아서 미리 관가에 고발하여 마침내 모변을 꾀한 무리들이 잡혀 처벌을 받게 하였으니, 이를 격려하는 도리에 있어 포상(褒賞)하는 조치가 있어야겠습니다." 하였는데, 비변사에서 아뢰기를, "찰리사(察理使)가 등급을 나누어 올린 계본(啓本)을 보니, 사형으로 논단한 것이 2인, 절도(絶島)에 연한을 정하지 않은 정배가 4인, 섬에 귀양 보낼 자가 6인, 완전 석방할 자가 25인이었습니다. 그 논감한 내용이 모두 공평하고 성실한 체모를 얻었습니다. 대개 이 옥사에 있어서 앞장서서 일으킨 우두머리 죄인은 양제해입니다. 의당 극률(極律)에 처해야 하나 이미 형을 집행하기 전에 죽었으므로 법으로서는 추시(追施)할 수 없으며, 생존한 죄수들 중에 고덕호·양일회가, 한 사람은 양제해와 심복으로 결탁하였고, 한 사람은 양제해와 부자(父子) 간입니다. 관리를 죽이고 성을 공격하려는 데 힘껏 참여하여 계획하였고, 무리를 모으고 날을 잡아서 함께 시작하기로 뜻을 같이하였으니, 그 마음씨나 범했던 것으로 보아 비록 양제해의 다음이 되겠지마는, 바로 지금 갇힌 죄수들의 원악수범(元惡首犯)입니다. 사형 처분에 대하여 조금도 용서가 있을 수 없습니다. 세 고을의 민인(民人)을 많이 모아 놓고서 모두 즉시 효수(梟首)하여 백성들을 경계하여야 할 것입니다. 그 다음의 죄수들은 한결같이 사계(査啓)한 대로 등급을 나누어 시행하고, 고발(告發)한 사람 윤광종은 사실을 정탐해서 관가에 고발하였으니 그 공이 적지 않습니다. 특별히 본도(本道)의 변장(邊將)에 조용(調用)하여야 할 것입니다. 그리고 이번의 난을 일으키려 했던 변은 사실 백성들을 학대한 폐단에서 연유한 것으로서 관리들이 계를 만들고 당을 이룬 것이 끝내는 변란의 근본이 된 것입니다. 관장(官長)에 대해서는 당연히 안렴(按廉)하여 출척(黜陟)하여야 할 것이요, 교리들 중에 가장 나쁘고 더욱이 앞장서서 그런 짓을 한 자들을 대대적으로 조사 적발하여 폐단의 근원을 철저히 개혁하여야 할 뜻을, 청컨대 모두 찰리사가 머물러 있는 곳에서 행회(行會)하게 하소서." 하니, 윤허하였다.[3]

양제해사건은 기본적으로 해도기병설과 관련된 역모사건이다. 이 사건은 제주도에 자치국가를 건설하려다 미수에 그친 사건이다. 다산(茶山) 정약용의 제자 이강회가 쓴 「상찬계시말(相贊契始末)」은 흑산도에 유배당했던 이 사건 연루자에게 들은 일을 기록으로 남긴 것이다. 상찬계는 제주도 아전의 조직으로, 가혹한 수탈과 착취를 주도했다. 양제해 등이 이에 맞서자 아전들이 자신들의 비리가 드러날 것을 염려하여 양제해를 무고하여 역모로 몰아넣었던 사건이라고 이 글은 규정했다. 이 글은 일본 교토대 하합문고(河合文庫)에 보관되었다가 최근에 공개되었다.[4]

해도기병설은 진인출현설의 한 형태로 볼 수 있기 때문에 양제해사건도 역모로 규정되었던 것이다.

---

3   『순조실록』 순조 14년(1814) 윤 2월 14일(병자).
4   정민, 「역적과 영웅 사이」, 동아일보 2008년 12월 27일.

채 수 영

사　　건

60

　순조 17년(1817) 3월에는 장수(長水) 출신의 행상(行商) 채수영(蔡壽永)이 박충준(朴忠俊), 안유겸(安有謙) 등과 함께 "황해도에서 배가 내려온다.", "홍경래가 살아있다."는 등의 말을 퍼뜨렸다. 이들은 전라감영 → 충청감영 → 서울로의 공격로를 정하고, 입성한 후에는 "여러 신하들을 죽이고 강화(江華)죄인을 모셔와 큰일을 일으키려 한다.", "만일 거사가 실패하면 고군산열도(古群山列島)를 통해 제주도로 들어가, 대마도(對馬島)에 청병(請兵)하겠다."는 등의 말을 퍼뜨리면서 민심을 선동했다. 또한 이들은 충청도 지역에서 활동하던 명화적과도 연결되어 있었다.

　채수영은 장수(長水) 사람인데, 혹은 약을 판다고 칭하기도 하고 혹은 행상이라고도 칭탁하면서 역적의 무리들과 교결(交結)하여 유언비어를 퍼뜨렸다. 결국에는 김계호(金啓浩), 안유겸, 박충준, 신성문(申盛文) 등의 여러 놈들과 전주 김맹억(金孟億)의 집에서 모여 황해도에서 배가 내려온다느니 홍경래(洪景來)가 살아 있다느니 하는 말로 인심을 선동하였고, 또 먼저 완영(完營)〔전라감영〕을 뺏은 다음에는 금영(錦

營)〔충청감영〕으로 향할 계획이었는데, 무사(武士)를 뽑아 비수(匕首)를 들려 서울로 들여보내서 집권한 여러 신하들을 찔러 죽이고, 강화죄인을 모셔와 큰일을 일으킨다 하였으며, 또 일이 이루어지지 않을 경우에는 고군산(古群山)으로 해서 제주에 도망해 들어가서 대마도에 청병(請兵)하겠다는 등의 말로 한창 수작하다가, 박충준의 발고로 제적(諸賊)이 체포되어 여러 차례 형신(刑訊)을 가하여 실정을 밝혀내게 된 것이다. 채수영은 또 국정(鞫庭)에서 흉언을 발설하여 모반대역죄로 결안(結案)하였고, 안유겸, 신성문, 김맹억은 모역에 동참한 것으로 결안하였다. 그런데 이때에 또 충청병영(忠淸兵營)에서 체포한 화적(火賊) 장응인(張應人), 권훈(權塤) 등이 단서가 서로 연관되어 함께 국문하였는데 장응인, 권훈 및 신재규(申在奎)는 그 사실을 알고도 발고하지 않은 것으로 결안하여 아울러 정법(正法)하고, 박충준은 감사(減死)하여 원배(遠配)하였으며, 나머지 연루된 여러 죄수들은 모두 참작하여 방면하였는데, 김계호는 도피하였으므로 포도청에 염탐할 것을 신칙하였다.[1]

여기서 강화죄인은 은언군(恩彦君) 이인(李裀, 1755-1801)의[2] 아들인 철득(鐵得)과 쾌득(快得)을 가리킨다. 당시 대신들은 강화죄인(江華罪人)이 죄인들의 공초에 나오자 '흉도들의 근본'으로 지목하고 그들을 제거할 것을 주장하였다.[3]

채수영사건 관련자들은 홍경래생존설을 주장했는데 홍경래와 이희저(李禧著)가 생존하여 마도(馬島)에 잠입하였다는 주장이었다.[4]

이 사건은 당시 충청도 지방에서 활동하던 명화적(明火賊)이었던 장응팔(張

---

1 壽永, 長水人, 或稱賣藥, 或托行商, 交結賊黨, 傳播訛言. 乃與金啓浩, 安有謙, 朴忠俊, 申盛文等諸漢, 相聚於全州金孟億家, 以海舶來泊, 景來生存之說, 煽動人心. 又以先奪完營, 次向錦營設計, 而抄武士挾匕入京, 刺殺柄用諸臣, 邀來沁都罪人, 以擧大事. 事不成則自古羣山, 逃入濟州, 請兵於馬島等說, 爛漫酬酢. 『순조실록』 순조 17년(1817) 3월 16일(기미).

2 은언군은 사도세자(思悼世子)의 서자로서 어머니는 숙빈(肅嬪) 임씨(林氏)이다. 순조 1년(1801) 신유사옥이 일어났을 때 처 송씨와 며느리 신씨가 청나라 신부 주문모에게 영세를 받은 사실이 발각되어 도주하다가 붙잡혀 그들과 함께 강화도에서 사사(賜死)되었다. 그의 손자인 덕완군(德完君)이 철종(哲宗)이다.

3 〔은언군(恩彦君) 이인(李裀)의 아들인〕 천극죄인(荐棘罪人) 철득(鐵得)과 쾌득(快得)은 (…) 오래도록 흉도들의 기화(奇貨)가 되어 실로 종묘사직에 큰 걱정거리가 되어 왔습니다. 『순조실록』 순조 17년(1817) 11월 30일(기사).

4 마도는 두 군데가 있는데 하나는 김해도호부(金海都護府) 동남쪽에서 수로(水路)로 1백 50여 보(步) 거리에 있고, 또 하나는 전라도 강진현(康津縣) 남쪽 원포(垣浦)에 있다. 『세종실록지리지』.

應八)과 권훈(權壎) 등과도 연결되어 있었는데, 전라와 충청감영을 석권한 뒤 입경하여 세도대신들을 죽이려고 계획하였다.

이들이 대마도에 병사를 청병하겠다는 말을 했던 것은 외국 세력도 거사에 이용될 수 있다는 생각을 반영한다. 이는 이후 시기의 변란이 일본이나 서양 등의 외세에 대해 비판적이고 때로는 공격적으로 배제하려하는 태도와는 뚜렷이 구분된다. 고위 관직을 차지하면 어떤 세력과도 힘을 합칠 수 있고, 변란이 생기기만 바라는 마음을 엿볼 수 있다.

홍경래가 살아있다는 말을 퍼뜨린 자체가 역모를 꾀하고 있었음을 짐작할 수 있는 대목이다. 진인이라는 용어는 등장하지 않았지만 왕조를 통치할 수장을 미리 정하고 있었고, 해도를 거점으로 반란을 도모하고 있다는 점에서 해도기병설의 한 형태를 보인다.

김재묵사건

61

순조 19년(1819) 7월에는 관노(官奴) 출신인 김재묵(金在黙)이 "전화(錢貨)를 마련하여 해도(海島)에서 군병(軍兵)을 일으킬 계획을 짜놓았으며, 김노신(金魯信)을 도원수(都元帥)로 삼고 장수가 80명이며 병사 10만 명으로 바다를 건너 병사를 일으킬 계획이 있다."는[1] 내용의 문건을 화성(華城) 성문에 걸어놓은 사건이 일어났다. 김재묵이 김노신이라는 가공인물을 해도기병설의 주체인 진인(眞人)으로 내세워 민심을 선동시킨 사건이었다.

죄인 김재묵(金在黙)은 본래 남평(南平)의 관노로서 간교하고 부랑(浮浪)하였으므로 문안(文案)에서 제명되어 축출되었으며, 과부를 간음한 죄로 위원(渭原)에 정배되었는데, 뒤에 초산(楚山)으로 이배(移配)되었다. 위원에 있을 때에는 더불어 귀양살이 하던 김노형(金魯亨)과 낯이 익었으며, 유배지에서 도망쳐 사방을 떠돌다가 화성(華

---

1 辦四五隻船, 又造火藥火箭等兵器, 以爲泛海稱兵之計. 金魯信爲都元帥, 諸將八十, 大兵十萬, 以此意掛榜于華城.『순조실록』순조 19년(1819) 7월 18일.

城)에서는 흉서(凶書)를 붙였으므로 추적받아 붙들려 화성에서 포도청으로 보내졌고, 의금부에서 국문하기에 이르렀는데, 앞뒤 공초(供招)에서 모두 이르기를, "길에서 김노형의 8촌 친척 김노신(金魯信)을 만나 서로 친숙해졌고, 이어 짝을 지어 김노형의 아우 김노정(金魯鼎)의 유배지인 기장(機張)으로 찾아가서 그 서찰을 받아 광양(光陽)의 고(故) 첨사(僉使) 강창일(姜昌一)의 아들 강주철(姜周喆)에게 전하였습니다.

강창일은 광양의 부민(富民)이므로 장차 그 전화(錢貨)를 빌어 배 4, 5척을 마련하고, 또 화약, 화전(火箭) 등의 병기를 만들어 바다에 띄워 군병(軍兵)을 일으킬 계획을 하였는데, 김노신을 도원수(都元帥)로 삼고 제장(諸將)이 80명이며 대병(大兵)이 10만이라고 하여 이런 뜻으로 화성에 방을 붙였습니다. 방문은 김노신이 스스로 짓고 직접 쓴 것으로서 그가 품팔이꾼 이철(李哲)을 시켜서 붙이게 하였습니다." 하였다. (…) 그러나 김노형, 김노정의 공사에는 모두 "가까운 족속(族屬)에 본래 김노신이라고 이름하는 자가 없다." 하였고, 김노정의 문서 가운데 "강재건(姜在健)이 바다를 건너 섬에 들어가 수개월을 머물렀다."는 내용이 있었다. 이를 김노정에게 물으니, 김노정이 공초하기를, "강재건은 일찍이 제 아재비 김일주(金日柱)에게 수학하였는데, 섬에 들어가 스승을 찾아뵌다고 하였습니다." 하였다. 이에 해도(該道)로 하여금 죄인을 잡아 가두고 신문하게 하니, 경기감사 조종영(趙鍾永)이 잡아다가 영정(營庭)에서 신문하였다.

강재건이 공초하기를, "섬에 들어가 스승을 찾아뵙고 수작(酬酌)할 즈음에, 그 스승 김일주가 말하기를, '김성길(金聖吉)이 늘 행행(幸行)할 때에 격쟁(擊錚)했다는 공사(供辭)는 모두 자신이 지은 바이며, 격쟁하는 일을 조카들이 모두 긴요치 않다 하였으나, 나는 이미 실낱 같은 목숨으로 세상에 남아 있어 선부(先父)의 일을 한번도 호소(呼訴)하지 못하였으니, 살아 있으나 죽은 것만 같지 못하다.'고 말하였습니다." 하였고, 또 말하기를, "섬에 들어갈 때에 그 상황을 알고 있던 자는 오직 김일주의 조카 김노익(金魯翊)뿐입니다." 하였다.

그런데 강재건의 문서 가운데 김노익의 서찰에, "흉악한 무리들이 일을 만들어 냈다."란 말이 있었으므로, 경기감영(京畿監營)에서 이로써 장문(狀聞)하니 포도청에서 잡아다가 신문하였다. 강재건은 앞서의 공초와 같았고, 김노익은 공초하기를, "본래 무식하고 부랑배라는 이름이 났으며, 조정의 의리는 실로 알지 못하였는데, 할아비와 아재비와 더불어 척진(作隻) 사람을 흉악한 무리로 인정하였으니, 이는 김이양(金履陽)을 가리킨 것입니다. 이미 혐의가 있음을 알았으니, 어찌 은인이라 일컬을 수 있겠습니까?" 하였다.

국청에서 모두 엄형(嚴刑)에 처하기를 요청하니, 하교하기를, "지금 그 공초를 보니, 정상이 거병(擧兵)하는 안건과는 관련이 없다. (…) 강재건은 실로 배공사당(背公死黨)의 자취에 관련되어 알고도 고의로 범하였으니, 그 죄는 더욱 무겁다. 김노익은 천성을 지켜 성토하는 자를 인정하기를 척진 사람으로 여겨 그 사람을 흉악한 무리라고 지목한 점은, 아비가 주벌(誅罰)을 받아서는 안 되는데 아비가 주벌을 받았다는 의미에 전혀 어두웠으나, 혼미하다가 능히 깨달으면 정상이 용서할 만하다. (…) 허실(虛實)을 막론하고 규명되어야 할 바는 거병(擧兵)에 있다. 이제 상언의 옛 안건을 갑자기 모반의 새로운 증거로 삼는 것은 사리에 타당한가, 않은가? 옥안은 이미 오래되어 사실을 알아낼 수 없고, 한갓 백성들의 마음만 어지럽히며 조정에 수치만 거듭 끼치게 될 뿐이다. 경 등은 유독 수고롭고 괴롭지 않은가? 이미 자복한 두 죄수 외의 여러 죄수들을 모두 다시 엄중히 신문하여 기필코 실정을 알아내도록 하라." 하였다.

국청에서 김재묵에게 엄형을 가하여 신문하니, 김재묵이 비로소 직초(直招)하여 이르기를, "이른바 김노신은 본래 그러한 사람이 없고, 곧 저의 사칭(詐稱)입니다. 강창일은 빚돈을 주지 않았고, 김노정은 귀양살이하는 곳으로 찾아갔으나 밥을 대접하지 않으므로, 모두 일찍이 원한을 품고 있었는데, 이 일로써 무함하였습니다." 하였는데, 거짓말을 하여 화란을 일으키는 것을 좋아하고 인심을 선동하였으니, 곧 그 본성이 교활하기 때문이었다. 하교하기를, (…) 이른바 거병이란 안건은 지금 이미 허황한 데로 돌아갔으니, 굳이 오래도록 가둘 것이 없다. (…) 김노형, 김노정은 도로 유배지로 보내고, 강재건, 김노익은 향리로 내쫓으며, 강주철도 역시 석방하고, 김재묵과 이철은 포도청에 다시 가두고, 추국을 철폐하라." 하였다.[2]

한편 순조 21년(1821) 7월 무렵에 박호원(朴灝源), 심형진(沈亨鎭), 박동엽(朴東曄) 등은 계룡산복거설(鷄龍山卜居說)을 유포하였다. 이들은 정감록에 나오는 계룡산이 5백 년 동안 새로운 도읍이 될 것이라는 설에 따라 계룡산에 들어가 답사한 다음 "산천이 수려하고 살기에 합당한 곳이므로 이곳을 얻으면 자손들이 귀하고 부유하게 될 것"이라고 주장하였다. 이들은 장사(壯士) 37명과 함께 계룡산에 들어가 살 계획을 세웠다.[3]

2   『순조실록』, 순조 19년(1819) 7월 18일(무인).

또 강원도 낭천(狼川)에 살던 심형진은 두류산도(頭流山圖)를 행장에 지니고 있었고, 팔도의 애색(隘塞), 노정의 원근, 호구(戶口)의 다과(多寡), 경향(京鄕)의 군총(軍摠)을 기록한 책자도 가지고 있었다. 심형진은 함경도 단천(端川) 태생이었다.[4]

강원도 양구(楊口)에서 훈장을 하던 길익모(吉翊謨)의 진술에 따르면 심형진은 산리(山理)를 능히 해석할 수 있고 비결(秘訣)을 외울 수 있다고 주장했다.[5]

계룡산이 복거지(卜居地)라는 설은 심형진이 항상 말하기를 "내가 북쪽에서 내려온 것은 오로지 복거지에 살기 위함이다. 비결에 계룡산이 오백 년 새 도읍지라는 설이 있다. 그래서 내가 재차 가서 살펴보니 산천이 수려하여 가히 살 만하니 점을 쳐 살 곳을 정하면 자손들이 필히 영귀하게 될 것이다."라 했다.[6]

인용문에 나오는 이른바 비결은 정감록류의 비결서가 분명하다. "계룡산이 오백 년 새 도읍지다."라는 주장이 실려 있기 때문이다.

결국 박호원은 장(杖) 1백 대에 3천 리 밖의 경흥(慶興)에 유배되었고, 심형진은 장 1백 대에 3천 리 밖의 하동(河東)에 유배되었고, 길익모는 장 80대에 2년 동안 장연(長淵)에 정배(定配)되었다.

---

3 『우포도청등록』4책, 순조 21년(1821) 7월 14일. 沈亨鎭言於矣身(박호원)曰, 吾自端川出來時, 募聚壯士三十七人, 欲爲偕往鷄龍山是如, 可事甚張大. 『좌포도청등록』4책, 『포도청등록』하(경인문화사, 1985), 74면.

4 『좌포도청등록』4책, 『포도청등록』하(경인문화사, 1985), 71면-78면.

5 能解山理, 且誦秘訣.

6 鷄龍山卜居之說, 沈哥常言, 吾之自北屯來, 專爲卜居, 而秘訣中有鷄龍山五百年新考之說. 故吾果再次往見兮, 山川秀麗, 可合奠居, 而得占山地兮, 子孫必爲榮貴. 『좌포도청등록』4책, 『포도청등록』하(경인문화사, 1985), 76면.

김치규
사건

62

순조 26년(1826) 4월에는 다음과 같은 사건이 발생하였다.

청주 북성문(北城門)에 걸어 놓은 2도(度)의 흉서(凶書)는 요괴(妖怪)한 참언(讖言)을
부회(傅會)하고 말이 극히 부도(不道)하여, 절도사 이겸회(李謙會)가 비밀로 봉하여 관
찰사 김학순(金學淳)에게 보냈고, 김학순과 이겸회가 함께 밀계(密啓)로 급히 알리니,
임금이 곧 승정원에 내려서 불에 태우게 하고, 인하여 유시(諭示)하기를, (…) 대저
흉서는 글의 뜻이 비록 몹시 흉패(凶悖)하나, 이는 뜻을 잃고 나라를 원망하는 무리
가 깊고 어두운 가운데 잠복하여 전해 오는 요망한 말에 의존하고 거짓된 명목을
조작하여 어리석은 백성을 속이고 유혹하면서 조정을 엿볼 계획을 부려 보려고 하
는 데에 지나지 않을 뿐이다.[1]

4월 15일에 이 사건의 주모자 김치규(金致奎), 유치중(柳致仲), 이창곤(李昌坤)

---

1   大抵[凶]書辭意, 雖絶凶悖, 不過是失志怨國之類, 潛伏幽暗之中, 憑依流來之妖說, 造作詭誕之名目, 欲
     售詑惑愚氓, 窺覘朝延之計而已.『순조실록』순조 26년(1826) 4월 11일(임술).

등이 체포되었다.

청주성 북문에 2장의 흉서를 내걸었던 김치규(金致奎)는 본래 관서(關西) 중화(中和) 사람인데, 전해 내려오는 요참(妖讖)을 답습하고 허황된 이름을 날조하여 혹은 성인(聖人)이니 도사(道士)니 하고, 혹은 장군이니 원수(元帥)니 하였으며, 혹은 강화도 안에 있다고 하고, 혹은 태백산 아래에 산다고 하며, 혹은 홍경래의 여러 도적들이 죽지 않았다고 하고, 혹은 제주도에서 모이기로 기약했다고 하면서 황당한 말을 전파하여 소란스럽게 선동 유혹하였다.[2]

김치규 사건에서도 홍경래불사설이 등장하였다는 점이 특기할 만하다.

이 사건 관련자 이창곤이 파자점(破字占)으로 사람들을 현혹시켰고, 유성호의 집에서는 요참(妖讖)의 책자가 발견되기도 했다.

충청도 진천(鎭川) 사람으로서 경기도 음죽(陰竹)에 살던 이창곤(李昌坤)은 흉서를 청주감영에 걸어 요망하고 거짓된 말로 인심을 현혹시키고, 허황된 이름을 나열하여 괘서(掛書)에 삽입(揷入)하였으며, 강화도 안에 있는 성인이니 도사니 하고, 태백산 아래에 있는 장군이니 원수니 하는 등, 수많은 요망한 말로써 김치규와 체결(締結)하였다. 또한 그는 나무에 새긴 도장과 파자점(破字占)으로 사람들을 현혹시켰다고 한다.[3] 또 이 사건을 수사하는 과정에서 사건 연루자인 유성호(柳性浩)의 집에서 이름이 밝혀지지 않은 '요참(妖讖)의 책자'가 수거되었다.[4]

이 사건에 대해 우의정 심상규는 "예전부터 화변(禍變)을 즐기는 무리들이 선동하는 데 빙자한 것이 감록(勘錄) 등의 요참(妖讖)을 전래된 비결로 여겼다."고 규정하고, 이들을 엄히 처벌할 것을 주청했다.[5]

---

2 推鞫掛書罪人金致奎, 本關西中和人, 流寓湖西之淸安, 性本凶戾, 積習譸惑, 傳襲妖讖, 虛捏名號, 或謂之聖人道士, 或謂之將軍元帥, 或謂在江華島中, 或謂居太白山下, 或謂景來諸賊之不死, 或謂耽羅聚會之約期, 傳播詭幻, 煽惑騷屑. 『순조실록』 순조 26년(1826) 5월 3일(갑신).

3 外此刻木之印, 破字之占, 其凶謀逆節, (…).

4 而以妖讖冊子之見捉於搜探, 嚴訊不服. 『순조실록』 순조 26년(1826) 5월 3일(갑신).

한편 김치규(金致奎)와 이창곤(李昌坤) 등이 『정감록』을 이용하여 해도기병설을 유포하였다는 진술 기록이 있다. 이들은 "황해가 다시 맑아지고 동해에 아지랑이가 피어오르면 성인(聖人)이 나올 것이다."라는 말을 퍼뜨렸다고 전한다.

또 이들은 "홍경래와 이희저가 제주도로 들어갔다.", "홍경래와 이희저, 우군칙 등이 모두 죽지 않고 제주에서 모이기로 약속했다."고 주장했다.[6] 이 밖에도 김치규 등은 "홍경래와 이희저(李禧著)가 서쪽에서 제주도로 들어갔다.", "홍경래와 우군칙(禹君則)이 제주에 모여 있다." 등의 말도 유포시켰다. 이것은 이른바 '홍경래불사설'과 '제주난리설'로 요약되는 '남방기병설'을 괘서 등의 형태로 퍼뜨린 사건으로, 충청도 일대에 적지 않은 파문을 일으켰다. 홍경래의 난이 진압된 지 15년이 지나도 그가 살아있다고 믿었던 사람들이 있었을 정도였다.

이들은 홍경래와 그의 핵심 참모들이 여전히 살아 있으며 실제로 제주도에서 기병을 준비하고 있다는 주장을 거사의 근거로 삼는다.

김치규사건 관련자들은 태백산 아래 석촌(石村)이라는 곳에 정희조(鄭喜祚)라는 지략과 힘이 뛰어난 장수가 있으며, 곧 난리가 일어나 피하지 않으면 죽을 것이라고 주장했다.[7] "태백산에 장군이 있다."는 말은 진인출현설을 연상시키는 대목이다.

한편 이 사건 관련자 유성호의 진술에 따르면 자신의 집에 『동방삭비결(東方朔秘訣)』이라는 작은 책자가 있는데 그의 부친이 과거길에서 구했던 것이라고 한다. 그 책에 흉어(凶語)가 많아 집 안에 두기 어려울 정도였다고 진술했는데, 내용은 순서(順書)와 역서(逆書)로 적혀 있었다고 한다. 스스로 그런 책자를

---

5   臺疏以充軍罪人, 申綱, 拿鞫爲請, 此誠不可已之論也. 卽降明命, 區區之望, 又竊有申貢者, 大抵從前樂禍之徒, 藉以煽動者, 必以勘錄妖(讖), 爲傳襲之秘, 若奎坤, 所標名號, 皆此印套, 則柳性浩之謄錄家藏. 『순조실록』 순조 26년(1826) 5월 6일.

6   『추안급국안』 27권 282책(아세아문화사, 1978), 653면, 672면.

7   『추안급국안』 27권 282책, 「병술죄인치규창곤유성호이원기국안(丙戌罪人致奎昌坤柳聖浩李元基鞫案)」(1826. 4.) (아세아문화사, 1978), 591면, 614면.

집 안에 둔 일 자체가 당사지죄(當死之罪)라고 고백할 정도다.[8]

이들은 강화도(江華島)에 정록(鄭鑛)이라는 원수(元帥)가 살고 있다고 믿었다.[9] 정록이 성인(聖人)이라는 주장도 있다.[10] 또 이들은 천관도사(天冠道士)는 중국인이고, 철관대장(鐵冠大將)과 태백신장(太白神將)은 정희조를 칭하는 말이라고 진술했다.[11]

또 이들은 "태백산 아래에 사는 정희조(鄭喜祚)는 지혜와 용기를 겸비하여 장수가 되었다."는 소문을 내서 민심을 선동했는데, 이 소문은 정희조가 철관대장(鐵冠大將)과 태백신장(太白神將)을 겸하고 있다는 주장으로 확대되었다.

이창곤이 항상 말하기를 자신이 생불(生佛)이라 했고, 황하(黃河)가 다시 맑아지면 조선에 마땅히 성인(聖人)이 태어날 것이며, 계룡산이 도읍이 될 것이라 했고, 정록(鄭鑛)이 중국에 들어가 우리나라에 돌아올 것인데 그를 따라가면 크게 좋을 것이라 했다.[12]

또 이 사건 연루자인 이원기는 김치규가 소책자에 들어있는 계룡산 오백 년, 가야산 천 년도읍설을 주장했다고 진술했다.

이원기가 김치규에게 말하기를 "네가 작은 책자 한 권을 나에게 보여주었는데, 그 책 안에 계룡산 오백 년, 가야산 천 년 도읍설이 있었다. 그래서 내가 너를 책망하면서 이러한 종류의 책은 집 안에 소장할 수 없으니 빨리 없애라고 말하지 않았느냐?"라 했다.[13]

이들은 조선왕조의 국운이 다하였다는 전제하에 계룡산 오백 년, 가야산

---

8 『추안급국안』 27권 282책(아세아문화사, 1978), 598-600면.

9 『추안급국안』 27권 282책(아세아문화사, 1978), 603면.

10 『추안급국안』 27권 282책(아세아문화사, 1978), 624면.

11 『추안급국안』 27권 282책(아세아문화사, 1978), 604면.

12 致奎向昌坤曰, 汝常曰, 吾生佛也. 黃河再淸, 朝鮮當出聖人. 又曰, 鷄龍山當爲國都, 又曰, 鄭鑛入大國而出來, 汝若隨往則大好. 『추안급국안』 27권 282책(아세아문화사, 1978), 625면.

13 元基向致奎曰, 汝以一小冊示余, 而冊中有鷄龍五百年, 伽倻山千年都之說. 故吾責汝曰, 此等書不可家藏, 急急去之. 『추안급국안』 27권 282책(아세아문화사, 1978), 684면.

천 년 도읍설을 주장했던 것이다. 이러한 주장은 현전하는 『정감록』에도 등
장하는 표현이다.

정 상 채 사 건

63

　순조 26년(1826) 10월에 충청도 청주에서 검거된 정상채(鄭尙采), 박형서(朴亨瑞), 이규여(李奎汝), 신수량(申秀亮) 등은 홍경래와 관련된 해도진인설(海島眞人說)을 주장했다.

　추국죄인(推鞫罪人) 정상채(鄭尙采)가 홍경래(洪景來)는 죽지 않았다느니, 서적(西賊)은[1] 진승(陳勝)과 오광(吳廣)의 부류에 지나지 않는다느니, 병화(兵禍)가 해도(海島)에서 일어났는데 진인(眞人)은 바야흐로 홍하도(紅霞島)에 있으며 성명은 정재룡(鄭在龍)이라느니, 도당(徒黨)을 모아서 명첩(名帖)을 도중(島中)에 써서 보냈다느니, 군복(軍服)에 대한 일로 면포를 사온다느니, 혜성(彗星)이 자주 나타나고 천구(天狗)가 은하(銀河)를 범하였다는 등의 말을 지어냈다.

　『일성록』 순조 26년(1826) 10월 11일(기미)에 충청감사 서준보(徐俊輔)가 정상채 등을 심문한 내용이 나온다.

1　홍경래를 가리킨다.

이규여가 진술하기를 "정상채가 매번 술법이 신이하다고 칭했고 자신이 거주하는 곳이 매우 좋은 명당이라 했다."라 했다. 이규여와 박형서가 정상채의 집을 찾아가자 정상채가 벽조목(霹棗木) 수매를 보여주며 악귀를 제거할 때 쓰는 것이라고 말했으며, 그 후 정상채가 찾아와 "곡식 종자는 삼풍(三豐)에서 구하고 인간 종자는 양백(兩白)에서 구한다는 이야기를 들은 적이 있는가?"라고 묻자 무슨 말인가라고 되물으니 정상채가 "삼풍은 연풍(延豐) 양백(兩白)으로 태백산과 소백산을 가리킨다. 이 말은 정감록에 실려 있다. 내가 사는 초곡(草谷)이 바로 연풍 소백의 사이에 있는 피난지다."라고 대답했다고 한다.[2]

실제로 "곡식 종자는 삼풍에서 구하고, 인간 종자는 양백에서 구한다."는 구절은 현전하는 『정감록』 「감결」에 보이는 구절이다. 최소한 이 구절은 이 시기에 이르면 인구에 회자될 정도로 널리 알려졌었음을 확인할 수 있다.

또 "태세(太歲)가 백룡(白龍)을 만나면 사람은 어디로 가며, 해[年]가 사미(蛇尾)를 만나면[3] 반드시 흉도가 잔학(殘虐)할 것이다.〔歲遇白龍人何去, 年逢蛇尾必凶殘〕"라는 요괴(妖怪)한 시(詩)로써 서로 전하여 이야기한 것을 낱낱이 자복(自服)하였다.

박형서(朴亨瑞)가 처음에는 임시변통의 진술로 자복하지 않다가, 끝에 가서는 말이 궁하자 정상채와 체결(締結)하여 재차 투서(投書)한 정절(情節)도 또한 낱낱이 자복하였다. 죄수의 공초에서 끌어댄 신의주(辛宜柱), 신계량(申季亮), 이규여(李奎汝), 황사극(黃士極), 황여옥(黃汝玉), 황윤백(黃允伯), 오한경(吳漢京), 한기량(韓起良)은 모두 포도

---

2 皆合可居, 且野地將有十年之凶, 而十年以後, 則時事可知. 如有知覺者, 當就此求生, 而如汝之輩, 猶不知備慨歎不已. 而去戊寅奎汝來謂曰, 尚采每稱術法之神異, 且言居地之極好一往其家試其才見其居何如云? 故與奎汝同往尚采家, 請學術數則, 尚采出示霹靂棗木數枚曰, 役鬼之際用此, 則可除惡鬼云, 故各持一片而來. 己卯尚采來言曰, 穀種求於三豐, 人種求於兩白之說, 其果得聞云, 故問其何說, 則曰三豐卽延豐兩白, 卽太白小白山也. 此語在於鄭堪錄, 而吾之所居草谷, 卽延豐小白之間避亂之地, 莫過於此云, 故以其言傳于申季亮, 使之與尚采相面, 而尚采去後, 言於季亮曰, 有錢則可營搬移云, 則季亮曰, 吾有妻家分財錢一百云, 故與季亮同坐一席, 出給百兩錢於尚采, 使之先買家垈及田畓, 而初無片土買取之事. 季亮責其虛妄, 欲推厥錢則, 多般稱托談話之際, 以爲兵禍之變將出, 島中眞人亦在海島, 聞甚驚駭第, 問島在何處, 眞人爲誰, 曰神機不必漏洩, 俯首不答, 而亦知其狂妄不法之說, 故不欲掛齒, 又不欲相從卽, 捧絶交, 書字於尚采處, 而前日借.

3 백룡(白龍)은 경진년(庚辰年)으로 순조 20년(1820)을 가리키며, 사미(蛇尾)는 신사년(辛巳年)으로 순조 21년의 말(末)을 지칭한다.

청에 회부하여 끝까지 조사하였다.

정상채의 결안(結案)은 향리(鄕里)에 출몰(出沒)하면서 종적(蹤跡)이 섬홀(閃忽)하였고, 나이와 명자(名字)는 변환(變幻)함이 일정치 않았으며, 거짓 환술(幻術)을 핑계하여 환묘문(幻妙門) 등의 요서(妖書)로써 박형서에게 전해 주어 사람을 속여서 물건을 취하는 계획을 삼기를 구하였으니, 남을 속이고 호리는 바가 이미 몹시 요사하고 음참하였다. 신미년과 임신년의 서적(西賊)은 진승, 오광의 무리에 지나지 않는다고 하면서, 참으로 난리는 이 뒤로 마땅히 나올 것이라는 말로 과장되게 전파하여 인심을 선동하였다. 또 감히 진인(眞人)이 섬 안에 있다는 황당한 말을 지어내어, 혹은 흉도(凶徒)를 권장하여 명첩을 써서 보내게 하고, 혹은 백목(白木)을 사서 군복을 짓는다고 하고 복주(福州)에서[4] 흉시(凶詩)를 방자하게 외어 전파하기까지 하면서, 박형서와 신의주, 이규여, 신계량 등 수없이 불령(不逞)한 무리와 더불어 체결(締結)함이 용의주도하고 난만하게 유혹하여, 요망한 말로 대중을 호린 것으로써 지만(遲晚)을 받았다.

박형서의 결안(結案)은, 아주 간특하고 지극히 요사한 정상채와 체결하여, 요서(妖書)를 전해 익혀 남의 재물을 속여서 취하고, 흉언(凶言)을 지어내어 인심을 선동시키면서, 감히 해도(海島)의 진인이라느니 병화(兵禍)가 장차 일어날 것이라는 말을 지어내어 유혹하고 안팎으로 화응(和應)하였으며, 종이를 주면서 명첩에 쓰도록 권하여 도중(島中)에 보낸다고 하고, 돈을 거두어 백목을 사라고 요구하면서 군복을 만든다고 하였으니, 이는 이미 용서받을 수 없는 단안(斷案)이었다.

이에 정상채 등 여러 놈이 진영(鎭營)에 체포된 뒤로는, 그도 스스로 죄가 천지에 차고 악이 극도에 달하여 국법(國法)에서 벗어나기 어려움을 알고, 감히 죽는 가운데에서 살기를 구하는 계획을 내어 재차 영장(營將)의 관아(官衙)에 흉서(凶書)를 던졌는데, 혹은 거짓으로 호남원수(湖南元帥)라 일컫고, 혹은 거짓으로 물에 정박하고 산에서 목책(木柵)을 만든다고 핑계 대면서, 공동(恐動)하고 유협(誘脅)한 것이 글자마다 흉악하고 패려(悖戾)하거늘 더구나 그 좌서(左書)한 흉서 가운데 구어(句語)는 곧 천지가 다하고 만고에 내려오면서도 없었던 극역대대(極逆大憝)이므로 대역부도(大逆不道)로써 지만(遲晚)을 받아, 모두 정법(正法)하고, 추국을 철파(撤罷)하였다. 청주목(淸州牧)을 강등(降等)하여 서원현(西原縣)으로 삼고, 충청도를 고쳐 공충도(公忠道)로 삼았다.[5]

---

4 복주는 안동(安東)이다. 『추안급국안』 27권 281책(아세아문화사, 1978), 758면.
5 『순조실록』 순조 26년(1826) 10월 27일(을해).

(…) 환술로 귀신을 부린다고 칭하고, 곡종과 인종을 삼풍(三豊)과 양백(兩白)에서 구한다고 말하며, 병화가 장차 일어나고, 진인이 섬에 있다는 등의 말은 인심을 선동하고 난리를 생각하는 역심이 아님이 없다.[6]

인종(人種)을 양백(兩白)에서 구한다는 것은 정상채가 한 말인데, 현전하는 『정감록』「감결」에 나오는 내용이다. 또 그는 문경(聞慶)이 소백산 산기슭이어서 가히 피난지라 할 만하다고 주장했다.

이 밖에도 정상채는 이후에 몇 년 동안 흉년이 들 것이고 흉년이 거듭되면 인심이 변하여 난리가 일어날 것이라고 주장했다. 나아가 그는 난리가 섬에서 일어날 것인데, 이 말은 본래 비결(秘訣)에 있다고 강조했고 "서적(西賊)이 출현한 후에 또 마땅히 남적(南賊)이 있을 것"이라는 말도 비결에 실려 있다고 주장했다. 정상채는 "이번에 신도(新都)가 세워질 국운(國運)을 맞았기 때문에 섬에서 정씨가 반드시 출현할 것"이라고 거듭 강조했다.[7] 좀 더 구체적으로 정상채는 인종은 태백(太白)과 소백(小白)에서 구하고, 곡종(穀種)은 연풍(延豊)에서 구한다고 주장했다.[8]

이 사건 관련자 박형서는 자신의 이름인 박재승(朴在勝)의 '재(在)' 자가 진인(眞人) 정재룡의 '재' 자와 같기 때문에 이름을 고쳤을 정도였다.[9]

또 다른 사건 관련자 오한경이 환술을 부리는 일은 보지 못했으나 그가 『사주편년(四柱編年)』을 알고 있었고, 아울러 복서(卜筮), 지리(地理), 기문(奇門)을 알고 있었다는 진술이 있다.[10]

그리고 정상채의 신술(神術)은 호풍환우(呼風喚雨)하고 역귀(役鬼)하는 것이었

---

6 稱幻術, 而役鬼, 謂以穀種人種之求於三豊兩白, 兵火將出, 眞人在島等說, 無非煽動思亂之逆臓. (…) 鄭在龍之居, 在辰巽方.『추안급국안』27권 281책, 「병술죄인형서상채신계량국안(丙戌罪人亨瑞尙采申季亮鞠案)」, (아세아문화사, 1978), 730면.

7 鄭尙采以爲, 今當新都國運, 故海島中鄭氏當出云矣.『추안급국안』27권 281책(아세아문화사, 1978), 754면.

8 『추안급국안』27권 281책(아세아문화사, 1978), 781면.

9 『추안급국안』27권 281책(아세아문화사, 1978), 736면.

10 『추안급국안』27권 281책(아세아문화사, 1978), 750-751면.

다는 진술도 있다.[11]

이 외에도 정상채는 『환묘문(幻妙門)』에 배울 만한 비방이 많은데 그 가운데 칠성호지방(七星號之方)이 초학자들이 배우는 것으로서, 누런 종이에 주사(朱砂)로 칠성의 호칭을 써놓고 마시면 신기(神氣)가 일어난다고 주장했다.[12]

그리고 호풍환우하는 술법과 치병술이 실려 있는 『만법귀종(萬法歸宗)』이라는 책자가 언급되기도 했다.[13]

정상채는 난리가 일어난 후에 서울이 복주(福州), 즉 안동(安東)으로 파천(播遷)한다고 주장했다.[14]

또 "섬에 진인이 있는데, 그의 성은 정씨다."라고만 말하다가 정상채가 "섬의 이름은 홍하도(紅霞島)이고 진인의 이름은 정재룡(鄭在龍)이다."라고 구체적으로 말했다.[15]

그런데 정상채는 "섬에 진인이 있다."는 말을 유길룡(劉吉龍)에게 들었으며, 서울의 이야기꾼들이 하는 정도령(鄭都令) 이야기는 박형서에게 들었다고 진술했다.[16]

이들은 홍하도(紅霞島)에서[17] 몇 년 동안 양병(養兵)하여 먼저 대마도(對馬島)를 침략하고 우리나라로 쳐들어올 것인데, 홍하도에는 배씨(裵氏) 성을 가진 장군과 변씨(卞氏) 성을 지닌 재상이 있다는 이야기를 퍼뜨렸다.[18]

---

11 『추안급국안』 27권 281책(아세아문화사, 1978), 752면.
12 『추안급국안』 27권 281책(아세아문화사, 1978), 753면. 『환묘문』은 2권이라고 한다. 『추안급국안』 27권 281책(아세아문화사, 1978), 790면.
13 『추안급국안』 27권 281책(아세아문화사, 1978), 797면.
14 『추안급국안』 27권 281책(아세아문화사, 1978), 766면.
15 『추안급국안』 27권 281책(아세아문화사, 1978), 781면.
16 『추안급국안』 27권 281책(아세아문화사, 1978), 806면.
17 홍하도(紅霞島)는 『동국여지승람』에는 나오지 않는 지명인데, 구봉령(具鳳齡, 1526-1586)의 『백담선생문집(栢潭先生文集)』 권 4의 칠언율시에 홍하도서신광묘(紅霞島嶼晨光裊)라는 구절이 보인다. 이 시는 영해(寧海) 지역의 절승지를 유람한 후에 지은 것인데, '홍하도'는 고유명사로 사용된 것이 아니라 "붉은 햇무리에 물든 섬, 새벽빛에 하늘거리네."라는 시적인 표현이다.
18 『추안급국안』 27권 281책(아세아문화사, 1978), 766-767면.

진술에 따르면 홍하도는 수로(水路)로 4천 리나 떨어져 있으며 총석(叢石)이 매우 험하여 사람들이 능히 통과할 수 없는 곳이라 한다.[19] 정상채는 홍하도는 "수로가 4천 리이며, 돌이 매우 험해 사람이 통과할 수 없으므로, 우리들이 아니면 출입자가 없다."고 진술했다.[20] 진인이 살고 있는 섬의 이름도 나타나고, 진인의 이름도 정재룡으로 밝혀졌다. 해도기병설의 구체적인 발전과정을 보여준다.

한편 이 사건의 주모자인 아전 출신 박형서와 양반 출신 신수량 사이에는 신분 문제로 인한 갈등이 있었다. 이는 주모자들 내부에서도 여전히 신분 문제가 제기되어 각자의 지향이나 의식에 한계를 노출하고 있었음을 짐작케 한다. 변란 주도층이 전근대적 신분제와 의식에 머물러 있었다는 증거이기도 하다.

이 사건의 처벌 과정에서 충청도가 공충도로 이름이 바뀌게 되었다. 한 지역 전체의 명예가 이 사건이 일어났기 때문에 격하되었다. 그 정도로 충격의 파장이 큰 사건이었음을 알 수 있다.

정상채 사건의 또 다른 관련자인 오한경(吳漢京)은 "진인이 백로(白鷺)를 변화시켜 호랑이를 만든다."고[21] 진술하기도 했다.

정상채와 박형서는 진인출현설을 주장했다는 이유로 결안되었다.

정상채의 결안(結案)은 (…) 참으로 난리는 이 뒤로 마땅히 나올 것이라는 말로 과장되게 전파하여 인심을 선동하였다. 또 감히 진인이 섬 안에 있다는 황당한 말을 지어내어, 혹은 흉도(凶徒)를 권장하여 명첩을 써서 보내게 하고, 혹은 백목(白木)을 사서 군복을 짓는다고 하고 복주(福州)에서 흉시(凶詩)를 방자하게 외어 전파하기까지 하면서, 박형서와 신의주, 이규여, 신계량 등 수없이 불령(不逞)한 무리와 더불어 체결(締結)함이 용의주도하고 난만하게 유혹하여, 요망한 말로 대중을 흐린 것으로써 (…) 박형서의 결안(結案)은, 아주 간특하고 지극히 요사한 정상채와 체결하여,

---

19 『추안급국안』 27권 281책(아세아문화사, 1978), 782면.

20 紅霞島, 水路四千里, 最石甚險, 人莫能通, 而非我則無以出入云者.

21 『순조실록』 순조 26년(1826) 11월 2일(기묘).

요서(妖書)를 전해 익혀 남의 재물을 속여서 취하고, 흉언(凶言)을 지어내어 인심을 선동시키면서, 감히 해도(海島)의 진인이라느니 병화(兵禍)가 장차 일어날 것이라는 말을 지어내어 유혹하고 안팎으로 화응(和應)하였으며, 종이를 주면서 명첩에 쓰도록 권하여 도중(島中)에 보낸다고 하고, 돈을 거두어 백목을 사라고 요구하면서 군복을 만든다고 하였으니, (…)[22]

이 외에도 정상채, 박형서, 오한경 등은 "세월이 백룡을 만나면 사람은 어디로 가며, 해가 뱀 꼬리를 만나면 반드시 흉악한 무리가 잔멸될 것이다.〔歲遇白龍人何去, 年逢蛇尾必凶殘〕"라는 시를 서로 전하면서 조선왕조의 멸망이 박두하였다는 이야기를 은밀히 퍼뜨렸다.[23]

정상채 등이 전했다는 이 시는 현전하는 『정감록』「오백론사비기(五百論史秘記)」의 첫 문장에 나오는 "해가 백호를 만났으니 사람은 어디로 갈 것인가? 만일 뱀의 꼬리를 잡았다가는 틀림없이 흉할 것이다.〔歲遇白虎人何去, 若探蛇尾心殘凶.〕"라는 시와 거의 비슷하다. 백룡은 경진년(庚辰年)을 뜻하는데, 백호는 경인년(庚寅年)을 가리키는 것이 다를 뿐이다.[24]

이 외에도 이 사건과 관련된 '3편의 가사'를 기록하지 않은 집이 없고 외우지 않는 사람이 없었다는 진술도 있었지만, 그 내용은 전하지 않는다.[25]

정상채는 경기도 용인에서 태어나 부모를 따라 평양으로 이사했으며 그곳에서 자란 후 다시 강원도 영월로 옮겼다. 그는 의술과 풍수 등을 생업으로 삼아 각지를 돌아다녔으며 평소 이곳저곳에 출몰하여 종적이 홀연하고 이름과 나이도 수시로 바꾸며 『환묘문(幻妙門)』과 같은 비기(秘記)를 이용하여 호풍환우(呼風喚雨)하는 신이한 술책을 지닌 인물로 알려졌다.[26]

---

22 『순조실록』 순조 26년(1826) 10월 27일(을해).

23 『순조실록』 순조 26년(1826) 10월 27일(을해).

24 「오백론사비기」, 『정감록』(한성도서주식회사, 1923), 『정감록집성』(아세아문화사, 1973), 578면.

25 『순조실록』 순조 26년(1826) 11월 20일, 23일, 24일, 12월 29일.

26 『추안급국안』 281책, 「죄인형서상채신계량국안(罪人亨瑞尙采申季亮鞫案)」.

그는 "홍경래는 죽지 않았다.", "병화(兵禍)가 해도(海島)에서 일어날 것인데, 진인은 홍하도(紅霞島)에 있으며, 이름은 정재룡(鄭在龍)이다.", "도당(徒黨)을 모아서 명첩(名帖)을 도중(島中)에 써서 보냈다.", "군복을 마련하기 위하여 면포를 사왔다.", "혜성이[27] 자주 나타나고 있으며, 천구(天狗)가 은하(銀河)를 범했다." 등의 내용을 진술했다.[28] 정씨(鄭氏) 진인출현설(眞人出現說)과 관련하여 박형서가 정상채의 말을 인용한 진술에서는 "지금 마땅히 신도국(新都國)을 건설해야 하기 때문에, 해도(海島)에서 정씨가 반드시 나올 것이다."라고 말했다.[29]

이 밖에도 이들은 이른바 '남적출현설(南賊出現說)'을 주장하기도 했다. 즉 "서적(西賊)이 나온 이후에 마땅히 남적(南賊)이 나오고, 진인이 해도에서 나온다."라고 주장했다.[30] 여기서 서적은 홍경래를 가리킨다. 홍경래의 거사는 결국 실패로 끝나고 말았지만, 이제 남적으로 표현된 자신들이 거사하면 반드시 성공할 것이라는 확신의 발로이다. 남적이야말로 진인이 인도하는 세력이라는 자부심이다. 홍경래난의 실패를 딛고 새롭게 일어나는 사회변혁의 조짐이 남적출현설로 제시된 것이며, 이는 남조선신앙의 단초로 보인다.

정상채사건에서는 남적출현설을 보완해주는 '대마도정벌설(對馬島征伐說)'도 주장되었다.[31] 이들은 홍하도에서 군사를 기르고 있는 정재룡이 먼저 대마도를 정벌하고, 다음에 조선을 정벌하여 복주로 파천한다고 주장했다.

제주도를 군사적 거점으로 삼을 이들 거사꾼들이 조선을 정벌하기에 앞서 대마도를 공격하여 취하겠다는 주장인데, 이는 현실적으로 대마도를 먼저 도모하여 그 군사적, 경제적 역량을 이용하려는 의도가 반영되었다. 보다 현실적이고 구체적인 계획임을 밝혀 좀 더 실현가능성이 있음을 입증하고자 했기

---

27 유성으로 반란의 조짐을 보이는 별이다.

28 『순조실록』 순조 26년(1826) 10월 27일.

29 今當新都國建, 故海島中鄭氏當出云矣. 『추안급국안』 281책, 「죄인형서상채신계량국안(罪人亨瑞尚采申季亮鞫案)」.

30 西賊出後, 南賊當出, 而眞人出於島云矣.

31 『추안급국안』 281책 병술(丙戌, 1826) 10월 17일.

때문에 이러한 주장이 덧붙여지게 되었다.

이들은 '복주파천설(福州播遷說)'을 내세우기도 했는데, 여기서 복주는 안동(安東)을 가리킨다. 정씨 진인이 개국할 도읍지로 계룡산이 거론되던 기존의 입장을 바꾸어 이제 안동이 새롭게 새 나라의 도읍지로 제시된다.

박형서는 검거되어 있던 상태에도 청주관장에게 투서했는데, '홍경래불사설', '소선풍(小旋風)', '대야야(大爺爺)', '외원병(外援兵)' 등의 와언(訛言)이 들어있었다.

그리고 정상채는 진인을 보좌할 인물로 '배가장(裵哥將)'과 '변가상(卞哥相)'을 설정하기도 했다. 현전하는 『정감록』 「감결」에 "계룡산에 나라를 세우면 변씨 성을 가진 정승과 배씨 성을 가진 장수가 개국 일등 공신이 되고"라는 구절이 있다.

명첩과 군복과 관련되어 책임을 맡았던 박형서에 대한 정부 측의 최종 처분인 결안(結案)은 다음과 같다.

> (박형서는) 아주 간특하고 지극히 요사한 정상채와 체결하여, 요서(妖書)를 전해 익혀 남의 재물을 속여서 취했으며, 흉언을 지어내어 인심을 선동시켰다. 감히 해도(海島)의 진인(眞人)이라느니, 장차 병화(兵禍)가 일어날 것이라는 말을 지어내어 유혹하고 안팎으로 화응(和應)하였다. 종이를 주면서 명첩(名帖)을 쓰도록 권하여 도중(島中)에 보낸다고 하였다. 돈을 거두어 백목(白木)을 사라고 요구하면서 군복을 만든다고 했으니, 이는 용서받을 수 없는 단안(斷案)이었다.[32]

정상채사건 관련자들은 "뜻을 잃은 불령(不逞)한 무리로서 국가를 원망하고, 은밀히 반역의 마음을 쌓은 자들"로 불렸다.[33]

한편 순조 32년(1832) 10월 함경도 영변 지역에서 "요망한 참서(讖書)에 의거해 진인(眞人)을 따라야 한다는 말로 인심을 선동하고 성을 공격하려 했다."는 사람들이 잡혔다. 이들은 변란이 일어나면 대장과 원수(元帥)가 된다는 말을 퍼

---

32 『순조실록』 순조 26년(1826) 10월 27일.

33 失志不逞之徒, 怨懟國家, 陰蓄不軌之心. 『순조실록』 순조 26년(1826) 11월 20일(정유).

뜨렸고, "갑오년에 부귀하게 된다."고 주장했다.

영변(寧邊)의 죄인 신사화(申士化) 등의 (…) 신사화, 이이덕(李以德), 이두천(李斗千) 등 세 놈은 거짓말을 지어내어 인심을 선동하였으니, 진인(眞人)을 따라야 한다는 말은 요망스런 참서(讖書)에 끌어다가 붙인 것이고 성을 공격한다는 말은 지적이 확실한 공초(供招)가 있었습니다. 그 밖에도 관장(官長)을 끌어내고 군기(軍器)와 양초(粮草)를 빼앗는다는 계획과 변란이 일어나면, 자신이 대장이 되고 원수(元帥)가 된다는 말 등등 적정(賊情)이 이미 드러나 형률을 면할 수 없게 되었습니다. (…) 김윤문(金允文)은 말과 행동이 비밀스럽고 허황하였는데, 다른 나라의 표착선(漂着船)과 말을 주고받은 일과 갑오년(甲午年)에 부귀(富貴)하게 된다고 협박 공갈한 점 등은 본인도 조사를 받는 마당에서 자복하였으며, (…)[34]

그리고 순조의 뒤를 이어 헌종(憲宗)도 아버지 효명세자의 갑작스런 죽음으로 불과 여덟 살의 나이로 즉위했다. 따라서 헌종의 할머니이자 순조의 비인 순원왕후가 수렴청정을 했다. 순원왕후는 김조순의 딸이었기에 김조순과 그의 가문이 정권을 장악했다.

---

34 『순조실록』 순조 32년(1832) 10월 10일(임자).

곽필주
사건

64

순조 30년(1830) 3월에는 곽필주사건이 일어났다.

영(令)하기를, "포도청에 갇혀 있는 죄인 곽필주(郭必周)는 먼 시골의 기슬(蟣蝨) 같은[1] 천인(賤人)으로 잡술(雜術)을 핑계 대고 요사한 말을 만들어 내어 서울과 지방을 오르내리면서 인심(人心)을 선동하였는데, 그가 한 짓은 남을 속이고 재물을 취하는 계교가 아님이 없다. 그리고 그의 극도로 흉측하고 요사하며 도리에 어긋나는 상황은 그가 이미 자복을 하였으니 왕법(王法)이 있는 바에 죽여도 아까울 것이 없으며, 이미 하교를 받았으니 죄인 곽필주를 끌어내어 군문(軍門)에 회부하고 효수(梟首)하여 여러 사람을 경계하게 함으로써 사람들의 마음에 의심스러워하고 이상하게 여긴 부분을 풀게 하라. 그리고 또 요사하고 도리에 어긋나는 무리로 하여금 모두 요망스런 말로 여러 사람을 미혹되게 하면 반드시 법을 적용한다는 뜻을 알게 하여, 자취를 감추고 그런 풍습을 고치는 입장을 삼도록 하며, 관련된 여러 죄수들은 아울러 참작해서 처단하게 하라." 하였다. 곽필주는 본래 영남(嶺南) 사람으로, 망령

---

1 기슬은 사람의 몸에 기생하는 이를 가리킨다.

되게 사술(邪術)을 핑계 대고 요사한 말을 앞장서서 만들어 고(故) 대장(大將) 신홍주 (申鴻周)의 서자(庶子) 신의택(申義宅) 및 원주(原州) 사람 채승진(蔡升鑛) 등과 화답하며 호응하여 선동(煽動)하고 미혹되게 하다가, 포도청에 체포되어 문초를 받고 처벌되었다.[2]

영남에 사는 곽필주라는 천민이 서자 등의 신분 질서에 반항적인 인물들과 함께 요언을 퍼뜨렸다가 참형에 처했다는 사건이다. 이른바 잡술과 요언의 자세한 내용은 알 수 없지만 "서울과 지방을 오르내리면서 인심을 선동하였다."는 기록으로 볼 때 상당한 영향력을 끼쳤음을 짐작할 수 있다.

---

2 『순조실록』 순조 30년(1830) 3월 22일(경술).

신 사 화 사 건

65

순조 32년(1832) 10월에는 신사화 등이 참서를 인용하여 진인을 따라야 한다고 주장하면서 거사를 모의했다.

영의정 남공철(南公轍)이, 관서(關西)의 도신(道臣)이 올린 영변(寧邊)의 죄인 신사화(申士化) 등의 사안(査案)으로 인하여 아뢰기를, "먼 시골 인심이 요망스럽고 흉측하며 사람을 미혹(迷惑)한 데 대하여 놀랍고 통분함을 금치 못하겠습니다. 그러나 즉시 포착하여 더는 만연(蔓延)되지 않은 것이 다행입니다. 그중에서 신사화(申士化), 이이덕(李以德), 이두천(李斗千) 등 세 놈은 거짓말을 지어내어 인심을 선동하였으니, 진인(眞人)을 따라야 한다는 말은 요망스런 참서(讖書)에 끌어다가 붙인 것이고 성을 공격한다는 말은 지적이 확실한 공초(供招)가 있었습니다. 그 밖에도 관장(官長)을 끌어내고 군기(軍器)와 양초(粮草)를 빼앗는다는 계획과 변란이 일어나면, 자신이 대장이 되고 원수(元帥)가 된다는 말 등등 적정(賊情)이 이미 드러나 형률을 면할 수 없게 되었습니다.[1]

---

1   領議政南公轍, 因關西道臣, 以寧邊罪人申士化等査案, 啓言, 遐土人心之妖凶詿誤, 不勝駭憤. 旋郎捕捉,

이 사건의 주모자들이 "진인을 따라야 한다."는 말을 한 것은 요망스런 참서를 인용한 것이라는 조사 결과는 『정감록』류의 예언서를 가리키는 것이 틀림없다. 진인신앙이 평안도 지역까지 퍼졌다는 사실을 알려주는 내용으로 당시에 전국적으로 정씨 진인출현설이 유포되었고, 특히 성을 공격하고 군기와 군량을 조달하는 변란을 도모했으며 군사 지도자로 군대를 이끌 것이라고 강조했다는 점에서 단순한 요언 단계를 벗어난 사건으로 보인다.

이에 대해 당시 조정에서는 "항심(恒心)이 없고 의지할 데 없는 무리들이 사람을 속이고 재물을 편취(騙取)하려던 계책에 불과하였는데, 차차로 번져 난언(亂言)과 부도(不道)에 이르러 스스로 용서받지 못할 죄과에 빠지게 된 것"이라고[2] 판단하여, 서울에 있는 의금부(義禁府)로 끌어올려 형을 집행할 것까지는 없고, 황해도관찰사로부터 결안(結案)을 받은 후에, 백성을 모아 주모자 3명을 놓고 효수(梟首)하여 민중에게 경계가 되도록 했다.

그리고 이 사건과 관련된 김윤문(金允文)은 다른 나라의 표착선(漂着船)과 말을 주고받았고 "갑오년(甲午年, 1834)에 부귀(富貴)하게 된다."고 협박 공갈한 죄목으로 원악도(遠惡島)로 정배되어 노복(奴僕)으로 삼았다. 따라서 최소한 이들이 2년 후에는 실제로 거사할 계획을 가지고 있었다고 판단된다.

인용문의 무항무뢰지도(無恒無賴之徒)는 실지원국자(失志怨國者)와 같은 맥락으로 사용되었다. 단순히 요언을 유포한 죄목으로 처벌했지만 효수형에 처했다는 점에서 극형을 받았고, 특히 진인출현설을 주장하여 거사를 도모했다는 점에서 전형적인 정감록사상의 하나이다.

헌종 2년(1836) 4월에는 참위, 요서(妖書), 요언(妖言)을 짓거나 전파하여 백성을 미혹한 자는 모두 참한다는 율문을 엄중히 적용할 것을 청하는 좌의정의 진언이 있었다. '혼란을 야기하기 좋아하고 재앙을 빚기 좋아하는 무리들'이

不至於蔓延爲幸也. 其中申士化, 李以德, 李斗千三漢, 創出訛言, 煽動人心, 追眞之說, 傅會妖讖之書, 攻城之謀, 自有指的之招. 其他曳出官長, 奪其軍器糧草之計, 兵亂將出, 自爲大將元帥之說, 賊情已露, 三尺難逭. 『순조실록』 순조 32년(1832) 10월 10일(임자).

2   而究其本則此不過無恒無賴之徒, 出於欺人騙財之計, 轉至於亂言不道, 自陷罔赦之科.

잇따라 흉언(兇言)을 지어내어 선동하고 미혹하는 상황을 징계하라는 말로 보아, 당시에도 이러한 상황이 계속되었던 것으로 보인다.[3]

3 좌의정 홍석주(洪奭周)가 또 아뢰기를, "요언(妖言)을 금함은 전부터 지엄(至嚴)하였습니다. 삼가 율문(律文)을 상고해 보건대, 이르기를, '무릇 참위(讖緯), 요서(妖書), 요언(妖言)을 짓거나 그것들을 전파하여 백성을 미혹(迷惑)시킨 자는 모두 참한다.' 하였습니다. 그러나 습속(習俗)이 이상한 것을 좋아하고 백성들의 심지(心志)가 안정되지 못하여 가끔 요탄(妖誕)하고 불경(不經)한 말들을 서로 전파하여 스스로 대금(大禁)을 범하는 것을 모르고 있으며, 혼란을 야기하기 좋아하고 재앙을 빚기 좋아하는 무리들이 잇따라 흉언(凶言)을 지어내어 선동하고 미혹하는 바탕으로 삼고 있습니다. 이를 통렬하게 징계하여 금하지 않으면 말하기 어려운 근심이 반드시 장차 이르지 않는 바가 없을 것이니, 우선 신이 아뢴 바를 가지고 조목을 들어 중외에 반시(頒示)하고, 이 뒤에 만일 드러나는 자가 있으면, 한결같이 율문대로 시행하게 하소서." 하니, 대왕대비가 하교하기를, "어찌 엄금할 뿐이겠는가? 내가 평일에 절통(絶痛)하게 여기던 바가 바로 이것이었다. 그렇게 하도록 하라." 하였다. 〔(…) 奭周又啓言, 妖言之禁, 自來至嚴. 謹稽律文, 有曰, 凡造讖緯妖書妖言及傳用惑衆者, 皆斬. 而習俗好異, 民志靡定, 往往以妖誕不經之說, 相與傳播, 不知自干於大禁, 好亂樂禍之徒, 又從以做出凶言, 以爲煽動疑惑之資. 此不痛加懲禁, 則難言之慮, 必將無所不至, 爲先以臣所奏, 出擧條, 頒示中外. 此後如有現發者, 請一依律文施行. 大王大妃教曰, 奚啻嚴禁而已? 予之平日所當絶痛者此也. 依爲之.〕『헌종실록』 헌종 2년(1836) 4월 20일.

오주(五洲) 이규경(李圭景, 1788-?)의 『오주연문장전산고(五洲衍文長箋散稿)』 천지편(天地篇) 지리류(地理類) 지리잡설(地理雜說) 가운데 「낙토가작토구변증설(樂土可作菟裘辨證說)」이 있다.

여기에 『한세량비기(韓世良秘記)』, 『지공대사비기(指空大師秘記)』, 『이토정비기(李土亭秘記)』, 『묵당비기(默堂秘記)』, 『격암비기(格庵秘記)』, 『신명비기(信明秘記)』, 『도선비기(道詵秘記)』, 두사충비기(杜思忠秘記), 『지공대사산수비기(指空大師山水秘記)』 등의 여러 지리 관련 비기가 있다.

이규경은 이덕무(李德懋)의 손자인데 가풍을 이어 실학(實學)의 영향을 받았다. 순조 12년(1832) 영국 상선이 교역을 요구해 왔을 때 개시(開市)를 특허할 것을 주장하였으며, 일생 동안 벼슬을 하지 않고 조선 후기 실학을 꽃피운 박물학자로 평가된다.

또 이규경은 의상대사가 『청구비결(靑丘祕訣)』이라는 비결서를 지었다고 주장했으며,[1] 성호 이익(李瀷)의 말을 빌려 의상대사가 『삼한산수비기(三韓山水

秘記)』라는 비결서를 지었다고 주장했다.[2]

이규경(李圭景)의『오주연문장전산고(五洲衍文長箋散稿)』지리잡설(地理雜說)「낙토가작토구변증설(樂土可作菟裘辨證說)」에 다음과 같은 내용이 있다.

만약 몸을 숨길 곳을 논한다면, 평해, 울진, 삼척이 가장 기이하다. 그 아래로는 산에도 불리하고, 물에도 불리하고, 궁궁(弓弓)에 이롭다고 하는데, 해석하는 자들의 의견이 분분하여 결정되지 않았다. 어떤 사람은 (궁궁이) 약(弱)의 옛 글자라고 하고, 어떤 이는 손(巽)의[3] 옛 글자라고 주장한다. 호남 강진(康津) 사람 이학래(李學來)는 "궁궁(弓弓)은 초목이 무성하게 밀집해 있는 곳으로 이 지역과 저 지역이 접하는 경계처(境界處)다."라고 주장한다. 『강희자전(康熙字典)』에는 궁궁의 음은 '현'이라 했고, 『설문(說文)』에는 "초목이 무성하다는 뜻이다."라 했다. 궁궁(弓弓)은『설문장전(說文長箋)』에 "강(弜)과 같고 음은 '강'이라고 읽는다."라 했고, 『설문』에서 궁(弓)은 "힘이 있다."라 했다.

이러한 전거를 살펴볼 때 비기(秘記)에 있는 궁궁처(弓弓處)는 들어맞는 것이 없다. 『지지(地志)』에 "황간(黃澗)에 있는 황악산(黃岳山)의[4] 위쪽과 아래쪽에 궁곡(弓谷)이 있는데, 둘 다 군대를 피할 수 있는 복지(福地)다."라 했다. 그런즉 비기를 말하는 자들이 혹시 이곳의 상하 양 궁곡(弓谷)을 가리켜 말한 것이 아닐까? 서천(西天)의 불자(佛子)가 영험하다 하더라도, 어떻게 우리나라에 있는 황악산에 상하 두 곳의 궁곡이 있어서 몸을 숨기는 곳이 된다는 사실을 알았을 것인가? 내가 궁궁(弓弓)이라는 글자의 형태를 살펴보고 그 뜻을 취해보니 아마도 '성(城)' 자의 수수께끼일 것이다. 어떻게 (궁궁이) '성(城)' 자의 수수께끼가 되는가? '궁(弓)' 자를 이어서 쓴 궁궁(弓弓) 두 글자의 형상에서 뜻을 취해보면 마치 성(城) 장벽(牆壁)의 끝이 들어가고 튀어나온 형상과 비슷하다. 산과 물에 불리하다고 말해 놓고 어느 곳에 이롭다는 말인

---

1 우리나라의 감여서(堪輿書) 가운데『청구비결(靑丘秘訣)』이 있는데, 신라 원효의 제자인 의상대사자 혜존자(義相大師慈惠尊者)가 지었다고 한다.『오주연문장전산고』경사편 5, 논사류 2, 인물(人物), [원효(元曉)와 의상(義相)에 대한 변증설].

2 성호(星湖) 이씨(李氏) 이름은 익(瀷)은 "의상이 지은『삼한산수비기(三韓山水秘記)』에 미래를 미리 논해 놓은 말이 마치 부절(符節)을 맞추듯 부합되니 참으로 신승(神僧)이다."라 했다.『오주연문장전산고』경사편 5, 논사류 2, 인물(人物), [원효(元曉)와 의상(義相)에 대한 변증설].

3 손(巽)은 동남쪽, 유순하다. 공손하다 등의 뜻으로 사용된다.

4 충청도 황간현(黃澗縣)에 "고을 남쪽 15리에 황악산(黃嶽山)이 있다."고 한다.『신증동국여지승람』제16권.

가? 이미 생긴 형태가 궁궁(弓弓)이라 했으니, 성(城)이 있는 곳이 아니라고 제외한다면 어느 곳에서 군대를 피할 수 있단 말인가?

지각이 있는 자는 그 뜻을 스스로 알 수 있으리니 지각이 있는 사람을 기다려라. 성(城)이 쌓은 곳이 없다고 하더라도 군(郡)과 읍(邑)의 지명에 '성(城)' 자가 들어 있는 곳에 은신할 수 있을 것이다. 어떤 사람은 옛날에 폐허가 된 성(城)이면서 '성(城)' 자가 들어가 있는 곳이라야 숨어서 난리를 피할 수 있다고 주장하고, (또 어떤 사람은) 궁궁(弓弓)이라는 글자를 부적으로 만들어야 좋다고 주장한다. 이와 같이 해석하는 자들이 말하더라도 이른바 세간에 전하는 비기(祕記)라는 것은 허망하고 황탄한 것이 많고 사람들이 제멋대로 만든 것이니, 「지공비기(指空祕記)」라는 것도 그의 이름을 빌린 위작(僞作)임을 가히 알 수 있다.[5]

예언서에 나오는 궁궁(弓弓)에 대한 나름대로 적극적인 해석을 시도하고 있다. 따라서 이규경도 예언서나 비결에 매우 관심이 높았음을 짐작할 수 있다.

이규경은 의상이 찬한 『청구비기(青丘祕記)』를 인용하여 지리산의 빼어남을 주장하였고,[6] 의상이 편찬한 『산수비기(山水祕記)』를 인용하여 충주의 지세를 논하기도 했다.[7] 그리고 남사고의 『비기(祕記)』를 인용하여 지리산 동점촌(銅店村)이 십승지 가운데 한 곳이라고 설명하기도 했다.[8] 또 그는 상주에 있는

---

5 若論藏身處, 平蔚三最奇. 其下有不利於山, 不利於水, 利於弓弓, 解論者紛紜未定. 不知其何謂, 或以爲古弱字, 或以爲古巽字. 湖南康津人李學來以爲, 弓弓草木茂密處, 此境此疆接界處. 按康熙字典, 弓弓音賢, 說文謂草木盛也. 說文長箋, 古文乃字, 弜音强, 說文, 弓有力也. 以此考之, 於祕記弓弓處無當也. 地志黃澗有黃岳山, 山中有上下弓谷, 皆避兵福地云. 然則祕記云者, 其或指此上下兩弓谷而爲言歟? 西天佛子雖靈, 何以知吾黃岳之有上下弓谷, 而以爲藏身之地耶? 予究其弓弓字邪而取義, 則恐是城字之謎語也. 何謂其城字謎語耶? 弓字連書弓弓二字, 而狀形取義, 則似如城之垓, 口凹凸之狀也. 如不利於山與水, 則利於何處? 旣象形二弓弓, 則除非有城處, 更從那處避兵耶? 有知者自可知之, 以俟知者焉. 雖無築城, 而郡邑地名, 有城字地隱身. 或古廢城而但有城名處, 可以隱避. 以符二弓弓字似好耳. 雖云如是解釋, 所謂世傳祕記云者, 多是虛誑誕妄人杜撰, 則指空祕記, 乃是贋作而托名, 亦可知也. (…) 천지편(天地篇) 지리류(地理類) 가운데 「낙토가작토구변증설(樂土可作苑表辨證說)」, 또 「기타가피처(其他可避處)」에 "삼척평해울진"이라는 용례가 있다. 「기타가피처」, 『정감록』(한성도서주식회사, 1923), 『정감록집성』(아세아문화사, 1973), 627면.

6 新羅釋義相『青丘祕記』頭流山, 一萬文殊住世, 其下歲豊民愿. 『地誌』以知異爲太乙所居, 群仙所會. 천지편(天地篇) 지리류(地理類) 가운데 「지리산변증설(智異山辨證說)」.

7 義相『山水祕記』忠原之京, 穀山高峻, 故多富厚長者. 천지편(天地篇) 지리류(地理類) 가운데 「충주형승변증설(忠州形勝辨證說)」.

8 格庵南師古『祕記』, 欲免斯塗炭, 無如石井崑. 俗傳石井崑在智異山, 入自花開洞, 水谷大勝, 沿溪澗而

용화동(龍華洞)도 의상의 비기(祕記)에 등장한다고 주장했고,[9] 속리산 우복동(牛腹洞)이 도선의 『비기(祕記)』와 두사충(杜思忠)의 『비기(祕記)』에 전하는[10] 복지(福地)라고 말했다.[11]

이 밖에도 이규경의 『오주연문장전산고』 천지편(天地篇) 지리류(地理類) 「낙토가작토구변증설(樂土可作菟裘辨證說)」에 남사고의 『비기(祕記)』, 한세량(韓世良)의 『비기(祕記)』, 토정 이지함의 『비기(祕記)』, 묵당(黙堂)의 『비기(祕記)』, 지공대사(指空大師)의 『산수비기(山水祕記)』 등을 인용하여 안동 춘양면(春陽面)이 격암 남사고의 십승지 가운데 둘째이고, 무주 덕유산 원학동(猿鶴洞)이 격암의 길지(吉地) 여덟 번째이고, 변산 심벽동(深僻洞)도 격암이 말한 길지(吉地)이고, 협천 가야산 아래 만수동(萬壽洞)이 다섯 번째 승지이고 김천 금당동(金堂洞) 북쪽이

上. 初似無徑, 但隨溪而入, 則終有一洞, 卽水谷大勝也. 巖刻僧俗名字, 卽壬辰避兵人也. 其洞近傍, 有石井崑. 尤深僻可居. 銅店村, 南格庵師古十勝吉地第四. 雲峯頭流山下有銅店村, 百里內可以永居之地. 然未知其處, 近者雲峯人郭再榮者始尋之, 而言距邑二十五里智異般若峯掛峽處, 有石壁高數丈, 刻銅店二字, 字畫漫滅僅辨, 卽古鍊銅處. 故近旁鑿石採鑛之跡多. 銅店村在其中, 低平衍坦, 而坐其中, 則四山不見, 而周圍頗廣闊, 可居三四十戶, 耕農之地云. (…) 洞中有石井, 則此無乃南格庵 『祕記』所云石井崑者乎? 천지편(天地篇) 지리류(地理類) 가운데 「청학동변증설(靑鶴洞辨證說)」.

9 龍華洞, 在尙州靑州交界, 長十餘里, 廣亦爲十里. 其中有大秦昇村. 玉龍子 『祕記』云, 俗離山北五星地, 上應張危兩宿墟, 間間英才文武士, 源源向勢富豪居. 干戈不入三條路, 金玉連綿百姓廬, 値逢漢天旋紀後, 家家門前繫軒車. (…) 玉龍 『祕記』, 雖云靑華, 安知非指牛腹者乎? 俗人專惑 『祕記』, 然比竝不肖匪類慢天瀆神好亂樂禍之徒所爲, 有志者亦酷信致謀, 流毒百姓, 宜痛斥可也. 천지편(天地篇) 지리류(地理類) 가운데 「용화동변증설(龍華洞辨證說)」.

10 尋此洞時, 問牛腹洞, 則居人不知. 問以八判洞, 則知而指之云. 玉龍子 『祕記』云, 運回牛腹洞, 則雷破石門, 蓋石門外大巖石橫臥, 僅通一人往來焉, 自水口七十里行, 水路無外矣. 中原浙工人杜思忠, 亡命逃來我國, 圖畫此山而去, 其後我國朝天使臣入去, 逢杜思忠, - 杜思忠, 杭人, 出我東, 定李澤堂先山者也. 卽砥平白鴉洞, 杜以爲似蕭相國祖山. 見『澤堂集』 - 說盡心情. 因說俗離山勝槪, 臨別握手出涕, 出此畫而授之曰, 無以表情, 以此相贈. 因說其地理曰, 居此則將相之出, 與天地無窮, 其中判書八, 文章事業, 震動天下, 及其末也, 化仙飛升, 故曰八判洞. 君歸國, 其尋此洞而居云, 奉使東還, 仍不能得尋, 圖則傳于世間耳. 其圖, 子坐巽得庚破天, 作三層臺, 洞前左右石刻, 玉龍子所刻牛腹洞三字. 又有駕馬頭井石, 有玉龍子書五丈碑. (…) 大抵忠州南, 尙州北, 淸州東, 聞慶西, 玉龍子 『祕記』, 運回牛腹洞, 雷破石門云. 蓋石門外大巖石橫臥, 僅通一人往來焉. 自水口七十里行, 水路無外矣. 此圖其或杜思忠授我使臣, 而流傳世間者耶. 천지편(天地篇) 지리류(地理類) 가운데 「세전우복동도기변증설(世傳牛腹洞圖記辨證說)」.

11 有若麗朝雙明齋李仁老之覓智異山靑鶴洞而不遇者焉. 更有細人贋作 「洞圖」, 『路記』, 以售於渴求之癡人, 還可捧腹. 按牛腹洞之說, 自昔流傳, 故予少日亦聞之, 得其圖於朴初壽看之, 則洞在三道交界中, 以爲界於嶺南尙州牧, 湖西淸州牧. 又界於嶺南聞慶縣, 湖西延豐縣. 故有三道峯, 以報恩郡俗離山天王峯爲主山, 洞名牛腹. (…) 圖末有 『牛腹洞祕記』詩, 卽李如松碑文也. (…) 又傳玉龍子有 『祕記』, 杜思忠亦著 『祕記』, 極讚福地云, 果有是地而不誣也. 천지편(天地篇) 지리류(地理類) 가운데 「우복동변증설(牛腹洞辨證說)」.

세 번째 승지이고, 보은 속리산 아래 증항(甑項) 근처가 첫 번째 승지이고, 태백산 구마동(九馬洞)이 은장처(隱藏處)라고 기록한다.

또『비기(秘記)를 인용하여 은신처(隱身處)로 금오산(金烏山), 무주(茂朱) 덕유산(德裕山) 안음(安陰), 순창(淳昌) 내장산(內莊山), 순천(順天) 조계산(曹雞山), 운봉(雲峯) 두류산(頭流山), 정선(旌善) 상원산(上元山), 성주(星州) 가야산(伽倻山), 보은(報恩) 속리산(俗離山), 진보(珍寶) 보미산(補彌山), 문경(聞慶) 조령(鳥嶺), 홍양(興陽) 팔령산(八靈山), 강릉(江陵) 오대산(五臺山), 영암(靈巖) 월출산(月出山), 부안(扶安) 변산(邊山), 진잠(鎭岑) 계룡산(雞龍山), 신령(新寧) 온산(溫山), 해주(海州) 수양산(首陽山), 연풍(延豊) 유랑산(有良山) 등을 거론한다.[12]

그리고 인사편(人事篇) 기예류(技藝類)「비위도참변증설(祕緯圖讖辨證說)」에서는 중국과 우리나라의 참위설의 역사에 대해 논하고 있고,「참지비기변증설(讖地祕記辨證說)」에서는 우리나라의 비기는 신지(神誌)를 필두로 의상, 도선, 무학 등이 남겼고, 임진왜란 때 우리나라에 들어온 중국인 두사충(杜師忠), 나학천(羅鶴天), 성거사(成居士)〔일명 장칠성(張七星)〕, 유복수(兪福壽) 등이 남겼고, 또 우리나라 사람으로 남사고, 위한조(魏漢祖), 이지함(李之菡) 등이 남겼다고 기록했다. 또「장지전정변증설(藏地前定辨證說)」에서는 북창산인(北窓山人)의『천고전심(千古傳心)』라는 책을 언급하기도 했다.

『경사편(經史篇)』논사류(論史類)「원효의상변증설(元曉義相辨證說)」에서는 "우리나라의 감여서(堪輿書)로『청구비결(靑丘祕訣)』이 있는데 의상대사가 지은 것이다."라는 내용과 "성호(星湖) 이익(李瀷)은 의상이 지은『삼한산수비기(三韓山水祕記)』은 미래를 논하고 있는데 부절과 같이 합했으니 신승(神僧)임을 알 수 있다. 차천로(車天輅)의『설림(說林)』에서도 극찬하고 있다."라는 구절이 있다.

또『오주연문장전산고』에는 다음과 같은 내용도 보인다.

---

12 천지편(天地篇) 지리류(地理類) 가운데「낙토가작토구변증설(樂土可作菟裘辨證說)」.

이정민(李貞敏)의 『옥계파안록(玉溪破顔錄)』에, "전라도 방백의 치계(馳啓)에 '광양(光陽) 땅에 유전해 온 철총(鐵塚)이 있다기에 파 보니, 철은 없고 지석(誌石)만 있었는데, 그 지석에 새겨지기를 「아들이 아버지를 범하고, 종이 상전을 범하며, 아랫사람이 윗사람을 범하고, 중이 붉은 삿갓을 쓰며, 중은 속인의 일을 행하고, 속인은 중의 일을 행하며, 유자(儒者)는 필연(筆硯)을 버리고, 여자는 베틀과 북〔機杼〕을 버리며, 농부는 농기구를 버릴 것이다. 임진년에 나라가 셋으로 나누어졌다가 계사년에 다시 나라가 안정되고 갑오년과 을미년에는 나라가 태평해질 것이다. 피난(避亂)할 곳은 두류산(頭流山, 지리산의 딴 이름)이 제일이고, 호서(湖西) 지방도 조금은 안전하며, 여강(驪江)은 피비린내 나는 지역이 될 것이다. 이때에 중국 군사 8백 명이 임진강(臨津江)을 건너오면 주(周)나라보다 2백 년은 더 갈 것이다……」라고 했습니다.'했다." 하였다. 상고하건대, 광양의 백학사(白鶴寺)에 도선(道詵)의 비(碑)가 있는데, 도선이 이 절에서 일생을 마쳤으니, 이것으로 보아 도선국사가 간직했던 것임을 알 수 있다. 철총을 파헤치고 지석문을 발견한 일은 명종(明宗) 때에 있었던 것 같다.[13]

명종대에 발견되었다는 지석문의 내용이 도선국사가 지은 것으로 추정되었다는 내용이다. 지석문의 내용은 예언과 관련된 것으로, 현전하는 『정감록』의 내용과 유사한 부분들이 보인다. 사회의 규범이 파괴되고 신분을 벗어나는 일들이 발생할 것이며, 나라가 셋으로 분리되었다가 태평해질 것이며, 외적의 침략이 일어날 것이라며 피난할 곳을 지목하는 예언은 실현되지 않았지만, 사회의 엄청난 변화를 미리 말했다는 점에서 예언사상의 하나로 평가할 수 있다.

---

13 『오주연문장전산고』 경사편 5 논사류 1, 논사(論史), 태봉(泰封)의 경문(鏡文)과 철총(鐵塚)의 지문(誌文)에 대한 변증설.

남공언사건

67

헌종 2년(1836) 11월에 남응중(南膺中)이 남경중(南慶中), 남공언(南公彦), 문헌주(文憲周) 등과 짜고 은언군(恩彦君)의 손자를 추대하여 임금으로 옹립하려는 계획을 세웠다. 남응중이 도집총(都執摠)이 되어 울릉도에서 군사를 일으킬 예정이었고, 청주(淸州)를 손아귀에 넣어 반란의 근거지로 삼으려 했다. 그러나 시흥(始興)의 이속(吏屬) 천기영(千璣英)의 고변으로 발각되어 극형에 처해졌다.[1]

남응중(南膺中), 남경중(南慶中)을 국문(鞫問)하여 사형(死刑)에 처하고, 고변인(告變人) 천기영(千璣英)은 상을 내려 오위장(五衛將)으로 삼았다. 남응중의 족당은 모두 좋은 문벌(門閥)이었는데, 성품이 간교하여 남의 재물을 편취(騙取)하기 좋아하고 역모(逆謀)를 꾸며 경외(京外)에 출몰하면서 속임수만 써왔다. 일이 발각되자 면하지 못할

1 의금부(義禁府)에 추국청(推鞫廳)을 설치하고 죄인 남응중(南膺中)의 실정을 구핵(究覈)하였다. 『헌종실록』 헌종 2년(1836) 12월 12일(신유).
의금부에서 부도(不道)한 죄인(罪人) 남공언(南公彦)을 군기시(軍器寺) 앞길에서 즉시 능지처사(凌遲處死)했다고 아뢰었다. 『헌종실록』 헌종 2년(1836) 12월 19일(무진).

줄 알고, 동래(東萊)의 왜관(倭館)으로 도망해 들어가서 극도로 흉악하고도 부도(不道)한 말을 지어내어 투서(投書)하여 두 나라의 틈을 부추겼으나, 왜인들도 믿지 않고 그를 잡아서 우리나라에 넘겨주었다. 이때에 이르러 국문하니, 남경중과 함께 승복하였다. 남공언은 그들의 도당이었는데 국정(鞠庭)에서의 난언(亂言)이 더욱 흉악하여 아울러 노륙(孥戮)하였다. 남응중의 수급(首級)은 왜관에 매달아 보이도록 명하고, 따로 서계(書契)를[2] 지어 관수왜(館守倭)에게 전하여 약조(約條)를 중히 여기고 교호(交好)를 돈독히 한 뜻을 보이었다.[3]

이 사건 관련자 18명도 참수되었다.[4]

대왕대비(大王大妃)가 하교(下敎)하기를, "이번에 적신(賊臣) 남응중(南膺中)의 지극히 흉패(凶悖)함은 서적(書籍)에도 실려 있지 않을 뿐만 아니라, 부관(釜館)에 몰려 투서(投書)해서 전혀 근거 없는 허황된 말을 지어내어 감히 두 나라에 흔단(釁端)을 얽고자 한 것은 더욱 분완(憤惋)하게 여길 만하다. 만약 관수(館守)가 즉시 깨달아 살펴서 통고하여 압송(押送)하지 않았더라면, 그 군사를 일으켜 신절(臣節)을 어기고 국가를 배반할 흉계(凶計)를 어떻게 엄중히 핵실(覈實)하여 다스릴 수 있었겠는가? 이것이 비록 두 나라 사이에 신의가 미친 바라 하나, 또한 관수의 정성을 다한 단서에 관계되니, 그 조정에서 가상하게 여기는 도리에 있어서 어떻게 격외(格外)의 뜻을 보이는 일이 없을 수 있겠는가? 은자(銀子) 1천 냥을 지부(地部)[호조]로 하여금 동래부(東萊府)에 내려보내어 즉시 관수에게 전해 주도록 하라" 하고, 인하여 이러한 하교로 효유(曉諭)하는 것이 옳다는 뜻을 묘당에 분부하였다.[5]

남공언 등은 내년 2월과 3월 사이에 반드시 난리가 일어날 것이라고 주장했는데, 울릉도에 정근(鄭斤), 태천리(態天里), 이정만(李正萬), 주맹우(朱孟宇) 등의

---

2 서계는 주로 일본과의 교린 관계(交隣關係)에 대한 문서를 말하는데, 일본 사행(使行)의 임무 내용, 사절(使節)과 상왜(商倭)의 구별, 왜구(倭寇) 여부의 식별 등 다양한 역할을 했다.

3 『헌종실록』 헌종 2년(1836) 12월 23일(임신).

4 포청(捕廳)의 죄수 최겸효(崔謙孝) 등 18인을 압송(押送)하여 각각 그 도(道)에서 효수(梟首)하여 사람들을 경계하도록 명하였다. 그리고 그 나머지는 경중(輕重)에 따라 참작하여 처리하게 하였는데, 모두 남응중(南膺中)의 도당(徒黨)이었다. 『헌종실록』 헌종 3년(1837) 1월 17일(을미).

5 『헌종실록』 헌종 3년(1837) 1월 18일(병신).

인물이 군사를 양성하고 있다고 강조했다.[6]

또 남응중(南膺中)은 왜국에 원병을 요청하여 변란을 기도하다가 체포되었다. 외세의 침략에 고통받을 민중에 대해서는 전혀 고려하지 않으며, 민족적 현실에 대한 의식도 발견할 수 없다.

이들은 울릉도에서 양병하고 있다는 소문을 퍼뜨리는 한편 청주성을 공격하여 탈취할 계획이 있다고 인심을 선동했다. 나아가 이들은 일본에 원병을 요청하는 대담한 행동을 취하기도 했다.

한편 남응중사건에서 십승지(十勝地)라는 용어가 등장한다.

남응중이 "제가 진천(鎭川)에 이거하니 대삼동은 십승지(十勝地) 가운데 진천의 서쪽이자 목천의 북쪽이다."라 했습니다.[7]

이 사건에서 십승지(十勝地)라는 용어가 처음 등장한다는 점이 특기할 만하다. 십승지는 현전하는 『정감록』「감결」에 나오는 용어로 풍기(豊基) 차암(車岩) 금계촌(金鷄村), 화산(花山) 소령(召嶺) 고기(古基), 보은(報恩) 속리산(俗離山) 사증항(四甑項), 운봉(雲峰) 행촌(杏村), 예천(醴泉) 금당실(金塘室), 공주(公州) 계룡산(鷄龍山), 영월(寧越) 정동쪽 상류, 무주(戊朱) 무봉산(舞鳳山) 북쪽 동방(銅傍) 상동(相洞), 부안(扶安) 호암(壺岩) 아래, 합천(陜川) 가야산(伽倻山) 만수봉(萬壽峰) 등이 열거되어 있다.

한편 현전하는 『정감록』「남격암산수십승보길지지」에는 풍기 차암 금계촌, 화산 소령 고기, 보은 속리산 아래 증항(蒸項) 근처, 예천 금당동, 운봉 두류산(頭流山) 아래 동점촌(銅店村) 백리 안, 공주의 유구(維鳩)와 마곡(麻谷) 사이, 영월

---

6 『추안급국안』 28권 287책, 「병신역적공언응중경중헌주옥안(丙申逆賊公彦膺中慶中憲周獄案)」(1836. 12.) (아세아문화사, 1978), 146면.

7 矣身移居鎭川, 而其言以爲大三洞卽十勝地中鎭西木北也. 헌종 2년(1836) 역모사건 『추안급국안』 28권 287책, 「병신역적공언응중경중헌주옥안(丙申逆賊公彦膺中慶中憲周獄案)」(1836. 12.) (아세아문화사, 1978), 189면과 208면.

정동쪽 상류, 무주 무풍(舞豊) 북쪽 동굴 옆의 음지, 부안 호암 아래 변산(邊山) 동쪽, 가야산 아래 남쪽의 만수동 등이 열거된다.

승지, 복지 등으로 불리던 명산 또는 피난처가 이제는 열 곳의 승지로 확정 되었다는 점이 특기할 만하다. 즉 이 시기에 이르면 십승지라는 개념과 용어 가 정착되기 시작한 것이다. 이후 십승지는 정감록류의 예언서에 자주 등장하 는 표현으로 부각된다.

한편 헌종 10년(1844)에 정조의 동생이자 철종의 조부인 은언군(恩彦君) 인(䄄) 의 손자를 추대하여 거사를 계획한 민선용(閔先鏞)의 작변이 있었다. 이들은 왕 족을 추대하여 전면에 내세우고 정권 쟁탈의 방편으로 비결신앙을 이용했다.

이들은 동모자(同謀者)를 기록한 의장(義狀)을 만들기도 했으며, 천문과 상술 에 무불통지(無不通知)하다는 주모자 민선용은 거사에 성공하면 판서가 될 수 있다고 사람들을 끌어들였다.[8] 또 민선용은 죽산의 양반 이종락(李鐘樂)을 거사 에 끌어들여 성공하면 판서를 시켜주겠다고 약속했다.

---

8 『추안급국안』 28권 292책, 갑진, 「역적진용원덕등옥안(逆賊晉鏞遠德等獄案)」.

박흥수
사건

68

헌종 12년(1846) 4월 12일에 경상도 상주에 거주하던 남장사(南長寺)의 승려 출신 박흥수(朴興秀)가, 진보현감(眞寶縣監)을 지냈던 이기련(李基連)이 자기 부친의 묘소가 왕후지기(王后之基)라고 주장하며, 부친의 시신이 거의 용(龍)이 될 올해 9월에 거사를 일으키려 한다고 고변(告變)했다.

용마(龍馬)를 구하려고 청송(靑松)의 대자(大字) 지명(地名)이 들어간 곳에 머물던 전석재(全錫才)가[1] 이기련의 선산에서 혈(穴) 자리를 보니 자북지남(自北指南)의 이치이고, 동네 이름이 추동(楸洞)인데 추 자는 목성(木姓)을 지닌 인물이 가을을 맞이하는 이치라고 말했다. 이에 이기련은 마음속으로 기뻐하며 청송에서 기병(起兵)하여 진보현(眞寶縣)으로 쳐들어가려 했다. 그리고 상주 남장사에 옥녀탄금혈(玉女彈琴穴)이 있는데 이 역시 왕후지기(王后之基)라고 주장했다.[2]

---

1 김여송(金如松) 또는 김용득(金龍得)으로 이름을 바꾸기도 했다.

2 李基連, 曾經眞寶縣監, 而其父墳墓 (…) 此是王后之基也. 基連之父尸, 幾盡爲龍, 待今丙年九月, 將欲擧事. (…) 金錫才 (…) 欲得龍馬之意, 而方在靑松大字地名 (…) 基連之山下, 有一載山穴, 理在自北指

전라도 진안(鎭安)과 장수(長水) 사이에 남쪽의 이국(異國)에서 와서 살고 있는 추일경(隹-慶)이라는 자는 산릉(山陵)을 옮긴다는 말을 듣고 기뻐하면서 "천(遷) 자는 서천(西天)이 끝난다는 뜻이고 나의 성(姓)인 추(隹) 자에 산(山)을 더하면 최(崔)자가 된다. 만약 산성(山城)에 들어가면 비록 항우(項羽)라도 사로잡기 힘들 것"이라고 말했다.[3]

이들은 문경(聞慶)의 깊은 산속에 사는 문장군(文將軍)이 이름은 방민(邦閔)이며 엄청난 힘을 가졌는데, 그를 불러들여 추일경을 잡아들이게 하면 영원히 평안한 세월이 한성(漢城)의 궁 앞에 비칠 것이라고 주장했다.[4]

박홍수는 그들이 하늘의 별자리를 이용하여 예언하기도 했다고 진술했다.[5]

또 이들은 김용이(金龍伊), 조득서(趙得瑞) 등이 연루되어 있다고 주장했는데, 이국(異國)은 남쪽에 있으며 나라 이름은 임자(林字)로 시작한다고 했다. 추일경이 말하기를 서울은 서쪽에 있으므로 서천(西天)이 끝난다는 네 글자는 천(遷) 자이며 국운이 병년(丙年)에 불행하게 될 것이라는 의미라고 주장했다.[6]

박홍수는 자신의 꿈에 필성(畢星)이 나타나 "너는 임장군(林將軍)의 영혼이 환생한 몸이고, 조득서(趙得瑞)는 김자점(金自點)의 영혼이 환생한 몸이다. 조득서가 서울에 있으니 하늘이 너로 하여금 조득서를 죽이게 할 것이다."라고 말했다고 고변했다.[7]

여기서 임장군은 인조(仁祖)대의 명장 임경업(林慶業, 1594-1646)을 가리킨다.

南之意也. 其洞名曰楸洞, 楸字, 木姓逢秋之理也. 基連旣經眞寶倅, 則心獨喜自負, 自靑松起兵於眞寶縣 (…) 南長寺有玉女彈琴穴, 此亦王后之基也. 『포도청등록(捕盜廳謄錄)』상(보경문화사, 1985), 137면.

3 全羅道鎭安長水之間, 自南異國來住是在隹哥, 得聞遷山陵, 心獨喜曰, 遷字卽西天已之也. 吾之姓隹字載山, 則崔字. 若入山城, 則雖項羽難可擒之云. 『포도청등록(捕盜廳謄錄)』상(보경문화사, 1985), 137면.

4 聞慶幽谷居文將軍, 名邦閔, 大有膂力. (…) 伏願文將軍, 卽爲招致, 使之捕治, 則萬世長春之日, 永照於 漢城宮前. 『포도청등록(捕盜廳謄錄)』상(보경문화사, 1985), 137면.

5 七星祭以後, 偶接畢星, 來頭事, 果爲預度. 故李基連徐必壽兩人之凶謀奸計, 飢以知得. 『포도청등록(捕 盜廳謄錄)』상(보경문화사, 1985), 137면.

6 異國在南方, 而國名卽林字國名. (…) 京城在於西方, 而西天已之四字, 卽遷字也. 國運丙年不幸. 『포도 청등록(捕盜廳謄錄)』상(보경문화사, 1985), 139면.

7 矣身夢中畢星來言曰, 汝以林將軍之魂魄幻生於世, 趙得瑞以金自點之魂魄幻生於世. 得瑞在方京城, 而 蒼天使女除殺得瑞. 『포도청등록(捕盜廳謄錄)』상(보경문화사, 1985), 139면.

임경업은 김자점의 주장에 의해 역모의 누명을 쓰고 억울한 죽음을 당했던 인물로 알려졌다.

또 박흥수는 승려로 있을 때 10년 동안 일심으로 기도하자 꿈에 필성(畢星)이 나타나 앞일을 알려주는 신비한 일이 있었다고 주장했다. 필성의 정령(精靈)이 청의동자(靑衣童子)나 백의노인(白衣老人)의 모습으로 나타나 전주 사람 김석재가 유방(酉方)에서 용마(龍馬)를 얻어 장차 거사할 때 이용하려 한다고 말해주었다고 주장했다.[8]

금년부터 3년 동안 전쟁이 일어날 것인데 모두 24차례 발생할 것이라고 예언했지만[9] 결국 박흥수는 참수되었다.[10]

8　矣身夢中曾聞畢星之言, 則全州人金錫才, 得龍馬於酉方, 將用擧事之時. 『포도청등록(捕盜廳謄錄)』 상 (보경문화사, 1985), 139-142면.

9　今年爲始, 將至三年兵火, 而二十四次接戰. 『포도청등록(捕盜廳謄錄)』 상(보경문화사, 1985), 139면.

10　포청(捕廳)에서 잡은 요인(妖人) 박흥수(朴興秀)를 효수(梟首)하여 뭇사람을 경계하라고 명하였다. 『헌종실록』 헌종 12년 4월 19일(갑진).

유 흥 렴
사   건

69

헌종이 후사를 두지 않은 채 죽자 당시 정권을 장악했던 김조순(金祖淳, 1765-1832) 일가는, 효명세자의 외가인 풍양 조씨가 득세할 것을 경계하고 자신들의 권력욕을 채우기 위해 헌종의 다음 왕은 순조의 대를 이어야 한다고 주장했다. 결국 그들의 주장에 따라 오랜 귀양 생활과 가문의 몰락으로 인해 자신이 왕손인지도 모르고 성장한 강화도령을 왕위에 앉혔는데, 그가 바로 철종(哲宗)이었다. 철종은 헌종에게 삼촌뻘이 되기 때문에, 삼촌이 조카의 왕위를 이어받는 일이 일어난 것이다. 따라서 철종의 왕권은 약화될 수밖에 없는 태생적 한계를 가지고 출발하였다.

철종 2년(1851) 9월 황해도 문화현(文化縣) 월곡(月谷)에 사는 유흥렴(柳興廉)과 채희재(蔡喜載), 재령(載寧)에 거주하던 기덕우(奇德佑), 영남의 김한두(金漢斗)[1] 등이 소현세자의 후손으로서 황해도 풍천 초도(椒島)에[2] 유배되었던 이명섭(李明

---

1   훗날 김수정(金守禎)으로 이름을 고쳤다.

燮)을 왕으로 추대하고자 하는 변란을 모의하다가, 황해도 장연(長淵)에 살던 고성욱(高成旭)의 고변으로 발각되었다.

이들은 구월산성의 군량과 무기를 얻어 호위군을 포섭하고, 먼저 안악(安岳)과 문화를 점령한 다음 황해도감영을 점령하고 평양에 모여 있는 무리들과 합세하여 서울로 직향한다는 계획을 세워두고 있었다.[3]

또 이들은 병자호란의 원수를 갚기 위해 북벌(北伐)을 하겠다는 진인(眞人)들이 있다고 주장했다.[4]

이들은 금년에는 태백성(太白星)이 한낮에 나타나고 수양산 폭포의 암석이 3번이나 무너졌다고 주장하면서 "이 재변은 일찍이 임진, 병자년에 이미 있었던 조짐이니 이것이 하늘이 준 때가 아니겠는가? 이러한 때를 당하여 일거에 큰일을 일으켜 성공할 수 있다."라고 주변 인물들을 충동하였다.[5]

이들은 풍천(豊川)에 거주하던 이명섭을 괴수로 추대하고 연안(延安)에 살던 김응도(金應道)를 모사(謀士)로 삼았다. 이명섭은 소현세자의 후손이고, 김응도는 재주와 방략을 두루 갖추었고 앞일을 미리 아는 술법을 지녔다고 믿어졌다. 김응도는 당세이인(當世異人)으로도 불렸다.[6]

사건 주동자들은 무기는 구월산성(九月山城)에서 빼앗고, 군량은 무리 가운데 부유한 자들이 많고 또 해상에서 거래하는 곡물을 노략질하면 계속 얻을 수 있다고 주장했다.[7]

---

2   풍천도호부 북쪽 15리 바다 가운데 있는 섬이다. 『신증동국여지승람』 제43권.

3   聚黨一路, 先入安岳, 奪其符, 據其邑, 一路直入監營, 奪其符, 據其邑. 又與平安道平壤所聚群黨, 一時合力, 直犯京師云. 『포도청등록』 상(보경문화사, 1985), 207면. 보다 상세한 관련 기록은 『좌포도청등록』 제8책, 『포도청등록』 하(보경문화사, 1985), 184-234면에 나온다. 이 사건에 대한 개요는 이이화, 「19세기 민란의 조직성과 연계성에 관한 한 연구: 구월산세력과 지리산세력을 중심으로」, 『교남사학』 창간호(영남대학교 국사학회, 1985)에 자세하다.

4   『우포도청등록』 제7책, 「고성욱발고(高成旭發告)」.

5   今年, 太白晝見, 首陽山瀑布巖石, 三番頹落. 今此災變, 曾於壬丙已驗之兆也. 此非天時耶? 當此之時, 一擧可得云. 『포도청등록』 상(보경문화사, 1985), 207-208면.

6   豊川下里坊居李明燮, 卽曾前椒島罪人後孫, 今以推戴爲名, 則言正理順人心響應, 此爲魁首. 謀士則, 延安居金應道, 而才略兼修, 且有前知之術. 『포도청등록』 상(보경문화사, 1985), 208면.

7   至於器機, 在於九月山城, 自可取用. 軍糧則, 同黨中多有富饒者, 且於海上掠取去來穀物, 則亦當繼用云.

또 이들은 구월산성 별장(別將) 최치각(崔致玨), 문화에 살던 정득형(鄭得亨), 신천에 살던 유겸신(柳廉臣) 등이 장군(將軍) 재목이고, 문화에 거주하는 유노원(柳魯元), 유녹균(柳祿均), 유희균(柳喜均), 유기균(柳基均), 기덕우(奇德佑) 형제 등은 재주가 뛰어나 모사(謀士)를 맡을 만하고, 삼공육경(三公六卿)에 오를 인물들은 이미 마련해 두었다고 강조했다.[8]

대청도(大靑島)와 석도(席島) 등 해도(海島)에서 무리를 모아 각처의 동모자(同謀者)들이 한꺼번에 모여 거사할 계획이었다.[9]

또한 이들은 국가의 정세가 매우 위험한 지경이지만 머지않아 태평성세가 이루어질 것이라고 주장했다.[10] 나아가 이들은 약물을 몸에 지니면 호풍환우(呼風喚雨)하고 환술을 부릴 수 있다고 강조했다.[11]

유흥렴은 구월산 근처에 초당(草堂)을 짓고 요술(妖術)을 공부하던 인물이다. 그리고 기덕우의 본명은 동흡(東洽)이다. 그는 농업에 종사하면서 재령(載寧) 장수산(長壽山)에 인삼을 키우는 한편, 초당을 짓고 주역, 서전, 중용, 대학, 술서(術書), 마의상서(麻衣相書), 지리정경(地理正經), 천문초(天文草) 등을 3년 동안 공부했다. 그는 지관(地官)으로 불렸다.[12] 기덕우는 일찍이 고을의 삼정(三政) 문란 문제를 해결하기 위해 서울에 가서 격쟁(擊錚)을 시도하기도 했으나 궁궐 문지기에게 박대받고 쫓겨났다.

기덕우에게는 풍문을 듣고 찾아오는 술객들이 많았는데, 그 가운데 함경도 함흥에서 온 박가(朴哥)와는 점리(占理)와 산천승지(山川勝地)에 대해 이야기했

『포도청등록』 상(보경문화사, 1985), 208면.

8 『포도청등록』 상(보경문화사, 1985), 208면. 그 이외에도 차주부(車主簿), 주순장(朱巡將) 등 이름이 밝혀지지 않은 영남(嶺南) 사람도 포함되어 있었다. 『포도청등록』 상(보경문화사, 1985), 222면.

9 海島中亦有聚黨, 各處同謀人, 一時聚會, 則不卜日擧事是如云. 『좌포도청등록』 제8책, 『포도청등록』 하(보경문화사, 1985), 185면.

10 見今國勢民情, 將至朝夕難保之境. 『포도청등록』 상(보경문화사, 1985), 220면.
世事不成說矣. 生民無支保之望, 而不久當逢堯舜時. 『포도청등록』 상(보경문화사, 1985), 250면.

11 所謂藥物, 一佩身邊, 呼風喚雨, 變幻非常. 『포도청등록』 상(보경문화사, 1985), 209면.

12 『포도청등록』 상(보경문화사, 1985), 244면.

다. 박가가 말하기를 "서남해에 전횡도가 있는데 명나라 말기에 남경의 사족들이 난리를 피해 이 섬에 들어왔다. 백성들이 많고 태반이 왕씨와 정씨인데 실로 살 만한 땅이다."라 했다.[13]

박가는 7-8년 전에 풍랑을 만나 표류하다가 전횡도에 들어가 보았다고 주장했다. 이에 기덕우는 배를 구입하고 뱃사공 3명을 사서 전횡도를 찾아보았지만 풍랑을 만나 표류하다가 겨우 살아왔다.

한편 풍기에 사는 정가가[14] 찾아와 "풍기 소백산 아래에 산다는 이름을 알 수 없는 정가가 초당을 찾아왔는데 (…) 정가가 말하기를 '내가 산천을 두루 돌아보았는데 승지(勝地)가 많이 있으나 남해 금병도(錦屛島)의 형국이 아주 뛰어나고 생활하기가 매우 좋으니 실로 가히 살 만한 땅이다.'라 했습니다."라 했다.[15]

이들은 16세의 정도화(鄭道和)가 금병도에 살고 있다고 주장했다.[16] 이는 정씨 진인이 남해의 섬에 실존하고 있으며 곧 출병할 것이라는 진인출현설과 남조선신앙의 한 형태이다.

한편 김응도는 강화도 마니산에서 10년 공부를 통해 국가의 흥망성세와 사람의 운명 등을 알 수 있다고 주장했으며,[17] 주역(周易)을 20여 년 동안 공부하여 전후의 모든 일을 알고 있고 신병(神兵)을 부릴 수 있다고 주장했다.[18]

김응도는 스스로 이인(異人)이라고 칭했으며 지술(地術)에 대해 해박한 지식을 지녔고 옥황상제(玉皇上帝)가 자기 몸에 강림해서 술수를 가르쳐준다고 주장했다.[19] 또 김응도는 "헌종이 승하할 무렵에 국내 정세가 어지러우면 정가(鄭

---

13 朴生曰, 西南海中有田橫島, 而大明末, 南京士族, 避入此島. 民戶甚多, 而太半是王鄭兩姓, 果爲奠居之地. 『포도청등록』 상(보경문화사, 1985), 210면.

14 풍기의 정가가 정씨가 아니라 이씨(李氏)이며, 별호가 운산(耘山)이라는 진술도 있다.

15 豊基小白山下居, 名不知鄭哥來到草堂. (…) 鄭生曰, 吾周覽山川, 多有勝地, 而南海錦屛島, 形局絶勝, 生理甚好, 實是可居之地. 『포도청등록』 상(보경문화사, 1985), 210면.

16 其時十六歲童子, 名是道和, 居在錦屛島云. 『포도청등록』 상(보경문화사, 1985), 222면.

17 余在江華摩尼山, 十年工夫, 習於山陰影數, 國之興亡, 人之死生, 時之雨暘, 別無違劃. 『포도청등록』 상(보경문화사, 1985), 211면.

18 應道, 十年前, 入往江華, 習誦周易, 自稱前後事, 無不知之. 且能用神兵. 『포도청등록』 상(보경문화사, 1985), 251-252면.

哥)가 이때를 틈타 남(南)에서 일어날 것이다."라고 말했다.[20]

헌종 15년(1849) 7월 무렵에 이명섭을 찾아온 김응도는 "내년 정월에 청나라 선종(宣宗)이 죽을 것이고, 계축년에 청나라가 나라를 잃고 동쪽 우리나라로 건너올 것이다. 이때 충의로운 사람들을 규합하여 대사를 도모하면 병자호란의 원수를 갚고 태조의 기업을 이을 수 있을 것이다."라 했다.[21] 즉, 이들은 계축년(1853)에 청나라가 망하고 청나라 사람들이 우리나라로 건너올 것이므로 충의로 일어나 물리치자는 말로 동모자를 포섭하였다.

김응도가 이명섭에게 전해주었다는 비결 12구(句)도 전한다.[22]

이현도(李顯道)의 증언에 따르면 이명섭과 김응도가 삼정(三政)의 폐막(弊瘼)에 대해 일장 연설을 했다고 전한다.[23] 그런데 이명섭은 풍천에서 체포되어 서울로 압송되던 중 평양에서 병으로 죽고 말았다. 또 유희균(柳喜均)의 아들인 유흥렴은 도망쳤다.

김재익(金在益)과 김재욱(金載旭)은 문화현의 아전이었다. 고성욱은 고경명(高敬命, 1533-1592)의 9대손으로 경상도 상주군에서 태어났으나, 일찍이 부모를

---

19 自稱異人, 且曰, 渠術數, 玉皇上帝, 降臨于身邊, ──指敎云. 『포도청등록』 상(보경문화사, 1985), 221면, 『포도청등록』 상(보경문화사, 1985), 249면. 『좌포도청등록』 제8책, 『포도청등록』 하(보경문화사, 1985), 199면.

20 目今我東人心, 則嶺表有鄭哥做事, 松都有王哥結黨, 王哥數次送人於我. 而其不合義理, 故不許窮思. 宗社之策, 則以天理人心言之, 江華伸雪之後, 昭顯後孫, 當有伸雪之道. 然而憲宗昇遐時, 慈聖殿下尙在, 故迎立當宁. 若內外離散, 上下紊亂, 如此之時, 鄭哥乘時起於南, 王哥因利居中, 太祖五百年基業, 竟至無主, 爲太祖臣民者, 莫不慷慨. 況太祖之血肉乎? 『좌포도청등록』 제8책, 『포도청등록』 하(보경문화사, 1985), 187면.

昭顯後孫, 當有伸雪之道 (…) 當宁, 若內外離散, 上下紊亂, 如此之時, 鄭哥乘時, 起於南, 王哥因利居中, 太祖五百年基業, 竟至無主, 爲太祖臣民者, 莫不慷慨, 況太祖之血肉乎? 『포도청등록』 상(보경문화사, 1985), 211면.

21 來正月, 必然道光死. 癸丑年間, 淸人失國, 而東渡我地. 於此之時, 當身延結忠義, 略定大事, 延繫淸人之敗渡, 則丙子之仇報, 而太祖之業繼矣. 『포도청등록』 상(보경문화사, 1985), 211면. 도광(道光)은 청(淸) 나라 선종(宣宗)의 연호이다. 선종은 철종 1년(1850) 5월에 붕어(崩御)했다. 계축년은 철종 4년(1853)이다.

22 風塵一夕忽南侵, 天命潛移四海心, 鳳返丹山紅日遠, 龍歸滄海碧雲深, 紫微無像星有拱, 玉漏無聲水自沈, 遙想禁城今夜月, 六宮須望翠盖臨, 誰將爪甲倒作碧, 天痕流落江湖裡, 魚龍不敢呑忍負, 神宗皇帝德何顔. 『포도청등록』 상(보경문화사, 1985), 228면.

23 『좌포도청등록』 제8책, 『포도청등록』 하(보경문화사, 1985), 224면.

여의고 혈혈단신으로 의탁할 곳이 없어 전라도 부안에 있는 7촌 숙부 집에 머물며 의술(醫術)을 익혔다. 이후 그는 황해도 장연(長淵)에 살면서 약국을 경영했다.[24] 이 사건에 연루된 정술익(鄭述益)도 약업(藥業)에 종사했다. 그리고 이들과 연루되었다는 성월당(聲月堂) 또는 성월당(聖月堂) 대신 엉뚱하게 구월산 도솔암(兜率庵)의 충국(忠國)이라는 승려가 잡혀와 심문당하기도 했다.

병이 낫기 위해 구월산에 들어가 경(經)을 읽고 기도하던 박두서, 이낙첨, 곽동환, 이동직 등도 이 사건에 연루되었다는 의심을 받아 체포되어 조사받았다. 구월산에 장사들이 모여서 거사를 모의하고 있다는 소문이 났기 때문이다.

이들이 주장한 요술은 버드나무 인형을 만들어 주인 없는 무덤에 묻은 후 매일 밤 그들을 부르는 것이었다. 버드나무 인형이 공중에서 응답하면 요술을 성취한 것으로 보았다. 이 버드나무 인형을 이용해 호풍환우하고 신병(神兵)을 부릴 수 있다고 주장했다.[25] 또 이들은 입산해서 술법을 익혀 성공하면 산과 강을 건널 수 있고 돈과 곡식을 생기게 할 수 있으며, 신병(神兵)의 말을 사용할 수 있다고 강조했다. 신병을 부려 대사를 도모할 수 있다고 믿었던 것이다.[26]

변란을 모의하기 시작한 것은 유흥렴이 기덕우를 찾아와 거사를 일으키자고 권유한 헌종 12년(1846) 무렵이었다. 이들은 1853년에 청나라가 멸망하면 청나라 사람들이 우리나라로 건너올 것이므로 충의로써 결합하여 물리치자는 말로 동지들을 규합하였다.

주모자 유흥렴은, 자신은 병자호란 때 전사한 충신의 후손으로서 평소에 북벌(北伐)을 꿈꾸고 있었으며, 서남해 가운데에 전횡도(田橫島)라는 섬이 있는데 이곳에는 명나라 말기에 남경에서 살던 사족(士族)들이 많이 피난해 있으므

---

24 『포도청등록』 상(보경문화사, 1985), 207면.

25 所謂妖術, 以柳木作爲人形, 暗埋于無主古塚後, 不顧風雨, 每於夜半呼之, 而柳木童, 而彼空中若有應答, 則此是厥術之成就者也. 於是乎, 使柳木童, 呼風喚雨, 能用神兵云云, 詳載於術書中『포도청등록』 상(보경문화사, 1985), 260면.

26 入山學術, 而畢竟成功, 則可以移水移山, 又爲錢穀自生, 能用神兵之語, 俱載於文書中 (…) 矣身能用神兵, 則當爲擧兵大事可圖『포도청등록』 상(보경문화사, 1985), 261면.

로, 병자호란의 원수를 갚기 위해서는 이들과 연계할 필요가 있다고 주장했다.

이들은 구월산 산성별장으로 있던 최치각(崔致珏)과 송도의 부유한 상인이었던 백대현(白大顯), 임치수(林致守) 등과 연계를 시도했으며, 석도(石島)와 대청도(大淸島) 등지에서 어업과 염전을 경영하거나 해상에서 세미를 수송하는 배를 탈취할 계획까지 세우는 대담함을 보였다. 또 황해도, 경상도, 평안도, 강원도, 충청도 등 전국 각지에서 개별적인 인맥이나 인척을 끌어들여 세력을 규합하였다. 주모자인 유흥렴은 오래전부터 황해도, 평안도, 경상도, 충청도까지 두루 돌아다니며 동조자를 모았다.

이들은 거사에 성공하면 각기 차지할 관직인 삼공(三公), 육경(六卿) 등을 미리 정해두었으며, 병자호란의 원수를 갚고 태조의 창업을 이을 것이라는 명분을 내걸기도 했다.

그러나 결국 동모자 고성욱의 고발로 이 모의는 사전에 탄로가 났고, 채희재 등 50여 명이 체포되어 이들의 거사 계획은 불발로 끝나고 말았다.

이 사건의 동모자 가운데 금병도에 사는 정도화라는 인물이 등장한다. 이는 "해도(海島)에서 정진인(鄭眞人)이 나온다."는 『정감록』「감결」의 내용과 관련이 있는 것으로 보인다.

채희재는 황해도 백성들의 결폐(結弊), 환폐(還弊), 군폐(軍弊)를 고발하기 위해 헌종 14년(1848) 5월경에 서울로 올라갔지만, 대궐을 지키는 군인들에게 체포되어 뜻을 이루지 못한 적이 있었다. 그는 울릉도에 적당(賊黨)이 둔취(屯聚)하고 있으니 사람을 파견해 알아보자고 주장했고, 서해의 섬에도 적도(賊徒)들이 있다고 강조했다.

마침내 채희재, 김응도, 기덕우 등이 주살되었다.[27] 그러나 사건 주모자였던 유흥렴은 도망치고 말았다.

---

27 죄인 채희재(蔡喜載)가 복주(伏誅)되었는데 모반대역부도죄(謀反大逆不道罪)였다. 11월 3일(갑인)에는 죄인 김응도(金應道), 기덕우(奇德佑)가 복주(伏誅)되었는데 모반대역부도죄였고, 최치각(崔致珏)은 정상(情狀)을 알고도 고하지 않은 죄였다. 『철종실록』 철종 2년(1851) 10월 26일(무신).

철종 4년(1853) 10월에는 두만강 하구의 서수라(西水羅)로 도주했던 유흥렴과 서울로 도주했던 영천 사람 김수정(金守楨, 일명 金漢斗)이, 차력사이자 약장수인 최봉주(崔鳳周), 홍영근(洪榮瑾), 이규화(李奎和) 등과 함께 함경도 단천(端川)에 유배 중이던 이명섭의 동생 이명혁(李明赫)을 내세워 다시 거사하려 했다.[1] 이들은 서북 지방의 별부료군(別部料軍)과 삼남의 세력을 규합하여 거사를 계획했다.

홍영근(洪榮瑾)은 이규화(李奎和), 최봉주(崔鳳周), 김수정(金守楨) 등과 함께 소현세자(昭顯世子)의 후손인 이명혁(李明赫)을 추대하여 반역을 도모하려다가 발각되어 지정불고죄로 복주(伏誅)되었다. 이에 앞서 철종 2년(1851)에 채희재(蔡喜載), 김응도(金應道) 등이 초도(椒島)에 귀양 중인 이명혁의 형 이명섭(李明燮)을 추대하려고 도모하였는데, 고성욱(高成旭)의 밀고로 체포되어 이명섭은 서울로 오던 도중에 병사(病死)하였고, 채희재와 김응도는 능지처사를 당했다. 이때 이

---

[1] 이 사건에 대한 개요는 이이화, 「19세기 민란의 조직성과 연계성에 관한 한 연구: 구월산세력과 지리산 세력을 중심으로」, 『교남사학』 창간호(영남대학교 국사학회, 1985)에 자세하다.

명섭의 동생인 이명혁은 함경도 단천(端川)에 정배되었는데, 철종 4년(1853)에 그 잔당인 홍영근, 이규화, 최봉주, 김수정 등이 이명혁을 추대하여 반역을 꾀하였다.

이들은 2년 전의 구월산 거사 계획이 실패한 요인을 첫째, 한양에서 거리가 너무 멀었고, 둘째, 거사에 동원한 주력 부대도 한양에 있는 중앙 관군이 아니라 구월산성의 호위군에 불과했고, 셋째, 시기가 미성숙했기 때문이라고 분석했다.[2]

> 영부사(領府事) 정원용(鄭元容) 등이 말하기를 (…) 김수정(金守禎), 홍영근(洪榮瑾), 최봉주(崔鳳周)를 잡아다 조사한 초안(招案)에 정절(情節)이 거의 죄다 탄로(綻露)되었으니, 이제 마땅히 끝까지 핵실하여야 하는데 (…) 하교하기를, "추국(推鞫)하도록 하라." 하였다.
> 난신적자가 예로부터 어디 한이 있었겠습니까마는, 어찌 홍영근(洪榮瑾)처럼 극도로 흉악하고 패악한 자가 있겠습니까? 그는 본래 귀신과 물여우 같은 음흉한 성품으로 평소에 효경 같은 배은망덕한 심보를 길러 왔습니다. 김수정(金守禎)과 친밀하게 지내 죽음을 함께하는 당을 결성하였고, 최봉주(崔鳳周)를 불러들여 서로 한집안 식구처럼 지내면서 일을 꾸미고 모의하여 의견을 하나로 맞추었습니다. 남산에서 재이(災異)를 두고 논의하면서[3] 참혹하고 패역스러운 말을 함부로 하였고, 북쪽 유배지에서 기화(奇貨)를 보고는[4] 업어 오자는 말을 앞장서서 하였습니다. 그가 미리 준비한 것은 무사를 불러 모으는 것이었고, 시행을 계획한 것은 밤을 틈타 불로 공격하는 것이었습니다. 그런데 오직 그는 교활하게 말을 꾸며대고 독하게 형장을 참으면서 난역(亂逆)의 단서를 다 실토하지 않았습니다. 비록 그러나 흉악하고 참혹한 정절은 관여되지 않은 것이 없으니, 귀신과 사람이 모두 분하게 여기고 천지 사이에 용납되기 어려운 자로 만 번 죽여도 오히려 처벌이 가볍습니다. 국법이 이미 시행되기는 하였습니다만 당사자만 처벌함으로써 너무 가볍게 처벌하는 잘못을

---

2 배항섭, 「변란의 추이와 성격」, 『한국사』 36권(국사편찬위원회, 1997), 348쪽.

3 홍영근의 집이 남산 아래에 있었는데, 철종 4년(1853) 10월에 김수정, 최봉주 등이 홍영근의 집에 모여 7월에 혜성(彗星)이 나타난 이변을 두고 논의한 것을 말한다.

4 북쪽 유배지는 함경도 단천(端川)을 말하고, 기화(奇貨)는 철종 2년(1851)에 일어난 채희재의 역모사건으로 인해 단천에 유배된 소현세자의 후손인 이명혁을 말한다.

범해서는 안 됩니다. 모반대역부도지정불고죄인(謀反大逆不道知情不告罪人) 홍영근에게 속히 노륙의 형전을 시행하소서.[5]

이 사건과 관련된 경상도 영천(永川)에 살던 청류선생(淸流先生) 김수정은 지술(地術)에 정통했고 유업(儒業)에 종사했던 인물로서 헌종 10년(1844)에 향시에 장원급제하였다.[6] 김수정이 "세상이 장차 어지러워질 것이다."라고 말했다.[7]

이들은 북도(北道)에 별부료군(別付料軍)[8] 수백 명이 있고 그 수하에 삼남(三南)의 용력자(勇力者) 백여 명이 있다고 주장했고, 거사할 때 서북 지방의 별부료군을 동원하여 종로에 방화한 후 혼란을 틈타 궁궐을 장악한다는 계획을 세웠다.

김수정은 최봉주에게 "재작년 구월산 적도와 작년 일월산 적도는 경솔하게 거사를 모의하려다가 스스로 일을 그르쳤다."고 말한 적이 있다.[9] 이는 그가 2년 전 구월산 거사가 실패한 후에도 일월산에서 다시 변란을 도모했었다는 사실을 알려준다. 일월산 거사는 아마도 철종 3년(1852) 7월에 정우룡이 울릉도의 적도와 연결하여 기도했던 거사 계획과 관련이 있는 듯하다.

유홍렴은 서수라(西水羅)의[10] 마전창(馬田昌)이라는 사람의 집에 숨어 있는데 동맹을 맺었다고 주장했다.

또 이 사건 주모자의 한 사람인 최봉주는 민생이 곤궁함을 보고 세상을 건질 뜻을 지녔다고 진술했다.[11] 그는 하루에 오백 리를 갈 수 있고 수천 근을 들 수 있는 힘을 가진 차력술을 지닌 인물로 알려졌다.[12]

---

5 『철종실록』 철종 4년(1853) 10월 22일(계사).

6 『포도청등록』 상(보경문화사, 1985), 262면.『좌포도청등록』 제9책,『포도청등록』 하(보경문화사, 1985), 240면, 249면에도 이 사건 기록이 실려 있다.

7 世將亂矣.『좌포도청등록』 제9책,『포도청등록』 하(보경문화사, 1985), 241면.

8 별부료는 조선시대 총융청(摠戎廳)과 용호영(龍虎營)에 딸린 무관직의 하나이다. 원래 함경도와 평안도에서 뽑아온 군관으로서, 경상비가 아닌 별도 비목에서 요(料)를 주었으므로 이런 명칭이 생겼다.

9 「신석범고변(申錫範告變)」,『포도청등록』 하(보경문화사, 1985), 242면.『추안급국안』 295책,「역적수정등옥안(逆賊守禎等獄案)」, 720면.

10 함경도 경흥도호부 남쪽 80리에 있다.『신증동국여지승람』 제50권.

11 民生困窮, 果不無濟世之意.『포도청등록』 상(보경문화사, 1985), 263면.

최봉주 역시 이전부터 함흥과 동래 등지를 편력하면서 동지를 규합해 왔는데, 영남과 함경도 지방에 산재해 있는 차력사들이 거사에 합세할 것이라고 주장했다.

이들은 세장불구지설(世將不久之說)과 혜성지재(彗星之災), 화공편리(火攻便利) 등의 참언을 퍼뜨리면서 거사에 성공하면 이명혁을 왕으로 추대하고, 김수정은 병조판서가 되며, 최봉주는 삼도통제사(三道統制使)가 될 것이며 그 외에 동조한 자들에게도 관직을 나누어줄 것이라는 말로 동지를 모았다.[13]

그러나 이 모의도 자금 마련을 위해 끌어들였던 전직 군교(軍校)이자 부상(富商)인 신석범(申錫範)의 고발로 인해 실패하였다. 김수정은 참수당했고, 최봉주는 영암의 추자도로 정배되었다.[14] 또 이명혁(李明爀)은 제주목(濟州牧)에 안치(安置)하는 율(律)을 베풀고, 최봉주(崔鳳周)는 원악도(遠惡島)로 자신에 한하여 정배(定配)하되 물간사전(勿間赦前)하라고[15] 명하였다.[16]

의금부(義禁府)에서 아뢰기를, "이명혁(李明爀)은 제주목(濟州牧)에 안치(安置)하고, 최봉주(崔鳳周)는 영암군(靈巖郡) 추자도(楸子島)에 감사안치(減死安置)하였으며, 이규화(李奎和)는 나주목(羅州牧) 흑산도(黑山島)에 자신에 한하여 정배(定配)하였습니다." 하였다.[17]

그러나 이 사건은 그대로 끝나지 않았다. 무려 14년이 지난 고종(高宗) 14년(1877)에 최봉주는 유배된 상태에서 다시 한 번 변란을 시도하였다. 유배지인 추자도에서 추왕(楸王)으로 불리며 주민들의 추앙을 받던 최봉주는 고종 10년(1873)에 전라도 능주로 이배(移配)되었다. 그곳에서 그는 자신과 마찬가지로 변

12 崔鳳周之日行五百里, 力擧數千斤之說 (…) 賣藥借力之說 『포도청등록』 상(보경문화사, 1985), 266면.
13 『추안급국안』 295책, 695면, 705면, 718면.
14 『철종실록』 철종 4년(1853) 11월 26일(정묘).
15 물간사전은 사령(赦令)이 내리기 전에 지은 죄는 사령이 내리면 사면(赦免)되는 것이 상례(常例)이지만, 특수한 죄에 대해서는 사령 이전에 지은 것이라도 사면을 받지 못하게 한 것이다.
16 『철종실록』 철종 4년(1853) 11월 25일(병인).
17 『철종실록』 철종 4년(1853) 11월 27일(무진).

란을 기도했다가 유배된 상태였던 장혁진(張赫晋), 이사원(李士元) 등과 모의하여 호남과 영남 각지의 세력을 끌어들여 다시 한 번 변란을 기도했다.

다음은 고종 9년(1872) 6월의 기록이다.

옥에 갇혀 있는 죄인 심담응(沈聃應), 김응연(金應淵), 임근실(林根實), 장혁진(張赫晋), 이사원(李士元), 험찰(驗察)은 우선 모두 대구영장(大邱營將)으로 하여금 형틀에 묶어서 압송하도록 하고, 강나루에 도착하거든 왕부(王府)에서 도사를 파견하여 잡아오도록 하라. 남간(南間)의 죄수 중에 고변한 사람 방도혁(方道爀)도 데려오게 하고, 그 나머지 죄인은 우선 그대로 가두어 두도록 분부하라." 하였다.[18]

원래 이 사건의 주모자는 유흥영(柳興榮)이었는데, 체포되기 전에 죽었다.

난신적자가 예로부터 한이 없이 많았겠지만 어찌 오늘날에 유흥영(柳興榮)과 같은 극악한 역적이 있었겠습니까? 그는 훌륭한 할아버지를 둔 후손으로, 높은 벼슬을 세습해 왔고 (…) 그는 (…) 명화적(明火賊)이 되어 재물 빼앗기를 가정에서부터 시작하여 국가에까지 이르렀으며, 총칼을 소지하고서 제 몸은 숨긴 채 남을 제거하기도 하였습니다. 심지어는 장사(葬事)를 빙자하여 사람을 모집하였으니 그 계획이 흉참스러웠으며, 군사를 규합하여 군읍을 침범하였으니 착상이 음흉하였습니다.

비류(匪類)들과 짜고 한 패거리가 되어 종이에다가 '부시(負柴)'라는 군호(軍號)를 적어준 것은 흥영(興榮)이 배포해 준 것이었으며, 칠곡(漆谷)과 안동(安東)에서 서로 협응하도록 약속한 것도 역시 흥영이 계획한 것이었습니다. 이는 패거리를 불러 모은 녹림당(綠林黨)보다 더 심한 면이 있으며, 백련교도들이 무리를 규합한 것과도 일치됩니다. (…) 천벌을 내리기도 전에 귀신의 주벌(誅罰)이 먼저 가해져서 그로 하여금 지레 죽게 하고 말았습니다. (…) 심담응(沈聃應)은 손발을 잘도 맞추었고 장혁진(張赫晋)은 잘 돌보아 주었으며, 혼인 관계에는 이사원(李士元)이 연루되었으며, 모임의 참석에는 임근실(林根實)이 함께 거들었습니다.[19]

심담응은 전라도 나주목 지도(智島)로, 김응연은 영광군 임자도(荏子島)로, 임근실

---

18 『승정원일기』 고종 9년(1872) 6월 7일(경신).

19 『승정원일기』 고종 9년(1872) 6월 28일(신사).

은 부안현 위도(蝟島)로, 장혁진은 강진현 신지도(薪智島)로, 이사원은 진도부 금갑도(金甲島)로, 험찰은 강진현 고금도(古今島)로 모두 정배하고, (…)[20]

장혁진은 봉화 출신이고 이사원은 칠곡 출신이다. 고종 9년(1872) 6월에 안동의 명문세가였던 유홍영 등과 함께 안동, 경주, 진주, 가산 등 네 곳에서 동시에 거사를 일으켜 대구를 공격하려는 변란을 모의하다가 탄로가 나서 유배된 인물들이다.

고종 14년(1877) 10월에 전라도 진도군(珍島郡)에 사는 이기집(李奇執, 당시 40세)과 평해(平海)에 사는 김치호(金致浩, 당시 36세)가 고변했다. 진도에 유배되었던 송지국(宋持菊)은 유배에서 풀려난 후 흥양(興陽)에 머물렀고, 고종 13년(1876)에 장혁진은 흥양으로 이배(移配)되었다.[21]

최봉주가 이들을 찾아와 또다시 거사를 계획했다.

박시화(朴時和)라는 사람이 진도(珍島)에서 선박업을 하는 이기집(李奇執)을 찾아와 동래의 왜미(倭米) 수백 석과 만 냥을 배로 옮겨주면 뱃삯을 줄 것이라고 제의했다. 이를 구실로 삼아 거사에 필요한 자금을 확보하고자 했다.

또 강진병영의 아전들에게 그들의 죄상을 적은 글을 보내 협박하여 자금을 마련하고자 했으며, 순천에 사는 진사 이명칠(李明七)에게 돈 천 냥과 쌀 100석을 요청하였다가 거절당하기도 했다.

이때 장혁진(張赫晉)은 "북방에 붉은 기운이 있으니 우리나라에 불길하다. 금년 3월 8일은 임진일(壬辰日)인즉 우리나라에 액운이 있을 것이다."라는 말로 민심을 동요시키고, 화적(火賊)을 가탁하거나 장례를 치른다는 명목으로 사람들을 모았다. 이들은 십여 년 전부터 군기와 군복 등을 갖추어 변란을 준비했다.[22]

당시 이들은 "남조선(南朝鮮)이 장차 우리나라를 침공할 것이니 이재궁궁(利

---

20 『승정원일기』 고종 9년(1872) 6월 29일(임오).

21 『승정원일기』 고종 13년(1876) 3월 7일(기해).

22 「호남역모발고」, 『포도청등록』 하(보경문화사, 1985) 『추안급국안』 29권 309책, 「역적심담응등국안(逆賊沈聃應等鞫案)」.

在弓弓)하다."는 말을 퍼뜨려 민심을 동요시켰다.[23] "남조선이 우리나라를 침공할 것이다."라는 주장은 이른바 남조선신앙의 한 표현이다. 남쪽 조선에서 진인이 출현하여 새 왕조를 세울 것이라는 말이다. 이재궁궁은 현전하는『정감록』에 나오는 표현이다.

또 장혁진이 이기집에게 "남조선이 장차 우리나라를 침범하면 우리들이 거사하여 모두 영웅이 될 것이다. 그대 또한 나를 좇아 함께 일을 도모하지 않겠는가? 내가 그대를 만난 것은 옛날 유비가 장비를 만난 것과 다름이 없다."라 했다.[24]

한편『정감록』에 나오는 진인(眞人)과 관련된 글귀를 살펴보면 다음과 같다. 인용 서적은 안춘근의『정감록집성(鄭鑑錄集成)』(아세아문화사, 1981)이며, 괄호 안의 숫자가 해당 면수를 나타낸다.

> 「유산결(遊山訣)」"진인이 남도(南島) 가운데로부터 온다.〔眞人自海島中來矣.〕(28면)",
> "정씨가 해도(海島)에서 출현한다.〔鄭氏出於海島中.〕(29면)"
>
> 「오백론사(五百論史)」"성인이 남쪽에서 태어난다.〔聖人生南.〕(412면)", "진인이 남쪽에서 나온다.〔眞人南出.〕(413면)"
>
> 「경주이선생가장결(慶州李先生家藏訣)」, 「토정가장결(土亭家藏訣)」"이때 정씨가 해도(海島)의 병사를 통솔한다.〔此時, 奠邑率海島之兵.〕(447면)", "곧바로 금강을 건너온즉, 천운(天運)이 돌아와 융성하리라.〔直渡錦江則, 天運回泰.〕(459면)"
>
> 「서계이선생가장결(西溪李先生家藏訣)」"이인이 남쪽에서 온다.〔異人南來.〕(472면)", "진인이 남(南)을 건너온다.〔眞人渡南.〕(473면, 797면)"
>
> 「징비록(徵秘錄)」"진인(眞人)이 남해(南海)로부터 나와서, 계룡(鷄龍)에 왕업(王業)을 이룰 것이다.〔眞人自南海而來, 鷄龍創業.〕(486면)"
>
> 「운기구책(運奇龜策)」"신유년간에 성인이 바다로부터 나오니, 천명이 정씨에게 내려져 나라를 이루어 17세 520년 동안 유지하리라.〔辛酉間聖人出海,

---

23 『좌포도청등록』, 제17책, 『포도청등록』 하(보경문화사, 1985) 584-593면.
24 南朝鮮將侵我國, 而在座之吾輩擧, 皆英雄. 君亦從我同事乎? 我之逢君, 無異於玄德之逢翼德也. 『좌포도청등록』 제17책, 『포도청등록』 하(보경문화사, 1985) 584면.

天命啓鄭, 享國十七世五百二十年.〕(498면)", "진인이 남해로부터 와서, 계룡산에 창업하리라.〔眞人自南海來, 鷄龍山創業.〕(502면)"

「요람역세(要覽歷歲)」 "개국 초에 진인이 어느 곳으로부터 세상에 나올 것입니까? 처음에 제주로부터 와서 다시 전라도에 이른 다음, 남(南)으로부터 올 것이니라.〔國初眞人從何而出世乎? 初自濟州而更至全羅, 而自南而來.〕(527면)", "진인이 제주도의 명도에서 출현하니, 성은 정이요, 이름은 도인이며, 자는 인감이요, 병진생이리라.〔眞人出濟州道, 鳴島, 姓鄭名道仁, 字仁鑑, 生丙辰.〕(529면)"

「동차결(東車訣)」 "임진년간에 직주(直主)가 해도(海島)로부터 출현하리라.〔壬辰直主出於海島中.〕(555면)", "진사년간에 진왕(眞王)이 해도에서 나오리라.〔辰巳之年, 眞王出海島中.〕(565면)"

「감결(鑑訣)」 "계해년에 진인이 남(南)에서 출현하여, 화산(花山)에 도읍을 정하리라.〔癸亥眞人南出, 國都花山.〕(578면)", "이인이 남쪽으로부터 오리라.〔異人南來.〕(590면)"

「감인록(鑑寅錄)」 "세 대장이 바다에서 출현하리라.〔三大將出自海中.〕(615면)", "성인이 남쪽에서 나오리라.〔聖人出南.〕(622면)"

「정이감여론(鄭李堪輿論)」 "정씨(鄭氏)가 해도(海島)에서 일어나리라.〔鄭起於海島.〕(620면)"

「비결집록(秘訣輯錄)」 "정씨가 남해도(南海島)에서 나오리라.〔鄭氏自南海島中來矣.〕(830면)", "직인(直人)이 남해도에서 나와서, 곡종(穀種)을 삼풍(三豊)에서 구하고, 인종(人種)을 양백(兩白)에서 구하리라.〔直人自南海島中來矣, 求穀種於三豊, 求人種於兩白.〕", "성인이 남(南)에서 나오리라.〔聖人南來.〕(853면)"

위의 인용문이 이른바 남조선신앙과 관련된 『정감록』의 기록이다. 남조선신앙은 진인출현설과 비슷한 예언 또는 비결이다.

김치호는 예안읍(禮安邑) 주점에서 봉화(奉化)에 살던 장혁진을 만났다. 수백 명이 모여 추도(楸島)에 들어가 거사를 모의했다.

나아가 이들은 이우수(李祐秀)의 말 무리를 모아 먼저 추도(楸島)〔추자도〕를 점령하고, 다음에는 제주도를 함락한 후 그곳은 적당한 인물에게 맡기고, 바다를 건너 배를 타고 한편은 이진(梨津)으로, 한편은 남포(南浦)로, 또 한편은 진도

(珍島)로 진격하여 육지로 나온다는 계획을 세웠다.

또 이들은 "진격할 때 깃발에 손으로 지형을 그리는데 궁자(弓字)와 같은데, 이는 이른바 이재궁궁(利在弓弓)이기 때문이다."라고 진술했다.[25] 이재궁궁도 정감록에 나오는 표현으로 이에 대한 다양한 해석이 있다. 정감록류의 예언서에 나오는 용어를 나름대로 해석하여 거사모의에 이용하고 있다는 점이 특기할 만하다.

최봉주는 "조선 천지에 거사할 만한 땅은 제주보다 좋은 곳이 없다."라고 주장했다.[26]

이들은 "남조선이 금년 5월에 대사를 도모할 것이다."라고 주장했는데,[27] 여기서 남조선은 "남쪽의 진인"을 가리킨다.

이들은 먼저 추자도를 공격하여 군기를 차지한 다음, 제주도를 점령한 후 그곳은 적당한 인물에게 맡기고 육지로 나가 기회를 노릴 계획이었다. 그러나 이 모의도 자금 마련을 위해 끌어들인 이기집의 고발로 미수에 그치고 말았다.

　　대역부도죄인 장혁진(張赫晉), 이우수(李祐秀), 최봉주(崔鳳周) 등의 가산(家産)을 적몰하는 일을 명하셨습니다. 죄인 장혁진, 이우수, 최봉주 등에게 노비가 있는지를 한성부를 시켜 장적(帳籍)에서 살펴내고 또한 오부 및 각 당해 도에도 알려서 낱낱이 살펴내어 성책(成冊)을 만들어 신보하여 보내게 한 뒤에 영구히 공천(公賤)에 소속시키겠습니다.[28]
　　죄인 장혁진(張赫晉), 이우수(李祐秀), 최봉주(崔鳳周)는 도신을 시켜 대역부도로 격식을 갖추어 결안을 받아서 아뢰라고 분부하고, 그 나머지는 묘당에서 경중을 가려 품처하라.'고 명하셨습니다. (…) 김동식(金東植)은 홍도의 조아(爪牙)가 되어 적장(賊將)이라는 지목이 있었으며, 이사윤(李士允)은 그 괴수를 따라서 간섭하지 않은 일

25　所謂旗號, 以手劃地形, 如弓字. 渠所謂利在弓弓也.『좌포도청등록』제17책,『포도청등록』하(보경문화사, 1985) *587면.

26　朝鮮天地, 擧事之地, 莫如濟州.『좌포도청등록』제17책,『포도청등록』하(보경문화사, 1985) 589면.

27　南朝鮮, 今五月擧大事.『좌포도청등록』제17책,『포도청등록』하(보경문화사, 1985) 590면.

28　『승정원일기』고종 14년(1877) 12월 11일(신묘).

이 없고 간계를 듣고서 왕래하지 않은 곳이 없었으며, 박시화(朴時化)는 조금 아는 의술을 가지고 난역(亂逆)에게 마음을 의탁하고 돈과 물건을 갖추기를 바라면서 부귀를 장악할 것처럼 여겼으며, 황응칠(黃應七)은 어리석은 백성의 무리라 할 수 없는데 이미 역적의 정상을 알았으면서 감히 천시(天時)라는 말을 하여 스스로 죽을 죄에 빠졌습니다. 이상 네 놈은 도신을 시켜 군민(軍民)을 크게 모아놓은 자리에서 효수(梟首)하여 뭇사람을 경계해야 하겠습니다. 이상대(李相大)는 초안한 격문과 마죽(麻竹)으로 만든 인(印)을 아이가 장난으로 장만한 것으로 돌리기 어려우니 역적과 마음이 서로 연결된 것을 추측할 수 있습니다. 그리고 이는 사형 죄인의 아들이니, 의금부에서도 법을 상고하여 처단해야 하겠습니다.

송지국(宋持菊)은 도둑의 무리와 교통하였으니 물든 행적을 어찌 숨기겠으며, 흉악한 도모를 참여하여 들었으니 정상을 안 죄를 면할 수 없습니다. 유극로(兪克老)는 붓을 놀려 편지를 대신 써 주면서 그가 시키는 대로 하였으니 생각 없이 한 일이라고 어찌 말할 수 있겠습니까? 장국원(張國元)은 본관이 다른데 친족이라 하였으니 정의가 어찌 그리도 유별하였으며, 밤을 타서 피신하였으니 또한 죄상을 숨길 수 없습니다. 김응거(金應擧)는 모임에 참여한 때는 그 뜻이 어디에 있었기에 성을 엄습할 모의를 감히 모른다 할 수 있습니까. 박사진(朴士眞)은 난적과 친밀히 사귀어 재물로 도와주기를 허여하였고, 뒤이어 그 위태로운 말을 듣고도 몸을 빼지 않았습니다. 이상 다섯 놈은 모두 세 번 엄히 형신(刑訊)하여 원악도(遠惡島)에 죽을 때까지 정배하고 사유(赦宥)가 있어도 용서하지 말아야 하겠습니다.

권원숙(權元淑), 김병엽(金秉燁), 김인보(金仁甫), 박종석(朴宗石), 이명칠(李明七) 등 다섯 놈은 모두 모의를 들은 자취가 있어서 뜻을 통한 죄를 벗어나기 어려우니, 모두 한 번 엄히 형신하여 도배(島配)해야 하겠습니다. 박내치(朴乃治), 채이량(蔡以良), 최약대(崔若大) 등 세 놈은 즉시 고발하지 않기도 하고 그 이익을 도모하기도 하였으니, 지각이 없다고 하여 아주 용서할 수 없습니다. 이들은 모두 형신하여 정배해야 하겠습니다. 나머지 죄수들은 도신에게 분부하여 모두 참작하여 처치하게 하되, 세 죄인이 처형되기를 기다려서 이대로 처단한 뒤에 아뢰라고 일체 알리고, 고발한 사람 이기집(李奇執)과 김치호(金致浩)는 모두 놓아 보내소서. 이렇게 하는 것이 어떻겠습니까?" 하니, 윤허한다고 전교하였다.[29]

아, 통탄스럽습니다. 장혁진(張赫晉), 이우수(李祐秀), 최봉주(崔鳳周) 등의 죄를 이

29 『승정원일기』 고종 14년(1877) 11월 8일(기미).

루 다 처벌할 수 있겠습니까. 그들은 시골의 이나 서캐 같은 미천한 부류로 도당을 결성하고 못된 무리를 규합하였습니다. 일을 도모한 전말과 준비해 온 맥락이 지극히 흉악하고 간특하였으니, 천지 고금에 없는 극악무도한 대악인입니다. 얼마 전에 내리신 전교로 인하여 세 죄인을 본도에서 처벌하도록 하였으니, 이것이 비록 우리 전하께서 사건이 크게 확대되는 것을 깊이 우려하여 권도(權道)로 처리하려는 성스러운 덕에서 나온 것이지만, 체모가 지극히 엄하고 법이 지극히 중하니, 이 옥사는 결국 사건이 크게 확대될 것을 염려하여 권도로 처리해서는 안 될 사건임이 분명합니다. 이번 도신의 계사에 형을 집행하여 괴수를 또한 참수하였다고 하였으나, 여러 죄인들의 지극히 흉악한 여죄(餘罪)는 어찌 노륙만 하고 말 수 있겠으며 파가저택(破家瀦澤)으로 끝낼 수 있겠습니까. 대역부도죄인 장혁진, 이우수, 최봉주 등 여러 죄인에게 속히 이괄과 신치운에게 시행했던 형률을 시행하여 왕법이 펴지고 국법이 밝혀지게 하소서.

고종 14년(1877)에 영암군(靈巖郡)에서 일어난 반역사건으로, 장혁진은 고종 9년(1872)에 안동(安東)에서 일어난 유흥영(柳興榮) 등의 반역사건에 연루되어 강진현(康津縣) 신지도로 정배되었던 인물이고, 최봉주는 철종 4년(1853)에 함경도 단천(端川)에 유배된 소현세자(昭賢世子)의 후손인 이명혁(李明赫)을 추대하여 반역을 일으킨 홍봉주(洪鳳周), 이규화(李奎和) 등의 사건에 연루되어 영암군 추자도(楸子島)로 정배되었던 인물이다. 이때에 이르러 이들이 영암군의 송시장(松市場)에 근거지를 마련하고 무리를 모아 역모를 꾸미다가 발각되었다. 추국은 하지 않고 본도에서 처결하라는 전지를 내렸다.[30]

이들은 관직을 미리 정해 놓고 거사를 모의했던 점이 특기할 만하다. 그러나 "태조의 창업을 계승한다.", "명나라 망명 세력과 연합하여 병자호란의 원수를 갚겠다." 등의 명분을 내걸었던 점에서 왕조체제를 부정하지 못했다는 한계를 지녔다. 그럼에도 불구하고 이들은 이씨 왕조의 전복을 기도했으며, 20년 이상 거사를 계획했다는 지속성을 가졌다.

한편 이상수(李象秀, 1820-1882)의 『오당집(嗚堂集)』권 19 잡술(雜術) 6에 다음과

---

30 『고종실록』 고종 14년(1877) 7월 21일, 9월 28일, 11월 6일.

같은 내용이 있다.

　풍속에 전하는 참기(讖記)인 정감(鄭鑑), 고결(高訣) 같은 따위의 모든 것은 진위(眞僞)가 섞이고 흐릿하여 내용을 붙이고 보태 서로 속여 충분히 본받고 믿을 만한 것이 없다. 가정에 이와 같은 것이 있으면 빨리 소각하여 없애버려야 하고, 사람과 가정에 보관된 것은 갖거나 구하여 보지 말고, 빌려서 베껴 기록하지 말며, 지나가는 사람 중에 참기를 담론하는 자가 있으면 더불어 말을 주고받지 말아야 하고, 설령 진본이 있다 하더라도 오히려 국가가 금하는 사항이니 어찌 가히 상자에 보관하여 구설에 오르겠는가?³¹

　이상수가 살았던 시기에 『정감록』, 『고결』 등의 참기가 널리 유행했다는 사실이 확인된다. 여기서 『고결』이라는 예언서가 처음으로 그 이름이 확인된다. 당시에는 『정감록』과 더불어 대표적인 예언서로 『고결』이 있었다는 점이 특기할 만하다. 내용은 전하지 않고 이름만 전하지만 최소한 『정감록』과 동등한 급으로 대표적 예언서였다고 언급된다는 점에 『고결』의 중요성이 있다.

31　流俗所傳讖記, 若鄭鑑高訣之屬, 一切眞僞混蒙附盒相誑, 無足準信者. 家有此等, 亟宜燒去之, 人家所藏, 勿取求見, 勿借而謄錄, 客有談此者, 勿與酬答, 設令有眞本, 乃國家所禁, 寧可留之篋衍, 騰諸口舌道理原自不可也.

정 우 룡
사 건

71

철종 3년(1852) 7月에는 경북 영양현(英陽縣)에 살던 정우룡(鄭禹龍)과 그의 아들 정자성(鄭自性)이 환술(幻術)을 믿고 흉계를 내어 도당을 불러 모아 "검마산(劍麻山) 속에 모여서 거사(擧事)할 것을 기약하였으며, 울릉도(鬱陵島)의 도적들과 모이기로 기약하였다."는 혐의로 체포되었다.[1]

경상감사(慶尙監司) 홍열모(洪說謨)가 안동영장(安東營將) 김재휘(金在徽)의 비보(秘報)를 가지고 밀계(密啓)하기를, "영양현(英陽縣)에 거주하는 정우룡(鄭禹龍)과 그의 아들 정자성(鄭自性), 이상우(李尙友)와 그의 아들 이윤경(李允慶), 박평양(朴平陽)의 손자 박밀양(朴密陽) 등이 작당(作黨)하여 서로 왕래하며 허황된 말을 퍼뜨리어 인심을 선동하고, 무뢰(無賴)한 무리를 불러 모으니, 경전(耕田)하는 자는 걷어치우고 집을 짓는 자는 중지하였습니다. 그래서 급히 장차(將差)를[2] 보내어 여러 놈을 잡아 와서 근인(根因)을 끝까지 핵실하였던 바, 정우룡은 본시 남해(南海) 사람으로서 연전에 새로

---

1 『철종실록』 철종 3년(1852) 7월 11일. 정우룡은 그해 9월 28일에 효수되었다.
2 장차는 죄인을 호송하기 위해 보내는 사람이다.

본현(本縣)에 우거(寓居)하였고, 그의 아들 정자성은 성품이 본시 완악하여 스스로 환술(幻術)을 믿고는 감히 부도(不道)한 흉계를 내어 도당(徒黨)을 이웃 고을에서 불러 모으고, 새로 우거(寓居)한 어리석은 백성과 체결하여, 이달 초칠일에 본현의 검마산(劍麻山) 속에 모여서 그대로 거사(擧事)할 것을 기약하였으며, 또 울릉도(鬱陵島)의 도적들과 이달 초십일에 모이기로 기약하였다고 하였으니, 단서가 죄다 드러났다고 할 수 있습니다. 괴수 정자성의 초사(招辭)에 나온 잡지 못한 자들은 기일을 정하여 염탐해 잡으라는 뜻을 영양(英陽) 등의 고을에 관칙(關飭)하였습니다. 이 뒤의 형지(形止)는 수시로 다시 보고하겠습니다." 하였다.[3]

환술을 믿고 이를 빌미로 거사를 모의하고 사람들을 끌어모았다는 점이 역모의 의심을 샀다. 이들은 "울릉도의 도적들과 합세하려 한다."는 주장을 하여 해도기병설을 주창하였다. 이 역시 광범위한 의미에서 진인출현설의 한 형태로 볼 수 있다.

한편 구체적인 내용은 밝혀지지 않았지만 흉언(凶言)으로 이루어진 괘서사건은 그 이후에도 계속되었다.[4]

이처럼 이른바 『정감록』은 18세기 이후에 발생한 많은 변란에서 그 사건을 반체제 성향으로 추동해가는 하나의 사상 체계 역할을 수행하였다. 『정감록』이 각종 변란(變亂)에 이용될 수 있었던 것은, 그 자체에 '현실 부정과 새로운 세계의 구현'이라는 혁명적 논리가 담겨져 있기 때문이다.

이러한 논리는 "진인(眞人)이 해도(海島)에서 군사를 이끌고 나와 현재의 왕조를 무너뜨리고 새로운 왕조인 이상사회를 건설한다."는 이른바 '해도기병설(海島起兵說)'에 응축되어 있으며, 이것은 변란의 강력한 이념으로 기능하였다. 이와 관련하여 진인의 실체를 해도에 숨어있던 저항집단과 그 집단의 우두머리를 상징적으로 그려낸 것으로 본 연구 성과가 있다.[5]

---

3 『철종실록』 철종 3년(1852) 7월 11일(기미).
4 철종 4년(1853) 12월 28일과 철종 5년(1854) 윤 7월 8일 등의 기사가 있다.
5 고성훈, 「조선 후기 '해도기병설' 관련 변란의 추이와 성격」, 『조선시대사학보』 3집(조선시대사학회, 1997), 129-134쪽.

한편 철종 5년(1854) 9월에는 괘서죄인(掛書罪人) 금성옥(琴聖玉), 김승문(金升文), 박칠원(朴七元), 김석복(金石卜), 김수종(金水宗), 최문억(崔文億), 김외비(金外鼻) 등 7명이 체포되었다.[6]

전라감사(全羅監司) 정기세(鄭基世)가 장계(狀啓)하기를, "봉화(奉化)의 투서(投書)한 변괴(變怪)에 관하여 금성옥(琴聖玉), 김두창(金斗昌), 윤이근(尹以根) 등의 공초(供招)를 받은 것이 절절(節節)마다 의심스럽고 현혹하여, 마땅히 신의 감영(監營)으로부터 모두 즉시 잡아 올려 끝까지 핵실(覈實)하여야 합니다만, 이제 이미 병영(兵營)이 상주문(上奏文)을 올린 뒤라서, 처분이 있기 전에 감히 갑자기 조사할 것을 청하지 못하는 바가 있습니다." 하니, 하교하기를, "본도(本道)의 감영(監營)에서 여러 죄수를 잡아와 속히 궁핵(窮覈)하여 아뢰라." 하였다.[7]

전라감사(全羅監司) 정기세(鄭基世)가 봉화(奉化)의 괘서죄인(掛書罪人)의 봉초(捧招)를 가지고 치계(馳啓)하기를, "병영(兵營)에 갇혀 있는 여러 죄인을 모두 반핵(盤覈)하였더니, 단서가 여러 번 변하므로, 신문(訊問)하고 공초(供招)하니 각기 단락(段落)이 있었습니다. 공초한 바를 조목조목 원공(原供) 밑에 나누어 썼습니다. 금성옥(琴聖玉)의 본명(本名)은 치열(穉悅)이고, 외비(外鼻)의 본명은 장한(張翰)이니, 엄격하게 형신(刑訊)을 더하여 실정을 알아내기를 기필하였습니다. 김두창(金斗昌), 윤이근(尹以根)은 금성옥의 초사(招辭)에서 나왔는데, 금성옥이 곧바로 무초(誣招)라고 병영에서 자복(自服)하였기에 신의 감영(監營)으로 잡아들여 한두 번 자세히 캐어물었더니, 그가 원한을 가진 것이 모두 근거할 만한 증거가 있었습니다. 아울러 김승문(金升文), 김수종(金水宗), 박칠원(朴七元), 김석복(金石卜), 최문억(崔文億) 등 5인과 더불어 이제는 다시 핵문(覈問)할 단서가 없으나, 옥체(獄體)가 지극히 무거워 감히 함부로 놓아주기를 청하지 못하고, 공손히 처분(處分)을 기다리옵니다." 하였다.[8]

전라감영(全羅監營)에서 죄인(罪人) 금성옥(琴聖玉) 등 일곱 명을 포청(捕廳)으로 하여금 잡아 올려 구신(鉤訊)하고, 김두창(金斗昌) 등과 병영(兵營)의 교리(校吏), 솔

---

6 『포도청등록』 상(보경문화사, 1985), 274-291면. 「좌포도청등록」 제9책, 『포도청등록』 하(보경문화사, 1985), 253-267면.

7 『철종실록』 철종 5년(1854) 윤 7월 8일(을해).

8 『철종실록』 철종 5년(1854) 8월 4일(경자).

대(率待), 봉화좌수(奉化座首) 등 3인은 방송(放送)하라고 명하였으니, 전라감사(全羅監司) 정기세(鄭基世)가 봉화죄인(奉化罪人)을 다시 조사하여 아뢰었기 때문이었다.[9]

이들은 경상도 봉화현(奉化縣)에 투서한 죄목으로 조사받았다. 김승문, 김수종, 박칠원 등이 철종 4년(1853) 12월에 봉화현 성도암(成道菴)에 모여 무리를 모아 70여 명이 되면 거사를 일으킬 것이라고 주장하였다.

금성옥은 봉화읍 향교리에서 유업(儒業)에 종사했던 인물이고, 김외비는 몰래 창검을 만들었다는 혐의로 체포되었다. 김외비의 본명은 장한(張翰)인데, 본래 안동에 살다가 봉화로 옮겨 농업에 종사하였다. 그는 양반가의 서얼인데 상업과 농업에 종사하였다.

김석복은 전남 담양 청석면에서 품을 팔아 살던 인물로, 극히 가난하여 의탁할 곳이 없었고 날품팔이로 생계를 유지하던 인물이었다.[10] 그리고 윤이근은 봉화읍의 아전이었다.

금성옥이 윤이근에게 묻기를 김두창이 순흥 사람인데 순흥에 괘서하지 않고 왜 봉화에 괘서를 했느냐는 물음에, 윤이근이 대답하기를 "허장성세의 계책은 울릉도에 있습니다. 봉화읍은 강원도와 경계이기에 봉화에 괘서한 이유가 있습니다. (…) 울릉도에 2-3개월 동안 잠복했다가 봉화와 영덕으로 출병하여 인천과 부평 사이에서 선박과 합류할 수 있을 것입니다."라고 진술했다.[11]

이들은 순흥에 살던 김두창(金斗昌)이 괘서를 썼다고 진술했으며, 울릉도를 중심으로 거사를 기도했다고 밝혔다. 그러나 이 사건 관련자들은 봉화가 어디에 있는지도 몰랐다고 주장하기도 했다. 병영의 아전들이 세력가의 이름을 끌어대면 죄가 경감될 것이라고 유혹하자, 금성옥이 김두창의 이름을 무고(誣告)했다고 진술하여 결국 누명으로 판명되었다.

---

9 『철종실록』 철종 5년(1854) 9월 2일(무진).

10 至貧無依, 雇債資生.

11 虛張聲勢, 於鬱陵島矣. 奉化邑, 卽江原之接界. 故欲掛奉化, 良有以也. (…) 潛伏鬱陵島二三月間, 出于奉化盈德, 船合于仁富之間云云.『포도청등록』상(보경문화사, 1985), 279-280면.「좌포도청등록」제9책,『포도청등록』하(보경문화사, 1985), 262면.

이 사건에서는 지사(地師), 의원(醫員), 훈장(訓長) 등 저항적 지식인들이 민중사상의 전파에 적극적으로 동참했다. 그리고 승려나 무당들도 거의 빠짐없이 변란사건에 가담하고 있다. 민중저항운동에 사상적 원동력으로 작용한 예언이나 비결의 영향력을 확인할 수 있는 사건의 하나이다.

결국 정부는 이를 이단사설(異端邪說)로 규정하여 척사위정(斥邪衛正)의 기치와 명분으로 박멸하고자 했다.

한편 철종 10년(1859) 7월 순천, 나주, 전주, 운봉, 여산 등의 각 진영(鎭營)에 보낸 문서에 박여심(朴汝心)이라는 자가 처사(處士)로 자칭하면서 몸에는 먹물빛 옷을 입고, 목에는 염주를 걸고 여러 향리에 출몰하였다. (이들은) 남녀를 불문하고 항산(恒産)이 없고 기거할 곳도 없는 무리로서, 복보살(福菩薩)이라고 칭하거나 복처사(福處士)라고 칭하면서 거사(居士) 또는 도사(道士) 등의 명색으로 향곡을 두루 돌아다니며, 복을 기도한다고 주장하여 중생을 광혹시킨 지 1년 남짓 되었다고 한다.[12]

---

12 朴汝心爲名漢, 自稱處士, 身着墨衣, 項掛念珠, 出沒重鄕 (…) 無論男女, 無恒産無棲息之類, 或稱福菩薩, 或福處士, 居士道士等名色, 遍行鄕曲, 諭以禱福, 誑惑重生, 盡一年勤苦, 『포도청등록』 상(보경문화사, 1985), 385면.

이 재 두
사   건

72

헌종이 후사(後嗣)가 없이 죽자, 당시에 왕족인 이하전(李夏銓, 1842-1862)이 물망에 올랐었다. 그런데 이하전은 안동 김씨 문중의 반대로 즉위하지 못하였고, 마침내 철종이 등극한 후 그는 안동 김씨들의 감시와 미움을 받게 되었다.

철종 13년(1862) 7월 16일에 오위장(五衛將) 이재두(李載斗)가 김순성(金順性), 이긍선(李兢善), 정유성(鄭裕誠) 등이 이하전을 왕으로 추대하고 지혜와 용력이 있는 자들을 모아 8월에 거사하려는 반정(反正)을 꾀하고 있다고 고변(告變)하였다.[1]

김순성이 이긍선에게 "경향 각지의 민심이 도탄 지경에 들어갔는데 조정에서는 살필 겨를이 없으니 나라의 형세가 하루아침에 달려있도다. 어찌할 것인가?"라고[2] 말하자, 이긍선이 이하전을 잘 알고 있었던 김순성에게 이하전이 어떤 인물인지를 물었다. 그는 이하전의 심성이 현숙(賢淑)하다고 대답했다.[3]

---

1 「우포도청등록」 제16책, 『포도청등록』 중(보경문화사, 1985), 495-506면. 「좌포도청등록」 제11책, 『포도청등록』 하(보경문화사, 1985), 333-343면.
2 京鄕民事, 盡入塗炭, 而朝廷罔念顧恤, 國勢産業, 迫在朝夕. 何如?.

이 사건과 관련하여 임일희(任馹熺)가 서찰을 천 리 밖에 보내 널리 역사(力士)를 구하고 환도(還刀)를 지급했다고 진술했다.

부사과(副司果) 정현덕(鄭顯德)이 상소(上疏)했는데, 대략 이르기를, "신이 마침 문랑(問郎)〔문사낭청(問事郎廳)〕으로 있으면서 시종 좌석에 참석하였었습니다만, 신은 밀고자(密告者)의 정유(情由)와 거조(擧措)에 대해 의아스러움을 금할 수 없었습니다. 그러나 김순성(金順性)이 은밀한 비계(祕計)를 도모하는 데 간여하지 않은 것이 없으니, 어찌 당여(黨與)라는 주책(誅責)을 면할 수 있겠습니까? 따라서 고변(告變)했다는 공로 때문에 가려 줄 만한 죄라 하여 완전히 덮어둠은 마땅하지 못한 듯합니다. 그리고 당초의 급서(急書)는 이재두(李載斗)뿐이었는데, 조사를 행함에 이르러서는 갑자기 세 사람을 첨가하였으니, 충역(忠逆)의 한계가 여기에서 판가름이 났습니다. 정유성(鄭裕誠), 고제유(高濟儒), 임일희(任馹熺)를 모두 잡아다가 국문하여 실정을 알아낸 다음 분명하게 전형(典刑)을 바루소서." 하니, 비답하기를, "정적(情跡)으로 본다면 의심스러운 단서가 없지 않다. 왕부(王府)로 하여금 잡아다가 국문하여 엄중히 사핵(査覈)함으로써 기어이 실정을 알아내도록 하라." 하였다.[4]

이 사건의 조사 결과 김순성은 모반대역부도죄(謀反大逆不道罪)로 부대시능지처사(不待時陵遲處死)되었고, 이긍선은 지정부고죄(知情不告罪)로 부대시참형(不待時斬刑)을 받았다. 그리고 이하전은 제주도에 유배되었다가 사사되었다.[5]

흉서(凶書)가 나오기에 이르러서는 지목(指目)한 것이 낭자할 뿐만이 아니었으니, (…) 국론(國論)을 안정시키고 백성의 뜻을 귀일시키는 것이 오늘날의 더할 수 없이 큰 급무이니, 제주목(濟州牧)에 천극(栫棘)한 죄인 이하전(李夏銓)에게 사사(賜死)하도록[6] 하라." 하였다.[7]

---

3 「우포도청등록」 제16책, 「포도청등록」 중(보경문화사, 1985), 498면. 「좌포도청등록」 제11책, 「포도청등록」 하(보경문화사, 1985), 336면.

4 『철종실록』 철종 13년(1862) 7월 25일(병오).

5 『철종실록』 철종 13년(1862) 7월 25일(병오).

6 사사는 임금이 중죄인에게 자결을 명하는 일이다.

7 『철종실록』 철종 13년(1862) 8월 11일(신유).

한편 한국 종교에 대한 개척적 연구자인 이능화(李能和, 1869-1943)는 철종(哲宗) 임술년(壬戌年, 1862)에 왕족(王族)이었던 이하전(李夏銓)이 제주도에서 사사(賜死)된 후, 사람들 사이에 "그가 죽지 않고 남조선(南朝鮮) 홍의도(紅衣島)에[8] 숨어 있다는 말이 떠돌았다."고 기록하였다.[9]

이하전이 남조선 홍의도에 숨어 있다는 소문이 그가 죽은 후에 널리 퍼졌다는 전언에서 남조선신앙이 여전히 민중들 사이에 회자되고 있었음을 알 수 있다. 남조선신앙은 실패한 역모사건이 그대로 종결되지 않고 여전히 한 가닥 희망의 불씨로 남아 있었다는 점을 알려준다.

또 철종 14년(1863) 7월에는 김윤희(金允喜)라는 자가 아들 상균(商均)과 함께 질병을 고치려면 제단을 세우고 경을 외워 신장(神將)을 부려야 한다고 주장하면서 금전을 편취하다가 체포되었다.[10]

이 외에도 철종 14년(1863) 10월에는 서울에서 장기형(張基衡)이 "호남에서 민요를 일으킨 정한순(鄭翰淳)이 필경 장구대진(長驅大進)할 것이다."라는 유언비어를 유포한 죄로 체포되기도 했다.[11]

순조 16년(1816) 『노상추일기(盧尙樞日記)』에 풍기(豊基)가 『정감록(鄭鑑錄)』이라는 참문(讖文)에 실려 있는 지역이므로 그곳의 땅을 샀던 사람에 대한 이야기가 전한다.[12]

---

8 홍의도(紅衣島)는 나주(羅州)의 서쪽에 있다. 물길로 1천 3백여 리이다. 『신증동국여지승람』 제35권, 전라도(全羅道) 나주목(羅州牧).

9 哲宗之時, 宗室李夏銓, 以被誣誅死, 世人謂, 其人不死, 隱在南朝鮮紅衣島. 이능화, 『조선기독교급외교사』(조선기독교창문사, 1928), 20면.

10 治人邪疾, 設壇誦經, 能使神將. 是―如―以―妖怪雜術, 誰惑病家, 欺取錢財之許多.〔우포도청등록〕제17책, 『포도청등록』중(보경문화사, 1985), 531면.

11 『포도청등록』중, 계해 10월, 亂言告發.

12 初八日戊午, 陰. 爲文洞親山種橡實, 向往出洞口, 新豊津舡來在松堂下, 故向往津船, 金聖汝正根, 方向坪城而到此, 同船越江, 雨雪交下, 暫憩津上民家共話, 食頃雨雪少霽, 余入生谷, 金聖汝向坪城. 雨勢乃歇, 入生谷, 趙欽哉往文山宿焉, 夜與族叔浩氏同宿. 聞族姪敬勳, 再昨已入豊基地, 其兄敬一, 以十二日入去, 敬熙以初十日向往山陽近岩十里地云, 此輩以所謂鄭鑑錄讖文騷動云, 爲人事事可痛, 至於宗玉, 則締結此輩, 此輩恣憑指揮, 作變家庭, 代杖從祖, 潛賣別所開寧畓, 移去金谷, 而卽聞買畓於豊基, 使敬一兄弟, 作農根基云, 厥輩之凶計, 倍甚於宗玉者, 可痛可痛. 순조 16년(1816) 『노상추일기(盧尙樞日記)』4권 2월 8일자 기록 『한국사료총서』49권(국사편찬위원회, 2006) 저자 노상추(盧尙樞)의 1811년

또 정확한 생몰 연대가 알려지지 않은 이원익(李源益)이 편(編)한『동사략(東
史約)』에 다음과 같은 내용이 보인다.

대신들에게 명하여 성주(星州)의 요언(妖言)의 옥사에 대해 의결하여 처리하도록
했다. 대신이 말하기를 "영백(嶺伯)의 상소에서 말한 곽가와 김가 두 명이 요언을 전
파하면서 언급한 정감과 이심이 문답한 책의 이름인 이른바 정감록은 세상을 미혹
시키는 것입니다."라 했다. 임금이 말하기를 "정여립의 옥사와 무신년의 옥사에도
모두 이러한 설이 있었으니, 경동할 필요가 없이 도신들과 상의하여 처결함이 옳
다."라 했다.[13]

이들이 요언을 전파하면서 인용했다는 이른바 정감록이 "정감과 이심이
문답한 책"이라는 점이 확인되었다. 이는 현전하는『정감록』「감결」의 내용
과 일치한다. 따라서 최소한 이 시기에는 현전하는『정감록』「감결」의 내용
이 전 사회에 널리 퍼져 있었을 것으로 추정된다.

고종 3년(1866) 4월에는 죄인 홍길유를 효수할 것 등을 청하는 의정부의 계
가 있었다.

의정부가 아뢰기를, "방금 우변포도청의 보고를 보니 '영건도감 공사장에서 비
기(秘記) 하나를 발견했다. 작은 글씨로 쓴 종이가 붙어 있었는데, 홍길유(洪吉裕)의
성명과 주소가 그 속에 들어 있었으므로 (…) 홍길유는 공초하기를 (…) 거짓으로 비
기를 만들어 직접 쓰고 새겨서 몰래 성 밑에 버렸다. (…) 요망한 말로 사람들을 현
혹시킨 죄에 대해서는 명문화된 법조문이 있을 뿐만이 아니니, 이자를 심상히 처
단한다면 앞으로의 폐단을 끊지 못하게 될 것입니다. 포도청의 죄인 홍길유를 군
문(軍門)에 내주어 효수(梟首)하게 함으로써 사람들을 경각시키소서. (…) 전교하기

부터 1829년 사이의 일기이다.
13 命大臣議處星州妖言之獄, 大臣言, 嶺伯書謂星州人郭金兩漢, 傳播妖言稱以鄭鑑, 李沁問答之書名曰, 鄭
鑑錄者以此惑象云矣. 上曰, 汝立獄及戌申獄皆有此說, 不必驚動與道臣相議決處可也. 이원익(李源益),
『동사략(東史約)』권 35 조선모정(朝鮮茅亭)『한국사료총서』33권(국사편찬위원회, 1990) 본조기
(本朝紀) 35권 53년.

를, "거짓 비기를 조작한 죄는 실로 용서하기 어렵다. 그러나 어리석고 몰지각하여 도리어 깊이 벌할 것도 못 되니, 특별히 살리기 좋아하는 의리를 미루어 (…) 곤장 30대를 호되게 쳐서 멀리 떨어진 험악한 성에 죽을 때까지 정배하도록 하라." 하였다.[14]

거짓으로 비기를 만들고 새겨서 성 밑에 버린 사람이 죄를 받았다는 내용이다. 이처럼 비기를 조작하는 일은 당시 조정에서 엄금하던 사항이었다.

---

[14] 『승정원일기』 고종 3년(1866) 4월 5일(계사).

예언사상의
전 파 자 들

73

　예언사상의 흐름을 주도하고 이를 바탕으로 민중적 저항이나 집단거사를 도모한 인물들은 과연 어떤 사람들인가? 예언사상을 체계화하고 유포한 주체에 대해 살펴보자.

　조선 초기에는 왕족이나 조정의 대신들도 예언사상에 관해 언급하고 있다. 주로 이들은 조선왕조 개창의 당위성을 주장하거나 새로운 도읍지를 선정하는 문제에 예언을 이용하고 있다. 물론 조선 후기에도 일부 조정 대신이 비결을 언급하기도 한다.

　그리고 예언사상의 유포에는 양반 계층의 인물들도 의외로 많이 참여하고 있다. 이들은 주로 중앙정권에서 소외되거나 배제되어 유배된 인물이나 유랑 지식인으로서, 체제에 비판적이고 저항적 성향을 지닌 인물들로 몰락 양반 또는 잔반(殘班)으로 지칭한다.

　몰락 양반이나 잔반들은 떠돌이 생활을 하거나 경제적 기반이 미약하다는 특징이 있다. 이들은 새로운 정권이 수립되면 관직에 임명받으리라는 기대로 거사에 가담한 경우가 대부분이다. 같은 이유로 거사에 참여한 부자들도 있다. 거사 자금을 제공하고 그 대가로 관직을 희망하는 경우가 많았다. 따라서 이들은 정치지향적이고 권력지향적이며 엽관적(獵官的) 성향이 강했다.

또 서당의 훈장이나 의원으로 전문화된 학문적 소양을 갖춘 인물들도 있었다. 그리고 승려 집단도 다수 참여했다. 조선시대의 억불 정책으로 인해 천민 신분으로 몰락한 박탈감에 현실비판적 성향을 지니게 된 것으로 판단된다. 이들은 불경을 익히면서 습득한 지식을 통해 어려운 한문으로 기록된 예언서에도 접근 가능했다. 그리고 비교적 안정적으로 자급자족을 할 수 있을 정도의 경제적 능력도 지녔고, 특히 깊은 산중에 위치한 사찰은 정부 당국의 감시에서 벗어나 모일 수 있는 장소를 제공하고 상호간 연락의 거점이 되었다.

또 점술가, 관상가, 지관(地官)들도 비결의 유포나 예언사상의 확산에 기여했다. 이들은 화복(禍福)을 미리 아는 술법이 있다고 믿어진다.

한편 거사(居士)는 호적에도 이름이 빠졌던 집단들이다. 따라서 이들은 각종 부역과 세금도 내지 않고 떠돌아다니는 비승비속(非僧非俗)의 무리로 지목되었다. 거사들이 예언사상의 유포에 적극 가담했을 정황이 있다. 거사들에 대한 대표적인 언급은 다음과 같다.

> 인의(引儀)[1] 경오륜(景五倫)이 윤대(輪對)에서 아뢰기를, (…) 군역(軍役)을 피하여 승도(僧徒)에 많이 소속되어 놀면서 먹으니, 이로 말미암아 군액(軍額)은 날로 줄고, 농민은 날로 곤궁하여집니다. 그리고 염불하는 자들이 거사(居士)라 호칭하고 남녀가 떼로 모여서, 혹은 사찰에서 혹은 여염에서 황건(黃巾), 소복(素服)으로 징을 올리고 북을 칩니다. 이로 말미암아 어리석은 백성들이 우러러 쳐다보고 흠모하여 점점 그들의 술책 속으로 빠져들어 가 농사에는 힘쓰지 않고 놀고 먹습니다. 청컨대 엄하게 금법을 만들어 놀고 먹는 무리들이 없도록 하여 황탄한 풍속을 근절하소서." 하고, 예조가 회계(回啓)하기를, "승도들이 군역을 피하여 놀고 먹으니, 백성을 병들게 하고 나라를 소모하게 함이 과연 적지 않습니다. 성종조에 이미 도승(度僧)하는

---

[1] 인의는 통례원(通禮院)의 종6품 벼슬이다.

법을 혁파하여, 도첩(度牒)이 없는 중은 환속(還俗)시켜 군역을 시키도록 또한 입법한 것이 있으니, 이제 거듭 밝혀 거행하여야 합니다. 염불하는 사람이 거사라 칭하고 도당(徒黨)을 떼로 모아 어리석은 백성을 환혹(幻惑)하는 자는 중외로 하여금 더욱 금단(禁斷)케 하소서." 하니, 그대로 윤허하였다.[2]

전라도관찰사(全羅道觀察使) 권홍(權弘)이 장계(狀啓)하였다. "본도(本道)의 폐풍(弊風)을 보건대, 거사(居士)라는 남자들과 회사(回寺) ─ 절을 돌아다니며 붙어사는 여인을 방언으로 회사라 한다 ─ 라는 여인들은 모두가 농업에 종사하지 아니하고 마음대로 음탕한 짓을 하며 횡행하여 풍속을 그르치니, 법으로 금해야 합니다. 그중에도 더욱 심한 것으로는 양중(兩中) ─ 속칭 화랑(花郎)인데 남자 무당을 말하는 것이다 ─ 보다 더한 것이 없습니다.[3]

병조판서 신잡이 비밀 차자로 아뢰기를, "호서(湖西)의 적에 대한 소문이 파다한 지 오래되었습니다. (…) 심지어 거사(居士)라고 부르는 자가 만인 동갑회(萬人同甲會)를 열자 온 도내가 물밀 듯이 몰려들어 온 경내를 가득히 메웠는데 (…)[4]

사헌부가 아뢰기를, "난리를 겪은 뒤 사람들이 더욱 괴이한 짓을 좋아하여 남녀 간에 나이가 많고 적음을 불문하고 저마다 거사(居士)라고 하면서 옷차림까지 변장하여 북 치고 노래하며 요망스런 놀이를 벌이는가 하면 모이기도 하며 흩어지기도 하여 그 종적이 괴이합니다. 지금 이것을 엄금하지 않으면 한없이 파급되어 그 폐단이 이루 다 말할 수 없게 될 것입니다. 도성(都城)은 오부(五部)에게, 지방은 각 도 관찰사에게 속히 하유(下諭)하여 엄격히 단속하여 그 폐단을 없애게 하소서." 하니, 윤허한다고 답하였다.[5]

사헌부가 아뢰기를, (…) 근래 인심이 요망스러워 괴이한 것을 좋아하는 것이 날로 극심합니다. 경외(京外)의 남녀들이 요역(徭役)을 피하기 위하여 사장(社長)이라 칭하기도 하고 거사(居士)라 칭하기도 하면서 사방을 두루 돌아다니며 일세의 사람들을 미혹시키고 있습니다. 하는 일 없이 놀면서 먹고 백성의 재물을 축내는 그것만도 가증스러운 것인데 붕류(朋類)들을 불러 모아 늘상 모임을 갖는 바 이것이 점점 만연되어 가고 있습니다. 외방에 이르러서는 도량(道場)을 설치할 적에 반드시 먼저 나무를 깎아 희게 하고 거기에다 글씨를 써놓는데 그렇게 하면 원근에서 노유(老幼)

---

2   『중종실록』 중종 4년(1509) 3월 21일(계축).
3   『중종실록』 중종 8년(1513) 10월 3일(정유).
4   『선조실록』 선조 35년(1602) 5월 22일(계미).
5   『선조실록』 선조 35년(1602) 5월 5일(병인).

를 막론하고 풍문을 듣고 구름처럼 모여들어 번번이 만 명으로 헤아릴 정도입니다. 만약 특별히 과조(科條)를 세워 통렬히 금단하지 않으면 반드시 도모하기 어려운 폐단이 있게 될 것이니 해조(該曹)로 하여금 엄하게 사목(事目)을 만들게 하소서. (…)[6]

유간(柳澗)이 회계하기를, "신들이 듣건대, 탕춘대(蕩春臺) 근처에다 수륙회를 크게 베풀었는데 도성의 남녀들이 부지기수로 성을 넘어 달려갔다고 합니다. 그리하여 경복궁의 큰길이 꽉 메워졌으므로 이를 본 서인(庶人)들도 매우 경악하였다 합니다. 대체적인 사연은 지난해 거사(居士)로 일컫는 부류들이 사현(沙峴)의 도로를 수리하였는데 그 일을 끝마친 다음 이어 이 수륙회를 베푼 것이며, 회장(會場)의 근처에는 소림굴(小琳窟)이 있고 새로 초막(草幕)을 지었다고 합니다. (…) 사신은 논한다. 성상의 전교가 이러하니 이단을 물리치고 후환을 걱정하는 것이 지극하다. 그러나 문교(文敎)가 흥기되면 학술이 밝아지고 인정(仁政)이 행해지면 민생(民生)이 편안해지는 것이니, 그렇게 되면 신역(身役)을 피하는 거사(居士)의 무리와 대중을 미혹시키는 이류(異類)들의 걱정이 저절로 없어질 것이다.[7]

(…) 승도(僧徒)와 거사(居士)들이 음사(淫祀)를 베풀어 대중을 미혹시키는 폐단이 근래 더욱 극심하기 때문에 (…)[8]

헌부가 아뢰기를, "상께서 즉위하신 이래 정학(正學)을 장려하고 이교(異敎)를 배척하기를 지극하게 하지 않은 바가 없습니다. 그래서 사설(邪說)이 영원히 끊어지고 좌도(左道)가 있다는 말이 들리지 않았으니, 승니(僧尼)가 없어져 이색(異色)의 사람이 보이지 않았습니다. 그런데 난리 이후에 전쟁에 관한 일이 많아 미처 문교(文敎)를 펴지 못한 채 구로(舊老)가 다 죽어 후생들이 흥기(興起)되지 않으므로, 유식한 사람들이 한심하게 여긴 지 오래입니다. 10여 년 전부터 인심이 흐려지고 사설(邪說)이 횡행해도 금하여 검칙하지 못하니, 어리석은 백성들이 미혹되어 남자는 거사(居士)가 되고 여자는 사당(社堂)이라 칭하며 본분의 일을 일삼지 않고 승복을 걸치고 걸식하며 서로를 유인하여 그 무리들이 번성하고 있습니다. 그런데도 주현에서 금단하지 않으므로 평민의 절반이 떠돌아다녀 도로에 줄을 잇고 산골짜기에 가득 차며 혹 자기들끼리 모이면 천백(千百)의 무리를 이루니 보기에 놀랍습니다.

경성(京城)에 있어서는 엄한 법이 있는데도 출입하며 유숙(留宿)하는 자가 헤아릴 수 없이 많을 뿐만 아니라 여염 사이에도 상하가 모두 휩쓸려 중을 접대하고 부처

---

6 『선조실록』 선조 39년(1606) 6월 4일(신축).
7 『선조실록』 선조 39년(1606) 6월 1일(무술).
8 『선조실록』 선조 39년(1606) 6월 2일(기해).

를 공양하며, 사신(捨身)하여 재(齋)를 설시하는 자가 역시 많고, 사대부 중에도 마음을 기울여 부처를 받들면서 부끄러운 줄을 모르는 자가 있으니, 이런 풍속을 가지고 세도를 어떻게 구하겠습니까. 백련교도(白蓮敎徒) 난과 같은 변이 혹 뜻밖에 일어 백성들의 이목을 가리고 천하를 혼탁한 지경으로 빠뜨릴까 두렵습니다.[9]

장령 김익렴(金益廉) 등이 아뢰기를, "이달 8일 밤에 화주(化主), 거사(居士) 무리들이 교량을 개수한답시고 중들을 불러 모아 종묘 대문 밖 매우 가까운 곳에서 불사(佛事)를 설행하면서 심지어 장막을 치고 꽃을 꽂아두고 경쇠, 꽹과리, 북을 울리며 법문을 외우기까지 하였다는데, 그날 밤 종묘서(宗廟署)에 입직한 관원이 못 하게 단속을 하지 않았으니 그를 먼저 파직하고 뒤에 추고하소서." 하니, 상이 따랐다.[10]

선조 28년(1595) 11월에 발생한 이성남(李成男) 사건에 연루된 이유(李裕)가 거사로 불렸다.

숙종 23년(1697) 1월의 이절(李梲) 사건에 용인에 살고 있는 거사(居士) 조종석(趙宗碩), 강거사(康居士)라고 부르는 사람이 참가하고 있다.

숙종 36년(1710) 9월에는 호남에 있는 최거사라는 적괴가 장차 바다로 들어가 역모를 꾀하려 한다는 보고가 있었고,[11] 숙종 37년(1711) 7월에는 이들이 군병을 일으키려 한다는 소문이 널리 퍼졌다.[12] 마침내 이들이 해도에 둔취하고 있음이 확인되었다.[13] 거사들이 해도기병설과 관련하여 움직이고 있음이 사

---

9 『선조실록』 선조 40년(1607) 5월 4일(병인).

10 『현종실록』 현종 4년(1663) 10월 11일(을사).

11 판부사(判府事) 이유(李濡)가 양주목사(楊州牧使)가 되었을 때에는 (…) 이유가 말하기를, "(…) 신이 전 군수(郡守) 권설(權卨)에게 들으니, '최거사(崔居士)'라고 일컫는 적피(賊魁)가 지금 호남(湖南)에 있는데, 해가 바뀐 후에 장차 바다 한가운데로 들어가려 한다 하였습니다. 『숙종실록』 숙종 36년(1710) 9월 28일(기미).

12 권설이 바로 남중(南中)의 토적(土賊)이 그 형세(形勢)가 해도(海島)에까지 연결(連結)된다는 등의 말을 창설(倡說)하였고, 심지어는 군병(軍兵)을 움직여 일으키는 일기(日期)와 정탐(偵探)한 고목(告目) 등을 재집(宰執)사이에 전파(傳播)하였는가 하면, 최거사(崔居士)의 말을 연석(筵席)에서 발설하여 선동(煽動)하여 소설(騷屑)한 정상(情狀)을 통탄스럽게 여기지 않는 사람이 없는데, (…) 『숙종실록』 숙종 37년(1711) 7월 15일(임인) 여기서 남중은 경기(京畿) 이남의 땅을 가리킨다.

13 처음에 금부(禁府)에서 대계(臺啓)로 말미암아 권설(權卨)을 잡아 가두어, 권설이 공사(供辭)를 바치었는데, (…) 기묘년(숙종 25년, 1699)에 장수현감(長水縣監)에 제수되어서는 (…) 또 이른바 최거사(崔居士)라는 자를 체포하여 영문(營門)으로 압송(押送)하여 갈 즈음에 적당(賊黨)이 갑자기 나와서 겁탈(劫奪)하여 달아났고, (…) 지난해 봄에 이인엽(李寅燁)이 (…) 이르기를, '요즈음 들으니 적당(賊

실로 드러난 것이다.

그리고 영조 15년(1739) 5월에는 백두산 아래에 1백여 마을이 있는데 그 괴수는 김거사(金居士)라는 기록이 있다.[14] 또 영조 24년(1748) 5월의 이지서사건에도 거사들이 관련되어 있었다는 진술이 보인다.[15]

정조 9년(1785) 3월의 문양해사건에서 백원신(白圓神)은 자신을 영진거사(霙眞居士)로 불렀다. 이현성(李玄晟)은 백련거사(白蓮居士)라고 자처하였고, 문양해의 술법 선생으로 거론된 4명 가운데 최거사(崔居士), 김처사(金處士)가 있다. 또 문양해는 간성(杆城) 건봉사(乾鳳寺)의 중 성수(性水)에게서 글을 배웠는데, 그를 수거사(水居士)라 지칭했다. 성거사(成居士)도 등장하는데, 이현성(李玄晟)이 성거사(成居士)인 것 같은데, 이율의 말을 들으면 지관(地官) 성거사는 성이 성씨가 아니고 바로 이가이며, 문광겸은 자기 어머니의 장지(葬地)를 성거사가 잡아주었다고 한다. 그리고 녹정(鹿精)은 별호를 혹은 청경노수(淸鏡老壽)라고도 하고 혹은 백운거사(白雲居士)라고도 하며, 웅정(熊精)은 자칭 청오거사(靑烏居士)라고 하는데, 모두 성명은 말하지 않았다고 진술했다. 그 이외에도 안변(安邊) 석왕사(釋王寺)에 살면서 향악의 서찰을 받아서 통천과 고성 등에 전해준 거사(居士)

黨)이 왕왕 섬 속에 둔취(屯聚)하고 있다고 한다. 그대에게 거간(居間)하는 사람이 있는 것을 알고 있으니, 마땅히 자세하게 정탐(偵探)하여 근포(跟捕)하도록 하여야 할 것이다.'라고 하여, 신이 당초의 거간하던 사람에게 말을 전해 보내어 상세하게 정탐하도록 하였습니다. 이인엽(李寅燁)이 죽은 뒤에 적정(賊情)을 탐지한 고목(告目) 두 장이 비로소 이르렀으니, (…) 또 하나는 이르기를, '적괴(賊魁) 거사(居士) 최대성(崔大成), 최대봉(崔大奉), 박복산(朴福山)의 아비와 그의 아우 등이 해빙(解氷)한 뒤에 영광(靈光)의 법성포(法聖浦)에서 서로 모이기로 약속하고는 섬 속으로 들어가려고 겁략(劫掠)을 자행(恣行)하였는데, 이 뒤에 비록 포착(捕捉)하려고 하였으나 끝내 잡을 수 없었고 도리어 음화(陰禍)만을 입어 근신하며 피하였을 뿐입니다.'라고 하였습니다. 『숙종실록』 숙종 37년(1711) 7월 26일(계축).

14 『영조실록』 영조 15년(1739) 5월 15일(경신).

15 이지서가 공초하기를 (…) 정월 이후 가벼운 갖옷을 입고 살진 말을 타고서 양남(兩南)으로 내려가는 사람이 하루에도 1백으로 셀 수 있는 정도였는데, 관인 같기도 하고 무사 같기도 하여 하나도 유생 같은 자는 없었습니다. 또 어떤 거사(居士)들이 무수히 왕래했는데, 신의 집이 길가에 있었기 때문에 눈으로 보았습니다. 옷은 소매가 좁은 것 같았는데, 면(綿)으로 만든 것도 있고 포(布)로 만든 것도 있었습니다. 이른바 거사라고 하는 사람들은 전에는 나이가 모두 5, 60이었는데, 지금 왕래하는 자들은 인물이 준수하여 병사나 수사가 되기에 충분하였고, 그 복색을 보면 호사스러웠으며 미녀를 데리고 있었고 각기 하나의 학동(學僮)을 데리고 갔습니다. 이들은 역모에 가담한 사람들 같았습니다. 이지양이 말하기를, '너는 남을 통하여 일을 이룰 수 있는 자이다. 내가 병조판서를 잃을 수 있겠는가?' 하였습니다. 『영조실록』 영조 24년(1748) 5월 25일(무신).

혜정(慧淨)이 있다.

정조 9년(1785) 12월에 단천부사(端川府使)가 체포한 『점법서(占法書)』, 『백중력(百中曆)』, 『감영록(鑑影錄)』 등의 책을 소지한 인물은 거사(居士) 유한경(劉漢敬), 이태수(李泰守), 김명복(金命福), 송두일(宋斗一) 등 4인이었다.

정조 10년(1786) 2월에는 거사가 "떠돌아다니는 백성 가운데 가장 수상한 자들"이라는 규정이 내려졌고 역모를 도모하는 무리들이 이 가운데서 나오는 것이라는 조정의 염려가 있었다.[16]

정조 10년(1786) 2월에 일어난 이태수(李泰守)와 유한경(劉漢敬)이 주도한 흉서사건에도 조거사(趙居士)가 등장하고, 연루자 이인택(李仁宅)은 "종적이 헤아리기 어려웠으며 외지고 먼 변방 지역에 출몰하면서 몰래 선동하여 미혹시킬 계책을 꾸몄습니다. 생원(生員)이라고 칭하기도 하고 거사(居士)라고 칭하기도 하였으며, 관상소(觀相所)를 만들기도 하고 신사(神祀)를 만들기도 하였는데, 우덕하를 위하여 기도하면서 그와 긴밀한 관계를 맺었고 이문목을 따라 점(占)을 논하면서 그 음흉함이 극도에 달했습니다."라 했다.[17] 이문목은 거사들의 무리가 1만명이 넘는다고 호언장담하기도 했다.[18]

지금까지 학계에서는 거사들을 유랑예인 집단으로 보았는데,[19] 이들을 예

---

16 정언 이우진(李羽晉)이 아뢰기를, (…) "우리나라에서 말하는 거사(居士)라는 것은 중도 아니고 속인도 아닌 자로서, 편적(編籍)에서 이름이 빠지고 신역(身役)이나 군포(軍布)가 없으니, 떠돌아다니는 백성들 중에 가장 수상한 자입니다. 더군다나 근래에 흉측한 무리들이 이 무리들 속에서 발각되었으니, 우환을 염려하는 도리에 있어서 소홀히 할 수 없습니다. 그리고 하동(河東) 지경의 일면은 완전히 이 무리들이 모여 살고 있으며, 본읍은 역적의 소굴이 있었던 곳이니, 도백으로 하여금 각 고을에다 분산시켜 군역(軍役)에 충당시키는 것이 옳겠습니다." 하니, 임금이 말하기를, "이 부류들은 통렬히 금지해야 한다. 그러나 지금 이들을 각 고을에다 분산시켜 둘 경우 하동 일개 마을이 받을 해를 여러 도에 두루 끼치게 하는 것이니, 온당한지 모르겠다. 『정조실록』 정조 10년(1786) 2월 22일(병신).

17 『일성록』 정조 10년(1786) 3월 22일(병인).

18 죄인 이문목(李文穆)은 흉서를 지어 준 일에 대해서는 비록 혐의를 벗었으나, 거사(居士)의 음흉한 모의를 듣지 않은 것이 없었고 도당(徒黨)이 1만을 넘는다고 한 말과 장차 대사(大事)를 일으킬 것이라는 흉언을 그가 듣고도 그대로 두고 고하지 않은 것은 이미 지정불고율(知情不告律)을 면하기가 어렵겠습니다. 『일성록』 정조 10년(1786) 2월 11일(을유).

19 김신재, 「거사고(居士考) ― 유랑예인집단연구 서설 ―」, 『한국인의 생활의식과 민중예술』(성균관대학교 대동문화연구원, 1984)

언사상의 활발한 유포자 가운데 한 집단으로 이해해 볼 수도 있을 것이다.

이 밖에도 예언사상의 유포에는 잡술(雜術)이나 도교적 성향을 가진 인물,[20] 무격(巫覡)이나 무녀(巫女)인 무속인들, 혹세무민으로 표현된 새로운 신앙집단의 지도자들, 도적이나 명화적(明火賊)의 지도자들, 노비 집단, 유랑지식인들이 동참했을 것으로 보인다.

특히 예언사상의 전파에 중심적 역할을 한 이들 유랑지식인들은 한곳에 정착하지 않고 여러 지역을 떠돌아다니며 각종 풍문을 듣고 전파하는 과정에서 자연스레 세상의 변화를 꿈꾸는 예언서에 접하게 되었고, 실제로 거사를 도모할 동조 세력을 규합하는 일에 몰두할 수 있었다. 이 과정에서 유랑지식인들은 신분을 속이거나 이름을 바꾸는 일이 많았다. 이러한 과정에서 이들은 점차 전문화되고 직업화된 '저항지식인'으로 자리잡아갔다.[21]

한편 정부에서는 이들 예언사상을 주창하고 유포시키는 사람들을 통틀어 '나라를 원망하는 마음〔원국지심, 怨國之心〕을 품은 자', '어지럽힐 것을 생각하고 (변란을 지향하고) 재앙을 즐기는 마음〔思亂樂禍之心〕을 품은 자', '뜻을 잃고 나라를 원망하는 무리〔失志怨國之徒〕'로 인식했다.[22]

영조 4년(1728)에 일어난 무신난의 주모자들에 대해 당시 조정에서는 '뜻을 잃은 불량한 무리들〔失志不逞之徒〕', '나라를 원망하는 부류들〔怨國之類〕'로 표현

---

20 흔히 산인(山人) 세력으로 표현되기도 한다.

21 오수창, 「조선 후기 평안도민에 대한 인사정책과 도민의 정치적 동향」,(서울대학교 박사학위논문, 1996), 223-226쪽.

22 익명서는 (…) 그때마다 투서를 하고 방을 붙입니다. 그래서 국가를 지목하여 원망하고 조정을 위협하는 자가 계속 끊이지 않고 있습니다.〔則輒投書貼榜, 指怨國家, 恐喝朝廷者, 紛紛不絶.〕『중종실록』중종 30년(1535) 8월 11일(기해).
이날 밤에 흉격서(兇激書)가 군영(軍營)에 투입되었는데 아마 나라를 원망하는 무리들이 몰래 흉계를 품고 이런 망측한 일을 한 듯하다. 그러나 단서를 잡지 못하여 인심이 불안해하였다.〔(…) 是夜, 投兇檄於軍營. 蓋怨國之輩, 潛懷兇計, 爲此逞肆之事, 而莫得端緒, 人心不安.〕『인조실록』인조 3년(1625) 6월 19일(을미) (…) 광주(光州)에 사는 백성 최태원(崔太元)과 이덕방(李德芳)이라는 자가 평소에 양찬규(梁纘揆)와 서로 친하다는 말을 듣고 그가 정상을 알았으리라고 의심하여 잡아서 물으니, 최태원이 말하기를, "이덕방이 양찬규와 서로 친한데 일찍이 주머니 속을 보니 어떤 글이 있는데 원국사(怨國詞) 라고 제목한 것이었다." 하였다. (…) 대개 무신년의 여얼(餘孽)로서 나라를 원망하는 자인데 다 상한(常漢)이나 미천한 무리였다.〔(…) 蓋戊申餘孽之怨國者, 而皆常漢卑微之類也.〕『영조실록』영조 16년(1740) 2월 17일(무자).

했다.[23] 영조 6년(1730) 6월에는 나라를 원망하는 무리들이 역모를 도모한다고 규정지었다.[24] 이 외에도 "나라를 원망하는[25] 무리"[26] 또는 "나라를 원망하는 사학(邪學)의 무리"라는 표현이 사용되었다.[27] 또한 "뜻을 잃고 나라를 원망하는 무리"라는 표현도[28] 사용되었다.[29] 또한 고종 3년(1866) 1월에 내린 대왕대비전의 전교문에 서양인을 믿고 따르는 무리를 원국재지지배(怨國在志之輩), 사란

---

23 『영조실록』 영조 4년(1728) 3월 14일(갑자) (…) 이유익(李有翼), 민관효(閔觀孝), 박필현(朴弼顯), 박필몽(朴弼夢), 한세홍(韓世弘), 이하(李河)와 여러 나가(羅哥) 등 역적이 모두 이 역적의 우익(羽翼)이고 폐고(廢錮)된 족속으로서 나라를 원망하는 무리[怨國之徒]와 먼 지방의 어리석고 사나운 무리[愚悍之輩]가 휩쓸려 붙어서 서로 창화(唱和)하여, 처음에는 글을 내어 걸어 중외(中外)에 퍼뜨리고 나중에는 군사를 일으켜 (…) 『영조실록』 영조 4년(1728) 5월 5일(을묘).

24 일종(一種)의 나라를 원망하는 무리들이 감히 나라를 원수처럼 여기는 마음이 생겨 흉악한 말을 지어내어 역모(逆謀)를 꾸밀 기회를 삼은 것이다. 그들이 뜻을 얻지 못한 까닭으로 원망하는 말을 만들어 감히 말하지 못할 자리에 미친 것이 더욱 불을 보듯이 분명하다.[(…) 一種怨國之徒, 敢生讎國之心, 創出凶言, 作爲不軌之階梯. 而以其不得志之故, 敢爲懾憾之說, 至及於不敢言之地, 尤若觀火.] 『영조실록』 영조 6년(1730) 6월 12일(기유).

25 이지서는 나라를 원망하는 마음[怨國之心]을 품었다고 진술했다. 『영조실록』 영조 24년(1748) 5월 25일(무신) 그리고 나라를 향한 부도(不道)한 마음[向國不道之心]이라는 표현도 있다. 『순조실록』 순조 7년(1807) 7월 12일(임자).

26 나라를 원망하는 무리[怨國之徒] 『영조실록』 영조 9년(1733) 12월 27일(갑술), 『정조실록』 정조 9년(1785) 3월 23일(임신).
이지서사건과 관련된 자들을 원국지도[怨國之徒]로 표현했다. 『영조실록』 영조 24년(1748) 5월 23일(병오).
또 윤지사건에도 나라를 원망하는 무리들이 패서를 걸었을 것이라는 공초 기록이 있다. 『영조실록』 영조 31년(1755) 2월 20일(갑자).
정조 9년의 이율사건 때도 원국지도로 표현했다. (…) 불평분자와 서자 출신의 사람들이 언제나 난리를 일으켜서, 화를 즐기려는 속셈을 품고서, 혹자는 비수를 품고 흉계를 꾸미기도 하고, 혹자는 흉측한 물건을 파묻고 임금을 죽이려고 하고, 혹자는 군사를 일으켜 거사하려고 하였다. 홍상범(洪相範)·홍상길(洪相吉)·문인방(文仁邦)·이경래(李京來) 등의 옥사를 보건대, 그들의 기맥이 서로 통하고 걸어온 길도 서로 연관된다는 것을 알 수가 있다. 그 계책을 실현하지 못하자, 그들은 그 음모하는 것도 더욱 다급하게 하고, 더욱 비밀스럽게 하여, 반드시 여러 가지로 기묘한 계책을 짜냈던 것이다. 작년 이후부터 허다한 요사스러운 말들을 먼저 만들어 내어 호서(湖西) 지방에 전파하였고, 이리저리 옮겨 다니다가 영남, 호남 지방에 들어가서 군사를 일으킬 시기를 손꼽아 기다렸던 것이다. 집을 떠나가는 자들은 봇짐을 메고, 살고 있는 자들은 말린 양식을 준비하느라고 10채가 있던 마을에서 7,8집은 모두 텅 비게 되었다. 깊은 대궐 안에 있어서 비록 그 소식을 듣지는 못하였지만, 민심의 동요가 하루 아침, 하루 저녁의 연고가 아니었다. 『정조실록』 정조 9년(1785) 3월 23일(임신).

27 나라를 원망하는 사학(邪學)의 무리[邪學怨國之徒] 『순조실록』 순조 1년(1801) 5월 20일(을미).

28 뜻을 잃고 나라를 원망하는 무리들은 (…) 끝내는 불측한 변을 일으키게 마련입니다. (…) 失志怨國之徒, (…) 終至有不測之變. 『숙종실록』 숙종 5년(1679) 3월 12일(정미).
실지원국지도라는 표현은 순조 때도 등장한다. 『순조실록』 순조 1년(1801) 1월 13일(경인).

29 뜻을 잃고 나라를 원망하는 무리[失志怨國之徒] 『영조실록』 영조 4년(1728) 9월 24일(신미), 『영조실록』 영조 5년(1729) 12월 7일(정미).

낙앙지도(思亂樂殃之徒)로 표현하기도 했고,[30] 실지원국(失志怨國)하고 사란낙화 (思亂樂禍)하는 무리로 표현했다.[31]

순조 26년(1826) 4월에는 나라를 원망하는 무리들이 요망한 말을 전하고 있다는 기록이 보인다.[32] 이 외에도 "항심(恒心)이 없고 의지할 데 없는 무리",[33] "어지럽힐 것을 생각하는 무리",[34] "화를 즐기는 무리"[35] 등 다양하게 표현된다.

---

30 「우포도청등록」 제21책, 『포도청등록』(보경문화사, 1985), 617면.

31 「우포도청등록」 제22책, 『포도청등록』(보경문화사, 1985), 653면.

32 대저 흉서는 글의 뜻이 비록 몹시 흉패(凶悖)하나, 이는 뜻을 잃고 나라를 원망하는 무리가 깊고 어두운 가운데 잠복하여 전해 오는 요망한 말에 의존하고 거짓된 명목을 조작하여 어리석은 백성을 속이고 유혹하면서 조정을 엿볼 계획을 부려 보려고 하는 데에 지나지 않을 뿐이다. (…) 大抵[凶]書辭意, 雖絕凶悖, 不過是失志怨國之類, 潛伏幽暗之中, 憑依流來之妖說, 造作譸誕之名目, 欲售誆惑愚民, 窺覰朝延之計而已. 『순조실록』 순조 26년(1826) 4월 11일(임술).

33 항심(恒心)이 없고 의지할 데 없는 무리[無恒無賴之徒] 『순조실록』 순조 32년(1832) 10월 10일(임자).

34 어지럽힐 것을 생각하는 무리[思亂之徒] 『정조실록』 정조 21년(1797) 4월 28일(무술) 이는 난리나 변란을 꾀하는 무리로 해석해도 무방하다.

35 "화(禍)를 즐긴다.[樂禍]"는 표현 『정조실록』 정조 6년(1782) 6월 28일(계사).

예언사상의 유포에 대한 정부의 대응책

74

조선 후기에 예언사상의 급격한 확산은 성리학의 지배 이념을 더욱 강화하려는 정부의 입장과는 배치되었다. 정부에서는 확산 일로에 있는 예언사상에 대처하기 위한 방안을 모색하였다. 정부는 정감록을 중심으로 한 예언사상을 정학(正學)인 성리학에 도전하는 잡술, 좌도(左道), 이단(異端), 사학(邪學)의 일종으로 여겼다. 따라서 예언사상의 확산을 막기 위해서는 성리학의 지배 논리를 강화하고 이단을 물리치는 이른바 위정척사(衛正斥邪)가 가장 효과적인 방법이라고 믿었다.

당시 정부의 법체계였던 『대명률(大明律)』에 "참위(讖緯), 요서(妖書), 요언(妖言)을 짓거나 이를 전용하여 민중을 미혹시킨 자는 모두 참형(斬刑)에 처한다."고 규정되어 있다.[1] 따라서 요사한 말과 글에 해당하는 예언과 예언서를 유포하고 필사하는 자들은 체포되는 즉시 엄한 심문을 받았고, 사건의 주모자나

1　『대명률(大明律)』 권 18, 형률(刑律), 조요서요언(造妖書妖言).

핵심 관련자 대부분은 결국 참수당하는 극형에 처해졌다. 이들은 중국의 황건적(黃巾賊)과[2] 백련교(白蓮敎)[3] 등과 같은 무리로 인식되었다.

정조 6년(1782) 12월에 예언사상 유포에 대해 내린 국왕의 유시문은 다음과 같다.

선비를 숭상하고 도를 중히 하는 것에 관해 중앙과 지방에 유시하기를, "선비를 숭상하고 도를 중히 하는(崇儒重道) 넉 자는 우리 조정의 법으로서 열성들이 서로 계승하여 교화와 치화가 아름답고 밝았는데, 모두 이것을 급선무로 삼아 정초(旌招)의[4] 예의가 초야에 끊이지 않았으며 선비를 양성하는 방안에 대해 항상 학교에다 유념하였다. 이러한 까닭에 명현들이 배출되어 덕업이 성대해서 위로는 조정의 예우에 응하고 아래로는 온 나라 사람들의 본보기가 되었다. 자신을 완성하고 나서 남에게 혜택을 입혀서 교화가 유행되고 풍속이 바뀌었다. 그리하여 올바른 학문이 밝아져 사특한 말이 사라지고 절의를 숭상하여 난역의 백성들이 움츠러들었다. (…) 또한 유도(儒道)의 성쇠가 실로 국가의 성쇠에 관계된다는 것을 알고 있으므로 (…) 근일의 흉악한 역적들은 대체로 많이 예언의 문적들을 가지고 민심을 현혹시키고 있다. 대체로 예언의 설은 완전히 요망하고 허탄한 것으로서 왕법(王法)에 반드시 금하게끔 되어 있다. (…) 이단은 날로 사라져 이런 말을 전혀 듣지 못한 지 오래되었는데, 지금 갑자기 성행하는 것은 무엇 때문인가? 이것이 어찌 양이 사라지면 음이 자라나고 이것이 쇠하면 저것이 성해지기 때문이 아닌가? 그 기미는 매우 미약하지만 말류에 가서는 매우 커지는 법이니, 만약 서둘러서 바로잡지 않을 경우 유도가 날로 쇠해지고 요망한 말이 서로 요동하여 나라가 나라 꼴이 되지 못할까 염려된다. 예언의 서적을 가지고 있는 데에 대한 법이 있으며 대중을 현혹시키

---

2 황건적(黃巾賊)은 중국 후한(後漢) 말에 장각(張角)을 수령(首領)으로 하여 하북(河北)에서 일어난 유적(流賊)이다. 그 무리는 13만으로 모두 황건을 쓰고 황로(黃老)의 도(道)를 받들어 태평도(太平道)라 하고 일시 세력을 떨쳐 난을 일으켰으나, 장각의 병사(病死)로 쇠퇴했다가 곧 평정되었다.

3 백련교(白蓮敎)는 중국 송대(宋代) 이후에 성행된 민간의 비밀결사 종교이다. 미륵(彌勒)보살이 이 세상에 나타나 복(福)을 내린다고 우민(愚民)을 현혹하여 세력을 크게 뻗쳤으며, 당시의 정부와 자주 충돌했다. 홍건적(紅巾賊)도 이 교도(敎徒)이다. 청나라 때에 이르러 그 무리가 1796년부터 9년 동안에 걸쳐 반란을 일으켜, 청조(淸朝)는 고심(苦心)하였다.

4 정초는 대부(大夫)를 정당한 예로 초빙하는 것이다. 『맹자(孟子)』「만장장(萬章章)」에 "서인(庶人)은 전(栴)으로 부르고, 사(士)는 기(旂)로 부르고, 대부(大夫)는 정(旌)으로 부른다."고 하였다. 여기서 정(旌)은 새깃을 깃대 끝에 단 기를 가리킨다.

는 데에 따른 형벌이 있으나, 말류에 가서 금지하는 것보다 근본을 구제하느니만 못할 것이다. 그러고 보면 선비를 숭상하고 도를 존중하는 것은 더욱 오늘날의 급무인 것이다. (…) 나의 정도(正道)를 옹호하고 사설(邪說)을 배척하는 뜻〔衛正闢邪之意〕에 부응하게끔 하라." 하였다.[5]

한편 보다 적극적으로 예언사상을 유포할 가능성이 있는, 지략과 용력을 갖춘 인물들을 뽑아 군영(軍營)에 소속시키자는 대책도 강구되었다.

사직(司直) 김종수(金鍾秀)가 아뢰기를, "전부터 좌도(左道)를 낀 역옥(逆獄)이 많았거니와, 근년 이래로 문인방(文仁邦), 문양해(文洋海), 이율(李瑮)의 옥사(獄事)와 이번 역옥은 한결같이 좌도가 인심을 속여 어지럽힌 데에서 말미암지 않은 것이 없습니다. (…) 오직 좌도가 신괴(神怪)를 가탁(假托)하여 화복(禍福)을 허장(虛張)하는 것이 어리석은 백성을 꾀는 좋은 먹이가 되고 일종(一種)의 거세고 사나운 무리로서 용력(勇力)이 있고 재기(才器)가 있어 늘 답답한 마음을 품고 오직 기회를 기다리는 자가 따라서 틈타므로 어리석은 백성으로서 믿고 따르는 자와 협박받아 따르는 자가 점점 많아져서 비로소 난이 일어납니다. 성상께서 모두 살리고자 하시는 덕(德)으로 미연에 난을 막을 방도를 깊이 염려하신다면 좌도를 매우 금하고 근본을 깊이 끊어서 죄에 빠지지 말게 하셔야 할 것입니다. 그런 뒤에 거세고 사나운 자를 수습할 방도를 잘 강구하여 확정해서 실효(實效)가 있게 하는 것이 사의(事宜)에 맞을 듯합니다." 하고, (…) 김종수가 또 아뢰기를, "넓은 팔도에 용력이 남보다 뛰어나고 신수가 좋고 지략이 있는 자가 없을 걱정은 없으나 발신(拔身)할 길이 없고 용무(用武)할 곳이 없으므로, 늘 답답한 마음을 품거니와 답답하면 원망하고 원망하면 난을 생각할 것이니, 이것은 이세(理勢)가 반드시 그러할 것입니다. 대저 뭇사람의 심정은 조금 잘하는 것이 있는데 남에게 알려지지 못하면 높은 자는 초목과 같이 썩는 것을 부끄럽게 여기고 낮은 자는 굶주림과 추위가 몸에 절박한 것을 근심하니, 밤낮으로 바라는 것은 오직 다행히 국가에 일이 있어서 몸을 떨치게 될 생각을 하는 데에 있습니다. 이런 사나운 무리를 수습하고 견제하려면 진용(進用)하는 길을 넓게 열어서 구덩이에 버려져 죽을 염려를 면하게 해야 하고 그러면 급할 때에 쓸 수 있는 밑거리가 될 만할 것입니다. 그렇지 않으면 크게는 역당(逆黨)에게 꾐받고 작게

5 『정조실록』 정조 6년(1782) 12월 28일(경인).

는 좀도둑에게 추대받을 것입니다. 이들은 본디 지력(智力)과 무예(武藝)로 고향 마을에서 경외받는데 역얼(逆孼)과 좌도가 가세한다면 그 근심이 작지 않을 것입니다. 구처(區處)하여 승천(陞遷)하고 발탁하는 방도는 오직 널리 조정의 의논을 물어 절충하여 쓰기에 달려 있습니다." 하고, 영의정 김치인(金致仁)이 말하기를, "중신(重臣)이 아뢴 바는 다 그 요령을 얻었고 아울러 인재를 거두어 쓰고 침체되어 있는 자를 소통하는 방도가 되니, 절목(節目)을 만들어 인재를 뽑되 연전에 유명무실하였던 것과 같지 않게 하면 좋겠습니다." 하고, 이재협이 말하기를, "절목을 제정하고서야 실효를 거둘 수 있을 것이니, 이것은 익히 헤아려 처리하지 않아서는 안 될 것입니다." 하고, (…) 훈련대장 이경무(李敬懋)가 말하기를, "각도(各道)의 영읍(營邑)을 물론하고 용력과 재능이 있으면 본토(本土)에서 알려지지 않을 리가 없을 것이니, 각각 지방에서 나은 자를 뽑아서 조정에 천거하면 좋겠습니다." 하고, 금위대장(禁衛大將) 서유대(徐有大)가 말하기를, "방종한 것을 수습하여 승천하고 발탁하며 등용하는 것은 다 길들이는 요도(要道)이므로 신도 이런 일에 유의하였습니다마는, 마땅한 사람을 얻어 실효를 거두는 것은 쉽지 않을 듯합니다." 하고, 김종수가 말하기를, "대신, 장신(將臣)이 아뢴 바는 다 신의 뜻과 다릅니다. 범연하게 인재를 찾는 것을 명목으로 삼는다면 한갓 겉치레가 될 것입니다. 연전에 이미 시험하여 보람이 없었고, 또 지려(智慮) 따위 명목은 형영(形影)이 없는 일이니, 사의(私意)를 따르고 공론을 업신여기는 폐단이 당장 올 수 있을 겁니다. 신의 생각으로는 먼저 용력(勇力) 두 자로 명목을 세우고 과한(科限)을 정하여 각 고을을 시켜 뽑아서 영문(營門)에 올리고 영문에서 월등한 자를 가려서 감영(監營), 병영(兵營), 수영(水營)의 막비(幕裨)로 나누어 붙이고 또 감영, 병영, 수영에서 가장 나은 자를 가려 오군문(五軍門)의[6] 장교(將校)로 승천(陞遷)한다면 허실(虛實)이 혼잡해지는 폐단이 없을 수 있을 것입니다. 절목에 관한 일은 오직 묘당에서 재량하여 작정하는 것이 어떠하냐에 달려 있습니다." 하니, 윤허하였다.[7]

---

6 오군문은 훈련도감, 금위영, 어영청, 수어영, 총융청을 가리킨다.

7 『정조실록』 정조 11년(1787) 8월 20일(을묘).

**민 란 과
변 란**

75

19세기는 '민란의 시대'로 불린다. 조선사회 내부의 모순을 둘러싼 제반 갈등이 심화되는 데 짝하여 민중운동이 폭발하였기 때문이다. 특히 19세기 후반은 서구 제국주의 열강의 침략이 노골화하면서, 조선사회의 해체와 갈등이 한층 급격하고 복잡하게 전개되었다. 이에 따라 민중운동도 한층 다양한 양상을 띠며 전개되었다.[1]

민란은 1862년 농민항쟁의 폭발 이후 대원군 집권기에는 상대적으로 소강국면에 접어들었으나, 1880년 이후 다시 빈발하기 시작하여 1894년의 동학농민혁명에 이르기까지 전국에 걸쳐 끊임없이 일어났다.

대원군은 원래 정상적인 왕위승계 과정을 거치지 않고 종친으로 있다가 왕위에 오른 인물의 생부(生父)를 가리키는 용어이다. 조선시대에는 선조의 아버지였던 덕흥대원군(德興大院君), 인조의 아버지인 정원대원군(定遠大院君), 철종

---

1 배항섭, 「변란의 추이와 성격」, 『한국사』 36권(국사편찬위원회, 1997), 336쪽.

의 아버지인 전계대원군(全溪大院君), 고종의 아버지인 흥선대원군(興宣大院君) 등 4명의 대원군이 있다. 그런데 일반적으로 대원군이라고 하면 흥선대원군을 가리키는 말이 되었는데, 흥선대원군이 유일하게 아들이 왕위에 오른 후에도 살아있었던 대원군이었기 때문이다. 물론 흥선대원군이 대원군이라는 일반 명사를 고유명사로 만들어버릴 정도로 강력한 영향력을 행사하여 나름대로 우리 역사에 커다란 족적을 남겼던 사실과도 무관하지 않다.

몰락 농민이나 일부 '저항적 지식인'들이 무장집단화하여 지배층을 공격한 명화적(明火賊)의 활동이나 도시 하층민의 저항도 넓은 의미에서는 민중운동으로 볼 수 있다. 명화적은 조선왕조 전 시기에 걸쳐 흉년이 들 때마다 빈발했지만, 1862년 농민항쟁을 겪은 이후에는 더욱 활발해져 항상화, 광역화하였다. 그리고 사회·경제적 변화와 함께 도시화가 진행되고 도시 하층민이 형성되면서 이들에 의한 크고 작은 집단적 저항운동도 두드러졌다.

또 '저항적 지식인'들이 중심이 되어 기도한 각종 변란(變亂)도 이 시대를 대표하는 민중운동이다. 변란은 이전 시기에도 있었지만, 19세기 특히 1860년을 전후한 시기부터 빈발했으며 그 대표적인 사례로는 광양란(光陽亂)과 이필제난(李弼濟亂)을 들 수 있다.[2]

민란과 변란은 몇 가지 측면에서 중요한 차이가 있다. 민요(民擾)라고도 부르는 민란은 대체로 향촌사회에서 생산 활동이나 일상적인 생활을 하던 사람들이 발통취회(發通聚會)와 정소(呈訴)의 과정을 거치면서 격화하여 봉기하는 일종의 '공동체적 강제'에 의해 주민을 동원하지만, 조직적으로 무장하는 모습은 보이지 않는다.

그리고 민란은 투쟁 공간이나 지도부 및 참가층의 구성이 고을 단위에 국한된 지역적 제한성을 보이고, 투쟁 구호도 대체로 특정 고을의 부세 수취와 관련한 부당함을 제기하는 고을 단위의 반부패, 반불법 투쟁 차원에 머물렀

---

2   배항섭, 위의 글, 336-337쪽.

다. 또한 민란은 봉기농민들이 근본적으로 근왕주의적(勤王主義的) 의식 세계로부터 벗어나지 못했기 때문에, 각지에서 파괴와 폭력이 수반되고 이서배(吏胥輩)들을 살해하는 경우는 있었지만, 국왕을 대신하여 목민(牧民)의 책임을 맡고 있던 수령에 대해서는 심한 공격을 하지 않았다. 불법적 수탈이 아무리 심했을지라도 수령에 대해서는 구타조차 하지 못하는 것이 일반적인 양상이었다.

그러므로 민란의 투쟁 목표도 궁극적으로는 각종 정령(政令)과 부세 수취 등을 국법(國法) 내지 왕법(王法)대로 실시하라는 데 있었기 때문에, 대체로 수령이나 이서배의 부정부패를 징치하고 읍폐민막을 뜯어고치기 위해 일시적으로 읍권을 장악하는 범위 안에서 이루어졌다.[3]

이러한 민란의 발생에 대해 지배층들도 "백성들은 모두 덕을 생각하고 의리를 두려워하니 반드시 부득이해서 일으킨 것"으로 인식하였고, 봉기 농민들도 "감히 관리를 죽이거나 성지(城池)를 약탈하지 않고 오직 깃대를 세우고 억울함을 호소하다가 국왕의 회유가 있으면 곧바로 평정"되는 것이 일반적인 모습이었다. 따라서 고종대에 이르면 정부에서도 민란을 예사로운 일로 여기는 경우도 있었고, 19세기 후반이 되면 민인들도 민란을 일으키는 일을 보통으로 여기게 되었다.[4]

한편 변란은 대체로 향촌사회에 뿌리를 내리지 못하고 훈장, 의원, 지사 등을 생업으로 삼아 각지를 편력하던 소외되고 가난한 한유(寒儒)와 빈사(貧士) 가운데 일부 저항적 지식인들이 빈민과 유랑민을 동원하여 일으키는 것이다. 이들을 동원하기 위해 금품을 지불하는 등 대가를 제공하며, 대체로 조직적인 무장을 수반하는 병란(兵亂)의 형태를 띤다.

또 민란과 달리 변란은 참여층, 특히 지도부는 특정 고을에 국한되는 것이

3   배항섭, 위의 글, 337쪽.

4   『고종실록』 고종 30년(1893) 11월 13일(정묘) 평안감사(平安監司) 민병석(閔丙奭)이, "중화부(中和府)의 백성들이 폐단을 바로잡을 것이 있다고 하면서 관속(官屬)의 집을 부쉈고 나졸이 몽둥이에 맞아 죽었습니다."라고 아뢰니, 전교하기를, "요즘 백성들의 버릇이 걸핏하면 소란을 일으키는 것을 거의 심상한 일로 여기는데 이것은 기강이 엄하지 않은 데 원인이 있다. 〔…〕 近日民習, 動輒起鬧, 殆若尋常, 此由於綱紀不嚴也.〕 황현, 『오하기문(梧下記聞)』 수필(首筆) 및 『매천야록』 갑오(甲午) 이전.

아니라 각지에서 모여든 인물들로 구성되며, 고을 단위를 벗어나 여러 지역간의 연계를 시도하며, 투쟁 구호도 읍폐(邑弊)의 교구(矯捄)나 이서배의 징치보다 말세(末世)의 조짐을 강조하여 왕조의 타도와 제세안민(濟世安民)이라는 포괄적 구호를 내걸어 정치적 성향이 강하였다.

그리고 변란은 정감록(鄭鑑錄)류의 역성혁명사상을 이념적 무기로 왕조의 전복을 의도했던 만큼, 이서배는 물론 수령을 살해하는 일도 꺼리지 않았다. 변란은 조선왕조의 전복을 궁극적 목표로 삼았지만, 동시에 새로운 왕조를 개창하려 했다는 점에서 여전히 왕조체제 자체를 부정하는 것은 아니었다.

정부와 민중도 공간적으로 고을 단위의 내부에서 일어나고 내용상으로는 이민(吏民)들 간의 시비인 민란과, 그 범위를 벗어나는 변란은 구분하여 인식하였다. 정부에서도 광양란이나 이필제난에 대해서는 일반적인 민란과는 달리 "칭병소란(稱兵騷亂)", "적변(賊變)", "모역(謀逆)", "토구(土寇)의 난" 등으로 규정했고, 변란의 주모자들도 스스로의 행동을 변란, 작변(作變), 병란(兵亂), 모역 등으로 인식하고 있었다.

이처럼 변란은 조직과 이념, 그리고 투쟁의 목표와 대상이라는 측면에서 민란과는 확연히 구별되었다.[5]

특히 일부 변란에서는 일찍부터 '반외세'의 문제도 제기되고 있었다. 1876년 개항 이후 본격적으로 전개되는 근대 민족운동에는 반봉건과 반외세를 동시에 해결하려는 논리가 요구되었다. 1894년 동학농민혁명이 일어나기 전에 발생한 일부 변란은 반봉건의 과제에 그친 민란을 넘어서, 반외세라는 시대적 과제를 해결하기 위한 나름대로의 민중항쟁운동을 전개했다는 의의가 있다.

개항 이후 서구의 이양선(異樣船) 출몰이 잦아지면서 양이(洋夷)의 침공에 대한 위기의식이 사회 전반에 고조되었다. 특히 철종 11년(1860) 영불 연합군에

---

5   박광성, 「고종대의 민란연구」, 『전통시대의 민중운동』 하(도서출판 풀빛, 1981), 우윤, 「19세기 민중운동과 민중사상」, 『역사비평』(1988년 봄호), 배항섭, 「19세기 후반 변란의 추이와 성격」, 『1894년 농민전쟁연구』 2(역사비평사, 1992) 등을 참고하시오.

의한 북경 함락 소식은 조선 사회에 엄청난 위기의식과 혼란을 가져왔다. 조정에서도 중국조차 당하지 못한 서양 오랑캐의 무력에 전율하면서 곧 닥칠지도 모를 위험을 걱정하였고, 민간에서는 곧 서양 오랑캐가 쳐들어와 난리가 일어날 것이라는 소문이 널리 퍼져 산곡으로 피난하는 사람들이 속출했다. 특히 고종 3년(1866)에 일어난 병인양요(丙寅洋擾)와 고종 8년(1871)의 신미양요(辛未洋擾)에서는 서양 세력의 침공이 구체적인 현실로 나타나 온 나라가 두려움에 떨었다.

병인년(1866) 9월 주중 프랑스 함대 사령관 로즈(Roze, P. G.)는 그해 초에 일어난 대원군의 서학 탄압과 프랑스 선교사 9명의 학살사건에 대한 보복 원정으로, 군함 3척을 이끌고 9월 18일부터 10월 1일까지 강화도를 거쳐 서울 양화진(楊花津)과 서강(西江)까지 올라와 정찰하고 수로를 탐사하고 돌아갔다. 이윽고 로즈는 10월 5일에 한강 봉쇄를 선언하고, 10월 11일에 군함 7척과 총 병력 1천여 명을 이끌고 강화도를 침략하였다. 10월 16일에 강화부를 점령한 로즈는 "우리 동포형제를 학살한 자를 처벌하러 조선에 왔다. 조선이 선교사 9명을 학살하였으니, 조선인 9천 명을 죽이겠다."는 강경한 응징책을 밝혔다. 강화도를 점령한 프랑스군은 10월 26일에 문수산성 전투에서 조선군을 압도하였지만, 11월 9일 정족산성 전투에서 패배하여 이튿날 각종 문화재와 전리품을 챙겨 철수하였다.

병인양요는 거의 한 달 동안 프랑스군이 강화도를 점거하여 우리나라 역사상 최초로 서구 제국주의로부터 국가적 차원의 침략을 당했던 사건이었다.

신미양요는 고종 8년(1871) 6월에 미국의 아시아 함대가 강화도로 쳐들어온 사건이다. 미국은 고종 3년(1866) 8월 평양 대동강에서 일어난 제너럴 셔먼(General Sherman)호 사건을 계기로 우리나라와의 개항에 적극적인 관심을 가졌다. 미국은 두 차례의 탐문항행(探問航行)을 실시하면서 셔먼호 사건을 응징하고 이에 대한 손해배상을 정부에 청구하는 조선 원정 계획을 수립하였다.

그러나 실행에 옮기지 못하고 있다가 마침내 조선 원정을 결정한 미국은 아시아 함대 사령관 로저스(Rodgers, J.)에게 해군 함대를 동원해 조선을 원정할 것을 명하였다. 이에 로저스는 군함 5척과 해병 1천 2백여 명, 대포 85문을 거느리고 6월 1일에 강화해협에 쳐들어왔다. 미국 함대가 손돌목에 이르자 연안의 강화포대가 기습 공격을 했는데, 미국은 평화적 탐측활동에 대한 포격에 대해 조선 정부의 사죄 및 손해배상을 요구하면서, 이 요구 조건을 거부하면 10일 후에 보복 상륙작전을 벌이겠다고 위협하였다.

이에 대해 조선 정부는 정식 허락이 없는 외국 함대의 항행은 주권 침해이자 영토 침략 행위라고 규탄하면서 협상과 사죄를 단호히 거부하였다. 미국 측은 6월 10일에 초지진(草芝鎭)에 10개 중대를 동원하여 수륙양면공격을 개시하였다. 해상에서 함포사격을 통해 초지진을 초토화시킨 뒤 상륙군으로 점거한 미국은 이튿날 덕진진(德津鎭)도 무혈 점거하였고, 이윽고 광성보(廣城堡)도 함락하였다. 조선은 광성보 전투에서 350여 명의 전사자를 내고 완패당하고 말았다. 그러나 미국은 흥선대원군의 강력한 쇄국정책에 부닥쳐 개항을 단념하고 7월 3일에 함대를 철수하였다.

조선은 서양 세력에 의해 다시 한 번 무기력한 굴종과 패배를 당하고 말았다. 그럼에도 불구하고 당시 조정은 미군 함대의 철수를 패퇴로 간주하였으며, 그 결과 서양 세력의 침공에 대한 두려움이 커졌고 배외 감정은 더욱 고조되었다. 대포라는 물리적 힘으로 자행된 강압적이고 굴욕적인 개항 강요는, 오히려 조선으로 하여금 서양 세력에 대한 공포와 함께 강력한 쇄국정책으로 일관하게 만드는 요인으로 작용하였다.

이에 따라 서양 오랑캐의 침공에 대한 대외적 위기의식은 절정에 달했지만, 정부에서는 별다른 조처를 내리지 못하고 무기력한 대응만 일삼고 있었다. 이러한 상황에서 민중은 비결과 예언을 통해 변란을 도모했고, 새 왕조가 세워져야만 위기를 극복할 수 있다고 믿었다.

민중의 생존권을 지키기 위한 투쟁은 진인출현설로 집약되었고, 이러한 예언사상의 유포와 확산은 이른바 역모사건을 일으키기 위한 공감대를 형성하고 산발적인 민중의 역량을 조직화하는 이념으로 승화되어갔다. 결국 예언 사상은 조선왕조의 지배 질서와 권위에 대한 민중의 강력한 도전이었기 때문에, 통치자들은 이를 이단사상으로 규정하고 집요하게 탄압하였다. 그러나 이른바 이단사상은 날로 확산되어 갔고, 급격히 고조된 위기의식은 다양한 이단 사상의 만연이라는 사회현상을 초래하는 중요한 요인이 되었다.

당시에 현실사회의 모순과 부조리를 인식한 가난하고 소외된 한유와 빈사들은 지배층에 저항하는 다양한 방법을 모색하기 시작했다. 이들은 읍폐를 호소하는 등장(等狀) 등의 문건을 대필해 주거나 명화적에 가담하기도 했으며, 전국 각지를 떠돌다가 비슷한 처지에 있는 사람들과 동류의식을 형성해나가며 각종 변란을 위한 조직을 구성하기도 했다. 현실사회에 대한 불만이 예언사상과 결합하여 나타난 것이 변란이었다. 예언사상을 적극적으로 수용한 부류가 바로 이들 유랑지식인이나 불만지식인이었다. 예언사상이라는 이념적 무기로 무장한 이들은, 이써 조선의 멸망과 새로운 세상의 도래를 예언하면서 민중들을 끌어들여 조직을 이루어 변란을 도모했다.

철종 13년(1862) 2월 경상도 진주에서 경상도 우병사(右兵使) 백낙신(白樂莘)의 불법 탐학에 항거하여 유계춘, 김수만, 이귀재 등이 주도한 농민운동이 진주민란이다. 이들은 2월 18일 이른 아침에 수곡(水谷) 장터를 휩쓴 다음 덕산(德山) 장터로 몰려가 철시(撤市)를 강행하였다. 농민 시위대는 스스로를 초군(樵軍)이라고 부르면서 머리에는 흰 수건을 두르고 손에는 몽둥이나 농기구를 지고 진주성으로 몰려갔다. 시위에 불참하는 자에게 벌전(罰錢)을 받았고 반대하는 자의 집을 부숴버렸기 때문에, 다른 지역의 농민들도 속속 가담하여 그 세력이 수만 명에 이르렀다. 하룻밤을 진주성 밖에 머문 봉기군은 19일에 백낙신과 목사 홍병원(洪秉元)에게 통환(統還)과 도결(都結)을 혁파한다는 완문(完文)을 받아내고 부정관리로 손꼽히던 권준범과 김희순을 불태워 죽였다. 이후 자진 해산하기까지 4일 동안 부정행위를 벌인 향리들을 닥치는 대로 붙잡아 4명을 타살하고 수십 명에게 부상을 입혔고, 지탄의 대상이 되었던 부호들을 습격하여 23개 면에 걸쳐 126호를 파괴하고 재물을 빼앗았다. 이 사건은 비슷한 처지에 놓여 있던 다른 지방의 농민들을 자극하여, 그해 전국에 걸쳐 30여 개 지역에서 농민들이 봉기하였다.

철종 13년(1862) 4월 전라도 함평에서 농민봉기가 일어났다. 관리들의 불법 수탈에 분개한 농민들이 정한순을 우두머리로 삼아 봉기하였다. 이들은 깃발을 세우고 죽창을 휘두르며 관아를 습격하여, 현감을 구타하여 몰아내고 인가를 부수거나 불태웠다.

전라도 가도사(假都事) 민세호(閔世鎬)가 장계하기를, "함평(咸平) 백성 정한순(鄭翰淳)이 도당(徒黨)을 불러모아 기치(旗幟)를 세우고, 각기 죽창(竹槍)을 가지고 동헌(東軒)으로 난입하여 현감(縣監)을 끌어낸 다음 들것에 실어 구타하며 갔습니다." 하였다.[6]

이 사건 연루자 6명은 효수형에 처해졌고 부정행위를 저지른 현감은 귀양 보냈다.

흔히 '임술민란'으로 불리는 철종 13년에 전국적으로 일어난 일련의 농민봉기는 전정(田政), 군정(軍政), 환곡(還穀)의 삼정(三政)이 문란했기 때문에 발생했다는 의미에서 삼정란(三政亂)이라고도 부른다. 그해 2월 4일 경상도 단성에서 시작된 농민봉기는 경상도, 충청도, 전라도, 황해도, 함경도와 광주(廣州) 등지에서 무려 37차에 걸쳐 일어났다. 민란은 3월부터 5월까지의 춘궁기(春窮期)에 집중적으로 발생하여, 그 동기가 농민들의 생존 문제와 직결되었음을 알 수 있다. 진주, 성주, 제주에서는 봉기민의 숫자가 수만 명에 달했고, 다른 지역도 대체로 수천 명에 이른 대규모 민중항쟁운동이었다. 봉기군들은 관아를 습격하여 문서를 불태우고 곡식을 탈취하였고, 부정한 관리를 구타하고 인신(印信)과 병부(兵符)를 빼앗아 모욕하였고, 특권을 누리는 양반과 토호의 집을 때려 부수고 곡식이나 재화를 약탈했고, 이서(吏胥)들을 살해하거나 때렸다.

---

6   『철종실록』 철종 13년(1862) 4월 21일(계유).

모의 단계에서 동모자의 고변으로 탄로가 난 사건은 작변(作變)으로 부르고, 실제로 거사를 일으킨 경우에는 난(亂)으로 부른다.

19세기 후반의 변란사건에서 두드러진 특징 가운데 하나는 참가층의 광역성이다. 비록 조직적 결속력은 떨어졌지만, 고을 단위로 고립되어 일어났던 민란과는 달리 변란에는 고을 단위를 벗어난 여러 지역의 사람들이 참여하였다. 채희재, 유흥렴, 김수정, 최봉주, 장혁진 등은 철종 2년(1851), 철종 3년(1852), 고종 3년(1877)에 해서 지방, 영남, 호남 등의 지방을 연계하여 변란을 기도하였고, 이필제는 고종 6년(1869)부터 고종 8년(1871)까지 연속적으로 변란을 기도했는데 경상도, 충청도, 경기도, 강원도 지역의 인물들이 가담했다.

이 시기에 발생한 변란에서 보이는 또 하나의 특징은 동일한 인물에 의해 변란이 연속적으로 모의되었다는 점이다. 이필제는 진천, 진주, 영해, 조령 등지를 두루 돌아다니며 연속적으로 변란을 도모했고, 유흥렴과 김수정은 구월산과 서울에서, 최봉주는 서울과 전주에서, 장혁진과 이사윤은 안동과 전주에서, 민회행은 강진과 광양에서 연속적으로 변란을 기도했다.

이러한 모습은 통치 질서의 문란과 양이(洋夷)의 침공에 대한 위기감으로 이단사상을 수용하는 변란 세력이 그만큼 전국적으로 만연해 있었음을 뜻하기도 하지만, 향촌사회를 떠나 떠돌이 생활을 하던 변란 주도 세력의 사회적 존재 형태와도 밀접한 관련이 있다. 떠돌이 생활 덕분에 모의가 탄로 나도 쉽사리 체포되지 않았고, 전국을 돌아다니며 또 다른 변란을 계획할 수 있었던 것이다.

그러나 동시에 변란은 조직적 기반과 관련하여 기본적인 한계를 드러내고 있었다. 무엇보다 조직의 결속도가 대단히 취약했다. 변란 지도부는 오랫동안 향촌사회나 생산 현장을 떠나 떠돌이 생활을 하고 있었기 때문에 향촌사회의 농민들을 묶어낼 수 있는 어떠한 조직적인 기반도 없었다. 또한 지도부와 참가층의 결합이 민란과 달리 목적에 대한 합의나 이해의 일치에서 이루어진 것이 아니었다. 오히려 본래의 목적은 숨긴 채 다른 명분을 내걸거나 자금으로 고용하는 방식으로 이루어졌기 때문에, 거사의 진행 과정에서 본래의 의도가 알려졌을 경우에 이탈자가 속출하였고 관아에 고발하는 자도 있었다.

그리고 거사 자금 확보를 위해 끌어들인 재력가 계층과 병력으로 동원한 빈민층 사이의 사회·경제적 처지가 많은 차이를 보였던 점도 변란의 조직적 기반을 매우 취약하게 만들었다. 결국 대부분의 변란은 거사 단계까지도 가지 못하고 고변과 투서 등으로 인해 조직이 노출되어 도중하차하게 되었다.[7]

또 정치상황에 따라 반란, 역적 등의 기준이 달라진다. 당장은 민란이나 변란이라는 용어를 사용할 수밖에 없지만, 앞으로 언젠가는 특정한 입장이 개입된 가치평가가 배제된 용어가 사용되어야 하겠다.

이른바 거사꾼들은 자신의 안목과 능력으로 부패하고 부정한 이 세상을 바꾸려고 시도했다. 비록 가진 것이 적거나 없더라도 최소한 피 끓는 뜨거운 목숨이라도 모두 걸고 야심차게 결행했다. 시운이 따르지 않거나 나약한 동모자들의 비열한 고발 때문에 지배자들의 표적이 되어, 하늘이 내려준 생명조차 온전히 유지하지 못하고 처참하게 찢긴 채 끝내 희생되었을 뿐이다. 실패했다고 거사 자체를 모욕하지 말라. 이루지 못했다고 그들의 꿈마저 비난하지 말라. 바로 이러한 점에서 거사꾼들의 시도는 시대와 환경이 달라도 끊임없이 이어졌고, 이루지 못한 꿈은 여전히 전한다. 그들의 이상과 꿈이 이루어지는 그 순간까지, 희망은 여전히 남아있고 그 세계에 우리를 초대하고 있다.

변란은 '조선왕조의 타도'를 목적으로 한 명백한 '역모'였고, '역성혁명'도 불사하는 과격한 변혁을 지향하거나 급진적 혁명을 꿈꾸었다. 따라서 변란을 주도한 사람이나 동모자는 그에 준하는 엄벌을 각오해야 했고, 실제로 그들은 관군에 체포되어 혹독한 고문을 당한 뒤 대부분이 효수형이나 능지처참을 당했다. 실패한 변란과 미완의 혁명은 그만큼 가혹한 대가를 지불해야 하는 달콤하지만 치명적인 유혹이었다. 그러므로 변란은 민란과 달리 준비 과정이나 모의 과정이 은밀하게 진행되는 비밀결사의 형태로 이루어질 수밖에 없었다.

---

7   배항섭, 「변란의 추이와 성격」, 『한국사』 36권(국사편찬위원회, 1997), 368-369쪽.

대부분의 거사꾼들은 일단 특정 고을을 중심으로 거사하여 그곳에서 역량을 비축한 다음 그 여세를 몰아 서울로 쳐들어간다는 계획을 세웠다. 당장 서울로 쳐들어가 왕조를 무너뜨리기에는 그들의 역량과 준비가 부족했기 때문이다.

또한 거사꾼들은 일단 특정 지역에서 거사를 일으키고 각지에 격문을 띄우면 각지에서 합세해오는 세력이 많을 것이라는 생각을 품었다. 그러나 이러한 거사꾼들의 생각이 현실과는 거리가 먼 환상이었음은, 거사가 일시적으로 성공한 경우에도 주변 지역과 민중들의 협력이 거의 없었다는 점에서 확인된다.

거사 방법에서도 변란은 동원된 자들을 병기로 무장시키고 한밤중에 관아로 쳐들어가 곧장 수령을 해치려는 과감한 행동 전략을 택했다. 거사 직후에는 창고를 열어 주민들에게 곡식을 나누어주어 호감과 협조를 기대했으며, 여의치 않을 때에는 협박과 회유로 세력을 불리기도 했다. 그러나 대개의 경우 거사꾼들의 기대와는 달리, 인근 지역은 물론 거사가 성공한 지역의 주민들에게서도 신통한 호응을 받지 못하고 오히려 배척받았다. 결국 거사꾼들은 인근 지역을 석권한 후 그 여세를 몰아 서울로 직향한다는 원래의 계획을 더 이상 진전시키지 못하고, 불과 며칠 동안 관아를 점령하고 있다가 진압하러 오는 다른 지역의 관군이 파견되면 어쩔 수 없이 도주하였다. 실패한 거사에는 나름대로 실패로 내몰린 여러 요인들이 있었을 터이지만, 대부분의 거사꾼들이 자신들의 이상에 도취되어 모험적인 승부수를 띄우는 경향이 강했다는 개인적 차원의 문제가 있었음도 고려되어야 하겠다.

민중의 염원과 이상이 일정하게 반영된 토속적 예언사상은 죽음 뒤의 세상에서 복락을 받을 것을 약속한 서학(西學)의 약속과는 전혀 달랐다. 우리의 예언사상에 나타난 '새 세상'은 사람이 죽고 난 후에 이루어지는 이상향이 아니다. 민중이 밥을 먹고 숨을 쉬면서 거친 손과 발로 살아가는 바로 이 땅 위에 이루어지고 함께 이루고야 말, 현세에서 구현될 이상향이다.

이러한 맥락에서 예언사상은 계급 모순을 해결하기 위한 민중항쟁과 연결되며 봉건권력의 지배와 수탈에 맞서는 대항 이데올로기로 작용할 수 있었다. 만일 우리의 예언사상이 현세인 '이 세상'이 아니라 사후 세계인 '저세상'에서 구원과 복락을 누릴 수 있다는 설명 체계였다면, 현실세계의 부정과 모순을 타파하기 위한 거사에 이용될 수는 없었을 것이다. 저항의 정당성을 확보하고 언젠가는 꼭 승리하고 말 것이라는 확신은 예언사상의 공유와 유포를 통해 동질감을 느낀 민중들을 조직화하는 중요한 사상적 무기였다.

광양민란 사건

76

광양란은 홍경래난 이후에 기도된 수많은 변란모의 가운데 처음으로 거사에 성공한 사건이며, 이후 일어난 이필제사건에도 영향을 미쳤다.

고종 6년(1869) 3월에 발생한 전라도의 광양민란(光陽民亂)은 민회행(閔晦行)이 주도하였다. 그는 20년 전부터 변란을 생각하고 있었던 인물인데, 광양란을 주도하기 1년 전인 고종 5년(1868) 9월에도 전라도 장흥에서 변란을 기도하였다.

사건 주모자 민회행은 직업은 의술이고 천문지리에 밝아 무불통지(無不通知)한다고 알려졌던 인물이다. 그는 일찍이 20여 년 전부터 이도(異圖)를 품고 영남과 호남 등지를 돌아다니면서 동지를 모았다. 마침내 민회행은 태인의 전찬문(田贊文), 강진의 강명좌(姜明佐)와 김문도(金文道), 남원의 권학여(權學汝), 광양의 이재문(李在文) 등과 결탁하였다. 전찬문도 전국을 돌아다니며 자신과 뜻을 함께할 인물들을 규합해 왔다고 전한다.

이때 민회행은 전찬문(田贊文), 강명좌(姜明佐), 권학여(權學汝) 등과 함께 장흥에서 투장(偸葬)을 핑계 삼아 일당 25명을 동원하고 위장한 상여(喪輿)에 무기를 숨겨 강진에 있는 병영을 공격할 계획을 세우고 거사를 일으켰다. 그러나 이들이 강진에서 5리 정도 떨어진 곳에 있는 주막에 이르렀을 때 난데없이 거센 비바람이 몰아치자, 좋지 않은 징조로 여기고 섣달 그믐날에 다시 거사하기로 약속하고 흩어졌다. 섣달의 거사 계획은 실행되지 않았다.

이들은 이듬해인 고종 6년(1869) 3월 18일에 전남 광양현에서 민란을 일으켜 읍폐를 바로잡는다는 명분하에, 강진 거사에 참여했던 사람들 이외에 광양의 최두윤(崔斗允) 형제, 금호도(金湖島)의 백내홍(白乃興) 등 14명과 결당하고 반란을 모의하였다.[1]

사건 주동자들은 필요한 전곡(錢穀)과 화약을 마련한 다음 3월 18일에 하동 시장으로 갔다. 하동에서 장사꾼으로 가장한 일당 30여 명이 상선으로 꾸민 2척의 범선에 나눠 타고 섬진강을 오르내리며, 무리가 70여 명으로 늘어나자 순천부 하적면에 있는 우손도(牛孫島)로 향했다. 그곳에서 소를 잡아먹고 쉰 다음 갑옷, 죽창, 깃발 등을 만들고, 산에 올라 천지신명께 제사를 올려 난의 성공을 기원하였다. 산제를 올릴 때 주문을 외웠다는 기록이 보인다.

일당은 우손도를 떠나 3월 21일에는 초남포(草南浦)에 도착하였다. 3월 23일 밤에 머리에 흰 수건을 쓴 난민 70여 명이 기치를 들고 방포(放砲)하면서 광양현성(光陽縣城)에 돌입하였다. 이들은 먼저 군기고를 습격하여, 장수는 갑주를 꺼내 입고 나머지는 궁총(弓銃)을 나누어 들고 동헌에 쳐들어갔다. 현감 윤영신(尹榮信)을 사로잡아 위협하여 인부(印符)를 탈취하려 했지만 완강한 저항에 부딪혀 실패한 뒤, 사창(社倉)을 부수어 백성들에게 곡식을 나누어주고 죄수들을 풀어주었다. 이들은 "백성을 살해하거나 민재를 약탈하는 자가 있으면 반드시 중죄로 처벌할 것"이라고 엄명하여 읍민 가운데 살해된 백성은 한 명도 없었다.

난민들은 사창곡으로 밥을 지어 먹고 이청전(吏廳錢)으로 술을 사 먹으며 하

1　『추안급국안』 304책, 「역적회행등국안(逆賊晦行等鞫案)」.

룻밤을 보냈다. 그동안 일부 이민(吏民)들을 가담시켜 난민의 숫자는 3백여 명으로 늘어났다. 이때 전찬문은 군무총찰(軍務總察)로 성문의 출입을 감시하였고, 이재문은 군부(軍簿)를 작성하고 병사를 점검하였다.[2]

현성을 점령한 난민들에게 민회행은 "이번 거사에 팔도가 모두 호응하여 한번 방포하면 경각에 수만 명이 모일 것이다. 또한 곧 영남에서 70여 명이 올 것이다."라고 말하여 전국적 규모로 거사가 이어질 것을 강조하였다.

이들은 성문을 닫은 채 수성하였으며 갇혀 있던 죄수들을 모두 풀어주고, 백성들 중에서 건장한 사람 3백여 명을 뽑아 군복을 갈아입혀 세를 불리고, 시간마다 군졸을 점호하는 등 현성을 완전히 점령하였다.

그러나 몰래 관아를 빠져나갔던 현감 윤영신은 칠성면 신기촌(新基村)을 근거지로 이민(吏民) 수천 명을 모아 3월 25일 밤에 현성을 수복하고 반란군 수십 명을 사로잡아 난을 진압했다. 이로써 민회행이 주도한 변란은 불과 이틀 동안의 성공과 함께 물거품이 되고 말았다.

이들은 참서(讖書)에 가탁하여 민심을 광혹(誑惑)하고 재물을 편취하였다. 권학여도 술수(術數)에 능통했던 인물로 알려졌다. 난도들에게 잡혀 곤욕을 치르던 현감 윤영신은 피신하여, 25일 밤에 이민(吏民) 수천 명을 모아 반격하여 난도 수십 명을 잡고 성을 수복하였다.[3]

난이 일어났다는 소식을 접한 조정에서는 현감 윤영신을 파직하고 영광군수 남정룡(南廷龍)을 안핵사로 임명하여 전라병영과 5진영의 군사로 난민을 토벌하도록 명했다.

삼군부가 아뢰기를, "방금 전라감사 서상정의 장계의 등보(謄報)를 보니, '이달 24일 광양현(光陽縣)에 난민 수백 명이 머리에 흰 수건을 매고 동헌(東軒)에 침입하여 현감을 위협하여 부절(符節)을 탈취하려 하였고, 또 군기시(軍器寺)와 사창(社倉)의 곡

---

2 『일성록(日省錄)』 고종 6년 4월 5일.
3 박광성, 「고종조의 민란(民亂) 연구」, 『전통시대의 민중운동』 하(도서출판 풀빛, 1981), 435-438쪽, 471쪽.

식도 탈취하였습니다. 이에 성문을 굳게 닫았는데, 관리와 백성들이 다 놀라 흩어졌다고 하였습니다. 해당 현감 윤영신(尹榮信)이 준비를 제대로 하지 못하여 이런 변고를 초래하였는데, 먼저 파출한 뒤에 그의 죄상을 법을 맡은 관사로 하여금 품처하게 하소서.' 하였습니다.

시시하고 자질구레한 무리들이 정당(政堂)에 난입하여 협박과 난동을 자행한 것만도 매우 통분하고 놀라운데, 총칼과 깃발까지 갖추었다니 오래전에 계획한 것임을 알 수 있습니다. 이에 대하여 어떤 군사들인지 모른다고 한 것이 어찌 말이 되는 것이겠습니까. 요컨대, 교화를 할 수 없어 기필코 처형해야 될 무리가 난동을 감행하여 일어난 것이며, 이는 평범한 민란(民亂)에 비할 정도가 아닙니다. 따라서 그들을 소탕할 대책을 잠시도 늦출 수 없으니, 속히 병영으로 하여금 정병(精兵) 몇 초를 출동시켜 빠른 시일 안에 토벌하게 하고, 또 다섯 진영(鎭營)으로 하여금 교졸(校卒)을 많이 거느리고 가서 힘을 합하여 소탕하게 하소서. 이번 일의 원인을 끝까지 밝히지 않을 수 없으니, 영광군수(靈光郡守) 남정룡(南廷龍)을 안핵사(按覈使)로 차하하여 해조로 하여금 구전으로 단부하게 하여 속히 본현으로 가서 끝까지 엄히 조사한 뒤에 그 내용을 낱낱이 조정에 보고하라는 뜻으로 급히 행회(行會)하게 하소서. 당해 현감에 대하여는 이미 파직하도록 계품하였으니, 그 대임에 행 부호군 조문현을 차하하여 당일에 하직하게 하고, 말을 주어 밤낮없이 내려가도록 하는 것이 어떻겠습니까?" 하니, 윤허한다고 전교하였다.[4]

3월 29일에 이조가 구전 정사를 하여, 광양현감(光陽縣監)에 조문현(趙文顯)을, 광양 안핵사(按覈使)에 남정룡(南廷龍)을 단부하였다.[5]

전라감사 서상정의 장계에, 광양현감(光陽縣監) 윤영신(尹榮信)이 백성들과 관리 수천 명을 이끌고 직접 화살과 포를 써서 적당을 체포하여 인부(印符)를 다 되찾았다고 한 일에 대하여 전교하기를, "근자에 흉도들이 소요를 일으켜 남방의 백성에 대하여 깊은 우려를 하였었다. 방금 전 현감이 백성들과 관리들을 이끌고서 직접 싸움터에 나가 싸워 성을 회복하고 적들을 섬멸하고 체포하였는데, 참으로 마음이 강인하지 않고서 어떻게 이와 같이 할 수 있었겠는가. 또 백성들과 관리들에게 신

---

4   『승정원일기』 고종 6년(1869) 3월 29일(신축).
5   『승정원일기』 고종 6년(1869) 3월 29일(신축).

임을 받고 있지 않았다면 어떻게 이런 결과를 얻을 수 있었겠는가. 애당초 함락당하였던 것은, 특별히 일이 뜻밖에 생겼기 때문에 그러하였던 것이다. 또 도신의 장계에서 파직을 청한 것도 사체를 보존하기 위한 것으로서 온당한 조치였다. 이번일은 죄는 작고 공은 매우 크니, 전 현감 윤영신을 그대로 유임시켜 겁에 질린 백성들을 무마하고 편안하게 삶을 누릴 수 있도록 돌보게 하라. 새로 제수된 현감은 다른 자리가 나는 것을 기다려 우선적으로 의망하도록 분부하라." 하였다.[6]

삼군부(三軍府)가 아뢰기를, "방금 전라감사의 장계를 보니 광양(光陽)이 빼앗겼던 성을 회복하고 적도(賊徒)를 다 소탕하여 잡아들인 것은, 실로 당해 현감(縣監)이 위기에 처하여 능력을 다하고 관리와 백성들이 앞다투어 용감하게 싸움에 나섰기 때문입니다.[7]

당시의 상황을 조정에 보고한 통제사 이현직(李顯稷)의 글에 따르면 주모자들이 모두 잔반(殘班)의 행색을 하고 있었다고 한다. 잔반파락자(殘班破落者)로 보았다.

왕은 이들을 의금부로 압송할 것을 명했다.[8] 6월 5일에 죄인들은 경기도에 도착하였다.

의금부(義禁府)에서, "죄인 민회행(閔晦行)의 결안(結案)에, '언제나 다른 계략을 품고 도당을 규합하였습니다. 지난가을에는 강진(康津)에 모여들었고 올봄에는 광양(光陽)에서 난리를 일으켰습니다. 남모르게 상(喪)을 치른 것은 이인좌(李麟佐)의 속임수와 일치하는 것이며, 이름난 산에 제사를 지내는 것은 정여립(鄭汝立)이 쓰던 방식을 이어받은 것입니다. 총과 화약을 마련하고 무기를 만들었으며 인장을 빼앗고 관청 창고를 약탈하였으니, 모반한 것에 대해 확실하게 지만(遲晚)이라고 하였습니다.' 하였고, (…)"[9]

의금부 죄인 민회행(閔晦行)은 나이가 44세이다. 그의 결안(結案)에서, "아룁니다. 죄인의 신상 내력은, 아비는 경환(景桓)이고, 아비의 아비는 영규(榮圭)인데, 모두 이

---

6 『승정원일기』 고종 6년(1869) 3월 30일(임인).

7 『승정원일기』 고종 6년(1869) 4월 1일(계묘).

8 『승정원일기』 고종 6년(1869) 6월 5일(을사).

9 『고종실록』 고종 6년(1869) 6월 6일(병오).

미 사망하였습니다. 어미는 박조이(朴召史)인데[10] 살아 있고, 어미의 아비는 이신(履臣)인데 이미 작고하였습니다. 부모는 모두 전라도 광양(光陽)에서 태어나 입적(入籍)하여 살았습니다.

흉역을 저지른 절차는 이러합니다. 하늘이 천성적으로 올빼미처럼 흉악한 자를 낳았고, 땅에서는 벌레와 같이 미천한 신분입니다. 그런데 본분에 따라 살지 않고 또한 무엇을 하였습니까? 항상 다른 계략을 품은 것은 그 유래가 이미 오래되었습니다. 영남과 호남의 여러 곳을 두루 돌아다니면서 그 도당을 규합하였고, 찬문(贊文)과 재문(在文)과 같은 비호 세력이 이미 이루어져 그들에게 방략(方略)을 알려 주었습니다. 작년 가을 강진(康津)에서 가진 회합에서 반역의 형상이 이미 드러났고, 올봄 광양(光陽)에서 일으킨 난동은 지극히 흉악한 계략이 잠시 성공을 거둔 것이었습니다. 암암리에 상(喪)을 치른 것은 인좌(麟佐)의 속임수와 똑같고, 명산(名山)에 제사를 지낸 것은 여립(汝立)이 쓰던 방식을 답습한 것이었습니다. 총(銃)과 화약을 마련하고 무기를 제조한 것은 오히려 하찮은 물건과 잗달은 일에 속하고, 부절(符節)과 돈을 탈취하고 고을의 창고를 약탈한 것은 더욱이 진장(眞臟)의 단안(斷案)입니다. 처음에 역적 무리가 틈입하자 이리와 돼지도 날뛰었고, 관군(官軍)을 마구 죽이는 데에 이르러서는 새도 놀라고 짐승도 숨었습니다. 그러나 어찌나 다행스럽게도 신(神)의 이치가 매우 밝아 죄인이 다 잡히게 되었습니다. 마음속으로 원한을 가지고 있었는데 나라가 그의 뜻을 저버린 것이 무엇이며, 반역의 죄를 직접 범하였는데 신하로서 이런 행실을 가지고 어디로 돌아가겠습니까. 우(禹)의 정(鼎)과 같이 법이 준엄하니 도깨비와 같은 자들의 형체가 다 드러났고, 한 나라와 같이 법이 엉성하지만 중대한 죄를 어찌 피할 수 있겠습니까.

이는 모반대역이 확실하고 승복한 것이 분명한 죄로서, 군기시 앞길에서 때를 기다리지 마시고 즉시 능지처참하실 일입니다." 하였다.[11]

죄인 전찬문(田贊文)의 결안에, '패악한 무리들과 결탁하여 흉악한 음모를 준비하였으며, 광양에서 난리를 일으키자 스스로 군무(軍務)를 총괄하여 살핀다고 말하면서 군졸들을 지휘하고 수령(守令)을 잡아다가 모욕하였으며, 관청 창고를 털어내고 중죄인들을 석방하였습니다. 모반한 것에 대해 확실하게 지만이라고 하였습니다.' 하였고, 죄인 이재문(李在文)의 결안에, '소굴에 모여들어 모반을 꾀하였고 성읍(城邑)

---

10 조이(召史)는 '소사'라고도 부르는데, 성(姓) 아래에 붙여 과부(寡婦)를 가리키는 말이다. 이두(吏讀)로는 양민(良民)의 아내 또는 상류계급이 아닌 사람의 과부를 지칭하는 용어이다.

11 『승정원일기』 고종 6년(1869) 6월 6일(병오).

을 점령하고 관청 창고를 노략질하였습니다. 남포(南浦)에 내려가 군졸들을 점검하고 수령의 대청에 올라가 수령을 끌어내었습니다. 반역을 획책한 정황이 이처럼 분명하게 드러났습니다. 모반한 것에 대해 확실하게 지만이라고 하였습니다.' 하였고, 죄인 권학여(權鶴汝)의 결안에, '역적 괴수의 우두머리로 패악한 무리들에게 악한 짓을 하도록 도와주었습니다. 광양에서 난리를 선동하고 밤에 거사를 하였습니다. 지갑(紙甲)을 뚫고 죽창(竹槍)을 휘두르며 정사 보는 대청에 올라가고 옥문을 열었으며, 도적의 격문을 베끼고 민가를 불태웠습니다. 더구나 멀리까지 진격하려고 음모를 하였으니, 이것은 더욱 극악한 행동이며 모든 죄악이 몰려드는 행위입니다. 모반한 것에 대해 확실하게 지만이라고 하였습니다.' 하였고, 죄인 강명좌(姜明佐)의 결안에, '병기를 상여에 실었고 밀실에서 군사 기밀을 의논하였으며 권학여가 성을 공격하려고 나섰을 때 따라나섰고 김문도(金文道)와 서로 연락을 가지고 거사 기일을 암시하였을 뿐만 아니라 섬진(蟾津)에 모이고 우도(牛島)에 묵으면서 반역 음모에 참가한 진상이 다 드러났습니다. 모반한 것에 대해 확실하게 지만이라고 하였습니다.' 하였습니다. '민회행, 전찬문, 이재문, 권학여, 강명좌는 모두 군기시(軍器寺) 앞길에서 부대시참(不待時斬)하는 데에 해당합니다.'라고 아뢰고, "김문도의 결안에, '고을 아전으로서 역적 무리의 부탁을 받고 고을에 대한 공격을 몰래 기도하였으며 교촌(校村)의 투장(偸葬)에 대하여 거짓말을 하였습니다. 장흥(長興)에서 추핵(推覈)할 때에 학원(學元)의 납공(納共)을 입증하였고, 광양에서 변란이 일어날 때 멀리 강명좌에게서 기별을 받았습니다. 그저 그 자신이 반역을 일으키는 현장에 참가하지 않았다는 것으로 인해 유독 전원이 체포되는 대열에서 빠지게 되었습니다. 다행히 하늘의 도가 밝게 비치어 간악한 죄상이 모두 폭로되었습니다. 지정불고(知情不告)에 대해 확실하게 지만이라고 하였습니다.' 하였습니다."라고 아뢰었다.[12]

난이 진압된 뒤 주모자들은 서울로 압송되어 모반대역죄로 능지처참되었고, 난도(亂徒) 44명은 좌수영(左水營)에서 효수되었고, 2명은 엄형한 후 섬으로 유배되었다. 또 광양의 읍호(邑號)도 강등되었다. 광양란은 19세기 후반에 일어난 민란 가운데 최초로 변란의 성격을 띠었다.

광양란은 진주민란을 본받아 읍폐를 바로잡으려 했고 반왕조적 구호를 구

---

12 『고종실록』 고종 6년(1869) 6월 6일(병오).

체적으로 제시하지 않았다는 점에서 민란의 성격도 띠고 있다. 그러나 수십 명의 무장 세력이 광양현성을 일시적으로 점거했다는 점에서 분명히 변란이었으며, 짧은 기간이었지만 19세기 후반에 일어난 변란 가운데 처음으로 성공했다는 점에 역사적 의의가 있다. 나아가 광양란은 곧이어 전개되는 이필제의 진주작변과 영해난에 커다란 영향을 미쳤다.

또 고종 5년(1868) 8월에 "경상도 상주(尙州)에 사는 이기보(李紀輔)라는 사람
이 정감록(鄭鑑錄) 같은 참서(讖書)를 이용하여 인심을 현혹시킨 죄로 상주옥(尙州
獄)에 갇혔다고 한다. 참서의 내용은 적중하지 않는 것이 없다고 하는데, 그중
에는 개국공신록(開國功臣錄)이 들어 있어 장차 새 나라의 영상(領相)은 누가 되
고, 판서(判書)는 누가 되며, 경관(京官)은 누가 된다는 등 위로는 경상(卿相)으로
부터 필부(匹夫)에 이르기까지 모두 예언하고 있다고 한다."라는 기록이 있다.[1]

그가 인심을 현혹시켰다는 내용은 전하지 않는다. 그런데 그가 이용한 참
서 가운데 『개국공신록』이 있어서 장차 새 나라의 관리가 누가 될 것인가라는
내용이 빠짐없이 들어있었다고 한다. 이는 참서의 새로운 출현이며, 결국 그
의 참언은 새 국가의 창업이 핵심이었다.

한편 송근수(宋近洙, 1818-1903)의 『용호한록(龍湖閒錄)』 제20책에 「하동죄인송

1　박성수 주해, 『저상일월(渚上日月)』(민속원, 2003), 113쪽. 『나암수록(羅巖隨錄)』 제1책 「도백통문
　　(道伯通文)」에 "尙州 李紀輔爲名者, 以讖書見囚本獄."라 했다.

환경참사(河東罪人宋煥慶讖辭)」라는 글이 있다. 『용호한록』은 처음 작성된 시기가 대체로 철종대 무렵일 것으로 추정된다. 20책 이후의 기록에는 고종대의 척양이론(斥洋夷論), 일본과의 병자수호조규(丙子修好條規), 대청(對淸)·대일(對日) 관계 외교 문서들이 다수 등재되어 있는 점에서 이 비망록의 종결 시기가 대체로 고종대 무렵임을 알 수 있다. 제20책에 나오는 「행호군이항로상소(行護軍李恒老上疏)」는 이항로(1792-1868)가 지은 것으로 병인년(1866)에 대원군의 비정(秕政)을 비판한 상서이다.

이 『용호한록』에 십승지, 궁궁 등에 대한 설명이 보인다.[2] 이 시기에 이르면 이러한 예언사상에 대한 언급과 설명이 상당히 널리 퍼졌음을 알려주는 기록이다. 그리고 이와 관련하여 하동죄인(河東罪人) 송태환(宋泰煥)이라는 사람이 진인을 만나 진법을 배우기 위해 전국을 돌아다녔다는 이야기와, 장차 변란이 일어날 것을 강조하며 방위와 지리를 이용하여 승지를 손꼽았다는 기록이 있다.[3]

2 白等, 矣身自二十年前, 奮身慷慨, 自知將濟世報國, 一心誠意, 勤勤懇懇, 考覽古蹟, 周盡時物, 以爲日後圖成萬一之功, 亦欲求覓同志經綸之士, 而目力不明, 未能見得, 且自古有志之士, 皆深藏不市, 故平時則難見其人, 有事後, 可見其人, 一言蔽之曰, 拘留罪民, 以待日後, 覺報其萬一焉, 以愚所見, 商量思之, 則北變先起, 南變繼出, 其似在今年八九月間, 然何敢斷言, 徐觀時變而已, 亦在豫備之如何耳, 古訣, 瞻彼出蔘江山, 人多生路, 亦云, 湖西內外四郡內浦聖住烏捿兩山之地, 湖南之金堤萬頃, 光陽之白雲, 嶺南之梁山智異山圓寂山東萊西北金井山金海 熊川三邑之島也, 十勝不良, 沒敗而歸, 十勝則報恩俗離也, 公州維鳩山麻谷也, 寧越北東上流也, 安東太白山春陽面也, 豊基小白山下兩水間, 車巖下金鷄村也, 醴泉金塘谷也, 星州伽倻山南萬壽洞也, 雲峯知理山銅店里也, 扶安邊山壺巖也, 兩白山中, 必有自中之亂, 其外金剛山, 江陵五臺山, 興陽八永山, 皆爲勝地, 而且爲壬辰勝地, 不關於日後勝地, 壬辰利在松松, 故呼曰松牙之, 壬申利在家家, 故呼曰家也之, 戊辰利在弓弓, 故呼曰島也之, 且云, 弓弓其眞樂地, 而無人居之, 其誰知之, 且云, 弓弓卽乙巳之間, 甲卯乙辰太乙之間, 乃巽方也, 且曆書方位圖, 癸丑以前, 皆書以或巽或巳, 而癸丑以後, 一以巽字書之, 此乃有知者, 欲使世人曉知也, 且世人言不知曰者, 非巽方也, 且言無人不知巽爲方之意也, 且訣云, 苗角苗角之意, 卽國之邊隅也, 且春陽有方方亭, 乃巽方初入也, 且訣云, 似僧非僧者, 着靑衣自南來云, 不利山不利水, 利則方方落來孤西乳, 四乳者, 卽深山平野大島中七點山, 恍似雙乳者四點也, 且云高四邱, 且云落盤高子臺, 且趙訣云, 遠見則五峯, 近見則七點, 明沙十里四德之間, 四德者, 梁山萬德, 金海德島, 東萊 德浦, 熊川 加德也, 且云避兵圖生, 莫如蓬瀛, 蓬不如瀛, 瀛不如平沙之下, 蓬卽活萬人, 欲加德, 加德雖好, 亦爲倭船稍近, 故不如大島與鳴湖也, 謙巖秘訣云, 萬頃蘆花東萊, 瀛卽識個中方方意, 耳耳川川是其土, 且永平訣云, 鳥有飛而不離彼枝此枝, 牛有鳴而不見上坪下陌, 非淺非深, 一片生耳之地, 且大島爲三釵江, 卽大島生耳與鳴湖之生耳也, 廣濶長直, 有高低深淺, 阡陌周回, 蘆花茂盛, 落來落去之形也, 且云, 千人萬人徃來處, 一水二水灣洄地, 且斗小銅大, 銅大者, 島中多畓, 斗穀甚少, 而蘆多鹽多, 日出萬錢, 故云銅大也, 銅者靑銅也, 大者多也, 俗諺云, 熊川不出我八字, 且天下之朝鮮也, 朝鮮之金海等地, 多土多鹽, 柴木菜草, 人心人物, 卽朝鮮之第一也, 土價穀價, 魚鹽菜草之價, 比他至歇, 雖有無前大小風波, 此等島, 人無一死生, 漸高漸盛. 『용호한록』 제20책 1055, 「河東府居人宋泰煥讖辭」.

조선 후기의 변란은 농민항쟁, 즉 민란과 더불어 민의 저항을 대표하는 전형적인 틀이다. 변란은 주로 요언, 괘서, 거사모의 등의 형태로 일어났으며, 이러한 저항의 가장 큰 특징은 주로 『정감록』류의 민간사상 내지는 민중사상의 요소가 이념적 배경으로 작용하였다는 점이다.

더욱이 『정감록』류의 예언서는 18세기 이후에 발생한 많은 변란에서 그 사건을 반체제 성향으로 추동해가는 하나의 사상 체계 역할을 하였다. 『정감록』류의 비결서나 사상이 이처럼 각종 변란에 이용될 수 있었던 것은 그 자체에 '현실 부정과 새로운 세계의 구현'이라는 혁명적 논리가 담겨져 있기 때문이다. 이러한 논리는 진인(眞人)이 해도(海島)에서 군사를 이끌고 나와 현재의 왕조를 무너뜨리고 새로운 왕조, 즉 이상사회를 건설한다는 이른바 '해도기병설(海島起兵說)'에 응축되어 있으며, 이것은 변란의 강력한 이념으로 기능하였다.[4]

한편 19세기의 양반들은 정몽주의 죽음을 애통히 여기고 민심을 위로하기 위해 『정감록』이라는 도참이 지어졌다고 이해하기도 했다.[5]

---

3 河東府報內, 本府居宋泰煥爲名人, 自稱術士, 卽入官庭, 謂之曰, 今年八九月間, 南北亂大出樣, 丁寧納告, 屢次刑訊, 終始如一, 至於報營, 而題內, 査實次捉囚大邱鎭事, 卽爲捉來鎭營, 連日取招, 則招內, 矣身自二十歲, 周覽朝鮮山川, 欲得眞人, 學其眞法, 以爲國家萬一圖報之誠矣. 目力未明, 未得其人, 然世態人心, 比前大變, 天時地理, 可謂今逢大變, 則大變不多言, 囚此罪民, 以待其時可也, 變出則北變先起, 南變鱗出, 自國家至列邑, 豫備可也, 戊辰之利, 在於方方者, 世人未知也, 方方卽巽方也, 曆書方位圖, 後甲時, 以巽字巽書矣, 先甲時, 亦以巽字巽書, 詳察曆書, 可知也, 生方卽巽, 而巽方, 卽金海鳴湖熊川, 星州 伽倻南萬壽洞, 安東太白山, 全羅道 錦山 雲峯, 江原道五臺山也, 而最好處, 金海鳴湖也, 秘訣云, 一坪蘆花活萬人, 此之謂也, 若不信言言, 數日內, 詳察天文則可知也, 數日後, 卽八月十六日也, 三更量, 白虹自北指南, 形如白木一片廣, 而貫月而橫, 如是後, 滿城人心, 無非猖獗, 一招再招, 片言不異, 顔色自若, 可謂狂則狂矣, 眞則眞矣, 自營啓聞, 向日捉上京師, 卽八月晦日也. 三街都會市南廬, 誰識儼然大俠居, 歌歇琴停還擊筑, 酒醒茶罷又看書, 松陰入夢精神鶴, 雲水藏踪變化魚, 莫道世間功業晩, 陳平去後一衡餘, 屠手, 生涯暫托鼓刀廬, 後日經綸疑隰居, 不遇悲懷歌釼筑, 無爲智畧讀兵書, 嗟吾未展藏林驥, 憐爾難逃涸轍魚, 上甲初醒長夜夢, 江山八域盛衰餘. 卞雇手, 書懸南門, 率家逃去耳, 全州. 「河東罪人宋泰煥」.

4 고성훈, 「조선 후기 '해도기병설' 관련 변란의 추이와 성격」, 『조선시대사학보』 3집(조선시대사학회, 1997), 129쪽.

5 鄭圃隱亦人傑也. (…) 出鄭代李興之讖, 以慰邦人之思. (…) 생몰년 미상의 김문인(金文寅)이 지은 『북애일고(北崖逸稿)』, 문(文), 「정감론(鄭堪論)」은 서울대 규장각도서 81-103-377이다.

(1) 머리말

19세기는 '민란의 시대'로 불리는 중세사회의 해체기였다. 민란과 변란을 구분하기도 하는데, 19세기 후반에 일어난 변란 가운데 가장 대표적인 사건이 이필제(李弼濟, 1825-1871)를 중심으로 일어난 일련의 역모사건이다. 그는 고종 6년(1869)부터 고종 8년(1871)까지 3년 동안 진천, 진주, 영해, 문경 등 네 곳에서 잇따라 변란을 시도했다. 이 글에서는 이필제가 주도적으로 활약한 일련의 변란을 '이필제사건'으로 명명한다.

이필제는 '직업적 봉기꾼'으로 불릴 정도로 한평생을 역모를 꾸미는 데 바쳤다. 그는 수많은 이름을 사용하며 신출귀몰한 행적으로 집요한 관군의 추적을 따돌렸고 일시적으로 거사에 성공한 적도 있지만, 마침내 체포되어 감영, 포도청, 의금부를 거치면서[1] 혹독한 고문을 받은 후 능지처사라는 극형을 언

---

1 국사범은 의금부 안에 국청(鞫廳)을 설치하여 심문하는데 사건의 경중에 따라 친국(親鞫), 추국(推鞫), 정국(庭鞫), 삼성추국(三省推鞫)으로 구별하여 심문하였다. 심문이 끝나면 소정 서식에 따라 그 진행

도받아, 사지가 찢겨지고 시신마저 훼손된 채 한 많은 일생을 마쳤다.

① 기존 연구 성과의 검토와 문제 제기

김의환은 이필제가 동학에 입교했다는 전제하에 동학과의 밀접한 관련성을 주장했다. 그는 영해사건을 교조신원운동으로 규정하고, 이필제를 정권욕을 만족시키기 위해 일련의 난을 일으킨 인물로 평가했다. 그러나 일부 자료만 참고했다는 한계가 있다.[2]

이이화는 이필제의 행적에 대한 개괄적인 서술을 통해 그를 '직업 봉기꾼의 표상'으로 규정하였다. 이필제의 거사를 시기별로 약술하였고 전체적인 소개를 시도한 글이다. 이필제를 자기의 목적을 위해 그때그때 임기응변으로 상대를 설득시키거나 선동했던 인물이며, '『정감록』적 비기설을 크게 퍼뜨린 인물'로 설명한다.[3]

그리고 박맹수는 이필제는 동학교도로서 영해사건 당시 최시형보다 더 큰 세력을 가지고 있었다고 주장했다. 그는 영해사건을 다수의 동학교도가 중심이 되어 일으킨 사건으로 규정하고, 영해사건의 조사 보고서인 『교남공적(嶠南公蹟)』을 발굴하여 최시형이 영해사건에 적극 가담했다는 사실을 처음으로 밝혔고, 체포된 105명에 대한 신분, 거주지, 처벌 내용 등을 상세히 분석했다.[4]

윤대원은 세밀한 자료 분석을 통해 이필제사건의 전개 과정, 참가 계층 분석, 난의 성격 등에 대해 서술하였다. 윤대원도 변란의 진행과 의미에 관심을 가졌고 이필제사건을 "참위(讖緯)와 요언(妖言)을 이데올로기적 무기로 삼고 일

내용을 빠짐없이 기록한 것이 추안(推案)이다. 공초 기록이므로 문초받는 죄인들이 사실을 다른 사람에게 전가하거나 은폐하고 호도하는 진술들이 많다. 이러한 점을 감안하고 추안의 기록을 살펴야 할 것이다.

2 김의환, 「신미년(1871) 이필제난: 동학과의 연관성을 중심으로」, 『전통시대의 민중운동』 하(도서출판 풀빛, 1981).

3 이이화, 「동학혁명의 선구 이필제」, 『학원』 1호(1985년 여름호), 이이화, 「이필제 ― 조직적 민중봉기의 지도자」, 『한국 근대인물의 해명』(학민사, 1985).

4 박맹수, 「해월 최시형 연구」(한국정신문화연구원 한국학대학원 석사학위논문, 1985), 박맹수, 「해월 최시형의 초기행적과 사상」, 『청계사학』 3집(한국정신문화연구원, 1986), 박맹수, 「교남공적 해제」, 『한국사학』 제10집(한국정신문화연구원, 1989).

으킨 병란(兵亂)으로서 조선 후기 민중운동의 질적 변화를 가져온 사건"으로 규정한다. 그리고 예언사상과 관련해서는 일부 내용에 대한 분석은 시도하지만 전체적으로 『정감록』으로 통칭하고 있다.[5]

장영민은 영해사건을 동학의 교조신원운동으로 보지 않고 조선 후기 민중 사회변혁운동의 맥락에서 파악하였다. 그는 영해사건을 영해 인근 지방의 신분상승운동의 일환으로 파악했는데, 참가자들의 의식에는 잡술과 도참비기에 대한 민중의 믿음도 있었다고 밝혔다. 그는 이필제가 민중사회에 형성되고 전승되어 왔던 진인상(眞人像)에 부합되었던 인물이었으며, 정감록류(鄭鑑錄類)의 비기(秘記)를 이용했던 인물로 파악했다.[6]

연갑수는 이필제가 정감록을 통해 자신이 갖고 있던 북벌론에 대하여 일종의 메시아적 사명감을 갖게 되었고, 소극적으로 피난하거나 은둔하지 않고 자신의 사명을 완수하기 위해 끊임없이 병란을 모의하였다고 평가했다. 나아가그는 이필제가 여러 지역에서 정감록적 사유 방식에 기반하여 민란을 준비하던 세력들과, 중국과 조선의 통치권을 분리시켜 각기 역할을 분담함으로써 연합할 수 있었다고 보았다. 또 연갑수는 이필제가 정감록을 통해 병란의 성공에 대한 낙관적 신념을 획득함으로써 거사에 대한 추진력을 얻을 수 있었지만, 다른 한편으로는 지나친 낙관 때문에 병란에 대한 준비가 치밀하지 못하게 되는 한계를 갖게 되어 결국은 실패했다고 평했다.[7]

이필제에 대한 대부분의 기존 연구가 변란과 관련된 것이었고, 주로 영해사건을 분석하여 동학 조직과의 연계 문제를 다루었다. 따라서 기존의 연구는 변란을 도모하고 일으키기까지의 과정에서 결정적인 영향을 끼쳤던 예언사상에 대한 논의는 없었거나 미진했다. 더욱이 '이필제사건'과 관련된 예언사상을 언급하는 경우에도 『정감록』, '정감록류', '정감록적 사고방식' 등으로 총칭하

5   윤대원, 「이필제난의 연구」, 『한국사론』 16집(서울대, 1987).

6   장영민, 「1871년 영해 동학난 연구」, 『한국학보』 47권(일지사, 1987), 이 논문은 그의 저서 『동학의 정치사회운동』(경인문화사, 2004)에도 실려 있다.

7   연갑수, 「이필제 연구」, 『동학학보』 제6호(동학학회, 2003).

여 마치 정감록이라는 예언서가 중심적 자료로 일관되게 사용되었다는 식으로 서술하고 있다.

그러나 '이필제사건'에는 다양한 형태의 예언이 등장한다. 특히 현재는 전하지 않는 비결서도 다수 언급하고 있으며, 예언에 대한 독특한 해석을 시도하여 후대에 영향을 끼친 예도 보인다. 따라서 '이필제사건'과 관련된 예언사상은 '정감록'이라는 용어로 뭉뚱그려 서술할 수 없으며, 현전하는 이른바 『정감록』에는 나오지 않는 비결이나 예언도 많이 보인다는 점에서 이필제사건에 보이는 예언사상에 대한 본격적인 논의가 필요하다.

주지하다시피 『정감록』은 한 권의 예언서를 지칭하는 것이 아니라 수십 종류의 비결 혹은 예언들을 수록한 책을 편의상 총칭하는 이름이다. 현전하는 이른바 『정감록』에 나오는 내용과 비슷한 비결이나 예언이 고려 말기와 조선 초기에도 일부 보이지만, 『정감록』이라는 용어가 처음으로 등장한 때는 영조 15년(1739) 6월이다.

『비변사등록(備邊司謄錄)』과 『승정원일기』의 평안도 삼등현에서 발생한 국경을 넘은 죄인에 대한 보고에 정감록(鄭鑑錄)이라는 용어가 처음으로 나온다. 당시에는 특정한 비결서 한 권을 지칭한 것으로 추정되지만, 이후 오랜 세월을 거치면서 다양한 형태의 비결과 예언들을 합친 예언서를 정감록이라는 이름으로 총칭하게 되었다. 그리고 은밀하게 유통될 수밖에 없는 예언서의 특성상 수많은 필사본이 유행했고, 필사자의 자의적인 선택과 판단에 따라 여러 비결이 확정된 정본 없이 들쭉날쭉 수록되었을 가능성이 높다. 1923년에 활자본 『정감록』이 간행됨으로써 비로소 이른바 정감록에 수록된 비결의 난맥상을 정리하는 결정적인 계기를 맞게 되었다. 따라서 이 글에서는 현전하는 『정감록』을 시기적으로 빠르며 가장 풍부한 내용을 가진 '김용주본 정감록(1923)'으로 보고 논의를 전개하겠다.

결국 이 글에서 필자가 제기하는 핵심 문제는 '이필제사건'과 연관된 예언사상이 『정감록』으로 규정되어서는 안 되며, '정감록류' 혹은 '정감록적'이라는 애매한 표현보다는 당시 민중 또는 민중지식인들이 제기하고 믿었던 다양하고 풍부한 예언사상으로 다시 조명해야 한다는 것이다. 이러한 문제 제기는 조선 후기의 예언사상을 중점적으로 다루는 연구가 될 것이며, 『정감록』으로 결집되기까지 이 땅에서 알려지고 믿어졌던 예언사상의 실체를 밝히는 소중한 성과가 될 것이다.

② 이필제의 행적과 그에 대한 평가

먼저 '이필제사건'의 주인공인 이필제의 출신, 신분, 성장 과정, 용모, 능력, 세인들의 평가 등에 대해 알아보자.

이필제의 아버지는 이종원(李鍾源)이고, 할아버지는 이원규(李元圭)이며, 어머니는 안씨(安氏)였고, 외할아버지는 안규묵(安奎默)이다. 이필제는 충청도 홍주(洪州)에서 태어났고, 부모를 따라 진천(鎭川)으로 이사하여 성장하였다.[8]

원래 이름은 근수(根洙)인데 필제(弼濟)로 고쳤다. 그 후 급제했을 때는 이홍(李弘)으로 이름을 행세했으며, 호는 초여(草舁) 또는 초은(草隱)이었고[9] 자는 양로(良老)다. 이후 변란을 도모하면서 행적을 감추기 위해 자주 이름을 바꾸었다. 진천사건에서는 이홍(李泓), 이홍(李弘), 김창정(金滄艇), 김창석(金滄石), 진주사건에서는 주성필(朱性必), 주성칠(朱成七), 서성칠(徐聖七), 주성조(朱性祚), 주지문(朱趾文), 영해사건에서는 이제발(李濟發), 이일회(李一會), 조령사건 때는 권가(權哥)로 행세하다가 관군에 체포되었을 때는 진명숙(秦明肅)이라는 이름을 둘러대었다.

이필제는 전의(全義) 이가로 형제가 셋이며, 토지를 상당히 소유한[10] 비교적

---

8 『승정원일기』 고종 8년(1871) 12월 23일(무인) 한편 이필제의 외삼촌들은 이필제의 집안을 이박천가(李博川家)라고 불렀는데, 이필제의 선조 가운데 평안도 박천의 군수를 지낸 사람이 있었다는 의미이다. 『좌포도청등록』, 『포도청등록』 하. 535면.

9 『경상감영계록』 제3책. 양성중 공초. 이필제가 홍주 초전촌(草田村)에서 태어났기 때문에 자호를 이렇게 지었다고 한다.

10 조부의 산소가 남양도(南陽島)에 있는 명산에 있었으며 묘지기를 둘 정도였다. 또한 목장도(牧場島)와 선접도(船接島) 등에도 집안의 전장(田庄)을 갖고 있었다. 『경상감영계록』 제3책. 194면 양성중 공초.

유족한 집안에서 자랐다. 후에 안동 김씨와 결혼하여 아들 삼 형제를 두었다.[11]

이필제의 신분은 향반(鄉班)이었다. "경사(京司) – 서울의 중앙관청에서 벼슬살이하는 것 – 가 부모의 평생소원이었다."는 그의 진술에서[12] 부모들은 그가 문과나 무과를 통해 관직에 오르기를 기대했었음을 알 수 있다.

실제로 이필제는 배우기를 무척 좋아하여 어릴 때부터 책을 많이 읽었고,[13] 몇 권의 저술도 있었다고 전한다.[14] 그는 초면의 선비를 만나 "시, 서, 춘추를 논하고 흥망성쇠지리(興亡盛衰之理)를 설명"할 정도의 상당한 학식을 지녔던 인물이다.[15]

이필제는 26세가 되던 경술년(1850) 5월 무렵에 풍기(豊基)에 사는 외숙(外叔) 안재백(安載佰)과 안재억(安載億)을 찾아갔다가 인생의 결정적 전환점을 맞았다. 그곳에서 그는 풍기 서부면 교촌(校村)에 살던 허관(許瓘)이라는[16] 신이한 노인을 만나 인사를 올린 다음 그의 집에 사흘 동안 머물렀다. 이때 허관이 이필제의 평생의 목표와 운명에 대해 다음과 같이 장중한 어조로 들려주었다.

나라를 위해 충성을 다하는 것은 당(唐)나라의 곽분양(郭汾陽)과[17] 같이 하고, 한(韓)나라를 위해 원수를 갚는 것은 진(秦)나라를 멸망시킨 장자방(張子房)처럼[18] 하라. 머지않아 서양의 큰 나라들이 쳐들어와 천하를 소란스럽게 하고 우리나라에 해독

---

11 아들 가운데 한 명은 첩 허씨(許氏) 소생으로 짐작된다. 허씨는 허관의 딸이다. 진천사건에 연루되어 처는 청주 감옥에 갇혔고, 첩과 아들은 공주 감옥에 갇혔다.

12 『좌포도청등록』 신미년 8월 29일 이필제 공초.

13 矢身本自好學, 閱覽文字 『좌포도청등록』 신미년 8월 29일 이필제 공초, 『포도청등록』 중 760면.

14 李泓之數卷文字, 旣有下鑑, 則其爲人可燭. 『좌포도청등록』 기사년 4월 18일 심상학 공초, 『포도청등록』 하, 530면. 1869년 진천사건 때 포도청에 몰수되어 그 내용은 알 수 없다.

15 『경상감영계록』 제3책 경오년 3월 23일 이덕경(李德景) 공초.

16 의금부에서 이필제가 직접 말한 이름이다. 『추안급국안』 29권 306책, 418면. 다른 공초 기록에서 허관은 허근(許瑾), 허최(許璀), 허선(許璿), 허선(許璇), 허야옹(許野翁) 등으로 기록되었다. 야옹은 그의 호로 추정된다.

17 곽분양은 당(唐) 현종(玄宗) 때의 장수 곽자의(郭子義)를 가리킨다. 그가 안녹산(安祿山)의 난을 평정하는 데 큰 공(功)을 세워 분양왕(汾陽王)에 봉해졌기 때문에 흔히 곽분양(郭汾陽)이라고 부른다.

18 장자방은 장량(張良)이다. 자방은 그의 자(字)이다. 장자방은 한(漢)나라 고조(高祖)를 도와 항우(項羽)를 멸하고 천하 통일을 이룬 위대한 인물이다.

을 끼침이 심할 것이다. 서쪽으로는 서양 세력을 쳐서 없애고 북쪽으로는 흉노족에 대항하는 일은 그대가 아니면 어려울 것이니, 원컨대 그대는 이러한 임무를 기꺼이 맡으라. 늙은이의 말이라고 물리치지 말고, 충성을 다하여 나라를 보전하여 큰 공훈을 세우도록 하라. 그러나 그동안에는 허다한 풍상(風霜)을 겪을 것이고, 그대도 머리털이 희게 되어서야 성공할 것이다. 그때가 되면 나는 늙어 죽었을 것이니 그대의 성공을 보지 못하는 것이 한스럽다.[19]

허관은 곧 나라에 엄청난 난리가 일어날 것인데, 그 소동의 중심은 서양 오랑캐라고 주장했다. 그는 이필제에게 앞으로 서양 세력을 물리치고 나아가 북쪽에서 쳐들어올 흉노족의 침략도 막을 것을 부탁했다. 오랜 시간이 걸리는 지극히 어려운 일이지만, 끝내 성공할 것은 분명하다고 확신을 심어주었다. 요컨대 "난리를 평정하고 천하를 통일하는 큰 인물이 되라."는 것이 허관이 이필제에게 준 일생일대의 잠언(箴言)이었다. 이필제는 이 말에 엄청난 영향을 받았다.

이후 청년 이필제는 그의 전 생애 동안 늘 "중국에 쳐들어가 새 왕조를 세우겠다."는 실로 엄청난 정치적 야망을 품었다. 이러한 그의 야망은 죽음의 그림자가 드리워지는 최후의 순간에도 "일찍이 중원(中原)을 북벌(北伐)할 뜻을 지닌 지 오래되었다."고 당당하게 말할 정도로 컸다.[20]

어쩌면 심각한 상태의 과대망상증으로 볼 수도 있다. 하지만 그처럼 웅대한 야망은 "대명태조(大明太祖)도 처음에는 수하에 거지 3백 명만 있었을 뿐이었다. 사람의 앞일을 어떻게 다 알 수 있으랴!"라는[21] 그의 말을 통해 볼 때, 스스

---

19 曰, 爲國盡忠, 如興唐之郭汾陽, 爲韓報仇, 如滅秦之張子房. 大洋國不久騷動天下, 毒我爲甚矣. 西勤大洋, 北距匈奴, 非君難矣, 願君自當. 勿以老言爲耄, 盡忠輔國, 以樹大勳. 然而間維許多風霜, 至白首, 可以成功. 吾則老死, 不見爲恨. 「우포도청등록」 제24책, 『포도청등록』 중(보경문화사, 1985), 760면. 「좌포도청등록」 제16책, 『포도청등록』 하(보경문화사, 1985), 568면.

20 曾有北伐中原之志, 久矣. 「우포도청등록」, 『포도청등록』 중, 760면, 矣身自少, 有北伐之計矣. 『추안급국안』 29권 306책, 418면.

21 李先達曰, 大明太祖, 初以乞兒三百名則, 人事何可盡知乎? 「우포도청등록」 제24책, 『포도청등록』(보경문화사, 1985), 736면.

로는 실현 가능하다고 믿었고 끝없이 추구했던 인생의 목표였을 뿐이다. 비록 실패하고 좌절되어 형장의 이슬로 사라졌지만, 아마도 이필제는 우리나라 역사상 가장 웅장한 꿈을 꾼 인물이 아닐까?

이필제는 선달(先達) 또는 출신(出身)으로 불렸다. 선달은 무과(武科)에 급제했지만 아직 벼슬하지 않은 사람을 부르던 호칭이며, 출신은 문과, 무과, 잡과 등의 시험에 합격한 사람을 가리키는 말이다.

당시 문과 합격자의 경우에도 시험 성적이 우수한 몇몇 사람을 제외하고는 대부분이 산관직(散官職)인 권지(權知)에 임명되었다. 대개 명예만 주어지는 것이 조선시대의 공직제도였고, 특히 후기에 이르면 이런저런 이유로 엄청난 숫자의 합격자를 양산했다. 따라서 이름만 과거 합격자였지 관직을 얻는 일은 '하늘의 별 따기' 격이요, 주어지는 명예도 '빛 좋은 개살구'였다. 이필제는 시기는 알 수 없지만 아마도 무과에 합격했던 것 같다.

따라서 이필제가 몰락 양반으로서 열악한 사회적·경제적 처지를 비관하고 벗어나기 위해 변란을 일으켰다는 판단은 무리가 있다. 그의 친가나 외가 모두 상당한 경제적 부를 축적하고 있었고, 성장 과정에서 남다른 학문적 소양을 기를 수 있었으며, 일련의 거사를 도모하는 과정에서도 동모자들의 물질적 도움을 받아 상당히 여유롭게 생활했었다. 다만 이필제가 허울뿐인 무과 합격자였고 자신의 웅대한 포부를 펼칠 공적인 기회를 가지지 못했었다는 점은 고려되어야 하겠다.

성하첨은 이필제의 생김새에 대해 "키는 크지 않은데 앉으면 큰 듯하고, 온몸에 털이 많고, 눈에는 광채가 가득하고 기상이 두려울 정도였다."고[22] 했고, 심영택은 "얼굴과 온몸에 털이 많고, 눈은 고리 모양이고 흑정(黑睛)이 매우 작아 마치 짐승 눈처럼 빛났고 흉괴했다."고 전한다.[23] 정동철과 어치원은 "생김새는 표범과 호랑이와 같고, 눈은 유성(流星)처럼 빛나고 골격도 비범하니 영웅

---

22 『경상감영계록』 제3책, 189면.
23 『경상감영계록』 제3책, 185면.

이 틀림없다."고 평했다.[24] 또 정만식은 "생김새가 괴이하여 우리나라에서 생장한 사람이 아닌 듯하다."고 평했고, 이에 대해 양영렬도 "그처럼 온몸에 털이 많은 사람은 처음 본다. 콧대도 높다."고 답했다.[25] 또 이필제는 특이한 수염을 길렀는데 정기현은 그의 턱에 "용수(龍鬚)가 있다."고 주장했고, 이필제의 손바닥에는 '왕(王)' 자 혹은 '천왕(天王)' 자가 새겨져 있었으며, 등에는 일곱 개의 점이 칠성(七星) 모양으로 있었다고 한다.[26] 이러한 이필제의 생김새는 그가 진인(眞人)이라고 믿게끔 만드는 중요한 요소 가운데 하나가 되었으며, 실제로 사람들은 이필제가 요술과 둔갑술에 능하다고 믿기도 했다.[27]

이필제의 역량에 대해, 진천사건에 가담한 인물 가운데 심홍택은 "언변, 자세, 풍채가 과연 위풍스럽다. 평생에 처음 보는 신이한 인물이었다."라고[28] 했고, 김병회는 "쉽사리 상대할 만한 인물이 아니며, 말하는 데 논리가 정연하다."고[29] 평했으며, 최응규는 "재략(才略)이 있고 문화(文華)가 있었다."고 했다.

반면 이필제의 외삼촌 안재억은 "성품은 괴이하고 악독하며, 사기를 쳐서 다른 사람의 재물을 빼앗고, 악한 행동을 서슴없이 한다. 비록 조카지만 믿을 수 없는 놈이다. 더욱이 양반의 핏줄인데도 행동거지가 불미스럽다."고[30] 혹평했고, 박회진은 "교활하고, 죄를 지어 처벌받은 적이 있었다는 소문을 알고

24 『경상감영계록』 제3책, 181면 최봉의 공초.

25 全面與滿身多毛之人 『경상감영계록』 제3책, 182면-183면.

26 『충청도감영장계등록』, 『각사등록』 7권 221면, 신미년 12월 18일 임건영 공초, 『우포도청등록』, 『포도청등록』 중, 758면, 신미년 8월 29일 정기현 공초.

27 世人謂矣身有妖術遁甲之說, 故果變幻姓名矣. 신미년 12월 22일 이필제 공초, 『추안급국안』 29권, 428면.

28 李泓之言儀風采, 果不草草, 平生初見之奇男子. 『좌포도청등록』, 기사년 4월 18일 심홍택 공초, 『포도청등록』 하, 528면. (…) 저(심홍택의 아들 심상학)의 아버님께서 몸소 진천으로 가셔서 이홍을 만나 보았습니다. 그는 황홀난측하며 말에 광명정대한 논리가 있으며 또 충의가 당당한 의지가 있었다고 합니다. 그래서 서로 친교를 맺게 되었다고 합니다. (…) 矣父躬往鎭川, 親見李泓則, 其爲人亦是恍惚難測, 而聽其言則, 有光明正大之論. 又有忠義堂堂之志. 故逐與之相交矣. 『우포도청등록』 제24책, 『포도청등록』 중(보경문화사, 1985), 733면.

29 渠以不草草人物, 言多有理. 『우포도청등록』 제24책, 『포도청등록』 중(보경문화사, 1985), 740면.

30 李泓, 性本怪毒, 欺取騙材, 行惡爲能事. 雖爲甥姪, 不可近信. 且以班脈, 行事不美. 『우포도청등록』 제24책, 『포도청등록』, 738면.

있어서 별로 믿지 않았다."고 진술했다. 그러나 이들의 평가는 관군에 체포되어 심문받을 때의 진술이어서 신뢰도에 문제가 있을 수 있다. 비교적 죄질이 낮거나 핵심 죄목과 관련이 적다고 판단될 경우에는 사건 연루자가 주범을 혹독하게 평가하는 것이 일반적이기 때문이다.

진주사건에 연루된 인물 가운데 성하첨은 이필제가 영웅이라고 평했고, 양영렬은 "글솜씨와 언변이 뛰어났으며, 관상은 식육지상(食肉之狀)이다."라고 평했다. 특히 양영렬은 "이필제의 문사(文詞)와 언어를 보니 반고(班固), 사마천(司馬遷), 소진(蘇秦), 장의(張儀)와 다름이 없었다."고 표현할 정도였다. 그의 문장과 언변이 엄청나게 뛰어났다는 주장이다. 정언(正言)을[31] 지냈던 김희국은 "호걸스럽고 사나운 인물〔豪悍人物〕이다."라고[32] 평했다.

또 김영구는 "글을 잘했으며, 풍수지리술에 대해서도 해박하다."고[33] 했고, 박만원은 "상인지술(相人之術)이 있는 사람으로서 천하영웅의 자질이 있는 사람"이라고 평했다. 또 심영택은 "백성을 구하고 나라를 염려하는〔救民憂國〕 마음을 지닌 사람"으로 믿었다.

영해사건의 주모자 가운데 남두병(南斗柄)은 "능문지사(能文之士)"라고[34] 평했고, 최시형은 "하루에도 3-4차례나 변하는 비범한 인물이었다."고 평했다. 또 조령사건에 관련된 최응규와 임덕유도 이필제를 "호걸영웅의 재목"이라고 평했다.

전체적으로 볼 때 이필제는 호방한 성격과 웅대한 기상을 지녔으며, 어떤 상황에도 꺾이지 않고 자신의 의지대로 살아간 인물이었다. 또 이필제는 자신의 목숨을 내놓는 일조차 두려워하지 않는 불굴의 정신으로 부패한 권력에 대항하고자 했던 영웅적, 기개와 뛰어난 지략을 함께 갖췄던 인물로 인정받았다.

---

31 정언은 사간원(司諫院)의 정6품 관직으로 정원은 2인이다.

32 『경상감영계록』 제3책, 경오년 5월 23일 성하첨 공초, 190면.

33 頗解文字, 又有堪輿之術. 『경상감영계록』 제3책, 147면.

34 『피남공적』, 68면.

한편 이필제는 어떤 죄목인지는 밝혀지지 않았지만 기미년(1859) 6월 무렵에 경북 영천(榮川)으로[35] 유배당했으며,[36] 경신년(1860) 1월에 유배지에서 풀려났다. 이필제는 그해 5월에 고향인 홍주(洪州)로 돌아왔고, 그 후 곧바로 진천(鎭川) 외면 석현(石峴)으로 옮겨 살았다. 이후 이필제의 행적은 사건과 관련하여 서술하겠다.

(2) 이필제사건의 전개 과정과 결말

① '진천사건'의 전개 과정과 결말

'진천사건'은 이필제가 고종 6년(1869) 4월에 진천을 중심으로 역모(逆謀)를 기도한 사건이다.[37] 고종 6년(1869) 4월 김병립(金炳立)이 진천에 사는 이필제 — 이홍(李泓) — 가 자신의 조카 김낙균(金洛均), 심홍택(沈弘澤) 부자, 양주동(梁柱東) 등과 변란을 도모하고 있다고 포도청에 고변(告變)하였다.[38] 이로써 이필제가 주동한 최초의 거사 계획은 사전에 발각되었다.

이 사건에 대해 체포된 사건 연루자들에 대한 포도청의 심문 기록을 통해 자세히 알아보자.

김병립(당시 40세)은 충청도 결성현(結城縣) 하서면(下西面) 판교(板橋)에서 유업(儒業)에 종사하였다. 평소 이사할 곳을 찾던 중 무진년(1868) 봄에 공주(公州) 축

---

35 동쪽으로는 안동부(安東府)와 예안현(禮安縣)이 있고 서쪽과 북쪽으로 풍기군이 있다. 『신증동국여지승람』 제25권.

36 이필제가 사람들을 속여 재물을 모으고 나쁜 짓을 능사로 여기며 양반으로서 불미스러운 일을 행했기 때문에 당했다는 이야기가 전한다. 『좌포도청등록』, 기사년 4월 18일, 안종덕, 박회진 공초, 『포도청등록』 하, 533-534면.

37 이 사건에 대해서는 『우포도청등록』 제24책, 『포도청등록』 중(보경문화사, 1985), 732-745면. 『좌포도청등록』 제15책, 『포도청등록』 하(보경문화사, 1985), 526-540면 등의 자료가 있다.

38 의정부가 아뢰기를, "방금 좌우변 포도청에서 결성(結城)에 거주하는 김병립(金炳立)의 은밀한 고발과 관련하여 여러 죄인에게 아울러 공초를 취하여 보고하였습니다. 이에 그들의 공초 내용을 취하여 보니, 역적 이홍(李泓)이 반역을 도모한 실정이 남김없이 다 드러났습니다. 남몰래 유언비어를 퍼뜨린 것은 선동하려는 데에 뜻이 있었고, 참서(讖書)에 가탁한 것은 사람들을 속일 작정이었습니다. (…) 이른바 김낙균, 양주동이란 자는 모든 흉모에 대하여 서로 도왔고, 심홍택 부자와 같이 처음부터 결탁하여 끝까지 호응한 자가 있기에 이르렀습니다. (…) 역적 이홍과 김낙균이 현재 도망 중에 있고 양주동은 또한 지레 죽어버렸습니다. 『승정원일기』 고종 6년(1869) 4월 21일(계해일).

산(丑山)에 사는 내외종간(內外從間)인 현경서(당시 48세)를 만나러 갔다가 그곳이 살기 좋다는 말을 듣고 땅 살 돈을 주었으나 현경서가 탕진했다. 기사년(1869) 봄에 현경서를 찾아가 이 일을 따지자 현경서가 오히려 "너희 형제가 이필제 등과 비밀리에 모사를 벌이고 있음을 내가 이미 알고 있다. 만일 네가 이 일을 자꾸 재촉한다면 내가 고변하고 말 것이다."라고 협박했다. 이에 위기를 느낀 김병립이 서울로 올라와 이필제 등이 역모를 꾸미고 있다고 고변하였다.

진사(進士) 심홍택(당시 69세)은 공주(公州) 율정리(栗亭里)에 거주했는데, 풍족한 재산을 소유했던 인물이다. 관군에 체포되기 8-9년 전에 외출했다가 우연히 출신(出身)이었던 이필제를 만났는데, 이처럼 재능이 있는 사람이 아직 벼슬에 오르지도 못하고 이곳저곳으로 떠돌아다니고 있는 것을 애석하게 여겨 천금(千金)을 아끼지 않고 도와주었다.

심홍택의 아들 심상학(沈相鶴, 당시 38세)은 무오년(1858) 겨울에 진잠(鎭岑) 북면(北面) 성전리(星田里)로 이거하여 유업(儒業)에 종사했다. 신유년(1861) 가을에 박회진(朴會震) 부자(父子)와 알게 되었는데 그에게 이필제가 거사를 준비하고 있다는 이야기를 들었다. 자세히 물었더니, 박회진이 "이필제가 환란이 생기면 살 수 있는 방법을 모색하고 있다. 그의 뜻은 세상의 변화에 따라 나라에 충성을 다하는 데 있고 아울러 북벌(北伐)하는 데 있다."라고 말했다.[39]

지극히 황당한 이야기라 믿기 어려웠는데 아버지 심홍택이 몸소 진천으로 가서 이홍을 만나보았다. 따라서 심홍택은 자신의 진술처럼 이필제를 우연히 만난 것이 아니라 아들로부터 거사를 모의하고 있는 인물이 있다는 이야기를 듣고 직접 찾아갔던 것이다. 다음은 심상학의 진술 내용이다.

신유년(1861) 가을에 (…) 아버님께서 몸소 진천(鎭川)으로 가셔서 친히 이홍 – 이 필제 – 을 만나보았는데, 그 사람됨이 황홀하고 측량하기 어려웠고 그의 말을 들

---

39 朴會震聞與, 李泓, 有經營事云. 故詳問則, 李泓乃是患難, 圖生其中, 主意則, 隨其世變, 盡忠國事, 且有 北伐之意. 「우포도청등록」 제24책, 『포도청등록』(보경문화사, 1985), 734면.

으니 광명정대한 논리가 있고 충성스럽고 당당한 의지가 있었다고 합니다.[40]

이필제는 북벌을 거사의 명분으로 내세우고, 나라를 환란에서 구하겠다는 강력한 의지를 표명하여 심홍택의 마음을 한 번에 사로잡았다. 심홍택이 고령에도 불구하고 직접 멀리까지 이필제를 찾아갔다는 점을 볼 때 그 또한 피난처와 방법을 적극적으로 모색하고 있던[41] 인물이었음을 알 수 있다.

김병회(金炳繪, 당시 45세)는 김병립의 형인데 홍주(洪州) 오두(鰲頭)에 거주하다가 정묘년(1867) 3월에 천안(天安)으로 이사하였다. 김병회의 5촌 조카인 김낙균(金洛均)은 홍주에 살다가 경신년(1860) 9월에 보은(報恩)으로 이사했다가, 신유년(1861) 4월에는 목천(木川)으로 이사했다. 이때 김병회가 목천으로 이사 온 조카 김병립을 만나러 갔다가, 조카가 이필제와 깊이 교유하고 있음을 알았다.

당시 김병회는 뜻밖에 민요(民擾)를 당한 사람들〔民擾逢變者〕이 진천현(鎭川縣)과 목천현에 많이 들어왔다는 소문을 들은 적이 있고, 신유년(1861) 8월에 신서방(申書房)이라는 사람과 이필제가 시비가 붙어 순영(巡營)에서 체포하려하자[42] 그가 도피 중이라는 소문도 들었다.

이에 대해 훗날 이필제는 경신년(1860) 무렵에 진천으로 이사 왔을 때 관군의 체포령이 내려 도망쳤으며, 병인년(1866)에도 체포령이 내려지자[43] 또 도망쳤다고 진술했다.[44] 무슨 이유로 관군의 추포령(追捕令)이 내렸는지에 대해서는

40 辛酉秋 (…) 矣父(심홍택) 躬往鎭川, 親見李泓, 則其爲人, 亦是怳惚難測, 而聽其言, 則有光明正大之論, 又有忠義堂堂之志.「좌포도청등록」제15책,『포도청등록』하(보경문화사, 1985), 529면.

41 심홍택은 나주(羅州)에 사는 이씨 노인과 교유하며 "천하의 인재가 모두 조선에서 나온다.〔天下人才, 盡出朝鮮.〕"는 말도 했다.

42 이필제는 철종 12년(1861) 8월 무렵 신(申) 참판(參判)이 도백(道伯)으로 있을 때 진천(鎭川) 논실(論室)에 사는 신서방(申書房)이라는 사람과 다툰 일이 있었다. 신서방이 종씨(宗氏)인 도백에게 몰래 부탁해서 이필제를 체포하려 했다. 그런데 본관이 평산인 신억(申檍)이 충청도관찰사를 지낸 시기는 고종 1년(1864) 8월부터 고종 4년(1867) 1월까지였다. 심홍택, 심상학, 양주동 등은 이 일이 고종 3년(1866)에 발생했다고 진술했다.

43 병인년(1866) 가을에 이필제는 감영의 조사를 받았고, 어린 아들과 첩도 체포되었다. 그가 도피하자 아들과 첩이 풀려났다. 그 후에도 체포령이 없어지지 않았고 포교들이 그의 집 근처에 자주 잠복하자 이필제는 집에 들어가지도 못하고 4년 동안 도피 생활을 했다.

말하지 않았다.

고종 5년(1868) 9월에 김낙균이 김병회를 찾아와 "보은 땅에 훌륭한 경치가 많다고 하는데 숙질(叔姪)이 함께 구경하러 가는 것이 어떻습니까?"라 했다. 단순한 경치 구경이 아니라 피난처를 보러 다닌 것으로 짐작된다. 보은 속리산 증정(甑頂), 승경(承傾), 연항(燕項) 근처가 이른바 십승지(十勝地)의 하나다.[45]

이에 김병회가 이필제, 김낙균과 함께 보은군에 도착했는데, '키가 작고 괴이하게 생긴 특별한 인물(別人)'을 소개받았다. 그가 바로 양주동이었다. 돌아오는 길에 김병회가 심홍택의 집에 들렀더니, 심홍택이 "이번 여행에서 양씨 성을 가진 신인(神人)을 만나보았느냐?"고 물었다. 그렇다고 대답하자 심홍택이 "그 사람은 품은 야망이 매우 크니, 장상(將相)이 아니라도 가히 북벌(北伐)을 도모할 만하다."라고 말했다.[46] 당시에 이미 심홍택, 양주동, 이필제 등은 거사 모의를 상당히 진척시키고 있었음이 확인된다.

최응규(崔應奎, 당시 48세)는 충주에서 태어나 갑자년(1864)에 괴산(槐山) 칠성암(七星巖)에 이사해서 농업과 유업(儒業)에 종사했다. 천안에 살던 김병회와 아는 사이였는데, 임술년(1862)에 김병회가 와서 다음과 같이 말했다.

> 내 조카 김낙균은 경천위지(經天緯地)하는 재주가 있다. 또 조카의 친구 가운데 선달 이홍(이필제)이라는 사람은 사해(四海)의 혼란을 깨끗이 몰아내려는 웅대한 뜻을 가지고 있다. 부모의 나라를 차마 차지할 수 없으니 거사가 성공한 후에는 현인(賢人)을 선택하여 왕위에 등극시키고, 자기는 군대를 지휘하여 중원(中原)을 공략하고 동정서벌(東征西伐)하여 제세안민(濟世安民)하고자 한다.[47]

---

44 『추안급국안』 29권 306책, 418면.

45 그곳의 북쪽에 만 명이라도 피난할 수 있는 땅이 있다고 한다. 「징비록(徵秘錄)」, 「요람역세(要覽歷世)」, 「남격암십승지론(南格菴十勝地論)」, 『정감록』(한성도서주식회사, 1923), 『정감록집성』(아세아문화사, 1973), 491면, 525면, 617면.

46 弘澤曰, 渠則, 所望甚大, 非但將相, 可圖北伐也. 「우포도청등록」 제24책, 『포도청등록』(보경문화사, 1985), 733면.

47 堂姪洛均, 有經天緯地之才. 且其友有李先達弘, 有廓淸四海之志. 不忍犯父母之國, 事成後擇賢而立之, 揮民中原. 東征西伐, 有濟世安民之意. 「우포도청등록」 제24책, 『포도청등록』 중(보경문화사, 1985).

진천사건이 표면화되기 오래전부터 이필제는 자신의 꿈인 북벌을 실행하기 위해 동모자를 포섭하고 있었음을 알 수 있다.[48] 거사의 첫 단계는 조선왕조를 타도하여 정복하는 일이고, 이후 병사를 모아 중국 정벌에 나선다는 실로 엄청난 계획이었다.[49] 이는 이전 시기의 민란과는 방법이나 목적에서 분명히 달랐으며, 군사를 동원한 반란을 전제로 한 역성혁명을 기도한 담대한 모의였다. 거사 명분은 "세상을 구제하여 백성을 편안하게 만든다.〔濟世安民〕"는 것이었다.

한편 최응규가 임술년(1862) 5월 무렵에 김병회의 집에 찾아갔더니 집안이 썰렁했다. 김병회의 아들에게 그 이유를 물어보니 "아버님께서는 이사할 계획으로 출타하셨습니다."라고 대답했다. 당시 김병회는 가족을 피난처로 옮기기 위해 진천과 풍기(豊基) 등지의 땅을 물색하고 다녔다. 아마도 그 역시 피난처를 찾아다녔던 것 같다. 무진년(1868) 12월경에 이필제가 최응규와 그의 이웃에 사는 임덕유(林德裕)의 집을 방문했는데 이후 자주 만났다. 최응규와 임덕유는 이후 조령사건에서 이필제가 진인(眞人)이라는 말로 정기현 등의 주요 인물을 포섭하는 중요한 역할을 담당한다. 사건이 드러나기 오래전부터 동모자(同謀者)들을 규합했고, 일시적인 실패에도 불구하고 계속 거사를 모의했다는 점에서도 기존의 민란과는 뚜렷하게 구분된다.

심계조(沈啓祖, 당시 39세)는 공주 서면(西面)에서 유업(儒業)에 종사했다. 을축년(1865) 2월 무렵에 자칭 과거를 준비한다는 김씨(金氏)라는 선비 – 이필제 – 가 찾아와, 자기의 호가 창정(滄艇)인데 시도 잘 짓고 관상도 보고 풍수도 본다고

759면.

48 무진년(1868) 4월 무렵에 이필제가 여산(礪山)에서 와서 "이번 길에 가외지인(可畏之人)을 만났는데, 한 명은 이성겸(李聖謙)이고 또 한 명은 김씨 성을 가진 사람이다."라고 말했다. 그들도 불궤지지(不軌之志)를 가지고 있었으며, 검술에 능한 자와 용력이 있는 자 등 무리가 매우 많다고 주장했다.

49 김낙균이 당숙 김병회에게 "국가에 만약 불안지사(不安之事)가 있으면 동심지인(同心之人)이 취당거의(聚黨擧義)하여 국가를 도존(圖存)하면 자연 공(功)이 있을 것입니다. 그리고 중원을 북벌함은 어찌 대장부의 일이 아니겠습니까?"라 했다. 그리고 김병립은 "중국을 치려면 먼저 아국(我國)을 동(動)한 후에 그 병사를 얻을 수 있을 것"이라고 말했다.「우포청등록」기사년 4월 김병회 공초.

했다.[50] 이에 하룻밤 묵게 했는데, 나중에 알고 보니 그가 바로 이필제였다. 그 후 5월에 이필제가 다시 찾아와서 고풍(古風)과 시편(詩篇)을 짓고 이야기를 나누며 사나흘 동안 머물렀다. 그때 이필제는 심계조에게 다음과 같은 이야기를 들려주었다.

창정(이필제)이 밤에 나에게 조용히 말하기를 "정소국(鄭素國)이라는 사람은 문무(文武)에 모두 뛰어납니다. 경천(敬天)의[51] 주막에서 아주 좋은 꿈을 꾸고 다음 날 새벽에 우물가에서 어떤 처녀를 만나 교합한 후, 아들을 얻은 후에 신도(新都)에 살게 했다고 합니다. 그의 아들은 임자년(1852)에 태어났는데 자라서는 (평안도 의주의) 장성(長城)에 있는 기씨(奇氏) 성을 가진 참봉이 양자로 삼아 가르치고 있으며, 곧 자기 사위로 삼을 것이라고 합니다."라 했다.[52]

피의자의 공초(供招)이므로 많은 부분이 생략되어 자세한 것은 알 수 없지만, 인용문은 당시 민간에 유포되었던 '정씨(鄭氏) 진인출현설(眞人出現說)'의 한 형태를 보여준다. 이 이야기는 "정씨 성을 가진 어떤 인물이 있었다.", "어느 날 기이한 꿈을 꾸었다.", "다음 날에 어떤 처녀를 만났다.", "그 처녀와 통정했다.", "아들이 태어났다.", "아들을 계룡산에 살게 했다.", "은거하는 이인(異人)이 그 소년을 데리고 가르치고 있다." 등의 화소(話素)를 가지고 있다. 여기에는 아마 "곧 그 소년이 나라를 구원하기 위해 나타날 것이다."라는 부분이 생략되었을 것이다. 포도청에서 심문을 받으면서 새 왕조가 세워질 것이라거나 임금이 바뀔 것이라는 말은 차마 할 수 없었으리라.

정소국, 기씨 성의 참봉 등의 이름을 밝히고 경천, 신도, 장성 등의 지명을

---

50 先咏風月, 或論相格, 且論地術.「우포도청등록」제24책,「포도청등록」, 736면.

51 경천역(敬天驛)은 공주목(公州牧) 남쪽 40리에 있다.『신증동국여지승람』제17권, 공주목 역원(驛院)

52 滄艇乘夕從容言曰, 有鄭素國者, 善文善武. 其子生時, 得壯夢於敬天店, 曉出井上, 遇一童女, 交合生子, 後移置新都. 其子乃壬子生, 至於稍長, 長城奇參奉, 收養敎導, 將爲女婿.「우포도청등록」제24책,「포도청등록」중, 736면, 740면과「좌포도청등록」제15책,「포도청등록」하, 532면에는 정소포(鄭素圃)로 적혀 있다. 심계조는 갱초(更招)에서 기씨 성을 가진 참봉의 이름이 기산림(奇山林)이라고 진술했다.

거론하며, 그 소년이 태어난 연도까지 제시한 것은 '실제로 일어났던 일'이라는 점을 강조하기 위한 의도적 장치다. 또 불과 14살에 불과하다는 점을 강조하여 앞으로 상당한 기간 동안 진인의 출현을 기대할 수 있는 가능성을 열어놓았다.

다음 날 이필제가 떠난 후에는 그 종적을 알 수 없었다. 그 후 인근 고을에 전하는 소문을 들으니, 그가 근처의 시회(詩會)가 열리는 곳이나 서당마다 찾아가 성(姓)도 이씨(李氏)로 바꾸고 호를 창석(滄石)이라고 소개하고 이곳저곳 다니며 유언비어와 낭설을 퍼뜨리고 다녔다고 한다.

양주동(당시 52세)은 보은에 사는데 25세 때부터 아전으로 근무했다. 정사년(1857)부터 광증(狂症)이 있어 칼로 스스로 인후(咽喉)를 찔러 1년 동안이나 말을 못 하다가 약을 장복한 후 비로소 말을 할 수 있었다고 한다. 이때 그는 때때로 '도남(圖南) - 남쪽을 도모한다. - ' 두 글자를 크게 외쳤으며, 시장에 가서 만나는 아무 사람에게나 손가락으로 가리키며 "그대가 바로 만승천자(萬乘天子)다. 나 또한 만승천자다."라고 말했다고 한다.[53]

그 후 양주동은 병인년(1866) 봄에 공주로 이사해서 살았는데 4-5월 무렵에 이필제가 찾아와 "근래에 일어난 소란에 관한 소문을 들으니, 중국에서 흑귀자(黑鬼子)가[54] 쳐들어올 것이라는 이야기가 있습니다. 또 서양 사람들이 다른 나라 사람들과 힘을 합쳐 우리나라에 쳐들어올 것이라고 합니다."라고 말했다.[55]

이러한 이필제의 말에는 당시 조선을 둘러싼 국제 정세의 변화에 따라 서양 세력의 침공 가능성이 점차 높아지는 위기의식이 반영되어 있다. 서양 오랑캐의 침공에 무기력하게 수도인 북경(北京)까지 내주고 무너졌던 중국에 대

---

53 而時時大呼, 圖南二字. 所謂圖南, 未知緣何狂言耶. 因往市中, 逢人無論上中下老少強弱, 輒指而言曰, 彼乃萬乘天子也. 且我亦萬乘天子也. 「우포도청등록」 제24책, 『포도청등록』(보경문화사, 1985), 734면.

54 『승정원일기』 고종 8년(1871) 5월 15일(갑진)조에 "황해도에 와서 정박한 당선(唐船) 가운데 흑귀자(黑鬼子)와 백귀자(白鬼子)가 있었는데, 대발국(大發國)에서 표류해 왔다."는 내용이 있다. 흑귀자는 흑인, 백귀자는 백인을 가리키는 말로 짐작된다.

55 李先達言曰, 近來風說搔擾, 自大國黑鬼子出來之說有之, 又有西洋人合他國人, 來侵我境云. 「우포도청등록」 제24책, 『포도청등록』(보경문화사, 1985), 735면.

한 소식은 조선사회에도 엄청난 위기와 혼란을 가져왔다. 이처럼 서양 세력의 침략이 점차 구체적인 현실이 되자 인심은 흉흉해졌고 백성들은 두려움에 떨었다.[56] 급기야 대외적 위기의식이 절정에 달하자 사회적 불안과 공포가 증폭되었다.

당시는 서학(西學)에 대해 금압령(禁壓令)을 내린 이른바 병인박해(丙寅迫害)가 처음 시작된 시기였다. 이후 이어지는 박해로 인해 무려 수천여 명의 서학신도들이 희생되었다. 이때 프랑스 신부 9명이 처형되었는데, 이로 인해 그해 9월에는 병인양요(丙寅洋擾)가 일어났다. 병인년 봄은 곧 임박한 외세의 침략에 대한 공포가 조선을 충격과 혼란에 빠뜨렸던 결정적 전환점이 되었다.

이러한 흉흉한 소문을 들은 이필제는 중국을 침략한 서양 오랑캐가 곧 조선에도 쳐들어올 것이라고 분석하고, 거사의 명분으로 조선 정부의 타도만이 아니라 서양 세력의 퇴치까지 염두에 둔 제세안민(濟世安民)을 내세웠다. 이필제 등은 주로 인척 관계나 평소의 친분 관계를 이용하여 동모자를 끌어들였는데, 간혹 재능이 있다고 알려진 인물들을 직접 찾아가 국량을 시험하고 포섭하였다. 이 과정에서 이필제가 양주동을 찾아갔던 것이다.

풍문을 전하며 잠시 뜸을 들인 후 이필제가 "사람들이 당신이 지식이 많다고들 말합니다."라고 하자, 양주동은 자신 있게 "나는 현세의 강태공(姜太公)이자 제갈량(諸葛亮)이다."라고 대답했다.[57] 이에 이필제가 "만일 난리가 일어나면 중국에 들어가려 하는데, 그때가 되면 같이 들어가겠습니까?"라고 물었고, 양주동은 "그렇게 하겠다."고 대답했다. 그러나 실제적인 거사모의는 다시 3년을 기다려야 했다.

그 후 기사년(1869) 2월에 이필제가 다시 양주동을 찾아와 "지금 민심이 크

---

56 수많은 사람들이 산과 계곡으로 피난 갔고, 어떤 지역은 마을 전체가 사방으로 도망칠 지경이었다. 『포도청등록』 중, 749면.

57 『우포도청등록』의 발사(跋辭)에는 양주동이 곽박(郭璞)에 비유되었다고 한다. 『우포도청등록』 제24책, 『포도청등록』(보경문화사, 1985), 743면. 곽박의 자는 경순(景純)인데, 중국 남북조 시대의 남조(南朝) 사람으로 지술(地術)의 창시자다.

게 변하고 있으니, 이때야말로 의거(義擧)를 일으킬 만합니다."라고 채근했다. 당시는 대원군의 집권 초기와는 달리 원납전의 강제징수, 당백전 발행으로 인해 봉건적 수탈이 강화되던 시기였고, 계속되는 흉년으로 민심이 크게 동요하던 때였다.

양주동은 이필제와 나눈 대화에 대해 다음과 같이 진술했다.

> 만일 천 명의 군사로 동쪽으로는 일본 대마도를 공격하고, 서쪽으로는 중국을 공격하여 한 달 안에 천하를 평정할 수 있다고 말하는 자가 있다면, 그것이 과연 이치에 맞는 말일 것입니까? 강태공과 제갈량이 다시 살아온다고 하더라도 이와 같은 일을 어떻게 할 수 있겠습니까? 이러한 이야기는 잠시 동안의 봄꿈에 강남 수천 리를 갈 수 있다는 이야기와 다르지 않을 것입니다.[58]

이필제는 혼란스러운 사회 분위기와 점점 종잡을 수 없이 얽히기만 하는 국제 정세를 틈타 기회를 잘 노린다면 불과 천 명 정도의 군사로도 일본 대마도와 중국을 공략하여 한 달 만에 천하를 평정할 수 있다는 자신감을 나타냈던 것 같다. 양주동이 그 불가능함을 지적하자, 이필제는 "명(明)나라를 세운 주원장(朱元章)도 처음 거사할 때는 불과 3백 명의 거지가 있었을 뿐이었습니다."라고 자신의 의지를 굽히지 않았다. 양주동은 포도청에서 단순한 말장난이나 일장춘몽(一場春夢)에 불과했다고 항변했다. 그러나 그들은 그와 같은 이야기를 나누고 생각했다는 점 자체가 '반역'이요, '역적질'로 규정받던 엄격한 봉건군주체제에 살고 있었다.

허간(許侃, 당시 29세)은 허관(許瓘)의 아들로 풍기 서부면(西部面) 교촌(校村)에서 태어났다. 약업(藥業)에 종사했는데, 어느 날 이웃에 살던 안재백과 안재억이 찾아와 그들의 조카 이필제가 문장을 잘 짓는 선비라고 자랑하면서 이필제가

---

58 且若以千名軍, 東擊日本對馬島, 西擊大國, 一朝之間, 可以平定天下云者, 是果近理之說乎? 雖太公復生, 諸葛復生, 安能如此乎? 此無異片時春夢中, 行盡江南數千里之說. 「우포도청등록」 제24책, 「포도청등록」 중, 736면.

지은 시 한 수를[59] 보여주었다. 이때 허간의 아버지 허관이 "그의 재능이 세상을 놀라게 할 만하다."고 평하고, "앞으로 이필제와 서로 친하게 지내라."고 말했다.[60] 그 후 허간은 아버지 허관이 사망한 갑인년(1854) 이후에도 이필제와 잘 알고 지내고 있었다.[61]

임술년(1862)에 이필제가 병이 들자 허간은 팔미탕(八味湯) 20첩을 지어주었고, 자기 집에서 약을 먹을 수 있도록 배려했다. 그런데 이필제가 10년 동안 과부로 지내던 누이를 범해서 임신시키고 이 사실이 드러나자 도망쳤다. 이에 이필제와 절교를 선언한 지 벌써 7년이 지났다고 진술했다.[62]

안재억(安載億, 당시 55세)과 안재백(安載佰, 당시 65세)은 이필제의 외숙(外叔)이다. 원래는 홍주 대흥현(大興縣)에 살았는데, 신사년(1821) 무렵에 가난해 살길이 없어 풍기로 이사 와서 짚신을 만들어 팔아 생계를 꾸렸다. 누이동생이 홍주의 이박천(李博川) 집안에 시집갔지만, 풍기로 이사한 지 40여 년 동안 서로 생사조차 모르고 살았다. 갑자기 기미년(1859) 6월경에 조카 이선달(李先達) ─ 이필제 ─ 이라고 자처하는 자가 영천(榮川)으로 유배 당해 왔다면서 편지를 보냈다. 그 후 이필제가 찾아와 며칠 동안 머물다가 유배지로 돌아갔다. 가난해서 소박한 반찬과 찬밥이라도 진심을 다해 대접했지만, 이필제는 외숙들을 무시하는 태도를 보였다.[63]

이에 외숙들이 공손하지 못하다고 이필제를 나무랐고, 이를 듣기 싫어한

---

59 원래는 남정록(南征錄) 10여 수인데 의도적으로 폄하하여 진술한 것 같다.

60 矣父一見其詩, 輒許其才之絶世, 仍爲相交矣. 「좌포도청등록」, 기사년 4월 18일 허간 공초, 「포도청등록」 하, 535면.

61 矣父, 一見其詩, 輒許其才之絶世, 仍爲相交矣. 矣父死後甲寅年, 矣身仍與之相從矣. 「우포도청등록」 제24책, 「포도청등록」, 738면.

62 그렇지만 이필제의 첩이 허씨 성을 가진 여자였다는 의금부의 조사를 볼 때 이필제는 허간의 누이를 첩으로 받아들였고, 허간은 감영의 심문 과정에서 이필제를 의도적으로 폄하하고 있음을 알 수 있다. 그리고 이필제는 의금부의 조사에서 기사년(1869)에야 허간을 다시 만났다고 진술했다. 「추안급국안」 29권 306책, 419면. 아마 이러한 진술은 처남인 허간을 보호해주려는 의도에서 비롯되었을 것이다. 「승정원일기」 고종 9년(1872) 2월 6일(경신)조의 기록에 보면 의금부에서 옥에 갇힌 이필제의 첩 허조이(許召史, 46세)를 법전에 따라 교형(絞刑)에 처할 것이라고 보고했다.

63 依然自處於貴人, 蔑視外叔, 無有餘地.

이필제는 경신년(1860) 1월에[64] 외숙들에게는 말 한마디 남기지 않고 홀연히 풍기에 있는 허간의 집으로 가버렸다. 분함을 참고 찾아가 보았더니 이필제가 고을 아전 안병규(安秉規)와 결탁하여 많은 재물을 모아 보교(步轎)를[65] 타고 억센 하인들을 부리며 행색을 재상처럼 했는데 자기들을 멸시하는 것이 전보다 더욱 심했다.[66] 그래서 외숙들은 다시는 조카와 상종하지 않으리라고 결심했다.

그 후 소문을 들으니 허간이 이필제를 위해 집을 지어주었는데, 허간의 과부가 된 누이를 임신시키고 도망쳐버렸다고 하며, 이에 허간이 수치를 느껴 영춘(永春)으로 이사했다는 이야기를 들었다.

공초(供招)의 성격상 이필제에 대해 사실을 감추고 고의적으로 악평을 하는 듯하다. 안재억은 기미년(1859) 6월에 처음으로 이필제를 알게 되었고, 경신년(1860)에 비로소 이필제가 허간을 알게 되었다고 진술했다. 또 안재억이 허관을 찾아와 조카 이필제가 지은 시를 보여주며 자랑했다는 허간의 진술과도 맞지 않다.

안재억은 갱초(更招)에서 경술년(1850) 5월에 이필제가 찾아와 갑자기 "이곳에 허씨(許氏) 성을 가진 명의(名醫)가 있습니까?"고 물었다고 진술했다. 이때 때마침 허관(許瓘)이 자기 집에 방문하자 "이분이 바로 허생원(許生員)이시다."라고 서로 인사시켰다는 안재억의 진술에서 알 수 있듯이, 이필제가 풍기에 있는 외숙들을 찾아간 시기는 경술년이며 허관을 이필제에게 소개한 사람도 안재억이었다.

당시 허관에게 이필제가 지은 남정록(南征錄)이라는 제목의 시 10여 수를 보여주었더니, 허관이 이필제의 시재(詩才)를 칭찬했다고 한다. 시의 제목이 심상치 않다. '남쪽을 정벌하는 일을 읊은 시'라는 뜻이므로, 당시에 이미 이필제는

---

64 안재억의 아들 안종덕(35세)에 따르면 이때 이필제가 유배에서 풀려났으며, 그해 12월에 외숙들과 서로 크게 싸우고 간 후 만난 적이 없었다고 한다. 따라서 이필제는 그 후에도 최소한 1년 정도는 외숙들과 교류하며 풍기에 머물렀다.

65 보교는 정자(亭子) 지붕 모양으로 가운데가 솟고, 바닥은 소의 생가죽을 엮어서 만든 가마이다.

66 乘步轎, 率悍僕, 行表依如宰相, 蔑視矣等, 甚於前日. 『우포도청등록』 제24책, 『포도청등록』, 739면.

스스로 야심찬 인생 계획을 막연하게나마 가지고 있었다고 보아야 할 것이다. 여기에 기름을 부은 것이 바로 앞에서 살펴본 허관의 의미심장한 예언적 발언이었다. 이필제는 이 무렵부터 "북쪽으로는 오랑캐를 정벌하고 남쪽으로는 왜(倭)를 정벌한다.〔北伐胡, 南伐倭.〕"는[67] 인생 목표를 세웠던 듯하다.

김병원(金炳遠, ?-1867)은 갈산(葛山) 김씨로서[68] 홍주(洪州) 광천(廣川)에 살면서 한편으로는 유업(儒業)에 종사하고 또 한편으로는 농사와 돈놀이를 하던 사람이었다. 박회진과는 어릴 때부터 알고 지내던 사이였다.

경신년(1860) 5월에 이필제가 유배지였던 풍기에서 홍주로 돌아왔는데, 이때 김병원의 소개로 박회진도 이필제를 5-6차례 만나보았다. 이때 이른바 '허관(許瓘)의 유서(遺書)'가 등장하는데, 이 부분은 예언사상과 관련된 대목에서 살펴보겠다.

신유년(1861) 가을에는 목천에 살던 김진균(金震均, 김낙균)이 박회진 부자를 찾아와 이필제의 전언을 전했다. "지금 진천(鎭川)에 승지(勝地)를 정해놓았는데 김진균과 함께 와보라."는 내용이었다. 그래서 박회진이 김진균과 함께 진천 서면(西面) 석연(石硯)에 있던 이필제의 집에 찾아갔더니, 장석우(張錫雨), 이주현(李疇賢), 유제원(柳濟遠) 등이[69] 먼저 와 있었다.

이때 이필제는 박회진에게 "이곳도 '허관(許瓘)의 유서(遺書)'에 나오는 살기 좋은 곳이니, 함께 살자."고 권유했다. 이에 박회진은 임술년(1862) 5월에 진천으로 이사했다. 그리고 박회진은 갑자년(1864) 1월에는 풍기에 가서 이필제가 늘 말하던 집터를 찾아가 보았다. 그곳에는 허간(許偘)의 집이 있었고, 근처에 5-6칸의 새 집이 있었다. 그 후 박회진은 이필제의 허망함을 깨닫고 을축년

---

67 林(德裕), 崔(應奎)兩人答曰, 李弘 (…) 今雖亡命, 意在南伐倭北伐胡, 其志大矣. 必須善待. 「우포도청등록」, 『포도청등록』 중, 760면 정기현 공초.

68 김병원과 김병립은 이필제가 자기의 처남이라고 주장했다. 이필제가 태어난 홍주에 살았다는 점과 병(炳)이 돌림자로 사용된 점을 볼 때 충분히 개연성이 있는 주장이다. 그러나 이필제의 처가 안동 김씨라는 점과 모순되는 점은 앞으로 확인이 필요한 부분이다.

69 장석우는 진천 북면(北面) 수평리(樹坪里)에 살았고, 이주현은 계해년(1863)에 익사했고, 유제원은 진천 북면 반지촌(班地村)에 살던 인물이다.

(1865)에 고향인 해미(海美)로 돌아왔고, 그 후로는 이필제를 만난 적이 없다고 진술했다.

사건 연루자 대부분이 관군에 체포되었으나, 이필제와 김낙균은 체포망을 뚫고 도망쳤다. 조정에서는 이 사건의 주모자 두 명이 이미 도주했고, 나머지 사람들은 그들의 유언비어에 부화뇌동한 것으로 판정하고 사건 연루자 대부분을 풀어주었다. 아래는 진천사건에 대한 조정의 판결문이다.

의정부(議政府)에서 아뢰기를, "방금 포도청에서 결성현(結城縣)에 사는 김병립의 밀고에 따라 여러 죄인들을 아울러 공초를 취하여 보고하였습니다. 그들 각각의 공초 내용을 가져다 보니, 이홍(李泓) – 이필제 – 이 반역을 도모한 실정이 여지없이 드러났습니다.

유언비어를 몰래 퍼뜨린 것은 사람들을 선동하려는 의도였고, 참서(讖書)에 가탁한 것은 사람들을 속일 작정이었습니다. 사람들을 속이고 재물을 가로챈 것 같은 것은 오히려 사소한 일에 속합니다.

그리고 김낙균과 양주동은 그 모든 흉악한 음모를 함께 꾸몄고 서로 도왔으며, 심지어 심홍택 부자처럼 처음부터 끝까지 결탁하여 서로 호응한 자도 있었습니다. 이와 같은 극악한 역적은 천지간에 용납할 수 없으며 귀신이나 사람이나 모두 분개할 노릇입니다. 그러므로 마땅히 처분할 것을 청하여 속히 법을 바르게 시행해야 합니다.

그런데 역적 이홍과 김낙균은 지금 도피 중에 있고 양주동은 지레 죽었으니, 사건을 따져볼 길이 없습니다. 심홍택이 이 옥사와 관계되었다고 인정하더라도 주모자를 붙잡지 못하였고 연결 고리가 중간에 끊어졌으니, 누구를 가지고 대질 심문을 할 것이며 또 무엇을 묻겠습니까? 옥사의 체모로 보나 법의 이치로 보나 특별히 신중하게 조사하지 않을 수 없습니다.

심홍택 부자는 우선 포도청에 엄하게 가두어 놓고, 이홍과 김낙균 두 역적은 빨리 제도(諸道)와 각 진영으로 하여금 기한을 정해주어 체포하게 하여 단단히 국문하여 처형하도록 해야겠습니다. 그 나머지 여러 사람들에 대해서는 행적과 실상을 조사하였으나 별로 더 심문하여야 할 단서가 없으니, 특별히 방송(放送)하는 것이 어떻겠습니까?" 하니, 윤허하였다.[70]

이와 같은 왕의 허락에 따라 이튿날 심홍택 부자는 수감되었고, 사건 연루자 9명은 석방되었다.[71] 심홍택은 그해 8월에 고문 후유증으로 감옥에서 죽었다. 결국 정부에서는 변란을 모의한 혐의는 일부 드러났고 이필제가 참서 등의 이야기로 사람들을 속여 재물을 갈취한 정황은 드러났지만, 주모자들이 도망쳐서 더 이상의 조사가 불가능하다고 판단하였다.

② '진주사건'의 전개 과정과 결말

고종 7년(1870) 2월 24일 경상감영 비장청(裨將廳)에 한 통의 편지가 전해졌다. 하동(河東), 진주(晉州), 덕산(德山) 등지에서 수상한 사람들이 산사(山寺)나 시장에 취산하며 흉패 불궤한 말로 재물을 편취하고 사람을 모으고 있다는 내용이었다.

진천에서 시도했던 변란이 사전에 발각되어 도망친 이필제가 고종 6년(1869) 12월부터 진주 일대에서 두 번째로 변란을 기도했던 것이다. 이때 그는 주성칠(朱成七)로 이름을 바꾸고 정만식(鄭晩植), 성하첨(成夏瞻), 양영렬(楊永烈), 양성중(楊聖仲) 등과 경상도 고령현(高靈縣)에 있는 박만원(朴晩源)의 정각(停閣)에서 회합하고 광양란과 통영난을 모방하여 변란을 도모하였다.

이들은 12월 18일에 남해(南海)에 들어가 군기를 탈취하고 군사를 모은 다음, 통영, 고성, 김해를 거쳐 육지로 나와 성을 공략한 후 곧장 서울로 진격할 계획을 가지고 있었다.[72] 그렇게 하면 "사람들이 풍문을 듣고 적극 향응할 것이다.〔人皆望風響應〕"라고 믿었다.

---

70 則李泓之不軌情節, 畢露無餘. 潛布浮言, 意在煽動, 假託讖書, 計出訛惑. 至若欺人騙財, 猶屬薄物細故. 『고종실록』 고종 6년(1869) 4월 21일(계해).

71 심홍택과 심상학을 우선 본청에 엄하게 수감하고, 그 나머지 김병립, 김병회, 심계조, 박회진, 현경서, 안종덕, 허간, 안재억, 안재백 등 9명을 모두 석방하여 보내려고 합니다. 『승정원일기』 고종 6년(1869) 4월 22일(갑자).

72 적은 군사로 먼저 해도(海島)에 들어가서 그곳을 공략하고 점차 취당(聚黨)하여 세력을 키운 후 읍(邑)으로 들어가 한편으로는 어사출도하고 한편으로는 성지(城池)를 함락하여 군기와 전곡을 취하고, 관장(官長)이 순종하면 그대로 두고 그렇지 않으면 살해한 후, 육지로 나가 성을 공격하고 장구대진(長驅大進)하여 곧장 경성(京城)으로 향할 계획이었습니다. 『경상감영계록』 제3책, 6월 16일 양영렬 공초.

거사를 일으키려면 재물이 있어야 할 것이므로 포섭한 사람들을 중심으로 전재(錢財)를 모아 장정들을 모집하는 비용으로 사용하는 한편, 바닷가에 있는 읍성과 사찰의 재산을 약탈할 작정이었으나[73] 여의치 않았다.

이들은 12월 11일에 거창 최여명의 집에 모였다. 이튿날 삼가현(三嘉縣) 율원촌(栗院村)으로 갔고, 산청 장터에서 수건, 칼 등 필요한 물건을 사들였다. 15일에는 하동 황치점(黃峙店)에서 숙박하면서 직전리(稷田里)에 사는 문씨 성을 가진 부호를 끌어들이려 했으나 실패하였다. 18일에는 모자라는 거사 자금을 마련하기 위해 화적 떼로 변장하여 주변에 있는 김 부호의 집을 털려 했지만, 일꾼들의 반대로 뜻을 이루지 못했다.

19일에 곤양점(昆陽店)에 도착한 일행에게 이필제가 남해현(南海縣)에 어사출도(御使出道)하여 재물을 약탈하여 그 후 좌우로 나뉘어 군중을 선동하고 병기를 갖추어 진주에서 장정을 모집한 다음 진주병영을 도모한 후 서울로 진격하려 한다는 거사 계획을 밝혔다.[74] 그러나 관군에 체포될 것을 염려하여 이탈하는 자가 속출하고 무리가 흩어졌다. 애초에 20여 명이던 일꾼들이 흩어져 불과 8명만 남았다. 남은 거사꾼들은 하동 두치(斗峙) 나루에서 배를 타고 남해 죽도(竹島)로 건너가려 했지만, 배에 함께 탔던 군교(軍校)가 일행을 수상하게 대하자 행색이 탄로날 것이 두려워 배에서 내려 진주 마동(馬洞)을 거쳐 돌아오고 말았다. 결국 남해 가짜 어사 출도 계획은 중도에서 물거품이 되고 말았다.[75]

남해거사에서 실패한 이필제 등은 고종 7년(1870) 2월 28일에 또다시 덕산(德山)에서 변란을 시도하였다. 그들은 나무꾼들을 모아 진주병영에 쳐들어가

---

73 진주 옥천사(玉泉寺)를 쳐서 많은 재물을 얻는다면 거사를 성공할 수 있을 것으로 생각했다. 『경상감영계록』, 제3책, 177면.

74 곤양에 도착하자 주성필(이필제)이 자신을 영남어사(嶺南御史)인 서씨(徐氏)로 자처하고 남해(南海)에 들어가 출도(出道)하여 아전들을 협박하여 재물을 빼앗겠다고 말했다. 『경상감영계록』 제3책, 152면 정재영 공초.

75 『경상감영계록』, 제3책, 『각사등록(各司謄錄)』 11권 경상도편 1(국사편찬위원회, 1984), 144면-226면. 『추안급국안』 29권(아세아문화사, 1978), 305책, 『경오진주죄인등국안(庚午晋州罪人等鞫案)』 등의 자료가 있다.

관장을 둘러메고 읍촌을 돌아다니면 군정(軍丁)들이 모여들 것으로 기대했다. 모여든 군정들과 함께 여러 읍을 점령하여 남해의 섬에 들어가 군사를 기르고 양곡을 비축한 다음 서울로 진격하여 서양의 도둑들을 몰아내고 이어 북벌(北伐)을 모색한다는 계획이었다. 이를 위해 선산, 진주, 거창 등지에 서찰을 보내거나 직접 찾아다니며 비결의 내용이나 사회 모순을 거론하면서 동지를 포섭하고 자금과 장정들을 규합하려 했다.

그러나 이번에도 동모자로 포섭한 조용주(趙鏞周)의 투서와 홍종선(洪鐘宣)과 전낙운(全洛運)의 밀고로 관청에 발각되어 실패하였다. 2월 21일에 정만원의 주막에 모인 거사꾼들은 통영이나 진주를 먼저 공격하는 문제를 토의하는 한편 진주병영 안에서 내응 세력을 만들기 위한 모의를 꾸미고 있었다.

그러나 24일 도착한 고변서와 밀고에 놀란 포졸들이 정동철의 집을 습격하여 거사꾼들은 체포되었다. 일부 주모자들은 자금을 나누어 도망쳤으나 결국은 체포되었고,[76] 이필제와 행동대원 4명은[77] 종적을 감춰 끝내 잡히지 않았다. 조정에서는 사태의 심각성을 인식하고 주모자를 비롯하여 모의하거나 거사 계획을 미리 알았던 사람들까지 반란 세력으로 규정하고 많은 사람들을 잡아 서울로 압송하여 심문하였다.

당시 이들은 도참설을 이용하여 인심을 선동하고 도당을 모았다. 주모자의 한 사람인 초계(草溪) 땅에 살던 정만식은 병법에 능하고 손바닥에 왕자(王字)의 이상한 무늬가 있었고 성이 정씨(鄭氏)였으므로, 이필제가 그를 금세진인(今世眞人)이라고 칭했으며, 정만식 스스로는 왕가의 종실인 선춘군(宣春君)을 사칭하였다.

거창에 살던 양영렬은 의병장의 후예로서 변명이성(變名易姓)을 능사로 하며 이번 음모에 격문을 지었으며, 양성중은 모사였다. 또 이필제는 역시 초계에

---

76 어치원은 가야산에 피신했다가 집으로 돌아오는 길에 체포되었고, 양성중은 선산의 심홍택 집에서 5월 13일에 붙잡혔고, 정만식과 최봉의는 거제에서 체포되었고, 양영렬은 6월 18일에 순창에서 붙잡혔다.

77 정덕원, 최원이, 최판손, 김대이 등이다.

살던 성하첨을 진걸사(眞傑士)라고 칭했는데, 성하첨의 복부에는 칠성(七星) 무늬가 있었고 병법과 술수에 능통하여 관운장에 비견되었다.

훗날 이필제는 의금부에서 진주사건은 자신의 오랜 꿈인 북벌(北伐)을 이루기 위해 일으켰다고 진술했는데, 그를 도와줄 핵심 인물로 정만식과 장경로(張景老)를 손꼽았다. 그의 계획은 다음과 같았다.

> 바다에는 빈 섬이 많이 있습니다. 그러므로 무리를 불러 모아 진주의 무기를 빼앗아 금병도(錦屛島)로 향하여 곧바로 중원(中原)으로 들어가고자 했습니다.[78]

금병도는 정확히 어디에 있는지 알 수 없다. 실제의 지명인지 가상의 지명인지도 분명하지 않다. 중국과 가까운 어떤 섬을 가리켜 상징적으로 표현한 듯하다. 이필제는 진주사건도 북벌(北伐)의 의지를 천명하고 실현시키기 위한 거사였다고 주장하였다.

이필제는 진주사건에서 "대의(大義)로써 팔방에 포고하고, 인의(仁義)를 갖춘 군율(軍律)을 행하여 민심을 어루만지고 은혜를 베푼 후라야 일이 이루어질 것이다."라고 말했다. 또 이필제는 거사를 일으키는 이유에 대해 "지금의 시세는 양요(洋擾)가 자주 있고 북쪽이 소요하여 강을 건너올 우려가 있으며, 또한 왜구가 엿보는 조짐이 있고 해도(海島)에도 도적이 많으니, 나라의 형편이 산 넘어 산이다."라고 말하고, "나로서는 마땅히 의병(義兵)으로 해도에 들어가 안정을 도모하는 것이 집과 나라를 함께 건지는 일이다."라고 주장하며 동모자(同謀者)를 끌어들였다.

이필제가 진주사건에서 전면에 내세운 인물은 정만식이었다. 그는 정만식을 '정씨 진인'으로 내세우고 거사에 필요한 병력은 후한 임금으로 짐꾼을 모은다고 선전하여 모집하였다. 그 비용의 일부는 성하첨 등이 밭을 팔아 마련한 돈으로 충당하였고, 부족한 자금은 명화적으로 위장하여 인근의 부잣집을

---

78 海中多有空島. 故嘯聚徒黨, 奪取晉州軍器, 欲向錦屛島, 直入中原矣. 『추안급국안』 29권 306책, 419면.

털어서 충당할 계획을 세웠다.

거창(居昌)의 유학(幼學)[79] 어치원(魚致元, 당시 41세)은 고종 6년(1869) 12월에 다음과 같은 이야기를 들었다.

정만식은 힘이 세고 병법에 능통하여 우두머리가 되었다. 주성필(이필제)은 지략이 뛰어나 사태 판단이 뛰어나 장수가 되었고, 양성중은 글을 잘 쓰고 술수를 알아 모사가 되었으며, 양영렬은 그 아래가 되었다.[80]

출신(出身) 정만식(鄭晩植, 당시 48세)은 자가 치성(致誠)이다. 서울 장동(壯洞)에 대대로 살다가 중간에 죽산(竹山)으로 이사했고, 병오년(1846) 3월에 출신(出身)이 되었다. 무오년(1858)에 상주(尙州)로 이사했고, 병인년(1866)에 고령(高靈) 도진촌(桃津村)에 이사했다. 또 정묘년(1867)에 초계(草溪) 개산동(開山洞)에 이사했다가, 경오년(1870) 2월에 다시 도진촌으로 이사했다.

기사년(1869) 11월 무렵 초계에 살 때 이웃에 살던 성하첨이 편지를 보냈다. "서울에서 온 사람이 있는데, 가히 담론할 만하고 영웅의 기상을 지녔으니 만사를 제쳐두고 오라."는 내용이었다. 그때 만난 인물이 바로 양주(楊州)에 산다는 주성칠(朱成七) – 이필제 – 이었다.

이필제의 첫인상은 생김새가 지극히 괴상하여 혐오감이 생길 정도였는데, 성하첨이 주성칠의 본래 성은 민가(閔哥)라고 말했다. 이필제는 "소학산(巢鶴山)[81] 아래에 이기(異氣)가 있어서 망기(望氣)한 후에 이곳을 찾아왔다."고 방문 이유를 밝혔다.

이때 이필제가 정만식에게도 "내가 지금 남방(南方)의 기운을 바라보고 그대

---

79 유학은 무위무관(無位無官)의 백수(白首)의 유생을 지칭하는 말인데, 자손이나 사족(士族)의 신분을 표시하는 말로 사용되었다.

80 鄭晩植有膂力, 能兵法, 而爲元魁, 朱性必有才智, 識事機, 而爲將帥, 楊聖仲, 善文筆, 挾術數, 而爲謀士, 楊永烈, 其次云云.

81 소학산(巢鶴山)은 경상도 초계군(草溪郡)의 북쪽 30리에 있는 산의 이름이다. 『신증동국여지승람』 제30권, 경상도 초계군.

를 찾아왔다. 결정적인 때는 두 번 다시는 오지 않을 것이니, 지금은 울분을 품고 숨죽여 살 수만은 없다. 지금이야말로 뛰쳐나가 거사를 일으킬 시기다."라고 설득했다.[82] 이때부터 정만식은 장차 극귀지인(極貴之人)이 될 것이라고 마음속으로 자부했다고 한다. 여기서 극귀지인(極貴之人)은 왕을 뜻한다.

이필제가 정만식에게 "그대의 손에도 기이한 문양이 있고, 내 손에는 '천(天)' 자 무늬가 있다. 나는 장차 화국(華國) – 중국 – 에 들어가리니 그대가 이곳에서 극귀(極貴)하게 되면 동심협력하여 대사를 도모하자. 그대의 거사가 성공한 후 병마와 군기를 빌려주면 내가 중원을 도모하리라."라고 말했다.

정만식은 이필제에 대해 "그는 비록 영웅이라고 할 수 있지만 그 기국(器局)은 조금 적다. 천 명을 죽인 후에야 진실한 영웅이 될 수 있을 것이다."라고 평했다.[83] 이는 정만식이 이필제보다 기국이 크다고 자부했던 말이다.

또 경오년(1870) 정월에 박만원이 정만식의 전언에 "막중존대지인(莫重尊大之人)이 스스로 와서 이곳에 있다."고 말한 적이 있다. 이는 정만식이 자신을 선춘군(宣春君)이라는 왕실의 인척이라고 자처했다는 내용이다. 그런데 정만식은 "양영렬에게 들으니, 이필제의 자호가 선춘군이라고 합니다."라고 말하여 이필제가 선춘군이라고 진술했다.[84]

성하첨(당시 44세)은 문학(文學)을 업으로 삼는 가난한 훈장이었다. 무진년(1868) 8월에 초계(草溪) 덕곡(德谷) 포두촌(浦頭村)으로 이사했다. 경오년(1870)에는 창녕현 오야면(五也面) 우항촌(牛項村)에서 살았다. 을축년(1865) 3월에 서울에 머물 때 정만식과 알게 되었다.

병인년(1866) 가을 병인양요가 일어나자 정만식이 성하첨을 찾아와 "서양 오랑캐의 난리가 크게 일어나 서울이 어지럽고 소란스러우니, 가족을 이끌고

---

82 吾今南方望氣而來. 時乎不再來, 今時不可鬱居也. 卽今出行擧事. 「경상감영계록」 제3책, 179면 최봉의 공초.

83 朱也, 雖是英雄, 其器也, 似小. 殺數千人, 然後眞可爲英雄云. 「경상감영계록」 제3책, 179면.

84 「추안급국안」 29권 305책, 308면.

섬으로 들어가는 길에 들렀다. 장차 울릉도에 들어갈 계획이다."라고 말했다.[85] 성하첨이 만류하여 정만식을 초계 개산촌에 살게 했다.

성하첨은 정만식의 생김새에 대해 "눈은 규룡(虯龍)과 같아 정채(精彩)가 없고, 귀는 호랑이 귀와 같아 귀 둘레가 작으며, 목소리는 쇠를 부수는 듯하고, 걸음걸이는 나르는 뱀과 같고, 걸을 때는 항상 뒤쪽을 살피고, 말을 할 때는 눈빛을 위로 치뜬다. 혈심보국(血心補國)하는 듯해서 가히 명장(名將)이라 부를 만하지만, 이심(異心)을 품어 나라에 큰 근심거리가 될 인물이다."라고 평했다.

또 성하첨은 "정만식의 재기(才器)가 출중하므로 성현의 경전을 읽히게 해서 마음을 깨끗이 한다면 우리나라가 인재를 얻었다고 할 수 있을 것이다. 그러나 그가 평생 아는 것은 방마(方馬)에 불과하고 어릴 때 읽은 것은 『사략(史略)』과 『삼략(三略)』일 뿐이었다."라 하여, 정만식의 학식은 그리 뛰어나지 않다고 평했다. 반면 그는 정만식은 "힘이 남보다 세며, 무예도 뛰어나서 쉽사리 체포하지 못할 것이다."라[86] 평가하기도 했다.

정만식은 항상 "누구를 섬기더라도 임금이 아닐 것이며, 누구를 부리더라도 백성이 아니랴?[何事非君, 何使非民?]"라고 말하여 왕조의 권위를 부정했다. 그래서 성하첨은 차라리 국가를 위해 죽을지언정 난리를 일으키지 말라고 충고했다고 진술했다.

성하첨이 정만식이 품은 뜻과 상격(狀格)을 보니 기(己)와 오(午)에 해당하는 해에 난리를 도모할 듯하여, 기사년(1869) 정월 초하루에 "나라를 위해 죽는 것도 영예로운데 난리를 일으켜 사는 일이 무슨 이익이 될까보냐?" 라는 시로써 그를 타일렀다.

그런데도 정만식은 겨울에 기러기 떼가 날아가는 광경을 보고 탄식하여 "만일 군사를 저만큼 얻을 수 있다면 한번 일을 벌일 수 있겠노라."라고 말했으며,[87] 통영(統營)에서 일어난 민요에 대한 소문을 듣고는 "기회를 잃은 것이

---

85 洋騷大作, 京城駭擾, 率眷入海島次過此. 「경상감영계록」 제3책, 170-172면, 186면.
86 膂力出等, 武藝超群, 不可尋常捉來.

한스럽도다."라는 말을 여러 번 되풀이했다. 그는 종종 예전에 배운 것이 "십년공부 도로 아미타불"이라고 했고, 화심(禍心)을 가슴에 품어 울울하여 얻을 것이 없을 지경이라고 말했다.

그런데 기사년(1869) 11월 초에 양영렬이 찾아와[88] 성하첨의 관상을 보고 "일각규진(一角虯賮)의 형상이니 장차 장군이나 재상이 될 관상이다."라고 평한 후, "곧 당신을 찾아오는 사람이 있을 것"이라고 말했다. 과연 얼마 지나지 않아 이필제가 찾아와 하룻밤 묵어갈 것을 부탁했다.

다음날 이필제는 성하첨에게 "50세 이후에는 장상(將相)이 될 수 있겠다."고 관상을 평한 다음 "소학산(巢鶴山) 아래에 왕성한 기운이 많다. 서울에서 온 정선달(鄭先達)이 근처에 있으면 불러오는 것이 어떻겠느냐?"고 말했다. 이러한 진술에서 알 수 있듯이 이필제는 인근 지역에서 특이한 능력이 있다고 소문이 난 사람에 대해 사전에 미리 조사한 후에 포섭 대상자에게 접근하는 치밀함을 지녔다.

성하첨이 기사년(1869) 12월에 이필제의 운명을 점쳐보고 "남해에 좋은 기운이 있다."고 말했고, 이필제도 망기(望氣)한 후에 "이러한 때가 다시 오랴![時乎不再]"라고 말했다.[89] 이때 거사일은 12월 18일로 잡혔다.[90] 그러나 모여든 무리가 약속한 돈을 주지 않는다거나 무모한 계획이라고 도망쳐 버려 결국 실패하고 말았고, 다시 거사일이 이듬해 2월 28일로 잡혔다. 어쨌든 성하첨은 이필제를 영웅이라고 말했고, 이필제는 "위급할 때 나를 살릴 자는 성하첨일 것

---

87 정만식은 기사년(1869) 8월이나 9월의 일이었는데, 자기가 한 말이 아니라 성하첨이 갈가마귀 떼가 모여드는 것을 가리켜 "저 갈가마귀 떼만큼 사람을 많이 모을 수 있으면 좋겠다."라고 말한 것이라고 진술했다. 『추안급국안』 29권 305책, 277면.

88 작년(1869) 11월에 의관을 차려입은 어떤 나그네가 찾아와 안의(安義)에 사는 양가(梁哥) — 양영렬(楊永烈) — 라고 소개하고 장차 난리가 일어날 것이라고 말했다.

89 『추안급국안』 29권 305책, 306면. 동학의 『용담유사』 검결(劍訣)의 "시호시호 이내시호, 부재래지 시호로다."라는 구절을 연상시킨다.

90 경오년(1870) 정월 29일 정동철의 집에서 이필제가 "성하첨이 작년 12월 18일을 거사일로 잡았었는데, 곤양에 도착해 보니 배가 없어서 미수에 그쳤다."라고 말했다.

이다."라고 높이 평가했다.[91] 이필제는 성하첨이 규룡(虯龍)의 눈에 삼각 수염을 길렀는데, 담론하기를 좋아하는 녹록지 않은 인물"이라고 평했다.

또 성하첨은 항상 "나는 무기에 대해 잘 알고 있으며, 천하의 용병술과 추수(推數)와 관상법을 모두 알아 모르는 것이 없다."고 자랑했다.[92]

성하첨은 이필제에게 "나는 수궁포(水弓砲), 지궁포(地弓砲), 육합포(六合砲),[93] 자행차(自行車), 봉미차(鳳尾車), 화륜선(火輪船), 별화약(別火藥), 오리무(五里武), 맹화유지포(猛火油紙砲), 혁포(革砲), 죽포(竹砲), 군계(軍械) 등을 다루지 못하는 것이 없다. 또 무경칠서(武經七書)는 물론 여러 병서(兵書)와 기계도식편, 별화약편, 방법묘술과 천하 여러 나라의 방병지술(防兵之術)도 모르는 것이 없다. 손자(孫子)나 오자서(伍子胥)도 나에게 미치지 못할 정도다. 더욱이 천하지도서(天下地圖書)와 조선지도서(朝鮮地圖書)도 알고 있으며, 지형과 거리도 앉아서 구별할 수 있다."라고 주장했다.

성하첨은 경오년(1870) 정월 초에 자기가 갖고 있던 조선별지도(朝鮮別地圖) 1건, 철편(鐵鞭) 1개, 장검 1자루 등을 이필제에게 주었다.[94] 또 그는 이필제에게 진주 대신 하동(河東)에 들어가 바다를 끼고 배를 타고 거사할 것이며 "산에 숨어서 바다를 끼면[據山挾海]" 소굴을 이룰 수 있을 것이라고 건의했다.[95]

이필제는 항상 말하기를 "성하첨은 천하를 경영할 만한 영웅이 되기에 충분하고, 양영렬은 제갈공명에 비교할 만한 뛰어난 인물이다."라 했다. 이는 따르는 자들이 날로 더욱 우러러 공경할 만한 이야기였다.[96]

---

91 『추안급국안』 29권 305책. 341면.

92 『경상감영계록』 제3책. 217면 정만식 공초.

93 육합포는 여섯 조각의 나무를 서로 모아 만든 것으로 장벽(墻壁)이나 주함(舟艦)을 쳐부수는 데 사용한다.

94 『경상감영계록』 제3책. 187면.

95 "하동에는 뜻을 같이할 만한 사람[有爲之人]이 많고 바다를 끼고 있으니, 이곳에서 거사하면 배를 타고 바다로 가서 거사를 도모할 수도 있다. (…) 만약 육지에서 거사하려면 성읍(城邑)에는 들어가지 말고, 산협(山峽)에 의지하여 완고한 소굴을 만들면 빨리 이룰 수 있으리라."라 말했다. 위의 책. 6월 14일 양영렬 공초. 『추안급국안』 29권 305책. 342면.

96 渠則經營天下, 楊永烈自此孔明, 夏瞻足爲英雄. (…) 諸從者日益畏之之說. 위의 책. 197면.

한편 이필제가 "진주를 먼저 공격해 도륙하자.〔晋州先將屠戮〕"라고 말하자, 성하첨이 "진주는 물산이 많고 땅이 넓으며, 민심도 안정되어 있어서 다른 곳과는 다르다. 경솔하게 침범해서는 안 된다."고 대답했다.[97]

당시 이필제는 민중과 함께 호흡하며 그들을 자연스럽게 동원하는 방식이 아니라, 일단 주모자들이 먼저 거사를 일으키면 민중들이 따라서 가담할 것이라고 막연히 기대하고 있었음을 알 수 있다. 민중과 조직적이고 자연적인 결합을 도모하기보다는 단순히 민중들의 분노와 불평불만에 기대려는 차원에 머무르고 있었다. 이러한 거사 계획에 좀 더 신중하게 접근하려는 입장이 성하첨이었다.

성하첨은 진주사건에서 모사(謀士) 역할을 했던 인물인데, 술수에 능통하고 관운장(關雲長)에 비견되었다. 그는 "임술민란(1862) 때 그 읍의 물정을 살펴보니, 그 무리가 쉽게 모이고 쉽게 흩어지더라. 이미 굳은 의지가 없으니 당연히 대패하였다."라고 평했고, 기사년(1869) 봄에 일어난 광양의 변란에 대한 소문을 듣고 말하기를 "재빨리 3-4읍성을 공략했기 때문에 거사가 성공할 수 있었다."고[98] 평가했고, 기사년(1869) 가을에 일어난 통영사건에 대해서는 "수군(水軍)과 군병이 모두 장교의 지휘에 묶여있었기 때문에 거사에 성공하지 못했으니, 통솔할 만한 인물이 없었음을 알 수 있다."라고[99] 평가하여 변란의 성공과 실패 요인을 분석하였다. 또 그 스스로도 항상 "반드시 변란이 일어날 것이다.〔當有變亂〕"라고 말했다.[100]

성하첨은 자신의 밭을 팔아 자금을 조달했으며, 소금 무역, 어장 개설 등으로 거사 자금을 모으자고 건의했다. 결국 성하첨은 정만식에게 마산포(馬山浦)에 어장(漁場)을 열어 돈을 모으자고 제안하고, 5백 냥을 빌려 설진(雪津)에 어장

---

97 此邑物衆地大, 民心晏然, 有異他處. 不可輕犯. 위의 책, 187면.
98 卽拔三四邑, 則事可成矣. 「경상감영계록」 제3책, 187면.
99 舟師軍兵, 盡係將校手中, 而不得成事, 其無人可知. 「경상감영계록」 제3책, 187면.
100 「경상감영계록」 제3책, 187면.

을 열기도 했다.[101]

양성중(당시 44세)은 원래 충주(忠州) 사람인데 기미년(1859)에 상주(尙州) 장암(壯巖)으로 이사했다. 병인년(1866)에는 현풍 왕지촌(旺旨村)에 이사했고, 무진년(1868)에는 초계군(草溪郡) 소학동(巢鶴洞)으로 이사했다. 또 기사년(1869) 2월에는 협천(陜川) 야로(冶爐)로 이사가 살았다.

양성중은 의술을 조금 알아 파괴환(破塊丸) 등의 약을 원근 각지에 팔러 다녔다. 그는 협천에 있을 때부터 정만식과 알고 지냈는데,[102] 함께 약(藥)을 팔러 다니기도 했다. 경오년(1870) 정월에 사돈 박사윤 집에 갔는데, 그곳에서 이필제를 만났다. 이필제가 바다 구경을 하러 가자고 권하여 동행하였다. 정월 22일에 이필제, 양성중, 정만식, 이필제의 심부름꾼 김가 등이 함께 삼가현(三嘉縣)에 있는 병목점(秉木店)에 도착했다.

그곳에서 이필제와 함께 근처에 산다는 술객(術客) 배가(裵哥)를 만나러 갔지만 없어서 돌아왔다. 이때 정만식이 거창에 산다는 양영렬을 소개해주었다. 다음 날 진주 덕산 시장에 가서 정동철의 집에 여장을 풀고 3일을 머물렀다. 당시 이필제는 자칭 어사(御史)라고 주장하면서 정동철에게 "일이 매우 급박하니 우선 50명을 모군하여 하동, 남해 등지에서 출도(出道)하고, 진주로 곧바로 쳐들어가 열읍에 관문을 띄우면, 그 누가 감히 응하지 않으랴?"라고 말했다. 이에 정동철은 "돈을 가지고 오면 내가 모군해 주리라."고 약속했다.

또 이필제가 "이 근처에 거사를 함께할 만한 사람이 누가 있느냐?"고 묻자, 정동철이 "오산(吾山)의 홍종선, 고운동(孤雲洞)의 장경로, 성내(城內)의 김낙운(金洛雲) 등 세 사람이 뛰어나다."고 추천했다. 이때 이필제가 비기(秘記)에 있는 모반을 꾀하는 말을 거침없이 이야기했다고 한다.[103]

유학(幼學) 양영렬(당시 42세)은 본래 평안도 평양 외성(外城)에 살았는데 계축

---

101 若得軍數如彼, 可以橫行. (…) 可謂十年陀佛「경상감영계록」 제3책, 172면.
102 「경상감영계록」 제3책, 173면.
103 「경상감영계록」 제3책, 193면.

년(1853)에 함경도 안변(安邊) 원산동(元山洞)으로 이사했다.[104] 임자년(1852)과 계축년(1853) 간에 북경이 소란스럽다는 소문을 듣고 두려움을 느껴, 을묘년(1855)에 성주(星州) 대개천(大介川)으로 이사했다. 같은 해 가을에 거창 무등면(無等面) 월곡촌(月谷村)에 이사해서 10여 년 동안 훈학(訓學)으로 생활했다.

양영렬은 의병장의 후손이라는 자부심이 대단했고, 사대(四代)가 문필(文筆)로 유명했다. 그는 평소에 문명(文名)이 알려진 인물로 훈학(訓學)에 종사했는데, 스스로 경천위지(經天緯地)하는 재주가 있다고 자처했으며,[105] 관상을 잘 본다고 널리 소문이 났다.[106]

그는 이미 고종 2년(1865)부터 "민정(民政)의 황급함을 보고 장차 대사(大事)를 일으켜 만민을 구하러 제주도와 울릉도 등지에 들어가 방략(方略)을 경영"하려 했던 인물이었다.[107]

양영렬은 기사년(1869) 8월에 우연히 인근에 사는 김영구(金永龜)의 집에서 이필제를 만났다. 이때 이필제가 양영렬에게 "평양처럼 좋은 곳에서 왜 남쪽의 좁은 읍으로 이사 왔느냐?"고 물었다. 양영렬은 "임자년(1852)과 계축년(1853)에 북경(北京)이 서양 오랑캐들에게 함락되어 소란스럽다는 소문이 들려 두려운 마음에 남쪽으로 피난하러 내려왔다."고 대답했다.[108]

다시 이필제가 "만일 난리가 일어나면 피난할 방략이 있느냐?"고 물었다. 이에 양영렬은 "처음에는 없었는데 조금씩 글공부를 통해 알아가고 있다."고 대답했다. 이필제가 "세상일이 멀지 않은 듯하다.〔大抵世事不遠.〕"고 말하자, 양영렬도 "그런 것 같다."고 응수했다. 이필제가 "나도 양요(洋擾)를 두려워하여 피난처를 찾으려 한다."고 말했다. 이에 양영렬은 "만일 난리가 일어나면 나는

104 「경상감영계록」 제3책, 『각사등록 11권』 경상도편 1(국사편찬위원회, 1984), 198면.

105 「경상감영계록」 제3책, 153면 정규영(鄭奎永) 공초에 따르면 정재영이 양영렬을 그렇게 평가했다고 한다.

106 「경상감영계록」 제3책, 144면 거창 유학(幼學) 정재영(鄭在永, 46세)와 이치규(李致奎, 16세)의 공초.

107 「경상감영계록」 제3책, 205-206면.

108 壬子癸丑間, 畏於北京騷說而來. 「경상감영계록」 제3책, 198면.

마땅히 창의군에 들어가거나 민보(民堡)가 될 것이고, (난리가 평정된 후에 기회가 된다면) 주자(朱子)의 둔전법(屯田法)을 시행해보고자 한다고[109] 포부를 밝혔다.[110]

당시 이필제는 "백성이 살아갈 방법이 황급하니, 신인(神人)이 있은 연후에야 구제할 수 있을 것이다.", "바다로 들어가 섬 하나를 공략해서 함락시킨 후 그곳에 가족들을 옮기는 것이 좋겠다." 등의 의견을 제시했다.[111]

또 이필제가 양영렬에게 "지금 민생이 도탄에 빠져 있는데, 영웅호걸이 있다면 백성을 구해야 할 것이다. 현세의 영웅호걸이 누구라고 생각하느냐?"라고 물었다. 이에 양영렬이 "초계에 사는 성하첨이다."라고 대답해주었다. 이필제가 성하첨을 직접 만나보러 초계로 갔다. 며칠 후 돌아온 이필제가 "성하첨은 진걸사(眞傑士)다."라고 평했다.

이후 양영렬은 도참(圖讖)에 관한 이야기는 이필제에게 들었다고 진술했다. 또 양영렬은 이필제가 썼던 격문을 베꼈고, "바다에서 육지로 나와 서울로 직향한다."는 계책을 내놓았다.

한량(閑良)[112] 정동철(鄭弘哲, 당시 51세)은 교역(校役)을 지냈고 사건 당시에는 진주 실천장(失川場)에서 주막을 운영했다. 경오년(1870) 정월 27일에 서울에 산다는 권씨와 이씨가 주막을 찾아와 며칠 묵었다. 이들은 정동철의 관상을 보고 앞으로 귀인(貴人)이 되겠다고 평했다. 다음 날 이들은 자신의 정체가 실은 팔도순무어사(八道巡撫御史)라고 밝히며, "장차 장정과 무사를 뽑아 '북쪽에서 일어나는 병란을 평정〔平定北道兵亂〕'하여 각기 쌓은 공적에 따라 상을 나누어줄 것인데 따르겠느냐?"고 물었다.[113] 이들의 정체는 이필제와 양성중이었다.

---

109 둔전법은 변경이나 군사적 요충지에 군량에 충당할 토지를 마련하여 군량 운반의 수고를 덜고 국방을 충실히 수행하기 위한 제도다. 따라서 양영렬은 여전히 성리학적 이상사회를 꿈꾸었던 인물이었다.

110 且欲朱夫子屯田之法也.「경상감영계록」, 제3책, 198면.

111 「경상감영계록」, 제3책, 198면.

112 한량은 양인(良人) 이상의 특수 신분층으로서 벼슬도 하지 못하고 학교에도 적을 두지 못하여 아무 소속처가 없는 사람을 가리킨다. 조선 후기에는 무예를 잘하여 무과에 응시하는 사람을 지칭하기도 했다.

113 「경상감영계록」, 제3책, 147면.

특히 이필제는 "우리는 팔도를 두루 돌아다니며 사람들과 함께 거사를 도모하려 하는데, 진주(晋州)에는 처음 왔다. 풍문에 이르기를 '영남 인재의 반은 진주에 있다.'고 한다.[114] 또 지리산 아래에는 평소에 피난 온 사람들이 많다고 하니, 반드시 차력(借力)과 협술(挾術)을 지닌 자와 문필(文筆)에 능한 자들이 있을 것이다. 알려 달라."고 부탁했다.

이필제가 진주에서 거사를 도모한 것은 이곳이 지리산과 가까워 숨어있는 유능한 인재들이 많이 있을 것으로 판단했기 때문이다. 그는 문무(文武)에 능한 인물들을 포섭하고자 지역 사정에 밝다고 여겨지는 주막집 주인에게 인재를 추천해줄 것을 요청했던 것이다.

이에 정동철은 진주 고운동에 사는 장경로(당시 48세)를 추천했다. 또 이필제가 "이곳 사정을 잘 아는 아전으로는 누가 있느냐?"고 묻자, 정동철이 김낙운(金洛雲)을 소개해주었다.[115] 이필제는 2월 9일에 촉석루에 들어가 김낙운을 만났는데,[116] 거사를 일으키기 전에 진주의 사정을 정탐하기 위해서였다. 이후 정동철의 주막은 거사모의꾼들의 소굴이 되었다. 거사모의자들은 경오년(1870) 2월 21일에 정동철의 주막에 모였다.

유학 장경로(張景老)는 원래 인동현(仁同縣)에 살았던 선비였다. 가난하여 살 길이 막막해지자 임술년(1862) 무렵에 진주 시천면(矢川面) 고운동(孤雲洞)으로 이사해서 밭을 갈고 나무를 베어 팔아서 생활하면서 글을 읽었다.

어느 날 정만식과 양영렬이 집에 찾아와 하룻밤 머물렀다. 이때 양영렬이 장경로의 관상을 보고 "용뇌봉정(龍腦鳳睛)의 상(相)을 지녀 장차 극귀인(極貴人)이 될 것이며, 장차 대사(大事)를 경영할 것이다. 곧 이인(異人)이 그대를 찾아올

---

114 『택리지』에는 "조선 인재의 반은 영남에 있고, 영남 인재의 반은 일선(一善) — 선산(善山)에 있다.'는 말이 있었는데, 임진왜란 때 명나라 술사가 고을 뒤의 산맥을 끊고 숯불을 피워 뜸질하고 큰 쇠못을 박아 땅의 정기를 누른 후에 인재가 나지 않는다."는 내용이 있다. 이중환(1690-1752) 지음, 이익성 옮김, 『택리지』(을유문화사, 2002), 75쪽.
115 『경상감영계록』 제3책, 180면.
116 『경상감영계록』 제3책, 194면.

것이다.”라고 말했다.[117]

경오년(1870) 2월 12일 석양 무렵에 권가와 서가라는 사람이 찾아와 하룻밤 묵어갈 것을 청했다. 그들은 “오산(鰲山)에 사는 홍종현(洪鍾鉉)이 ‘장경로라는 사람은 삼경(三經)을 천 번이나 읽어 글솜씨가 무척 뛰어나다.’고 추천해서 찾아왔다.”고 말했다.[118]

자신들을 순무어사(巡撫御史)의 종인(從人)이라고 소개한 후 “인근 토호들이 백성들을 침해하는 일에 대해 알고 있을 것이니 상황을 알려달라.”고 말했다. 나중에 알고 보니 서가는 이필제였고, 권가는 양성중이었다. 장경로는 진주를 치기 전에 먼저 작은 읍성을 공격하자고 건의했다.

유학 조용주(趙鏞周, 당시 46세)는 진주에 살았다. 그의 진술에 따르면 기사년 (1869) 12월 그믐에 단양에 산다는 서가(徐哥)와 양가(楊哥)가 이사할 곳을 점지(占地)하러 왔다고 찾아왔다. 이들은 바로 이필제와 양성중이었다.

며칠 후 이필제 등은 다시 조용주를 찾아와 “멀지 않아 반드시 난리가 일어날 것인데, 바닷가 쪽 읍을 돌아다니며 인심을 얻고 동지를 모아 대사(大事)를 일으키고자 한다.”고 거사 계획을 털어놓았다. 이에 “언제 거사할 것이냐?”고 묻자, “정월 28일에 진주읍 덕산에서 초당(樵黨)과 지소(紙所)의 고용인들을 모아 29일에 진주성을 공격하여 변란을 일으키겠다.”고 구체적으로 대답했다.[119] 그러나 조용주는 이들의 거사 계획을 관아에 밀고했다.

유학 박사윤(朴士允, 당시 66세)은 협천 구정촌(九亭村)에 살았다. 인근 고을에 살던 양성중과 알고 지내던 사이였는데, 양성중의 딸이 박사윤의 손자며느리가 되어 사돈이 되었다. 박사윤도 정동철의 주막에서 벌어진 거사모의에 참가했는데 가짜 어사 출도라는 이필제의 계책을 듣고 “가어사(假御史)도 3읍에 출도(出道)하면 진짜 어사가 되는 것”이라고 부추겼다.[120]

---

117 『추안급국안』 29권 305책, 356면.
118 『추안급국안』 29권 305책, 299면.
119 「경상감영계록」 제3책, 150면.

최봉의(崔鳳儀, 당시 49세)는 원래 고성(固城) 사람인데 거창 가동면(加東面)으로 이사 온 지 20여 년이 지났고, 경오년(1870)부터 집강(執綱) 직책을 맡았다. 경오년(1870) 2월 14일에 정동철의 주막에 들렀다가 거사에 참가했다. 박만원이 최봉의에게 거사에 동참할 것을 권유했고, 최봉의도 승낙했다.

그때 모의자들은 "순무어사(巡撫御史)의 출도라고 말하고, 장정 300-400명을 고성(固城), 삼가(三嘉), 안의(安義), 거창 등지에서 모아 밤에 진주로 쳐들어가 거사할 것이다. 내일 동행하면 어사를 만날 수 있을 것이다."라고 말했다.[121] 이에 최봉의는 "진주는 굳건하니 먼저 통영이나 거제를 공격하자."고 주장했다.[122]

유학 심영택(당시 67세)은 선산(善山)에 세거(世居)했던 반맥(班脈)이다. 청산현(青山縣)으로 이사한 지 29년 후인 정묘년(1867) 5월에 다시 선산 상송촌(上松村)으로 이사했다. 청산에 있을 때 상주 장암(壯巖)에 살던 정만식과 알고 지냈다. 을축년(1865) 2월 무렵에 정만식이 양성중과 함께 찾아와 인사했다. 이후 양성중도 충주에서 장암으로 이사 왔다. 그 후 기사년(1869) 5월에 정만식이 찾아와서 "최근에 이필제라는 사람을 만났는데 바다 구경하러 함께 진주, 덕산 등지로 갔다 왔다."고 말했다.[123]

박만원(당시 60세)은 고령에 살았는데, 정만식의 사돈이다. 기사년(1869) 12월 초에 현풍 원산(元山)에 있는 사돈 곽원직의 집을 방문했다가 지동(池洞)에 사는 정언(正言) 김희국(金熙國, 당시 47세)을 만났다. 김희국과 박만원은 5촌 인척이다. 이때 김희국이 "그대는 이필제를 아는가? 이달 말에 이필제가 정만식과 함께 찾아올 예정이다."라고 말했다. 그 후 그들과 함께 고령 부리강(浮鯉江)에 있는 정자에 놀러 간 적이 있다고 진술했다.[124]

이필제가 거창에 사는 어치원을 시켜 고령의 박만원과 현풍의 김희국에게

---

120 『추안급국안』 29권 305책. 355면.

121 「경상감영계록」 제3책. 181면.

122 「경상감영계록」 제3책. 175면 어치원 공초.

123 「경상감영계록」 제3책. 185면.

124 「경상감영계록」 제3책. 190면.

서찰을 두 통 보내고 돈을 운반해 오라고 심부름시켰다.

박만원의 진술에 의하면 이필제가 지은 거사를 촉구하는 격문은 첫머리가 "사람은 천지의 진솔한 마음으로 살아간다. 하늘에는 신령한 성품이 있는데, 그 성품은 오륜을 갖추었도다."로 시작된다고 한다.[125] 격문의 나머지 내용은 알 수 없지만, 유학적인 문구를 앞세워 거사의 명분을 내세웠던 것으로 추정된다.

박만원은 심영택에게 "이필제가 천하영웅의 자질이 있는데 그의 뜻은 중원을 도모하는 데 있다. 자기 사돈인 정만식과 함께 대사를 의논하고 있으며, 뜻은 신도(新都)에 있다. 장차 10월 안에 진주 덕산에서 기병하여 세 길로 나누어 가면 온 나라가 소란스러울 것이다."라고 말했다.[126] 이들의 거사 목표는 새로운 왕조를 건설하는 데 있었음을 알 수 있다.

사건 주모자들에 대한 체포령이 내려지자 어치원이 급히 알려주어 결국 이필제 등이 도망칠 수 있었다. 당시 이필제는 쇠고랑과 철망을 끊고 도망했다고 전한다.[127]

이 사건은 그해 7월 30일에 왕에게까지 보고되었다.

차대(次對)를[128] 행하였다. 영의정 김병학(金炳學)이 아뢰기를, "진주에 정(鄭), 성(成), 주(朱), 양(梁) 등 여러 놈이 감히 불순한 음모를 저질러 해당 수신(帥臣)이 한창 조사 중에 있다고 합니다. (…) 주가(朱哥)라는 자는 바로 지난날 심옥(沈獄) - 심홍택의 옥사 - 때 잡지 못한 도적 이홍(李泓)이 성명을 바꾼 것입니다. 이놈은 이름을 바꾸어가면서 서울과 지방에 출몰하였습니다. 소동을 피우고 헛소문을 퍼뜨린 것은 모두 이놈이 한 짓이니, 참으로 통분하기 그지없습니다." 하였다.[129]

---

125 人受天地之衷而生, 上有靈性, 性具五倫. 『추안급국안』 29권 305책, 284면.

126 『경상감영계록』, 제3책, 205면.

127 박주대(朴周大, 1836-1912) 등 지음, 박성수 주해, 『저상일월(渚上日月)』(민속원, 2003), 120쪽. 『저상일월』은 박득녕(朴得寧, 1808-1886), 아들 박주대, 손자 박면진(朴冕鎭), 증손 박희수(朴熙洙), 황손 박영래(朴泳來) 등 5대가 순조 34년(1934)부터 1950년까지 쓴 한문 초서 일기다.

128 차대는 매월 여섯 차례 정기적으로 정부 당상과 대간(臺諫), 옥당(玉堂) 들이 입시하여 중요한 정무에 대해 상주하던 일이나 그 자리를 가리키는 말이다.

진주사건 때 체포된 사건 주모자들은 감영의 철저한 조사를 받은 후, 8월 26일에 서울 의금부(義禁府)로 압송되었다.[130] 의금부로 압송된 죄인은 12명이었다.[131]

고종(高宗)은 수괴인 주성칠이 도망쳐 잡히지 않은 상태에서 그의 종용이나 협박에 의해 음모에 가담한 종범들을 문책할 수 없다는 입장을 고수하였다. 대부분의 사건 관련자들은 다행히 사형을 면하고 절도(絶島)로 유배되었다.

정만식에 대한 임금의 판결은 다음과 같다.

전교하기를, "국청죄인(鞫廳罪人) 정만식(鄭晩植)은 바로 우둔하고 지각이 없는 부류로 전후에 걸쳐 범한 죄는 다른 사람의 부추김을 받아 남의 재산을 빼앗은 것에 불과하다.

그렇다면 이 옥사(獄事)의 주범은 첫째도 주성칠(朱成七) – 이필제 – 이고 둘째도 주성칠이다. 다만 도망을 쳐 잡지 못하고 있기 때문에 조사를 진행할 때 연결 고리가 끊어지는 경우가 없지 않은 것이다. 이 죄수를 부추긴 자가 전적으로 도참설을 주장하고 있는데, 대개 도참이라고 하는 것은 본래 간사한 자가 사람을 현혹시키는 계책이다.

이 사람 저 사람 가리지 않고 차마 말할 수 없는 죄목을 씌워 극형에 처하는 것은 실로 잘 살피는 형정(刑政)에 흠이 되니, 내가 통탄하는 바이다. 죄인 정만식은 자기 처신을 바르지 못하게 한 죄로 조율하여 특별히 사형을 감하여 절도(絶島)에 정배(定配)함으로써 불쌍히 여기고 살상(殺傷)을 좋아하지 않는 뜻을 보여주라." 하였다.[132]

---

129 三十日. 次對, 領議政金炳學曰, 晉州有鄭成朱楊等諸漢, 敢做不軌之謀, 該帥臣方査覈云. (…) 所謂朱哥, 卽向來沈獄時失捕之李哥泓賊變姓名者云矣. 此漢變幻姓名, 出沒京外, 騷動訛言, 皆此漢輩所爲, 誠極痛悗萬萬矣. 『승정원일기』 고종 7년(1870) 7월 30일(갑오).

130 의금부에서, "진주영장(晉州營將) 송태옥(宋泰玉)이 압송해 온 죄인 정만식 등 12명을 남간옥(南間獄)에 가두었습니다."라고 아뢰었다. 『고종실록』 고종 7년(1870) 8월 26일(경신).

131 의금부가 아뢰기를, "진주영장 송태옥이 여러 죄인들을 압송해 오는데 경기 고을에 도착했다고 합니다. 도성에 들어오는 날에 삼가 전교에 따라 의금부 도사를 강두(江頭)에 보내어, 죄인 정만식, 양영렬, 양성중, 성하첨, 박만원, 심영택, 정재영, 정홍초, 어치원, 최봉의, 박사윤, 장경로 등 12명을 모두 차꼬를 채우고 칼을 씌워 압송해 오겠습니다. 『승정원일기』 고종 7년(1870) 8월 26일(경신).

132 敎曰, 鞫廳罪人鄭晩植, 卽一愚蠢沒覺之類, 前後所犯, 不過是爲人慫慂, 騙人財貨而然. 則此獄根窩, 一是朱成七也, 二是朱成七也. 特以在逃未捕, 故盤覈之際, 不無階梯之中絶者. 且其慫慂此囚者, 專主圖讖之說, 則大抵圖讖云云, 自是妖人惑衆之計也. 無論此人彼人, 輒加不忍說之目, 以致重辟, 實有欠於審克

이에 대해 대신들은 사건의 핵심은 군사를 모집하여 병란을 일으키려 했던 것이라고 강조하고 주모자인 정만식 등을 사형에 처할 것을 왕에게 요청하였다.[133] 그러나 임금은 사건의 핵심 인물인 이필제가 체포되지 않았고, 군주(君主)로서 어리석은 백성의 생명을 함부로 빼앗는 악형을 내려서는 안 된다는 이유로 사형 처분을 내리지 않았다. 진주사건의 주모자 12명은 생명은 보전한 채 절도(絶島)로 유배되었다.[134]

③ '영해사건'의 전개 과정과 결말

이필제가 세 번째로 시도한 '영해사건'은 '진천사건'의 동모자였던 김낙균〔金洛均, 김진균(金震均)〕을 중심으로 동학의 접주였던 최경오(崔景五),[135] 강사원(姜士元),[136] 남두병(南斗柄), 박영관(朴永瑄), 전인철(全仁哲) 등과 함께 동학의 교조신원운동을 명분으로 내걸고 영해 지방의 동학교도를 동원하여 일으킨 변란이다.[137]

之政. 予所痛歎. 罪人鄭晩植, 以行己不正之罪, 特爲減死, 絶島定配, 用示哀矜勿喜之意.『고종실록』고종 7년(1870) 9월 9일(임신).

133 이 옥사의 주모자는 비록 도망 중에 있는 주성칠이기는 합니다만, 정만식이 바로 그들의 괴수이며 이하 여러 죄수들은 패거리이거나 동모자일 뿐입니다. 요참설(妖讖說)을 조작하기도 하고 음흉한 서찰을 돌리기도 하여 남해(南海)에 출두하려 했던 계획은 그 행위가 재물을 탈취하기 위한 것만이 아니었으며 덕산(德山)에서 군정(軍丁)을 모집하려 했던 계획은 그 속셈이 군병을 사칭하려 했던 것입니다.『승정원일기』9월 9일.

134 의금부가 아뢰기를, "국청의 죄인 정만식 등을 사형을 감면하여 절도에 정배하도록 승전으로 계하하였습니다. 모두 차꼬를 풀어 서간(西間)으로 옮겨 가둔 뒤 정만식은 전라도 영암군 추자도에, 양영렬은 나주목 흑산도에, 양성중은 강진현 신지도에, 성하첨은 진도부 금갑도에, 박만원은 나주목 지도에, 심영택은 영광군 임자도에, 정재영은 흥양현 사도(蛇島)에, 정동철은 부안현 위도(蝟島)에, 어치원은 흥양현 녹도(鹿島)에, 최봉의는 여도(呂島)에, 박사윤은 강진현 마도(馬島)에, 장경로는 고금도(古今島)에 모두 사형을 감면하여 절도정배하되 (…)『승정원일기』9월 10일.

135 최경상(崔慶祥)으로도 불렸는데, 동학의 제2세 교주 해월(海月) 최시형(崔時亨)의 본명이다.

136 강수(姜洙) 또는 강시원(姜時元)으로도 불렸다. 그는 수운 재세시에 경주 용담을 자주 방문한 핵심 인물이며, 훗날『도원기서(道源記書)』를 집필하였다. 1885년 5월 단양에서 관군에 붙잡혀 충주관아에서 참형을 받았다.

137 영해사건에 대해서는『교남공적(嶠南公蹟)』,『영해부적변문축(寧海府賊變文軸)』,『신미아변시일기(辛未衙變時日記)』,『도원기서(道源記書)』,『나암수록(羅巖隨錄)』 등의 자료가 있다. 최근 김기현이 지은 『후천개벽의 횃불』(현우사, 2008)에 영해사건에 대한 자세한 설명과 각종 자료의 해석이 실려 있다. 그러나『격암유록』이 당시에 유행했을 것이라는 억측을 강조하거나 환단고기 등 미확인 사료를 인용하여 서술한 한계가 보인다. 특히 자료에 대한 엄정한 번역이 이루어지지 않아 연구자는 원사료를 확인해야 할 것이다.

이필제가 시도한 네 차례의 변란 가운데 유일하게 거사에 성공한 사건으로 정부 측에서는 다른 사건을 작변(作變)으로 명명하고 이 사건은 난(亂)으로 불렀다. 역모가 모의 단계였느냐, 일시적으로나마 성공했느냐에 따라 이름을 달리 불렀던 것이다.

진주거사에 실패한 이필제는 고종 7년(1870) 11월 무렵, 고종 3년(1866)부터 이미 알고 지내던[138] 이수용(李秀用, 이인언)을[139] 찾아 영해(寧海)로 갔다.[140] 이때 이필제는 이곳에서 진천사건 때 자신과 함께 도망친 후 소식이 두절되었던 김낙균도 다시 만났다.

이듬해 신미년(1871) 1월 울진에 살던 남두병(南斗炳)도[141] 영해로 왔는데, 그 역시 고종 3년(1866)부터 이필제를 알고 있었다. 이필제는 그들과 함께 동학교도를 이용하여 변란을 일으킬 것을 모의하였다. 이때도 이필제는 거사의 명분으로 북벌을 내세웠다.[142] 또 영해에 살던 유학(幼學) 박기준(朴箕俊)도 이필제와 이전부터 알고 지내던 사이였는데 애초에는 이필제를 풍수가(風水家)로 알았다.[143]

『천도교창건사』와 『동학사』에는 수운이 득도(得道) 이전에 천하를 주유할 때 문경 조령(鳥嶺)의 산중에서 큰 도적 떼를 만난 일이 있었다고 한다. 그때 도적 떼의 우두머리와 졸개들이 수운의 말과 인격에 감복하여 추종하기를 맹세하였고, 그 후 그 도적 떼의 우두머리가 경주에 와서 수운을 뵙고 도를 받고 돌아갔다고 한다.[144] 바로 그 도적의 우두머리가 이필제라는 이야기다.

---

138 이필제가 병인년에 영해에 갔을 때 그 지역에서 문명(文名)이 알려진 이수용을 찾아가 만난 일이 있었다. 그는 동학교인이었다. 박주대(1836-1912), 『나암수록(羅巖隨錄)』(국사편찬위원회, 1980), 103-105면.

139 이수용은 『영해부적변문축』에는 이수룡(李壽龍)으로 나온다. 장영민은 『도원기서』에 나오는 이인언(李仁彦)도 동일 인물로 추정한다. 장영민, 앞의 책, 127쪽.

140 그런데 이필제는 권탁주(權卓周)를 찾아갔다고 진술했다. 『추안급국안』 29권 306책, 419면.

141 남두병은 능문능리(能文能理)한 인물로 알려졌다.

142 『영해부적변문축』, 4월 9일 남두병 공초.

143 『교남공적』 박기준 공초. 그는 이 변란의 거괴는 이필제라고 진술했다. (…) 濟發, 卽此變巨魁也.

144 『천도교창건사』 11면에는 "전설에 의지하면"이라는 단서를 달고, 본문과는 달리 작은 글씨로 기록하여 사실 여부가 확인되지 않은 이야기임을 분명히 밝히고 있다.

그러나 이필제가 동학교도였다는 주장은[145] 설득력이 약하다. 동학 측은 이필제가 동학교도라고 기록하고 있지만, 이필제가 수운이 득도하기 이전에 조령에서 만났다는 이야기는 떠도는 소문을 기록한 것에 불과하다.

또 이필제가 스스로 계해년(1863)에 동학에 입도했다고 주장했다는 말도 최시형조차 믿지 못한 일이며, 이필제가 최시형을 거사에 끌어들이기 위해 꾸며낸 말일 것이다. 계해년 무렵에 이필제는 풍기에 머물렀으며, 만일 이필제가 조령에서 도적 떼의 우두머리로 있었다면 진천사건과 진주사건에서 이 세력에 대한 언급이나 관련 여부에 대한 자취가 조금이라도 전해졌을 것이다. 아마도 이 이야기는 신미년(1871) 8월에 조령사건이 발생한 후에 만들어진 전설이 후대의 동학 기록에 반영된 것으로 보는 편이 옳다.

그리고 영해사건의 주모자인 이필제가 동학 괴수라는 주장도 사건을 조사하던 사람들이 들었던 소문을 적은 기록이며, 영해사건의 최고 주모자가 최시형이 아니라 이필제였다는 점을 반증하는 증거일 따름이다. 이필제는 4차례의 변란을 기도하면서 영해사건 이외에는 어디에서도 동학에 대해 언급하지 않았다. 그리고 동학의 교조신원에 대해서도 이듬해 일어난 조령사건에서도 전혀 말하지 않는다.

한편『도원기서』에는 이필제가 어느 곳 출신인지는 알 수 없고 다만 "동해(東海) 해변가에서 살았으며 목천(牧川)의[146] 난적(亂賊)으로 연루되어 고양(高陽)에서 논죄되던 중 성을 바꾸고 영해로 도망가 숨었던 자"라고 기록되어 있다.[147] 이 전언은 근거가 밝혀져 있지 않고, 이필제의 지난 행적과는 전혀 다르다. 아마도 이필제가 자신의 행적을 이렇게 둘러대었을 가능성이 높다.『천도교창건사』에는 이필제가 문경(聞慶) 사람이며 최시형에게 "계해년(1863) 무렵에

---

145 『시천교역사(侍天敎歷史)』하(1920)에 난도(亂徒) 이필제가 이름을 바꾸고 영해 등지에 숨어 살면서 몰래 재앙을 즐기는 마음을 품고 교인(敎人)을 가탁(假託)하여 최시형에게 접근했다고 서술했다. 이때 이필제는 계해년(1863)에 용담(龍潭)에서 교인이 되었고 지리산에 은거했었다고 주장했다.
146 목천(牧川)이라는 지명은 우리나라에 없다. 아마 충청도 목천(木川)의 오기로 보인다.
147 윤석산 역주,『초기 동학의 역사 — 도원기서(道源記書) — 』(도서출판 신서원, 2000), 139쪽.

용담장석(龍潭丈析)에서 도를 받고 포덕(布德)에 종사하다가 지목을 피하여 지리산에 은거했다."라고 말했다고 적고 있다.[148]

이필제는 스스로 동학교도로 자처하면서 영해 지역의 동학교도들을 포섭한 다음, 1870년 10월부터 1871년 1월까지 5차례에 걸쳐 당시 영양군 용화리 상죽현(上竹峴, 윗대치)에 은거하면서 동학을 이끌던 해월(海月) 최시형(崔時亨, 1827-1898, 일명 崔景五)에게 이인언(李仁彦), 박군서(朴君瑞), 박사헌〔朴士憲, 일명 박영관(朴永琯) 또는 박영조(朴永祚)〕[149], 권일원(權一元) 등을 보내, 교조신원(敎祖伸寃)을 명분으로 거사를 일으키는 일에 동참할 것을 요청하였다.[150]

이때 이필제는 자신의 성씨가 정씨(鄭氏)이며 계해년(1863)에 동학에 입도했지만 지리산에 들어가 6-7년 동안 수련했기 때문에 수운(水雲) 최제우(崔濟愚)가 참형을 당한 사실도 몰랐고, 이제 제자로서 마땅히 교조를 위해 거사하려 한다고 주장했다.[151]

이필제가 영해사건에서 자신의 성씨가 정씨라고 주장한 사실은 그가 당시 민중 사이에 널리 퍼져있던 정씨 진인출현설을 적극적으로 거사에 활용했었음을 알려준다.

영해사건에 가담한 임영조(林永祚)는 괴수가 정가(鄭哥)라고 진술했다.[152] 그

---

148 이필(李弼)이라는 사람이 잇으니 聞慶生이라. 일즉 道에 드러 布德에 從事하다가 大神師 慘刑을 當한 後에 指目을 避하야 寧越地方에 流浪하더니 (…) 이돈화, 『천도교창건사』(천도교중앙종리원, 1933) 영인본(경인문화사, 1970), 11면. 『천도교창건사』는 영해사건을 문경에서 일어난 일이며 한 달 동안이나 관군에 항거했다고 잘못 기록하고 있다. 이돈화, 위의 책, 13면.

149 수운이 임명한 초대 영해접주 박하선(朴夏善)의 아들이다.

150 박주대(朴周大), 『나암수록(羅巖隨錄)』, 103면. 『영해부적변문축(寧海府賊變文軸』, (연세대도서관), 4월 9일 남두병 공초. 『나암수록』에는 이필제가 1870년 11월에 이수용을 찾아갔다고 했지만, 『도원기서(道源記書)』에는 이필제가 이미 1870년 10월에 이인언과 박군서를 최시형에게 보내 거사를 일으킬 것을 요구했다고 적혀 있다.

151 이는 이인언(李仁彦)이 최시형을 찾아와 전한 말이다. 윤석산 역주, 『초기 동학의 역사 — 도원기서(道源記書) —』(도서출판 신서원, 2000), 139쪽.

152 『신미(1871) 3월일 영해부적변문축』(연세대도서관 소장본) 고서 (1) 951.59 영해부, 5면. (…) 所謂 賊魁, 鄭哥謂. (…) 이 밖에도 임영조는 비기에 묘방(卯方)이 생기(生氣)의 방향이므로 검은 유건(儒巾)을 썼고, 북방(北方)은 살기(殺氣)가 있으며, 청의(靑衣)는 동방(東方)에 응하므로 청제(靑帝)의 뜻을 상징한다고 주장했다. 그래서 영덕과 영해 두 읍에서 일시에 거사를 일으킬 계획이었는데, 군사가

리고 전영규(全永圭)는 사촌 동생 전인철(全仁哲)에게[153] "동해의 섬에 정씨 성을 가진 분이 계신데, 장차 크게 귀하게 될 사람이시다. 나는 그분과 이미 친숙하게 되었는데, 너도 나와 함께 찾아뵙고 대사(大事)를 도모해보자."라고 권했다.[154] 여기서 "정씨 성을 가진 분"은 이필제를 가리키며, "대귀지인(大貴之人)"은 새 왕조를 개창할 인물을 뜻하며, "대사(大事)"는 역모 또는 반란을 의미한다.

또 김귀철(金貴哲, 당시 44세)은 처남인 전인철(全仁哲)이 자기에게 "영해 병풍바위에 사는 박사언이 말하기를 '진인(眞人)께서 작년 7월에 우리 집에 오셔서 머무르고 계시는데, 무리를 모아 장차 영해부(寧海府)에서 변란을 일으키려 하신다. 그대의 뜻은 어떠한가?'라 했다."고 진술했다.[155] 이 외에도 진인을 도울 모사(謀士)가 있는데, 그는 문장에 능하고 용맹스러우며 천문(天文)과 용병술에도 능한 남두병(당시 43세)이라고[156] 주장했다.[157]

또한 박군서(朴君瑞), 박사헌(朴士憲), 권일원(權一元) 등도 해월을 찾아와 이필제를 만나볼 것을 거듭 부탁했다. 드디어 이듬해인 고종 8년(1871) 2월에 최시형이 영해로 이필제를 찾아왔다. 이때 이필제는 다음과 같이 거사의 명분을 밝혔다.

한편으로는 선생의 치욕을 씻고 다른 한편으로는 창생들의 재앙을 구제하려 하는데, 나의 뜻은 중국에서 창업하는 것이다.[158]

부족하여 먼저 영해를 친 후에 진보(眞寶)로 진격할 작정이었다고 진술했다. 이 외에도 영해부 서문 밖에서 성을 지키던 장수가 "우두머리 정가(鄭哥)가 중군(中軍)의 임무를 맡은 강수(姜洙)에게 영해부사의 인부(印符)를 찍어 임무를 부여했다."고 진술하기도 했다. 김기현, 앞의 책, 237쪽.

153 전인철은 강원도 평해(平海) 월야동(月夜洞)에 살던 한량(閑良)으로 당시 45세였다.

154 東海島中, 有鄭哥者, 將爲大貴之人. 吾已親熟, 汝亦同吾偕往, 圖成大事云. 『영해부적변문축』 23면.

155 『영해부적변문축』, 63면.

156 남두병은 이필제가 이홍 또는 주성칠이라는 가명을 썼고 때로는 정가(鄭哥)라고 자칭했다고 진술했다. 남두병은 이필제와 1866년(병인년)부터 사귀었는데, 이필제가 글에 능했고 북쪽 오랑캐를 정벌하려는 원대한 꿈을 품었던 인물이라고 주장했다.

157 『영해부적변문축』, 64-65면.

158 一以雪先生之恥, 一以濟蒼生之殃苦, 吾志者, 中國之創業也. 윤석산 역주, 『초기 동학의 역사 ― 도원기

또 이필제는 자신이 바로 이인(理人)이라고 자랑했으며, 장차 북벌(北伐)을 도모하려 한다고 주장했다.[159] 이윽고 이필제는 수운이 참형을 당한 음력 3월 10일을 거사일로 정하고 일방적으로 해월에게 통고한 다음 군소리하지 말고 자신을 믿고 따르라고 위협적인 말로 강요했다. 교조의 신원이라는 거사 명분은 동학교도로서는 차마 거부할 수 없는 것이었다.

그러나 최시형은 무장봉기를 통해 교조신원운동을 벌이자는 이필제의 제안을 "사리에 맞지 않고 이룰 수 없는 일이다."라고 일축했다. 하지만 범상하지 않은 이필제의 외모와 말에 완전히 압도당한 최시형은, 며칠을 함께 지내며 그의 행동을 살펴본 결과 "필제는 하루에도 3-4차례나 변하는 비범한 인물이었다."고 고백할 정도였다.[160] 결국 최시형은 이필제의 의견을 따랐다.[161]

이필제가 교조 수운의 신원을 강조했고 상당수의 교도들이 그를 따랐기 때문에 최시형도 거사 계획에 동참하지 않을 수 없었다. 며칠 후 최시형이 이필제를 찾아가 거사를 가을로 미루는 것이 어떻겠느냐는 의견을 제시했지만, 여지없이 묵살당하고 말았다.[162] 그렇지만 일단 최시형이 거사 참여를 결정하자 계획은 급속도로 진행되었다. 전인철은 대나무 180개를 사서 죽창을 만들었다. 그리고 최시형은 교도들의 성금을 모아 거사 자금을 제공하였다.[163] 동학의 창시자 최제우의 순교일인 음력 3월 10일(양력 4월 29일)을 거사일로 정하고 교조신원을 기치로 삼아 동학교도들을 조직적으로 끌어들여 거사에 착수

서(道源記書) 一』(도서출판 신서원, 2000), 145-146쪽.

159 李濟發段, 渠本東學餘黨, 自認理人, 肆發北伐悖說, 煽惑愚民. 『교남공적』, 127면.

160 知非凡常之人也. (…) 日爲三四變. 윤석산 역주, 『초기 동학의 역사 — 도원기서(道源記書) 一』(도서출판 신서원, 2000), 147쪽.

161 최시형이 나이도 자기보다 3살 많은 이필제를 추종하는 형국이 되었다. 당시에는 최시형이 동학교단의 최고 지도자로서의 권위를 가지지 못했을 것이며, 교도들을 통괄할 수 있는 교단 기구나 조직 체계도 없었을 것이다.

162 해월이 "조급하게 거사하지 말고 가을까지 기다리자."고 말하자, 이필제는 단호히 "나의 대사(大事)를 그대가 어찌 물리쳐 멈추려 하는가? 다시는 번거로운 말을 하지 말라."고 단호히 거부했다.

163 諸般凶械所入, 濟發每與崔景五(최시형, 필자 주), 商議辨出. 景五家計, 稍有錢兩. (…) 衆徒屯聚時, 糧資則, 李濟發崔景五朴永璀等, 周旋變通, 又或使每名自備一二日之資. 『교남공적』 43면.

하였다.

영해사건의 모의 과정에서 맹활약을 한 인물은 정치겸(鄭致兼)과 동학교도인 강수[姜洙, 일명 강사원(姜士元) 또는 강시원(姜時元)], 전인철(全仁哲), 남두병 등이었다. 정치겸은 가장 많은 사람들을 끌어들였고, 강수는 친인척 등을 통해 수백여 명을 모았다. 또 전인철은 최시형에게 자신도 이미 오래전부터 거사를 준비해왔다고 밝히면서 이필제에게도 3월 10일에 거사할 것을 재차 다짐받았을 정도로 거사에 적극적이었다.[164] 남두병은 무리 3백여 명을 이끌고 동참하기로 약속했다. 그러나 그는 정작 거사에는 불참하였다.[165] 아마도 남두병은 거사가 실패할 것을 예측하고 배신한 듯하다.[166]

난리를 피하는 것이 아니라 현실세계의 변혁을 위해 거사에 적극적으로 참여하여 새 세계 건설을 위해 힘을 합치자는 주장이 설득력 있게 받아들여졌다. 그리고 사회에 불만을 가지고 있던 세력이 신분상승을 목표로 사회변혁운동에 적극 참가했던 것이다.[167]

거사일인 3월 10일 1차 집결지는 우정동(雨井洞)에 있는 박사헌의[168] 집이었다. 박사헌의 집에 모인 사람은 180여 명이었다.[169] 이들은 먼저 도록(都錄)을 만든 다음 선봉(先鋒), 중군(中軍), 별무사(別武士), 집사(執事) 등의 직책을 정하고 차첩을 주었다. 평민은 붉은색, 동학교도는 푸른색 두건을 썼다. 또 성내의 동

---

164 영해부안핵사 편, 『교남공적(嶠南公蹟)』 장서각 도서번호 2-697. 5월 1일 이군협(李羣協) 공초. 이군협은 점리(占理)에 밝고 자칭 거사꾼들의 모사(謀士)라고 진술했다. 『교남공적』 5월 1일 이군협 공초.

165 오히려 거사 다음 날인 3월 11일에 영해사건을 진압하기 위한 소모문(召募文)을 지었다. 『교남공적』 4월 30일 남두병 공초.

166 남두병의 진술에 따르면 그는 진주사건의 주성칠(朱成七)과 진천사건의 이홍(李洪)이 바로 이필제가 이름을 바꾼 것이었다는 사실을 이미 알고 있었다.

167 이 사건의 전개 과정과 자세한 내용은 배항섭, 「조선 후기의 한유(寒儒)·빈사층(貧士層)과 변란」, 『조선 후기 민중운동과 동학농민전쟁의 발발』(경인문화사, 2002)과 장영민, 「1871년 영해병란(寧海兵亂)」, 『동학의 정치사회운동』(경인문화사, 2004)을 참고하시오.

168 박사헌은 안대제(安大濟, 58세)에게 "포경선과 왜선(倭船) 수천 척이 3월 10일에 쳐들어와 영해부를 함락시키는 변란이 일어날 것인데, 우리들은 이미 생왕방(生旺方)에 자리잡고 있으므로 화를 면하고 싶으면 그날 우리 집으로 찾아오라."고 말하기도 했다. 『영해부적변문축』, 26면.

169 『각사등록(各司謄錄)』 17권, 177면. 영양현감은 영해사건 가담자 가운데 31명은 물고(物故)되었고, 114명은 체포했지만 37명은 도주했다고 상세하게 보고했다.

정을 살피기 위해 미리 박기준(朴箕俊)을 세작(細作)으로 파견하였다.

이필제는 황혼 무렵에 무리들과 함께 소 두 마리를 잡아 형제봉(兄弟峯)에 올라가 청색 비단으로 만든 두루마기를 입고 고축(告祝)하고 천제(天祭)를 지냈다. 이재관(李在寬)의 진술에 의하면 천제를 주관한 사람은 이필제였고, 축문을 읽은 사람은 김진균(金震均, 김낙균), 강사원, 박영관, 최경오, 전영규, 전인철, 정치겸, 장성진 등이었다.

이윽고 거사꾼들은 머리에 유건(儒巾)을 쓰고 손에는 죽창, 조총, 나무 몽둥이 등으로 무장하고 산에서 내려와 밤 10시 무렵 영해관아에 쳐들어갔다. 2대로 분산하여 1대는 군기고를 습격하여 군기를 탈취하였고, 나머지 1대는 동헌(東軒)에 가서 부사(府使)를 찾는 한편 객사를 지으려고 쌓아둔 목재에 불을 질렀다. 관아에 남아있던 포교들이 군기고를 습격한 자들에게 총을 발사하여 거사꾼 서너 명을 쓰러뜨렸다. 이에 놀란 거사꾼들은 관아 밖으로 도망쳤다. 하지만 화약이 떨어진 포교들이 성 밖으로 탈출하자 그들은 다시 동헌 앞에 모였다.

이필제가 부사 이정(李政)을[170] 포박하고 섬돌 아래에 꿇어앉혀 그동안 저질렀던 부정부패에 대해 일갈하고 항복받으려 했지만, 부사가 강하게 항거하자[171] 김진균이 칼로 쳐서 죽였다.[172]

거사꾼들은 "우리들의 거사는 다만 본관(本官) – 영해부사 – 의 탐학이 비할 바 없이 극심하기 때문에 그 죄를 성토하려는 것이고, 읍민들을 해칠 마음은 전혀 없다."라는 내용의 격문을 성문에 내걸었다.

---

170 자기 생일잔치에 초대한 사람들에게 떡국을 주고 한 사발에 30금을 받을 정도로 수탈을 자행했던 탐관오리였다는 주장도 있다.

171 이정(李政)은 의(義)에 입각하여 그들을 질책하다가 마침내 죽었으니, 비참하기 짝이 없습니다. (…) 영해부사 이정이 한밤중에 변을 당했으나 인부(印符)를 굳게 지니고 의에 입각하여 질책하다가 마침내 죽게 되었으니, 그의 충절은 참으로 늠름하다. 특별히 이조판서에 증직하여 (…) 『승정원일기』 고종 8년(1871) 3월 18일(무신). 그러나 그는 자기 생일잔치에 대소 민인을 초대하여 떡국 한 사발에 30금을 받았을 정도로 부패했던 인물이고, 병란이 일어나자 개구멍으로 도망치다가 잡혔다고 한다. 『나암수록』, 96면.

172 부윤(府尹) 이정(李政)을 장검으로 찔러 죽였다고 한다. 박성수 주해, 『저상일월(渚上日月)』(민속원, 2003), 120쪽. 당시 김진균은 갑옷을 입고 장검을 찬 무장 상태였다.

전격적인 야간 기습 작전이 놀라운 성공을 거두었던 것이다. 당시 조정에도 "어떠한 적도인지 알 수 없다."고 보고하여 거사꾼들의 정체조차 파악하지 못했고, 이들의 거사 성공 소식이 전해지자 인근 고을의 몇몇 수령들도 겁을 먹고 도망칠 정도였다.

이필제는 그날 밤 거사에 성공한 여세를 몰아 곧장 영덕을 공격하려 했다. 그러나 동모자들이 "곧 날이 샐 것이므로 더 이상 행군하는 것이 위험하다."고 반대하여 그만둘 수밖에 없었다. 불과 몇 방의 총소리에 놀라 많은 무리가 관아 밖으로 우르르 도망치고 말았던 일로 사기가 저하되었기 때문일 것이다. 더욱이 진인(眞人)으로 여겨지던 이필제조차 잠시나마 도망쳤었기 때문에 그를 전적으로 신뢰하지 못했던 지도층의 의심도 반영되었을 것이다.

원래 거사 계획은 영해를 공격한 후 영덕, 진보, 영양 등지를 공격하고 서울로 직향하려는 것이었다. 주모자들은 영해가 함락당했다는 소식이 전해지면 울산과 동래(東萊) 등지에서도 거사가 잇따라 일어날 것으로 예상했다.

일단 거사꾼들은 다음 날 오후까지 영해부에 머물면서 주민들의 호응을 기다렸지만, 그런 일은 일어나지 않았다. 주민들은 밤중에 일어난 소란 소식을 듣고 산으로 피신하기에 바빴다. 이필제는 주민들을 해치지 않겠으니 안심하라는 방문을 내걸었지만 반응은 신통치 않았다. 또 백씨(白氏) 성의 부자에게 군량을 부탁했지만 그것도 거절당했다.

거사꾼들은 이청(吏廳)에서 탈취한 공금 150냥을 다섯 동네의 두민(頭民)에게 나누어주고 가난한 사람들에게 골고루 분배하라고 명했다.[173]

한편 영해의 향리들은 영덕현령에게 변란이 일어났다고 알렸다. 영덕현령은 12일 아침에야 관군을 파견했다. 그리고 영해 인근의 각 읍과 진영에서 관군이 동원되고, 안동부사 박제관(朴濟寬)이 영해안핵사로 임명되었다. 각 마을에서도 장정들이 징집되어 경순막(警巡幕)을 설치하고 수상한 사람을 사로잡기

---

173 『교남공적』 4월 22일 장성진 공초. 4월 26일 김창복(金昌福) 공초. 5월 5일 유위택(柳渭澤) 공초. 李濟發, 出榜安民, 奪取吏廳公錢一百五十兩, 分給於五洞頭民.

도 했다.

3월 12일 아침을 먹은 거사꾼들은 영해관아를 떠났다. 인근 고을의 관군이 대거 몰려온다는 소식을 듣자, 관군의 추격을 피해 영양(英陽) 일월산(日月山)으로 들어가 웅거하며 재기를 도모할 계획이었다. 이필제는 영양을 향해 가던 도중에 주변의 주민들을 잡아 병사로 삼자는 일부 주모자의 주장에 반대하며 절대로 주민들을 동요시키지 말라고 명했고, 일부 부하들이 민가에 방화하자 명령위반죄로 처벌하기도 했다. 영해를 떠나 인량리(仁良里)에 도착한 이필제는 동민을 불러 글을 보여주고 안심시켰는데,[174] 백성들을 안도하게 하려는 의도였다.

이러한 행동은 이전에 실패했던 거사 계획에서 배웠던 경험에서 우러난 것이었다. 특히 진주사건에서 제시되었던 "민인(民人)들의 힘을 얻어야 거사에 성공할 수 있다."는 견해에 따라 거사에 꼭 필요한 주민들의 호응을 얻어내려는 의도였다. 그러나 예상과는 달리 주민들의 호응이 별로 없었고,[175] 13일에 6-7명을 영양으로 보내 그곳의 동정을 정탐하도록 했지만, 모두 체포되고 말았다. 나머지 거사꾼들은 영양 문암동(門巖洞)을 거쳐 상죽현으로 향했는데, 이 과정에서도 많은 사람들이 대열에서 이탈하여 제각기 도피했다. 마침내 3월 14일에 일월산에 들어갔을 때 남은 인원은 겨우 30여 명에 불과했다.

3월 14일에 영해에서 향교(鄕校) 도유사(都有司) 남유진(南有鎭)이 소집한 향원(鄕員) 4백여 명과 군정(軍丁) 6백여 명을 이끈 토벌대가 인천리부터 수색하면서 일월산으로 쳐들어왔다. 15일 밤에는 대태곡(大泰谷) 부근에서 관군과 민군(民軍)의 합동 공격까지 받았다. 이곳에서 남은 거사꾼들은 제대로 한번 싸워보지도 못하고 잡히거나 사살당했다.[176] 그러나 주모자 이필제는 최시형, 강수(姜

---

174 이필제는 인근의 동민들을 모아 위무하는 글을 써서 내걸었다. 『영해부적변문축』 4월 22일 장성진(張成眞) 공초. 『교남공적』 4월 25일 한상엽(韓相燁) 공초.

175 『교남공적』 4월 26일 김창복 공초.

176 13명이 총에 맞아 죽었고, 15명이 체포되었다. 『각사등록』 17권, 177면.

洙), 전성문(全聖文), 김낙균 등과 단양으로 피신했다.[177]

영해사건에는 경상도 각지에서 온 많은 동학교도들이 참가했다. 체포된 자들 가운데 동학교도가 다수 있었고, 특히 최시형도 이 사건에 적극 참가했다. 거사 당일에는 참가자들의 복장을 청색과 홍색으로 표시하여 동학교도와 평민을 구분한 점에서도 동학과 이 사건은 긴밀한 관계에 있었다. 이러한 이유로 영해사건의 기본 성격을 동학의 교조신원운동 혹은 동학난으로 보기도 한다.

최시형을 비롯한 다수의 동학교도들은 동학교도의 입장에서 교조신원운동의 일환으로 이 사건에 참가했을 것이 분명하다. 동학 측의 입장에서 볼 때 이필제가 주도한 영해사건은 동학 최초의 교조신원운동으로서의 역사적 의의가 있으며, 관군 측의 체포령과 탄압에 숨죽여 지내던 동학교도들이 동학의 조직망을 통해 많은 인원을 동원했고 강력한 저항력으로 함께 힘을 합쳐 일으킨 최초의 거사였다.

그러나 영해사건은 진천, 남해, 진주 등지에서 이필제가 주도한 일련의 거사와 연관해서 그 기본 성격을 파악해야 할 것이다. 영해사건에 관련된 사람들 가운데 많은 사람은 이필제가 진인(眞人) 또는 이인(異人)이라는 믿음에 기초하여 거사에 참가했다. 이러한 믿음은 영해사건 참가자 가운데 동학교도로 분류되는 대다수의 사람들도 가지고 있었다.

또 영해사건의 우두머리로 불리는 이필제는 자신의 오랜 꿈인 북벌을 이루기 위한 단계적 거사로 인식했고, 동학교도에게 교조신원이라는 명분을 제공함으로써 거사의 조직 기반으로 활용했다.

이러한 주장이 가능한 결정적인 이유는 영해사건 이전에 이필제가 주도적으로 일으켰던 진천사건과 진주사건에서 동학(東學)과 관련된 인물을 만나거나 동학에 대해 언급한 일이 전혀 없었다는 사실이다. 더욱이 영해사건이 결국 실패한 후 이필제가 일으킨 조령사건에서도 동학과 관련된 인물이 참가하

---

177 『천도교창건사』에는 최시형이 영해사건 후 단양군에 있는 정석현(鄭錫鉉)의 집에서 이름을 바꾸어 머슴 노릇을 했다고 한다. 이돈화, 앞의 책, 14면. 정기현의 오기일 가능성이 높다.

지 않았고, 동학과 관련된 설명이나 언급을 찾아볼 수 없다는 점에서 잘 알 수 있다. 오히려 이필제는 조령에서는 유생(儒生)들을 거사의 주체로 이용하려 했다. 따라서 이필제는 상황과 필요에 따라 거사의 명분을 제공하고 그 명분에 따르는 활동과 조직은 수시로 바꿀 수 있다는 입장에서 거사를 모의했다고 보아야 한다.

영해사건은 난이 진압된 후인 3월 16일에야 조정에 알려졌는데,[178] 사건 주모자들의 정체가 무엇인지조차 파악하지 못했다. 이 사건에 대해 경상감사가 3월 18일에 장계를 올렸다.[179]

이후 철저한 조사 끝에 안핵사 박제관이 6월 23일에 조정에 공식적으로 보고했는데,[180] 이 사건에 대한 그의 결론은 다음과 같다.

> 이제발(이필제)은 우두머리이고, 남두병은 다음으로 간악하다. 김진균, 강사원, 박영관 등은 그 다음 우두머리다. 이제발은 본래 동학 여당(東學餘黨)으로서 스스로 이인이라고 자랑하고, 방자하게도 북정(北征)하겠다는 흉패한 말로 어리석은 백성들을 선동하고 유혹했으며, 흉서를 써서 배포하였으니 지극히 흉악하다. 하늘에 제사 지내고 조상에 고한 정황은 특히 어그러진 처사였다.[181]

---

178 안동부사(安東府使)가 지금 막 상경했는데, 본부 공형(公兄)들이 긴급히 보고한 문서를 보니, '영해부(寧海府)에 수백 명의 난적(亂賊)들이 있어 관문에 난입하고 심지어는 본 고을의 수령이 해를 당하는 변까지 있었다.'고 하였습니다. 아직 이들이 어떠한 난적인지 알지 못하겠으니 참으로 말할 수 없이 놀랍습니다. 『승정원일기』 고종 8년(1871) 3월 16일(병오).

179 또 아뢰기를, "방금 들으니, '영해의 적도는 이미 물러갔고, 전 영덕현령(盈德縣令) 정중묵(鄭仲默)이 포군(砲軍)을 조발하여 흉도들의 괴수를 십여 명이나 체포하여 지금 조사를 하고 있다.'고 하였습니다. 『승정원일기』 고종 8년(1871) 3월 18일.

180 의정부가 아뢰기를, "방금 영해안핵사(寧海按覈使) 박제관(朴齊寬)의 사계(查啓)를 보니, (…) 매우 어그러진 일을 퍼뜨린 것이 100여 명이나 되었습니다. (…) 인부(印符)를 약탈하고 명리(命吏)를 살해하였으니, 이는 예전에 없었던 악역(惡逆)입니다. (…) 이제발(李濟發), 김진균, 강사원, 남두병, 박영관 등은 바로 그 피수인데, 혹 도망을 가서 아직 잡히지 않았거나 혹 귀신의 주벌이 먼저 가해져 죽었습니다. (…) 김인철(金仁哲)이 적당(賊黨)에 뛰어들어 한 덩어리가 된 것, 장성진(張成眞)이 흉적에게 부화뇌동하여 기꺼이 창귀(倀鬼)가 된 것, 이군협(李群協)이 스스로 모사(謀士)라 칭하고 고을을 범하여 기계를 약탈한 것, 박기준(朴箕俊)이 스스로 간첩이 되어 동정을 엿보아 살핀 것, 박한용(朴漢龍)이 적당을 위하여 마음으로 복종하여 뭇사람을 이끌고 옥(獄)을 겁탈한 것 등은 죄악이 꿰뚫어 찼으니 한 시각이라도 용서해서 살려 둘 수 없습니다. 『승정원일기』 고종 8년(1871) 6월 23일(임오).

181 李濟發, 巨魁也, 南斗柄, 大憝也, 金震均, 姜士元, 朴永琯, 又其次魁也. 李濟發段, 渠本東學餘黨, 自詡異人, 肆發北征悖說, 煽惑愚民, 兇書條約排布, 極其兇譎. 祭天告祖情節, 尤爲絶悖. 『교남공적』, 127면.

영해사건과 관련되어 114명이 체포되어 그 가운데 심문을 받는 과정에서 31명이 죽었고, 32명이 효수(梟首)되었고, 21명은 원지정배(遠地定配)되었으며, 29명은 죄의 경중에 따라 처리되었다.[182]

④ '조령사건'의 전개 과정과 결말

조령사건은 고종 8년(1871) 8월에 이필제가 정기현(鄭岐鉉), 정옥현(鄭玉鉉), 권성거(權性巨) 등과 함께 네 번째로 시도한 거사모의였다. 조령작변(鳥嶺作變)으로도 불린다.[183]

그는 "동정서벌(東征西伐)하여 제세안민(濟世安民)한다."는 기치를 내걸고, "서호주인(西湖主人)은 정가(鄭哥)로 조선을 맡아 다스리게 하고, 동산주인(東山主人)은 권가(權哥)로서 남경(南京)을 도모(圖謀)하려 한다."는 야심과 웅지에 가득 찬 말로 사람들을 모아[184] 변란을 기도했다.

고종 8년(1871) 8월에는 경상도 문경 조령관(鳥嶺關)에서 군기를 탈취하여 기병(起兵)하려던 무리들이 잡혔다. 사로잡힌 김태일(金泰一)이란 자를 심문하자 애초에 수천 명이 작당했으며 일당 외에 군기 탈취를 위해 매복하고 있던 자들이 천여 명이라고 진술했다.

이들의 우두머리는 이필제, 정기현, 정옥현 등이었다. 그런데 김태일이 바로 변성명(變姓名)한 정기현이었고, 이필제는 진명숙(秦明淑)으로 변성명하여 도망치다가 마침내 관군에 의해 사로잡혔다. 네 번째 거사를 시도했지만 이필제의 반정부 투쟁은 형장의 이슬과 함께 막을 내리고 말았다.

---

182 『승정원일기』 고종 8년(1871) 6월 23일(임오). 문초 과정에서 혹독한 형벌 때문에 물고(物故)된 자도 12명이나 되었다.

183 이 사건에 대해서는 『충청도감영장계등록(忠淸道監營狀啓謄錄)』 제6책, 『각사등록(各司謄錄)』 7권 충청도편 2권(국사편찬위원회, 1983), 「정기현이필제등조령역모사(鄭岐鉉李弼濟等鳥嶺逆謀事)」, 『포도청등록』 중(보경문화사, 1985), 「정기현이필제등조령역모사(鄭岐鉉李弼濟等鳥嶺逆謀事)」, 『포도청등록』 하, 「역적필제기현등당국안(逆賊弼濟岐鉉等鞫案)」, 『추안급국안(推案及鞫案)』 29권 306책(아세아문화사, 1978) 등의 자료가 있다.

184 정혜청 형수 댁의 하인이었던 박쾌철(朴快哲)은 거사가 성공하면 고금도(古今島) 만호(萬戶)에 제수해 주겠다는 말을 듣고 거사에 동참했다. 『충청도감영장계등록』 제6책, 224면, 228면.

조정에서는 경상감영에 수감 중이던 이들을 포청(捕廳)으로 압상(押上)하여 의금부(義禁府)에서 엄중히 심문했다. 「역적필제기현등국안(逆賊弼濟岐鉉等鞫案)」에 의하면 이들은 조령관의 무기를 탈취하여 병란을 일으키고 연풍, 충주, 청주로 직향하려 했다고 한다.

이필제는 당시 47세로 일찍부터 흉도(凶圖)를 품고 호남과 영남 지방에 출몰하면서 도당을 모았는데, 참위(讖緯)에 빙자하고 인심을 선동하고 유언비어를 퍼뜨렸으며, 진천, 진주, 영해 등에서 작변(作變)했었다고 진술했다. 그는 난을 일으킨 목적이 금병도(錦屛島)를 거쳐 중원(中原)으로 직향하려는 북벌 계획에 있었다고 강변했다.

정기현(당시 35세)은 정몽주의 후예로서 유업(儒業)에 종사하였다. 단양에 살던 그는 태백산 월정사의 승려 초운(樵雲)을 깊이 신임하였다. 초운이 정기현에게 이르기를 "단양의 정진사(鄭進士)는 곧 계룡산주인(鷄龍山主人)으로서 300일 동안 기도하면 차방주인(此邦主人, 우리나라의 주인, 필자 주)이 될 것이며, 포은(圃隱)의 후예로서 대복(大福)을 받을 것이다."라고 말하고 그를 위해 3백 일 기도를 했다.

이 소문을 전해 들은 이필제는 무리들을 이끌고 정기현을 만나 "우리들은 영해패군(寧海敗軍)의 장(將)으로 지금 다시 거사하고자 하는데, 그대가 곧 계룡산주인이 됨으로써 비로소 일이 이루어질 것이다."라고 말했다. 정기현은 그의 심복인 권응일(權應一)로 경상좌도(慶尙左道)를 담당하게 할 것이며, 자신이 차방주인(此邦主人)이 되면 이필제와 김낙균(金洛均) 등에게 대병(大兵)을 빌려주어 이들이 중원(中原)으로 진공할 것이라고 주장했다.

진천사건 때부터 이필제를 알았던 최응규와 임덕유는 정기현에게 다음과 같이 말했다.

이홍(이필제)은 본래 홍주(洪州) 출신으로서 호걸영웅의 재목이다. 손바닥에 '천(天)' 자와 '왕(王)' 자 두 글자가 있다. 비록 지금은 도망자 신세이지만, 품은 뜻은

남쪽으로는 왜(倭)에 쳐들어가고, 북쪽으로는 중국을 공격하는 데 있어 그 심지가 매우 크다.[185]

고종 8년(1871) 8월 4일에 충청도감영에 도착한 연풍(延豊)현감 이호숙(李鎬肅)의 첩정(牒呈)에 따르면, 연풍현 수회면(水回面) 문산동(文山洞)에 사는 양반 정해청(鄭海淸)이 글을 써서 감영에 고변했다고 한다. 이에 감영에서는 우선 정해청, 그의 재종질(再從姪) 정기원(鄭起源), 삼종손(三從孫) 정운기(鄭雲記) 등을 잡아들이고, 고변 내용에 대해 정탐하고 병영과 각 진영에 관문을 발송하여 사건 관련자들을 추포하기 위해 군교(軍校)들을 파견하였다. 이 사건으로 충청감영에 체포된 사람은 44명이었다.

사건은 애초에 다음과 같이 진행되었다.

8월 2일 오시(午時) 무렵 조령(鳥嶺) 근처에서 행적이 수상한 자들 50-60여 명이 본동(本洞) — 초곡(草谷) — 의 점막(店幕)에 모였다. 5-6명이 군기고를 향해 돌입했는데 그 가운데 김태일(金泰一, 정기현)이[186] 다리에서 떨어질 때 동민들이 일제히 달려들어 잡았다. 무리들 가운데 과반수 이상이 도망쳤고 잡힌 자는 19명이었다. 우두머리 정기현을 잡아 취조했는데, "당초 작당한 사람은 수천 명이며 조령에 모여 군기를 탈취하여 기병할 계획을 세운 지 오래되었다.", "산중에 매복해 있는 무리도 천여 명"이라고 진술했다.[187] 물론 모의자의 숫자가 많이 과장된 진술이다. 교졸들은 매복자 44명도 체포하였다.

이들은 처음에는 7월 20일에 거사할 계획이었다. 그런데 경포(京砲)를 포섭하는 데 시간이 지연되어 8월 2일로 바꾸었다고 한다.[188] 서울에서 내려와 거

---

185 李泓本是洪州人, 而豪傑英雄之才, 掌又有天王二字矣. 今雖亡命, 意在南伐倭, 北伐胡, 其志大矣. 「우포도청등록」 제24책, 『포도청등록』 중(보경문화사, 1985), 758면.

186 김태일(金泰一)이 바로 정기현(鄭岐鉉)이 성명을 거짓으로 바꾼 것이고 진명숙(秦明淑)은 바로 이필제(李弼濟)가 성명을 거짓으로 바꾼 것이다. 『승정원일기』 고종 8년(1871) 8월 11일.

187 「충청도감영장계등록」 제6책, 187면.

188 「충청도감영장계등록」 제6책, 187면. 원래 거사예정일이 7월 27일이라는 진술도 있다. 「충청도감영장계등록」 제6책, 192면.

사에 합류한다는 포군(砲軍)은 끝내 조령에 모습을 보이지 않았고, 과연 그러한 계획이 실제로 진행되었는지도 의심스럽다. 어쨌든 모의자들은 서울에서도 거사에 동참할 세력이 있다고 믿었고, 그러한 믿음은 동모자를 포섭하는 데 설득력이 있는 주장이기는 했다.

사건이 발생하기 전에 이필제가 정해청(당시 45세)을 찾아와 "일찍이 도강(渡江)할 뜻을 가지고 사방을 돌아다니며 군사를 모았지만 끝내 병사를 모으지 못하고 헛되이 평생을 바쳤다."고[189] 말했고, 중국에 세 차례나 갔다 왔노라고 허세를 부렸다. 여기서 '도강(渡江)할 뜻'은 압록강을 건너 중국으로 진격한다는 의미로 사용되었다.

또 이필제는 정해청에게 신미년(1871) 5월 무렵에 단양(丹陽) 가산(佳山)에 사는 진사 정봉래(鄭鳳來, 정기현)를 만나 친하게 되었으며, "이번에는 정기현을 위해 계책을[190] 내어 거사를 성공시킨 후 조선의 춘추대의에 입각한 의군(義軍)을 모아 압록강을 건널 계획이다."라고[191] 말했다.

나아가 이필제는 "조령에서 전라, 충청, 경상도 각지의 유생(儒生)들을 모아 서원철폐를 반대하는 도회(道會)를 열고 조령관문(鳥嶺關門)을 공략한 후, 군사를 세 갈래로 나누어 먼저 문경(聞慶)을 취하고 다음에는 연풍(延豊)을 취하고 마지막으로 태원성(泰源城)을 얻어 서쪽으로 진격할 계획이다."라고 거사 계획을 밝혔다.

이에 정해청이 "계획은 좋지만 내부의 변란만 있고 외부의 호응이 없으면 거사가 성공하겠느냐?"고 물었다. 이필제는 "외부로부터의 호응이 반드시 있을 것이고, 또 서양 선박도 8월 보름 무렵에 들어올 예정이다."라고 안심시켰다.[192] 물론 이는 이필제가 지어낸 말이었다. 어쨌든 서양 세력은 배척 대상이

---

189 早有渡江之志, 漂流四方, 終無藉兵之路, 虛度平生. 「충청도감영장계등록」 제6책, 188면, 226면.

190 이필제는 자신은 정씨가 아니므로 조선을 다스릴 인물로 정기현을 택했고, 자신의 목표는 조선 정부의 타도가 아니라 북벌에 있다고 주장했던 것이다.

191 今爲鄭某出計成事後, 救聚朝鮮春秋義旅, 乃渡江爲計云云. 「충청도감영장계등록」 제6책, 226면.

192 自有外應, 而洋船亦於八月望間來泊云云. 「충청도감영장계등록」 제6책, 188면. 八月旬望間, 自有洋船

아니라 이필제가 평생의 꿈인 북벌을 이루기 위한 지원 세력으로 이해되었으며, 혼란스러운 국제 정세를 틈타 중국을 침략할 수 있는 호기를 제공할 수 있는 세력으로 여겼음을 알 수 있다.

나아가 이필제는 "조령관문은 한(漢)나라의 파촉(巴蜀)과 같은[193] 군사적 요충지이기 때문에 함께 이곳을 지키기만 해도 대사(大事)를 이룰 수 있을 것"이라고[194] 부추겼다.

7월 5일에 정기원이 정기현을 찾아갔더니, 다음과 같이 말했다.

> 정봉래(정기현)가 말하기를 "지금은 세상일이 크게 변하는 시기여서 생민(生民)의 고통과 아픔이 이보다 심한 적이 없었을 정도다. 그런데도 선현(先賢)의 사원(祠院)을 훼철하여 민심이 또 한번 크게 동요하고 있다. 이때를 틈타 대사(大事)를 일으킨다면 인심이 마치 물이 흐르듯 내게로 돌아올 것이다. 그러니 이때를 버리고 어느 때에 거사를 일으키겠는가?"라 했다.[195]

정기현은 "민중의 아픔과 고통을 해소시켜 주기 위해 거사한다."는 명분을 내세웠다. 그리고 정부 측의 서원철폐령이 민심을 다시 자극시켜 혼란을 초래하고 있는 바로 지금이 오히려 거사를 성공시키기 위한 최적의 조건을 제공하며 성숙된 분위기로 작용한다고 강조했다. 그는 일단 거사가 일어나기만 하면 민중들의 호응이 물밀 듯이 몰려와 거사가 성공할 수밖에 없다고 당시 사회를 인식하였다.

흥선대원군 이하응(李昰應, 1820-1898)은 권력 남용, 분쟁 유발, 정국 혼란, 대

之來應. 「충청도감영장계등록」, 제6책, 226면.

193 중국에 한(漢)나라가 창업되기 전에 유방(劉邦)의 모사(謀士) 장량(張良)이 잔도(栈道)를 불태워 버리고 오직 한 가닥 옛길만을 남겨 파촉(巴蜀)으로 가도록 했기 때문에 훗날 한신(韓信)이 그 길을 알게 되었다는 고사가 있다. 여기에 근거해 잔도는 몹시 험준한 요해지(要害地)를 이르는 상징어가 되었다. 「한서(漢書)」 권 40, 「장량열전(張良列傳)」.

194 鳥關卽漢之巴蜀, 與我同守此地, 共濟大事云云. 「충청도감영장계등록」, 제6책, 188면.

195 鳳來曰, 此時世事大變, 生民疾苦, 莫今日若. 而且毁撤先賢祠院, 民心又變矣. 乘此時擧大事, 則人心如水歸我也. 捨此而何時擧事云?.

민 착취와 작폐의 심화 등을 이유로 고종 1년(1864)에 서원의 민폐 문제를 구실로 사원에 대한 조사와 존폐 여부의 처리를 묘당에 맡겼고, 고종 5년(1868)과 고종 7년(1870)에 민폐를 끼치는 서원에 대한 훼철을 명하였다. 이어 고종 8년(1871) 3월에는 학문과 충절이 뛰어난 인물에 대하여 1인(人) 1원(院) 이외의 모든 첩설서원을 일시에 훼철하게 함으로써, 전국의 서원과 사우 600여 곳을 헐어 버리고 사액서원(賜額書院) 47개소만 남겨놓았다. 이에 서원을 중심으로 온갖 특권을 누리며 백성들 위에 군림하며 폐단을 낳던 전국의 유생들이 집단적 반발을 일으켰다. 유생들이 광화문 앞에서 복합(伏閤)상소를 올리고 연좌농성을 벌이기도 했지만, 정부 측의 강력한 정책 추진 의지에 물러날 수밖에 없었다.

유림 사회의 이러한 분위기를 이용하여 이필제는 서원철폐령에 대한 유회(儒會)를 개최한다는 명분으로 경상도, 충청도, 전라도 사람들을 모으기 시작했다. 당시는 흥선대원군의 서원철폐령이 내려지자 이에 대처하기 위해 전국 각지에서 유림들의 모임이 잦았고, 서원철폐령에 항의하는 집단 상소를 목적으로 상경하는 무리들이 잇따랐던 시기였다. 이러한 유림들의 격양된 분위기를 이용하여 이필제는 "선비 된 자의 도리로서 침묵할 수 없으니 부득불 모여서 일차 복합상소를 올리는 것이 좋겠다."는 내용의 통문을 돌려 변란을 기도했다.

주모자들은 "근일 영남의 선비들이 치소(治疏)를 올리기 위한 모임이라고 일컫는 것도 실은 이러한 심정과 이러한 일로서 영남 일도가 모두 동체동응(同體同應)이며, 이미 서로 약속이 되어 있다."고 주장하였다. 더욱이 "밖으로는 양이(洋夷)가 8월에 다시 오기로 서로 약속되어 있다."는 말로 유림 세력을 모으고 인심을 동요시켰다.

풍기의 권응일(權應一), 충주의 송희철(宋僖哲), 상주의 김공선(金公先) 등이 유회(儒會)를 가탁하여 각기 백여 명을 동원하기로 약속했다. 이필제가 가난한 농민의 지지를 접어두고 양반들을 동원했다는 점에서 거사가 '민중의 힘'에 의해 성패가 갈린다는 점을 잠시 잊은 듯하다. 물론 진주사건과 영해사건에서 민중의 힘에 의지해 보려 했지만 결국 거사가 모의 단계에서 탄로가 났고 일시적 성공에 불과했다는 쓰라린 경험이 그를 더욱 초조하게 만들었을 수도 있다.

거사일은 8월 2일로 결정되었다. 일단 조령에 모여 문경읍을 얻은 다음 괴산과 충주를 장악한다는 계획을[196] 세우고 권응일은 대원수(大元帥),[197] 정기현은 진인(眞人), 정해창(鄭海昌)은 모사(謀士), 김원명(金元鳴)은 선봉(先鋒) 등의 직책을 맡아 거사를 진행하려 했다.[198] 8월 2일 초곡(草谷)에 거사꾼들 50명-60명이 새벽부터 내리는 비에도 불구하고 모이기 시작했다. 그러나 예정된 인원에는 턱없이 부족했고, 특히 대장으로 추대할 권응일도 나타나지 않았다. 이에 거사꾼들은 강릉으로 가서 새로 거사를 도모하자고 약속하고 헤어지기로 했다.

그러나 동네 사람이 수상한 자들이 모여든다는 기미를 조령별장에게 알렸고, 이에 관속들이 거동 수상자를 체포하러 나섰다. 결국 이필제를[199] 포함한 주모자들이 대거 체포되었다.

신미년(1871) 8월 29일부터 충청감영에서 체포된 인물들을 심문하기 시작했다. 그 공초를 통해 조령사건에 대해 자세히 알아보자.

진사(進士) 정기현(鄭岐鉉, 당시 35세)은 단양(丹陽) 서면(西面) 가산리(佳山里)에 살면서 농사를 지으며 유업(儒業)에 종사했다. 기미년(1859)에 소과(小科)에 합격했다. 경오년(1870) 4월경에 한희문(韓喜文)이라고 자신을 소개하는 사람이 찾아와 하룻밤 묵고 갔다. 9월 어느 날 그가 또다시 찾아와서 자기는 한씨(韓氏)가 아니라 김낙균(金洛均)인데 기사년(1869) '김병립 고변사건' 때문에 이필제와 함께 도망쳤던 사람이라고 정체를 밝혔다.

신미년(1871) 3월 그믐에 과객 차림의 권가(權哥)와 김낙균이 찾아와 "괴산(槐

---

196 이필제는 일단 이 거사가 성공하면 청주(淸州)로 가서 옥에 갇혀 있는 김낙균의 모친을 모시고 함께 금병도(錦屛島)로 갈 계획이었다고 진술했다. 『추안급국안』 29권 306책, 421면.

197 정기현은 이필제에게 권응일은 '한신(韓信)의 재주'를 지닌 인물이라고 소개했다. 권응일이 대장이 되고, 이필제가 모사가 되어 거사를 일으킬 것이라고 주장했는데, 권응일은 원래 정기현의 심복이었다. 『추안급국안』 29권 306책, 420면, 427면.

198 박주대(朴周大), 「조령적괴등순영초사(鳥嶺賊魁等巡營招辭)」, 『나암수록(羅巖隨錄)』, 102-105면.

199 이필제는 8월 2일 밤에 최응규와 함께 초곡을 떠나 도망쳤지만, 이튿날 상황 파악을 위해 문경현에 들렀다가 포졸들의 검색에 걸려 체포되었다.

山) 칠성암(七星岩)에 사는 최응규(崔應奎)와 임덕유와 친하다."고 했는데 정기현도 "그들을 알고 있다."고 대답했다. 후에 최응규와 임덕유가 와서 권가는 이홍(李泓, 이필제)이라고 말해주었다. 진천사건에 관련된 인물들이 정기현과 알고 지내던 사이였고, 영해사건이 일어나기 이전에 김낙균이 정기현을 찾아갔다는 사실을 통해 볼 때 그들은 오래전부터 모종의 거사를 준비하고 있었음을 짐작할 수 있다. 또 이필제는 정기현의 집 근처에 있는 최해진(崔海鎭)의 집에 머물렀는데, 정기현이 옷과 음식을 담당했다. 영해사건의 주모자가 이필제라는 사실을 알고도 금품을 제공하고 숨어 지낼 수 있도록 도와주었다는 점에서도 거사를 꾸민 정황이 드러난다.

그 후 김낙균과 최응규가 정기현을 찾아와 장차 유회(儒會)를 열려고 이필제가 지은 통문(通文)을 보여주었고, 정기현은 이 통문을 풍기에 사는 권응일(權應一)에게 보내주었다.

신미년(1871) 7월에 김낙균이 이필제의 편지를 가지고 와서 유회를 8월 2일에 조령(鳥嶺) 초곡(草谷)에서 열 것이라고 알려 왔다.

이때 김낙균이 "문경, 상주, 괴산, 연풍, 충주 등지의 서원에서 많이 올 것인데, 상주에 사는 김공선(金公先)이 100여 명, 충주의 정운기(鄭雲紀), 연풍의 정해청(鄭海淸) 등이 30여 명을 데리고 올 것"이라고 말했다.

정기현은 형 정옥현과 함께 8월 1일에 충주 무두리(茂頭里)로 가서 하룻밤을 묵고, 다음 날 오후에 초곡 점막(店幕)에 도착했다. 이윽고 김낙균과 이필제 등이 도착했지만, 비가 많이 와서 사람들이 많이 모이지 않았고 오기로 약속했던 권응일도 도착하지 않았다.

이필제는 영해사건의 핵심이 정기현에게 있다고 다음과 같이 진술했다.

정기현이 말하기를 "초운(樵雲)은 나의 관상을 보고 나서 3백 일 기도를 하고 있다. 그가 말하기를 '정기현은 불에 들어가도 타지 않고 물에 들어가도 익사하지 않으며, 전쟁을 치르더라도 한 번도 이기지 못하는 때가 없을 것이다. 시기를 판단하는 데 빠르고 늦음이 없을 정도로 적확하여 모든 일을 마음먹은 대로 할 것이니 거사를 일으키는 데 염려할 것이 없다.'라 했다. 영남의 좌도(左道)는 권응일(權應一)이 담당할 것이고, 예천은 김원명(金元明)이 담당할 것인데, 이 두 사람은 본래 나의 심복으로 항상 '장자(長者)'라고 부른다."라 했습니다. 그래서 저도 "만약 그렇다면 그대는 '차방주인(此方主人)'이라고 불릴 만하다. 내가 원하는 것은 그대에게 대병(大兵)을 빌려 중국을 도모하는 일이다."라고 말했습니다.[200]

이필제, 김낙균, 최응규 등은 정기현에게 다음과 같이 약속했다.

조선을 평정하면 정기현에게 준다. 그 후 이필제, 김낙균, 최응규 등은 정기현에게 대병(大兵)을 빌려 북쪽으로 중국을 공략할 것이다.[201]

조령에 갔더니 정기현이 이번에 오는 사람이 많지 않으면 강릉(江陵)으로 가서 거사를 도모할 예정이라고 주장했다. 강릉에는 그의 친척인 정복현(鄭福鉉)이라는 장사와 배가 준비되어 있는데, 거사에 뜻을 둔 지 오래되었다고 말했다.

한편 거사꾼들이 8월 2일에 체포된 상황에 대해서는 다음과 같은 보고가 있다.

경상감사(慶尙監司) 김세호(金世鎬)가, "상주영장(尙州營將) 김사익(金思翊)이 보낸 첩정(牒呈)에, 방금 문경현감(聞慶縣監)이 올린 첩정을 보니, '이달 3일 조령별장(鳥嶺別將)의 보고 안에 2일에 수상한 사람 50-60명이 본동(本洞)의 주막집에 와서 묵었다고 하기에, 군교와 군사들을 보내 암암리에 포수들에게 무기고를 수직하게 하였습니다. 밤이 깊어지자 위에서 말한 놈들이 큰 소리를 지르면서 일제히 뛰쳐나와 무기고로 향해 들어갔습니다. 그중에서 김태일(金泰一)이라고 하는 놈이 다리 밑으로 떨어져 마을 사람들에게 붙잡혔습니다. 김태일을 잡아다가 문초하니 그의 진술 안에 당초 패거리가 수천 명이 조령에 모여 무기를 빼앗아 병란을 일으킨 지가 오래라

200 鄭岐鉉曰, 椎雲爲我觀像, 三百日祈禱, 又稱入火不燒, 入水不溺, 戰場所事, 萬無一失, 時無早晩, 百事如意, 勿慮擧事, 而嶺南左道, 權應一擔當是如, 醴泉金元明, 本是岐鉉之心腹, 常稱長者, 故矣身亦曰, 若然則, 汝可謂此邦主人, 吾願借大兵, 以圖中原矣. 「우포도청등록」 제24책, 『포도청등록』(보경문화사, 1985), 760-761면.

201 朝鮮, 則定給鄭岐鉉. 後李弼濟及金洛均崔應奎等, 借得大兵, 北伐中原云云.

고 하였습니다. 또 후환(後患)에 대해서 문초하니 매복한 자가 1,000여 명이라고 하였습니다. 그래서 즉시 사람들을 동원하여 그 매복한 곳을 수색하다가 군기(軍器)를 노리고 있는 도적놈들을 연이어 또 붙잡았는데 전후하여 붙잡은 것이 도합 44명이었습니다. 그러므로 그들을 가두고 성책(成册)하여 이에 보수하여 올립니다. 잔당들은 계속 탐색하여 잡아내려고 합니다.'라고 하였습니다.

불량배들이 도당(徒黨)을 불러 모아 요해지에 매복하여 무기를 노렸으니 그들의 행위를 따져보면 더할 나위 없이 흉악하고 지독합니다. 붙잡은 도적놈들은 우선 상주진(尙州鎭)과 안동진(安東鎭)에 나누어 가두었습니다. 적괴(賊魁) 정기현(鄭岐鉉)과 정옥현(鄭玉鉉), 이필제(李弼濟)는 바로 영해(寧海)에서 놓친 놈들인데 이제야 비로소 잡아냈습니다.[202]

진영(鎭營)에서 심문을 받은 죄인들은 서울 의금부로 압송되어 다시 조사받았다. 이필제, 정기현, 정옥현 등은 의금부의 심문에 "죽어도 여한이 없다.", "만 번 죽더라도 아까울 것이 없다."고 답하며 죽음을 담담히 받아들인 확신범들이었다. 특히 이필제는 "나에게는 나라를 위해 충성을 다하는 마음이 있다."고 끝까지 주장했다.

마침내 12월 23일에 내려진 이필제에 대한 판결은 다음과 같다.

이필제는 (···) 호서 지방과 영남 지방에 출몰하면서 도당들을 불러 모았고, 참위설(讖緯說)을 빙자하여 인심을 선동하였습니다. 꾸며서 도모한 것은 요망한 말을 퍼뜨리고 헐뜯는 말을 꾸며대는 것이었고, 가슴속에 품고 있었던 것은 군사를 일으키고 화란을 초래하는 것이었습니다.

변란을 일으킨 것이 한두 번이 아니었는데, 그 지역은 진천, 진주, 영해였고, 신

---

202 慶尙監司金世鎬, 以尙州營將金思翊牒呈內, 卽接聞慶縣監牒呈, 則以爲, 今月初三日, 鳥嶺別將所報內, 初二日, 殊常之人五六十名, 來留本洞店幕云. 故起送校卒, 暗使放砲, 守直軍器矣. 至夜半, 右漢等, 高聲齊出, 向入軍器庫. 其中金泰一爲名漢, 落於橋下, 爲洞民所捉. 泰一, 捉致問招, 則所告內, 當初作黨數千名, 會於鳥嶺, 奪取軍器, 經營起兵者久矣云云. 又問後患, 則埋伏者千餘名云. 故卽發將差, 搜探其埋伏處, 軍器窺覘之賊漢, 繼又捉得, 前後所捉, 合爲四十四名. 故囚徒成册, 玆以修上. 餘黨, 連加跟探, 期於捉得. 無賴輩之嘯聚徒黨, 埋伏關隘, 窺覘軍器, 究厥所爲, 萬萬凶慘, 就捉賊黨, 爲先分囚於尙州鎭安東鎭. 賊魁鄭岐鉉鄭玉鉉李弼濟, 卽是寧海漏網者, 而今始就捕.『고종실록』고종 8년(1871) 8월 11일(기사). 그러나 정기현과 정옥현이 영해사건에 가담한 흔적은 찾을 수 없다.

분을 위장한 것이 천만 가지나 되었는데, 바꾼 이름은 명숙(明叔), 성칠(成七), 제발(濟潑) 등이었습니다.

그의 수상쩍은 행동은 미리 헤아릴 수가 없었고, 흉악한 행동은 날이 갈수록 더욱 심해졌습니다. 유생들의 모임이라 핑계 대고는 조령(鳥嶺)으로 도적들을 끌어모았고, 무기를 탈취하기 위한 계획을 꾸미고는 여러 고을에서 흉악한 짓을 행하였습니다. 정기현(鄭岐鉉)을 보고 비범한 사람이라고 망령되이 칭하면서 그를 자신의 속셈을 이루어줄 사람으로 여겼고, 곧바로 섬으로 들어가기로 기약하고는 방자하게 호언장담하였습니다. (…) 모반대역부도(謀反大逆不道)에 대해 확실하게 지만(遲晩)한[203] 그의 죄에 대해서 (…) 이필제의 죄는, 때를 기다리지 않고 능지처사하는 데에 해당됩니다.[204]

결국 이필제는 그해 12월 23일 모반대역부도죄(謀反大逆不道罪)로 군기시(軍器寺) 앞길에서 능지처사(凌遲處死)되었다.[205] 정기현은 같은 죄목으로 서소문 밖에서 능지처사되었고, 정옥현은 지정불고죄(知情不告罪)로 참형(斬刑)을 당했다.[206]

사건 연루자 가운데 최해철(崔海鐵), 임덕유(林德裕), 안문희(安文熙), 최태철(崔泰鐵), 정국현(鄭國鉉) 등 5명은 효수형을 당했고, 김희균(金熙均), 최낙희(崔洛羲), 정진기(鄭陳基), 이섭이(李燮伊), 최홍철(崔洪鐵), 박희태(朴熙台), 정돈영(鄭敦永), 송희철(宋僖哲), 석기언(石基彦), 송경범(宋京範), 권응일(權應一), 이종을(李宗乙), 최성서(崔聖瑞), 김종대(金鍾大), 이의수(李宜秀), 최철하, 곽석대 등 17명은 정배당했고, 박이성(朴已成), 정한기(鄭漢基), 이승창(李承昌), 한성리(韓聖履) 등 4명은 엄하게 한 차례 형신해서 잘못을 징계한 뒤 석방되었다. 김낙균(金洛均)과 초운(樵雲)은 체포망을 뚫고 도망쳤다.[207]

---

203 지만은 죄인이 자백할 때 '너무 오래 속여서 미안하다.'는 뜻으로 자기의 잘못을 고백하던 말이다.

204 『고종실록』과 『승정원일기』 고종 8년(1871) 12월 23일(무인)의 기사에 정옥현과 정기현의 결안(結案)도 함께 실려 있다.

205 먼저 왼팔, 오른팔, 왼 다리, 오른 다리, 몸통의 순서로 사지(四肢)를 절단하고 그 다음에 머리를 베는 가장 참혹한 형벌이다. 이후 시신을 6개 부분으로 찢어 각지에 보내 여러 사람들에게 보여 경계로 삼는다. 수(隋), 당(唐) 이래로 없어졌으나 원(元)나라 때 다시 부활되었고, 우리나라에서는 거열(車裂)로써 이를 대신하였다.

206 『일성록』 제108책 고종 8년 3월 16일, 18일, 27일조, 제117책 12월 23일.

(3) '이필제사건'에 보이는 예언사상

'이필제사건'에 대한 공초(供招)에는 환란의 발생에 대한 이야기, 진인(眞人)이 출현할 것이라는 주장, 피난처에 대한 언급, 특정한 장소에 대한 강조와 신비감 조장, 비결(秘訣)이나 비기(秘記)에 대한 기록 등이 많이 보인다. 이러한 기록을 통해 우리는 1860년대 후반과 1870년대 초기 조선사회에 만연했던 예언은 과연 어떤 형태였는지를 추적할 수 있고, 당시 민중들이 가졌던 '예언사상의 실체'를 규명할 수 있을 것이다.

거사모의자의 의지와 역량을 하나로 굳건히 묶기 위해 예언사상이 이용되었다. 그리고 사건 관련 기록을 통해 우리는 민중들의 변화와 개혁을 요구하는 염원을 한데 뭉쳐 거사를 일으키는 결정적 동기로 작용한 비결이나 예언이 널리 알려지고 믿어진 정황을 확인할 수 있다.

지배체제에 순응하거나 기존질서에 길들여지기를 거부하는 사람들을 조직화하고 조직의 지도자를 신성시하여 그에 대한 숭배의식을 의도적으로 고취시킴으로써 조직 자체의 성화(聖化)를 도모하기 위해서도 예언사상의 확산과 새로운 해석이 필요했다. 예언사상을 통해 거사모의자들은 '선택된 소수'라는 자부심과 '명예로운 전사'라는 자의식으로 똘똘 뭉쳐, 거대하고 강력한 정치체제와 부패하고 모순된 사회질서에 적극적으로 대항하고 끈질기게 저항할 수 있는 원동력을 찾았다.

이제 '이필제사건'이 일어난 시간의 흐름에 따라 각 사건에 보이는 예언사상에 대해 상세히 살펴보자. 이러한 연구를 통해 예언이 시간과 공간에 따라 조금씩 다른 형태로 제시되는 양상을 파악할 수 있고, 예언의 핵심은 변하지 않지만 주변적인 내용이 조금씩 바뀌어가는 모습도 엿볼 수 있을 것이다.

---

207 『승정원일기』 고종 9년 임신(1872, 동치 11) 1월 18일(계묘).

① '진천사건'에 보이는 예언사상

정묘년(1867) 7월 무렵에 김낙균이 이홍(이필제)과 함께 삼촌 김병회를 찾아 갔다. 이때 이필제가 진사 심홍택이 사는 곳을 묻자 김병회가 가르쳐주었다. 그 후 무진년(1868) 8월에 김낙균과 이필제가 다시 김병회를 찾아왔다. 김낙균 은 김병회의 집에 머물고, 이필제는 심홍택의 집을 찾아갔다가 얼마 지나지 않아 돌아왔다. 김병회가 "왜 이렇게 빨리 돌아왔느냐?"고 그 까닭을 묻자, 이필 제가 "심 진사 집에 수상한 사람이 와서 저의 행적을 물었습니다. 저는 피신하 는 사람[我是避身之人]이라 마음이 매우 불안해서 돌아왔습니다."라고 대답했다.

얼마 후 자칭 유구(維口)에 산다는 김호관(金好寬)이라는 사람이 불쑥 찾아와 이필제와 긴밀한 대화를 나누었다. 이때 이필제가 김호관에게 "심 진사 댁에 머물면서 나에 대해 물었다는 사람은 누구냐?"라고 물었다. 이에 김호관이 "그 사람은 동해에서 4천 리 밖에 있다는 표도(豹島)에 사는 신인(神人)입니다. 그는 이선달 님의 유명한 이름을 듣고서 찾아왔다고 말했습니다."라고 대답했 다.[208] 이 말을 들은 이필제가 크게 화를 내며 "이역(異域) 사람인 괴이한 인물이 나를 만나러 오다니 죽이지 못하는 것이 한스럽다."라고 말했다.

김병회가 조카 김낙균에게 "표도(豹島)에서 심 진사 댁에 사람을 보내 이홍 (이필제)의 종적을 물은 일이 무슨 의미냐?"고 질문했다. 이에 김낙균은 다음과 같이 대답했다.

> 김낙균이 말하기를 "이 일은 우리들로서는 알지 못하는 바입니다. 만일 나라에
> 불안한 일이 생길 때 마음을 같이하는 사람들이 무리를 모아 거사해서 나라를 보
> 전한다면 자연히 공적이 있을 것입니다. 그런 다음에 중국을 공격해 평정한다면
> 이 어찌 대장부의 일이 아니겠습니까?"라 했다.[209]

208 李泓問金好寬曰, 俄於沈進士家, 問我者誰也? 金好寬答曰, 其人則, 東海四千里外, 豹島居神人云, 矣聞
     李先達之盛名, 委來欲訪也. 「우포도청등록」 제24책, 『포도청등록』(보경문화사, 1985), 733면.

209 洛均言內, 此事非吾輩所知, 國家若有不安之事, 則同心之人, 聚黨擧義, 圖存國家, 自然有功矣. 仍爲北伐
     中原, 豈非大丈夫之事乎云. 「우포도청등록」 제24책, 『포도청등록』(보경문화사, 1985), 741-742면.

동해에 있다는 신비한 섬인 표도에 신인을 중심으로 한 일정한 세력이 웅거하고 있다는 믿음이 반영된 이야기다. 표도는 가공의 섬으로 실제로 그곳에 사는 사람이 이필제를 찾아왔던 일이 있었는지도 의심스럽다.

그러나 이 이야기는 육지에서 멀리 떨어진 섬에 모여 있는 사람들이 이필제의 움직임에 지대한 관심을 가지고 있으며, 언젠가 기회가 되면 서로 힘을 합쳐 거사할 수도 있을 것이라는 의미를 함축하고 있다. 섬에서 세력을 형성하여 장차 육지로 나와 새 왕조를 건설하기 위한 거사에 착수할 것이라는 생각은 이전 시기에 발생한 역모와 변란에서도 자주 등장했고, 훗날 남조선신앙(南朝鮮信仰)으로 정립된다. 다만 우리나라를 평정하는 일에 그치지 않고 중국까지 평정하려 했던 점에서 독특하다. 거사를 꿈꾸는 세력이 상당히 널리 분포하고 있었음을 강조하는 한편 각각의 세력이 서로 연대하기 위해 모종의 연락을 취하고 있었음을 강조하고 있다는 점이 주목된다.

정묘년(1867) 11월에 이필제가 옥천군(沃川郡) 가산(佳山)에 머물면서 양주동을 불렀다. 이필제는 장차 일어날 난리를 피할 장소로 그곳을 상정하고 있었다. 집터가 만금(萬金)이나 나간다는 이야기를 듣고 양주동이 어떻게 구할 것인지 묻자, 이필제가 "친구 가운데 전라도의 부유한 양반이 있는데, 그가 자기와 함께 피난지계(避亂之計)를 가지고 있다."고 대답했다.

전라도 양반이 누군지는 밝혀지지 않았지만, 이필제의 주변에 피난처를 찾는 사람들이 모여들었으며, 이필제가 피난처를 찾고 결정하는 역할을 수행했음을 알 수 있는 대목이다. 그리고 이때 양주동이 난리가 언제쯤 일어날 것인지 묻자, 이필제는 "내년 무진년(1868)에 반드시 난리가 일어날 것"이라고 대답했다. 이필제가 난리가 일어날 것으로 믿은 최초의 년도는 무진년이었다. 그는 이때부터 곧 난리가 일어날 것이라는 확신을 가지고 있었다. 그러나 이필제는 당시에는 소극적인 '피난'을 도모했던 상황이었고, 아직 적극적인 '거사'를 꾀하는 단계는 아니었다. 난리가 발생할 것이라는 예언은 실제로 난리가 발생했을 때 어떤 구체적인 행동이 필요할 것인가라는 현실적 대응책을 마련하는 일로 연결될 수밖에 없었다.

박회진(당시 37세)은 해미(海美)에 살았는데 아버지와 함께 의술에 종사했다. 기미년(1859) 12월경에 보은(報恩) 마노면(馬老面)에 집을 샀고, 경신년(1860) 9월에 자신이 먼저 이사 가서 장차 아버지와 함께 보은에서 약업(藥業)을 할 작정이었다.

그런데 경신년(1860) 4월 무렵에 어릴 때부터 알고 지내던 홍주 광천(廣川)에 살던 김병원(金炳轅)이 박회진을 찾아왔다. 김병원은 풍기(豊基)에서 돌아오는 길에 들렀다고 말했다. 이윽고 김병원은 박회진에게 자기 처남 이필제(李弼濟)가 풍기에서 1년 동안 유배생활을 하던 중 겪었다는 신기한 일에 대해 다음과 같이 들려주었다.

그 신기한 일이란 다음과 같다. 이필제가 말하기를 "내가 유배지로 가니 그곳은 예전에 허야옹(許野翁)이라는 사람이 살았었는데 몇 년 전에 죽었다고 했다. 그 사람이 자기 처자식에게 남긴 유서에 '훗날 이필제라는 이름을 가진 사람이 오면 이 유서를 전해주라.'고 했다고 한다. 그 유서에 이르기를 '풍기(豊基)의 승지(勝地)는 제1지(地), 제2지, 제3지가 있다. 그곳에 하도(河圖)와 성수(星數)로 집을 지으면 삼재(三災)가 침범하지 못하고 영원토록 평안하게 지낼 수 있을 것이다.'라 했다. 또 유서에 이르기를 '필제의 '필(弼)'자는 궁궁(弓弓)이 된다. 필제는 을유년(1825)에 태어났기 때문에 을을(乙乙)에 해당한다. 이러한 일은 임진년(1592)의 송송지설(松松之說)을 방불하는 것이다. 그리고 어떤 선생이 이필제를 도울 것인데, 그의 이름은 이용현(李用玄)이다.[210]

허야옹이 남긴 유서에[211] 나오는 궁궁을을(弓弓乙乙)이라는 비결은 임진년의 송송

---

210 其神奇事則, 弼濟謂言, 吾之謫居時, 聞此地前有許姓號野翁, 數年前已死. 而遺書於其妻子云, 後有李弼濟姓名人來則, 以此書遺之. 其書曰, 豊基勝地有第一地第二地第三地, 以河圖星數造屋則, 三災不侵, 永永安過云. 又曰, 弼濟之弼字, 爲弓弓. 又曰, 弼濟乙酉生, 故曰乙乙也. 彷佛壬辰松松之說. 又有先生亦助弼濟者, 卽李用玄也云矣. 「우포도청등록」 제24책, 737면.

211 허관의 아들 허간은 아버지가 유서를 남겼다거나 이필제의 운세를 평했다는 이야기는 처음 들어보는 일이라고 진술했다. 더욱이 궁궁을을설(弓弓乙乙說)은 처음 들어보며, "아버지가 하지도 않은 말을 어찌 하겠느냐?"고 반문하며, 아마도 "이필제가 자작(自作)하여 이를 이용하고 과장해서 재물을 편취하려 했던 계략일 것"이라고 진술했다.

지설(松松之說)과 거의 비슷했습니다. 또 (이필제가) 풍기(豊基)가 십승지(十勝地)에 들어가기 때문에 삼재(三災)가 들어올 수 없는 땅이라고 말했기 때문에, 그의 이야기를 듣고 기뻐서 잠시 이사했었던 것입니다.[212]

박회진은 이러한 이야기를 전해 듣고 이필제를 만나보았고, 결국 이필제를 따라 진천을 거쳐[213] 풍기까지 온 가족을 이끌고 이사했다. 박회진은 풍기가 십승지에 속하고 그곳에 3곳의 명당이 있다는 이야기에 유혹되어 생업을 포기하면서까지 이사하는 모험을 택했다. 당시 난리가 곧 일어날 것이라는 소문이 널리 알려졌고, 이른바 십승지가 어느 곳을 가리키느냐에 대한 여러 가지 설이 난무했던 사정이 확인된다. 풍기는 십승지 가운데 첫 번째로 손꼽히는 곳이다.[214] 풍기군 북쪽 소백산(小白山) 아래 양수(兩水) 사이에 있다는 차암(車岩) 또는 차령(車嶺)의 금계촌(金鷄村)이 십승지로 상정되었다.[215]

이필제가 십승지사상의 신봉자였고, 열렬한 전파자라는 점은 분명해 보인다. 이필제는 당시 진천에 살고 있었지만, 풍기에 있는 허야옹(허관)의 아들 허간의 집 뒤에 있는 터에 집을 짓고 있었고, 그곳을 방문한 박회진에게 풍기로 이사할 것을 권유했다. 이사의 목적은 수화풍(水火風) 삼재의 발생이나 전쟁, 전염병, 가뭄과 홍수 발생 등으로부터 피하려는 것이었다. 보다 나은 경제 활동이나 주거 환경을 위한 이사가 아니라 난리나 재난으로부터 피하고 보자는 생각이다.

---

212 許野翁遺書中, 弓弓乙乙之識, 彷彿於壬辰松松之驗. 而且聞豊基入於十勝地, 而三災不入是如云, 故樂聞其說, 暫移矣. 「좌포도청등록」 제15책, 537면. 「우포도청등록」 제24책, 740면 박회진 공초.

213 "신유년(1861) 가을에 목천에 사는 김진균이 찾아와 이필제가 진천에 승지(勝地)를 선점했다고 말하며 함께 가서 보기를 권했습니다." 「우포도청등록」 기사년 4월 박회진 공초.

214 「감결」에서는 청양현(靑陽縣) 화산(花山) 초래동(苕萊洞), 보은 속리산 승경(承傾), 운봉(雲峰) 하류동(河流洞), 유구(維鳩)와 마곡(麻谷) 사이, 소백산 회인동(會仁洞), 태백산 만양동(滿陽洞) 금재촌(金載村), 무주(茂州) 무풍동(舞風洞)과 부호동(俯湖洞), 부안 서암(西岩), 협천 가야산 아래 만수동(萬壽洞) 등이 십승지로 거론된다. 「감결(鑑訣)」, 「정감록」(한성도서주식회사, 1923), 「정감록집성」(아세아문화사, 1973), 525-526면. 다른 비결서에는 지명이 조금씩 다르고 일부 지역은 달리 설명되기도 한다.

215 「운기구책(運奇龜策)」, 「요람역세」, 「감결(鑑訣)」, 「정감록」(한성도서주식회사, 1923), 「정감록집성」(아세아문화사, 1973), 503면, 525면, 584면.

한편 위의 인용문에서 허야옹은 이른바 '조선국운삼절설(朝鮮國運三絶說)'에 대해 이전 시기와는 전혀 다른 새로운 해석을 시도했다. 조선국운삼절설은 다음과 같이 설명된다.

정감(鄭堪)이 말하기를 "임진년에는 이로움이 송송(松松)에 있고, 병자년에는 이로움이 가가(家家)에 있고, 갑진년에는 이로움이 궁궁(弓弓)에 있으리라. 궁궁이란 낙반고사유(落盤高四乳)다.[216]

참(讖)에 이르기를 "이씨 조선의 국운에 비밀스러운 글자가 있는데, 송(松), 가(家), 전(田) 세 글자다. 송(松)은 먼저 왜(倭)에 이로웠으니 '이재송송(利在松松)'이라 했다. '이재가가', '이재전전', '이재궁궁을을'도 있다. '이재송송'은 인명과 지명이다. 호랑이의 성질은 산에 있으니, 나를 죽이는 것은 사람인(人)변에 화녀(禾女)이고, 나를 살리는 것은 십팔공(十八公)이다. 동물의 이름으로는 송아지이니 음(音)은 곧 '소나무 아래의 땅'이라는 뜻이다. 또 이로움이 송(宋)에 있다고도 하니 즉 중국의 배나무 성을 가진 오랑캐라는 뜻이다. '이재가가'는 개의 성질이니 집에 있으면서 돌아다니며 경계를 선다. 나를 죽이는 것은 우(雨) 아래에 산(山)을 비껴 쓴 것이니 '설(雪)' 자다. 나를 살리는 것은 관(冠) 아래 돼지를 쓴 것이다. 마지막에 이롭다는 전(田)과 궁궁은 군대가 일어난다는 뜻과 밭을 가는 낫이라는 의미다. 궁궁은 토궁(土弓)에 크게 이롭고, 무궁(武弓)에 작게 이롭다. 산에도 불리하고 물에도 불리하며, 깊지도 얕지도 않고, 산도 아니요 들판도 아닌 곳에 있는 한 조각 땅을 뜻하니 '이재궁궁'이라 했다. 나를 죽이는 것은 소두무족(小頭無足)이다. 소의 성질은 들판에 있으니, 나를 살리는 것은 혈궁초전(穴躬草田)이다. 또 묘각(猫閣)을 깨뜨리면 머리는 있고 다리는 없다. 돼지는 '도하지(都下地) - 도야지 - '다. 소두무족이란 '산(山)' 자고, 혈궁초전이란 남들이 버린 황량한 땅에 궁핍하게 산다는 뜻이다. 힘써 감자를 심는 일을 주로 하고 서리가 내리면 예비로 쌀을 심는 것이 좋겠다. (…)"라 했다.[217]

---

216 堪曰, 黑龍, 利在松松, 赤鼠, 利在家家, 靑龍, 利在弓弓. 弓弓者, 落盤高四乳也. 『징비록』, 『정감록』(한성도서주식회사, 1923), 『정감록집성』(아세아문화사, 1973), 489면. 「운기구책」에는 동일한 표현이 있고 다만 "이로움이 궁궁을을(弓弓乙乙)에 있다."고 한다. 『정감록집성』, 506면.

217 讖曰, 李之運有秘字, 松家田三字也. 松先利於倭, 利在松松. 利在家家, 利在田田, 利在弓弓乙乙. 利在松松, 人名地名, 虎性在山, 殺我者, 人邊禾女, 活我者, 十八公也. 物名犢也, 音卽松下地. 又云利在宋, 卽唐家中梨胡. 利在家家, 狗性卽, 在家巡簷. 殺我者, 雨下橫山卽雪, 活我者, 冠下走豕也. 田未利於弓弓者, 兵起也, 田鎌. 弓弓者, 大利於土弓, 小利於武弓. 不利於山, 不利於水, 不深不淺, 非山非野, 一片生耳之地. 利在弓弓. 殺我者, 小頭無足. 牛性在野, 活我者, 穴躬草田. 又猫閣破有頭無足. 猪者, 都下地.

조선의 국운이 세 번 끊어질 위기를 맞게 된다는 것이 조선국운삼절설의 핵심이다. 임진송송지설(壬辰松松之說)은 임진왜란이 발생했을 때 '송(松)' 자가 들어간 지명이 있는 곳이나 소나무가 울창한 깊은 산속으로 피난하면 살 수 있었다는 예언과 그에 대한 해석이다. 혹은 송송(松松)이 임진왜란 때 명(明)나라의 구원군을 지휘했던 요동좌도독(遼東左都督) 이여송(李如松)을[218] 가리키는 말로 믿어지기도 했다.[219] 즉 임진왜란이라는 국가적 위기 상황을 극복한 핵심 인물이 이여송이라고 생각한 것이다.

병자호란 때는 난리가 겨울에 일어났는데 피난한다고 고향과 집을 떠났던 사람들이 많이 얼어 죽었다고 한다. 따라서 병자년의 난리에는 그냥 집에 머물면서 난리가 지나가기를 기다리는 편이 살 수 있는 유일한 방법이었다는 주장이다. 마지막 세 번째에 일어날 난리에는 궁궁(弓弓)이라는 비결을 풀어야 살수 있다고 한다. 따라서 궁궁에 대한 다양한 해석과 나름의 풀이가 제기되었다.

영조 24년(1748) 이지서(李之曙)사건 때는 궁궁을 "활의 허리[弓腰]를 가리키는 것 같다. 따라서 구부러진 곳[劣處]에 숨으라는 말이다.", "광활하다는 뜻이다.[弓弓廣闊之意]", "활활(闊闊)" 등으로 해석했다. 또 정조 11년(1787) 김동철(金東喆)사건 때는 궁궁을 "좌(坐)의 고자(古字)"로 풀이했다. 이 외에도 궁궁(弓弓)을 활처럼 생긴 지형의 피난지 또는 난세에는 강한 자는 죽고 숨어 사는 약자(弱者)가 살아남을 것이라는 의미로 약(弱)의 파자로 해석하기도 한다.

한편 동학(東學)의 창시자이자 교조(敎祖)인 수운(水雲) 최제우(崔濟愚, 1824-1864)

小頭無足者, 山字, 穴躬草田者, 窮於人棄荒荒之地. 勤力種柑子爲主, 霜根爲次豫備米爲可也. (…) 牛性在野, 其聲喑嘛, 遠也近也. 歡音入之十勝之地, 口員弓弓. (…) 弓弓乙乙, 大利弓弓, 大利田田. (…) 大弓小弓, 兩人太田, 種草得毛, 利在田田, 此卽十勝之地. (…) 猫閣者, 藏食物之閣, 有頭無足, 猪卽貊字, 貊人也. 只以耕力土田爲主, 自耕食, 九年歎歲, 救穀種於三豊, 十二年賊血, 救人種於兩白. (…) 弓弓者, 落盤高下四乳注, 卽米字也. 昔盤物形如丹字十字, 故先師ы云. 『동차걸』, 『정감록』(한성도서주식회사, 1923), 『정감록집성』(아세아문화사, 1973), 560-561면.

218 임진왜란에 구원병을 거느리고 우리나라로 들어와 평양성(平壤城)을 수복했으며, 왜병을 추격하다가 벽제관(碧蹄館)에서 패했다. 이후 본국으로 돌아가 요동총병(遼東摠兵)으로 있다가 여진족과 싸우다 전사(戰死)했다. 시호는 충렬(忠烈)이다. 「신종본기(神宗本紀)」, 『명사(明史)』권 238, 이여송전(李如松傳).

219 최수정, 『정감록에 대한 사회학적 고찰』(해방서림, 1948), 25-27쪽.

는 조선이 맞이할 두 번째의 위기를 순조 11년(1811)의 홍경래사건으로 해석한
다.[220] 수운은 당시 세도가, 부자, 유랑자 등 모든 사람들이 피난할 방법 또는
피난처를 찾기 위해 궁궁에 대해 알고 싶어 했는데,[221] 세 번째 위기는 전 세계
적인 차원에서 일어날 괴질의 발생이 될 것이라고 예언했다.[222]

그리고 수운은 경신년(1860) 4월에 상제(上帝, 한울님)와 만나는 신비체험을
하는 과정에서 한울님이 "나에게 영부(靈符)가 있으니, 그 이름은 선약(仙藥)이
요, 그 형상은 태극(太極)이요, 또 형상은 궁궁(弓弓)이니, 나에게 이 부(符)를 받
아 사람들을 질병에서 구하라."고 했다고 주장했다.[223] 즉 수운은 자신이 한울
님에게 받은 신비한 부적이 바로 궁궁이라고 강조한 것이다.[224]

수운이 궁궁을 부적이라고 신비하게 해석한 데 대해 훗날 해월 최시형
(1827-1898)은 사람들이 각자 지니고 있는 마음을 형상화한 것이 바로 궁궁인 심
(心)이라고 해석했다.[225]

---

220 괴이(怪異)한 동국참서(東國讖書) 추켜들고 하는 말이, 이거임진(已去壬辰) 왜란(倭亂) 때는 이재송
송(利在松松) 하여 있고, 가산정주(嘉山定州) 서적(西賊) 때는 이재가가(利在家家) 하였더니, (…) 우
리도 이 세상에 이재궁궁(利在弓弓) 하였다네. 「몽중노소문답가」.

221 매관매작(賣官賣爵) 세도자(勢道者)도 일심(一心)은 궁궁(弓弓)이오, 전곡(錢穀) 쌓인 부첨지(富僉
知)도 일심은 궁궁이오, 유리걸식(遊離乞食) 패가자(敗家者)도 일심은 궁궁이라. 풍편(風便)에 뜨인
자도 혹은 궁궁촌(弓弓村) 찾아가고, 혹은 만첩산중(萬疊山中) 들어가고, 혹은 서학(西學)에 입도(入
道)해서, 각자위심(各自爲心) 하는 말이 내 옳고 네 그르지 시비분분(是非紛紛) 하는 말이 일일시시(日
日時時) 그 뿐일네. 「몽중노소문답가」.

222 가련한 세상사람 이재궁궁(利在弓弓) 찾는 말을 웃을 것이 무엇이며, 불우시지(不遇時之) 한탄(恨歎)
말고 세상구경 하여서라. 송송가가(松松家家) 알았으되 이재궁궁(利在弓弓) 어찌 알꼬? 근심 말고 돌
아가서 윤회시운(輪廻時運) 구경하소. 십이제국 괴질운수 다시 개벽 아닐런가? 「몽중노소문답가」.

223 吾有靈符, 其名仙藥, 其形太極. 又形弓弓, 受我此符, 濟人疾病. 「포덕문(布德文)」, 「동경대전(東經大全)」.

224 가슴에 불사약(不死藥)을 지녔으니, 그 형상은 궁을(弓乙)이요. 「胸藏不死之藥, 弓乙其形」 「수덕문(修
德文)」, 「동경대전」.

225 궁을의 그 모양은 곧 '마음 심(心)' 자이니라.〔弓乙其形, 心字也.〕「영부주문(靈符呪文)」, 「해월신사법
설」 (…) 마음이란 나에게 있는 본연의 한울이니, 천지만물이 한마음에 근본한 것이니라.〔心者, 在我
之本然天也. 天地萬物, 本來一心.〕「영부주문」, 「해월신사법설」 (…) 궁(弓)은 천궁(天弓)이요, 을
(乙)은 천을(天乙)이니, 궁을(弓乙)은 우리 도(道)의 부도(符圖)요, 천지의 형체니라.〔弓是天弓, 乙
是天乙, 弓乙, 吾心之符圖也, 天地之形體也.〕「영부주문」, 「해월신사법설」 (…) 산도 이롭지 않고, 물
도 이롭지 아니하리라. 이로운 것은 밤낮 활을 당기는 사이에 있나니라.〔山不利, 水不利, 利在晝夜挽弓
之間.〕「강시(降詩)」, 「해월신사법설」 (…) 궁을(弓乙)은 우리 도(道)의 부도(符圖)니, 대선생(大先
生) 각도(覺道)의 처음에 세상 사람이 다만 한울만 알고 한울이 곧 나의 마음인 것을 알지 못함을 근심
하시어, 궁을(弓乙)을 부도(符圖)로 그려내어 심령(心靈)의 약동불식(躍動不息)하는 형용(形容)을 표

궁궁에 대한 기존의 해석은 대부분 특정한 지역이나 신이한 효능이 있는 부적을 가리키거나 약(弱)이나 심(心) 등의 철학적 개념으로 이루어졌다. 그런데 "필제(弼濟)의 '필(弼)'자는 궁(弓)이 두 번 들어가므로 궁궁(弓弓)이 된다.", "이 필제가 태어난 해인 을유년(乙酉年)은 을을(乙乙)에 해당한다."는 주장은 이필제가 바로 궁궁을을(弓弓乙乙)이라는 궁궁이나 을을에 대한 새로운 해석이다. 이 필제라는 특정한 인물이 바로 궁궁이라는 주장이다. 그의 이름에 궁궁이 들어 있고, 태어난 해가 을을이기 때문에 이필제가 그토록 알 수 없었던 궁궁의 비밀을 간직한 인물이라고 강조한다.

이러한 주장은 곧 "임진왜란 때 이여송(李如松)이 우리나라를 구원해준 일과 같이 이필제는 이번에 닥칠 위기와 환란으로부터 조선을 구원해줄 운명을 타고났다."는 의미다. 장차 서양이나 왜적이 우리나라를 침략한다면 이필제가 나타나 물리칠 것이라고 믿었다.

또한 이필제가 기존의 정씨 진인출현설과 달리 조선국운삼절설을 내세워 자신이 바로 말세의 위기를 극복할 존재라고 주장하고 있다는 점도 독특하다. 그렇지만 을유(乙酉)가 왜 을을(乙乙)로 풀이되는지는 알 수 없고 설명도 없다.

어쨌든 이러한 과정에서 거사를 준비하고 있는 이필제가 오래전부터 전해 내려온 궁궁을을이라는 비결로 상징되는 진인이라는 주장과 믿음이 유포되었다. 그리고 전래된 비결에 대한 독특한 해석을 통해 이들은 병인양요로 더욱 현실적으로 다가온 서양 오랑캐의 침략과 이에 대해 무기력하게 대응하는 지배체제의 허약성을 부각시키는 동시에 대내외적 위기의식을 고양시키고, 이제 난리를 피하거나 숨는 소극적 자세에서 벗어나 이필제라는 진인을 중심으로 함께 뭉쳐 위기를 극복하고 침략자들을 적극적으로 막아내자고 사람들을 포섭하였다.

상(表象)하여 시천주(侍天主)의 뜻을 가르치셨도다. 「기타」, 『해월신사법설』.

② '진주사건'에 보이는 예언사상

이필제가 "곧 이 세상에 난리가 날 것이다. 처자를 보전하는 계책으로 해도 (海島)에 들어가는 것보다 훌륭한 것이 없다."고 말했으며,[226] 또 "난리가 멀지 않았다. 나를 따라 해도(海島)에 들어가 피난하는 것이 좋을 것이다."라고[227] 말했다. 이는 이필제가 난리가 일어나면 피난처로 십승지에 나오는 장소가 아닌 바다의 섬을 상정하고 있었음을 알려준다.

또 이필제는 정동철의 주막에서 "비기(秘記)에 실려 있는 모반에 대한 말"을 거침없이 이야기했다고 전한다.[228] 여기서 비기가 과연 어떤 기록이나 책을 가리키는지는 더 이상의 진술이 없어서 알 수 없지만, 이필제가 비기에 대해 상당한 지식을 가지고 있었고 자유자재로 인용하고 나름대로 해석을 할 정도로 관심을 가지고 있었다는 점은 확인된다. 그리고 그 내용은 아래에 나오는 단편적인 진술 내용을 통해 조금은 추론할 수 있다.

먼저 진주사건에서 이필제는 거사를 행하는 명분을 다음과 같이 주장하였다.

> 현하의 시세는 양요(洋擾)가 자주 일어나고, 중국이 소란하여 조정에서는 도강(渡江)할 염려가 있고, 왜구도 침략할 염려가 있고, 해도(海島) 여러 곳에서는 도적이 많으니 나라의 운세가 위급하다. 나의 거사는 나라를 위한 일이다. 만일 내가 한쪽에서 병사를 일으키면 사방에서 봉기할 것이다. (그렇게 되면) 곳곳에 전쟁의 기운이 생기고, 팔역(八域)의 강계(疆界)는 삼분사열되며, 북쪽의 소요 사태는 막기 어렵고, 군정(群鄭)이 함께 출현하여 감당하기 어려울 것이다. 내가 의병을 이끌고 해도(海島)로 들어가 안정하면 가정과 국가가 함께 구원받을 것이다.[229]

현전하는 『정감록』에는 환란의 발생을 의미하는 내용이 많이 실려 있다.

---

226 곧 이 세상에 난리가 날 것이다. (…) 지금 재앙을 피할 곳으로는 해도(海島)만 한 곳이 없다. 〔此世將亂矣 (…) 方今避禍之地, 莫如海島云.〕 「경상감영계록」 제3책, 164면, 169면 성하첨 공초.

227 騷亂不遠, 隨我入海島, 避亂爲好云. 「경상감영계록」 제3책, 146면 정인택(鄭仁宅, 22세) 공초.

228 成七, 以秘記中萬萬不軌之言, 無難論談. 「경상감영계록」 제3책, 193면.

229 「경상감영계록」 제3책, 199면 양영렬 공초.

중국 오랑캐가 침략해 황해도와 평안도가 유린될 것이며, 임진강 이북이 다시 오랑캐 땅이 될 것이라는 예언과[230] 중국 장수가 10만 명의 군사를 이끌고 쳐들어와 서북 지역을 병탄할 것이라는 예언은[231] 있다. 그러나 왜적의 침략과 국토의 삼분사열에 대한 내용은 보이지 않는다. 또 여러 명의 정씨가 동시에 출현하여 나라가 어지러울 것이라는 예언도 찾아볼 수 없다. 다만 진인 정씨가 나오기 전에 가정(假鄭)이 나올 것이라는 내용과 세 명의 정씨가 출현하여 삼한(三韓)을 멸망시킬 것이라는 예언은 있다.[232]

이필제가 거사 명분을 밝히며 일본의 침략, 전국적인 전쟁 발발, 국토의 분열, 여러 명의 군웅할거 등을 예언했는데, 이러한 예언은 현전하는 예언서에서는 볼 수 없는 내용이다.

갑자년(1864) 4월에 정만식과 양성중이 성하첨의 집에 갔더니 성하첨이 지도책을 보여주었는데, 그 끄트머리에 다음과 같이 적혀 있었다.

정필귀(鄭必貴)라는 인물이 죽산(竹山) 봉황산(鳳凰山) 아래에 출현할 것이다. 그는 계미년(1823?)에 태어날 것인데, 키가 8척이고 배에는 칠성(七星) 모양의 점이 있고 손바닥에는 신이한 무늬가 있을 것이다. 만약 이러한 사람을 만날 수 있다면 그대는 곽외(郭隗)와[233] 같이 될 것이다.[234]

---

230 白頭之北, 胡馬長嘶, 兩西之間, 寃血漲天, 臨津之北, 再作胡地.「징비록」, 안춘근 편,『정감록집성(鄭鑑錄集成)』(아세아문화사, 1973), 488면. 臨津以北, 再作胡地.「운기구책」, 안춘근 편,『정감록집성(鄭鑑錄集成)』(아세아문화사, 1973), 498면, 499면.

231 唐將卯生人, 將十萬兵, 守鴨綠江, 吞食西北, 凡十年. 臨津以西, 鐵嶺以北, 盡爲所吞.「징비록」, 안춘근 편,『정감록집성(鄭鑑錄集成)』(아세아문화사, 1973), 496면.

232 三奠三乃古, 內應減三韓, 木子將軍劍, 走肖大夫筆.「무학비전(無學秘傳)」,『정감록』(한성도서주식회사, 1923),『정감록집성』(아세아문화사, 1973), 576면.

233 곽외는 전국시대(戰國時代)의 연(燕)나라 소왕(昭王)의 스승이다. 소왕이 곽외에게 현인(賢人)을 얻은 방법을 묻자, 곽외가 "옛날 어떤 임금이 내시(內侍)에게 천 금을 주면서 천리마(千里馬)를 구해 오게 했더니, 그가 죽은 말의 뼈를 5백 금이나 주고 사서 돌아왔으므로 임금이 화를 내었습니다. 그가 말하기를, '죽은 말도 사들이는데 더구나 산 것이겠습니까? 천리마가 곧 올 것입니다.'라 하였는데, 1년이 안되어 세 마리나 왔다고 합니다. 왕께서 현명한 사람을 구하고자 한다면 먼저 저부터 쓰시면 저보다 더 현명한 자가 어찌 천 리를 멀다 하여 오지 않겠습니까?"라고 대답했다. 이는 먼저 자기부터 잘 대우하면 자기보다 더욱 훌륭한 사람들이 많이 모여들 것이라는 비유였다. 소왕이 곽외의 말을 좇은 결과 악의(樂毅), 추연(鄒衍), 극신(劇辛) 등의 현인을 얻었다고 전한다.『전국연책(戰國燕策)』.

그런데 정만식의 손바닥에 분명한 무늬가 있고, 배에도 많은 점이 있으며, 어릴 때 이름이 필귀(必貴)였다고 한다. 진인이 몸에 기이한 특징을 지니고 있다는 이야기는 조선왕조를 개창한 태조 이성계의 "두 발바닥에 검은 점이 '왕(王)' 자 모양으로 있었다."는[235] 내용만 전할 뿐이다. 그리고 정필귀라는 이름은 현전하는 예언서에는 보이지 않는다.[236]

정만식은 서울에서 경기도 죽산현(竹山縣)으로 이사해 살았던 적이 있었다.[237] 그 후 경북 상주(尙州) 등지로 옮겼다. 그리고 봉황산이라는 지명은 황해도 강령현(康翎縣)과 장련현(長連縣), 전라도 흥양현(興陽縣), 경상도 영천군(榮川郡), 충청도 임천군(林川郡)과 공주목(公州牧) 등 모두 6곳에 보인다. 정만식이 서울 → 경기도 → 경상북도 → 경상남도로 이동했던 사정을 고려할 때 그가 비결과 관련하여 강조한 곳은 아마 영천군에 있는 봉황산이었을 것이다.

어쨌든 이때부터 성하첨은 정만식이 지도책에서 언급한 진인(眞人)이 아닐까라는 생각을 갖게 되었고 이에 대해 크게 의혹스러워했다고 한다. 또한 정만식도 이 이야기를 듣고 기뻐서 자부했다. 그 후 성하첨이 호의를 베풀어 정만식을 자신이 살던 초계군(草溪郡) 개산동(開山洞)으로 이사해 살도록 주선했고,[238] 정만식은 정묘년(1867)에 그곳으로 이사했다. 그 후 성하첨은 "정만식의 손바닥에 '왕(王)' 자의 기이한 무늬가 있고, 성씨도 정씨이므로 지금 세상의 진인[今世眞人]이다."라고 말을 퍼뜨렸다.[239]

그렇다면 위의 인용문이 적혀 있었다는 성하첨이 보여주었던 '지도책'은 과연 어떤 책일까?

---

234 鄭必貴, 出於竹山鳳凰山下. 癸未生, 身長八尺, 腹有七星, 掌有異紋. 若逢此人, 君爲郭隗云. (…) 晩植之掌紋雖分明, 腹部有多有黑痣, 兒名卽必貴云也. 『경상감영계록』 제3책, 182면 양성중 공초.

235 「동세기(東世記)」, 『정감록』(한성도서주식회사, 1923), 『정감록집성』(아세아문화사, 1973), 533면.

236 「감결」에 '왕이 '귀한 아들이 태어나면 반드시 이 비기를 전해주라. 王曰, 必生貴子, 以此授之.'는 내용만 있다. 「감결」, 『정감록』(한성도서주식회사, 1923), 『정감록집성』(아세아문화사, 1973), 575면.

237 『경상감영계록』 제3책, 185면.

238 『경상감영계록』 제3책, 206면 양성중 공초.

239 夏瞻曰, 晩植, 手掌有王字異紋, 姓又是鄭, 今世眞人云. 『추안급국안』 29권 305책, 279면.

기사년(1869) 7월 그믐 무렵에 양성중이 심영택에게 "3월에 정만식과 함께 성하첨을 찾아갔더니 『고산자비기(古山子秘記)』를 보여주었다."라고 말하고, 그 비기에 적혀 있었다는 다음과 같은 내용을 전해주었다.

성은 정씨(鄭氏)고 이름은 필귀(必貴)인데, 계미년에 죽산(竹山)에서 태어날 것이다. 키가 8척이나 되고, 손바닥에는 기이한 무늬가 있으며, 등에는 삼태성(三台星) 모양의 점이 있고, 배에는 칠성(七星) 모양의 점이 있고, 두 어깨에는 붉은 점이 있어 임금의 특징을 두루 갖출 것이다. 을축년(1865?) 어느 늦은 봄날에 그분께서 초라한 움막이라도 찾아줄 것이니, 만약 그분을 만나볼 수 있다면 마땅히 곽외(郭隗)처럼 될 수 있으리라.[240]

성하첨의 지도책은 바로 『고산자비기』였다. 앞의 인용문과 비슷하지만 위의 『고산자비기』에는 "계미년에 죽산에서 태어날 것이다.", "등에는 삼태성 모양의 점이 있을 것이다.", "두 어깨에는 붉은 점이 있을 것이다.", "임금의 특징을 모두 갖출 것이다.", "을축년에 찾아올 것이다." 등등 훨씬 구체적인 내용이 덧붙여졌다. 그만큼 신빙성이 높고 실제 상황이라는 점을 강조하려는 의도가 반영된 것으로 보인다.

고산자는 조선 후기의 유명한 지리학자 김정호(金正浩, ?-?)의 호이다. 실학자 최한기(崔漢綺, 1803-1879)와 깊이 친교를 나누었고 대동여지도의 재간(再刊)과 대동지지의 간행 연도가 모두 고종 1년(1864)인 사실로 볼 때 1800년 무렵부터 1864년 무렵까지 살았을 것으로 추정된다. 지도와 지지(地志) 편찬에 평생을 바친 그가 비기(秘記)를 작성했을 가능성은 낮다.

하지만 민중들은 지도를 작성하러 전국 방방곡곡을 수차례나 돌아다닌 김정호가 명당을 발견하고 이에 대한 기록도 남겼을 것으로 믿었고, 나아가 어떤 형태로든지 새 왕조를 개창할 진인에 대한 비결도 남겼다고 믿고 싶어 했

---

240 姓鄭名必貴, 癸未生於竹山. 身長八尺, 掌有異紋, 胸有三台, 腹有七星, 兩肩紅點, 天日之表. 乙丑暮春, 一顧草廬, 若遇此人, 當爲郭隗云. 「경상감영계록」 제3책, 205면. 천일(天日)은 임금을 가리키는 말이다.

다. 현전하는 예언서에는 김정호가 남겼다는 비결이나 예언은 찾아볼 수 없다. 이 사건에서 처음으로 김정호가 남긴 것으로 전하는 비결이 일부 유포되고 있었다는 사실이 확인된다.

최봉의가 기사년(1869) 3월 15일에 고령에 사는 박만원(朴晚源)을 찾아갔다. 그때 박만원이 "나의 사돈인 정만식은 용모가 기이하고 크며 기국도 매우 넓고 무예도 출중하며 힘도 세다. 또 손바닥에는 기이한 문양이 있고, 복부와 미간에 모두 칠성(七星)을 상징하는 점이 있으니, 과연 비범한 인물이 틀림없다."고[241] 말했다. 이러한 이야기는 정만식이 진인이라는 주장을 뒷받침하기 위한 의도가 숨어있다.

4월 18일에 최봉의가 정만식에게 손바닥의 이상한 무늬와 복부와 미간에 있는 칠성을 볼 수 없느냐고 청하자 허락했고, 자세히 살펴보니 과연 그러했다고 전한다. 이때 정만식이 다음과 같이 말했다.

정만식이 이르기를 "비결에 '7명의 정씨(鄭氏) 가운데 6명이 귀하게 될 것이다.'라 했다. 나와 같은 사람은 하늘이 내린 인물이니 자연히 귀하게 될 것이다. 그렇지 않다면 어찌 강제로 구할 수 있는 일이랴? 하늘이 주면 받을 것이고, 하늘이 주지 않으면 들판에 숨어 농사에 힘쓰는 것이 나을 것이다."라[242] 했다. '7명의 정씨'라는 내용은 현전하는 예언서에는 보이지 않는다. 어쨌든 정만식은 자신이 진인이라는 인식을 가지고 있었음이 분명하고, 그러한 일은 하늘이 운명적으로 정해주는 것이라고 믿었다.

그런데 의금부에서 성하첨에게 "정필귀라는 이름은 너의 지도책에서 나온 것이다. 갑자년(1864) 4월에 (그 참언으로) 정만식을 유혹하여 몰래 반역할 마음을 부추겼다. 그런 사실이 있었느냐?"라고 물으니, 성하첨이 "정필귀라는 이름은 『사주편년(四柱編年)』이라는 책자에 실려 있고, 지도책이 아닙니다. 필귀는 정

---

241 狀貌奇偉, 器局鴻豁, 武藝起衆, 膂力出等. 手掌有異常之紋彩, 腹部與眉間, 俱有七星, 果是非凡之人. 「경상감영계록」 제3책, 179면.

242 晩植曰, 秘訣云, 七鄭中居六者爲貴. 如我之人, 天生則自然爲貴. 不然, 何可强求? 天授則受之, 天不授則, 不若隱野而務農. 「경상감영계록」 제3책, 179면.

만식의 어릴 때 이름입니다."라고 진술했다.[243]

다음은 성하첨의 공초다.

저에게는 예전부터 『사주편년』이라는 책이 있었는데, 임술년(1862)부터 갑술년(1874)에 이르기까지 (예언한 내용이) 해마다 꼭 들어맞았습니다. 『사주편년』의 을축년(1865) 조항에 "성은 정씨(鄭氏)요 이름은 필귀(必貴)라는 사람을 반드시 만나보라. 이 사람의 생김새는 기이하고 비범할 것이니 만일 (그 사람을 도와) 마음을 바쳐 나라를 보전하면 장군이나 재상이 될 수 있으리라. 만일 다른 마음을 품는다면 재앙이 예전처럼 미치리라. 극히 삼가고, 또 삼가라."라 했습니다. 이것이 바로 도참(圖讖)이 아니겠습니까?[244]

인용문에서 성하첨은 정필귀라는 이름이 『사주편년』에 나오며 정필귀를 도와주면 장상(將相)이 될 수 있을 것이라는 예언이 적혀 있었다고 주장했다. 아마도 『사주편년』은 년도마다 짧은 내용의 비결이 덧붙어있는 편년체의 예언서로 짐작되지만, 역시 현전하는 예언서에는 찾아볼 수 없다. 결국 의금부에서는 정만식이 다른 사람에게 자신의 이름이 필귀(必貴)라는 참언을 퍼뜨렸다고 판단했다.[245]

그러나 정만식은 자신의 어릴 적 이름은 석준(錫俊)이라고 주장했다. 정만식은 성하첨의 도참에 나오는 필귀(必貴)가 그의 아명이라는 것은 성하첨이 지어낸 이야기라고 진술했다.[246] 누가 지어냈는지는 알 수 없는 이야기지만 당시 사건 관련자들 사이에서 이 이야기가 신빙성 있게 포장되어 알려졌다는 사실만은 분명하다. 참고로 현전하는 예언서에 정씨 진인의 이름은 정도인(鄭道仁),

---

243 問鄭必貴之名, 倡出於汝之地圖册矣. 甲子四月, 誘結晚植, 陰挑逆心. (···) 供鄭必貴之名, 載在於四柱編年册子中, 初非地圖册也. 必貴卽晚植兒名也. 『추안급국안』 29권 305책, 313면 성하첨 공초.

244 矣身嘗有四柱編年, 自壬戌至甲戌, 年年符合. 至乙丑編年有曰, 姓鄭名必貴者必相逢. 看此人相貌異凡, 若盡心輔國, 可爲將相, 若懷他心禍及知舊. 克愼克愼. 此乃圖讖乎? 『추안급국안』 29권 305책, 282면.

245 鄭晚植, 亦人謂, 必貴之識. 『추안급국안』 29권 305책, 308면.

246 「경상감영계록」 제3책, 207면.

정을룡(鄭乙龍), 정홍도(鄭紅桃) 등으로 나온다.[247]

을축년(1865) 2월에 정만식과 양성중이 심영택을 찾아왔다. 그때 정만식이 "지금 민정(民情)이 황급하다. 내가 장차 대사(大事)를 일으켜 만민을 구원하려 하는데 머무를 곳이 없다. 제주도, 울릉도 등지에 들어가 방략(方略)을 세우려 한다. 그대의 뜻은 어떤가?"라고 물었다. 이에 심영택은 "불가하다."고 말하고 다음과 같이 말했다.

> 작년 겨울에 내가 『상주신도록(尙州新都錄)』이라는 비기를 보았는데, 지나간 일을 시험 삼아 살펴보니 꼭 들어맞지 않는 일이 없었다. (그 비기에 따르면) "경오년(1870?)에 북쪽 오랑캐가 쳐들어와 평안도와 황해도에 시체가 산처럼 쌓일 것이고, 한강(漢江) 남쪽 백 리에 피가 흘러 내를 이루리라."라[248] 했다.

『상주신도록』도 현전하는 예언서에는 보이지 않는데, 책 이름은 경상도 상주를 새로운 왕조의 도읍지로 상정하는 예언서로 추정된다. 상주는 십승지에도 손꼽히지 않는 지역이다. 『상주신도록』 역시 각 년도마다 짤막한 비결이 서술되는 형태의 편년체 예언서로 추정된다.

"북쪽 오랑캐가 쳐들어와 평안도와 황해도에 시체가 산처럼 쌓일 것이다." 라는 부분은 현전하는 예언서인 「징비록(徵秘錄)」에 년도를 정하지 않은 채 "백두산 북쪽에 오랑캐 말이 길게 울고, 황해도와 평안도 사이에 원통한 피가 하늘을 찌를 것이며, 임진강 북쪽은 다시 오랑캐 땅이 될 것이며, 한양 근처 백 리에 어찌 사람이 살 것인가?"라는[249] 내용과 「운기구책(運奇龜策)」의 "평안도와 황해도 사이에 원통한 피가 내를 이룰 것이며, 한양의 남쪽에도 피가 많이 흐

---

247 眞人出濟州島鳴島, 姓鄭名道仁, 字仁鑑, 生丙辰. 「요람역세」, 『정감록』(한성도서주식회사, 1923), 『정감록집성』(아세아문화사, 1973), 529면. 鄭乙龍, 南起. 「동차결」, 『정감록』, 『정감록집성』, 554면. 姓鄭名紅桃, 字正文, 戊午生, 自海島中平室, 建國鷄龍山. 「동차결」, 『정감록』, 『정감록집성』, 556면.

248 昨冬, 吾見尙州新都錄秘記, 憑驗往事, 無不符合. 庚午, 北胡入境, 兩西二千里, 積尸如山, 漢南百里, 流血成川云. 「경상감영계록」 제3책, 205면.

249 白頭之北, 胡馬長嘶, 兩西之間, 寃血漲天, 臨津之北, 再作胡地, 漢陽百里, 人何居爲. 「징비록」, 『정감록』, 『정감록집성』(아세아문화사, 1973), 488면.

르리라."는 내용과 비슷하다.²⁵⁰

또한 "시체가 산처럼 쌓이리라.〔積尸如山〕"는 부분은 현전하는 예언서에 자주 나오는 표현이다. 비슷한 표현으로 "시체가 구층으로 쌓이리라.〔積尸九層〕", "시체가 도랑에 가득 찰 것이다.〔積尸溝壑〕", "시체가 쌓여 길에 가득하리라.〔積尸載路〕" 등이 있다.²⁵¹

이 외에도 『상주신도록』에 나온다는 "한강(漢江) 남쪽 백 리에 피가 흘러 내를 이루리라."는 부분은 "산천이 붉은 피로 물들어 물과 함께 항상 흐르리라.〔山川赤血, 和水恒流.〕", "한강이 3일 동안 붉게 흐르고 그 피가 궁 안으로 들어가리라.〔漢江赤湯三日, 流血宮中.〕", "한강 남쪽 만구(萬區)에 피가 흐르리라.〔漢南萬區血漂〕"라는 현전 예언서의 내용과 유사하다.²⁵²

심영택이 『상주신도록』을 거론한 이유는 을축년이 아니라 경오년까지 기다려 거사를 일으켜야 한다는 자신의 주장을 밝히기 위해서였다. 오랑캐의 침입 때문에 민중들이 겪게 될 엄청난 재앙에 대해 적어 놓은 예언서가 당시에 다양한 이름을 지닌 예언서의 형태로 널리 유포되고 있었던 정황을 알 수 있는 중요한 대목이다. 그리고 현전하는 예언서의 내용과 거의 유사한 내용이 서술되어 있었다는 점은 예언사상의 기층에 흐르는 위기의식에 대한 표현 방식이 별로 변함없이 이어져왔다는 사실을 알려준다.

『상주신도록』을 언급한 심영택은 이윽고 "그러니 그대는 지금 바다로 들어가지 말고 오랑캐를 방어할 대책을 미리 정해두라. 큰 공을 이루면 나라의 권세가 저절로 그대의 손에 들어오지 않으랴? 그런 후에 천명(天命)을 기다리는 것이 좋을 것이다."라는 의견을 제시했다.²⁵³

---

250 兩西之間, 寃血成川, 漢陽之南, 血流漂杵.「운기구책」, 『정감록』, 『정감록집성』, 505-506면.

251 「징비록」, 「운기구책」, 「요람역세」, 「동차결(東車訣)」, 「이토정비결(李土亭秘訣)」, 「감인록(鑑寅錄)」, 『정감록』, 『정감록집성』, 487면, 490면, 503면, 507면, 525면, 528면, 530면, 559면, 596면, 611면, 615면.

252 「운기구책」, 「요람역세」, 『정감록』, 『정감록집성』, 500면, 502면, 507면, 513면, 527면.

253 「경상감영계록」 제3책, 205면.

이 외에도 심영택은 "근래에 서양인의 소란이 많이 있었습니다. 그래서 오랑캐가 쳐들어올 것이라는 참언이 민간에 떠돌아다닙니다."라고 진술했고,[254] 상주에 살 때 참서(讖書)를 구해 보았다고 주장했다.[255] 이러한 진술은 서양 오랑캐의 침입을 상정하는지 중국 오랑캐의 침략을 상정하는지는 확실하지 않지만, 외세의 침공이라는 점에서는 동질적 위기 상황을 가정하고 있다. 능력이 부족하고 무기력한 정부가 오랑캐의 침략에 대비하는 일을 제대로 못하는 상황에서 '오랑캐의 침략을 막기 위한 의거'라는 명분을 내걸고 거사를 도모하고 있는 세력들 사이에 이와 관련된 참언이나 비결이 알려져 있었음이 다시한 번 확인된다.

한편 의금부에서 정만식에게 "소학산(巢鶴山)에 상서로운 기운이 있다는 이야기를 네가 심하게 믿었으니, 네가 유혹하는 것이 무슨 이야기냐? 또 용을 올라탔다는 기이한 꿈을 네 스스로 자랑했으니 무슨 마음을 품고 이런 이야기를 했느냐?"라고 물었다.[256] 이에 정만식은 "소학산에 상서로운 기운이 있다."는 이야기는 이필제와 성하첨이 주장한 것이라고 진술했다.

성하첨은 이필제가 자신을 처음 찾아왔을 때 '산조(山鳥)'라는 비결에 대해 언급했다고 진술했다. 즉 이필제가 성하첨에게 "비기(秘記)에 이르기를 '모르는 것은 산에 있는 새에게 물어보라.'라 했다. 산조(山鳥)는 곧 학(鶴)이다. 그런데 소학산(巢鶴山)이라는 산 이름에 '학(鶴)자'가 들어가 있어서 기운을 살핀 후 그대를 찾아왔다."라고 말했다는 것이다.[257] 이는 이필제가 비기에 부합하는 '학(鶴)자'가 들어가 있는 산을 두루 찾아다니다가 마침내 소학산을 찾게 되었고, 그 아래 동네에 사는 성하첨을 만나러 왔다고 주장했다는 증언이다.

254 近來頗有洋騷, 而且有流傳, 胡出來之讖. 『추안급국안』 29권 305책, 346면 심영택 공초.

255 防胡之說, 矣身果謂晩植曰, 尙州地得見讖書, 則有胡出來之說. 若防此患匡扶國家, 必有動勞. 『추안급국안』 29권 305책, 286면 심영택 공초.

256 問巢鶴之異氣, 汝自酷信則, 推誘者, 何說? 乘龍之奇夢, 汝自誇矜則, 包藏者, 何心乎? 『추안급국안』 29권 305책, 333면.

257 秘記云, 搜問山鳥. 山鳥卽鶴也. 而巢鶴山之鶴, 故望氣而來. 「경상감영계록」 제3책, 186면.

여기서 산조(山鳥)가 왜 학(鶴)으로 해석되는지는 알 수 없다. 산 이름에 '새 조(鳥)' 또는 새와 관련된 글자가 들어있는 곳을 찾으려면 다른 장소도 더 있을 것인데, 이에 대해서는 더 이상의 설명이 전하지 않는다. 현전하는 『정감록』 등 의 예언서에는 산조와 관련하여 "산조(山鳥)가 궁으로 들어오면 성수(聖壽) – 임금 의 나이 – 가 짧아질 것이다.〔山鳥入宮, 聖壽何短?〕"라는 내용이 보일 뿐이다.[258]

그런데 이필제의 말을 전해 들었을 뿐이라고 진술했던 성하첨이 스스로 자 신이 살던 지역인 초계(草溪)와 소학산(巢鶴山)이 비결서에 나온다는 사실을 이 미 알고 있었다는 진술도 있다.

성하첨이 이필제에게 정만식을 지칭하여 "그는 얼굴에 황색 기운이 풍기 고, 손바닥에는 신이한 무늬가 있다. 비기에 이르기를 '후세의 왕조를 맡을 사 람은 당연히 정씨 가문에 있을 것이다.'라 했고, 초계와 소학산이라는 말도 참 기(讖記)에 나온다."라고 말했다는 내용이다.[259]

또 양영렬은 성하첨과의 대질심문에서 "네가 『소학산비기(巢鶴山秘記)』의 내 용을 읊었는데, 내가 다 기억할 수는 없지만 '태을성(太乙星)이'[260] 학산(鶴山)에 비춘다.〔太乙照鶴山.〕'라 하지 않았느냐?"고 물었다. 이러한 이름의 예언서는 현 전하지 않고, 더욱이 태을성과 학산을 언급한 비결도 전하지 않는다.

양영렬의 질문에 대해 성하첨은 다음과 같이 대답했다.

성하첨이 "『소학산비기』는 곧 『무학비결(無學秘訣)』입니다. 거기에 '개산(開山)의 서쪽 산과 사양(斜陽)의 동쪽 산의[261] 주변 30리를, 학(鶴)이 깃털로 가려 하늘이 훔 쳐가는 것을 숨기고 있네.'라는 말이 있습니다. 그래서 이런 말을 한 것입니다."라

---

258 「감인록」, 『정감록』(한성도서주식회사, 1923), 『정감록집성』(아세아문화사, 1973), 655면.

259 面有黃氣, 掌有異紋, 秘記云, 後世曆數, 當在鄭門. 草溪巢鶴山名, 又入讖記也. 「경상감영계록」, 제3책, 199면.

260 태을성은 태일성(太一星)이라고도 하는데, 하늘 북쪽에 있어 병란, 재앙, 생사(生死) 등을 맡아서 다스 린다고 한다. 우리나라에도 이 태을성에 제사 지내는 태을초제(太乙醮祭)가 있었다.

261 평안도 벽동군에 사양점(斜陽岾)이라는 지명이 있다. 『신증동국여지승람』 제55권, 평안도(平安道) 벽 동군(碧潼郡). 그러나 이 비결 내용과의 관련 여부는 확인할 수 없다.

고 진술했다.[262]

소학산(巢鶴山)은 경상도 초계군(草溪郡)의 북쪽 30리에 있는 산의 이름이다.[263] 또 초계군에는 북쪽 고령현(高靈縣)에서 발원한 개산강(開山江)이 남쪽으로 흘러서 의령현(宜寧縣)으로 들어간다.[264] 성하첨은 바로 이곳에서 살았다. 그는 비기(秘記)에 탐닉했던 인물이 분명하며, 이른바 『소학산비기』를 본 후 거기에 부합하는 장소를 찾아 그곳에 정착했던 것이다.

이는 일반적인 의미의 명당(明堂)이나 난리를 피할 장소인 십승지(十勝地)와도 구별된다. 성하첨은 비결에 나와 있는 '하늘이 점지한 성스러운 장소'를 택함으로써 장차 직접 천명(天命)을 받거나 또는 천명을 받은 존재를 기다리는 적극적인 방법과 태도로 땅을 인식하고 있다. 그러나 성하첨이 읊었다는 『소학산비기』는 전하지 않고, 더욱이 현전하는 『무학비결』에도 그가 말한 내용과 비슷한 비결은 보이지 않는다. 조선의 건국 과정에서 국사로 대우받고 도읍지 선정 과정에서 각종 설화를 남긴 무학대사의 유명세를 가탁하여 내용이 다른 여러 형태의 비결서가 유포되었을 가능성이 높다는 점만 확인된다.

진주사건에는 『고산자비기(古山子秘記)』, 『사주편년』, 『상주신도록(尙州新都錄)』, 『소학산비기』 등이 등장하는데, 현전하는 예언서에는 포함되어 있지 않다. 이 예언서들은 사건 관련자들의 진술을 통해 당시에 어떠한 형태로든지 유포되었던 사실은 분명히 확인되지만, 예언의 내용이 반체제적이고 급진적인 개혁주의자들의 이념으로 이용되는 등 사회문제화되자 점차 잊히어지고 사라져갔던 것으로 판단된다. 그리고 진주사건을 통해 계룡산 외에 상주(尙州)를 새 도읍지라고 예언한 내용이 실려 있었을 것으로 추정되는 『상주신도록』이라는 예언서가 있었다는 점이 특기할 만하다.

---

262 巢鶴山秘記, 則無學秘訣曰, 開山之西崦, 斜陽之東崙, 周回三十里, 鶴翎掩蔽天盗云, 故果以此言也. 「경상감영계록」 제3책, 218면.
263 『신증동국여지승람』 제30권, 경상도 초계군.
264 『신증동국여지승람』 제30권, 경상도 초계군.

또 이필제는 정만식에게 "그대의 손바닥에 이상한 무늬가 있다면, 내 손바닥에도 '천(天)자' 무늬가 있다. 나는 장차 화화국(華化國)에 들어갈 예정인데, 그대는 이곳에서 극귀(極貴)해질 것이다. 내가 지금은 그대의 손님이니 나를 위해 동심(同心)으로 힘을 합하여 대사(大事)를 도모하자. 그대의 거사가 성공한 후 나에게 병마와 군기를 내어주면 나는 마땅히 중원을 도모할 것이다."라고 말했다.[265]

거사를 일으켜 성공하면 진인 정씨를 내세워 우리나라를 다스리게 하고, 군사를 모아 중국으로 쳐들어가 새로운 왕조를 일으키겠다는 이필제의 주장은, 숙종 23년(1697) 1월에 일어난 사건과 비슷하다. 운부(雲浮)라는 신이한 능력을 지닌 승려가 제자 1백여 명과 장길산(張吉山)의 도적 떼와 힘을 합쳐, 정씨와 최씨라는 두 명의 진인을 앞세워 조선과 중국에 각각 새 왕조를 개창하겠다는 역모였다.[266] 두 명의 진인이 우리나라와 중국에 각기 새 왕조를 세우겠다고 주장한 점에서 유사하다.

양영렬이 삼각 수염을 가진 성하첨을 관공(關公)에 비유하고 둥근 눈에 호랑이 체격을 가진 이필제를 장비에 비유했던 일도 있었다. 그러자 이필제가 "그렇다면 그대는 공명(孔明)이냐?"고 묻자 양영렬은 "내가 어찌 감히 그에 비할 수 있겠느냐? 내 성이 양씨니 촉(蜀)의 양의(楊儀)가[267] 아니냐?"라고 응수했다고

---

265 「경상감영계록」제3책, 199면 양영렬 공초.

266 날이 저문 뒤에 이절(李梲), 유선기(兪選基) 등이 상변(上變)하기를, "어느 날 이영창(李榮昌)이 이절의 집에 와서 자면서 갑자기 묻기를, '그대가 장지(葬地)를 얻으려고 한다면 우리 스승을 가서 보는 것이 좋을 것이다.'라고 하였습니다. 스승이란 중은 바로 운부(雲浮)로서, 당시 나이 70세로 송조(宋朝)의 명신(名臣)이었던 왕조(汪藻)의 후손인데, 명나라가 망한 뒤 중국에서 표류하여 우리나라에 도착하였으며, 머리를 깎고 금강산(金剛山)에 들어갔는데, 그 사람은 위로는 천문(天文)을 통달하고 아래로는 지리(地理)를 통찰하고 중간으로는 인사(人事)를 관찰하여 재주가 옛날의 공명(孔明)과 유기(劉基)에 밑돌지 않는다는 자였습니다. 그가 불경(佛經)을 승도(僧徒)들에게 가르쳤는데, 그중에서 뛰어난 자로는 옥여(玉如), 일여(一如), 묘정(卯定), 대성(大聖), 법주(法主) 등 1백여 인을 얻어 그 술업(術業)을 전수(傳受)시키면서 팔도(八道)의 중들과 체결(締結)하였습니다. 그리고 또 장길산(張吉山)의 무리들과 결탁하고, 또 이른바 진인(眞人) 정(鄭), 최(崔) 두 사람을 얻어 먼저 우리나라를 평정하여 정성(鄭姓)을 왕으로 세운 뒤에 중국을 공격하여 최성(崔姓)을 왕으로 세우겠다고 하였습니다. 『숙종실록』숙종 23년(1697) 1월 10일(임술).

267 양의는 촉한(蜀漢) 때의 명장이다. 제갈공명(諸葛孔明)이 죽으면서 양의에게 뒷일을 부탁하여 그대로 행하였더니, 위(魏)나라 장수 사마의(司馬懿)가 제갈공명이 살아 있는 것으로 여기고 도망쳤다고 전한다.

한다.[268] 이는 혼란한 정국을 평정할 능력을 지닌 중국의 유명한 영웅에 자신들을 비유함으로써 거사의 성공 가능성을 점치고 거사 추진에 자신감을 표현했던 일로 짐작된다.

그리고 거사를 도모할 장소에 대해 성하첨이 "길한 기운이 남방에 있다. 통영(統營)이 민요(民擾)를 겪은 적이 있고, 또 추수(推數)해 보니 지운(地運)도 부합한다. 이곳에서 아전과 군인들과 잘 체결하여 인심을 돌리면 거사에 성공할 것이다."라고 주장했다.[269]

경오년(1870) 2월 15일에 이필제가 양성중, 장경로와 동행하여 정동철의 주막에 와서 다음과 같이 말했다.

> 이필제가 "운수를 점쳐 헤아려보니 금년의 운은 백마용토(白馬龍兎)에 해당하는데, 아전이 수령을 죽일 것이다."라고 말했다.[270]

또한 거사 일자와 관련하여 홍종선이 "그렇다면 언제 기병할 것이냐?"고 묻자, 이필제가 "8월에[271] 할 예정이다."라고 대답했다. 곁에 있던 정동철도 "금년의 토월(兎月)의 끝과 용월(龍月)의 시작에 우리들이 산중에서 기병하여 군사를 모아 진영(鎭營)과 읍성을 도륙할 작정이다."라고[272] 말했다. 그리고 이필제가 정동철에게 "금년 토월(兎月)의 마지막과 용월(龍月)의 시초에 내가 산중의 나무꾼들을 모아 거사하여 감영과 읍성을 도륙할 것이다."라고 말한 적도 있다.[273] 이와 관련하여 정동철도 이필제의 말을 듣고 "경오년의 연운(年運)은 아전이 수령을 죽이는 해에 해당한다."는[274] 생각을 갖고 있었다.

---

268 「경상감영계록」 제3책, 199면.

269 「경상감영계록」 제3책, 199면.

270 性必曰, 推數則, 今年之運, 白馬龍兎, 吏殺長吏也. 「경상감영계록」 제3책, 180면.

271 8월을 거사 일자로 계획했다는 진술은 여기에만 보인다. 2월의 착오일 가능성이 높다.

272 以今兎末龍頭, 吾起山中, 募軍屠戮營州矣. 「경상감영계록」 제3책, 191면. 이때 이필제는 만일 지금 동참한다면 부귀를 나누어줄 것이라고 유혹했다.

273 今兎末龍頭, 吾起山中樵黨, 屠戮營州.

경(庚)과 신(申)은 오행(五行)으로 따지면 금(金)에 해당하고 빛깔은 백색에 해당한다. 따라서 백마(白馬)는 경오년(庚午年)을 가리킨다. 이들이 애초에 잡았던 거사 일자는 2월 28일 갑자일이었다. 우리나라는 인월(寅月)을 음력 정월로 삼기 때문에 묘월(卯月)은 음력 2월, 진월(辰月)은 음력 3월에 해당한다. 따라서 "토월의 마지막과 용월의 시초"는 음력 2월 말과 음력 3월 초를 가리킨다.

"아전이 수령을 죽인다."는 이필제의 표현은 현전하는 예언서에도 자주 등장한다. "아전이 태수(太守)를 죽이니 강상(綱常)이 영원히 끊어지리라.〔吏殺太守, 綱常永殄.〕", "아전이 태수를 죽이는 데 거리낌이 없으리라.〔吏殺太守, 無所忌憚.〕" 등이 대표적인 예이다.[275]

경기도 이천에 사는 유학 홍종선(洪鍾宣, 당시 36세)은 진주 덕산에 사는 정동철과 친한 사이였다. 경오년(1870) 2월 17일에 정동철을 찾아갔더니 어떤 사람을 가리키면서 "저 사람은 서울에 사는 서씨(徐氏) 성을 가진 양반인데, 창의(倡義)할 계획을 가지고 있다."라고 말하여 놀랐다. 나중에 알고 보니 그가 바로 이필제였다. 이때 이필제는 홍종선에게 다음과 같이 말했다.

「감록(堪錄)」에 이르기를 "현재 나라의 운수를 살펴보니 장차 북쪽으로는 청나라의 침공이 있을 것이고, 남쪽에는 6명의 정씨가 출현하여 온 나라가 삼분사열(三分四裂)될 것이다."라 했고, 또 "홍씨(洪氏)가 임금이 될 것이다."라는 말이 있으니, 그대가 아니면 누구를 가리키는 것이냐? 진주(晉州)는 곧 조선의 동남쪽이다. 이곳에서 군대를 일으키면 크게 길할 것이므로 내가 이곳에 왔다.[276]

274 年運則, 白馬龍兎, 吏殺長吏也. 「경상감영계록」 제3책, 181면. 장경로의 공초에도 순무어사가 2월 28일에 거사하면 白馬龍兎, 吏殺長吏, 募丁拔晉州 라고 말했다.

275 「징비록」, 「운기구책」, 「요람역세」, 「감결」, 「감인록」, 「정감록」(한성도서주식회사, 1923), 「정감록집성」(아세아문화사, 1973), 487면, 498면, 504면, 525면, 526면, 530면, 567면, 609면.

276 堪錄云, 今方國運, 將北有同治之來, 南有六鄭之出, 八域之內, 三分四裂矣. 且有洪姓最貴之語, 非執事而誰耶? 晉州是朝鮮之巳分也. 於此起兵, 大吉, 故來此矣. 「경상감영계록」 제3책, 191면. 동치(同治)는 당시 청(淸)나라 황제 목종(穆宗)의 연호다. 그리고 사(巳)는 방위로는 동남, 달로는 음력 4월, 시각으로는 오전 9시부터 11시까지, 오행으로는 화(火), 동물로는 뱀을 가리킨다.

「감록(堪錄)」은 현전하는 예언서에는 보이지 않는다. 『정감록(鄭鑑錄)』, 「감결(鑑訣)」, 『정이감여론(鄭李堪輿論)』, 「정감문답(鄭堪問答)」 등 비슷한 이름을 지닌 예언서는 있다. 그러나 「감록」이라는 이름의 예언서나 비슷한 내용의 비결은 보이지 않는다.

원래 감여(堪輿)의 감(堪)은 받아들이는 것으로 하늘을 가리키며, 여(輿)는 수레를 뜻하여 싣는 것 곧 땅을 가리키므로 천지(天地)와 같은 의미로 사용되었다. 여기서 유래하여 감여가 풍수지리(風水地理)와 동일한 뜻으로 사용되며 음양오행설에 의하여 묘지나 집터의 좋고 나쁨을 가리는 사람을 감여가로 부르고, 그러한 술법을 감여술이라고 부른다. 그리고 정감록은 정감(鄭鑑)과 이심(李沁)이 조선의 국운과 앞으로 일어날 재난과 새 왕조들에 대해 나눈 대화를 기록한 내용으로 이루어져 있다. 비결서에 따라 정감의 이름이 정감(鄭堪)으로 쓰이기도 한다.

아마도 「감록」은 여러 비결을 모아서 표현한 내용일 가능성이 높고 어쩌면 이필제가 지어낸 비결과 예언서일 수도 있지만, 실제 그러한 비결과 예언서가 당시에 존재했을 가능성도 완전히 배제하기는 어렵다. 그리고 이 글에서 관심을 가지는 점은 비결과 예언서의 실재 여부와 예언의 정확성과 실현 가능성이 아니라, 당시 어떠한 내용의 비결과 예언서가 있다고 믿어졌고 어떤 내용의 비결과 예언이 유포되었는지에 있다. 이러한 진술 기록을 통해 우리는 최소한 사건 당사자들 사이에서는 그러한 예언이 알려졌고 믿어졌다는 사실을 확인할 수 있다.

"6명의 정씨가 출현한다."는 비결은 현전하는 예언서에는 보이지 않는다. 다만 「무학비전(無學秘傳)」에 "세 명의 정씨가 내응하여 삼한을 멸하리라.〔三奠三乃古, 內應滅三韓.〕"라 했고,[277] 「청구비결(靑邱秘訣)」에 "세 명의 정씨가 네 곳에 앉아 삼한을 멸하리라.〔三奠三邑者, 四座滅三韓.〕"는 내용이 보인다.[278] 그리고 상당

277 「무학비전」, 『정감록』(한성도서주식회사, 1923), 『정감록집성』(아세아문화사, 1973), 576면.
278 「청구비결」, 『정감록』, 『정감록집성』, 634면.

히 후대에 편집된 것으로 추정되는[279] 「초창결(蕉蒼訣)」에 "8명의 정씨가 함께 일어나 일곱 명의 이씨와 서로 싸우리라.〔八鄭幷起, 七李相爭.〕"라는 구절이 보인다.[280]

그리고 "전국이 삼분오열될 것이다."라는 비결은 「징비록(徵秘錄)」과 「운기구책(運奇龜策)」에 "나라가 남북으로 삼분(三分)될 것이며, 조선의 말기에 3명의 우매한 임금이 나타나 나라가 삼국(三國)으로 갈라질 것이다."라는 비슷한 내용이 보인다.[281]

또 "홍씨(洪氏)가 임금이 될 것이다."라는 비결은 현전하는 예언서에는 보이지 않는다. 다만 "계룡산 개국에 변씨(卞氏)는 재상이 되고, 배씨(裵氏)는 장군이 되며, 개국공신 방씨(房氏)와 우씨(牛氏)는 수족이 될 것이고, 김씨와 홍씨도 조정의 공신(功臣)이 될 것이다."라는[282] 내용과 "우족(羽族) 홍씨(洪氏)가 서쪽에 운집하여 인심을 소동시키고 나라의 살림을 다 축내리라."는[283] 부정적 내용이 있을 뿐이다. 이필제가 「감록」이라는 비결서를 통해 강조하고 있는 점은 어떤 성씨라도 진인이 될 수 있는 가능성을 가지고 있다는 생각이었다.

어쨌든 이필제는 홍종선의 성씨가 예언서에 나온다는 이유로 거사 참여를 독촉하고 있으며, 거사 장소로 진주(晉州)를 선택한 것도 "조선의 동남쪽"이기 때문이라고 주장했다. 왜 동남쪽에서 거사해야 하는지에 대해서는 설명이 없다. 거사 장소를 선정하는 데 있어서 또 다른 주장이나 설명이 있었을 것으로

---

279 「초창결」은 목판본이 아니라 현대식 필기구를 사용한 필사본이다. 특히 "불지형체(佛之形體), 유지풍절(儒之風節), 선지조화(仙之造化)"라는 표현이 보이는데, 이는 증산(甑山) 강일순(姜一淳, 1871-1909)의 말이다. 따라서 증산의 행적을 기록한 『증산천사공사기』(1926)와 『대순전경(1929)』이 출간된 이후에야 이러한 표현이 가능할 것이기 때문에 필자는 이 시기 이후에 필사된 예언서로 본다. 「초창결」의 전체적 내용을 볼 때 개인적 의견을 밝히자면 아무리 빨라도 1950년대 이후에 필사되었을 것이다. 「초창결」에 『격암유록(格庵遺錄)』이라는 표현이 2번 나오는데, 이는 『격암유록』의 간행 시기와도 얽힌 미묘한 문제다. 이 부분은 다음 기회에 자세히 다룰 예정인데, 어쨌든 「초창결」은 1950년대와 1960년대의 예언서 해석에 있어서 중요한 문헌 자료라는 의의가 있다.

280 「초창결」, 『정감록집성』(아세아문화사, 1973), 169면.

281 「징비록」, 「운기구책」, 『정감록』(한성도서주식회사, 1923), 『정감록집성』(아세아문화사, 1973), 490면, 498면.

282 「징비록」, 「운기구책」, 「요람역세」, 『정감록』, 『정감록집성』, 489면, 506면, 531면.

283 「징비록」, 『정감록』, 『정감록집성』, 490면.

짐작이 되지만, 더 이상 자세히 알아볼 수 있는 자료가 없다.

애초에 이필제가 남해를 거사 장소로 선택한 것은 아마도 남조선신앙에 의해 "남쪽에서 진인이 출현한다."는 예언서에 부응하기 위한 일로 짐작이 된다. 그리고 두 번째로 진주를 거사 장소로 결정한 것은 지리산 지역에 피난 온 사람 가운데 예언사상에 심취한 사람들이 많고 진주에 인재가 많다는 현실적 이유에서 비롯되었을 가능성이 크다. 이외에도 「감록」이라는 예언서의 내용을 인용하면서 진주(晉州)를 언급했던 이유가 있었을 텐데 자료의 부족으로 더 이상의 추론을 할 수 없는 점이 아쉽다.

그리고 위의 인용문과 관련하여 의금부에서 정만식에게 "일곱 명의 정씨 가운데 여섯 명이 귀하게 될 것이다."라는 이야기를 어디에서 들었느냐고 묻자, 정만식은 "병영에서 조사받을 때 전해들은 것"이라고 진술했다.[284] 그런데 성하첨은 "그런 이야기가 비기(秘記)에 있다는 말은 이필제가 했습니다."라고 진술했다.[285] 결국 이필제가 '6명의 정씨'에 대한 비결이 이른바 「감록」에 나온다고 주장했었다는 사실이 다시 한 번 확인된다.

의금부에서 양영렬에게 지난번 감영에서 "천명(天命)이 규선(奎仙)에게[286] 있으니 의기(義旗)를 규선이 먼저 일으킬 것이다."라고 진술한[287] 것은 무슨 뜻이냐고 물었다. 이에 양영렬이 "규선이 의기를 든다는 이야기는 이필제가 말한 참서(讖書)에 실려 있는 말입니다. 그리고 규선은 이필제가 스스로를 일컫는 말입니다. 의기는 나라를 위해 의로움을 일으킨다는 말입니다."라고[288] 진술했

---

284 七鄭中居六爲貴. 『추안급국안』 29권 305책, 306면.

285 「경상감영계록」 제3책, 186면 성하첨 공초.

286 연행사신(燕行使臣)의 종사관(從事官) 서경순(徐慶淳, 1804-?)의 "누각 위에는 규선(奎仙)의 상을 봉안하였는데, 한 발로는 용의 머리를 밟고 한 발은 든 채 펴지 않고, 오른손으로 화필(花筆)을 잡고 마치 무엇을 기록하는 모양을 하고 있다."라는 중국에서의 견문록이 전한다. 서경순, 『몽경당일사(夢經堂日史)』 제2편, 「오화연필(五花沿筆)」, 을묘년(1855) 11월 22일(신사). 아마도 규선은 도교적 신격을 가리키는 용어일 것으로 추정된다.

287 비기에 '천명이 규선(奎仙)에 있으니 의기(義旗)가 선창하여 진양(晋陽)이 먼저 동한다.'고 하므로 곧 바로 덕산(德山)으로 가서 초당(樵黨)을 모아 일으켜 영부(營府)로 들어가 관장을 다스리고 읍촌을 돌아다니면 군정(軍丁)이 스스로 모여들 것이고, 군계(軍械)와 창곡(倉穀)도 영부(營府)에 있다. 「경상감영계록」 제3책, 6월 16일 양영렬 공초.

다. 현재 전하는 예언서에는 규성(奎星)이라는[289] 표현이 2번 나올 뿐이고,[290] 규선(奎仙)이라는 용어는 보이지 않는다.

이와 관련하여 이필제가 "비기에 이르기를 '천명(天命)이 규선(奎仙)에 있으니 (그가) 의기를 먼저 일으킬 것인데, 진양(晉陽)에서[291] 먼저 움직일 것이다.'라 한다."라고 말했다는[292] 진술도 있다. 이필제가 스스로 규선(奎仙)이라고 자처했는지의 여부는 지금으로서는 정확히 알 수 없지만, 그렇게 주장했을 가능성이 높다. 그리고 이필제가 진양 즉 진주에서 거사를 일으키려는 결정적인 이유가 바로 "규선이 진양에서 먼저 거사에 착수할 것이다."는 비기(秘記)의 내용이었음을 알 수 있다. 현재로서는 이러한 내용의 비결은 찾을 수 없으며, 비기의 이름도 밝히지 않았기 때문에 더 이상의 논증은 할 수 없지만, 이필제가 비기를 내세워 거사 장소를 선택했다는 믿음을 가지고 있었고, 거사 참여자들에게도 이러한 사실을 알렸다는 사실은 확인된다.

또 이필제가 성하첨에게 "사년(巳年)의 끝과 오년(午年)의 시작 무렵〔馬頭巳尾〕에 반드시 병화(兵火)가 일어날 것이다. 지금 세상의 좋은 기운은 바다에 많이 있으니, 바다의 평온한 곳에 들어간다면 어찌 안정되지 않겠는가?"라고[293] 말했다. 이는 기사년(1869) 말과 경오년(1870) 초 사이에 난리가 발생할 것이라는 예언이다. 이필제는 이러한 전쟁을 피하기 위해서는 섬으로 피난해야 한다고 주장했다.

---

288 供奎仙義旗之說, 朱漢謂之識書中云云. 而奎仙, 朱漢榘自謂也. 義旗, 爲國興義之謂也. 『추안급국안』 29권 305책, 337-338면.

289 규성은 28수(二十八宿)의 15번째의 별자리이다. 16개의 별로 이루어졌는데 굴곡이 서로 연결되어 글자의 획과 비슷해 문운(文運)을 상징한다고 여겼다. 『효경(孝經)』 원신계(援神契)에 "규성은 문장(文章)을 주관한다." 고 하였다. 문장 또는 학문을 관장하는 별로 문신(文臣)을 가리키기도 한다.

290 「동차결」, 「호남소전(湖南所傳)」, 『정감록』(한성도서주식회사, 1923), 『정감록집성』(아세아문화사, 1973), 551면, 623면.

291 조선 태조가 현비(顯妃)의 내향(內鄕)이라는 이유로 진양대도호부(晉陽大都護府)로 승격시켰는데, 태종(太宗) 때에 진주로 고쳤다. 『신증동국여지승람』 제30권, 경상도 진주목(晉州牧).

292 秘記云, 天命奎仙, 義旗先倡, 晋陽先動也. 『경상감영계록』 제3책, 204면.

293 馬頭巳尾, 必有兵火, 今世吉氣, 多在海上, 入海穩處, 豈不安哉? 『경상감영계록』 제3책, 189면.

이에 성하첨이 "임진왜란과 병자호란 때 사람들이 모두들 바다로 들어갔는데, 다시 육지에 나와 살지 못하고 있지 않느냐?"고 물었다. 그러자 이필제는 "이곳에 있으면 화를 피하기 어렵다."라 응수했다. 다시 성하첨이 "사람의 살고 죽는 문제는 오로지 운수에 달려있다."라고[294] 대답했다. 성하첨은 임진왜란과 병자호란 때 많은 사람들이 섬으로 피난했지만 난리가 지나간 후에도 여전히 섬을 벗어나지 못하고 가난하고 소외된 채 살고 있다고 반대 의견을 제시했고, 생사 여부는 운수에 의해 결정된다는 숙명론을 밝혔다. 물론 이 대화는 거사를 모의하기 이전에 서로의 생각을 조심스럽게 탐색하던 초기 과정에서 거론된 것이었다.

이필제가 기사년(1869) 5월 16일에 정만식을 찾아가 다음과 같이 말했다.

> 나는 장차 중국에 들어갈 것이다. 그대는 연일(延日) 정씨(鄭氏)인가? 그대는 두 마음을 품지는 않았는가? 연일 정씨가 머지않아 좋은 운수를 탈 것이라고 하는데, 그대가 아니면 누구란 말이냐? 조선은 곧 영토가 나누어질 것인데, 동서남북에 제후를 봉할 것이다.[295]

이외에도 이필제가 "나는 중국에 들어갈 사람이다. 그대는 연일(延日) 정씨(鄭氏)다. 연일 정씨 한 사람이 함께 가기로 예정되어 있다."라고 말했다고 전한다.[296] 정만식이 그 이유를 묻자 이필제는 "성하첨이 '정만식은 병법에 능하고 사주(四柱)도 좋다.'고 추천했기에 함께 가자고 권하는 것이다."라고 대답했다.

또 이필제는 정만식에게 "연일 정씨가 곧 좋은 운수를 맞이할 것인데, 그대가 아니라면 누가 그 사람이랴? 내가 이렇게 청하는 것은 그대가 바로 '그 사람'이기 때문이다."라고[297] 달콤한 말로 유혹했다. 아울러 그는 "만일 끝내 나

---

294 人之生死, 惟在運數.

295 吾是入中原, 人君是延日鄭也? 汝不懷貳心乎? 延鄭不久乘運, 非汝伊誰? 將以朝鮮分彊, 封東西南北侯等說. 「경상감영계록」 제3책, 185면.

296 吾是入中原人也. 君是延日鄭也. 延日鄭哥一人, 期於率去. 「경상감영계록」 제3책, 182면.

297 延鄭, 不久乘運, 非汝伊誰? 「경상감영계록」 제3책, 182면.

를 따르지 않겠다면 마땅히 내가 너의 대사(大事)를 해칠 것이다.", "너는 지금 두 마음을 품고 있지 않느냐?"라고 말하여 정만식이 평소 조정을 거역하는 마음을 품고 있음을 관아에 알리겠다고 협박하기도 했다.[298]

여기서 인용문 등에 나오는 "연일 정씨가 좋은 운수를 탈 것이다."라는 말은 연일 정씨가 진인으로서 조선을 대신하는 새 왕조를 열 것이며 장차 왕위에 오를 것이라는 뜻을 에둘러 말한 것이다.

연일[299] 정씨는 영일(迎日) 정씨 또는 오천(烏川) 정씨로도 불린다.[300] 연일 정씨 가운데 대표적인 인물로 정몽주(鄭夢周, 1337-1392)가 있다. 고려 말에 유명한 문신이자 학자였지만 조선의 개국을 추진하던 세력에게 억울한 죽음을 당했던 인물인 정몽주의 원한을 풀어주기 위해서는, 조선을 멸망시키고 조선을 대신하여 세워질 새 왕조는 반드시 그의 후손에서 나올 것이라는 믿음이 당시에 널리 회자되었던 것 같다.

조선왕조의 개창 때문에 희생되었던 수많은 인물들을 대표하고 상징하는 인물인 정몽주가 조선의 마지막을 지켜보고 그의 후손으로써 새 왕조를 건설할 것이라는 예언적 주장이 신빙성 있게 받아들여졌던 것이다. 진인이 정씨라면 그 정씨는 바로 정몽주의 후손인 연일 정씨여야 한다는 의견이 널리 받아들여졌던 것이다. 연일 정씨가 진인이 될 것이라는 믿음은 고종 5년(1868) 8월의 정덕기(鄭德基)사건과 고종 8년(1871) 8월에 일어난 조령사건에도 보인다.

한편 장경로는 경오년(1870) 정월에 정만식과 양영렬을 만났다. 이때 양영렬이 참서(讖書)로 장경로를 유혹했다고 하는데,[301] 구체적 내용은 전하지 않는

---

298 汝今不懷貳心乎? 「경상감영계록」 제3책, 182면.

299 연일(延日)은 경상북도 동해안에 위치한 포항시 영일읍(迎日邑)의 옛 지명이다.

300 연일 정씨는 시조를 다르게 하는 두 개의 파가 있다. 신라 때 간관(諫官) 정종은(鄭宗殷)을 도시조로 하고 그 후손인 정습명(鄭襲明)을 1세조로 하는 지주사공파(知奏事公派)와 정극유(鄭克儒)를 1세조로 하는 감무공파(監務公派)가 있다. 정습명은 고려 의종 때의 중신으로 추밀원지주사를 지냈으며, 그의 선대에 정의경이 연일호장을 지냈고, 다시 연일현백에 봉해졌으므로 후손들이 본관을 연일(현 영일)로 하였다. 그러나 본고장인 오천(烏川) 마을의 이름을 따서 오천으로 쓰기도 했으나 지금은 영일로 통일해서 쓴다.

301 「추안급국안」 29권 305책, 329면.

다. 그런데 장경로가 "'말의 뿔'이라는 요사한 참언〔馬角妖讖〕으로 금년에 난리가 일어날 것이다."라고 말했다는 진술이 있다.[302]

말을 뜻하는 오(午)가 들어가는 해인 갑오년, 병오년, 무오년, 경오년, 임오년 가운데 경오년의 경(庚)이 글자 모양이 마치 뿔이 나있는 것 같다. 그래서 경오(庚午)를 '뿔 달린 말'이라는 의미로 풀이한 것 같다. 즉 '말의 뿔'이라는 참언은 경오년을 가리킨다. 장경로는 감영에서 조사받을 때 양영렬에게서 이 참언을 전해 들었다고 진술했다.

'말의 뿔과 관련된 참언'으로는 "말 머리에 뿔이 생기면 청의(靑衣)를 입은 대적(大賊)이 남쪽에서 일어나 산천이 붉은 피로 물들고 강물과 함께 흐르리라.",[303] "말 머리에 뿔이 생기면 나라의 성씨가 바뀌리라.",[304] "을해년: 왕이 타는 말에 뿔이 생기면 나라가 오랑캐의 손에 망하리라.",[305] "말 머리에 뿔이 생기면 세 왕이 각기 설 것이다."[306] 등이 전한다.

또 장경로가 "방부마각(方夫馬角)은 금년을 가리키는 말인데, 반드시 병란이 일어날 것이다."라고[307] 조금 다른 내용의 참언을 읊었다는 진술도 전한다. 이에 대해 장경로는 "방부마각(方夫馬角)은 파자(破字)로 시사(時事)를 논하는 것입니다. 방부(方夫)는 '경(庚)자'고, 마(馬)는 오(午)이고, 각(角)은 8월 11일을 뜻합니다."라고[308] 진술했다. '방(方)자'와 '부(夫)자'를 합쳐 '경(庚)자'를 만들고, '각(角)자'를 파자해서 8월 11일이라는 의미를 새긴다고 주장한 것이다.

그런데 장경로가 말한 이러한 비결 풀이는 애초에 이필제의 입에서 나왔다.

302 馬角妖讖, 謂今年之有亂. 『추안급국안』 29권 305책, 298면.

303 角生馬頭, 靑衣大賊, 起於南方, 山川赤血, 和水恒流. 「운기구책」, 『정감록』(한성도서주식회사, 1923), 『정감록집성』(아세아문화사, 1973), 500면.

304 馬頭生角, 國家換姓矣. 「동세기(東世記)」, 『정감록』 『정감록집성』, 543면.

305 乙亥, 王騎生角, 國亡胡手. 「감결」, 『정감록』 『정감록집성』, 577면. 「남격암십승지론」, 『정감록』 『정감록집성』, 618면.

306 角出馬頭, 三王各立. 「남격암십승지론」, 『정감록』 『정감록집성』, 617면.

307 方夫馬角, 今年時事, 必有兵亂. 又誦數三讖句. 「경상감영계록」, 제3책, 203면.

308 方夫馬角, 以破字論時事者. 以方夫卽庚字, 馬卽午字, 角卽八月十一日也. 「경상감영계록」, 제3책, 210면.

이필제가 양영렬에게 말하기를 "지금 서양 오랑캐의 소란이 자주 발생하고 있고, 북쪽의 소요도 우려할 만하다. 참기(讖記)의 이른바 '방부마각(方夫馬角)'은 경오(庚午)라는 뜻이고, '구혹생화(口或生禾)'는 정씨 성을 가진 사람이 나라를 차지한다는 뜻이다. 우리나라는 삼분오열(三分四裂)될 것이다."라 했다.[309]

현전하는 예언서에는 방부마각과 구혹생화라는 비결은 보이지 않지만, 이 필제는 참기에 나온다고 주장한 것이다. 실제로 그러한 비결이나 예언서가 있었는지는 지금으로서는 알 수 없지만 당시에 이러한 비결이 알려졌던 사실은 확인된다.

구혹생화에 대해 이필제는 "구혹(口或)은 '국(國)' 자고, 생화(生禾)는 '이(移)' 자를 의미한다."라고[310] 해석했다. 따라서 구혹생화(口或生禾)는 '국이(國移)'의 파자다. 생화(生禾)가 어떻게 결합되어야 '이(移)' 자가 되는지는 명확하지 않다. 이러한 비결과 해석도 현전하는 『정감록』에는 없는 표현이다. 그러나 이와 매우 비슷한 형태의 비결이 분명히 존재했고 유포되었다.

정확한 시기는 알 수 없지만 계룡산 연천봉(連天峯)에 '방백마각(方百馬角), 구혹생화(口或生禾).'라는 비결이 새겨져 있다. 이에 대해 호사가들은 방(方)은 사(四), 마(馬)는 오(午)인데 파자하여 팔십(八十), 각(角)은 동물의 뿔이므로 이(二)라고 풀이하여 '방백마각'을 '4백 8십 2'로 해석했다. 그래서 "조선왕조가 개국한 지 482년 만에 망하고, 새 나라로 국운이 옮겨진다."라고 해석했는데, 이는 조선의 마지막 임금 순종(純宗)이 조선왕조 개국 482년 만에 태어났던 일을 정확히 예언한 것이라고 주장했다.

그렇게 억지 해석할 수는 있겠지만, 믿고 안 믿고는 개인의 자유의지에 달렸다. 어쨌든 이필제가 활동하던 1870년대 초에 이미 이 비결과 매우 비슷한 비결이 있었고, 일반인의 관심을 불러일으켰다는 역사적 사실은 분명하다. 그

---

309 羊騷頻動, 北擾方憂, 讖記云, 方夫馬角, 卽庚午, 而口或生禾, 有以鄭爲姓者, 次知. 一隅, 三分四裂也.
「경상감영계록」 제3책, 204면.

310 口或卽國字, 生禾卽移字. 「경상감영계록」 제3책, 214면 양영렬 공초.

리고 경오년이라고 해석하든지 '개국 후 482년'이라고 풀이하든지 간에 '왕조가 옮겨간다.'는 해석에서 새 왕조 건설을 향한 민중의 강렬한 열망과 간절한 염원을 엿볼 수 있다.

그리고 장경로에 대한 판결문에 "참기(讖記)와 비결(秘訣)로 인심을 소란스럽게 했다."는 대목이 있는데,[311] 당시 조정에서 참기와 비결을 구별하고 있음을 알 수 있다. 실제로 어떤 기준으로 구별되는지는 정확히 알기 어렵지만, 아마도 참기는 예언서를 의미하고 비결은 예언서에 쓰인 일부 예언의 내용을 가리키는 것으로 짐작된다. 또 왕의 전교에 "도참(圖讖)이란 요인(妖人)들이 민중을 현혹시키려는 계책이다."라고 규정하여, 도참을 알리고 유포하는 일은 반체제적 행위임을 분명히 밝혔다.

③ '영해사건'에 보이는 예언사상

이필제는 최시형을 처음 만나 다음과 같이 말했다.

> 고서(古書)에 이르기를 "하늘이 주는 것을 받지 않으면 도리어 그 재앙을 받는다."고[312] 하였는데, 나 역시 천명(天命)을 받은 사람이다. 내가 또 말하는데, 옛날 단군(檀君)의 영(靈)이 유방(劉邦) - 한(漢) 고조(高祖) - 에게 화생(化生)하였고, 유방의 영이 주원장(朱元璋) - 명(明) 태조(太祖) - 에게 화생하였으며, 지금 세상에 이르러 단군의 영이 다시 세상에 나왔다고 말하는데, 하루에도 아홉 번 변하는 자가 곧 나다. 한편으로는 선생 - 수운 최제우 - 의 치욕을 씻고 다른 한편으로는 창생들의 재앙을 구제하려 하는데, 나의 뜻은 중국에서 창업하는 것이다.
> 내가 이 땅에서 일을 일으키려는 것은 다름이 아니라 선생(先生)께서 말씀하시기를 "동(東)에서 나서 동(東)에서 받았고, 그 때문에 그 도(道)를 동학(東學)이라 한다."

---

311 『추안급국안』 29권 305책, 357면.

312 蒯通 (…) 以相人說韓信曰 (…) 君之面, 不過封侯. 又危不安, 相君之背, 貴乃不可言 (…) 足下爲漢則漢勝, 與楚則楚勝 (…) 莫若兩利而俱存之三分天下, 鼎足而居. 其勢莫敢先動 (…) 盖聞天與不取, 反受其咎. 時至不行, 反受其殃. 願足下熟慮之. 韓信曰, 漢王遇我甚厚 (…) 吾豈可以鄉利倍義乎? 蒯通復說曰 (…) 時乎時乎, 不再來. 願足下詳察之. (…) 韓信 (…) 又自以爲功多, 漢終不奪我齊. 遂謝蒯通, 蒯通說不聽, 己詳狂爲巫. 『사기(史記)』, 「회음후전(淮陰侯傳)」.

라313 하셨기 때문이다. 동(東)은 동(東)에서 일어나는 것이므로, 영해(寧海) 지역이 바로 우리나라의 동쪽 바다가 된다. 이런 까닭으로 동쪽에서 일을 일으켜 지금에 이르렀으니, 선생님을 위하는 사람이 어찌 이를 따르려 하지 않는단 말인가? 나의 이름이 세상에 드러나 조정에서도 알고 있기 때문에 오영(五營)이 모두 응할 것이고 육조(六朝)가 머리를 돌이킬 것이니, 이것이 어찌 천운(天運)이 아니겠는가? 314

이필제는 자신이 민족의 시조 '단군의 영'으로서 이 세상에 나온 전지전능한 인물이자 천명을 받은 진인이며, 장차 동학의 교조 수운 최제우의 한을 씻고 궁극적으로는 중국에서 새 왕조를 창업할 인물이라고 주장하며 엄청난 포부를 밝혔다. 유방과 주원장은 낮은 신분 출신이었지만 농민반란이나 민중종교운동을 일으켜 거대한 제국을 건설했던 인물들이다. 후대에 이들은 천명(天命)을 받은 신이한 존재로 인식되었는데, 이필제는 자기도 바로 이러한 인물과 같이 천명을 받은 존재라고 강조했던 것이다.

인용문에서 "단군(檀君)의 영(靈)이 세상에 다시 출현한다."는 말은 현전하는 예언서인 「요람역세」와 「감인록」에 나오는 내용이다.

그러므로 도선(道詵)이 말하기를 "우리들은 모두 태백산으로 가야 할 것입니다. 그 뜻이 매우 깊어 이치를 깊이 생각하니, 단군(檀君)의 영(靈)이 반드시 세상에 출현할 것입니다. 그러므로 신령한 기운이 약해지는 것을 태백산에서 구해야 할 것입니다. (…)"라 했다.315

---

313 曰同道言之則, 名其西學也? 曰不然. 吾亦生於東, 受於東, 道雖天道, 學則東學. 況地分東西, 西何謂東, 東何謂西. (…) 吾道受於斯布於斯, 豈可謂以西名之者乎? 『동경대전(東經大全)』, 「논학문(論學文)」.

314 古書云, 天與不受, 反受其殃, 吾亦受天命之人也. 吾且言之, 昔檀君之靈, 化生於劉邦, 劉邦之靈, 化生於朱元章, 當今之世, 檀君之靈, 復出於世, 一日九變者, 卽吾也. 一以雪先生之恥, 一以濟蒼生之殄茅, 吾志者, 中國之創業也. 然而此地之起事, 非他, 先生云生於東, 受於東, 故名其道曰, 東學, 東起於東, 故至於寧海, 我國之東海也. 是故, 起事於東到今, 爲先生者, 豈不肯從也? 吾之名出於世, 而 朝廷亦知, 故五營咸應, 六朝回首, 此豈非天運也? 윤석산 역주, 『초기 동학의 역사 — 도원기서(道源記書) —』(도서출판 신서원, 2000), 145-146쪽.

315 故道詵曰, 惟我諸生, 歸于太白山矣. 其意甚遠, 沈潛窮理, 則檀君之靈, 必出於世, 故靈氣弱濟太白山矣. 「요람역세」, 『정감록』(한성도서주식회사, 1923), 『정감록집성』(아세아문화사, 1973), 514면. 약제(弱濟)는 의역(意譯)했는데, 약재(若在)의 오기(誤記)일 가능성이 높다.

도선이 말하기를 "우리들 모두 태백산 아래로 돌아가야 한다는 말은 뜻이 심오합니다. 그 뜻을 깊이 궁리해보니, 단군의 영기(靈氣)가 태백산에 가득 차 있다는 의미였습니다. (…)"라 했다.[316]

현전하는 예언서에도 우리나라 최초의 군주가 단군이라고 명시했으며,[317] 성군(聖君)이 즉위하면 단군의 교화가 다시 꽃필 수 있을 것이라고 예언했다.[318] 그러나 단군의 영이 유방과 주원장에게 화생했다는 주장은 기존의 예언서에서는 볼 수 없는 이필제의 독특한 주장이다.

이필제는 단군이 만주와 한반도는 물론 중원까지 통괄하는 혼령이었고, 따라서 단군의 영이 화생한 자신이 중원을 정벌하여 천자가 될 수 있다고 생각했다. 즉 이필제는 중국 한족의 역사도 단군의 후예라는 독특한 인식 체계를 가지고 있었고, 명(明)의 역사적 정통성이 단군을 매개로 하여 자신에게 계승되고 있다고 주장했다.[319] 조선왕조가 명의 정통성을 계승하였다는 인식은 조선 후기 국왕을 비롯한 지배층의 경우에도 북벌론과 존주론(尊周論)이 결합되어 심화되면서 등장하였다.[320]

이처럼 지배층들의 사고방식과 비슷한 경향을 가지면서도 피지배층 내에서도 "북벌론이 정감록 및 단군신앙과 결합되면서 또 다른 양상을 갖는 역사인식이 보이고 있었음을 이필제를 통해 알 수 있다."는[321] 연구가 있다. 그러나

---

316 道詵曰, 惟我衆生, 歸于太白山下, 其言深遠矣. 回潛窮理, 則檀君之靈氣, 彌滿太白山. 「감인록」, 『정감록』, 『정감록집성』, 643면.

317 조선에는 처음에는 군주가 없었지만, 단군으로부터 군주가 시작되었다. 朝鮮之國, 初無君長, 自檀君始. 「징비록」, 「운기구책」, 『정감록』, 『정감록집성』, 485면, 501면.

318 경인년 무렵에 군왕이 등극하면 단군의 상서롭고 성스러운 교화를 볼 수 있을 것이다. (…) 庚寅之間, 長君御極, 檀君符聖之化可觀. 「운기구책」, 『정감록』, 『정감록집성』, 497면. (…) 신묘년 사이에 장군이 세상을 다스리면 군자가 왕위에 오를 것이고 소인은 멀리 쫓겨나 갈 것이며, 단군의 교화와 기자의 다스림을 이곳에서 볼 수 있으리라. (…) 辛卯之間, 將軍御世, 君子在位, 小人遠逐, 檀君之化, 箕子治, 則此可見.「감인록」, 『정감록』, 『정감록집성』, 599~600면. 거의 비슷한 표현이 「호남소전」에도 보인다. 『정감록집성』, 623면.

319 연갑수, 앞의 글, 201쪽.

320 정옥자, 『조선 후기 조선중화사상 연구』(일지사, 1998).

321 연갑수, 위의 글, 201쪽. 여기서 정감록이라는 표현은 연갑수의 주장이다.

필자는 '정감록'이 아니라 '다양하고 많은 비결이나 예언사상'으로 고쳐야 한다는 입장이다.

한편 "하루에도 아홉 번 변하는 자가 곧 나다."는 이필제의 말은 정확히 어떤 상황을 묘사하는지 알 수 없다. 다만 그 자신의 신이함을 강조하기 위한 주장임은 틀림없다. 이와 관련하여 단군 이후 고려 공민왕까지가 3,600년이 경과하여 바야흐로 큰 변화의 주기를 맞았다는 순환적 역사 인식이 전하고,[322] 단군시대 이후 조선왕조가 개창되기까지 아홉 왕조가 이어져 내려올 것이라는 이야기가 이미 단군시대의 예언서에 적혀 있었다는 조선 초기의 역사 인식도 전한다.

즉 "서운관(書雲觀)의 옛 장서(藏書)인 비기(秘記)에 「구변진단지도(九變震檀之圖)」라는 것이 있는데, (여기에) '건목득자(建木得子)'라는 말이 있다. 조선(朝鮮)이 곧 진단(震檀)이라고 한 설(說)은 수천 년 전부터 내려오는 것으로, 지금에 와서야 증험되었다."는[323] 주장인데, 권근(權近)이 지은 태조의 비문 석각본(石刻本)에 나오는 내용이다. 「구변진단지도」라는 비기(秘記)가 실제로 있었고, 거기에 이씨 조선의 개창을 예언한 부분이 적혀 있었다는 주장이다. 원래 권근이 지은 원본 비문에는 "구변도지국(九變圖之局)"이라고 모호하게 표현되었는데 비석을 새기면서 비기(秘記)라는 점이 더욱 강조되었다.[324]

---

322 또 하늘의 운수는 순환하며 돌고 돌아 다시 시작되는 것입니다. 700년이 하나의 소원(小元)이 되고, 쌓여서 3,600년이 되면 하나의 대주원(大周元)이 되는데, 이는 황(皇), 제(帝), 왕(王), 패(覇)가 다스렸다가 어지럽게 되고 흥했다가 쇠약해지는 주기입니다. 우리 동방은 단군으로부터 지금까지 이미 3,600년이 되니 하나의 대주원(大周元)에 해당합니다. 且天數循環周而復始. 七百年爲一小元, 積三千六百年爲一大周元, 此皇帝王覇, 理亂興衰之期. 吾東方自檀君至今已三千六百年, 乃爲周元之會. 『고려사』 권 112, 「열전(列傳)」 권 25, 백문보(白文寶, ?-1374)가 공민왕에게 건의한 말이다.

323 書雲觀舊藏秘記, 有九變震檀之圖, 建木得子. 朝鮮卽震檀之說, 出自數千載之前, 由今乃驗 『태종실록』 태종 9년(1409) 윤 4월 13일(을묘) 건원릉에 비석을 세웠다. 비문은 권근(權近)의 찬으로 『동문선』 제120권에 「유명시강헌조선국태조지인계운성문신무대왕건원릉신도비명(有明諡康獻朝鮮國太祖至仁啓運聖文神武大王建元陵神道碑銘) 병서(幷序)」라는 제목으로 실려 있다.

324 『양촌선생문집』 제36권 비명류(碑銘類)에 실려 있는데, 원본(元本)과 남들의 수정을 거친 석각본(石刻本) 두 가지가 실려 있다. 원본에는 (…) 구변도(九變圖)라는 국판(局)과 십팔자(十八子)라는 설(說)이 단군 때부터 벌써 있었던 것인데, 수천 년을 지난 지금에 징험된다. (…) 九變圖之局, 十八子之說, 自檀君之世而已有. 歷數千載, 由今乃驗. (…) 따라서 석각본이 좀 더 분명하게 특별한 비기가 존재하는 듯 서술되어 있다.

이러한 내용에 대한 『용비어천가(龍飛御天歌)』 15장의 주(註)에는 "구변도국 (九變圖局)은 신지(神誌)가 지은 도참의 이름이다. 동국(東國) 역대의 도읍을 정하는 일에 대해 예언한 것인데, 그 판국이 모두 아홉 번 변할 것이라고 했다. 아울러 말하기를 본조(本朝)가 천명을 받아 도읍을 세운 일을 말했다."는 구절이 있다.[325]

즉 시간이 흐름에 따라 조선 개국의 정당성을 강조하고 확고히 하는 과정에서 비기에 그 사실이 실려 있다는 점이 강조되며, 비기를 기록했다는 저자도 구체적으로 언급되며, 애매한 표현에 대해서도 우리나라 역대의 도읍을 정하는 일에 대한 예언이라고 주장했다. 따라서 원래 "아홉 번 변한다."는 말과 단군이 관련되면 조선 건국의 정당성을 주장한 표현이다.

이필제가 스스로를 "하루에도 아홉 번 변하는 존재"라고 말한 것은, 단군의 영이 유방과 주원장에게 화생하였다는 그의 주장과 연관시켜 생각해보면 단군부터 자기에 이르기까지 아홉 명의 화생한 인물이 있었다는 주장일 가능성이 높다. 아마도 그런 이야기와 주장이 몇 사람의 입을 통하면서 생략되어 전해졌을 것이다. 그렇다면 조선 건국의 당위성을 강조하기 위해 '구변(九變)'을 도읍지의 옮김 즉 왕조의 변천으로 해석했던 조선 초기의 입장과 달리, 이필제는 '구변'을 아홉 명의 영웅적 인물의 등장으로 해석했다고 볼 수 있다.

그리고 이때도 이필제는 "나의 뜻은 중국에서 창업하는 것"이라고 거듭 주장하였고, 거사의 명분을 "창생을 구원하는 일"이라고 밝혔다. 나아가 이필제는 영해에서 거사하는 필연적인 이유를 동학의 교리와 연관하여 독특하게 해석했다. 당시 영해는 우리나라의 정동(正東)으로 알려졌다.[326] 따라서 이필제는 동학의 창시자 수운의 신원을 이루고 동학의 도를 온전히 밝히기 위해서는 국

---

325 용비어천가주(龍飛御天歌註)에는 "九變圖局, 檀君時人神誌所撰圖識之名, 言東國歷代定都凡九變其局, 並言本朝鮮受命建都之事."라 했다. 정인지 외 지음, 이윤석 옮김, 『용비어천가(龍飛御天歌)』 1권(솔출판사, 1997), 185쪽.

326 우리나라 땅의 경계는 해좌(亥坐) 사향(巳向)인데 정동(正東)은 경상도의 영해부(寧海府)이니, 서울에서 7백 45리 떨어져 있다. 이긍익, 『연려실기술』 별집 제16권, 지리전고(地理典故), 총지리(摠地理).

토의 '동(東)'을 상징하는 영해에서 거사하고 뜻을 펼쳐야 한다고 주장했다.

결국 한편으로는 교조의 원한을 씻고 동학 포교의 전환점을 마련하고, 한편으로는 민중을 온갖 재앙에서 구원하려 한다고 주장한 이필제의 남다른 외모와 화려한 언변에 최시형마저 압도되고 말았다. 그리고 이필제가 수운 선생의 신원을 강조했기 때문에 최시형으로서는 이필제의 계획을 무시하거나 거부할 명분이 없었기 때문에 동참하지 않을 수 없었을 것이다.

이필제가 위의 인용문에서 했던 말의 핵심은 "내가 바로 천명을 받은 사람이고, 이제 천운(天運)이 왔으며, 동학교도의 힘을 통해 신원운동을 일으킬 때다."라는 것이었다. 이필제는 자신의 뜻은 중국에서 창업하는 데 있다고 강조함으로써 조선사회는 동학이 담당할 수 있을 것이라는 의미를 복선으로 깔았다. 이는 동학의 교조신원운동을 빌미로 삼아 변란을 도모하려는 뜻이었고, 거사가 성공할 경우에도 실제적 이익이나 명예는 동학교도에게 돌리겠다는 감언(甘言)이었다.

영해사건의 주모자들은 이필제가 바로 동해의 섬에 있다는 정진인(鄭眞人) 또는 이인(異人)이라고 강조하여 사람들을 거사에 끌어들였고, 거사에 성공하면 관직을 나누어주겠다는 말로 군량을 조달하기도 했다.[327]

서군직은 강사원이 "영해 우정동에 이인(理人)이 있으니 찾아가 보지 않겠느냐?"고 말했고, 이러한 이인지설(理人之說)에 혹해서 찾아가보니 이인은 바로 '거괴(巨魁) 이제발(李濟發)'이었다고 진술했다.[328] 한상엽도 강사원에게서 "이인(理人)이 있다."는 말을 듣고 영해로 왔고, 진보(眞寶)에 살던 정창학도 한상엽의 "영해 우정동 형제봉(兄弟峯) 아래에 이인이 있다."는 말을 듣고 찾아왔다.

---

327 『영해부적변문축』, 3월 21일 권영화(權永和), 전인철(全仁哲), 안대제(安大齊) 공초. 『교남공적』 4월 22일 서군직(徐羣直) 공초. 4월 25일 한상엽(韓相燁) 공초. 4월 26일 정창학(鄭昌鶴) 공초. 5월 18 일 우대교(禹大敎) 공초.

328 士元言內, 寧海雨井洞有理人, 汝欲一見否云? 『교남공적』 2면 서군직 공초. 16면 한상엽 공초. 이병권 (李秉權)도 이제발이 동학괴수(東學魁首)라고 진술했는데, 전해 들은 소문이라고 말했다. 李濟發, 東 學魁首之說, 得於傳聞. 『교남공적』 3면.

또 이들은 장차 크게 귀하게 될 정가(鄭哥)가 동해의 섬에 있는데 함께 가서 대사(大事)를 도모하자는 말을 퍼뜨렸다.[329] 특히 이필제가 바로 "동해의 섬에 있는 정진인(鄭眞人)" 또는 "이인(理人)"이라는 말로 사람들을 끌어들였다.[330] 강수(강사원)는 장성진 등의 동학교도들에게 이필제가 진인(眞人)이므로 만나보라고 권했다. 박사헌(朴士憲, 박영관)은 자기 집에 진인이 머물고 있는데 장차 영해에서 변란을 일으키고자 한다고 말하며 가담자를 모았다.[331]

그들이 믿었던 진인(眞人)은 불의와 악으로 가득 찬 현실세계의 변혁을 위해 출현했으며, 민중이 오랫동안 기다려온 절대적 존재다. 이인(理人)은 이인(異人)과 동일한 의미로 사용되었는데, 공적인 문서에 참언적인 분위기가 있는 이인(異人) 대신에 사용되었던 것 같다.

『교남공적』에는 이필제가 직접 자신이 이인(理人)이라고 자랑하며 북벌(北伐)하려 한다는 말로 백성들을 선동했다고 전한다.[332] 따라서 초기 동학교단의 지도부들 대부분이 진인이나 이인에 대한 신앙에 몰입하고 있었음을 알 수 있다. 교조인 수운(水雲)도 진인으로 이해하는 경향이 있었으며, 교조의 신원문제와 동학의 공인 문제도 새로운 진인이 출현함으로써 일시에 해결될 수도 있다고 믿었던 것이다.

나아가 이들은 "세상이 어지러워 곧 난리가 날 것이다.",[333] "왜선(倭船) 수천 척이 3월 10일에 영해(寧海) 경포(鯨浦)에 정박해서 관아를 함락시킬 것이므로 생왕방(生旺方)에 모여 있어야 화를 면할 수 있을 것이다."라는[334] 말을 퍼뜨려 민심을 동요시켰다. 거사의 성공을 위해서라면 일본의 힘도 거침없이 빌리겠

---

329 『영해부적변문축』, 3월 20일 전인철(全仁哲) 공초. 전인철은 중군(中軍)으로 영해사건에 가담했다.

330 『영해부적변문축(寧海府賊變文軸)』, 3월 21일, 유학 권영화, 전인철, 안대제 공초. 『교남공적(嶠南公蹟)』 4월 22일, 서군직 중추, 4월 25일 한상엽 중추, 4월 26일 정창학 갱추.

331 『영해부적변문축』, 3월 24일, 김귀철(金貴哲) 공초.

332 李濟發段, 渠本東學餘黨, 自謂理人, 肆發北征悖說, 煽惑愚民. 『교남공적』 127면.

333 『영해부적변문축(寧海府賊變文軸)』, 3월 21일, 유학(幼學) 권영화(權永和) 공초(供草).

334 『영해부적변문축(寧海府賊變文軸)』, 3월 21일, 안대제(安大齊) 공초.

다는 생각이었다.

이런 진술을 통해 볼 때 영해사건에는 '반외세(反外勢)'의 이념이 없었음이 확인된다. 민족의 운명보다는 난리가 일어나 자신들이 고관대작이 되거나 집단의 정치적, 종교적, 경제적 조건이 향상되는 일에 더 관심이 있었다. 결국 이들에게 있어서 난리는 막아야 될 일이 아니라 부추기고 동참해야 하는 일로 받아들여졌다. 새로운 세계에서 좋은 자리를 차지하기 위해서는 난리에 적극 가담해야 한다고 믿었다.

애초에 이필제가 자신의 성과 이름을 거짓으로 밝혀 진인출현설을 강조하여 사람들을 끌어모았다는 사실은 다음의 기록에서 잘 드러난다.

> 5백여 명이 모여들자 이필제가 단(壇)을 설치하고 몸소 천제(天祭)를 행하며, 이전에 정씨(鄭氏)라고 행세하던 것을 바꾸어 이일회(李一會)라고 칭하니, 사람들이 모두 놀라 와자지껄 시끄럽게 떠드는 소리가 분분했다.[335]

인용문을 통해 볼 때 이필제는 영해사건이 일어나기 전에 사람들을 포섭하는 과정에서 자신을 정씨, 즉 '정씨 성을 가진 진인(眞人)'이라고 자처했다. 이필제는 거사를 일으키기 직전에야 모여든 사람들에게 자기는 정씨가 아니라 이일회라고 또 다른 이름을 알려주었다. 이때 "모여든 사람들이 놀라 우왕좌왕하며 떠들썩했다."는 전언은 그만큼 그가 정씨가 아니라는 사실에 사람들이 충격을 받았던 사실과, 정씨 진인이 출현한다는 이야기에 유혹되었던 사람들이 많이 모여들었던 당시 상황을 알려준다.

한편 이필제가 둔갑술에 능했다는 진술도 있었다. "(이필제는) 둔갑하고 사람을 현혹시키는 술법에 능하여 동에 번쩍 서에 번쩍 변화가 헤아릴 수 없었다. 관아에 돌입할 때에도 어디에 있는지 보지 못했는데, 동헌(東軒)에 도착하니 어

---

335 前日, 以鄭爲行者, 突變爲李一會, 皆驚往往偶語, 衆雜紛紛. 윤석산 역주, 『초기 동학의 역사 ─ 도원기서(道源記書) ─』(도서출판 신서원, 2000), 154쪽.

느새 당상(堂上)에 우뚝 앉아있었다."라는 이야기다.[336] 이필제가 초능력을 지닌 신이한 존재로 믿어졌던 것이다.

영해에서의 거사가 결국 실패하자 이필제는 단양(丹陽)으로 도망쳤다. 단양을 도피처로 삼은 이유에 대해 이필제는 "정기현(鄭基鉉)은 나와 친한 사람이다. 그 또한 함께 모의했던 사람이다. 이 사람 집에 찾아가 숨어있겠다."고 말했다. 정기현의 집을 찾아가니, 그가 흔연히 맞아주었다.[337] 이필제는 단양에서 다시 거사를 모의한다.

영해사건에 가담하여 체포된 사람들을 신문하자 경상도 각지에서 모여든 동학교도가 다수였다. 이 사건은 자연발생적이고 비조직적인 민요(民擾)와는 달리 불만지식인들이 주동이 되어 진인출현설로 가담자를 포섭하고 계획적인 무력봉기를 통한 체제 전복을 목적으로 한 난리였다.[338]

동학교단에서는 영해사건에 대해 다음과 같이 평가했다.

> 선생(수운, 필자 주)의 흥비가(興比歌)에 이른바 문장군(蚊將軍)이 바로 이 사람 이필제를 가리킨 것이 아니겠는가? 도인(道人)으로서 거짓을 꾸며 (사람들을) 끌어모아 도중(道中)에 의심받지 않을 기틀을 만들어놓고, 험난한 지경으로 몰아넣었다가 한번 거사를 일으켜 패하자 돌아가 버리니, 이는 사람을 속이는 마음이다. 진실로 신(神)의 눈은 번개와 같다고 하니, 하늘이 반드시 이런 자를 공격할 것이니 어찌 두렵지 않으랴! (…)[339]

「흥비가」의 관련 구절은 "지각없다, 지각없다. 이내 사람 지각없다. 포식양거(飽食揚去) 되었으니, 문장군(蚊將軍)이 너 아니냐?"다. 배불리 사람의 피를 빨아 먹고 나서 날아가 버리는 모기의 행태와 같은 교활한 인간들을 조심하라

---

336 長於遁甲眩人之術, 東閃西忽, 變化叵測, 當其突入衙門時, 不見所在, 及倒東軒, 屹然坐於堂上. 『아문시일기(衙門時日記)』 신미년 3월 19일.

337 弼濟曰, 鄭基鉉, 吾之所親也, 亦爲同謀之人也. (…) 基鉉, 欣然迎接. 윤석산 역주, 앞의 책, 163쪽.

338 장영민, 앞의 책, 108쪽.

339 윤석산 역주, 위의 책, 167-170쪽.

는 의미로 풀이된다. 후대의 동학교단은 이필제에 대해 매우 부정적으로 묘사하고 있고, "거짓을 꾸며 도인들을 속인 인물"로 규정한다. 나아가 "하늘이 이러한 인물을 반드시 벌할 것이다."라고 덧붙인다.

그러나 이필제가 중심이 되어 일으킨 영해사건은 교조의 사후에 뿔뿔이 흩어졌던 동학교도를 불러 모아 조직을 재건하고 가동한 최초의 일이었으며, 교조신원운동을 명분으로 삼아 집단의 의지와 힘을 보여준 첫 거사였다는 종교적 의의가 있다. 또한 참형을 당한 교조의 신원은 애당초 정부적 차원의 결단과 법적인 조처가 필요한 정치적 문제였다. 이후 동학교도들은 보은집회, 삼례집회 등을 통해 정부 측에 교조의 신원문제를 제기하면서 신앙과 포교의 자유를 보장할 것을 요구했다. 바로 이러한 점에서 영해사건은 동학교도의 사회적 각성을 촉구한 최초의 의미있는 사건이었으며, 훗날 동학농민혁명으로 불타오를 민중의 열망을 대변하고 집약하는 '뜨거운 불씨'였다.

④ '조령사건'에 보이는 예언사상

예천에 살던 이민형(李民亨, 44세)의 진술에 의하면 신미년(1871) 4월 무렵에 과객 한 사람이 집으로 찾아왔는데, 충청도 내포(內浦)에 산다는 한희문(韓喜文, 김낙균)이었다. 그는 "단양(丹陽) 도락산성(道樂山城)이 있는 가산리(佳山里)는[340] 조선의 명승지로 길성소조(吉星所照)하고 삼재(三災)가 들어오지 못하는 곳이다. 또한 훌륭한 주인인 서울에서 내려온 정진사(鄭進士)가 있다. 그의 이름은 기현이고 자는 봉래(鳳來)다."라고 말했다.[341] 그 후 한희문이 다시 찾아와 "문경 갈평(葛坪)이 단양 가산(佳山)보다 뛰어나니 그곳으로 가려 한다."고 말했다.[342]

또 경기도 여주(驪州)에 살던 임봉수(林鳳洙)는 괴산(槐山) 칠성암(七星巖)이 길

---

340 "단양 가차촌(駕次村) 깊숙한 곳이 매우 뛰어난 땅이다."라는 내용이 실린 비결서도 있다. 『피장처(避藏處)』, 『정감록』(한성도서주식회사, 1923), 『정감록집성』(아세아문화사, 1973), 583면.

341 朝鮮名勝, 莫如此處. 『충청도감영장계등록』 제6책, 219면.

342 『충청도감영장계등록』 제6책, 193면.

지(吉地)라는 소문을 듣고 그곳으로 이사 왔던 인물이다.[343] 이처럼 조령사건에 관련된 사람들도 단양 가산리, 문경 갈평, 괴산 칠성암 등지를 길지나 명승지로 믿었고, 그곳으로 피난하면 삼재가 들어오지 못한다고 믿거나 주장했다.

경기도 음죽(陰竹) 장원(長院)에 살던 최해진(崔海鎭, 당시 51세)은 신미년(1871) 5월에 사돈 황도흠(黃道欽)에게 "8월이나 9월에 반드시 난리가 일어날 것이니, 나는 태백산 아래로 피난할 것이다. 난리는 문경에서 일어날 것이니, 태백산 아래에 들어가 살길을 찾을 것이다."라고 말했다. 또 최해진은 "단양 가산에 사는 정진사 형제와 권, 한, 김 3인이 함께 모사하여 의병을 일으키려 한다."고 전하고, "그들은 당세영웅(當世英雄)이니, 거사에 동참하자."고 권유하였고, 마침내 황도흠도 허락했다.[344]

그리고 임건영(林健永), 윤병선(尹秉善, 당시 26세), 이범주(李範疇, 당시 42세) 등도 진인(眞人)이나 이인(異人)을 만나기 위해 단양으로 왔다.[345] 또 최철하(崔鐵河)는 "이인(異人)을 보고서 살길을 찾았으며, 길지(吉地)를 찾아서 어지러운 세상을 피하였다."라고 진술했고, 곽석대(郭碩大)도 "이인(異人)을 따르기를 원했다."고 진술하여 결국 유배형에 처해졌다.[346]

이러한 사례를 통해 조령사건 가담자들이 난리발생설, 피난설, 진인출현설 등의 예언사상에 심취하고 이를 적극적으로 유포하여 사람들을 포섭했음을 알 수 있다.

또 한희문은 정해청에게 "남대문 밖의 못이 마르거나 한강(漢江)이 3일 동안 붉게 흐를 것이라는 이야기를 들은 적이 있느냐?"라고 물은 적이 있다.[347] 남대문과 관련된 비결은 현전하는 예언서에는 보이지 않는다. 반면 "한강이 3일 동안 붉게 흐르리라."는 말은 「감결」과 「감인록」에 나오며[348] "한강 물이 무궁

---

343 「충청도감영장계등록」, 제6책, 199면.

344 「충청도감영장계등록」, 제6책, 206면.

345 「충청도감영장계등록」, 제6책, 214면, 220면, 221면.

346 『승정원일기』 고종 9년(1872) 1월 18일(계묘).

347 或聞南大門外澤渴之說乎? (…) 又曰, 漢江赤湯三日云. 「충청도감영장계등록」, 제6책, 225-226면.

하게 넘칠 것이다."라는 비슷한 표현도 있다.[349]

정옥현(鄭玉鉉, 당시 38세)은 단양 벌천(伐川)에서 농사를 짓고 살았는데, 정기현의 형이다. 신미년(1871) 3월에 동생 정기현이 3명의 초면인 사람을 데리고 와서 잠시 쉬다가 돌아갔는데, 인사를 나누니 이필제, 김낙균, 권성거였다. 그들은 최해진의 집에 머물고 있다고 했다. 3일 동안 머문 다음 이필제는 다시 최해진의 집으로 돌아갔고, 김낙균과 권성거는 계속 머물렀다. 이때 김낙균과 권성거가 정옥현에게 다음과 같이 말했다.

> 그대의 동생 기현은 곧 계룡산주인(鷄龍山主人)이다. 우리들은 영해(寧海)의 거사에 실패하여 패군(敗軍)이 되었지만, 이제 다시 거사를 일으킬 계획이다. 불가불 계룡산주인을 얻은 후에야 거사가 이루어지겠기에 우리들이 그대의 동생에게 온 것이다.[350]

이들은 영해사건으로 도피 중에 있다는 사실을 과감하게 밝혔으며, 곧 거사를 재기할 예정인데 정기현을 찾아온 이유는 그가 바로 장차 조선을 대신하여 들어설 새 왕조의 주인이기 때문이라고 주장했다. '계룡산주인'은 이른바 정감록에서 주장하는 조선 이후에 계룡산에 세워질 새 왕조의 개창자를 의미한다. 물론 정감록이나 다른 현전하는 예언서에는 '계룡산주인'이라는 용어는 보이지 않는다. 정씨 진인출현설의 새로운 표현으로 보아야 할 것이다.

한편 경기도 파주(坡州)에 산다는 지사(地師) 이의경(李義卿)이 신미년(1871) 2월에 연풍현에 사는 정기원(당시 26세)을 찾아와 "지금 세상은 그리 오래가지 못할 것이다. 그대는 마땅히 나와 함께 재앙을 피하러 가야 할 것이다."라고[351] 말했

---

348 漢工水, 赤色三日. 「운기구책」, 「요람역세」, 「감결」, 「감인록」, 『정감록』(한성도서주식회사, 1923), 『정감록집성』(아세아문화사, 1973), 502면, 507면, 513면, 570면, 613면, 620면.

349 「운기구책」, 『정감록』, 『정감록집성』, 499면.

350 權金兩人謂矢身曰, 君之弟岐鉉, 卽鷄龍山主人也. 吾等自往寧海, 旣爲敗軍則, 今欲更擧. 不可不鷄龍山主人求得然後, 可以成事. 故吾等尋訪君弟而來矣云云. 「우포도청등록」 제24책, 『포도청등록』(보경문화사, 1985), 761면.

351 此世不久, 君當與我同爲避禍云云.

다. 이때 이의경이 "내 친구 가운데 김씨 성을 가진 사람이 있었는데, 병인년 가을 양요(洋擾)가 일어났다는 소식을 듣고 하룻밤 사이에 가족을 이끌고 사라졌던 일이 있었다. 그 후 지금까지 어디로 갔는지 몰랐는데, 이번 여행길에 내가 음성(陰城)을 지나갈 때, 어떤 사람이 뒤에서 불러 고개를 돌려보니 바로 그 사람이었다."라고 말하고는, 김씨 성을 가진 그 사람이 전해준 다음과 같은 이야기를 정기원에게 들려주었다.

지금 남해(南海)의 어느 섬에 서호주인(西湖主人)과 동산주인(東山主人)이라는 두 사람이 대사를 도모하고 있다. 동산주인은 현재 단양(丹陽) 가산(佳山)에 있는 정진사(鄭進士)의 집에 머무르고 있는데, 그 진사도 참모가 되어 함께 일을 꾸미고 있다. 동산주인은 지금 이 세상의 출중한 상재(上才)다. 만일 이 사람에게 의탁한다면 화(禍)를 피하는 일은 염려하지 않아도 될 것이다. 그대도 그곳에 가면 동산주인을 만날 수 있을 것이다.[352]

전국을 돌아다니던 지사가 장차 난리가 일어날 것이며, 피난처와 피난 방법을 찾아야 한다는 이야기를 퍼뜨리고 다녔다. 더욱이 그는 병인양요 때 미리 피난 갔던 어떤 사람을 만나 들었다는 신이한 이야기도 전해준다. 남해의 어떤 섬에 동산주인과 서호주인이라는 두 명의 이인(異人)이 곧 새로운 왕조를 세우기 위한 거사에 참여할 것이라는 내용이었다. 그리고 그 가운데 한 사람의 이인은 벌써 육지로 들어와 있으며, 거처하는 집주인도 거사모의에 동참하고 있다는 놀라운 소식이었다. 난리가 일어나면 피난할 필요가 없이 바로 이 거사에 직접 참여하여 새로운 세상을 맞이하면 되는 것이다.

이 이야기에 혹한 이의경이 사실 확인차 김씨 성을 가진 친구와 함께 단양으로 가서 들었다는 좀 더 자세한 이야기를 정기원에게 들려주었는데 다음과

---

[352] 今在於南海島中, 其處有西湖主人東山主人爲號者兩人, 方謨大事. 而東山主人, 今在於丹陽佳山鄭進士家, 進士亦爲參謀同事. 而東山主人則卽是當世超等上才也. 若托於此人, 則避禍無慮矣, 君須卽往厥處, 要見東山主人云云.「충청도감영장계등록」제6책, 192면.

같다.

　이의경이 말하기를 "서호주인은 정씨(鄭氏)인데 앞으로 조선(朝鮮)을 경영할 예정
인데 항상 섬 안에 있다. 동산주인은 권씨(權氏)인데 남경(南京)을 도모할 예정이며,
지금은 가산의 정봉래(鄭鳳來)라는 진사의 집에 있다.[353]

　인용문에서 서호주인과 동산주인의 성씨가 밝혀졌다. 애초에는 동산주인
권씨가 단양의 정진사 즉 정기현의 집에 머물고 있고, 서호주인은 섬에 있는
정씨라는 이야기였지만, 여러 진술을 종합해 보면 서호주인은 정기현을 가리
키고 동산주인은 이필제를 가리킨다.

　왜냐하면 이의경은 정기원과 정운기 등에게 "동산주인 권가가 서호주인인
단양 가산에 사는 정기현의 집에 머무르고 있는데, 이 두 사람은 제세지재(濟世
之才)와 많은 식견을 지녔다."고 말하기도 했기 때문이다.[354] 이와 관련하여 최
성오(崔成五)는 정기현이 비범한 사람이며, 그 외에 실인(實人)인 동산주인(東山主
人)이 있다고 주장했다.[355] 실인(實人)도 진인과 같은 의미로 사용된 말이다.

　이에 대해 이필제는 의금부에서 동산주인과 서호주인이라는 말은 "참서(讖
書)에서 보았다."고 진술했다.[356] 현전하는 「남사고비결(南師古秘訣)」에 "동산(東
山)이 비록 좋지만, 서호(西湖)만 같지 못하다."라는 내용이 보이고, 「산록집설
(散錄集說)」에는 "조선(朝鮮) 말기에 동산이 비록 좋지만 서호만 못하다."는 비결
이 전한다.[357] 특정 지역을 지칭하는지 알 수 없는 다소 모호한 표현이다.

---

353 義卿曰, 西湖卽鄭哥, 而方營朝鮮, 常在島中. 東山主人卽權哥, 而圖謀南京, 今在佳山鄭進士鳳來家云云.
　　「충청도감영장계등록」 제6책, 190면. 이 이야기를 처음 주장한 김씨가 기사년(1871) 봄에 동산주인
　　과 함께 뭍으로 나왔다고 말하기도 했다. 「충청도감영장계등록」 제6책, 192면.

354 「충청도감영장계등록」 제6책, 225면.

355 「충청도감영장계등록」 제6책, 226면.

356 "물으신 항목 가운데 동산주인이라는 설은 최해진의 집에 있는 참서에서 보았고 저의 말이 아닙니다."라
　　고 진술했다. 供問目中東山主人之說, 果見於崔海鎭家讖書, 而非矣身之言矣. 「추안급국안」 29권 306
　　책, 427면.

357 東山雖好, 不如西湖. 「남사고비결」, 「정감록」(한성도서주식회사, 1923), 「정감록집성」(아세아문화

그러나 이필제는 이를 적극적으로 인용하여 각각 주인(主人)이라는 말을 덧붙여 특정 인물을 가리키는 말로 해석했다. 이 역시 비결을 사람 위주로 풀이하는 방식으로 진인출현설을 강조한 인물 중심의 예언사상이다. 새 왕조가 일어나기 위해서는 거사가 필요하며, 그 거사에는 반드시 진인이 등장해야 한다는 논리다. 단순히 십승지 등의 피난처를 찾아 들어가는 소극적 방법을 단호히 거부하는 투쟁의 논리에 맞는 비결 해석법이다.

그런데 이필제는 정옥현이 오대산 봉암(鳳菴)에 있는 초운(樵雲)이라는 승려의 말을 믿고 늘 "포은(圃隱)의 후예인 자기 동생 정기현에게 복록(福祿)이 있다."는 말을 퍼뜨리고 있었기 때문에 만나러 갔다고 진술했다.[358] 여기서 복록이 있다는 것은 "새 왕조의 임금이 된다."는 뜻이다. 포은은 정몽주(鄭夢周, 1337-1392)의 호다. 정몽주는 고려 말에 유명한 문신이자 학자였지만 조선의 개국에 반대하여 역성혁명 추진 세력에게 억울하게 죽음을 당했다. 그의 원한을 풀어주기 위해서는 조선을 대신하여 세워질 새 왕조가 정몽주의 후손에 의해 이룩될 것이라는 믿음이 당시에 널리 회자되었던 것 같다.

이와 관련하여 시기적으로는 상당히 후대에 필사되었을 것으로 추정되는 「초창결(蕉蒼訣)」에 "이씨 다음에 정씨가 계룡산에서 800년 동안 왕조를 세울 것이라는 말이 있는데 과연 옳은 말입니까?", "어찌 헛된 말이겠는가? 인심(人心)은 곧 천심(天心)이니라.", "(정씨는) 포은(圃隱)의 후예입니까?", "그렇다."라는 문답이 전한다.[359]

초운이라는 승려는 정기현이 사는 집터가 해지(海地)[360] 또는 해국(海局)의[361]

사, 1973), 580면. 魚羊之末, 東山雖好, 不如西湖.「산록집설」,『정감록』,『정감록집성』, 629면. 어양(魚羊)은 선(鮮)의 파자로 조선을 뜻한다.

358 『추안급국안』 29권 306책, 420면. 그런데 이필제가 정옥현에게 "내가 많은 정씨 성을 가진 사람을 만나보았지만, 모두 그대의 동생만 한 사람이 없었다.〔吾見許多鄭姓之人, 而皆不如君之李氏.〕라고 말했다는 진술도 있다. 이필제가 거사를 일으킬 때 전면에 내세울 이른바 진인을 찾기 위해 두루 돌아다녔고, 정기현이 바로 진인이라는 의미로 그의 형인 정옥현을 유혹했던 것이다.

359 「초창결」,『정감록』(한성도서주식회사, 1923),『정감록집성』(아세아문화사, 1973), 164면.

360 정기현과 오대산 승려 초운은 사적으로 서신을 통하고 있는데, 저도 그러한 사정을 알고 있습니다. 그 편지에 "정기현이 은거하고 있는 단양은 해지(海地)에 해당하는데, 선현(先賢)이 정해놓은 옛터이므로

명당 터라고 주장했다. 하지만 해지와 해국이 정확히 어떤 뜻으로 사용되었는
지는 확실하지 않다.

한편 정옥현은 안동 춘양면(春陽面)에 살았던 당시 고인이 된 이씨 성의 자기
사돈이 전했다는 다음과 같은 이야기를 포도청에서 진술했다.

> 태백산 승려 초운(樵雲)이 말하기를 "계룡산주인이 단양 가산리(加山里)에 있는 정
> 진사(鄭進士)다."라 했습니다.[362]

정기현이 이 말을 듣고 이필제와 함께 태백산에 초운이라는 승려를 만나러
갔는데, 용인에 살던 넷째 동생 정석현(鄭石鉉)도 동행했다. 오대산에 살던 초
운이 그때는 태백산에 있었다고 짐작된다. 이 진술의 핵심은 '계룡산주인'이라
는 말은 초운이 했던 것이라는 점이다. 앞에서는 김낙균과 권성거가 했던 말
이라는 진술이 있었지만, 여기서는 정옥현의 사돈이 초운에게 들었던 말이라
고 한다. 어느 편의 진술이 정확한지는 현재로서 확인하기 어렵지만, 당시 '계
룡산주인'이라는 말이 어느 정도 널리 알려졌었으며, 그 주인공이 바로 정기
현을 가리킨다는 소문도 퍼졌다는 사실은 확인 가능하다.

또 신미년(1871) 3월 무렵에 이필제가 단양의 정기현 집에 머무를 때 임덕유
가 찾아왔다. 그때 정기현은 임덕유에게 다음과 같이 말했다.

> 정기현이 "태백산 월정사 승려 초운(樵雲)이 나의 관상을 보고 3백 일 기도를 하
> 고 있으며, 나를 '이 나라의 주인(此方主人)'이라고 부른다."라고 말했습니다.[363]

후덕한 성품이 있다." 등의 구절이 있었습니다. 岐鉉與五臺山樵雲僧私相書通之事. 矣身亦見知之境. 而
書云, 隱居丹陽卽海地, 先賢古家有厚德等句語. 「우포도청등록」 제24책, 『포도청등록』(보경문화사,
1985), 760면.

361 정기현의 집터가 해국(海局)으로 매우 좋다. 『추안급국안』 29권 306책, 415면.

362 太白山僧樵雲之言曰, 鷄龍山主人, 在於丹陽加山里, 卽鄭進士也. 「우포도청등록」 제24책, 761면.

363 鄭岐鉉言內, 太白山月精寺僧樵雲, 爲我觀像, 三百日祈禱, 且稱此邦主人是如云云. 「우포도청등록」 제
24책, 『포도청등록』(보경문화사, 1985), 760면.

즉 '계룡산주인'은 '차방주인(此方主人)'과 같은 말이고, 그 뜻은 '이 나라의 새 주인'이라는 주장이다. 계룡산에 세워질 새 왕조의 개창자이므로 '계룡산주인', 새 정부의 임금이 될 것이므로 '차방주인'이라고 불렀다. 물론 '차방주인'이라는 용어도 현전하는 예언서에는 보이지 않는 표현이다. 태백산에 사는 승려가 정기현을 '이 나라의 새 주인'이 될 것이라고 예언했고, 정기현과 정기현의 거사가 성공하도록 3백 일 기도를 올리고 있다는 내용이다. 이러한 진술을 통해 정기현이 스스로를 정씨 진인이라고 믿었다는 사실을 짐작할 수 있고, 이에 대한 소문을 의도적으로 퍼뜨려 거사 참여자를 포섭하고 있었음을 알 수 있다.

거사모의자들은 거사가 성공하면 먼저 조선은 '차방주인'인 정기현에게 맡기고, 이필제, 김낙균, 최응규 등은 정기현에게 많은 병력을 빌려 전횡도(田橫島)를 거쳐 등주(登州)와 내주(萊州)로 들어가 중원(中原)을 정벌하기로 약속하고 거사를 준비하였다. 최응규와 임덕유가 이필제와 나눈 대화 가운데 다음과 같은 대목이 있다.

> 대장부로서 어찌 정기현의 집에 의탁하고만 있을 수 있겠습니까? 차라리 배 한 척을 얻어서 전횡도(田橫島)를 경유하여 등주(登州)와 내주(萊州)로 들어가 중원을 도모하러 진격하는 것만 같지 못합니다.[364]

전횡도는 지금의 산동성(山東省) 즉묵현(卽墨縣) 동북쪽 바다에 있다고 전한다.[365] 전횡도가 황해도 백령도(白翎島)에서 볼 수 있다는 이야기도 있고,[366] 충

---

364 焉有以丈夫, 托身於鄭姓家乎? 都不如圖得一隻船, 由田橫島, 入登萊州, 以圖進取中原云爾. 「우포도청 등록」 제24책, 『포도청등록』(보경문화사, 1985), 760면.

365 진말(秦末) 한고조(漢高祖) 유방(劉邦)과 그의 장수 한신(韓信)이 제(齊)나라를 격파하고 왕을 사로잡아 가자 전횡(田橫)이 자립(自立)하여 제왕(齊王)이 되었다. 그 후 유방이 제위(帝位)에 오르자 전횡은 부하 500여 명을 데리고 바닷속으로 들어가 이 섬에서 버티고 살았다. 제위에 오른 유방이 사람을 보내 백방으로 전횡을 설득하여 그를 불러들였다. 전횡은 그를 설득하러 온 사람과 함께 길을 떠나 낙양(洛陽) 30리를 남겨 두고, "처음에는 한왕(漢王) 유방과 같이 남면(南面)하여 고(孤) ― 왕(王) ― 를 칭했었는데, 이제 북면하여 그를 섬긴다는 것은 견디기 어려운 일이다."라고 말한 후 자결하였다. 이 소식을

청도 서해의 오호도(嗚呼島)[367] 또는 태안군에[368] 있다는 주장도 있다. 이 외에도 황해도 용강(龍崗) 근처에 있는 신도(薪島)가[369] 바로 전횡도라는 이야기도 전한다. 신도는 우리나라 국토의 가장 서쪽에 위치한 섬이다.[370] 중국과 우리나라의 가운데에 있다고 믿어진 전횡도는 중원 정벌을 위한 교두보로 여겨졌으며, 전횡(田橫)의 고사가 전하고 있다는 점에서도 중원 정복의 야망과도 연관된 섬으로 믿어졌다.

그리고 등주는 지금의 중국 산동성(山東省) 봉래현(蓬萊縣)을 가리키며, 내주는 중국 산동반도의 동쪽 끝에 있는 고을이다. 『택리지』에 "매년 4월이나 5월이면 중국 등주와 내주의 바다에서 배를 타고 오는 자들이 많다."고 언급했을[371] 정도로 우리나라와 가장 가까운 지역이었다. 이필제 등이 중원 정벌 즉 북벌에 대해 어느 정도로 구체적인 계획을 가지고 있었으며, 실제 현실화 가능성에 대해 얼마나 높게 인식하고 있었는지는 알 수 없지만, 끈질기게 북벌을 주장하고 있었고 전횡도를 거쳐 중국 산동반도로 진격하겠다는 개략적인 계획은 가지고 있었음을 확인할 수 있다. 그렇지만 배 한두 척으로 북벌을 도

들은, 섬에 남아 있던 500여 명의 부하들도 다 자결하여 그 섬을 전횡도라고 부르게 되었다. 『사기(史記)』, 「전담열전(田儋列傳)」.

366 고교보(高橋堡) ─ 요동 금주부(錦州府)에 있는 옛 성 ─ 에서 12리쯤 가자 남쪽으로 큰 바다가 보였다. 검은 파도가 출렁거렸고 배 돛이 까마득히 보였다. 섬이 있고 그 섬에는 5개의 봉우리가 있었는데 전횡도(田橫島)라고 전해온다. 황해도(黃海道) 백령도에서 이 섬이 바라보인다고 하나 믿을 수 없다. 이덕무(李德懋), 『청장관전서(靑莊館全書)』 제66권, 「입연기(入燕記)」 상, 정조 2년 5월 3일.

367 공충도(公忠道) 서해의 오호도에는 옛 성의 남은 터[遺趾]가 있는데 전설엔 전횡도(田橫島)라고 한다. 『만기요람(萬機要覽)』 군정편(軍政編) 4, 해방(海防), 「서해지남(西海之南)」.

368 소태(蘇泰) ─ 지금의 태안군이다. ─ 서쪽에 있는 도서로 상산도(上山島), 북파도(北波島), 전횡도(田橫島) 등이 있다. 허목(許穆), 『미수기언(眉叟記言)』 제35권, 원집(原集) 외편, 동사(東事), 「지승(地乘)」.

369 황해도 용강(龍崗) 근처에 있는 신도(薪島)는 중국과 수로(水路)로 2,000여 리 거리에 있는데 인가의 밥 짓는 연기가 서로 보일 정도라고 한다. 신도첨사(薪島僉使)를 역임한 참찬관 윤상정(尹相定)이 "비록 문적(文蹟)에 소상히 실려 있지는 않지만, 세상에 전해지는 말로는 신도가 곧 전횡도(田橫島)라고 합니다."라 했다. 『승정원일기』 고종 8년(1871) 5월 15일(갑진) 신도(薪島)는 군의 서쪽 60리에 있다. 『신증동국여지승람』 제53권, 평안도(平安道) 용천군(龍川郡).

370 우리나라의 국토는 거우도(車牛島)의 서쪽 신도(薪島)에서 끝난다. 김육(金堉), 『조경일록(朝京日錄)』 인조 14년(1636) 7월 24일.

371 이중환(1690-1752) 지음, 이익성 옮김, 『택리지』(을유문화사, 2002), 55쪽.

모하겠다는 생각은 지극히 낭만적인 견해이며 군사적 전략이나 전술로서의 효용성이 거의 없는 무모한 상상에 가까웠다.

신미년(1871) 7월 무렵에 정기현의 집에 머슴 노릇 하는 정선보(鄭先甫)가 이웃 마을에 보리타작을 하러 왔다가 이덕성(李德成)에게 "우리 주인이 오대산 승려 초운(樵雲)의 말을 지나치게 믿어 거사를 꾸미고 있는데, 얼마 안 있으면 난리가 일어날 것이다."라고 말했다. 그 후 이덕성이 이 말을 퍼트려 온 동네에 이 일이 소문났다.

또 임건영(당시 31세)이 찾아와 정태현(鄭台鉉, 당시 32세)에게[372] "정기현 집에서 수상한 일이 있다는데 혹시 당신은 들은 것이 있는가?"라고 물었다. 이에 정태현은 "정진사는 본래 화목(和睦)하지 못하는 사람이 아니니, 무슨 수상한 일이 있겠는가?"라고 대답했다. 그런데 임건영이 다시 "정기현이 곧 모역을 꾸밀 것이다."라고 말했고, 정태현은 "어찌 그런 일이 있으랴?"라고 대답했다. 이때 임건영이 다음과 같이 말했다.

> 임건영이 말하기를 "당신은 전내(奠乃)가 조산(鳥山)에 내려온다는 참어(讖語)를 듣지 못했는가?"라 했다.[373]

정태현은 그런 참어를 듣지 못했다고 대답했다. 여기서 전내(奠乃)는 정씨(鄭氏)의 파자(破字)다. 현전하는 예언서에 "전내(奠乃)가 목자(木子)를 멸망시킬 것이다.",[374] "저 전내(奠乃)의 밝고 총명한 신명(神明)이 동남쪽에서 일어나리라."[375] 등의 사용례가 있다. 전내 외에도 전읍(奠邑)을 '정(鄭)자'의 파자로 사용했다.[376]

---

372 정태현(鄭台鉉, 32세)은 본래 연산(連山) 출신인데, 기미년(1859)에 영춘(永春)으로 옮겼고 을축년(1865)에 단양 반천면(梵川面)으로 이사했다. 그때부터 정기현과 알고 지내던 사이였다.

373 建永曰, 君不聞奠乃降于鳥山之讖語乎? 「충청도감영장계등록」 제6책, 219면.

374 奠乃亡木子. 「부탐라조선(附耽羅朝鮮)」, 『정감록』(한성도서주식회사, 1923), 『정감록집성』(아세아문화사, 1973), 626면.

375 惟彼奠乃神明聰睿, 起自東南. 「산록집설(散錄集說)」, 『정감록』, 『정감록집성』, 629면.

그러므로 "전내가 조산에 내려온다."는 비결은 정씨 진인이 조산(鳥山)에 출현한다는 뜻이다. 이 비결은 「남사고비결」, 「감인록」, 「호남소전」 등에 나온다.

갑진년, 을사년: 오랑캐가 조선에 망하고, 정씨가 조산(鳥山)에 내려올 것이다.[377]
무오년 (…) 조산(鳥山)이 정씨(鄭氏)에게 내려올 것이다.[378]

한편 "조산(鳥山)에 들어가면 살 수 있으리라."는 비결도 있다.[379] 정씨가 출현한다는 조산(鳥山)을 '새 조(鳥)'자가 들어간 산이나 지명으로 보고, 조령(鳥嶺)에서 진인 정씨가 새 왕조 건설을 위한 거사를 일으킬 것이라고 해석한 것이다. 이러한 진술은 진인출현설과 함께 이제는 진인이 어느 지역에 나타날 것인가에 관심을 가진 비결 해석들이 유행했던 당시의 사회적 상황을 알려준다. 정씨 진인이 조산에 출현한다는 예언은 정기현과 이필제 등이 조령에서 거사할 계획을 추진하고 있다는 소문과 함께 지역사회에 퍼져 사람들의 호기심을 자극했다.

신미년(1871) 4월에는 정기현이 임건영을 찾아와 "세상이 소란스럽고 어지러워질 것이라는데 당신은 이에 대해 혹시 들은 것이 있는가? 금년 5월에 반드시 큰 변란이 있을 것이고 또 진인(眞人)이 출현할 것이다."라고[380] 말했다. 이에 임건영이 정기현에게 "그 진인이 누구냐?"고 묻자, 정기현이 "전주(全州)이가(李哥)다."라고 대답하고는 그의 이름은 알려주지 않았다. 다만 정기현은

---

376 『정감록』, 『정감록집성』, 493면, 560면, 574면, 579면, 586면, 594면, 611면, 615면.

377 甲辰乙巳, 古月亡於魚羊, 奠乃降於鳥山. 「남사고비결(南師古秘訣)」, 『정감록』, 『정감록집성』, 581면. 「감인록」에는 같은 내용이 전읍(奠邑)이라고 적혀 있다. 『정감록집성』, 655면. 고월(古月)은 호(胡)의 파자이고, 어양(魚羊)은 선(鮮)의 파자이며, 전내(奠乃)는 정(鄭)의 파자다. 중국이 조선에 의해 망할 것이라는 예언이다. 아마도 이러한 예언에 힘입어 이필제가 중원 정벌의 꿈을 계속 이어갈 수 있었을 것이다.

378 戊午 (…) 鳥山降於奠乃. 「호남소전(湖南所傳)」, 『정감록』, 『정감록집성』, 624면. 문맥상 전내와 조산의 위치가 바뀐 듯하다.

379 入鳥山爲生 「징비록」, 『정감록』, 『정감록집성』, 490면.

380 世事騷擾, 君或聞之耶? 今五月間, 必有大變. 且有眞人云.

그 진인은 "용수(龍鬚)를 길렀고, 등에 칠성(七星) 모양의 점이 있으며, 양 손바닥에는 '왕(王)자' 무늬가 있다."라고 말해주었다.

임건영이 진인을 한번 만나보고 싶다고 청하자, 정기현은 "당연히 만날 수 있을 것"이라고 대답했다. 그리고 "내가 이씨(李氏) 진인과 함께 장차 거사를 꾸밀 것인데 동참하지 않겠느냐?"고 물었다. 그 후 7월 무렵에 정기현의 집 머슴 정선보가 임건영의 집에 인삼을 팔러 왔다가 "정기현이 모사를 꾸미고 있다."고 알려주었다.[381] 이때 임건영은 정기현의 친척인 정태현(鄭台鉉)이 "'전내(奠乃)가 조령(鳥嶺)에 출현한다.'는 참언(讖言)을 들은 적이 있다."는[382] 말을 했다고 진술했다. 여기서 조산(鳥山)이 조령으로 해석되었다는 사실을 알 수 있다.

정씨 성을 가진 진인이 조산 또는 조령에 출현할 것이라는 비결이 임건영이나 정태현의 입에서 나온 것은 틀림없다. 누구의 입에서 이러한 비결에 대한 이야기가 나왔는지가 중요한 것이 아니라, 당시 단양 지역에서 조령에 진인이 나타날 것이라는 비결이 상당히 유포되었다는 점이 중요하다.

그리고 정기현이 '이씨(李氏) 진인'이 자기와 함께 거사를 준비하고 있다고 말했다는 것은 정기현이 이필제를 진인으로 믿었음을 짐작할 수 있는 대목이다. 여기서 이제는 정씨만이 아니라 이씨도 진인으로 인정될 수 있었다는 점이 특기할 만하다. 정기현과 이필제가 서로를 진인으로 추켜세우면서 사람들의 흥미를 유발시키고 거사에 동참하도록 권유했던 것이다.

한편 박주대(朴周大, 1836-1912)의 『나암수록(羅巖隨錄)』 「조령적괴등순영초사(鳥嶺賊魁等巡營招辭)」 가운데 「동학 여당(東學餘黨)」, 「전내강어조산(奠乃降於鳥山)」이라는 항목에 다음과 같은 내용이 실려 있다.

　　출신(出身) 이필제의 공초에 (…) 제가 단양에 있는 정기현의 집에 피신해 있을 때 그 집에 산승(山僧) 초운(樵雲)이라는 자가 찾아와 "서양 함대가 머지않아 쳐들어올

<hr>

[381] 「충청도감영장계등록」, 제6책, 221-222면.
[382] 吾聞有奠乃鳥嶺之讖云.

것이다."라고 말했습니다. 그리고 정기현은 "이미 참서(讖書)에 나와 있는 바와 같이 나의 성이 정씨다. 그대와 내가 조령(鳥嶺)에 모여 대사(大事)를 도모하는 것이 어떤가?"라고 말했습니다. 이에 제가 "소열(昭烈)의[383] 신의와 공명(孔明)의[384] 재주가 없다면 어찌 거사를 의논할 수 있겠는가?"라고 대답해 주었습니다.[385]

진사 정기현의 공초에 (…) 저는 일찍이 봉서암(鳳西庵)의 승려 초운대사를 만난 적이 있는데 신(神)과 통한 것이 분명해 보였습니다. 정국현(鄭國賢)을 시켜 초운대사에게 편지를 보냈더니, 그 답신에 이르기를 "달조차 없는 동쪽 푸른 버들가지에, 어룡(魚龍)이 하늘로 올랐으니 구주(九州)에 통하네. 초(楚)나라와 한(漢)나라의 비바람 오랫동안 그쳤으니, 천리강산에 의지해 배회하네."라 했는데 말이 극히 황당했습니다. 그래서 정국현을 다시 보내 그 시의 뜻을 알아오게 했습니다.

초운대사의 상좌승(上佐僧) 하담(河淡)이 전해온 답신에 이르기를 "동(東)과 서(西)는 바른 마음이고, 남(南)과 북(北)은 삿된 마음인데, 합쳐서 시방세계를 이룬다."라 했습니다. 또 (그 편지에) 이르기를 "은거한 단양(丹陽) 땅은 해지(海地)에 해당한다."라 했습니다. 하담은 "이 집안의 장지(葬地)는 필히 바다 가운데 있을 것이니, 거사하는 일은 염려하지 마십시오."라고 말했습니다. 저는 이미 참서(讖書)를 믿고 있었고, 또 초운대사의 말에 감응하여 감히 거사를 일으켰던 것입니다.[386]

「전내강어조산(奠乃降於鳥山)」은 "정씨가 조령(鳥嶺)에서 거사한다."는 의미로 조령사건이 일어나기 전에 민간에 유포되었던 비결이다. 『나암수록』에는 이 필제를 동학 여당(東學餘黨)으로 보고 있고, 이 비결을 제목으로 정할 정도로 조령사건의 핵심으로 파악했다. 그러나 정작 이 비결에 대한 더 이상의 언급이 없다는 점이 아쉽다. 하지만 『나암수록』의 인용문을 통해 몇 가지 점이 확인

---

383 소열은 촉한(蜀漢)의 소열황제(昭烈皇帝) 유비(劉備)를 가리킨다.

384 중국 촉한의 명재상 제갈량(諸葛亮)을 가리킨다.

385 出身李弼濟, 招內, (…) 矣身逃躱於丹陽鄭岐鉉家, 其家有山僧樵雲者來言, 洋船非久出來. 而岐鉉亦曰, 旣著讖書, 吾姓卽鄭也, 君與我會于鳥嶺, 以圖大事如何? 矣身曰, 如無昭烈之信義, 孔明之才器, 何以議到乎云云.

386 進士鄭岐鉉招內, (…) 矣身曾見鳳西庵樵雲師, 分明通神, 送鄭國賢傳書於樵雲, 其答又曰, 無月東方綠楊裏, 魚龍昇天通九州, 楚漢風雨休長壽, 千里江山仰徘徊. 語極荒唐, 故更送國賢, 探來詩意矣. 其上佐河淡僧, 來傳答書曰, 東西正念, 南北邪念, 合成十方, 又曰, 隱居丹陽亦海地. 河淡曰, 此家葬地, 必是海內, 勿慮擧事云云. 矣身旣信讖書, 又感樵雲, 敢欲擧事.

된다.

먼저 초운이라는 승려도 서양침공설을 예언하고 유포한 비결신앙자였다. 그리고 거사 장소가 조령(鳥嶺)으로 결정된 데에는 「전내강어조산(奠乃降於鳥山)」 이라는 비결의 영향력이 상당히 컸고, 정씨 성을 가진 진인이 조령에서 거사 를 일으킨다는 의미로 해석되었다.

초운이 정기현에게 보냈다는 시는 숨겨진 뜻과 상징하는 바를 제대로 알기 가 어렵지만, 아마도 동쪽 우리나라의 한 모퉁이에서 어변성룡(魚變成龍)하는 듯한[387] 훌륭한 인재가 거사하여 온 천하가 떠들썩해질 것이며 장차 격렬한 전 쟁의 기운이 천지에 가득히 퍼질 것을 암시한 내용이라고 짐작된다.

어쨌든 분명히 드러나는 내용이 아니라 암시적이고 신비적인 상징으로 적 힌 시였다. 정기현도 그 시의 뜻을 정확히 알기 위해 다시 사람을 보냈다. 그 러나 답신으로 온 내용은 더욱 난해하다. 동서(東西)는 정심(正心)이고, 남북(南 北)은 사심(邪心)이라니 그를 판별하는 기준과 의미는 무엇인지 알 수 없으며, 더욱이 동서남북의 정심과 사심이 합쳐져 시방세계를 이룬다는 말도 도저히 풀이하기가 어렵다.

더군다나 뜬금없이 "단양(丹陽) 땅은 해지(海地)에 해당한다.", "이 집안의 장 지(葬地)는 필히 바다 가운데 있을 것이다."라는 말은 앞뒤 사정과 전후 문맥이 없이 제시되어 그 내용을 짐작하기가 어렵다. 겨우 짐작할 수 있는 점은 아마 도 '해도(海島) 진인출현설(眞人出現說)'과 관련된 내용일 것이라는 점뿐이다. 어 쨌든 초운은 이러한 상징적인 말로 정기현에게 거사를 결행하라는 강력한 메 시지를 전달했던 것이 분명하며, 조령사건의 추진 과정에 산중에 은거하는 승 려 집단도 밀접하게 관여하고 있었다는 사실이 드러난다.

---

[387] 용문(龍門)은 황하(黃河)가 산간 지대에서 평야 지대로 나오는 곳인데, 수세가 매우 험난하다. 잉어가 이 용문을 지나 올라가면 용이 된다고 한다.

(4) '이필제사건'에 보이는 예언사상의 특성

이필제는 만 2년 동안에 4곳에서 거사를 모의하고 연속적으로 변란을 도모했다. 그의 거사모의에는 항상 비결과 예언이 이념적 무기로 사용되었으며, 거사 참여자를 모집하는 데 예언사상이 중요하게 작용하였다. 거사를 주도하는 인물들은 진인으로 믿어졌고, 거사 장소도 비결에 실려 있다고 선전되었고, 거사 일자도 예언서에 따라 정해졌다.

'이필제사건'에 일관되게 흐르는 예언사상의 지대한 영향력을 고려할 때, '이필제사건'에 대한 객관적이고 본질적인 이해를 위해서는 무엇보다 그 사건이 지닌 예언사상의 특성을 살펴보아야 할 것이다. '이필제사건'에서 확인되는 예언사상이 다른 사건과 구별되거나 독특한 점은 다음과 같이 정리할 수 있다.

첫째, 인물 중심으로 예언을 해석하는 경향이 강하다.

현전하는 『정감록』 등의 예언서에서도 이씨 조선을 이어서 정씨의 계룡산 도읍, 조씨의 가야산 도읍, 범씨의 전주 도읍, 왕씨의 송악 도읍 등을 예언하고 있다. 새 왕조가 지맥(地脈)의 영향을 받아 계속 이어질 것이며, 지기(地氣)의 쇠왕(衰旺)에 따라 왕조의 흥망성쇠가 결정된다는 사상이 반영되었다. 하늘과 땅의 명령과 기운에 의해 인간계의 정치적·사회적 변화가 이루어진다고 믿었던 경향이 강하다. 반면 이필제사건에서는 변혁의 주체를 인간으로 보고 비결과 예언을 인간 중심적으로 해석하려는 경향이 보인다.

진천사건에서 이필제는 조선국운삼절설을 언급한다. 두 번의 위기를 겪은 조선왕조가 마지막으로 맞이할 위기 상황을 순조롭게 극복하기 위한 비결은 궁궁(弓弓)이다. 궁궁에 대한 기존의 해석은 대부분 특정한 지역을 가리키거나 피난처로 풀이되었고, 때로는 궁궁을 신묘한 효력이 있는 부적으로 보기도 했고, 간혹 약(弱)이나 심(心) 등의 철학적 개념으로 해석하기도 했다. 그런데 진천사건에서는 이른바 '허관이 남긴 유서'에서 "필제(弼濟)의 '필(弼)자'는 궁(弓)이 두 번 들어가므로 궁궁(弓弓)이 된다."고 해석하여 이필제가 바로 궁궁(弓弓)이라고 주장했다. 이필제가 궁궁의 비밀을 간직한 인물이므로 그를 추종하고 그의 거사를 돕는 일이 난세를 모면하는 기회를 잡는 것이라는 해석이다.

따라서 이러한 해석을 통해 "이필제가 장차 닥칠 위기와 환란으로부터 조선을 구원해줄 운명을 타고났다."는 주장과 믿음이 가능하고, 추종자들은 서양이나 왜적이 우리나라를 침략한다면 이필제라는 인물이 나타나 물리쳐 줄 것이라고 여겼다.

진주사건에서는 이필제가 "모르는 것은 산에 있는 새에게 물어보라."는 내용의 비결을 언급하면서 "산조(山鳥)는 곧 학(鶴)이다. 소학산(巢鶴山)이라는 산 이름에 '학(鶴)자'가 들어가 있어서 기운을 살핀 후 성하첨을 찾아갔다."고 주장했다. 이필제가 비기에 부합하는 '학(鶴)자'가 들어가 있는 산을 두루 찾아다니다가 마침내 소학산을 찾게 되었고, 그 아래 동네에 사는 인물 가운데 소학산의 기운을 받는 사람을 찾아왔다는 것이다.

과연 그러한 비결이 있었는지의 여부는 지금으로서는 알 수 없지만, 이필제에게 있어서 중요한 것은 그 비결에 부합하는 지명이나 장소가 아니라 그곳의 지기에 영향을 받은 인간에 있었다. 이필제는 거사를 함께 도모할 유능한 인물이 필요했던 것이다. 단순히 비결에서 일러주는 장소에 은둔하거나 난리가 일어날 동안 도피처로 삼기 위해 비결을 해석하지 않았다. 지명이라 하더라도 그곳에 사는 사람에 중점을 두었고, 비결에 나오는 산천의 지기를 받고 성장한 사람을 찾는 일이 중요했다.

역시 진주사건에서 이필제는 "천명(天命)이 규선(奎仙)에게 있다."는 비결이 있다고 주장하면서, 규선이라는 도교적 신격을 자신을 빗댄 말이라고 주장하여 동모자를 포섭하는 데 이용하였다. 이필제는 천명을 받은 종교적 '신격(神格)'에 대한 신앙이 아니라 천명을 받을 정도로 신이한 능력을 지닌 '인간'에 관심이 있었다. 소극적이고 추종하는 신앙이 아니라 적극적이고 주도적인 실천을 원했던 것이다.

영해사건에서 이필제는 "단군(檀君)의 영(靈)이 세상에 출현할 것"이라는 예언을 주장했다. 그러나 현전하는 예언서의 원문은 "신령한 기운이 약해지는 것을 태백산에서 구해야 할 것이다." 또는 "단군의 영기(靈氣)가 태백산에 가득 차 있다."는 내용이 덧붙어 오히려 태백산을 강조하는 의미가 강하다. 이필제는 이 역시 단군의 영이 사람으로 화생(化生)하여 새 왕조를 개창한다는 뜻으로 해석했다. 나아가 이필제는 단군부터 조선왕조의 개창까지 9번 왕조가 이어 져왔다는 기존의 비결 해석과는 달리 '구변(九變)'을 왕조를 개창한 아홉 명의 영웅적 인물의 등장으로 풀이했다. 즉 단군의 영이 유방과 주원장에게 화생한 일이 있었고, 단군부터 이필제 자신에 이르기까지 모두 아홉 명의 모습이 다 르게 화생한 인물이 있었다고 주장한 것이다.

조령사건에서는 계룡산주인(鷄龍山主人), 차방주인(此方主人), 동산주인(東山主 人), 서호주인(西湖主人) 등의 용어가 나온다. '계룡산주인'은 이른바 정감록에서 주장하는 조선 이후에 계룡산에 세워질 새 왕조의 개창자를 의미한다. 차방주 인은 '이 나라의 주인[此方主人]'이라는 의미다. 그리고 「남사고비결(南師古秘訣)」 에 "동산(東山)이 비록 좋지만, 서호(西湖)만 같지 못하다."라는 내용이 있지만, 단순한 지명으로 해석될 가능성이 높다.

그런데 조령사건에서는 "남해(南海)의 어느 섬에 동산주인과 서호주인 두 사 람이 대사를 도모하고 있다."는 내용의 예언으로 바뀌었다. 물론 정감록이나 다른 현전하는 예언서에는 위에서 언급한 용어들은 보이지 않는다. 새 왕조의 도읍지로 믿어지는 계룡산, 우리나라, 비결에 나오는 지명 등에 주인(主人)이라 는 말을 덧붙여 특정 인물을 가리키는 말로 새롭게 사용하고 해석했다. 이 역 시 비결을 사람 위주로 풀이하는 방식으로 진인출현설을 강조한 인물 중심의 예언사상이다. 새 왕조가 일어나기 위해서는 거사가 필요하며, 그 거사에는 반드시 진인이 등장해야 한다는 논리다. 단순히 십승지 등의 피난처를 찾아 들어가는 소극적 방법을 단호히 거부하는 투쟁의 논리에 맞는 비결 해석법으 로 평가할 수 있다.

둘째, 진인출현설에 대한 새로운 해석을 시도한다.

이필제는 청년 시기에 전해 들었던 허관의 말에 영향받아 북벌(北伐)을 평생의 꿈으로 삼았다. 그는 기존의 조선을 이을 왕조를 세울 것이라는 정씨 진인 출현설에 새로운 풀이를 가미한다. 정씨 진인 한 명만 출현하는 것이 아니라, 두 명의 진인이 출현한다는 내용이다. 두 명의 진인이 출현하면 한 명의 진인은 우리나라를 다스리고, 다른 한 명의 진인은 중국을 다스리면 될 것이다. 기존의 고정된 관념인 "진인은 한 명이다."라는 생각을 과감히 수정하여, "진인은 두 명 이상도 가능하다. 그리고 정씨가 아닌 다른 성씨를 지닌 진인도 출현할 수 있다."고 발상의 전환을 모색한 것이다.

'두 명의 진인'이라는 생각은 숙종 23년(1697) 1월에 일어난 이영창(李榮昌)사건에서 처음 등장했다. 운부라는 승려가 제자 1백여 명과 장길산(張吉山)의 세력과 힘을 합쳐 '정씨와 최씨, 두 명의 진인'을 앞세워 조선과 중국에 각각 새 왕조를 개창하겠다는 역모였다. 이 사건에서 '두 명의 진인' 이외에도 실제 거사를 추진한 대표적 인물인 운부와 장길산도 진인(眞人)의 범주에 충분히 포함될 수 있을 것이다. 따라서 '한 명의 진인'이라는 예언 해석은 숙종 중기 이후 조금씩 다르게 이해되기 시작했으며, 이필제사건에 이르러서는 '두 명 이상의 진인'도 출현할 수 있고, 어떤 성씨를 가졌더라도 누구나 능력이 있으면 진인이 될 수 있다는 생각으로 바뀌었던 것으로 짐작된다.

진주사건에서 이필제는 "홍씨(洪氏)가 임금이 될 것이다."라는 예언이 비기에 있다는 말로 홍씨 성을 가진 사람을 거사에 동참하도록 충동했다. 또 조령사건에서는 "동산주인 권씨(權氏)"라는 말이 유포되었고, 정기현이 진인은 "전주(全州) 이가(李哥)"라고 말하기도 했다. 즉 어떤 성씨라도 진인이 될 수 있는 가능성을 가지고 있다는 생각이었다.

한편 진주사건에서는 "진인의 이름이 정필귀(鄭必貴)다."라는 비기가 언급되었고, 진주사건과 조령사건에서는 "연일 정씨가 머지않아 좋은 운수를 탈 것"이라는 예언이 알려졌다. 이는 진인의 성씨가 정씨라면 그는 어떤 정씨 가문에서 어떤 이름을 가지고 나올 것인가를 보다 구체적으로 알고 싶었던 당시 민중들의 심정을 반영한다. 다양한 성씨가 진인이 될 가능성을 가지고 있다고 주장되었지만, 여전히 대다수의 민중은 그 가운데 한 사람은 무조건 정씨여야 한다고 믿었던 것이다. 이러한 사정은 이필제가 영해에서 사람들을 끌어들이는 과정에서 자신을 정씨, 즉 '정씨 성을 가진 진인(眞人)'이라고 자처했던 일에서도 짐작할 수 있다. 이필제는 거사를 일으키기 직전에야 자기는 정씨가 아니라고 선언했다.

어쨌든 이필제 스스로는 진인출현설에 대한 새로운 해석에 입각하여 '한 명의 진인'이라는 문제를 해결한 입장이었기에 진주와 조령에서 거사를 도모할 때 다른 인물을 거사의 전면에 진인으로 내세웠다. 진주에서는 정만식, 조령에서는 정기현이라는 인물을 선택하여 그들이 바로 전래된 비결에 등장하는 정씨 진인이라고 부추겼다. 실제로는 또 한 명의 진인인 이필제 자신이 있고, 장차 우리나라보다 훨씬 큰 지역인 중국을 다스릴 진정한 의미의 진인이라고 자부하고 있었던 것이다.

진인출현설과 관련하여 이필제사건에서 보이는 독특한 생각은 영해사건에서 "단군(檀君)의 영(靈)이 유방(劉邦)에게 화생(化生)하였고, 유방의 영이 주원장(朱元璋)에게 화생하였다."는 내용이다. 진인을 '새 왕조를 세울 건국자'라고 본다면, 진인은 단군에서 비롯하여 유방과 주원장 등 중국인들로 몸을 바꿔 태어난 적이 있으며 이제 또 다른 인물로 현세에 나타나 있을 것이라고 해석했던 것이다. 진인의 생명력은 불멸하며, 역사의 무대에서 새 왕조를 건설할 때가 되면 반드시 특정한 인물로 탄생한다는 생각이 매우 독특하다.

그리고 영해사건에 나오는 이인(理人)과 조령사건에 보이는 실인(實人)은 진인과 같은 의미로 사용된 말로 보아야 할 것이다.

셋째, 특정 지역의 중요성에 대한 예언을 강조하고, 거사 장소로 선정한 결정적 이유로 설명한다.

진주사건에서 "길한 기운이 남방(南方)에 있다."는 예언을 주장하며 남해(南海)를 1차 거사 장소로 정한 것은 "남쪽에서 진인이 출현한다."는 비결에 부응하기 위해서였다. 또 "통영(統營)에 대해 추수(推數)해 보니 지운(地運)이 부합한다."는 이야기로 통영이 거사 장소로 주목되기도 했다. 제2차 거사 장소가 진주로 결정된 이유는 「감록(堪錄)」에 "진주(晉州)는 곧 조선의 동남쪽이다. 이곳에서 군대를 일으키면 크게 길할 것이다."라는 비결이 나오며, 이름이 알려지지 않은 비기(秘記)에 "천명(天命)이 규선(奎仙)에 있으니, 진양(晉陽)에서 먼저 움직일 것이다."라는 내용이 나왔기 때문이다. 왜 하필 남해나 진주에서 거사를 일으켜야 하는지에 대해 예언서에 나오는 비결에 이미 거사 장소로 나와 있기 때문이라는 주장이다. 물론 현전하지 않거나 제목조차 알려지지 않은 예언서여서 그 신빙성이 의심되기는 하지만, 거사 참여자들에게 거사의 필연성을 강조하고 적극적 참여를 권유하는 핵심 이유로 예언이 이용되었음은 분명하다.

영해사건에서 이필제는 동학의 창시자 수운 최제우가 동학(東學)의 이름에 대해 "동(東)에서 나서 동(東)에서 받았기 때문에 그 도(道)를 동학(東學)이라 이름한다."라고 말했던 일을 거론하며 거사 장소가 영해일 수밖에 없다고 주장한다. 당시 국토의 정동(正東)으로 알려졌던 영해에서 동학교도를 중심으로 거사를 일으켜 동학의 종지를 밝혀야 한다는 의미였다. 이필제는 영해에서 거사를 일으켜야 하는 필연적인 이유를 동학의 교리와 연관하여 독특하게 해석했다.

조령사건에서는 "전내(奠乃)가 조산(鳥山)에 내려온다."는 비결에 부응하여 조령(鳥嶺)이 거사 장소로 선정되었다. 정씨 진인이 출현한다는 장소인 조산(鳥山)이 바로 조령이기 때문에 이곳에서 거사를 일으켜야 한다는 주장이었다.

이필제는 때로는 비결이나 예언서를 이용하여 거사 장소가 특정 지역으로 정해질 수밖에 없음을 강조했고, 때로는 동학의 교리를 이용해서 거사 장소가 정해졌다고 주장했다. 거사를 도모하는 과정에서 지역이 바뀔 때마다 그 지역의 특수성을 예언을 통해 부각시킴으로써 해당 지역에 사는 사람들을 포섭하는 수단으로 활용했다. 장소가 변함에 따라 여기에 합당하다고 생각되는 비결을 선택하여 거사 장소로서의 당연성을 강조하는 방법을 통해 이필제는 거사의 성공이 예언서에 이미 나타나 있는 명확한 일이라고 해석하여 동참자의 결속과 연대감을 굳건히 하고자 노력했던 것이다. 이처럼 시기와 장소에 따라 예언과 비결에 대한 해석이 다른 것은 그만큼 다양한 내용이 알려졌을 수도 있고, 예언은 항상 많은 해석이 가능한 '열려있는 언어'이기 때문이기도 하다.

한편 이필제사건에서는 이전의 예언서에 등장하지 않는 지역에 대해 주목한다. 진천사건에서는 동해에서 4천 리 밖에 있다는 표도(豹島)라는 섬이 신비한 장소로 상정되며, 옥천군(沃川郡) 가산(佳山)이 피난처로 언급되며, 풍기에 한 곳이 아니라 세 곳의 승지(勝地)가 있다고 주장한다.

진주사건에서는 육지에 있는 십승지(十勝地)가 아니라 해도(海島)가 피난처로 주목되었고, 초계군(草溪郡) 개산동(開山洞)과 소학산(巢鶴山)이 상서로운 기운이 있는 지역이라고 주장하였다. 특히 개산동과 소학산은 일반적인 의미의 명당(明堂)이나 난리를 피할 장소가 아니라, 『소학산비기』에 나와 있는 '하늘이 점지한 성스러운 장소'였다. 예언서에 점지된 곳을 찾아와 살면서 천명(天命)을 받기를 원하거나 또는 천명을 받은 존재를 기다렸던 것이다. 단순히 난리를 피하는 소극적이고 수동적인 자세를 벗어나 거사를 도모하는 적극적이고 능동적인 차원에서 특정 지역을 인식하고 있었다. 이와 관련하여 정만식은 제주도, 울릉도 등의 섬에서 거사를 준비할 계획을 세우기도 했는데, 이는 기존의 해도기병설(海島起兵說)에 근거한다. 또 진주사건에서 언급되는 『상주신도록(尙州新都錄)』은 현전하는 예언서에는 보이지 않는다. 경상도 상주를 새로운 왕조의 도읍지로 상정하는 예언서로 추정되는데, 상주는 기존의 십승지에도 손꼽히지 않는 지역이다.

이 외에도 조령사건에서는 단양 가산리, 문경 갈평, 괴산 칠성암 등 새로운 지역이 길지나 명승지로 주목되었다. 또 '남해의 어느 섬'이 동산주인과 서호주인이라는 신비한 인물이 사는 지역으로 상정되었으며, 정기현이 사는 집터가 '해지(海地) 또는 해국(海局)의 명당 터'로 알려졌고, '계룡산주인'이 단양 가산리에 산다고 믿어졌다.

넷째, 지금까지 알려지지 않았던 새로운 예언서가 다수 등장한다.

진천사건에는 이른바 『허야옹(許野翁)의 유서(遺書)』가 언급된다. 이 유서가 말로 전달된 것인지 기록으로 남겨진 것인지는 확실하지 않다. 풍기(豊基)에 세 곳의 승지(勝地)가 있고, '필(弼)자'는 궁궁(弓弓)이 되고 을유년은 을을(乙乙)에 해당한다고 주장하여 임진년(1592)의 송송지설(松松之說)과 비슷한 내용이 있고, 이용현(李用玄)이라는 신이한 인물이 궁을(弓乙)의 주인공을 도울 것이라고 주장했다. 유서의 이러한 내용은 이제껏 알려지지 않은 독특한 내용과 해석이다.

진주사건에는 『고산자비기(古山子秘記)』, 『사주편년(四柱編年)』, 『상주신도록(尙州新都錄)』, 『소학산비기(巢鶴山秘記)』, 『감록(堪錄)』 등 처음 언급되는 예언서들이 등장한다.

먼저 성하첨이 가지고 있었다는 『고산자비기』는 정필귀(鄭必貴)라는 인물의 출현을 예언하고 있다. "정필귀는 계미년에 태어날 것인데, 키가 8척이고 배에는 칠성(七星) 모양의 점이 있고 손바닥에는 신이한 무늬가 있을 것이다."라는 내용이 알려졌는데, 정씨 진인의 이름과 용모에 대해 예언하고 있다. 이처럼 진인의 생김새에 대해 예언한 예언서는 지금까지 알려지지 않았다. 고산자는 김정호의 호인데, 지도 제작에 평생을 바친 그가 예언서의 저자로 거론되는 일도 처음으로 알려졌다.

그런데 성하첨은 『사주편년』이 바로 이 『고산자비기』라고 주장했다. 『사주편년』은 육십갑자로 나열된 해마다 짤막한 비결을 서술한 체제로 이루어진 예언서로 짐작되는데, 『사주편년』의 을축년 조항에 "성은 정씨(鄭氏)요 이름은 필귀(必貴)라는 사람을 반드시 만나보라. 이 사람의 생김새는 기이하고 비범할 것이니 만일 (그 사람을 도와) 마음을 바쳐 나라를 보전하면 장군이나 재상이 될 수 있으리라. 만일 다른 마음을 품는다면 재앙이 예전처럼 미치리라."라는 내용이 있다고 한다. 현전하는 예언서에 보이는 체제 가운데 편년체의 형식을 취한 것이 많은데, 이와 비슷한 유형의 예언서로 보인다. 각 년도마다 어떠어떠한 사건이 일어날 것이라는 내용이 있는데, 진인의 이름을 특정했다는 점이 특기할 만하다.

또 심영택이 보았다는 『상주신도록』은 제목에서 드러나듯이 경상도 상주를 새 도읍지로 주장한 예언서로 짐작된다. 심영택은 『상주신도록』에 "경오년에 북쪽 오랑캐가 쳐들어와 평안도와 황해도에 시체가 산처럼 쌓일 것이고, 한강(漢江) 남쪽 백 리에 피가 흘러 내를 이루리라."는 내용이 실려 있다고 진술했다. 따라서 『상주신도록』도 편년체의 예언서였을 것으로 추론할 수 있다.

이 외에도 성하첨이 『소학산비기』라는 예언서를 언급했다는 주장이 있었고, 성하첨은 『소학산비기』는 『무학비결(無學秘訣)』이라고 진술했다. 그러나 『소학산비기』에 실려 있다는 "태을성(太乙星)이 학산(鶴山)에 비춘다.", "개산(開山)의 서쪽 산과 사양(斜陽)의 동쪽 산의 주변 30리를, 학(鶴)이 깃털로 가려 하늘이 훔쳐 가는 것을 숨기고 있네." 등의 비결은 현전하는 「무학비결」에는 보이지 않는다. 현전하는 「무학비결」과는 내용이 다른 『무학비결』이 당시에 유행했을 가능성이 있고, 성하첨이 자신이 거주하는 지역인 소학산을 예언서에 언급되는 신성 지역으로 부각시키기 위해 몇 구절의 비결을 자의적으로 짓거나 풀이했을 가능성도 있다. 특정 지역을 예언서의 이름으로 지은 것이 특기할 만하다.

한편 진주사건에서는 이필제가 보았다고 주장한 「감록(堪錄)」이라는 예언서도 등장한다. 「감록」과 비슷한 이름을 가진 예언서가 현전하는 예언서에 포함되어 있지만 정확히 같은 이름의 예언서는 전하지 않는다. 특히 「감록」에 있다는 "현재 나라의 운수를 살펴보니 장차 북쪽으로는 청나라의 침공이 있을 것이고, 남쪽에는 6명의 정씨가 출현하여 온 나라가 삼분사열(三分四裂)될 것이다.", "홍씨(洪氏)가 임금이 될 것이다.", "진주(晉州)는 곧 조선의 동남쪽이다. 이곳에서 군대를 일으키면 크게 길할 것이다." 등의 내용은 현전하는 예언서에는 나오지 않는다.

이필제사건에 등장하는 새로운 이름과 내용을 지닌 예언서들이 과연 당시에 유행했던 실재의 책자인지, 그렇지 않으면 사건 관련자들이 지어낸 가공의 예언서인지 여부는 현재로서는 정확히 판단할 수 없다. 어쩌면 지금은 사라진 예언서와 그 내용의 일부를 이 사건을 통해 짐작할 수 있는지도 모른다. 어쨌든 당시 사건 관련자들 사이에 이러한 이름의 예언서들이 언급되고 유포되었다는 사실만은 분명하며, 당시 사회에 다양한 예언사상이 존재했고 예언이 상당한 수준으로 알려지고 유행했다는 점은 확인할 수 있다.

다섯째, 현전하는 예언서에는 보이지 않는 예언이 많이 나온다.

동해에서 4천 리 밖에 있다는 표도(豹島)에 사는 신인(神人)에 관한 이야기나, 난리가 일어나면 숨을 피난처로 십승지 이외에 바다에 있는 섬도 포함되었음이 확인된다. 그리고 여러 명의 정씨 진인이 함께 출현할 것이라는 예언, 왜적의 침략과 국토의 삼분사열에 대한 예언도 당시에 유포되었음을 이필제사건을 통해 알 수 있다.

또한 궁궁(弓弓)에 대한 독특한 해석과 정씨 진인의 이름이 정필귀(鄭必貴)이고 죽산(竹山) 봉황산(鳳凰山) 아래에서 출현할 것이라는 예언도 이제껏 알려지지 않았던 내용이다. 진인의 손바닥, 등, 배, 어깨 등에 있다는 신체적 특징에 대한 예언과 "모르는 것은 산에 있는 새에게 물어보라."는 비결도 처음 확인된다.

그리고 태을성(太乙星), 학산(鶴山), 규선(奎仙), 방부마각(方夫馬角), 구혹생화(口或生禾) 등의 용어와 비결도 현전하는 예언서에는 보이지 않는 새로운 내용이며, "남대문 밖의 못이 마를 것이다.", "포은(圃隱)의 후예가 진인이다.", "서양 함대가 머지않아 쳐들어올 것이다." 등의 예언도 이필제사건을 통해 처음 알려졌다.

나아가 "단군(檀君)의 영(靈)이 유방(劉邦)에게 화생(化生)하였고, 유방의 영이 주원장(朱元璋)에게 화생하였다."는, 역사적 인물을 통해 진인이 모습을 바꾸어 현현한다는 내용도 새롭다.

이필제사건을 통해 우리가 알 수 있는 것은 현전하는 예언서에는 나타나지 않는 풍부한 예언이 당시에 널리 알려졌다는 점이다. 물론 이 외에도 훨씬 다양한 예언들이 당시 사회에 회자되었을 가능성이 높다. 반체제적이고 지배 질서에 반대한다는 이유로 수집된 예언서는 없어졌을 것이고, 죄인의 문초 과정에서 일부 드러났을 뿐이다. 따라서 현재적 관점에서 우리가 알 수 있는 예언은 오랜 시간과 엄격한 검열 과정에서 겨우 살아남은 일부분일 따름이다. 방부마각, 구혹생화라는 비결과 비슷한 내용이 최소한 일제강점기에 이미 계룡산 암벽에 새겨졌다는 점을 생각해보면, 예언의 끈질긴 생명력을 엿볼 수 있다.

여섯째, 사건이 일어나는 장소와 전개 과정에 따라 각각 새로운 비결과 예언을 제시한다.

진천사건은 모의 과정에서 밀고자의 고변으로 실패하였다. 어느 지역을 중심으로 거사를 도모했는지는 정확히 알 수 없지만, 이필제가 풍기에 집을 새로 짓고 있었고 주변 인물들을 삼재를 피할 수 있다는 풍기에 이주하도록 권유했던 점을 볼 때, 풍기를 거점지로 확보하려 했다는 짐작이 가능하다. 진천사건에서는 이필제가 자신이 진인이라는 점을 부각시키기 위해 『허야용의 유서』를 이용하였다.

진주사건에서 이필제는 『고산자비기』, 『사주편년』, 『소학산비기』 등의 예언서에 심취해 있던 인물과 『상주신도록』을 읽은 적이 있다는 사람들에게, 『감록』이라는 예언서에 실려 있다는 예언을 들려주며 남해와 진주에서 거사를 도모하였다.

당시 "소학산(巢鶴山)에 상서로운 기운이 있다."는 비결을 신봉하여 주거지를 옮겨 천명과 진인을 기다리던 성하첨에게, 이필제 역시 비기에 부합하는 "'학(鶴)'자가 들어가 있는 산"을 두루 찾아다니다가 소학산 아래에 사는 그를 만날 수 있었다고 주장했다. 그리고 「고산자비기」에 실려 있는 정필귀(鄭必貴)라는 진인의 생김새와 어릴 적 이름이 일치하는 정만식(鄭晩植)을 정씨 진인으로 내세워 거사를 계획했다.

이들은 거사 장소를 결정하는 데도 예언을 이용했고, 거사 일자도 백마용토(白馬龍兎), 방부마각(方夫馬角) 등의 비결을 이용했다.

영해사건에서는 단군의 영이 곧 이 세상에 현신할 것이라는 예언과 이필제가 정씨 진인이라는 말로 동모자를 모았으며, 거사를 결행하면서 "왜선(倭船) 수천 척이 3월 10일에 영해(寧海) 경포(鯨浦)에 정박해서 관아를 함락시킬 것이다."라는 예언을 퍼뜨렸다.

조령사건에서는 계룡산주인, 차방주인, 서호주인으로 정기현을 내세워 거사를 추진했다. 정기현은 승려들과 교류하면서 자신이 진인이라는 예언에 심취했던 인물로 짐작되며, 특히 "진인이 조산(鳥山)에 내려온다."는 예언을 조령(鳥嶺)에서 거사해야 한다는 당위성을 강조한 예언으로 해석하였다.

이처럼 이필제사건은 사건이 전개되는 지역에 따라 새로운 진인이 부각되며, 거사를 일으킬 장소와 시간에 대한 예언도 각기 다르게 이야기된다. 때로는 예언서를, 때로는 동학의 교리를 이용하면서 거사를 일으켜야 하는 이유를 강조하고 사람들을 끌어모았다. 예언은 결정된 형태의 완결된 해석이 아니라, 항상 다양한 형태로 변할 수 있고 다르게 해석될 여지를 남겨놓았기 때문에 계속 진행형이다. 예언은 때때로 그 조작 가능성이 제기될 수는 있지만, 예언의 유포라는 현재적 사실을 부정할 수는 없다. 그리고 조작 여부는 그 누구도 쉽게 결론을 내릴 수 없는 문제다. 예언은 말로 사람들의 입에서 입으로 알려지다가 상당한 시간이 흐른 다음에야 특정인에 의해 조금씩 문자로 기록되는 과정을 거친다. 그리고 기록된 예언이라 할지라도 은밀한 필사 과정에서 필사자의 의도나 실수에 의해 조금씩 내용이 달라지기도 한다.

(5) 맺음말

이필제가 살던 시기의 조선은 서양 세력의 대규모 침략이 병인양요, 신미양요 등으로 구체화되어 전대미문의 위기 상황을 맞았다. '바람 앞의 등불' 격으로 나라가 장차 망할 운명에 처했다는 근심과 불안이 온 나라를 휩쓸고 지나던 역사의 격동기였다.

국가적 차원에서 굴종과 치욕을 당했음에도 불구하고 외적의 침략에 제대로 대응하지 못한 채 점차 외세에 길들여져 가는 전제 정권의 무기력함과 그럼에도 불구하고 지배체제를 유지하기 위해 백성들에게 가혹한 수탈과 폭정을 일삼던 당시 정권의 학정(虐政)에 항거하는 민중의 도전은 전국 곳곳에서 일어난 민란과 변란의 형태로 제기되었다. 일상의 삶에 안주하고 순종하는 삶을 거부하고 민중의 저항의식을 고취하여 대정부 투쟁에 나서도록 독려하는 수단의 하나로 일부 민란과 변란에는 당시 민중들에게 익숙하고 널리 알려진 예언이 적극적으로 이용되었다. 민중의 나약하고 보수적인 경향을 물리치고 진취적인 변화와 개혁에 대한 열망을 유도하기 위해 거사꾼들은 예언을 민란과 변란을 추진하는 강력한 사상적 무기로 삼았던 것이다.

예언은 유교적 예교질서(禮敎秩序)가 붕괴되는 과정에서 전통적 권위에 도전하는 민중의식의 자각을 사회화하기 위한 담론으로 활용되었다. 당시에 유포된 다양한 형태의 예언은 기본적으로 기존 왕조의 몰락과 새 왕조의 성립을 예언하였고, 이러한 역성혁명을 주도할 신성한 존재의 출현을 핵심으로 전개되었다.

예언은 기존의 온갖 것을 대체하는 새로운 것을 지향하기 때문에 본질적으로 반체제적 속성을 지닌다. 또 예언은 국가의 권위를 두려워하지 않고 저항의 깃발을 드높이는 이념과 은밀한 담론으로 제기되었고, 점차 지배 계층의 권력에 대한 비판적 대안 세력을 형성하는 사상으로 등장하여 민중의 희망과 이상을 제시하였다.

따라서 당시 예언사상은 반봉건 항쟁의 이데올로기로 기능하였으며, 때로는 제국주의적 침탈에 대한 반작용으로 근대적 민족의식을 자각시키는 반외세의 이념 체계로 작용하기도 했다. 예언사상이 갖는 대외적 위기의식은 민중의 힘으로 외세를 막아보겠다는 민족자존의식으로 표출되었고, 급변하는 국제 정세의 상황에 대처하지 못하는 정부에 대한 민중의 질타가 집약된 담론이기도 했다.

이필제는 강건한 성격과 원대한 포부를 지니고 투철한 신념과 지칠 줄 모르는 열정으로 끊임없이 거사를 추진했던 인물이다. 그는 전통적 사대주의에 반기를 들어 북벌을 계획하고 모의했으며, 거사의 최종 목표로 중원 정복을 제시하여 민족의 자주정신을 추구했다. 공상적이고 무모한 계획이었다고 비판받을지는 모르지만, 이필제 스스로는 겨레의 웅혼한 기상을 떨쳐 어지러운 국제 정세를 틈타 부국강병을 이루기 위해 거사를 모의하였다.

그는 불만스러운 현실에 대한 비판을 '새 왕조 건설'이라는 개혁의지로 집중하였고, 진천, 진주, 영해, 조령 등지에서 다양한 계층의 인물들을 포섭하여 변란을 기도하고 실제로 무력투쟁을 위해 행동에 옮겼다. 이필제는 북벌(北伐)이라는 동일한 목적의식 아래 집요하게 변란을 도모했다. 목숨의 위협에도 불구하고 무려 4차례에 걸쳐 장소를 옮기면서 연속적으로 변란을 도모했던 일은 우리 역사상 전무후무한 사례다.

특히 이필제는 영해사건과 조령사건에서 그 지역 사람들뿐만 아니라 인근 지역의 인물들을 폭넓게 거사에 참가하도록 독려하였다. 이전의 민란이 고립적이고 분산적으로 발생했던 점에 비하여 이필제는 지역적 한계를 극복하여 여러 지역에서 거사꾼들을 모집하여 변란을 시도했다는 점에서 민중항쟁의 지역적 확산과 발전 가능성을 보여주었다.

그가 도모한 거사 가운데 진천사건과 진주사건은 사전에 밀고자의 고변에 의해 무산되었고, 영해에서는 일시적 성공을 거두었고, 조령사건은 동모자들의 조직과 참여가 뜻대로 이루어지지 않아 거사 직전에 포기하였다. 결국 '이필제사건'은 실패 내지 일시적 성공 끝에 역사의 무대에서 물거품처럼 사라진 '실패한 거사'였다. 그러나 우리는 이필제사건에 대한 기록을 통해 당시에 유행되었던 예언의 실체에 어느 정도 접근할 수 있으며, 많은 사람들을 거사에 참여하도록 만든 예언의 영향력과 특성을 살펴볼 수 있다.

이필제사건에서는 『허야옹(許野翁)의 유서』, 『고산자비기(古山子秘記)』, 『사주편년(四柱編年)』, 『상주신도록(尙州新都錄)』, 『소학산비기(巢鶴山秘記)』, 『감록(堪錄)』 등 처음 언급되는 예언서와 다양하고 새로운 예언들이 많이 보인다. 이러한 사실은 당시 예언사상이 풍부하게 유행하고 있었던 사회상을 반영하는 것이다. 이들 예언과 예언서는 일부는 지금까지 전승되어 기록으로 남겨졌지만, 대부분이 사라졌다.

또한 이필제사건에 보이는 예언사상은 인물 중심으로 예언을 해석하는 경향이 강하며, 진인출현설에 대한 새로운 해석을 시도하였다. 나아가 이필제는 거사를 일으킬 때마다 왜 하필이면 그 지역에서 거사를 일으키는지에 대해 예언을 이용하여 정당성을 부여하고, 거사 일자도 비결에 따라 정하기도 했다. 그리고 이필제는 사건이 일어나는 장소와 전개 과정에 따라 각각 새로운 비결과 예언을 제시하여 거사의 필요성과 당위성을 주장하였다. 항상 필요에 따라 기존의 예언서와 새로운 형태의 예언을 이용하여 거사의 명분을 보장받고자 했다.

조선 후기의 민중사상과 민중의식을 알 수 있는 자료는 매우 부족한 상황이다. 지배층의 시각과 소수 집권층과 지식인의 입장에서 서술된 역사에는 배제되거나 소외되었던 대다수 민중의 사상과 의식을 알아보는 일은, 당대의 실상을 제대로 파악하는 방법이라고 할 수 있다. 그러나 민중은 기록을 남기는 일이 거의 없다. 대부분의 민중은 자신의 생각과 견해를 표현할 수단과 방법을 찾을 수 없었고, 결국 세월의 흐름에 따라 잊히고 묻혔다. 작은 실마리나 단서를 통해 당대 민중의 사상을 추론할 수밖에 없다. 그만큼 아주 사소한 기록이나 언급이라 할지라도 지난 역사의 실체에 접근하는 일에 도움이 되는 자료는 소중하다.

더욱이 예언사상은 반체제적이고 반정부적 운동을 부추기는 불온한 사상이었기 때문에 그 실상을 밝히는 일은 더욱 어려운 일이다. 또한 많은 예언은 후대의 입장과 시각에서 볼 때 이미 지나간 사건에 대해 언급한 것이어서 대부분이 빗나가거나 틀렸다는 판단을 내릴 수밖에 없다는 한계가 있다. 반면 예언에서 주장하는 이상적 상태나 바람직한 사회가 아직 오지 않았다면 그러한 예언은 지금도 여전히 유용한 가치가 있는 현재진행형으로 볼 수 있다.

한편 오늘날의 시각에서 예언의 내용이 비합리적이고 전근대적이라는 이유만으로 미신시하고 당시 민중사회에 미친 예언의 긍정적인 역할마저 부정하는 것은 편견의 산물이다. 당시 예언의 비합리성은 전근대 사회에서 봉건지배층의 논리에 따라 교육받고 지배받아 왔던 민중들의 입장과 의식 수준으로서는 어쩌면 당연할 수도 있는 문제다. 오히려 다양한 형태의 예언서가 집권층의 끊임없고 집요한 탄압에도 불구하고 여전히 오랜 기간 동안 전승될 수 있었던 사회적 토대와 여건을 살펴보는 일에 주목해야 할 것이다. 그것이 바로 당시 민중들이 대내외적인 현실 모순을 인식하고 해결하기 위한 시도 가운데 하나였기 때문이다. 또한 특정 사상의 영향력을 고려할 때 어쩌면 예언사상은 당시 대부분의 민중들을 사로잡은 강력하고 지대한 흡인력을 지닌 사상이었다. 간결한 기록과 목적이 분명한 내용을 통해 예언사상은 누군가 한번은 들어보았음 직한 담론으로 인정되었고, 예언의 유포에 수많은 불특정 다수가 직간접적으로 참여하였다고 볼 수 있다.

내부와 외부에서 위기의식이 고조되는 상황에서 가장 직접적인 피해를 입었던 민중들이 쉽게 이해하고 보다 설득력이 있다고 받아들였던 사상 체계가 과연 무엇이었을까를 생각해 본다면, 당시 민중의 예언사상은 당대를 살피고 평가하는 데 있어서 매우 중요하고 의미있는 사상이다. 특정한 개인의 사상이 구체화되고 알려지는 데는 상당한 시간이 걸리고, 대부분 그 개인이 죽은 후 오랜 시간이 지난 다음에야 가능하다. 그러나 예언은 사람들의 입을 통해 쉽고 빠르게 전달될 수 있었던, 민중이 함께 공유하고 만들어간 집단사상이었다.

또한 특정 사상을 비판할 때 비판의 시제(時制)에 유의해야 할 것이다. 이전의 사상을 오늘의 시제에서 평가해서는 안 된다. 당시의 사회적 조건에서 어떠한 의미로 진술된 사상인가를 기준으로 삼아야 할 것이다. 모든 사상은 역사적 산물이다. 특정한 역사적 조건 속에서 태동하고 발전했다가 사라진다. 그러므로 특정 사상은 기본적으로 당시의 가치와 당시의 언어로 읽혀져야 한다.

물론 당시 민중들이 가졌던 예언사상이 복고적 사상이라는 한계가 있으며, 특히 또 다른 왕조가 다시 나타날 것이라는 봉건적 보수사상이라는 점은 부인할 수 없다. 그러나 조선 후기 민중운동사 내지 민중사상사에서 예언사상을 새롭게 자리매김시키는 일은 지난 역사의 온전한 복원과 평가를 위해 중요한 작업의 하나다. 당시 민중들이 선택했던 것은 소극적이고 도피적인 예언사상이 아니라, 진인(眞人)이라는 신성한 존재의 출현을 기대하고 강조하면서 이를 '메시아적 사명감'으로 승화시켜 변란에 동참하라는 적극적이고 행동지향적인 예언사상이었다. 예언을 통해 각 지역에서 자생하고 있던 변란모의 세력과 사상적으로 결합할 수 있는 담론을 만들어갔으며, 많은 예언을 유포함으로써 새 시대를 준비하기 위한 원동력을 자발적으로 만들기 위해 노력했다. 그렇지만 당대의 예언은 보다 현실적이고 경제적인 민중의 욕구에 대해서는 다소 무관심했거나 소홀하였다는 비판에서 자유로울 수는 없다.

이필제사건은 1860년대 후반과 1870년대 초반 조선에 널리 퍼졌던 예언사상의 진면목을 살펴볼 수 있는 사건이며, 이전 시기 예언사상과 구별되는 몇몇 특성을 보여 한국 예언사상사에 뚜렷한 족적을 남겼다. 특히 단순히 예언을 유포하고 알리는 차원에서 벗어나 실제 거사를 단행함으로써 역모사건과 예언과의 상관관계를 추적할 수 있는 중요한 단서를 제공하였다. 진인이 출현하여 강하고 풍요로운 나라를 건설하고 도탄에 빠진 민중을 구원하여 이상향을 이룩할 것이라는 예언은 지금 이 순간에도 여전히 '이루어지지 않은 예언'으로서 민중들의 마음에 생생히 살아있다. '미완의 예언'은 '이상의 현실화'가 이룩되기까지 끝없이 유효할 것이다.

정덕기사건

79

(1) 머리말

고종 5년(1868) 8월에 일어난 정덕기(鄭德基, 1845-1868)가 주도한 역모사건에 대해서 역사학계에서는 당시 빈번하게 발생하던 변란의 하나로 이해하고 특별한 주목을 하지 않았다. 다만 조선 후기의 변란에 대한 연구에서 이 사건에 대한 개략적인 짧은 설명이 있을 따름이다.[1] 기본적으로 '정덕기사건'을 진인출현설에 근거한 변란기도 사건으로 규정했지만, 그 실제 내용에 대해서는 분석하지 않았다. 이 글에서는 좀 더 구체적으로 정덕기사건의 내용을 알아본 다음, 이 사건이 지닌 예언사상사에서의 위상을 밝혀보고자 한다.

(2) 정덕기사건의 전개 과정과 결말

고종 5년(1868) 8월에 황재두(黃載斗, 54세)가 경기도 삭녕(朔寧)에[2] 사는 정덕

---

1 배항섭, 「변란의 추이와 성격」, 『한국사』 36권(국사편찬위원회, 1997), 361쪽.

기가 영남, 호남, 충청도의 세력을 모아 변란을 기도했다고 포도청에 고변했다. 이에 대한 『고종실록』의 기록은 다음과 같다.

> 영의정(領議政) 김병학(金炳學)이 아뢰기를, "하동(河東)에 사는 황재두(黃在斗)가 포도청에 와서 고하기를, '삭녕에 사는 정덕기(鄭德基)와 전주(全州)에 사는 윤내형(尹乃亨)의 흉악한 말과 흉측한 모의는 모두 반역을 도모한 것인데, 삭녕에 사는 박윤수(朴允垂)가 그 사실을 모두 알고 있습니다.'라고 하였습니다. 이에 대해서는 이미 포도청에서 실정을 캐내어 공초를 받았습니다. 천지와 만고에 가득한 죄를 지은 극악한 역적을 포도청에서 참작하여 조처해서는 안 됩니다. 그러니 속히 의금부에게 국청을 열어 실정을 캐내도록 한 다음, 시원하게 전형(典刑)을 바루어서 귀신과 사람의 울분을 씻게 하소서. 그리고 포도청에서 받은 초사도 대령하였습니다." 하니 (…) [3]

정덕기사건에 대해 『포도청등록』과 『추안급국안』을[4] 통해 좀 더 자세히 살펴보자.

황재두(당시 54세)는 경남 하동군(河東郡) 횡보면(橫甫面) 신대촌(新大村)에서 유업(儒業)에 종사한 인물이다. 그는 고종 5년(1868) 4월에 서울로 올라가던 길에 은진(恩津) 저교점(楮橋店)에서 정덕기(당시 23세)를 만났다. 경기도 삭녕(朔寧) 화원(花原)에 산다는 정덕기는 황재두를 보자마자 "당신은 재주가 많은 분인 듯하다."고 평가하고, 자신을 "저는 대사(大事)를 도모하기 위해 오래전부터 인재를 구해왔습니다."라고 소개했다. 이때 정덕기는 전주에 사는 윤내형(당시 41세)도 자기와 함께 거사를 준비하고 있다고 밝히고, 자기의 등에는 칠성(七星) 모양의 점이 있고 손바닥에는 왕(王) 자 무늬가 있다고 자랑하였다.[5]

또 정덕기는 황재두에게 자기 아버지 정환태(鄭煥泰)가[6] 나이는 70세이지만

---

2 『신증동국여지승람』 제13권, 경기(京畿), 삭녕군.

3 『고종실록』 고종 5년(1868) 8월 2일.

4 「우포도청등록」 제24책, 『포도청등록』 중(보경문화사, 1985), 745-751면. 「좌포도청등록」 제15책, 『포도청등록』 하(보경문화사, 1985), 509-525면. 「무진모반대역죄인덕기등국안(戊辰謀反大逆罪人德基等鞫案)」, 『추안급국안』 29권 303책(아세아문화사, 1978), 194-224면에 관련 기록이 있다.

5 德基誇言曰, 吾背有七星黑子, 掌有王字紋. 「우포도청등록」 제24책, 『포도청등록』 중 746면.

글에 능하고 지감(智鑑)이 뛰어나며 풍수에도 밝다고 주장했다.[7] 황재두는 정덕기의 이러한 이야기에 솔깃하여 서울에 갔다가 내려오는 길에 직산(稷山)에 살던 정만진(鄭萬鎭)과 함께 정덕기를 만나기 위해 전주에 있는 윤내형을 찾아갔다. 그런데 당시 정덕기는 상주(尙州) 등지로 또 다른 인재를 구하러 가고 없었고, 며칠 후에야 다시 전주로 온 정덕기를 만났다.

윤내형은[8] 전주 조촌면(助村面) 반룡리(盤龍里)에 살던 유업(儒業)에 종사하던 인물이었다. 윤내형이 선비라고 자처했지만 그가 풍수가로 활동하면서 생계를 유지했다는 보고가[9] 있는 것으로 볼 때, 민간신앙과 술법에 관심이 많았던 인물로 보인다.

황재두와 정만진이 정덕기를 만나러 전주에 찾아오기 한 달 전인 고종 5년(1868) 3월, 윤내형은 과거길에 올랐다가 돌아오는 길에 충청도 식전거리(食廛巨里)에서 우연히 정덕기를 만났다고 한다. 그들은 하룻밤을 함께 지내게 되었는데, 이때 정덕기가 윤내형에게 "저는 팔도강산을 두루 유람하고 있습니다. 저에게는 재능과 학식이 있으며, 특히 지술(地術)에 밝습니다."라고 말하고, "일찍이 괴산(槐山)에 사는 이희희(李喜喜)라는 생원(生員)의 지식이 뛰어나고, 영남의 백운선생(白雲先生) 최제우(崔濟愚) 또한 식견이 있다는 말을 듣고 가서 만나보려 합니다."라고 향후 여정을 밝혔다.[10]

---

6 정덕기의 아버지 이름이 정문환이라는 기록이 있는 것으로 볼 때, 족보명은 정문환이었다. 죄인 정덕기는 나이가 23세로, 결안에, "죄인의 근각(根脚)은, 아비의 이름은 정문환(鄭文煥)이고, 할아비는 정유민(鄭有民)으로, 현재 모두 죽었으며, 어미는 사조이(史召史)로 현재 살아 있습니다. (…) 죄인의 부모가 경기 양주(楊州)의 생골리(生骨里)에서 그를 낳은 뒤 삭녕(朔寧)으로 이사 가 호적에 올리고 그곳에서 살았습니다. 『승정원일기』 고종 5년(1868) 8월 3일(정미).

7 又言渠父學識異, 地術高名. 『우포도청등록』 제24책, 『포도청등록』 중 747면.

8 죄인 윤내형은 나이가 41세로, 결안에, "죄인의 근각(根脚)은, 아비의 이름은 윤경주(尹景珠)이고, 할아비는 윤봉채(尹鳳采)이고, 어미는 곽조이(郭召史)이며, 외할아비의 이름은 곽종업(郭鍾業)으로, 현재 모두 죽었습니다. 죄인의 부모가 전주(全州) 반룡리(盤龍里)에서 그를 낳은 뒤 그곳에서 호적에 올리고 살았습니다. 『승정원일기』 고종 5년(1868) 8월 3일(정미).

9 (윤내형은) 지사(地師)를 가탁하여 재력가를 물색하고 장지로 좋은 산을 널리 구하고 풍수를 해석하는 등의 일로 자신과 처자를 먹여 살리는 계책으로 삼았고, 의병을 일으킨다는 모의에 동참하여 스스로 흉당에 참여하였다. 假託地師, 深富民, 廣求占山, 解風水之類, 圖爲全軀保妻子之計, 同謀義兵, 自參凶黨. 『추안급국안』 29권 303책(아세아문화사, 1978), 199면.

이러한 정덕기의 말을 통해 당시 이희희와 최제우가 남다른 능력을 지닌 이인(異人)이라는 소문이 널리 알려졌던 사실을 짐작할 수 있다. 그런데 이희희라는 사람에 대해서는 더 이상의 정보가 없어서 은거하던 신비한 인물 정도로만 이해된다. 정덕기는 수운(水雲) 최제우에 대해 "식견이 있는 영남의 백운선생(白雲先生)"으로 인식하고 있는데, 수운이 백운선생으로 불렸다는 언급은 이 기록이 유일하다. 최제우의 호가 수운이라는 사실이 아직 알려지지 않았거나, 보다 신비한 분위기의 백운이라는 용어로 표현된 것으로 보인다.

어쨌든 당시 정덕기는 수운이 이미 4년 전에 대구감영에서 처형되었다는 사실을 알지 못했을 정도로 정보가 부족했던 것으로 볼 때, 수운의 가르침이나 동학의 교리에 대해서도 거의 무지했을 것이다. 그는 단지 신이한 능력을 지닌 이인을 만나보러 먼 길을 떠났던 것이다.

훗날 역모죄로 체포된 정덕기는 "영남의 백운선생이란 자가 어떤 사람이냐?"는 질문에 "당시 그의 이름이 최제우라는 소문을 들었습니다. 찾아가 만나려 했지만 영남으로 향하지 않고 다만 호남만 들렀다가 돌아왔고, 다시 찾아가지 못했습니다."라고 진술했다.[11]

다음 날 서로 헤어질 때 윤내형이 정덕기에게 자신의 거처를 알려주고 전주로 한번 찾아오라고 말했다. 그 후 정덕기는 원래 계획한 대로 괴산으로 이희희(李喜喜)라는 인물을 만나러 갔으나 그가 이미 죽었다는 사실을 확인하고, 낙담한 채 3월 그믐 무렵에 전주에 있는 윤내형을 찾아갔다. 정덕기는 그곳에서 4-5일 정도 머물렀다.

이때 정덕기가 윤내형에게 "양귀(洋鬼)가 또 침략하려 하니 우리들이 어찌 좌시할 수 있겠습니까? 반드시 지모(智謀)가 있는 사람들을 모아 미리 계책을 세워두어야 그들을 물리칠 수 있을 것입니다."라고 말했다. 이에 윤내형이 "지

---

10 曾聞, 槐山李生員喜喜有者, 知識過人, 嶺南白雲先生崔濟愚者, 亦有識見, 欲往見之. 『추안급국안』 29권 303책(아세아문화사, 1978), 196면.

11 정덕기는 수운이 이미 죽었다는 말을 듣고 발길을 돌렸다고 진술하기도 했다. 『포도청등록』 하, 「황재두고변」, 522면. 『추안급국안』 29권 303책(아세아문화사, 1978), 196-198면.

모가 있는 사람은 어디에나 있을 수 있다. 나 또한 남다른 재간이 있으니 굳이 다른 사람을 언급할 필요가 없다. 나도 널리 인재를 구해보겠다."라고 대답하며, 정덕기가 언급한 '대사(大事)'를 일으킬 때 호남 지역은 자기가 담당하겠다고 말했다. 이들이 주장했던 이른바 '큰일'이 "서양 오랑캐로부터 나라를 지킨다."는 명분을 가진 역모(逆謀)였음은 훗날 이 사건을 조사하는 과정에서 드러났다.

정덕기와 윤내형이 지술(地術) 또는 풍수(風水)에 관심이 많았음은 이미 앞에서 살펴보았다. 윤내형이 정덕기에게 풍수상 '좋은 산'이 있느냐고 묻자, 정덕기가 "제가 사는 읍내에 박(朴) 선생이라는 유명한 지사(地師)가 있는데, 저의 부친과 친하니 당신이 저의 부친께 편지를 써주면 박 선생에게 권해 보겠습니다."라고 대답했다.[12]

당시 정덕기가 언급한 '박 선생'은 박윤수(당시 56세)였다. 그는 황해도 해주(海州)[13] 출신으로 삭녕 동면(東面) 진곡리(辰谷里)에 살았는데,[14] 훈장 노릇을 하면서 때때로 감여술(堪輿術)로 생계를 꾸렸던 인물이다.[15]

이제 이 사건의 핵심 인물인 정덕기에 대해 알아보자.

정덕기는 경기도 양주(楊州)에서 태어나 12세 무렵에 삭녕군(朔寧郡) 북면(北面)으로 이사했다. 그의 아버지 정환태는 마을의 훈장(訓長)이었으며, 아버지의 가르침을 받들어 정덕기는 과거에 급제하려는 희망을 품었다고 한다. 정덕기는 당시 유명한 성리학자이자 위정척사론자(衛正斥邪論者)였던 화서(華西) 이항로(李恒老, 1792-1868)에게 배운 적이 있다고 진술했다.[16] 정덕기가 화서 문하에서

---

12 『추안급국안』 29권 303책(아세아문화사, 1978), 200면.

13 박윤수가 황해도 서흥군(瑞興郡) 목감방(木甘坊)에서 태어났다는 보고가 있다. 『추안급국안』 29권 303책(아세아문화사, 1978), 223면.

14 죄인 박윤수는 나이가 56세로, 결안에 "죄인의 근각(根脚)은, 아비의 이름은 박경수(朴景壽)이고, 할아비는 박치영(朴致英)이며, 어미는 우조이(禹召史)이며, 외할아비의 이름은 우근하(禹根夏)로, 현재 모두 죽었습니다. 죄인의 부모가 황해도 서흥(瑞興) 목감방(木甘坊)에서 그를 낳은 뒤 삭녕(朔寧) 땅 동쪽으로 이사 가 그곳에서 호적에 올리고 살았습니다.『승정원일기』 고종 5년(1868) 8월 3일(정미).

15 『추안급국안』 29권 303책(아세아문화사, 1978), 214면.

수학했다는 진술의 진위 여부는 확인할 수 없지만, 그의 학문적 소양이 어느 정도 수준까지는 진척이 있었다고 짐작할 수 있다. 그리고 정덕기가 "서양 세력을 물리치기 위한 의거"를 명분으로 역모를 꾸몄다는 혐의를 받게 된 일도 화서의 위정척사론에 일정한 영향을 받았을 것으로 짐작된다.

그러나 정덕기는 집안이 가난해서 과거를 치러 가기도 힘들 정도였다. 급박하게 전개되는 국내외의 상황과 동정을 주목하면서 안타깝게 여기던 과정에서 정덕기는 급기야 병인양요(丙寅洋擾, 1866)가 일어났다는 풍문을 들었다. 나라의 운명이 '바람 앞의 등불'처럼 위태로울 정도로 엄청난 난리가 일어났음에도 불구하고 관군과 양민 모두들 도망치기에 바빴다는 소문을 접한 정덕기는, '나라를 위하는 마음〔爲國之心〕'을 가진 사람이 한 명도 없음을 통탄하다가 스스로 나서서 서양 오랑캐라는 흉적(凶賊)을 없앨 것을 결심했다.

이후 그는 깊은 산속에 들어가 무거운 돌을 들어 올리고 허공으로 뛰어오르는 술법을 익히기도 했다. 그러나 자기 한 사람의 용력만으로는 거대한 파도로 밀려드는 서양 세력에 대항할 수 없다고 탄식하던 정덕기는, 장차 북도(北道)에서 포수(砲手) 2천 명이 서양 오랑캐를 물리치기 위해 서울로 내려온다는 소문을 들었다. 정덕기도 그들과 함께 뜻을 같이하고자 했지만, 곧이어 양적(洋賊)이 물러갔고 포수들도 되돌아갔다는 소식을 듣고 할 수 없이 집으로 돌아와 농사를 짓고 있었다.

그런데 고종 5년(1868) 정월에 또다시 서양 선박이 해상에 출몰하기 시작한다는 풍문이 들렸다. 이에 정덕기는 이번에는 자신이 직접 나서서 서양 선박으로 상징되는 외세를 물리치기 위해 전국 각지에서 지모가 뛰어난 사람을 모은 후에 의병을 일으키는 대사(大事)를 도모했다.

훗날 정덕기가 "부유한 재력가를 모아 남쪽 지방에서 군사를 일으키려 했으나, 매번 인재를 얻지 못함을 한탄했다."고 진술했는데,[17] 그의 굳건하고 원

---

16 矣身自初受學於李參判恒老. 『추안급국안』 29권 303책(아세아문화사, 1978), 195면.
17 深結富民, 指揮於南邑, 每歎人才未得. 『추안급국안』 29권 303책(아세아문화사, 1978), 194면.

대한 의도는 애초에 품은 만큼 제대로 진행되지 못했던 것 같다.

한편 이 사건의 고변자인 황재두도 처음에는 '정덕기의 대사'에 적극적으로 참여했다는 사실이 심문 과정에서 밝혀졌다. 황재두는 정덕기와 윤내형에게 자신이 대선생(大先生)으로 모시고 있는 지리산 수문동(水門洞)에 산다는 장처사(張處士)라는 인물을 천거했다. 황재두는 장처사도 정덕기의 모사를 위해 애쓰고 있으며, 얼마 후에 반드시 찾아올 것이라고 말했다. 나아가 황재두는 자신이 직접 하동과 진주의 지모가 있는 사람들을 지휘하고 있고, 공충도(公忠道)의 인재는 정만진이 지휘하고 있다고 강조하면서 윤내형에게 이른바 거사에 동참하라고 권했다.[18]

윤내형의 진술에 의하면 황재두가 정덕기에게 "지리산 수문동에 사는 장처사(張處士)가 나의 대선생(大先生)인데, 네가 꾸미고 있는 일을 완전하게 하려면 반드시 그분을 찾아가야 할 것이다."라고 말했다고 한다. 정덕기사건의 고변인인 황재두도 애초에는 정덕기의 주장에 동조했고, 황재두가 스승으로 모시고 있는 지리산에 사는 장처사라는 사람도 거사 계획에 참여시켰다는 진술이다. 황재두는 하동과 진주에 지모가 뛰어난 사람들이 많이 모여 있는데 자기가 이들을 규합할 수 있다고 말했고, 황재두가 데리고 온 정만진(鄭萬鎭)은 충청도 지역의 지략가와 모사를 지휘하고 있다고 호언장담했다.

> 황재두가 말하기를 "전라도 지리산 수문동에 사는 장처사는 나의 대선생이다. 정덕기가 꾸미는 일을 완전하게 이루게 하려면 반드시 그분을 찾아뵈어야 할 것이다."라 했고 (…) 또 말하기를 "하동과 진주 두 읍에는 지모가 있는 선비가 많이 있는데, 나의 지휘에 속해 있다. 공충도의 지모 있는 선비들은 정만진의 지휘하에 있으니, 그대도 나의 일에 동참하는 것이 어떤가?"라 했습니다.[19]

---

18 『추안급국안』 29권 303책(아세아문화사, 1978), 201-202면.

19 黃載斗言曰, 全羅道智異山水門洞, 張處士, 吾之大先生. 而全爲鄭德基謀事, 故必欲率來. (…) 又言曰, 河東晉州兩邑, 智謀之士都在, 於吾之指揮中. 公忠道智謀之士, 亦在於鄭萬鎭, 指揮中, 君與我同參何如云. 「우포도청등록」 제24책, 『포도청등록』 중(보경문화사, 1985), 748면.

이름이 밝혀지지 않은 장씨 성의 이인도 이들의 거사에 합류하고 있고, 지리산, 하동, 진주, 충청도 지역의 여러 인물도 동참하고 있다는 내용이다. 이를 통해 위기에 처한 나라를 구원한다는 명분으로 거사를 모의했던 이들은 당시 조정의 입장에서는 역모가 분명한 '큰일'을 꾸미고 있던 세력이었고, 이들 세력이 전국 각지에 널리 퍼져 있었던 사정을 짐작할 수 있다.

이 외에도 이 사건 연루자 임하규(林夏圭, 당시 34세)는 "양적(洋賊)이 다시 침범하면 무리를 모아 거사할 계획이었다."고 진술했다. 임하규는 "덕유산(德裕山)에 장사들이 모여 있는데, 괴수는 정가(鄭哥)이고 천가(千哥)와 김가(金哥)라는 장사가 있다."는 소문을 관련자들과 서로 주고받았다. 그리고 덕유산에 숨어있는 무리 가운데 김중화(金仲化)는 30리 밖에 눈이 내리는지의 여부를 알 수 있고, 김학서(金學西)는 차력(借力)에 능하다는 진술도 있었다. 지리산은 물론이고 덕유산 지역에서도 이 사건과 연관된 인물이 언급되는데, 이는 깊은 산중에서 모종의 음모를 꾸미고 있던 사람들이 실제로 있었거나 아니면 그들의 존재를 강조하면서 보다 많은 인물들을 거사에 동원시키려는 일종의 선전책일 것이다.

전주를 떠난 지 보름이 지난 후에 정덕기와 황재두가 다시 윤내형을 찾아왔다. 이때 황재두가 윤내형에게 지리산에 은거하고 있던 장처사를 만나 거사에 대해 많이 의논했고, 자신의 가솔을 장처사가 거주하는 곳으로 옮겼다고 말했다. 지리산 지역에 숨어 살던 세력과 연합하여 대사를 도모했으며, 만일을 대비하여 가족들을 피신시키는 준비까지 마쳤으니, 이제 거사를 일으킬 때라는 주장이다. 장처사가 절대로 가공의 인물이 아니라는 말이며, 거사에 참여하는 인물이 많고 실제로 준비되고 있다는 점을 강조하였다.

박윤수는 경신년(1860)에 정덕기의 아버지 정환태와 알게 되었는데 그때 정환태가 자신이 '인법(寅法)'을 알고 있는데 귀신을 부릴 수 있는 술법이라고 말했다.[20] 인법은 사용례가 확인되지 않는데, "귀신을 부릴 수 있는 술법"이라

---

20 煥泰忽謂矢身曰 (…) 吾能識寅法 (…) 役鬼之術也. 「우포도청등록」, 제24책, 「포도청등록」 중(보경문화사, 1985), 748면.

는 의미에서 사용한 듯하다.

그 후 병인년(1866) 1월에 박윤수의 이웃에 사는 구의록(具義祿)이라는 사람이 길에서 『육인음부경(六人陰符經)』이라는 책을 주워 가져왔다. 책의 내용을 알 수 없어 고민하던 박윤수가 예전에 정환태가 인법을 알고 있노라고 자랑하던 일을 떠올렸다. 이에 박윤수와 구의록이 『음부경』을 들고 정환태의 집에 찾아갔으나, 정환태가 자기의 인법(寅法)은 인(寅)이지 인(人)이 아니라고 대답했다. 이는 정환태가 신비한 내용을 지녔다고 알려진 『음부경』의 내용을 몰라 답변을 회피하기 위해 억지를 부린 것으로 판단된다.

『음부경』은 『황제음부경(黃帝陰符經)』 또는 『황제외경(黃帝外經)』으로도 불린다. '은밀한 부호의 경서' 또는 '천기(天機)가 몰래 사기(事機)에 합치되는 법을 수록한 경전'이라는 책 이름과는 달리, 철학적 개념이 서술된 비교적 짧은 내용의 책이다.

중국 고대의 전설적 존재인 황제가 지었다고 전하는데,[21] 중국 춘추전국시대의 귀곡선생(鬼谷先生)이 주석을 달았다고 전한다. 연횡설(連橫說)과 합종설(合從說)을 내세워 여섯 나라 재상의 인(印)을 한 몸에 찼다는 유명한 유세객 소진(蘇秦)이 귀곡선생에게 『음부경(陰符經)』을 배웠다고 한다. 오랜 세월이 흐른 후 당(唐)나라 때 이전(李筌)이 처음으로 이 책을 세상에 전하면서 "여산(驪山)의 석실(石室) 속에서 얻었다."고 주장했다.[22]

이후 도가(道家)의 유파(流派)에 속하는 무리들이 음부경을 존신(尊信)하여 '황제(黃帝)가 광성자(廣成子)에게서 받았다.'느니, 혹은 '황제가 풍후(風侯) 및 옥녀(玉女)와 함께 의논하여 지었다.'느니 등의 신비한 유래를 주장하여 많은 사

---

21 송대(宋代)의 유학자 정자(程子)는 "『음부경』은 상(商)나라 말기가 아니면 주(周)나라 말기의 작품일 것이다."고 하였으며, 소자(邵子, 소옹(邵雍))는 "『소문〔素問〕, 황제내경(黃帝內經)』과 『음부경』은 전국시대(戰國時代)에 나온 책이다.'라고 주장하였다. 그러나 주자(朱子)는 「노능황서절부록(盧陵黃瑞節附錄)」에서 음부경이 황제의 저작이 아니라는 점을 고증했다.

22 이전이 신선도(神仙道)를 닦던 중 숭산(嵩山)에서 『음부경』을 얻고 나서 몇천 번을 읽어 보아도 그 뜻을 깨닫지 못하다가 여산에서 노모(老母)를 만나 해설을 받고는 비로소 이해되었다고 한다. 『신선감통전(神仙感遇傳)』, 『집선전(集仙傳)』.

람들의 관심을 끌었다.

이 『음부경』은 흔히 한고조(漢高祖) 유방(劉邦)의 군사(軍師)로 활약했던 장량(張良)이 전수받았다는 황석공(黃石公)이 지었다는 『소서(素書)』,[23] 삼국시대 촉한(蜀漢) 유비(劉備)의 승상(丞相) 제갈량(諸葛亮)의 신출귀몰한 용병술이 실려 있다는 『심서(心書)』와 함께 3종의 비서(秘書)로 불리기도 했다.[24]

병인양요가 일어나 민심이 동요하자 박윤수가 정환태를 찾아가 앞날을 물었다. 그때 정환태는 자기 집에 지리(地理)의 요체를 평론한 『구성비결(九星秘訣)』이 전한다고 자랑했다.[25] 『구성비결』은 풍수에 관한 책으로 짐작되는데,[26] 정환태도 풍수와 술법에 관심이 많았던 인물이었음을 알 수 있다.

이에 박윤수가 그 책을 빌려달라고 청하자 정환태는 다른 사람이 빌려 가면 자기는 볼 수 없다고 거절했다. 그 후 정묘년(1867) 9월에 정환태가 그 책을 가지고 박윤수를 찾아오자 등사(謄寫)했다.

박윤수는 부인이 몇 년 동안 음사증(陰邪症)과 비슷한 병을 앓아 온갖 방법을 사용해 보았지만 낫지 않았는데, 어떤 사람이 뇌조목(雷棗木)을 구하면 사기(邪氣)가 침범하지 못할 것이라고 알려주었다. 그래서 뇌조목 1개를 샀지만 진위를 알 수 없자 정환태에게 보여주었더니, 세 번이나 냄새를 맡아보더니 진품이지만 꼭대기에 주문과 부적을 새기고 주사(朱砂)로 메워야 귀신을 쫓을 수

---

23 장량(張良)이 하비(下邳)의 다리 위에서 황석공(黃石公)이라는 신이한 노인을 만나, 그의 신발을 다리 밑에서 주워 공손히 무릎 꿇고 앉아서 신겨 준 덕분에 황석공으로부터 『태공병법(太公兵法)』을 전수받고 익힌 결과, 한고조(漢高祖)를 도와 천하를 통일하였다는 일화가 전한다. 〔『사기(史記)』 권 55 「유후세가(留侯世家)」〕 소식(蘇軾)의 시에도 "소서가 황석공에게 있었으니, 무릎 꿇고 신 신기는 일을 어찌 감히 사양하랴. (素書在黃石, 豈敢辭跪履.)"라는 표현이 나온다. 〔『소동파시집(蘇東坡詩集)』 권 40, 「화도독산해경(和陶讀山海經)」〕 여기서 소서(素書)는 병법(兵法)을 가리킨다. 이 책을 익히면 제왕의 스승이 될 수 있다고 전한다.

24 강무학, 『홍익인간론과 음부경』(명문당, 1982), 191-194쪽.

25 煥泰曰, 吾家有九星秘訣, 乃評論地理之要語云. 「우포도청등록」 제24책, 『포도청등록』 중(보경문화사, 1985), 748면.

26 구성(九星)은 천봉성(天蓬星), 천예성(天芮星), 천형성(天衡星), 천보성(天輔星), 천금성(天禽星), 천심성(天心星), 천주성(天柱星), 천임성(天任星), 천영성(天英星) 등인데, 이를 오행(五行), 방위(方位), 사람의 생년(生年)에 해당시켜 길흉을 점치는 술법을 기록한 책으로 보인다.

있다고 말했다.[27]

정덕기사건의 핵심 연루 인물인 정환태와 박윤수는 모두 풍수에 관심이 있었고,『음부경』,『구성비결』등의 신비한 책을 돌려 보았으며, 귀신을 부리는 술법과 뇌조목과 주사를 이용한 주문과 부적 등을 사용하여 질병을 치료하려 했다. 외세에 대항하는 방법의 하나로 이들이 택했던 방법은 신비의 영역에 있다고 믿어지는 풍수, 주문, 부적 등의 술법이었다.

실제로 윤내형이 "자기는 재능이 없으니 어떻게 부자들과 깊이 결속할 수 있겠느냐?"고 묻자, 정덕기는 "먼저 지사(地師)를 구해 그들을 부자들과 사귀게 하는 것이 어떠냐?"고 의견을 제시했다. 실질적이고 주도면밀한 거사 계획이 아니라 풍수가들을 동원하여 부자들을 유혹하자는 약간 황당한 방법을 제시했다. 이는 정덕기가 지닌 개인적 한계이기도 하고, 정덕기사건이 지닌 결정적 약점이기도 했다.

어쨌든 정덕기는 이러한 입장에서 서양 세력의 침략을 상징하는 서양 배를 물리치기 위해 의병을 모집한다는 명분으로[28] 세력을 규합했다. 정덕기는 영남에서 동모자를 모으고, 윤내형은 호남 지역을 담당하기로 약속했다.

박윤수와의 대질신문에서 정덕기는 "나는 남중(南中)으로 내려가 의병을 일으켜 서양 도적들을 소탕하려 한다."라고[29] 진술했다. 이에 박윤수는 정덕기에게 "단지 기병(起兵)이라고 말했지 의병(義兵)이라고 말하지는 않았지 않느냐?"고 반문했다. 박윤수는 정덕기가 군대를 일으킨다고 말했지 굳이 서양 세력을 물리치기 위한 의병을 일으킨다는 표현은 사용하지 않았다고 지적했다. 서양 세력이나 외적에 대항하는 군대가 아니라 집권 왕조를 전복하기 위한 역

---

27   曰, 雖是眞品, 頭刻呪符, 壎以朱砂, 可以逐鬼. (…) 家兒素善刻字, 吾當送之.「우포도청등록」제24책,
       『포도청등록』중(보경문화사, 1985), 749면.

28   정덕기는 삼남(三南)에서 지모지사(智謀之士)를 모아 무슨 일을 벌이려 했느냐는 질문에 "오로지 양적
       (洋賊)을 소멸하려는 계책이었습니다."라고 진술했다. 『추안급국안』29권 303책(아세아문화사,
       1978), 213면.

29   吾欲下南中, 倡起義旅, 掃除洋醜. (…) 南中義旅之稱.『추안급국안』29권 303책(아세아문화사,
       1978), 195면.

모를 꾸미는 행위였다는 의미의 진술이었다.

이 사건에 대한 조정의 판결문은 다음과 같다.

의금부(義禁府)에서, "죄인 정덕기(鄭德基)의 결안(結案)에, '제 부모를 잡아먹는 올
빼미의 심보에 귀역과 같은 악독한 성품을 타고나 남을 해칠 마음을 속에 감추고
흉악한 음모를 남몰래 품어 왔습니다. 등에 사마귀가 나고 손에 무늬가 있는 것을
가지고 기이한 상이라고 하면서 사람을 끌어모으고 재물을 끌어모아 비밀스런 흉
계를 방자하게 행하였습니다. 길에서 통문을 돌리면서는 감히 강개한 뜻을 서술하
고, 산속에서는 돌을 들며 남몰래 용력을 시험해 보았습니다. 이른바 윤내형(尹乃亨)
이라고 하는 자를 우연찮게 만난 자리에서 곧 마음을 허락하여, 500리(里)나 되는
먼 길을 찾아가 마치 오래된 친구를 만난 것처럼 4, 5일씩 묵으면서 함께 흉악한
음모를 꾸몄습니다. 그리고는 서찰을 써 주기를 부탁하여 그의 아버지에게 왕래하
였고, 부유한 백성들과 깊이 결탁하여 남쪽 고을에서 이들을 지휘하였습니다. 인
재를 얻지 못한다는 한탄은 그 종적을 감추기 어려우며, 하늘이 주는 것을 취하지
않는다는 말을 태연히 입 밖에 내었습니다. 박윤수(朴允垂)와 더불어 서로 수작한
말과 같은 데 이르러서는 더욱더 신하로서 감히 말할 수 있는 바가 아닙니다. 그리
고 살고 있는 곳을 가리키면서 항상 상서로운 기운이 서려 있다고 한 말은 그 내용
이 지극히 참람스러우며, 금년에는 반드시 전쟁이 일어날 것이라고 한 말은 그 의
도가 선동하는 데 있었습니다. 육지를 바다에 옮겨놓는다는 술법은 그 말이 황탄
하며, 500의 귀신을 부린다는 술법은 오로지 사람들을 속이기 위한 것이었습니다.
남쪽에서 의병이 일어났다는 말은 핑계 댄 것이 분명하며, 후세(後世)에 주장하는
사람이 있을 것이라는 설은 어찌 차마 그런 황당한 말을 지어낸단 말입니까? 여러
사람들이 공초한 말에서 역적질한 정상이 모두 드러났고, 포도청에서 공초한 말에
서 단안(斷案)이 이미 내려졌습니다. 그가 지은 죄를 따져보면, 만 번을 죽여도 오히
려 벌이 가볍습니다. 모반대역(謀反大逆)에 대해 확실하게 지만(遲晚)이라고 하였으
니, 정덕기의 죄는 부대시능지처사(不待時凌遲處死)에 해당합니다.'하였고, 죄인 윤내
형의 결안에, '지체가 낮고 미천한 데다가 천성이 교활하여 남을 위해서는 교묘한
말로 비위를 맞추고, 일을 행함에 있어서는 남의 화를 좋아하고 나라를 어지럽힐
것을 생각하였습니다. 우연찮게 정덕기를 만나서 곧 마음을 허락하는 친교를 맺었
으며, 환태(煥泰) - 정덕기의 아버지 - 는 본래 알지 못하였는데도 먼저 편지를 하
였습니다. 풍수 보는 사람을 구하여 지략이 있는 사람을 얻으려고 하였고, 서양 오

랑캐의 소요를 핑계로 의병을 일으키려고 도모하였습니다. (정덕기의) 등에 난 사마귀에 대한 징험이라든가, 시를 지으면서 자기의 뜻을 붙인 것과 같은 일은 오히려 하찮은 것이며, 호남 지방의 일을 스스로 맡아서 하려 한 일에 이르러서는 더욱더 흉악하고 패악스런 말입니다. 포도청에서 구초(口招)한 것은 대부분의 종적이 드러났고, 국청에서 면질한 데에서 감히 죄를 부인할 수가 없으니, 정절이 모두 드러나서 단안이 이미 이루어졌습니다. 그가 지은 죄를 따지면 죽여도 오히려 가볍습니다. 역모에 동참한 사실에 대해 확실하게 지만이라고 하였으니, 부대시참(不待時斬)에 해당합니다.' 하였고, 죄인 박윤수의 결안에, '본래 이나 서캐와 같이 미천한 자로서 풍수설을 조금 알고 있었는데, 천성이 우매하여 행동이 지극히 참람하였습니다. 우연히 정환태와 이웃에 살았는데, 또 정덕기의 황당한 말을 그대로 믿었습니다. 그리하여 정덕기가 살고 있는 곳에 서기가 서리자 망령되이 구름이 빛나는 것과 방불하다고 하였고, 귀신을 부리는 술법을 듣고서 귀신 섬기는 법의 내력을 탐문하였습니다. 등에 이상한 사마귀가 있다고 떠벌리고, 손바닥에 무늬가 있다고 미혹시키는 데 대해서 심상하게 들어 넘기면서 서로 수작하였습니다. 남쪽에서 병란이 일어날 것이라는 말과 후세(後世)에 주장하는 자가 있을 것이라는 설은 이 얼마나 차마 들을 수 없고 감히 들을 수 없는 말입니까? 그런데도 당초에 엄하게 배척하지 못하였고, 또 고발하지도 않았습니다. 그러니 흉악한 자들과 한패가 되었다는 죄를 모면하기 어려우며, 정절을 알면서 고발하지 않은 죄를 어떻게 벗어날 수가 있겠습니까? 그가 지은 죄를 따지면, 만 번을 죽여도 오히려 벌이 가볍습니다. 모반 대역의 정절을 알면서도 관에 고발하지 않은 죄에 대해 확실하게 지만이라고 하였으니, 부대시참에 해당합니다.' 하였습니다."라고 아뢰었다.[30]

"사람과 재물을 끌어모아 비밀스런 흉계를 행했다."는 것이 이들의 결정적 혐의이다. 더욱이 정덕기는 등에 있는 사마귀와 손에 있는 기이한 무늬가 신이한 존재라는 증거라고 주장하고, 자기가 머무는 곳에는 항상 신비한 기운이 둘러싸고 있다고 강조하여 스스로 새 왕조의 개창자라고 자부했다. 이러한 그의 주장은 기존 왕조의 존재 자체를 부정하는 반왕조적인 역모로 의심받았다. 특히 정덕기는 곧 전쟁이 일어날 것이라는 말로 민심을 선동했고, 후세(後世)에

---

30 『고종실록』 고종 5년(1868) 8월 3일(정미).

는 정씨인 자신이 다스리는 세상이 올 것이라고 말하여 금기시되던 진인출현
설을 되풀이하여 대역죄인으로 단정되었다.

윤내형도 정덕기의 말에 동조하여 사람을 모으려 했고 호남 지방을 맡아
거사를 담당하고자 했던 죄목으로 단죄되었고, 박윤수는 정덕기의 말에 미혹
하여 소문을 퍼뜨렸고 역모의 정황을 알면서도 고변하지 않았다는 죄목으로
단죄되었다.

인용문에서 정덕기가 "하늘이 주는 것을 취하지 않는다."는 말을 했다는
것은, 『사기(史記)』 「월왕구천세가(越王句踐世家)」에 나오는 "하늘이 주는 것을
취하지 않으면 도리어 그 미움을 받게 된다.〔天與不取 反受其咎〕"는 말을 줄인 것
이다. 『사기』 「회음후전(淮陰侯傳)」에 한고조(漢高祖) 때의 변사(辯士)인 괴철(蒯徹)
이 한신(韓信)에게 한나라에 대항하여 따로 나라를 세워 천하를 삼분(三分)하라
고 권하면서 "하늘이 주는 것을 받지 않으면 도리어 그 미움을 받게 되고, 때가
이르렀는데도 결행하지 못하면 거꾸로 그 재앙을 입게 된다. 盖聞天與不取,
反受其咎. 時至不行, 反受其殃."라고 말했다는 내용이 보인다.[31] 결국 정덕기
가 했다는 말은 자신이 천명(天命)을 받아 새로운 왕조를 건설할 인물로 자부했
다는 뜻이다.

정덕기와 윤내형은 8월 4일에 처형당했고, 연좌된 가족들도 법률에 의해
죄를 받았다. 정덕기가 살던 삭녕군은 현(縣)으로 강등당했고, 살던 집을 헐고
연못을 파는 극형을 받았다.[32] 정덕기의 어머니, 적모(嫡母), 처, 아들 등은 교형

---

31 이때 피철은 "때가 왔도다, 시기가 무르익었도다. 다시는 오지 않을 (좋은) 기회로다. 장군께서는 이와
    같은 호기를 놓치지 마소서. 時乎時乎, 不再來, 願足下詳察之."라는 말도 했다. 이 부분은 동학(東學)
    검가(劍歌)의 첫머리에도 인용된다.

32 의금부가 아뢰기를, "모반대역죄인 정덕기(鄭德基)와 모역에 동참한 죄인 윤내형(尹乃亨)을 이미 자복
    받아 사형에 처하였습니다. 그의 부모, 처첩, 자녀, 조손과 형제, 자매의 처첩, 백부, 숙부, 형제의 아들
    에 대해 나이, 성명, 생사 여부, 주소를 한성부로 하여금 장적(帳籍)을 고찰해 내게 하소서. 또 오부(五
    部)와 각 해당 도에 분부하여 응당 연좌시켜야 할 사람들을 일일이 조사해 내어 책자로 작성해 첩보하게
    한 다음, 율에 의거하여 거행하소서. 그리고 가산을 적몰(籍沒)하고 집을 헐고 연못을 파며, 읍호(邑號)
    를 강등하는 등의 일을 해당 법사로 하여금 전지를 받들어 거행하게 하소서. 이상과 같이 하는 것이 어
    떻겠습니까?" 하니, 윤허한다고 전교하였다. 『승정원일기』 고종 5년(1868) 8월 4일(무신).

(絞刑)을 면제받아 먼 곳의 노비로 삼았다.[33] 그런데 박윤수의 처형 사실이 보이지 않는 것으로 볼 때, 그는 훗날 약간의 감형을 받았을 것으로 짐작된다. 정덕기사건이 마무리되고 나서 몇 개월이 지난 후 황재두는 애초의 연루 혐의를 벗고 역모사건을 고변한 공로로 관직에 임용되었다.[34]

(3) 정덕기사건에 보이는 예언사상

거사를 도모하는 과정에서 핵심 인물인 정덕기가 신이한 능력을 지녔고 장차 새 왕조를 건설하기로 예정된 진인(眞人)이라는 이야기가 유포되었다.

황재두가 윤내형에게 "정덕기의 등에는 칠성 무늬의 검정 사마귀가 있고, 손바닥에는 '왕(王) 자' 무늬가 있는데, 그대도 보지 않았는가?"라고 묻자,[35] 윤내형은 "손바닥의 '왕(王) 자' 무늬는 보지 못했지만, 등에 있는 일곱 개의 점은 보았다."고 대답했다.

그리고 정환태가 박윤수에게 "내 아들 덕기는 총명이 뛰어나고 재주와 지혜가 절륜하며, 등에는 칠성 모양의 사마귀가 있고, 손바닥에는 '원(元) 자'와 '왕(王) 자' 무늬가 있으며, 아들이 머무는 곳에는 항상 상서로운 기운이 있다.

---

33   의금부가 아뢰기를, "조금 전에 삭녕현감(朔寧縣監) 홍순일(洪淳一)이 올린 첩보와 성책을 보니, 모반대역(謀反大逆)을 범한 죄인 정덕기(鄭德基)에게 응당 연좌(緣坐)시켜야 할 여러 사람을 조사하여 보냈습니다. 정덕기의 어미 사조이(史召史)는 경상도 하동부(河東府)에, 적모(嫡母) 홍조이(洪召史)는 전라도 흥양현(興陽縣)에, 처 김조이(金召史)는 평안도 양덕현(陽德縣)에 모두 연좌시켜서 노비로 삼고, 아들 아기(牙只)는 나이가 2살로서 나이가 차지 않았다고 기록하였으니, 율문에 의거하여 교형(絞刑)을 면제시킨 다음 함경도 고원군(高原郡)에 연좌시켜 노비로 삼되, 이상의 죄인들은 모두 본현의 감옥에 수금되어 있다고 하니, 전례대로 형조로 하여금 각각 배소로 압송하게 하는 것이 어떻겠습니까?" 하니, 전교하기를, "윤허한다. 그의 처 김조이는 2살 난 아들과 함께 모두 양덕현으로 보내어 노비로 삼게 하라." 하였다. 『승정원일기』 고종 5년(1868) 9월 12일(병술).

34   김병학이 아뢰기를, "지난번의 역모사건은 지금까지도 귀신과 사람의 분한 마음을 간절하게 합니다. 다행히 황재두(黃載斗)가 달려와서 고발함에 따라 양성한 지극한 흉악과 배포(排布)한 더없는 참혹함을 즉시 심문해 조사해서 통쾌하게 전형(典刑)을 시행하였으니, 격려하고 권장하는 도에 있어 뜻을 보여주시는 거조가 있는 것이 합당합니다. 그러니 유학(幼學) 황재두에게 상당하는 초사(初仕)에 자리가 나기를 기다려 조용(調用)할 일로 전조에 분부하는 것이 어떻겠습니까?" 하니, 상이 이르기를, "그대로 하라." 하였다. 『승정원일기』 고종 5년(1868) 10월 10일(계축).

35   德基之背, 有七星黑痣, 手有王字紋, 君亦見之乎? 『추안급국안』 29권 303책(아세아문화사, 1978), 202면.

또 며느리도 사덕(四德)을 갖추었는데, 그 지아비가 있는 곳을 기운을 살펴 알아내곤 한다."고 자랑했다.[36] 정환태는 아들 정덕기의 비상한 능력을 강조하면서 특히 등에 있는 점과 손바닥의 무늬로써 새 세상을 건설할 존재인 진인(眞人)이라고 주장한 것이다.

이에 박윤수는 "그대의 아들이 머무는 곳에 상서로운 기운이 있다는 말은, 마치 한(漢)나라 고조(高祖) 유방(劉邦)이 망산(芒山)과 탕산(碭山)에 숨어있을 때 그가 있는 위에는 채운(彩雲)이 서려 있어서 그의 처 여씨(呂氏)가 찾아갔다는 고사와 비슷하다."고 말했다. 박윤수는 한고조의 고사를 정덕기에 빗대어 정덕기가 새 왕조를 건설할 위대한 인물일 것이라는 정환태의 주장에 은근히 동의하였다.

그러나 훗날 박윤수는 "정덕기의 손바닥의 무늬를 살펴보았지만 미미해서 글자로 보기 어려웠고, 집에 돌아와 밤에 정덕기의 집 쪽을 바라보고 기운이 서리는지 살펴보았지만 사방이 캄캄하기만 해서 허망한 일로 여겼다."고 진술했다.

진인이라면 일반 사람들과는 뚜렷이 구별되는 신체적 특징을 갖추어야 한다는 생각이다. 하늘을 상징하는 칠성 모양의 사마귀가 등에 있고 제왕을 뜻하는 '왕 자'가 손바닥에 새겨져 있기 때문에 누구나 눈으로 그가 진인임을 쉽게 확인할 수 있다고 주장하였다. 또 진인이 거처하는 곳에는 늘 신비한 기운이 분출되기 때문에 그를 알아볼 수 있는 사람도 있다고 강조한다. 특별한 징표와 신이함을 두루 갖추어야 진정한 의미에서 진인이 될 수 있다는 이러한 믿음은 이 사건 이전에도 몇몇 예가 확인되며, 후대에도 그대로 계승되었다. 진인으로 자처한 인물들은 나름대로 자신의 신체적 특징을 자랑하면서 새 왕조의 건설자로서의 자격을 가졌다고 주장하였다.

---

36 吾有一子, 名曰德基. 聰明過人, 才智超倫, 背有七星黑子, 掌有元字王字之紋, 所居常有瑞氣. 且子婦亦有四德, 而其夫所在, 其妻必望氣識之云. 「우포도청등록」 제24책, 『포도청등록』 중(보경문화사, 1985), 748면. 『추안급국안』 29권 303책(아세아문화사, 1978), 203면.

선조 22년(1589) 10월의 정여립사건 때 정여립은 아들 옥남(玉男)의 눈동자가 두 개씩이고[37] 두 어깨에 사마귀가 일월(日月) 형상으로 박혀 있다는 점을 근거로 진인이라고 강조했다. 또 숙종 23년(1697) 1월의 이영창사건에서 동모자들의 진술에 정씨 진인의 양미간에는 별 모양의 검은 사마귀가 있었다고 한다. 그리고 순조 13년(1813) 7월의 백태진(白泰鎭)사건에 연루된 백동원은 자신의 팔뚝에 있는 일곱 개의 사마귀가 "이것은 개국 정승이 될 조짐이라."고 말했다.

고종 8년(1871) 8월에 일어난 조령사건에서는 이필제의 손바닥에는 '왕(王)자' 혹은 '천왕(天王)자'가 새겨져 있었으며, 등에는 일곱 개의 점이 칠성(七星) 모양으로 있었다고 한다.

또 1902년 12월의 정해일(鄭海日)사건에서도 정해일이 겹으로 된 눈동자를 가지고 있었고, 가슴과 등에 칠성(七星)과 삼태성(三台星)의 사마귀가 있으며, 손바닥에는 이상한 글자가 씌어 있다고 주장하였다.

그 후 무진년(1868) 2월에 정덕기가 박윤수를 찾아와 다시 한 번 살펴보더니 뇌조목이 아니어서 주문과 부적을 새겨도 소용없을 것이라고 말하고 하룻밤을 묵었다. 이때 그들이 나눈 대화는 다음과 같다.

> 정덕기가 갑자기 저에게 "나에게 기이한 술법이 있는데, 평지를 바다로 변하게 할 수 있고 5백의 신병(神兵)을 부릴 수 있습니다. 금년 가을에는 반드시 전쟁이 일어날 것인데 (그때가 되면) 저는 당연히 전쟁에 참가하여 (그들과) 뜻을 함께할 것입니다. 그대도 동참할 의사가 있습니까?"라고 물었습니다. 제가 말하기를 "난리를 일으키는 사람이 누구냐?"라 했습니다. 정덕기가 "남쪽에 있는 사람[南中人]입니다."라고 대답했습니다. 제가 그 말을 듣자마자 깜짝 놀라 정덕기를 크게 꾸짖고 "(너의) 등에 있다는 사마귀와 손바닥의 문양을 가지고 망령되이 존귀한 모양이라고 일컫고 장차 흉악한 무리에 투신하겠다고 하니, 포은(圃隱) 선생의 후예로서 어찌

---

[37] 순(舜) 임금의 눈동자가 겹눈동자[중동(重瞳)]였다고 하는데, 후대에는 임금을 가리키는 말로 쓰였다. 이 외에도 중국의 전설적 영웅인 항우(項羽)도 겹눈동자를 가졌다고 한다. 흔히 영웅이나 제왕이 될 자질을 가진 사람에게 나타나는 신체적 특징으로 겹눈동자가 거론된다.

역모를 꾸밀 마음을 품는 것이냐?"라 했습니다. (그때) 정덕기가 "다음 세상에는 연일(延日) 정가(鄭哥)가 다스릴 것이라는 이야기를 그대는 듣지 못했습니까?"라고 반문했습니다.[38]

정덕기는 자신에게 천지를 개벽시킬 조화와 신병(神兵)을 부리는 술법이 있다고 자랑하고,[39] 무진년 가을에는 반드시 전쟁이 일어날 것이라고 주장했다. 그런데 정덕기는 평지를 바다로 만들고 신병을 부리는 술법은 동학(東學)에 있는 술법이라고 말했을 뿐이지 자기가 할 수 있는 술법이라고 주장하지 않았다고 진술했다.[40] 정덕기가 수운 최제우를 백운선생으로 부르면서 그를 만나러 갈 생각을 가지고 있었다고 진술했던 대목과 연결되는 부분이다. 정덕기는 동학을 "산과 바다를 옮길 수 있는 기이한 술법[移山移海之法]"이라고 인식했던 것이다. 이러한 정덕기의 진술로 미루어보면 당시 일부 사람들은 동학의 교리 체계에 대해서는 잘 알지 못했거나 무지했고, 다만 동학을 '세상을 바꾸는 기묘한 술법과 조화가 있는 가르침' 정도로 이해했다는 점을 엿볼 수 있다.

난리를 일으킬 사람이 누구냐는 질문에 정덕기는 "남쪽에 있는 사람[南中人]"이라고 대답했다. 여기서 '남쪽'은 현전하는 『정감록』에 자주 나오는 "남쪽에서 진인이 나온다.", "남쪽 조선에서 난리가 일어날 것이다."라는 이른바 남조선신앙(南朝鮮信仰)의 한 전형이다. 이와 관련하여 정덕기는 조만간 남중(南中)에서 기병한다는 소문을 퍼뜨리기도 했다.[41]

---

38 德基忽謂矣身曰, 吾有奇術, 以平地變作大海, 能使五百神兵. 今秋必有兵革, 而吾當投入與之同事, 矣君亦有同參之意乎? 矣身曰, 倡亂者, 誰也? 德基曰, 南中人也. 矣身一聞此言, 且驚且憫, 重責德基曰, 背痕掌紋, 妄謂貴格, 而將投身於兇黨, 以若圖隱後裔, 豈懷不軌之心乎? 德基曰, 後世則, 延日鄭哥主張之說, 君不聞耶? 「우포도청등록」 제24책, 『포도청등록』 중(보경문화사, 1985), 749면.

39 意在扇搖陸地移海何術, 而能之五百役鬼何役. 『추안급국안』 29권 303책(아세아문화사, 1978), 195면.

40 尤垂, 又向德基, 汝有奇術, 平地變作大海, 能使五百神兵. 此乃東學法云者, 亦不言耶? 德基曰, 平地變海, 能使神兵, 東學有移山移海之法. 故略言其槩而已. 吾豈自能其法爲言耶? 「우포도청등록」 제24책, 『포도청등록』 중(보경문화사, 1985), 750면.

41 (정덕기가) 금년 가을에 반드시 남쪽에서 전쟁이 일어날 것이라고 말했습니다. (…) "앞으로 올 세상을 다스리는 사람은 정씨 성을 가진 자일 것입니다."라고 말했습니다. (…) 今秋, 當有南中兵革云. 後世主張者, 卽鄭姓也. 『추안급국안』 29권 303책(아세아문화사, 1978), 204면.

한편 동학의 술법에 관심을 가졌다는 점에서 정덕기가 주장한 남(南)은 구체적으로 동학의 발상지 경주(慶州)를 가리킨 것으로 해석할 수도 있다. 정덕기는 천지를 바꾸고 신병을 부리는 조화와 술법을 가진 동학의 창시자 '백운선생'을 만나기 위해 남쪽으로 내려갈 계획을 가졌다. 나아가 그는 동학의 가르침을 이은 동학교인들과 힘을 합쳐 새 세상을 열기 위한 난리나 전쟁을 도모할 생각도 가졌던 듯하다. 물론 정덕기는 그가 '백운선생'이라고 부른 동학의 창시자 수운 최제우가 이미 사망했다는 소식을 듣고 남쪽행을 포기했다. 그러나 정덕기가 동학을 이 세상을 실제로 변화시킬 수 있는 구체적 술법과 조화를 지닌 체계로 인식했으며, 동학이 한반도의 남쪽에서 태동되었다는 역사적 사실에 근거하여 전래되던 비결에 자주 나오는 남(南)과 관련하여 특히 동학의 움직임에 주목했을 가능성이 높다.

또 인용문에서 알 수 있듯이 정덕기는 자신의 성씨가 '연일 정씨'라는 점을 특별히 강조하였다. 포은 정몽주의 후손 가운데 조선왕조를 대신할 새 왕조의 개창자가 나올 것이라는 예언이 당시에 널리 퍼지고 있었다는 사실을 들어 정덕기는 자기가 곧 '새 왕조의 주인공'이라고 주장하였다. '앞으로 올 세상' 또는 '다음 세상'으로 풀이되는 '후세(後世)'는 이씨(李氏)가 대대로 왕이 되는 조선왕조를 대신하여 새롭게 열릴 새 왕조를 가리킨다. 장차 정씨(鄭氏)가 새 왕조의 주인공으로 등장한다는 정씨 진인출현설(眞人出現說)이 보다 구체적으로 '연일 정씨' 진인출현설로 제기되었다.

숙종 23년(1697) 1월에 일어난 이영창(李榮昌)사건에서 이영창이 "정포은(鄭圃隱)의 13세손과 최영(崔瑩)의 후예를 찾아낸 후, 정가는 우리나라의 왕으로 세우고 최가는 중국의 왕으로 세운다."라고 말한 적이 있다. 이는 정씨 진인이 바로 정몽주의 후손 가운데 태어날 것이라는 믿음이다. 이러한 믿음이 이어져 정덕기사건에서는 정몽주라는 이름을 직접 거론하지 않은 채 '연일 정씨'가 앞으로 올 세상을 다스릴 것이라는 예언으로 정착되었다.

정덕기사건이 일어난 지 몇 개월 후에 발생한 이필제사건에서도 이필제(李

彌濟)가 기사년(1869) 5월에 정만식을 찾아가 "그대는 연일(延日) 정씨(鄭氏)인가? 연일 정씨가 머지않아 좋은 운수를 탈 것이다."라고 말하며, 정만식이 비결에 언급되는 '정씨 진인'이라고 부추겼다. 정몽주의 후손 가운데 '정씨 진인'이 나올 것이라는 믿음이 좀 더 구체적으로 "연일 정씨가 진인으로서 이 세상에 출현할 것"이라는 예언으로 표현되었고, 이러한 풍문이 널리 퍼져나갔음을 알 수 있다.

그런데 전쟁이나 난리가 일어날 것이라는 정덕기의 예언이 사람에 따라 그 시기가 다르게 말해졌다.

> 정덕기가 저(윤내형)에게 "경오년(1870)에 서양 도적들이 반드시 (다시) 동쪽(우리나라)으로 올 것입니다. 미리 부유한 사람들과 힘을 합쳐 대비해야 할 것입니다. (…) 먼저 재물이 있어야 지모가 우수한 사람들을 기를 수 있을 것입니다. 경오년이 되어 서양 선박이 다시 몰려오면 미리 기른 책략과 재주가 뛰어난 사람들과 함께 계획을 세우고 군대를 일으킬 것이니, 이는 부유한 사람들과 우리들 모두가 스스로 보전할 수 있는 길이며 공명(功名)을 세울 수 있을 것입니다. 어찌 좋은 계책이 아니겠습니까?"라고 말했습니다.[42]

정덕기는 박윤수에게는 무진년(1868) 가을에 난리가 일어날 것이라고 말했고,[43] 윤내형에게는 경오년(1870)에 서양 도적이 침략할 것이라고 예언했다.[44] 임박한 위기 상황의 도래를 강조하여 듣는 사람들로 하여금 위기의식을 고조시킨다는 점에서는 공통적이지만, 2년 정도의 시차가 있다는 점에서 다소 유동적이고 유보적인 입장을 표명했다. 그러나 이 사건은 황재두의 고발로 전모

---

42 鄭德基言於矣身曰, 庚午年間, 洋醜必爲東來矣. 預爲交結富民可也云. (…) 有財然後, 可養智謀之人. 若當庚午, 洋船復來, 必使預養才謀之人, 謀聚興兵, 則富民與吾輩家屬, 自有保全之道, 而亦圖功名矣. 豈可好哉? 「우포도청등록」 제24책, 『포도청등록』 중(보경문화사, 1985), 749면.

43 정덕기는 "금년(무진년, 1868)에 반드시 전쟁이 일어날 것이다."라고 예언했다. 妄謂今年, 必有兵革. 『추안급국안』 29권 303책(아세아문화사, 1978), 195면.

44 정덕기는 윤내형에게 자기의 앞일을 미리 알 수 있는데 앞으로 2년 후인 경오년(1870)이 되면 서양 오랑캐가 반드시 다시 쳐들어올 것이라고 예언했다. 果有先知之鑑, 若當庚午, 則洋賊必然更起. 「우포도청등록」 제24책, 『포도청등록』 중(보경문화사, 1985), 747면.

가 발각되어 일장춘몽으로 끝나고 말았다.

(4) 정덕기사건에 보이는 예언사상의 특성

정덕기는 양선(洋船)을 물리치기 위해 지모지사(智謀之士)를 모아 의병을 일으키고자 했다. 당시 동모자들은 정덕기를 정진인(鄭眞人)으로 내세웠는데, 그 근거로 정덕기의 등에 칠성 반점이 있고 손바닥에는 왕자(王字) 무늬가 있다고 강조했다. 또 이들은『구성비결(九星秘訣)』과『음부경(陰符經)』등의 신이한 책자를 탐독하고, 풍수를 이용하여 사람들을 끌어모았다.

이들은 정덕기에게 "기이한 술법이 있어서 능히 평지를 바다로 만들고, 오백 명의 신병(神兵)을 부릴 수 있으므로 조만간 남중(南中)에서 기병하려 한다."는 소문을 퍼뜨렸으며, "후세에는 연일(延日) 정씨(鄭氏)가 권력을 잡게 된다."는 말과 "서양 선박을 물리치기 위해 의병을 모집한다."는 말로 세력을 규합하였다. 경상도, 충청도, 경기도 등지에 책임자를 두고 거사를 모의하던 중 동모자인 황재두의 고발로 사전에 발각되고 말았다. 실제로 어느 정도의 조직과 인원을 동원했는지 그 실체를 파악하기는 어렵지만, 사건 주동자 두 사람이 극형에 처해졌다.

정덕기사건은 조선 후기에 일어난 여러 역모사건에 자주 등장하는 진인출현설을 이용한 전형적 사례이다. 특히 이전의 역모사건에서 정몽주의 후손 가운데 진인이 나올 것이라는 예언을 한층 발전시켜 "연일 정씨가 진인이다."고 주장했던 점이 특기할 만하다. 수많은 정씨들 가운데 연일이라는 특정한 본관을 가진 정씨만이 진인이 될 가능성이 있다고 강조했던 것이다.

또 정덕기사건에서도 진인의 신체적 특징으로서 등에 있는 칠성 모양의 사마귀와 손바닥의 '왕(王) 자'나 '원(元) 자' 무늬를 제시했다. 진인은 일반사람과는 뚜렷이 구별되는 신체적 특징이 있을 것이며, 이러한 특징은 눈에 보일 정도로 구체적 형태로 나타나야 한다는 생각이 반영되었다. 이러한 주장은 이전의 역모사건에도 간혹 등장했는데, 정덕기사건을 분수령으로 다시 한 번 강조되었다. 이후 일어난 각종 역모사건에 관련된 이른바 '진인(眞人)'들은 나름 대로 특별한 기호나 글자 또는 사마귀나 점 등의 특별한 증거를 '진인의 표시나 상징'으로 제시하였다.

정덕기는 "서양 세력의 도전에 대한 응전의 형태로 거사를 일으킨다."는 대의명분을 강조했다. 이는 위기관리와 대처능력이 떨어지는 당시의 정권과 사회주도세력에 대한 민중들의 불만과 위기의식이 일정하게 반영된 것이다. 소중화(小中華)를 자처하면서까지 문화적 자존심을 굽히지 않았던 조선왕조였지만, 중국 대륙의 실제적 지배자였던 청(淸)나라는 현실적으로 조공을 바치지 않을 수 없었던 대국(大國)이었다. 그러한 청나라마저 서양 오랑캐의 침략에 어이없이 무너지는 엄청난 위기 상황을 맞아서도, 조선은 속수무책의 안이한 대응이나 쇄국정책으로 일관하여 다가오는 서세동점(西勢東漸)이라는 거대한 물결에 맞서려는 어리석음만 되풀이하고 있었다. 절체절명의 재난이 예고되고 생존권이 달린 문제에 직면한 조선의 일부 민중들은 동양 전통에 입각한 조화나 술법에 주목할 수밖에 없었다.

비록 조직화되고 체계적인 대응 방법이 될 수는 없었지만, 외세의 침략에 대응하고 항전하려는 의지와 의욕은 분명히 있었다. 이러한 민중의 생각과 믿음이 정덕기와 같은 '외세의 침략에 대항하려는 민중지식인'의 힘을 집중시키는 방안으로 제기된 것이다. 물론 조화나 술법 등의 신비한 능력에 기대고 비과학적 전망과 신화적 세계관을 가진 사람이기는 했지만, 정덕기의 주장은 어느 정도 설득력이 있었고 일부 지역에서는 동조자들을 모을 수 있었다. 비록 실패한 미완의 거사였지만 정덕기사건은 조선 후기 민중지식인의 한 동향을 확인할 수 있는 귀중한 사건이다.

그리고 정덕기사건은 남조선신앙의 전형을 보여준다. 정덕기는 거사의 주동자가 남중인(南中人)이라고 말했고, 남(南)쪽에서 기병할 것이라고 주장했다. 이는 현전하는 『정감록』의 남조선신앙을 명확하게 확인시켜 주는 사례이다. 진인은 남쪽 조선에서 출현할 것이며, 남쪽에서 새로운 세상이 열리는 결정적 계기가 마련될 것이라는 믿음이 남조선신앙의 핵심이다.

조선 후기에 발생한 여러 역모사건에서 자주 나오는 해도기병설(海島起兵說)과도 연관되는 남조선신앙은 때로는 남쪽 조선, 특히 남해에 있는 섬에서 진인이 군대를 이끌고 육지로 쳐들어올 것이라는 믿음으로 제시되기도 했다. 그러나 정덕기사건에서의 남조선신앙은 해도기병설과는 관련이 없다. 다만 정덕기는 남 또는 남쪽이라고 말했다. 정덕기가 만나려 했던 '백운선생'이 수운 최제우였고 동학의 발상지도 크게 볼 때 남조선에 해당한다는 점에서, 정덕기가 말한 남(南)이 동학 또는 동학의 가르침이나 조직으로 인식되었을 개연성이 있다. 분명하게 말하지 않았고 다소 애매하게 언급되고 진술되었지만, 정덕기의 마음 한구석에는 비결에서 주장하는 남(南)이 동학일지도 모른다는 생각이 어느 정도는 있었을 것이다.

고　　종
초　기　의
비결신앙
80

고종 2년(1865) 4월 3일자 「우포도청등록」의 기록에 별다른 설명이 없이 경복궁의 중건에 대한 대왕대비의 전교와 비결(秘訣)이 실려 있는데, 비결의 내용은 다음과 같다.

계(癸)의 말년과 갑(甲)의 원년에 새로운 왕이 등극하지만 임금의 후사 잇기는 또 단절되리니 어찌 두렵지 않으랴? 경복궁전이 다시 창건되고 보좌가 옮겨 정해지면 성자(聖子)와 신손(神孫)이 대대로 이어져 나라의 운수가 다시 나아가 백성들이 부유해질 것이다. 이는 동방노인의 비결이다. 이 비결을 보고도 (조정에) 보고하지 않으면 우리나라의 역적이 될 것이다. 을축년 3월에 의정부를 수리할 때 (이 비결이 새겨진) 돌이 마땅히 드러날 것이다.[1]

1　癸末甲元新王雖登, 國嗣又絶不可懼哉? 景福宮殿, 更爲創建, 寶座移定, 聖子神孫, 繼繼承承, 國祚更進, 人民富盛. 東方老人秘訣. 看此不告, 東國逆賊. 乙丑三月, 議政府修理時, 此石當露矣. 「우포도청등록」 제20책, 『포도청등록』 중(보경문화사, 1985), 601-602면.

1년 후인 고종 3년(1866) 3월에 이 비결을 거짓으로 지어 땅에 묻은 범인인 홍길유(洪吉裕, 당시 21세)가 포도청에 체포되었다. 이 비결은 경복궁을 중건하기 위해 공사를 하던 중, 안은 둥글고 밖은 네모난 형태로 흙으로 만든 커다란 제기인 궤(簋)에 새겨져서 발견되었다. 그릇의 밖에는 비결이 새겨져 있었고, 그릇의 안에는 작은 글씨가 적혀 있었다고 한다.

홍길유는 용산의 옛 선혜청(宣惠廳) 근처에 살았는데 다리가 붓는 병을 심하게 앓다가 약을 구하기 위한 방편으로 비기(秘記)를 허위로 지어 조카 한학룡(韓學龍, 당시 14세)을 시켜 광화문 안의 왼편 성 아래에 묻었다고 진술했다.

궤의 안에 새겨진 기록의 주요 내용은 다음과 같다.

> 丙寅三月日, 得此于景福宮, 卽奉上國太公之座下, 他人勿坼.
> 卽僻左右開坼.
> 丙午年東國老人秘記, 此言勿泄他人前.
> 新王登極, 重建舊基, 擇用人才. 蓉山坊宣惠倉下, 有一人外, 雖尋? 常 內有道德與經天緯地之才. 此非人間之人, 本是天上星神, 爲新王降人間矣, 必爲國家棟樑之臣. 又爲大院宮, 闠人星矣. 此人之姓名, 洪吉裕也, 年不過二十餘矣.

병오년은 헌종 12년(1846)이다. 동국노인이 지었다는 비기를 유포한 혐의로 체포된 홍길유는 결국 섬으로 유배되었다.[2]

한편 고종 4년(1867) 4월에는 다음과 같은 사건이 발생했다.

> 또 아뢰기를, "좌우변 포도청의 보고를 보건대 '강화부에서 잡아 올린 죄인 이치상(李致祥)을 끝까지 조사해 보니 곧 아무 지각도 없고 판단력도 잃은 놈이었는데 도성에 글을 써 붙이고 관문(官門)을 두드리며 큰 소리로 떠들었던 것은 그가 모두 자복하였습니다. 단안(斷案)이 이미 만들어져서 용서할 수 없습니다.' 하였습니다. 흉악하고 어그러진 정상에 대해 그가 이미 자복하였으니 아무 지각도 없고 판단력도

---

2 「우포도청등록」 제21책, 「포도청등록」, 625-626면.

잃었다는 이유로 잠깐 동안이라도 용서해 줄 수 없습니다. 죄인 이치상을 군문(軍門)으로 내주어 군민을 크게 모아놓고 효수하여 대중을 경책하는 것이 어떻겠습니까?" 하니, 윤허한다고 전교하였다.[3]

이치상(당시 25세)은 일명 진일(震一)이다. 그는 양반의 후손으로 양주(楊州) 청수동에서 태어났는데 혈혈단신으로 공주 마곡사 근처에서 걸식 생활을 하다가 고종 4년(1867) 2월에 서울에 올라와 여러 곳에 걸식하였다. 그는 평생소원은 광제창생(廣濟蒼生)이라고 진술했고, 인심을 동요시키기 위해 빈 집의 벽지를 뚫어 부도지설(不道之說)을 썼고, 3월 말에는 종각 육조(六曹) 앞과 연은문(延恩門)에 괘서했다.

그 내용에 이정립(李正立), 초계(草溪) 정가(鄭哥), 조후지(趙厚之), 조득지(趙得之) 등 6인의 이름이 기록되어 있어서 동모자(同謀者)에 대해 심문하니, 이곳저곳 떠돌아다니며 걸식하면서 만난 인물들이며 정립(正立)은 자기의 어릴 때 이름이고 초계 정가는 남문 근처에서 만났던 진주(晉州)에 산다는 기남자(奇男子)이고 조후지와 조득지는 자기의 꿈에서 만나 가르침을 받았던 가공인물이라고 진술했으며, 남양(南陽) 땅은 천시(天時)와 지리(地利)와 인화(人和)가 있는 곳이라고 주장했다.[4]

그런데 군문효수라는 너무 심한 형벌을 받은 점이 주목된다. 초계 정씨가 등장하는 일도 무엇인가 심각한 내용이 있었을 것으로 보인다. 이른바 정씨 왕조 건국설을 주장하다가 엄벌에 처해진 것으로 짐작된다.

---

3 『승정원일기』 고종 4년(1867) 4월 13일(병신).

4 「우포도청등록」 제23책, 『포도청등록』 중(보경문화사, 1985), 675-676면. 「좌포도청등록」 제15책, 『포도청등록』 하(보경문화사, 1985), 488-490면.

평안도의
예언서

81

고종 6년(1869) 무렵에는 위서(僞書)에 속은 사람들이 대거 국경을 넘어 간도 지방으로 건너가는 사건이 발생해 조선과 청 양국 정부 간의 심각한 문제로 제기되었다. 고종 9년(1872) 5월에 평안도 후창군수 조위현의 밀명을 받은 최종범(崔宗範), 김태흥(金泰興), 임석근(林碩根) 등 장교 3명이 압록강 건너편 봉금지대(封禁地帶)로 들어가 40여 일 동안 호인(胡人)의 동향과 조선인 이주민의 생활상에 대해 조사하여 서술한 『강북일기(江北日記)』에 따르면, 이단사상의 만연과 변란의 발생이 절정에 달했던 고종 6년(1869)에 범월자(犯越者)가 가장 많았다고 한다.[1]

고종 원년(1864) 무렵부터 평안도 강계도호부의 자성군(慈城郡)에서 유포되기 시작하여 서북 양도와 서울에까지 전파된 위서(僞書)에 속은 사람들이 대거 월경했다. 이 위서의 작자는 이름이 밝혀져 있지 않지만, 평안도 무산(撫山) 사

---

1 유승주, 「조선 후기 서간도 이주민에 대한 일고찰 ― 「강북일기」의 해제에 붙여 ―」, 『아세아연구』 59집 (1978)에 해제와 원문이 실려 있다.

람인 김유사(金有司)라는 사람이 고종 원년(1864)과 고종 2년(1865) 사이에 월경하였다가 우리나라로 다시 건너오면서 위서를 만들었다고 전한다.

개략적인 위서의 내용은 압록강 건너 어딘가에 나선동(羅善洞), 양화평(楊花坪), 옥계촌(玉鷄村), 철포성(鐵鋪城) 등의 별세계가 있는데, 그곳에는 채 선생, 곽 장군, 갈 처사, 김 진사 등의 영웅호걸이 모여 살면서 민인(民人)을 모으고 있다는 것이다. 산수, 지형, 거리까지 기록해 그럴듯하게 만들었기 때문에 극심한 흉년과 지방관의 가혹한 징세에 고통을 겪던 많은 사람들이 이를 믿고 월경을 감행하여 사회적인 문제가 되었다. 최종범 등의 장교들이 밀명을 띠고 첩보길에 나선 까닭도 이주민의 실상과 소문의 진상을 확인하기 위해서였다.[2] 장교들이 실제로 만나본 이주민들은 길지설(吉地說)은 "김유사라는 자가 꾸민 허황된 것"으로 판단하고, 그를 저주하고 있었다.

한편 김유사의 이러한 주장은 현전하는『정감록』의「토정가장결」과「경주이선생가장결」과 관련이 있거나 유사한 내용이다. 이 두 비결에는 "곽 장군이 요동군사를 이끌고 방(方)과 두(杜) 두 장수와 함께 왜와 서남쪽 오랑캐를 멸하네. 청나라를 쫓고 명나라를 도와서 정씨를 붙들고 이씨를 습격한다네.", "이때 곽 장군이 백두산에서 나와서 오수덕(烏首德)으로부터 요동에 들어가 고월(古月)의 백성들을 거느리고 칼을 든 채 오가니, 고월반도 동쪽 백성들의 동요를 진정시키네." 등의 내용이 있다. 고월은 호(胡)의 파자로 중국 오랑캐를 가리키는 말이다. 곽 장군이 등장하고 지역적으로도 일치한다.

이러한 위서의 내용을 믿고 월경한 사람들은 대부분 집권층의 가혹한 수탈과 고통스러운 가난에서 벗어나고자 했던 가난한 농민들이었다. 그런데 고종 9년(1872)에는 수십 명의 가족과 3백여 명에 이르는 사람들을 거느리고 압록강을 건넌 홍 진사 같은 양반 계층의 이름도 확인된다는 점에서 예언신앙의 광범위한 확산 정도를 확인할 수 있다.

---

2 강석화,「첩보길」,『역사, 길을 품다』(글항아리, 2007), 15쪽.

김응룡 사건

82

고종 8년(1871) 8월에 오윤근(吳潤根)이 김응룡(金應龍)의 술법을 빌려 지존(至尊)인 임금을 음해하려 했던 사건이 발각되었다.

김응룡(당시 29세)은 무항산지류(無恒産之類)로서 산리(山理)를 이해하는 자칭 지사(地師)였고, 오윤근(당시 40세)은 해주감영(海州監營)의 아전인 부자로 소문난 자였다. 고종 7년(1870) 봄에 산지(山地)를 구하려다 두 사람이 만났다.[1]

영의정 김병학이 아뢰기를, "방금 좌우 포장의 보고를 보니, 해서(海西)에 흉패(兇悖)한 자가 여럿 있다고 알려 와 특별히 장교와 나졸을 정하여 네 곳을 형탐(詗探)하여 김응룡(金應龍), 오윤근(吳潤根), 김응봉(金應鳳), 김준문(金俊文) 등 네 사람을 해주(海州)에서 사로잡아 압송하여 와서 엄하게 조사한즉, 역적모의를 꾀하고 화를 일으키려 하는 마음을 깊이 품고 있어 말이 지극히 흉악하고 글이 더할 수 없이 참람하였으니 천지간에 용납할 수 없는 바요 신인(神人)이 다 함께 분개하는 바입니다. 이른

---

1 『우포도청등록』 제25책, 『포도청등록』(보경문화사, 1985), 766-767면.

바 축사(祝辭) 가운데 '구혹조진(口或詐盡)'이라는 네 자는 위로 종묘사직에 관련되니 신하와 백성들의 공동의 원수입니다. 그 아래 한 구절도 이것이 어찌 감히 마음에서 싹터 입에 담을 수 있는 것입니까. 정절(情節)이 다 탄로나 잠시라도 용서해 두기 어렵기에 이에 감히 서로 이끌고서 등대(登對)하였습니다. 옥에 있는 네 명의 죄인을 격식을 갖추어 의금부로 잡아 올려 국청(鞠廳)을 베풀어 철저히 조사하여 빨리 나라의 형률을 바로잡는 것을 결단코 그만둘 수 없습니다." 하고, 홍순목이 아뢰기를, "지금 이 사람들이 모의하고 계획한 더할 수 없이 흉악하고 사특한 정절은 입으로 감히 말할 수 없고 귀로 감히 들을 수 없는 것입니다. 이는 바로 만고에 없는 변괴로서 잠시라도 천지간에 용서해 둘 수 없습니다. 국청을 베풀어 죄상을 알아내어 빨리 나라의 형률을 바로잡은 뒤에야 신인의 분노를 씻을 수 있을 것입니다." 하자, 상이 이르기를, "이 죄인들의 흉역(兇逆)한 심사는 이미 말할 나위 없으나, 이른바 축사(祝辭) 가운데 '구혹조진(口或詐盡)'이라는 네 자 같은 것에 이르러서는 이는 바로 종묘사직의 죄인이요 신하와 백성들의 공동의 원수이다. 그 아래 한 구절도 더할 수 없이 흉악하고 사특하니 또한 어찌 감히 마음에서 싹터 입에 담을 수 있는 것이겠는가. 이 두 구절에 대해 친히 묻지 않을 수 없다." 하였다.[2]

집의 권익수(權益洙), 사간 이봉덕(李鳳德), 지평 문준영(文俊永), 정언 이재귀(李載龜) 등이 아뢰기를 (…) 김응룡(金應龍), 오윤근(吳潤根)은 모두 미천한 형적으로서 평소에 효경의 마음을 품었습니다. 사람을 속여 재물을 빼앗으니 일생 동안 무슨 일에 종사하였겠으며, 이익을 탐내어 의리를 잊으니 만 번 죽을 일에도 제 몸을 돌보지 않으며, 관등시(觀燈詩)를 외어 전하여 원망하는 계제를 만들고 제산문(祭山文)을 대신 만들어 흉악한 와굴을 굳게 맺으며, 네 글자의 은어(隱語)는 죄가 종묘사직에 관계되고 한 구(句)의 패설(悖說)은 정적이 천하에 용납되기 어려운데, 이것을 지은 자는 심응룡이나 오윤근이 시켰고 이것을 베껴 쓴 자는 오윤근이나 김응룡에게 수법을 배웠으며, 두 흉종(凶種)이 한 덩어리가 되어 전후하여 창화(唱和)하고 치밀하게 화를 빚어냈으니, 실은 하나이면서 둘이고 둘이면서 하나입니다. 다행히 천도가 매우 밝고 성상의 결단이 밝아서 장전(帳殿)에서 친히 물으시니 간사한 정상을 엄폐하지 못하고 단서가 다 드러났습니다. 쾌히 삼척의 법을 펴서 처형하여 주검을 저잣거리에 버리는 법을 시행하여 신명과 사람의 분노가 조금 풀릴 수 있었으나, 이 같은 임금의 원수이고 나라의 역적인 자는 결코 당자를 죽이는 데에만 그칠 수 없으니, 임금을 범하여 대역부도한 죄인 김응룡, 오윤근에게 모두 이괄, 심상운의 전례

2 『승정원일기』 고종 9년(1872) 4월 24일(정축).

를 시행하소서. 고금도에 사형을 감면하여 정배한 죄인 김응봉(金應鳳)과 김제군(金堤郡)에 정배한 죄인 김준문(金俊文)도 흉악한 무리와 악행을 같이하여 서로 도운 자입니다. 왕법으로 헤아리면 도배(島配)에 그칠 수 없으니, 모두 국법을 시행하여 옥사의 체례를 중히 하소서.[3]

노륙(孥戮)은 죄인의 처자식까지 죽이는 형벌이고, 노적(孥籍)은 죄인의 처자까지 노비로 삼는 법이다. 이들은 구혹조진(口或祚盡)이라는 참어를 퍼뜨린 죄로 처벌받았다. 구혹조진은 국가의 운수가 다한다는 뜻의 파자이다.

김응룡이 태평시(太平詩) 1수(首)를 지어 오윤근에게 보이자 오윤근이 "자네의 시는 세상에 빠짐이 어찌 그리 심한가? 지금 세상이 시끄러워 백성들이 살아가기도 힘이 들어 진(秦)나라의 학정(虐政)이 이보다 심하지 않을 것인데 태평스럽다 함이 가당한가?"라 평했다.[4]

오윤근은 5-6차례나 원납전(願納錢)을 바쳐 만 냥에 가까운 가산을 탕진하여 정부에 대해 심한 불만을 가지고 있었다. 오윤근은 김응룡에게 은밀히 다른 사람의 수명을 재촉하여 죽게 만드는 술법이 있는지를 물었다.[5]

이에 김응룡은 궁핍한 생활을 펴기 위한 계책으로 그런 술법이 있고 삼인검(三寅劍)을 사용하면 가능하다고 대답했다. 이윽고 두 사람이 함께 백천강(白川)에 있는 강서사(江西寺)에 가서 임금과 대원군을 저주하는 의식을 치르기로 약속했다.[6]

이때 김응룡은 축문을 부르고 오윤근에게 쓰게 했는데, 김응룡은 자신의 동생인 김응봉과 이웃에 사는 김준문을 시켜 서울에서 온 포교(捕校)로 행세하고 제(祭)를 지낼 때 강서사에 돌입하여 체포하겠다고 위협하여 2만 냥짜리 수

---

3 『승정원일기』 고종 11년(1874) 12월 4일(계유).

4 八路啾啾, 民不聊生, 秦之苛政, 無踰於此, 而謂之昇平可乎? 「우포도청등록」 제25책, 『포도청등록』(보경문화사, 1985), 765면.

5 或有促妖人壽之術云 「우포도청등록」 제25책, 『포도청등록』(보경문화사, 1985), 766면.

6 其所析禱文, 字無非語逼尊嚴, 且涉時諱, 不可泄人者也. 「우포도청등록」 제25책, 『포도청등록』(보경문화사, 1985), 766면.

284 조선의 예언사상 下

표를 받아냈다.

심문 기록에 제문(祭文)의 내용이 실려 있는데 다음과 같다.

維歲次 辛未九月戊子朔 初一日戊子
黃海道海州東部四里居, 己丑生幼學吳潤根, 敢昭告于, 三神天尊之下, 伏以天之
靈, 地之靈, 山岳江海間 於天地, 惟人是靈 今此口或祿盡時, 出＊＊, 爲秦苛法, 時
事可知. 生本昧道, 敢生修鍊之心, 伏惟, 神其命敎用伸. 虔告, 虔告.[7]

고종 9년(1872)에는 수차례의 원납전(願納錢)으로 가산을 탕진한 오윤근(吳潤
根)이 김응룡(金應龍)의 감여지술(堪輿之術)을 빌려 지존(至尊)을 음해하려던 사건
이 발각되기도 했다.[8]

김응룡(金應龍)과 오윤근(吳潤根)은 모두 이나 서캐 같은 미천한 부류로 평소 효경
같은 배은망덕한 마음을 길러 왔습니다. 사람을 속여 재물을 빼앗으려 하였으니
평생의 업으로 삼은 일이 무엇이겠습니까. 이익을 탐하고 의리를 망각하여 만 번
죽는다 해도 그 몸을 돌아보지 않았습니다. 김응룡은 관등시(觀燈詩)를 외워 전하여
오윤근의 원망하는 마음을 격발시켜 이루었고, 제산문(祭山文)을 대신 지어 주어 흉
악한 자들의 소굴을 굳게 결성하였습니다. 네 글자의 은어(隱語)는 죄가 종묘사직에
관계되고, 한 구절의 패역스러운 말은 그 자취가 천지 사이에 용납되기 어렵습니
다. 제산문을 지은 자는 김응룡이나 오윤근의 지시를 받았고, 베껴 쓴 자는 오윤근
이나 김응룡에게서 수법을 얻었습니다. 두 명의 흉악한 종자가 마음을 맞추어 한
덩어리가 되어서는 앞에서 부르고 뒤에서 답하여 일을 도모하고 꾸몄으니, 실상은
하나이면서 둘이고 둘이면서 하나입니다. 다행히 하늘의 도가 매우 밝아 성상께서
분명하게 단안을 내리셨으니, 장전(帳殿)에서 친히 국문하신 결과 간악한 정상을 숨
길 수 없게 되었고 죄의 단서가 모두 드러났습니다. 이에 시원스레 국법을 시행하
여 모두 저자에서 처형하였으니, 귀신과 사람의 울분이 조금은 풀어졌습니다. 그

7 「우포도청등록」 제25책, 『포도청등록』(보경문화사, 1985), 767면. 「우포도청등록」에는 행복 또는
녹봉을 뜻하는 록(祿)으로 적혀 있는데, 전체적 맥락은 조(祚)와 비슷하다.

8 「역적응룡윤근등국안(逆賊應龍潤根等鞫案), 『추안급국안』 임신. 「해주저주급모역사(海州咀呪及謀逆
事)」, 「포도청등록」 중, 임신 4월.

러나 이와 같은 임금의 원수와 나라의 역적은 결단코 당사자만 죽이고 말아서는 안 됩니다. 대역범상부도죄인(大逆犯上不道罪人) 김응룡과 오윤근에게 모두 이괄과 신치운을 처벌했던 전례를 시행하소서.

사형을 감하여 고금도에 도배(島配)한 죄인 김응봉(金應鳳)에 이르러서는, 이 역시 흉도들과 똑같이 악을 저지른 자이니, 국법으로 헤아려 보건대 도배만 하고 말아서는 안 됩니다. 속히 국법을 시행하여 옥사의 체모를 중하게 하소서.[9]

이들이 산사에서 제(祭)를 지내면서 그 축사(祝辭) 내용에 "구혹조진(口或胙盡)"이라는 흉언이 들어 있었다. 여기서 구혹(口或)은 '나라 국(國)'의 파자로 구혹조진의 뜻은 나라가 망한다는 의미이다.

변란의 주도층은 『정감록』류의 비기와 참언을 이념적 무기로 이용하였다. 이들 비결서는 왕조의 멸망을 예언하는 참위서이며 주로 난세관과 말세사상이 결부되어 전란에 대한 극도의 공포감을 반영하며, 그러한 공포로부터의 도피 방법을 나름대로 제시하고 있다.

이러한 현실도피적인 사상에는 조선사회의 모순에 대한 비판의식이 일정하게 반영되어 있다. 현전하는 『정감록』의 「감결」의 "부자는 돈이 많으니 섶을 지고 불에 들어감과 같고, 가난한 자는 재산이 없으니 어디든지 가나니 조금이라도 지각이 있는 자라야 시국을 보아 행하리라."는 내용과 「정북창비결(鄭北窓秘訣)」의 "재물에 인색한 사람은 먼저 집에서 죽고, 아무 재주도 없는 선비는 저절로 길에서 죽는다." 등은 양반과 지주에 대한 반감이 표현되어 있다.

또 "말세가 오면 아전이 태수를 죽이되 조금도 거리낌이 없고, 상하의 분별은 없어지고 변은 잇따라 일어나고, 마침내 임금은 어리고 나라가 위태로워 외롭게 될 때에는 대대로 국록(國祿)을 먹은 신하는 죽음을 당할 것이다."는 내용도 신분제에 대한 비판과 조선사회의 지배체제에 대한 비판 정신을 엿볼 수 있다.

나아가 "사대부는 이익을 탐하고 팔도의 방백과 수령들은 다만 재물이 있

---

9 『고종실록(高宗實錄)』 9년 4월 24일, 『추안급국안(推案及鞫案)』 308책.

음만 알고 백성이 있음은 알지 못한다."와 "사대부의 집은 인삼(人蔘)으로 망하고, 벼슬아치의 집은 이익을 탐내다가 망한다."와 「유산결(遊山訣)」의 "사람들의 마음이 오로지 재물에 있어서 매문매리(賣文賣利)함에 꺼리는 바가 없고 매관매작(賣官賣爵)함이 마치 시장과 같으니, 천도(天道)가 어찌 부흥할 리 있겠는가?"라는 내용은 집권 세력에 대한 비판을 시도한다.

그러나 『정감록』에 나타나는 조선왕조의 현실적 모순에 대한 파악은 농민들을 변란의 세계로 끌어들이거나 새로운 사회를 주체적으로 열어가는 변혁의 무기가 되기에는 중대한 한계를 안고 있었다. 어떤 사상이나 이념이 변혁을 위한 실천적 무기가 되기 위해서는 고통에 찬 현실로부터의 도피나 새로운 세상의 숙명적인 도래를 예언하는 데 그쳐서는 안 된다. 거기에는 변혁운동의 동력이 되는 농민들 스스로가 당면하고 있던 현실 사회의 모순과 억압으로부터 해방되려는 의지를 가지게 하고, 또 농민들을 이끌어낼 필요가 있기 때문이다. 그러나 『정감록』에는 그러한 요소가 없었다. 그것은 무엇보다 『정감록』에 내재한 사상적 기조인 숙명론과 현실도피사상 때문이었다.[10]

「남사고비결(南師古秘訣)」의 "병신(丙申), 정유(丁酉)에 흉년이 목숨을 앗아 가고 병란이 쉴 새 없으니, 백성들 가운데 반은 살고 반은 죽을 것이다."와 「서계이선생가장비결(西溪李先生家藏秘訣)」의 "9년간의 홍수와 7년간의 수재와 3년간의 역질로 열 집 가운데 한 집만이 살아남을 것이다."라는 내용은 병란, 흉년, 역병 등에 대한 예언과 참상이 구체적으로 묘사되어 있다. 즉 이는 조선왕조 멸망의 필연성을 강조하는 것으로, 새로운 세상의 숙명적인 도래를 예언하는 서사적 장치이기도 하다.

그런데 이러한 참상을 도피하는 방법이 상당히 소극적이다. 「감결(鑑訣)」의 "아홉 해 수재와 열두 해 병란이 있을 것이니 어떤 사람이 피하겠는가? 십승지(十勝地)에 들어가는 사람은 그때를 보아 살 것이다."와 "후세에 만약 지각

---

10 배항섭, 앞의 글, 92쪽.

있는 자가 십승지에 먼저 들어가면 가난한 사람은 살고 부자는 죽으리라."라 했다. 엄청난 과도기를 예언해 놓고 참화로부터 살아남아 새 세상을 맞이하기 위해서는 십승지로 도피하기만 하면 된다고 주장한다.

모순에 찬 현실에 대한 적극적인 대처 방법을 제시하기보다는 그로부터 단순히 도피할 것을 강조하여, 새 세상의 도래를 숙명적으로 기다리라고 할 뿐이다. 따라서 거기에는 사회적 모순을 해결하고, 그것을 위해 민인들을 끌어들이려는 노력이 개입될 여지가 없었다. 오히려 사회적 모순이나 전란, 역질, 자연재해 등은 조선왕조가 끝나고 새로운 왕조가 도래하기 위해서 거쳐야 할 전조(前兆)로만 파악되었다.[11]

진인출현설과 비결신앙에 대한 믿음은 조선왕조를 전면적으로 부정한다는 점에서는 혁명적이라 할 만하지만, 새로운 세상이나 사회가 외적인 계기에 의해 숙명적으로 주어질 뿐 거기에는 어떠한 실천적 의지나 행위도 배제되어 있었다는 점에서 전근대적인 믿음이었다. 그리고 그 믿음도 굳건하고 조직적인 형태나 체계적인 교리로 제시되지도 않았다는 한계를 내포한다. 따라서 단순한 설이나 조박한 믿음으로 제시된 새 세상은 언제쯤 이루어질는지도 모르는 막연한 기다림 속에서 숙명적으로 도래되는 관념적이고 환상적인 세계일 따름이었다. 현실적이고 구체적인 노력과 의지와는 상관없는 이상사회에 대한 동경이었다. 그러나 그만큼 강렬할 수밖에 없었고 절박했기에 널리 확산될 수 있었다.

그들은 사회적 모순을 말세관에 입각하여 왕조의 말기에 나타나는 필연적인 현상으로만 이해했고, 그러한 모순은 조선왕조가 멸망한 후 새로운 왕조가 세워져야 비로소 사라질 수 있다고 믿었다. 따라서 사회적 모순과 민중들이 겪는 억압과 고통을 치유하기 위한 현실 개혁 방안을 제시하는 적극적인 방안을 모색하기보다는 새 왕조 건설이라는 이상향에 대한 꿈을 꾸었을 뿐이다.

외세의 침략이라는 민족 존립의 위기 상황을 장차 난리가 날 것이라는 불

---

11 배항섭, 앞의 글, 93쪽.

안감으로 극도화시켰고, 이를 일시에 해결해 줄 이인이나 진인이 곧 나타날 것이라는 기대감으로 극복하고자 했을 따름이다.

이 병 연
사   건

83

　고종 14년(1877) 6월 9일에 문경에 사는 이병연(李秉淵)이 진주의 요승(妖僧) 이도현(李導賢) 등과 함께 문경과 대관령 등지로 옮겨 다니며 변란을 모의하다 가 체포되었다. 이들은 고종 2년(1865) 무렵부터 대관령에 근거지를 마련하고 다수의 의복, 창검 등을 갖추고 있었다.

　병인양요가 일어난 후에는 원주와 횡성 일대에서 20여 호가 난리를 피해 이들의 근거지로 몰려와 살았다고 한다. 이병연은 매육무법(埋六戊法)이라는 술 수에 정통하고 있었고, "만약 양이(洋夷)와 왜(倭)가 쳐들어온다면 마땅히 나라를 위해 의병을 일으켜야 할 것이다."라는 명분으로 동지를 포섭하였다. 이병연은 1876년 강화도조약 때 일본을 공격하기 위해 자칭 충의장(忠義將)이라 했다.

　이병연은 이계풍에게는 호조판서에 해당하는 장고관(掌庫官), 그의 아들 이 영준에게는 중군감(中軍監)이라는 직책을 미리 주고 거사에 끌어들였다.

　이 사건에 대한 조정의 판단은 다음과 같다.

이병연(李秉淵)은 귀신과 물여우 같은 성품에 효경 같은 배은망덕한 심보를 가진 자로 이도현(李導賢)과 결탁하여 깊이 사귄 것은 꾸미는 일이 있어서였고, 춘만(春晚)(이도현의 제자로 중이었다가 환속한 자임)을 데려다가 수양아들로 삼은 것은 그가 걸음이 빨라 심부름을 시키기 위해서였습니다. 풍수가 뛰어난 곳을 선점(先占)했다 하여 감히 스스로 자랑하였고, 성음(聲音)을 알고 관상을 아는 것을 자부하여 몰래 반역을 도모하였으며, 관패(官牌)를 위조하여 창고를 맡긴 것은 마음먹은 것이 이미 극도로 교묘하고, 무기를 마련하여 사사로이 비축한 것은 때를 기다려서 거사하려고 했던 것이거니와 신주(神主)를 구하고 육무(六戊)를 묻는 등 요사하고 간특함에서 나오지 않은 것이 없으니, 계책이 지극히 참혹합니다. 흉악한 의도를 감출 수 없어 반역의 실상이 다 드러났으니, 이는 천지 만고를 통틀어도 존재하지 않는 극악무도한 역적입니다. 매우 다행스럽게도 하늘의 도가 매우 밝아 죄인이 바로 잡혔지만, 이처럼 흉악한 역적은 노륙만 시행하고 말아서는 안 됩니다. 실로 이보다 더한 형률이 있다면 어찌 이 역적에게 시행하지 않겠습니까.

이계풍(李啓豐)은 타고난 성품이 흉악하고 패역스러우며 행실이 이미 참혹하고 간특하였습니다. 이병연처럼 완악한 자와 심복의 교분을 맺고, 이도현처럼 흉악한 자와 또다시 한통속이 되어 은밀하고 궁벽한 곳으로 거처를 옮기고는 그림자처럼 따랐습니다. 무기와 군복을 만들어 갖춤에 있어서 일을 꾸미고 화응하였으며, 장고관(掌庫官)의 관패를 받기에 이르러서는 기꺼이 흉도들의 와굴이 되었습니다. 천금을 아끼지 않은 것에서 불측한 마음을 볼 수 있으니, 한 꿰미에 꿴 듯 마음속에 감추어 둔 흉악함은 동일하여 이병연과 하나이면서 둘이고 둘이면서 하나입니다. 어찌 그 당사자만 처벌하고 말 수 있겠습니까.

이영준(李英俊)은, 그의 성명이 적도들의 공초에서 나왔는데, 장티푸스에 걸려 비록 형신할 수는 없었으나 한 번 철저한 조사를 하지 않은 채 도배(島配)를 시행한 것은 국옥의 사체에 어그러지는 점이 있습니다. 모반대역부도죄인 이병연에게 속히 이괄과 심상운에게 시행했던 형률을 시행하고, 지정불고죄인 이계풍에게 노륙의 형전을 시행하고, 신지도(薪智島)에 정배한 죄인 이영준은, 다시 의금부로 하여금 국청을 열어 실정을 알아내게 해서 국법을 시원스레 바로잡으소서.[1]

이병연(李秉淵)은 음흉한 성품과 배은망덕한 심보로 이도현(李導賢)과 관계를 맺어 정신적인 친구가 된 것은 평소부터 계획해 온 바가 있어서였고, 춘만(春晚), (이도현의 제자로 중이었다가 환속한 자임)을 데려다가 수양아들로 삼은 것은 그가 걸

1 『승정원일기』 고종 23년(1886) 5월 10일(임인).

음이 빨라 심부름을 시키기 위해서였습니다. 풍수상 기맥(氣脈)이 뛰어난 곳을 선점(先占)했다 하여 감히 스스로 자랑하였고, 성음(聲音)을 알고 관상을 아는 것을 자부(自負)하여 몰래 반역할 마음을 품었습니다. 관패(官牌)를 위조하여 창고를 맡긴 것은 이미 그 마음먹은 것이 너무도 교활하였고, 무기를 비축하여 사사로이 쌓아둔 것은 장차 때를 기다려 거사하려는 것이었거니와 신주(神主)를 구하고 육무(六戊)를 파묻는 등 요사하고 간특함에서 나오지 않은 것이 없으니 계획한 것이 지극히 간특합니다. 흉악한 음모를 감출 수 없어 역모의 정상이 모두 드러났으니 이는 천지 만고에 다시 없을 극악무도한 역적입니다. 다행스럽게도 하늘의 도가 매우 밝아 죄인을 잡아들였으나 이와 같은 흉악한 역적은 노륙만 하고 말아서는 안 되니, 진실로 이보다 더한 극한 형률이 있다면 어찌 이 역적에게 시행하지 않을 수 있겠습니까.

이계풍(李啓豊)은 천성이 흉악하고 패악하며 행실이 참람하고 간특하였습니다. 이병연처럼 교활한 자와 심복(心腹)의 교분을 맺고 이도현처럼 흉악한 자와 또다시 한통속이 되어 으슥하고 궁벽한 곳으로 거처를 옮기고는 그림자처럼 따랐습니다. 무기와 의복을 비축함에 있어서는 미리 준비를 하여 화응하였고, 장고관(掌庫官)의 관패를 받기에 이르러서는 기꺼이 흉도들의 와굴이 되었습니다. 천금(千金)을 아끼지 않은 것에서 불측한 정상을 볼 수 있으니, 한 꿰미에 꿴 듯 마음속에 감추어둔 흉악함은 동일하여 이병연과 하나이면서 둘이고 둘이면서 하나입니다. 어찌 당사자만 주벌하고 말 수 있겠습니까.

이영준(李英俊)은 그의 성명이 이미 역적의 공초(供招)에서 나왔는데, 염병(染病)에 걸려 비록 형신(刑訊)할 수는 없었으나 한 번 자세히 조사하지도 않고 도배(島配)의 벌을 시행한 것은 또한 국옥의 체모에 어긋납니다. 모반대역부도죄인 이병연에게 속히 이괄과 심상운을 처벌했던 형률을 시행하고, 지정불고죄인 이계풍에게 노륙의 형전을 더 시행하며, 신지도(薪智島)에 정배한 죄인 이영준은, 다시 의금부로 하여금 국청을 설치하여 실정을 알아내게 해서 시원스럽게 국법을 바로잡으소서.

이병연(李秉淵)은 귀신이나 물여우 같은 음흉한 성품에 효경 같은 배은망덕한 심보를 가진 자로 중 도현[導賢, 속성은 이(李)로 진주(晉州)에 거주]과 결탁하여 신교(神交)를 맺었으니, 이는 본래부터 도모하는 일이 있어서였고, 춘만(春晚)을 데려다가 수양 아들로 삼은 것은 그의 빠른 걸음을 이용하여 심부름을 시키기 위해서였습니다. 풍수상 기맥이 뛰어난 곳을 선점하였다고 하면서 감히 스스로 과시하였고, 관상술을 듣고 자부하면서 몰래 반역의 마음을 길렀습니다. 관패(官牌)를 위조하여 장고관(掌庫官)의 임무를 맡긴 것은 마음먹은 것이 이미 극도로 교활하였고, 무기를 마련하여 사사로이 비축해 둔 것은 때를 기다려서 거사하려고 했던 것입니다. 신주(神主)를 구하고 육무(六戊)를 묻는 등 요사하고 간특함에서 나오지 않은 것이 없으며, 거처를 옮기고 장정을 집결시키는 등 오래전부터 일을 꾸미고 준비하였습니다. 심지어 도현의 편지에 '위수남양(渭水南陽)'이라고 한 것을 입에 담은 것에서 마음가짐이 이미 드러났고, '천부오창(天府敖倉)'이라고 한 것에 대해 형지를 점거한 것으로 여긴 것에서 계책을 세운 것이 지극히 참혹하였습니다. 흉악한 도모는 감출 수 없고 반역의 행위는 다 드러났으니, 이는 진실로 천지 만고를 통틀어 존재하지 않는 극악무도한 대악인입니다. 참으로 다행스럽게도 하늘의 도가 매우 밝아 죄인을 잡았고, 시원스레 국법을 시행하여 곧바로 저자에서 처형하는 형전을 시행하였습니다. 다만, 이처럼 흉악한 역적은 결코 노륙만 하고 말아서는 안 됩니다. 참으로 이보다 더한 극률이 있다면 어찌 이 역적에게 시행하지 않을 수 있겠습니까. 이계풍(李啓豐)은 타고난 성품이 흉패하고 행실이 간특하니, 이병연 같은 역적과 결탁하여 심복의 교분을 맺었고, 도현 같은 흉악한 자와 또다시 한통속이 되어 은밀하고 궁벽한 곳으로 거처를 옮기고 그림자처럼 따랐습니다. 무기와 군복을 만들어 갖추는 일에 있어서는 결탁하여 화응하였고, 장고관(掌庫官)의 관패를 받기에 이르러서는 기꺼이 흉도들의 와굴이 되었습니다. 천금을 아끼지 않은 것에서 헤아리기 어려운 마음을 볼 수 있으니, 한 꿰미에 꿴 듯 마음속에 감추어 둔 흉악함은 동일하였습니다. 음흉한 모의와 비밀스런 계책을 대부분 참여하여 들은 것에서 패악한 역절의 마음은 분명하여 가릴 수 없으니, 이병연과 하나이면서 둘이고 둘이면서 하나입니다. 어찌 당사자만 처벌하고 말 수 있겠습니까.

이영준(李英俊)은, 그의 성명이 이미 적도들의 공초에서 나왔는데, 병에 걸렸기 때문에 비록 형신할 수는 없었으나 한 번 철저한 조사를 행하지 않은 채 도배를 시행한 것은 국옥의 체모에 어긋나는 점이 있습니다. 모반대역부도죄인 이병연에게 속히 이괄과 신치운에게 시행했던 형률을 시행하고, 지정불고죄인 이계풍에게 노륙의 형전을 더 시행하고, 신지도에 정배한 죄인 이영준은, 다시 의금부로 하여금 국청을 열어 실정을 알아내게 해서 시원스레 국법을 바로잡으소서.[2]

위수남양(渭水南陽)이라는 구절은 『이십오사대사전(二十五史大辭典)』에 "제갈량위수둔전(諸葛亮渭水屯田)"이라고 하였고, 『삼국지(三國志)』 촉지(蜀志) 제갈량전

---

2   『승정원일기』 고종 23년(1886) 6월 28일(기축).

(諸葛亮傳)에 "신본포의궁경어남양(臣本布衣躬耕於南陽)"이라고 하였는데, 이로 볼 때 위수남양은 제갈량(諸葛亮)을 뜻하는 듯하다. 도현이 이병연을 위수남양에 비유하였는데, 이병연이 "감히 감당할 수 없다."고 답하였다 한다.[3]

그리고 천부오창(天府敖倉)에서 천부는 토지가 비옥하고 물산이 풍부한 지역을 말하고, 오창은 진(秦)나라 때 생긴 고을 이름으로 '오창의 곡식'이라는 말이 있다. 편지에서 이도현은 문경의 중고산(中古山)을 천부오창이라고 하였는데, 문경은 이병연이 태어난 곳으로 진작부터 이곳에 근거지를 마련하고 있었다. 즉 이들은 문경 지역을 중심으로 역모를 도모했다는 혐의를 받았던 것이다.

한편 이규경의 『오주연문장전산고』 천지편(天地篇) 지리류(地理類)의 「충주형승변증설(忠州形勝辨證說)」에 진인이 장미산에 있는 고성에 육무(六戊)를 묻어 놓았다는 내용이 전한다.[4]

『오주연문장전산고』 인사편(人事篇) 기예류(技藝類) 음양(陰陽)조의 「납갑변증설(納甲辨證說)」에는 육무가 감괘(坎卦)를 뜻한다고 한다.[5]

인사편(人事篇) 기예류(技藝類) 복서(卜筮)조 「필점변증설(筆占辨證說)」에도 육무 등의 효사를 이용하여 귀신을 부리는 술법이 전한다고 기록되어 있다.[6]

그리고 동학농민혁명기의 기록인 필자 미상의 『피난록(避亂錄)』은 1894년 7월부터 1895년 3월까지 9개월간이며, 내용은 피난 생활 중 동학농민군의 활동 상황과 향촌 사회의 동태를 다양하게 기록했는데 충청 서부 지역 동학 활

3　『추안급국안(推案及鞫案)』 315책.

4　薔薇山上有古城, 而術士言古人築城, 以眞人閉六戊法, 至今有神氣若魚腹浦八陣然. 有數處頹缺, 術士之行法者, 更爲修補, 則於國於家, 可作保障陰雨之備, 而人無知者, 圯城中有人入葬, 五世螟孫, 蓋壓於神崇而然云.

5　納甲則十干之始終也. 納音則十二支本末也. (⋯) 八卦納甲, 乾甲壬, 坎六戊, 艮六丙, 震六庚, 巽六辛, 離六己, 坤乙癸, 兌六丁.

6　伏羲, 大撓, 堯, 舜, 禹, 湯, 文, 武, 周公, 五大夫, 諸賢位及大聖至成, 九天玄女, 鬼谷, 孫臏, 王夫司, 嚴君平, 諸葛武侯, 郭璞, 李淳風, 袁天罡, 陳希夷, 程明道, 程伊川, 邵康節, 朱晦庵, 陸象山, 柳雲章, 麻衣道者, 先傳後敎, 千里眼順風耳. 演[易]以事, 問六甲, 六乙, 六丙, 六丁, 六戊, 六己, 六壬, 六癸, 諸大神將前, 勿祕昭示, 感應來臨. 元定八八六十四卦之中, 以一卦示之, 三百八十四爻之內, 以六爻示之, 凶請凶兆, 吉請吉兆, 莫循人情鬼意, 有理有神諸位神將, 勿祕昭示, 感應來臨造化, 請神助我通神, 勿祕造化, 諸神來助我通神, 此兩呪俱驗, 今兩存之.

동을 규명하는데 중요한 사료다.

이 『피난록』「금문소전(今聞所傳)」에도 여러 진법을 설명하는 가운데 신과 통할 수 있는 육무 등의 진법이 나열되어 있다.[7]

송근수(宋近洙, 1818-1903)의 저작으로 추정되는 『용호한록(龍湖閒錄)』권 2 제11책의 「부기문설(附奇門說)」에도 둔갑법을 설명하면서 육무 등에 대해 설명하고 있다.[8]

또 윤주찬(尹柱瓚)이 쓴 「제성개량(諸性改良)」(『호남학보』제3호, 1908년 8월)이라는 글에도 신기한 술법의 하나로 육무 등의 신을 부리는 방법이 열거되어 있다.[9]

따라서 김응룡사건에 등장하는 육무는 기이한 술법 내지 귀신을 부리는 술법으로 이해된다. 정확한 내용은 알 수 없지만 육무를 특정한 장소에 묻었다는 주장을 하면서 역모를 꾸민 정황이 드러났다.

이들은 "만약 양이(洋夷)와 왜(倭)가 쳐들어온다면 마땅히 나라를 위해 의병을 일으켜야 할 것이다."라는 명분을 내세워 동지들을 규합하였다. 고종 13년 (1876) 2월 일본은 군함 3척을 파견하여 부산항에서 함포사격을 하여 민심을 충동시키고, 운양호(雲揚號)를 강화도에 출동시켜 연안포대의 사격을 유발시켰다. 예정된 수순에 따라 운양호사건을 기회로 일본은 군사력을 동원하여 조선 정부와 교섭을 펼쳐 마침내 2월 27일 강화도 연무당(練武堂)에서 12개 조항의

---

7   大抵陣法, 何等祕密變幻, 而八門陣, 六花陣, 梅花陣, 長蛇陣, 六甲六丁六壬六戊, 魚離奇正之屬, 莫不通神然后行陣.

8   遁甲法, 地盤布法, 三重象三才, 上層象天列九星, 中層象人開八門, 下層象地定八卦, 九宮, 天蓬及休門, 與坎一宮相對, 三才定位也, 乙丙丁三奇也, 乙爲日奇, 丙爲月奇, 丁爲星奇, 戊己庚辛壬癸, 六儀也, 而甲子常同六戊, 甲戌常同六己, 甲申常同六庚, 甲午辛, 甲辰壬, 甲寅癸, 甲雖不用而六甲爲天之貴神, 常隱於六儀之下, 爲直符, 其發用, 實在此, 故謂之遁, 此大行虛一, 太元虛三之象也, 蓬壬衝輔英芮柱心禽, 九星也, 遞爲直符, 休生傷杜景死驚開, 八門也, 遞爲直使, 二十四氣, 直於八卦.

9   六曰 靈巧性이니 聰明之人이 性必靈巧ᄒ야 沈惑術數者ㅣ 十居七八이라. 談堪輿者는 熟讀靑烏之經ᄒ고 卜吉凶者는 深藏靈龜之訣ᄒ며 麻衣之相法과 子房之影數와 六丁六戊之神과 大石小石之陣과 黃石之素書과 鄭堪之預言으로 藉稱神出鬼沒之術ᄒ고 擧作惑世誣民之資ᄒ야 昔則以此而發身ᄒ고 以此而致富로 디 現今文化가 漸開에 學此者ㅣ 將安用之오. 使此聰俊子弟로 轉學於新學問ᄒ야 袪虛就實이면 必觀人一己百之效ᄒᆯ지니 靈均性을 不可不改良이오.

조일수호조규(朝日修好條規)를 체결하였다.

일본의 정치적, 군사적 침략 의도가 드러난 불평등조약인 이른바 '강화도조약'이 맺어지자, 이병연은 일본을 몰아내기 위해 충의장(忠義將)을 자처하고, 호조판서와 동일한 직위인 장고관(掌庫官)과 중군감(中軍監)이라는 직책을 주겠다는 말로 이계풍(李啓豊)과 이영준(李英俊) 등을 끌어들였다.

경상도 문경에 사는 모반대역죄인 이병연을 지체 없이 능지처사, 지정불고죄인 이계풍을 지체 없이 처참(處斬)하였고, 죄인 이영준(李英俊)을 전라도 강진현 신지도에 정배케 했다. 이병연은 잡술(雜術)에 능하다고 알려졌고 서양과 왜적의 내침(來侵)에 대비하여 의병을 모집, 이를 구축(驅逐)한다 하고 역모를 도모하였다고 한다.

조병천 사건

84

고종 19년(1882) 4월에 충주(忠州) 무기장(茂基場)에서 소금과 주점을 경영하는 전만근(田萬根, 당시 51세)이 고변했다. 훈학 등으로 10여 년 동안 떠돌이 생활을 하던 조병천(趙秉天, 당시 56세)이 정대진(丁大璡, 당시 60세), 박동진(朴東振, 당시 37세), 정대용(丁大用, 당시 38세) 등 완패(頑悖)한 무리 40-50명을 돈으로 모집하여, 4월 7일에 서울에 들어가 종로에서 "곧 명장(名將)이 들어올 것이다. 진주(眞主)가 여기에 있으니 함께 왜(倭)를 치자."고 크게 외치고 변란을 도모할 계획이라는 내용이었다. 조병천은 그렇게 되면 인심이 동할 것이고, 동대문 문루에 올라가 수문장을 칼로 쳐 장군의 위엄을 보이면 거사가 이루어질 것이라고 주장했다.[1]

조병천은 자기에게 호풍환우(呼風喚雨)하는 술법이 있으며, 영문을 지키는 군사가 내응할 것이라고 주장했고, 자기가 육군도독(陸軍都督)이 되어 장차 왜(倭)를 정벌하려 한다는 말로 동모자를 모았다.

---

1   鐘路上, 大呼以名將入來, 眞主在此, 同爲伐倭. 「좌포도청등록」 제18책, 『포도청등록』 하(보경문화사, 1985), 618-621면.

조병천은 이미 고종 9년(1872) 12월에도 자신이 살던 춘천(春川) 관아에 들어가 "이제 곧 (중국에 침입한) 영길리국(英吉利國) — 대영국(大英國) — 이 (우리나라도) 침범할 것인데, 관공(關公)께서 현성(顯聖)하셔서 토멸할 것이니 관청에서는 안마(鞍馬)를 빌려주소서."라고 외친 적이 있었는데, 미친 사람으로 취급받아 30대의 태형(笞刑)을 받은 적이 있었던 인물이다.

그는 속리산에 있는 화적(火賊)과도 연계하고자 했고 자칭 도독(都督)이며 이름은 벌왜주출진주(伐倭做出眞主)라고 주장했다. 거사 자금은 자신이 머무르며 훈장 노릇을 하고 있던 집 주인인 정대진으로부터 마련했다. 그는 거사에 성공하면 정대진 부자를 새 정부에 받아들이겠다는 말로 돈을 얻었다.

그러나 정대진이 마련해준 돈으로 모군한 사람 27명이 약속한 장소에 나타나지 않았고, 모군을 담당했던 전만근이 포도청에 고발하여 거사모의가 탄로났다.

모순에 찬 현실에 적극적으로 대처하기보다는 그로부터의 도피와 새 세상의 도래를 숙명적으로 기다리는 것뿐이다. 이러한 태도에 사회적 모순을 해결하고 그를 위해 민중을 끌어들이려는 노력이 개입될 여지가 없었다. 오히려 사회적 모순이나 전란, 자연재해, 전염병의 발생을 새로운 왕조가 도래할 징후로만 파악하고 마냥 기다릴 뿐이다.

이씨 왕조를 전면적으로 부정한다는 측면에서는 혁명적일지 모르지만, 새로운 사회가 외적인 계기에 의해 숙명적으로 주어질 뿐 거기에는 어떠한 실천적 의지나 행위도 배제되어 있었다. 따라서 정감록에서 주장하는 새로운 사회는 막연한 기다림 속에서 숙명적으로 도래되는 관념적이고 환상적인 세계일 뿐이었다. 그 세계는 현실적이고 구체적인 것으로부터 저만큼 멀리 떨어진 세계였다.

현실사회에 대한 불만이 강해질수록 이상사회에 대한 동경도 그만큼 강렬해졌고 그에 따라 정감록 등의 예언사상은 널리 확산될 수 있었다. 그러나 거기에는 다가올 새로운 사회에 대한 구체적인 전망이 개입될 여지가 없었다.

새로운 사회가 어떠한 지배체제를 가지고 있을지, 의식주 등 경제적 욕구는 어떻게 해결할 것인지, 사회계층 간의 갈등은 어떻게 풀어갈 것인지, 윤리 체계나 사상은 어떤 형태를 지닐지, 문화적 욕구는 어떻게 해소시킬 수 있을지 등등의 실제적이고 절실한 문제에 대해서는 입을 다물고 있을 따름이다.

특히 정감록은 새 왕조의 개창과 함께 새로운 성씨가 다음 세상을 지배할 것이라고 주장했다. 군주제가 이상적인 정치체제일 것이냐의 문제는 논외로 하더라도 군주제가 가진 계층의 구별은 어떻게 가능할 것이며 그 갈등을 어떤 형식으로 해소할 수 있을지에 대해서는 침묵하고 있다. 적어도 정감록은 왕조 사회를 지향하는 봉건시대의 산물이다. 근대 사회는 민중의 다양한 권리를 보장해주는 방향으로 전개되어 선거라는 선택권을 보장하여 이를 통해 권력을 형성한다.

변란 주모자들의 지나치게 강한 관직에의 욕망도 일반 민중들과 결합하지 못한 요인 가운데 하나였다. 이들은 어떤 경우에는 외세인 양이나 왜까지 변란에 끌어들이거나 군함이나 군대를 이끌고 쳐들어올 것이라는 풍문을 퍼뜨렸다. 우리나라 민중들이 당할 고통은 애써 외면하고 오로지 자신들의 관직 욕구만 충족시키려 했다. 변란이 일어나고 특히 외세가 침입하는 일조차 새 세상의 도래를 재촉하는 증거로 보았고, 이를 자신들의 엽관적(獵官的) 지향을 충족시켜줄 호기로만 이해했을 뿐이다.

그리고 변란 주도층이 민중과 괴리되는 또 하나의 중요한 요인은 그들이 설정한 거사 목표에 있었다. 변란 주도층의 목표는 '왕조 타도'라는 다소 추상적이고 공허한 것이었다. 민중들의 정서나 현실적인 요구 사항과는 거리가 멀었다. 민란의 경우 민중들은 지방 수령에 대해서도 함부로 때리지도 못했을 정도였다. 수령은 왕권을 대신하여 한 지역을 다스리는 우두머리이기에 그를 해치는 행위는 곧 왕권을 훼손하는 일로 인식했던 것이다. 따라서 일반 민중들에게 '왕조 타도'라는 거사 목표와 구호는 절실하게 받아들일 수도 없고 생각하기조차 황당하고 흉측하며 과격한 말이었다.

'왕조 타도'라는 거창한 구호로 민중들을 변란의 동력으로 끌어들이는 일은 애초에 거의 불가능한 일이었다. 거사 주모자들은 민중을 변란으로 끌어들이기 위해 본래의 목표를 숨기고 다른 명분을 내걸 수밖에 없었다. 고종 5년 (1868)의 민회행사건과 고종 9년(1872)의 장혁진사건에서 주모자들은 장례를 치른다는 명목으로 사람들을 동원했고, 이필제는 진주사건에서 후한 짐삯을 준다고 사람들을 모았다. 그러나 이런 방법은 한계가 있었고 거사가 실패하는 기본적 이유가 되었다. 변란 주도층과 민중들의 의식 세계의 차이가 거사의 성공 여부를 갈랐던 것이다.

위에서 언급한 이러한 요인들이 민중들의 정서와 현실적 요구조건을 수용하는 데 근본적인 제약 요인으로 작용했다. 민중의 의식 수준에 맞춘 단순 명쾌한 논리나 주장으로서 예언이 이용되기는 했지만 이를 지속 가능한 거사모의와 변란으로의 전개에는 일정한 한계가 분명히 있었다.

결국 고종 3년(1866) 일어난 병인양요와 고종 8년(1871)에 발생한 신미양요로 인해 이와 같은 우려는 구체적인 현실로 나타났다. 이처럼 서양 세력의 침공이라는 현실을 맞아 조선 정부와 인민은 모두 두려움에 떨 수밖에 없었다. 이때 서양 오랑캐의 침공이라는 대외적 위기의식은 그 절정에 달했으며, 이른바 이단사상 역시 최고의 전성기를 맞았다.

이러한 위기의식과 절박한 사정에 의해 정감록에 대한 믿음이 널리 퍼졌을 것으로 추정하는 다음과 같은 연구도 있다.

이전부터도 대표적인 민간신앙으로서 민중세계의 깊은 곳에 잠류하며 크고 작은 변란과 밀접한 관계를 가져온 정감록이 민간의 의식세계를 그 어느 때보다도 강력히 사로잡을 수 있었던 것은 바로 이러한 위기의식을 배경으로 하는 것이다. 정감록과 같은 이단사상은 정상적인 궤도를 벗어나 흔들리고 있는 시대나 동요하고 있는 시대의 징표로서 그러한 시대와 사회가 경험하는 불안과 공포를 온상으로 하기 때문이다.[2]

그러나 당시에 이미 현전하는 형태의『정감록』이 집대성되었을 가능성은 그리 높지 않다. 책자의 형태라기보다는 여전히 일부 단편적인 비결이나 이야기의 형태로 제기되었을 것이다. 비결은 변란의 이념적 사상적 무기로 활용되었다.

어쨌든 이 시기는 이른바 이단사상이 다양한 형태로 표출되었다. 우선 서학 또는 천주교는 특히 19세기에 들어서 점차 증가일로 있던 서양 세력의 침공 위협과 관련하여, 이단사설을 신봉하며 국가에 대한 변란을 일삼던 황건적이나 백련교도와 비견되어 철저하게 탄압받고 박해받았다.

2   배항섭, 「조선 후기의 한유(寒儒)·빈사층(貧士層)과 변란」, 『조선 후기 민중운동과 동학농민전쟁의 발발』(경인문화사, 2002), 56쪽.

임오군란과
비결신앙

85

고종 13년(1876) 일본과의 개항과 더불어 시작된 외부로부터의 충격은 조선사회 전반에 걸쳐 엄청난 변화를 초래하였다. 개항 이후의 이러한 변화는 민중운동에도 영향을 미쳤으며 이전 시기와는 차원을 전혀 달리하는 양상이 나타났고, 반외세라는 구호도 본격적으로 등장하기 시작했다. 일본의 영향을 받은 개화 정책에 대한 반대라는 성격을 지닌, 고종 19년(1882) 6월 9일에 발생한 임오군란(壬午軍亂)이 그 대표적 사례이다.

임오군란은 훈련도감군들의 군료(軍料) 분쟁에서 발단한 돌발 사건이다. 개화파와 수구파의 반목이 점차 심해지는 상황에서 제도 개혁을 내세운 개화파 관료들이 대거 등장하여, 군제 부문에서도 5영(營)을 폐지하고 무위(武衛)와 장어(壯禦)의 2영을 설치하고 별기군(別技軍)을 창설하는 군제 개혁이 단행되었다. 이에 따라 옛 5영에 소속되었던 군병들의 불만이 고조되었다. 당시는 개항 이후 일본의 독점적 경제 침략으로 조선의 경제 사정이 더욱 악화되자, 일본과 일본인에 대한 민중의 원성이 높아져만 가던 상황이었다.

2영에 소속된 군병들도 신설된 별기군의 후한 대우에 비교하여 앙심을 품고 있었는데, 특히 옛 5영 소속 군병들의 군료가 13개월이나 지급되지 않아 그들의 불만은 절정에 달하였다. 임오년 6월 초에 전라도의 조미(漕米)가 도착하자 6월 5일 도봉소에서는 우선 무위영 소속의 옛 훈련도감 군병들에게 한 달분의 군료를 지급했는데, 겨와 모래가 섞여있고 양도 절반에 못 미쳤다. 이때 포수(砲手) 김춘영(金春永), 유복만(柳卜萬) 등이 앞장서서 선혜청 고직(庫直)과 무위영 영관에게 항의하여 시비가 격렬해졌고 다른 군병들도 합세하여 도봉소가 순식간에 수라장이 되었다. 이에 선혜청당상 민겸호(閔謙鎬)는 이 소식을 듣자 주동자를 포도청에 감금시켜 혹독한 고문을 가하고 2명을 처형하도록 명했다.

이 소식을 전해 들은 군병들은 통문을 발송하여 군병들의 결집을 호소하였다. 마침내 6월 9일에 대규모의 폭동으로 전개되어, 군병과 이들을 따른 백성들이 동별영(東別營)과 경기감영의 무기고를 습격하고 포도청에 난입하여 갇혔던 동료들을 구출한 뒤 척신과 개화파 관료들의 집을 습격하였다. 그리고 이날 저녁에는 일본공사관을 포위하고 공격하니 일본공사는 인천으로 탈출하였다. 6월 10일에는 사태가 더욱 확대되어 영돈녕부사 이최응(李最應)이 살해되었고, 궐내로 난입한 군민들은 민겸호와 경기관찰사 김보현(金輔鉉)도 살해했고, 민씨 척족 세력의 우두머리인 명성황후(明成皇后)를 제거하려고 찾아다녔지만 명성황후는 여흥부대부인(驪興府大夫人) 민씨와 무예별감 홍재희(洪在羲)의 도움으로 궁궐을 탈출하여 화를 면하였다.

군민들이 궁궐에까지 침입하자 고종은 대원군에게 사태 수습을 맡겼고, 대원군은 이를 이용하여 재차 정권을 장악하게 되었다. 고종이 친정(親政)을 펼친 후 거세당한 흥선대원군이 이 사건을 이용하여 다시 집권함으로써 이후 정변(政變)으로 발전하였다.

비록 대원군이 배후에서 영향을 미쳤지만 대다수가 도시 하층민이기도 했던 하급 군병들이 대궐을 침범하여 집권 관료들을 죽였으며 심지어 명성황후까지 죽이려 했다. 이는 악덕한 수령일지라도 함부로 구타할 생각조차 하지 못했던 민란 주도층의 의식 수준에서는 감히 상상조차 할 수 없는 행위였다. 임오군란의 주체인 하급 군병들은 주로 도시의 하층민들로 구성되어 있었으며, 이들은 사실상 농촌에서 유리된 빈농 가운데 일부였다.[1]

군란이 진압된 후 하급 군병들은 지방으로 숨어들어 화적 활동에 참가하거나[2] 일부는 훗날 동학농민전쟁에 참여하였다.[3] 임오군란은 절대적이고 신성한 성역으로 여겨졌던 궁궐에 대한 일반인의 침범이라는 점에서 민중들의 행동과 의식의 성장에도 일정한 영향을 미쳤을 것이다. 이 임오군란 때에도 정감록류의 비결신앙이 유포되었다는 기록이 있다.

> 소위 정감록(鄭堪錄)이라는 참서(讖書)가 민간에 돌아다니는 것이었다. 그 참서라는 것은 어느 때 어느 사람이 지어낸 것인지는 알 수 없는 것이나 그 글 속에는 이런 말이 있었다. 이조(李朝) 500년 후에는 공주(公州) 계룡산에 도읍이 된다 하였고, 진인(眞人)이 해도중(海島中)으로 나온다 하였고, 이조 말에는 인종(人種)이 없어져서 일남구녀(一男九女)가 된다고 하였고, 이재궁궁(利在弓弓)이라 하였고, 피란(避亂)은 십승지(十勝地)라고 하였었다. 이 참서가 유행되면서 위구(危懼)한 인정(人情)은 더 한층 심하였다. 궁궁(弓弓)은 무엇이며, 십승지(十勝地)는 어대인고, 매우 현란(眩亂)하였었다. 그러자 국가에서는 임오군란(壬午軍亂)이 일어나서 국권(國權)을 농락하고, 국재(國財)를 횡취(橫取)하던 대관(大官) 등을 죽이고, 왕실에 들어가서 어좌(御座)를 핍박하고, 국재(國財)를 낭비하던 불사(佛寺)를 공격하는 등 대변란(大變亂)이 일어났었고, 또 갑신정변(甲申政變)이 생기여 중요한 대관(大官)들을 많이 죽였고, 왕가(王駕)는 폭탄 소리에 놀래어 파천(播遷)을 하였었다.[4]

위 인용문에는 정감록의 주요 내용이 거의 대부분 거론되고 있다. 이러한

---

1 조성윤, 「임오군란」, 『한국사』 12(한길사, 1994) 참조.
2 김양식, 「개항 이후 화적의 활동과 지향」, 『한국사연구』 84집(1994), 88쪽.
3 「순무선봉진등록(巡撫先鋒陣謄錄)」, 『동학난기록』(상)
4 오지영, 『동학사(東學史)』 간행본(1940), 101쪽.

예언사상이 성행하는 과정에서 임오군란과 갑신정변이 일어나 예언 실현의 급박성이 더욱 강조되었던 것이다.

변란 세력이 반외세라는 구호와 창의를 내세운 것은 대부분 거사의 명분으로 칭탁한 것이지만, 민란에서는 전혀 제기되지 않던 구호였다. 1862년 이후 꾸준히 전개되어온 민란이 1880년대 중반 이후부터는 가히 폭발적이라고 할 만큼 전국 각지에서 동시다발적으로 일어난다.[5] 그러나 민란에서는 반외세라는 구호가 거의 나타나지 않는 반면 척왜, 척양이라는 구호가 변란모의에서는 이미 1860년대부터 나타나기 시작했다.

이는 반봉건적인 구호에 그치고 고을 단위로 고립되어 있던 민란을 전국적 차원의 항쟁으로 끌어올릴 수 있는 중요한 이념으로서의 반외세적인 민족주의의 단초가 형성되는 과정으로 이해된다. 즉 서세동점의 시대를 맞은 변혁운동이 반봉건적인 측면과 함께 담아내야 할 반외세적인 논리를 획득해나가는 과정으로 볼 수 있다.

변란에서 제기되는 반외세의 구호는 일면으로 볼 때 당시 일종의 시대정신으로 되어 있던 척사파의 주장에 고무된 점도 있겠지만, 척사파의 반침략론과는 근본적으로 구별된다. 척사파의 반외세 주장은 조선왕조를 지키기 위한 노력에서 나온 것이지만, 변란의 주장은 조선왕조를 전복하기 위한 움직임 속에서 제기되었기 때문이다.[6]

19세기 후반에 발생한 변란에서 반외세적인 구호가 제기되었던 사실은 외세나 민족에 대한 인식은 매우 부족했던 정감록류의 비결신앙을 한 단계 발전시킨 측면이 있다. 정감록류에 매몰되어 있는 한 왕조의 전복이라는 목적을 위해서라면 외세마저도 불러들일 수 있다는 19세기 전반의 인식 수준에 머무를 수밖에 없기 때문이다.

---

5 김양식, 앞의 글, 참조.
6 배항섭, 「조선 후기 민중운동과 반란의 모색」, 『조선 후기 민중운동과 동학농민전쟁의 발발』(경인문화사, 2002), 118쪽.

그러나 변란에서 내건 반외세의 구호가 근대 민족주의로 연결되는 것은 곤란하다. '근대적'인 것이 되기 위해서는 우선 변란 이후의 세계에 대한 전망이 중세를 극복할 수 있는 발전적인 내용을 내포하는 것이어야 한다. 대외적인 세계관에서는 화이론적(華夷論的)인 명분론으로부터 벗어나야 할 것이며, 반외세 민족운동의 기본 동력이 될 농민들을 결집시켜낼 수 있는 논리를 가져야 한다.

그러나 이들은 반봉건, 반외세 양면에서 한계를 안고 있었다. 반외세라는 측면에서는 여전히 화이론적 세계관을 극복하지 못하였고, 반봉건의 측면에서도 조선왕조를 부정하기는 했지만 그 다음 사회에 대한 전망이 또 다른 왕조의 건설이라는 중세적 인식의 틀 속에 매몰되어 있었다.[7]

---

7 배항섭, 앞의 글, 119쪽.

대원군과 관련된 비결

86

임진왜란 때 불타버린 경복궁(景福宮)을 중건하고자 대원군은 가의(家醫) 김두하(金斗河)를 불러 기이한 계책을 마련하였다. 을축년(1865) 3월에 경복궁 앞 의정부를 수리할 때 옛 우물을 파다가 네모난 돌 한 덩어리를 발견했는데, 그 돌에 음각(陰刻)된 비결에 "계미(癸未)[1] 갑원(甲元)에 신왕(新王)이 등극하지만 국사(國嗣)가 또 끊어지리니 어찌 두렵지 않으랴! 경복궁전을 다시 세우면 성자신손(聖子神孫)이 계계승승(繼繼承承)하리라. 〔동방노인비결(東方老人秘訣)〕"라 하고,[2] 또 이르기를 "이를 보고도 고하지 않으면 동국(東國)의 역적이라. 을축년 3월 우물을

---

1 계미년은 1883년이다. 고종이 등극한 때는 계해년(1863)이고 이듬해가 갑자년이므로 이 비결이 맞다고 주장하려면 이어지는 갑원과 함께 계해년으로 기록되어야 할 것이다.

2 高宗 2年(1865) 4月 2日(丙寅) 大王大妃, 景福宮의 重建을 命하고, 翌 3日 時原任大臣을 熙政堂에 불러 重建大事를 大院君에 委任하며 每事를 반드시 講定하라고 하다. 이어서 營建都監을 設置하여 趙斗淳·金炳學을 都提調, 興寅君 最應·金炳冀·金炳國·李敦榮·朴珪壽·李載元·任泰瑛·李景夏·許棨·李顯稷·李周喆을 提調에 임명하다. 앞서 3月에 議政府修理時 글을 색인 돌이 하나 發見되었는데 「癸未甲元 新王雖登 國嗣又絶 可不懼哉 景福宮殿 更爲刱建 寶座移定 聖子神孫 繼繼承承 國祚更延 人民富盛」이라 했고, 돌 뒷面에는 「東方老人秘訣 看此不告 東國逆賊」이라 쓰여 있는데 世上에서는 이 글이 大院君의 秘計에서 나온 것이 아닌가 의심하다.

팔 때 이 돌이 드러나리라."라 했다고 전한다. 당시 사람들은 이 비결을 대원군이 김두하에게 전한 것으로 생각했다고 한다.[3]

이와 관련된 사건으로 경복궁 중건의 정당성을 강조하기 위해 "경복궁을 다시 지어 보좌를 그곳에 옮기면 성스러운 자손들이 이어져서, 나라의 위업이 다시 굳세어지고 백성들이 늘어나고 잘 살게 되리라. 景福宮殿更爲創建, 寶座移定, 聖子神孫, 繼繼承承, 國祚更遑, 人民富盛"라는 비기를 이용한 사건이 있었다.[4]

이 외에도 전주에 있는 조경묘(肇慶廟)를 다시 세울 때 이재곤(李載崑)이 책임을 맡았는데, 일꾼 이춘옥(李春玉)이 땅을 파다가 돌덩어리 한 개를 발견했는데 그 위에 고전(古篆)으로 적힌 비결이 있었다 한다. 전문은 해석이 불가능했고, 말미에 있던 "춘옥채(春玉採), 곤옥해(崑玉解)"라는 여섯 글자만 알 수 있었다. 이후 이재곤은 그 전문(篆文)을 상세히 풀이하여 임금에게 올려 신임을 얻어 십여 년 동안 벼슬자리에 있었다.[5]

한편 고종이 왕위에 오를 것을 예언한 정만인과 관련된 기록이 있다.[6]

산인(山人) 만인(萬印)이라는 자가 일찍이 지금 임금 – 고종(高宗) – 이 잠저(潛邸)에 계실 때 찾아뵙고 재배하고 경하하여 말하기를 "(이분은) 장차 보위에 오르실 군주이십니다."라 했다. 갑자년(1860) 초에 대원군이 화상(畵像)을 그려 그를 찾게 했는데 마침내 찾아내어 소원이 무엇이냐고 물었다. 만인이 답하기를 "산인이 어찌 바라는 바가 있겠습니까? 군이 한 가지 은혜를 베풀어주시어 해인사의 대장경 1천부를 내려주신다면 제 소원의 전부입니다."라 했다. 그래서 대장경을 간행하는 일을 크게 일으켰는데, 만인이 직접 가서 인출했다. 그 일을 마치자 (만인이) 바다로 떠나갔는데 아무도 그가 간 곳을 몰랐다. 해인사의 경판각(經板閣)은 예로부터 새들이 똥을 싸는 일도 없어 자못 신령함이 있었는데, 만인이 떠나간 후로는 그렇지 못했다.

---

3 윤효정(尹孝定), 『풍운한말비사(風雲韓末秘史)』(취산서림, 1946), 15쪽.
4 『포도청등록』중, 을축년(1865) 4월, 「景福宮重建事及秘訣」.
5 윤효정(尹孝定), 『풍운한말비사(風雲韓末秘史)』(취산서림, 1946), 20-21쪽.
6 황현(黃玹, 1855-1910)의 『매천야록(梅泉野錄)』 권 1, 상.

호사가들은 경판 가운데 신령한 부적 – 신부(神符) – 이 있었는데 만인이 훔쳐갔기 때문에 그렇게 된 것이라고 했다. 또 전하는 이야기에 "대원군이 어렸을 때 술사에게 어떻게 하면 앞날에 환난이 없게 될 것인가를 물었더니 '만인(萬人)을 죽여야 합니다.'라 했다. (대원군이) 권력을 얻게 되자 사람을 죽여 만 명을 채우려 했다. 그런데 만인(萬人)이 곧 만인(萬印)을 가리키는 줄 알지 못했다."라 했다. 그러나 대원군이 끝내 만인 때문에 화를 당한 일은 없었으니, 대개 항간에 퍼진 와전된 이야기일 것이다. 다만 그 당시에는 이 이야기가 떠들썩하게 전해졌다.[7]

또 대원군의 아버지인 남연군(南延君)의 장지(葬地)를 정해준 이름이 전하지 않는 지관(地官) 이야기도 『매천야록』에 따로 전한다.

홍선시대(興宣時代)에 교유하던 일산승(一山僧)이 있으니, 성명은 정만인(鄭萬人)이라. 미래의 길흉화복을 축년계월(逐年計月)하여 명료히 녹정(錄呈)하더니, 갑자(甲子) 이후에 이것을 증험한즉 제이자(第二子)가 계해(癸亥) 12월 13일에 국왕(國王)이 되신다는 말이 약합부절(若合符節)이라. (…) 정만인이 (…) 부귀는 산승에 부당한 것이오니 다만 협천 해인사(海印寺)에 있는 팔만대장경을 인쇄할 만한 권력을 차여(借與)하시면 족하오이다. 대원군은 즉시 종친부(宗親府) 관문(關文)을 해인사 주지에게 부치고 인쇄 감독은 정만인으로 하였다. (…) 대장경 기질(幾秩)을 인출하고 장경고(藏經庫)에 비장(秘藏)하였던 해인(海印)을 절취(竊取)하여 가지고 운학(雲鶴)의 종적이 답연(沓然)하였다. 속전(俗傳)하되 이 해인의 조화(造化)는 소위 불가사의라. 인영(印影)이 일조처(一照處)에는 산복해번(山覆海翻)과 풍운뇌정(風雲雷霆)이 유의시종(惟意是從)하야 후일에 대용처(大用處)가 유(有)하다는 허탄불경지설을 미신하는 자가 유(有)하다 운운하고, 대원군 갑자 이전에 당학술자(唐學術者)가 평왈(評曰) 살만인(殺萬人)이라야 부귀평생(富貴平生)이라 하였으나 만인(萬人)을 살(殺)할 기회가 없더니, 천주교도(天主敎徒)의 속속 출현하는 것으로 인하야 좌포장(左捕將) 이경하(李景夏)로 하여금 날마다

---

7   山人萬印者, 曾謁今上潛邸, 再拜賀曰, 他日中興之主也. 甲子初, 雲峴物色之, 始獲, 問所欲. 印曰, 山人安有所欲? 顧徵一惠, 得賜海印寺藏經千部, 則願畢矣. 逐大興刊役, 印自往印之. 役竣, 浮于海, 不知所往. 海印寺經板閣, 古來鳥雀不遺屎, 頗著靈異, 及印去後則否. 好事家以爲, 經板中有神符, 爲印偸去, 故致然也. 或傳雲峴少時, 問術士, 前頭何以無患難, 曰殺萬人. 及得志, 殺人期滿萬, 而不知萬人者萬印也. 然雲峴終無由印致禍之事, 盖亦閭巷騷訛也. 但其時此說喧傳. 국사편찬위원회, 『매천야록』(탐구당, 1971), 7-8면.

수백 명씩 교살하야 수구문(水口門) 성외(城外)에 버리니, 시체의 높이가 성의 키와 같아서 만인(萬人)의 수가 넘게 된 뒤에 생각하니 이것이 정만인(鄭萬人)을 죽이라는 것을 오해한 것이라 하고 국중(國中)에 대색(大索)하야 정만인을 잡으려하다가 구지부득(求之不得)하였다 한다.[8]

박제형(朴齊炯, ?-1884)의 『근세조선정감(近世朝鮮政鑑)』(1886)은 일본 동경의 중앙당(中央堂)에서 발간된 홍선대원군 집정 전후의 야사(野史)를 서술한 책이다. 박제형은 갑신정변에 김옥균과 함께 거사했다가 수표교에서 민중에게 피살된 개화파 인물이다. 이 책은 원래는 상. 하권으로 쓰였지만 하권은 출판되지 않았다. 이 책에는 우리나라 최초로 성서를 번역한 개신교의 선구자 이수정(李樹廷, 1842-1886)의 서문과 영남의 문인이었던 차산(此山) 배전(裵婰, 1845-?)이 각 주제의 말미에 추기한 평(評)이 추기되어 있다. 평문이 전체의 3분의 1에 해당되므로 사실상 이 책은 박제형과 배전의 공동 저술로 보는 것이 타당할 것이다. 여기에 대원군이 비결을 믿었다는 기록이 다음과 같이 전한다.

대원군이 음양풍수설을 믿어서 (…) 또 비기(秘記)에 정씨(鄭氏)가 이씨(李氏)를 대신한다는 것이 있고, 서로 전해 오기로는 공주(公州) 계룡산이 정씨의 도읍지가 된다고 하므로, 도읍을 옮겨서 승(勝)한 기운을 누르고자 하였다. 역부(役夫)를 동원하여 터를 닦으면서 땅을 파는데, 돌 주추가 매우 많이 발견되었다. 와전(訛傳)된 말로는 공중에서 "여기는 정씨의 천년 도읍터인데, 침범하는 자는 반드시 큰 화가 있다."는 사람의 말이 있었다고 한다. 대원군은 그 말이 요망한 것인 줄 알았으나, 재정(財政)이 모자라서 완성하기 어려움을 생각하고 드디어 중지하였다.[9]

이보다 앞서 석경루(石瓊樓) 옛터를 수리하여 대원군의 별장(別莊)으로 하면서, 호를 옥천(玉泉)이라고 하는 모(某) 판서(判書)에게 그 역사(役事)를 감독하도록 명했다.

---

8 윤효정(尹孝定), 『풍운한말비사(風雲韓末秘史)』(취산서림, 1946), 47-48쪽. 이 책은 1931년 봄에 『최근육십년유사편편(最近六十年遺史片片)』이라는 제목으로 동아일보에 연재하던 글을 모아서 간행한 것이다.

9 大院君, 信陰陽風水之說, 又以識書有鄭氏代李之兆, 相傳公州鷄龍山爲鄭氏之都, 欲移都以壓勝, 發役夫開基, 堀地得石礎甚多, 訛言空中有人言, 此鄭氏千年之宅, 犯者必大禍, 大院君知其爲妄, 以念財政匱乏, 難於告成, 遂止. 박제형 편저, 이익성 역, 『근세조선정감』상(탐구당, 1988), 94쪽.

공사를 개시하던 날, 땅속에서 그릇 하나를 주웠다. 구리로 만든 소라〔螺〕 형태의 푸른빛이 감도는 예스러움이 풍기는 술잔이었다. 안쪽에는 시 한 수가 새겨져 있었는데, "화산도사(華山道士)의 소매 속 보배로, 동방(東方) 국태공(國太公)에게 헌수(獻壽)하노라. 청우(靑牛)가 열 번 도는 백사(白蛇) 절후에, 봉토(封土)를 열어젖히는 사람은 옥천옹(玉泉翁)이리라."라 했다. 그 판서가 (술잔을) 조정에 올리므로 문신(文臣)을 시켜 해독하니 "청우는 을축년(乙丑年)인데 지금으로부터 지난 을축년까지가 꼭 10년이고, 백사는 신사(辛巳)이니 바로 8월이며,[10] 열어본 사람의 호가 옥천이니, 정확히 참어(讖語)와 일치합니다. 대원군께서는 태공(太公)과 같이 공훈과 덕이 우뚝하오니 임금께서는 도참(圖讖)에 응하여 마땅히 하례(賀禮)를 올려서 경사를 칭송함이 마땅합니다."라 하였다. 왕이 옳게 여겨서 잔치를 베풀고, 여러 신하를 거느리고 대원군에게 축하를 올렸다. 수진보작가(壽進寶酌歌)를 지어서 풍악을 올리고 잔을 권했다. 이날에 대원군을 높여서 대원위(大院位)라 하고, 그 후에 또 높여서 대로위(大老位)라 하니 (…)[11]

박제형은 이 사건을 고종 12년(1875)에 일어난 일로 적었다. 그러나 고종 2년(1865) 을축년에 일어난 일이다.

이 이야기는 정사인 『승정원일기』에도 다음과 같이 전한다.

상이 책을 덮었다. 이어 내시에게 명하여 뚜껑을 덮은 구리 그릇 하나를 꺼내와 보여 주도록 하고, 전교하기를, "이것은 석경루(石瓊樓) 아래에서 발굴해 낸 것인데 보기만 해도 기쁜 마음이 그지없다. 효성을 바쳐야 할 도리로 볼 때 이 기쁨을 기록하는 일을 그만둘 수 없으니, 내각제학과 오늘 입시한 강관, 옥당 이하의 관원들은 명(銘)을 지어 바치도록 하라." 하였다. 김태욱이 무릎 꿇고 그릇을 받은 다음 뚜껑을 열어 보니 그 속에 나작(螺酌) 하나가 들어 있었다. 그리고 뚜껑 속에 원 둘

---

10 그런데 우리나라에서는 인월(寅月)을 음력 정월로 삼기 때문에 사월(巳月)은 음력 4월이다.

11 先是, 修石瓊樓故址, 以爲大院君別墅, 命某判書號玉泉者, 董其役. 開工之日, 得一器於土中. 銅製螺形, 綠色古潤, 乃酒爵也. 內刻一詩云, 華山道士袖中寶, 獻壽東方國太公, 靑牛十廻白蛇節, 開封人是玉泉翁. 某判書上于朝, 令文臣解云, 靑牛, 乙丑也, 今距乙丑正十年, 白蛇辛巳也, 時正八月, 開封之人號玉泉, 正應讖語. 大院君, 以太公之位, 勳德巍巍, 上應圖讖, 宜獻賀稱慶. 王可之, 設宴率群臣, 獻賀於大院君, 製壽進寶酌歌, 被管絃, 以侑觴. 是日尊大院君爲大院位, 後又尊爲大老位, (…) 박제형 편저, 이익성 역, 『근세조선정감』 상(탐구당, 1988), 94-95쪽.

레로 시(詩)가 쓰여 있었는데, 그 내용은 "화산(華山) 도사(道士)가 소매 속에 간직한 보배를 동방의 국태공(國太公)에게 바치며 축수(祝壽)하노라. 푸른 소가 10번 돌아 백사절(白巳節) 맞음에 개봉(開封)하는 사람은 옥천옹(玉泉翁)이라."는 것이었으며, 또 중앙에 '수진보작(壽進寶酌)'이라는 네 글자가 기록되어 있었다.[12] 신하들이 차례로 그 그릇을 감상한 뒤에 박규수가 아뢰기를, "일이 우연치가 않으니, 삼가 물러가서 내각제학과 함께 명(銘)을 지어 바치겠습니다. 그런데 그 시의 뜻을 살펴보면, 대원군에게 바치며 축수하려고 태공(太公)에 비유한 듯한데, 대원군은 바로 전하의 사친(私親)이십니다. 또 당(唐)나라와 송(宋)나라 사람들의 말을 보더라도 국가의 존속(尊屬)을 국태(國太)라 하는데, 지금 이 시어(詩語)는 아마도 국태에게 바치며 축수한다는 의미인 것 같습니다." 하니, 상이 이르기를, "오늘 경연에서 나온 이야기들을 조지(朝紙)에 반포하는 것이 좋겠다." 하였다.[13]

사알을 통해 구전으로 하교하기를, "수진보작(壽進寶酌)을 찾아내 바친 사람에게 관심을 기울여 주는 일을 하지 않을 수 없으니, 해조(該曹)로 하여금 그의 이름을 물어본 뒤 오위장(五衛將)을 구전으로 가설하되 단부하여 들이도록 하라." 하였다.[14]

또 비기에 "만인(萬人)에게 실패한다."는 말이 있어, 대원군이 마음으로 걱정하여 은밀하게 주의하고 있었다. 합천 해인사에 이름이 만인(萬忍)이라는 중이 있었는데, 절에 보관한 대장경 전부를 수선코자 한다고 대원군에게 말했다. 대원군이 수만금을 주었더니, 만인이 움켜쥐고 도망쳐버리니, 사람들이 "기이하게 맞혔다."라 하였다.

어떤 사람이 말하기를 "비기에 '만인을 죽여야 이에 편할 것이다.'라는 말이 있었으므로 대원군이 그 말을 믿고 드디어 크게 살육하여 만이라는 숫자를 채웠다 한다."라 했다.

또 비기에 "5백 년 만에 혁명(革命)의 조짐이 있다."라 했으므로, 이에 국정(國政)을 일신(一新)하여 그 조짐에 대응하고자 하여 나라 안에 영을 내려서 무릇 헌장(憲章)과 복제(服制)를 모두 예전대로 회복시켰다. 다시 의정부(議政府)를 정돈하고 비변사(備邊司)는 폐지하며, 삼군부(三軍府)를 설치하여 (…)[15]

---

12 『용호한록』 3권 제16책 「수진보작도(壽進寶酌圖)」에는 掘地三尺餘, 不見生水, 磚石現出, 其下有一鍮鉢, 坼開之, 則有一物, 其形如螺如金如玉如眞珠之色, 光彩射人, 盖上綠葱之有墨書如右之書. 彰義門外石璽樓墻外掘泉之時得器本, 石與書本如此樣. 癸未甲元新王雖登, 國嗣又絶, 可不懼哉, 景福宮殿, 更爲刱建, 寶座歸定聖子神孫, 繼繼承承, 國祚更延, 人民富盛. 石後文, 東方老人秘訣, 看此不告, 東國逆賊. 이어지는 내용에 발견된 그릇과 글이 새겨진 그림이 있고 甲元으로 적혀 있다.

13 『승정원일기』 고종 2년(1865) 5월 4일(무술)

14 『승정원일기』 고종 2년(1865) 5월 4일(무술)

송근수(宋近洙, 1818-1903)의 편저로 추정되는 『용호한록(龍湖閒錄)』 권 3 제 16책에도 이와 비슷한 내용이 있다.[16]

한편 고종 18년(1881) 윤 7월에 배규용(裴奎鏞, 당시 20세), 김수철(金壽喆, 당시 54세), 정성보(鄭成甫, 당시 26세) 등이 모반을 도모하고 있다는 투서가 있어 포도청에 체포되었다. 투서에 "황주(黃州)에 사는 정씨(鄭氏)가 무리를 이끌고 지금 구월산에 있는데 왜인(倭人)들을 토멸(討滅)하고자 한다."라는 내용이 들어있었다. 정씨는 자기들의 이름을 숨기기 위한 것이고 무리를 모았다는 일도 허장성세한 것이라고 진술했다.[17]

---

15 又有識曰, 敗於萬人, 大院君, 心患之, 密注意焉. 陝川海印寺, 有僧名萬忍, 說大院君, 欲修繕寺中所藏大藏經全部. 大院君與數萬金, 萬忍攫之而逃, 人以爲奇應. 或有言者曰, 識言, 殺萬人乃安, 大院君信之, 遂大行殺戮, 以充萬數. 又識有五百年革命之兆, 乃欲一新國政, 以應其兆, 下令國中, 凡憲章服制, 盡復古例. 復修議政府, 廢備邊司, 設三軍府. (…) 박제형 편저, 이익성 역, 『근세조선정감』 상(탐구당, 1988), 95-96쪽.

16 계미년(1883) 東方老人祕訣. 癸未四元, 新王雖登, 國嗣又絕, 可不懼哉, 景福宮殿, 更爲刱建, 寶座移定, 聖子神孫, 繼繼承承, 國祚更延, 人民富盛, 看此不告, 東國逆賊, 乙丑三月初三日, 議政府修改時, 此石當露出矣.

17 「우포도청등록」 제30책, 『포도청등록』(보경문화사, 1985), 874면.

안 기 영
사 건

87

안기영사건에 대해서는 『고종실록』과 『승정원일기』에 기본 자료가 있고, 『포도청등록』과 [1] 『추안급국안』에 [2] 자세한 내용이 전한다.

① 안기영사건의 전개 과정과 결말

홍선대원군을 하야시키고 집권한 민씨 척족 정권은 개항을 서두르면서 일련의 개화 시책을 서둘렀다. 그러나 급격한 개화 시책과 빈번한 외국과의 교섭으로 인해 국고가 낭비되었고, 기강이 문란해졌으며, 급기야 대외 개방정책의 혼선을 야기하였다. 이러한 정책 추진에 맞서 유림 세력들은 반대와 비판의 목소리를 높여갔다.

일본에 주재하던 청나라 외교관 황준헌(黃遵憲)이 지은 『사의조선책략(私擬

---

1 「우포도청등록」 제30책, 『포도청등록』(보경문화사, 1985), 874-894면.
2 『추안급국안』 30권(아세아문화사, 1978) 318책, 「신사대역부도죄인기영등국안(辛巳大逆不道罪人 驥永等鞫案」 건(乾)과 『추안급국안』 30권 319책, 「신사대역부도죄인기영등국안」 곤(坤)이 있다.

朝鮮策略)』이[3] 국내에 반포된 일을 계기로 격렬한 위정척사파 이만손(李晩孫, 1811-1891), 강진규(姜晉奎), 이만유(李晩由) 등은 고종 18년(1881) 2월에 영남만인소(嶺南萬人疏)를 올려『조선책략』을 불태워버리고 민족자존을 지킬 것을 요청했다. 이후 전국적으로 유생들의 개화반대운동이 일어났다. 이러한 신사(辛巳, 1881)척사상소운동이 격화되어 민씨 정권이 곤경에 처한 상황에서 안기영사건이 일어났다.

고종 18년(1881) 8월에 광주산성(廣州山城)의 장교 이풍래(李豊來)가 안기영(安驥泳), 권정호(權鼎鎬), 채동술(蔡東述), 이철구(李哲九) 등이 고종(高宗)을 몰아내고 흥선대원군 이하응의 서장자(庶長子)인 이재선(李載先)을 '임금으로 추대하기 위한 역모〔反正之兇謀〕'를 꾀하고 있다고 고변하였다. 포도청에서는 고위직에 속하는 인물들이 모여 국왕 폐립을 도모하는 엄청난 음모를 꾸몄다는 혐의를 잡고 이 사건에 연루된 일당 30여 명을 급히 체포하였다.[4]

이들은 영남 유생들의 상소운동에 관계되었던 강달선(姜達善), 이두영(李斗榮), 이종학(李鍾學), 이철구 등을 앞세워 동지를 규합하고 필요한 자금을 조달하면서 토왜(討倭)를 명분으로 군정(軍丁)을 모집하였다.[5]

고종 18년(1881) 7월 보름에 안기영의 집에 권정호, 채동술, 이종해, 이철구 등이 모였다. 안기영(1819-1881)은 승지(承旨)였다.[6] 권정호도 승지였으며, 채제공(蔡濟恭)의 증손자인 채동술(1841-1881)도[7] 이조참의를 거쳐 당시 승지로 재직

---

3 황준헌은 북방 러시아의 남진에 대비하여 조선이 청과는 더욱 친교를 깊게 하고, 일본과는 동맹하고, 미국과 연결하여야 러시아의 위협에서 안전할 수 있다고 주장했다. 일본과 미국과의 통교를 위해서는 조선이 개항하여 그들과 연결하는 길을 열어야 한다는 것이다. 그러나 이는 조선을 위하는 방안이라기보다 자기 나라인 청을 압박하는 러시아의 위협을 조선을 이용하여 막아보겠다는 발상이었다.

4 안기영, 권정호, 채동술(蔡東述)은 의금부도사를 보내 형구(刑具)를 채워 잡아와 남간(南間)에 가두라고 명하였다. 『고종실록』 고종 18년(1881) 8월 29일(무자).

5 이들은 충청도와 경상도의 장사(壯士)들을 모군(募軍)했다는 혐의도 받았다. 『추안급국안』 30권(아세아문화사, 1978), 318책, 8면.

6 왕을 측근에서 모시며 왕명의 출납을 담당한 승정원(承政院)의 정3품 당상관이었다. 안기영은 대원군의 측근으로 알려졌던 인물이다. 그는 고종 10년(1873) 윤 6월 16일(임진)에 승지에 임명되었고, 그해 10월 6일(신사)에는 형조참의에 제수되었다.

7 채동술의 할아버지 채홍원(蔡弘遠, 1762-?)이 정조 때 영의정을 지낸 채제공(1720-1799)에게 입양

하고 있었다. 이때 안기영이 8백 냥, 채동술이 1천 냥, 권정호가 1백 냥을 내어 모군(募軍)하여 위정척사(衛正斥邪)하기 위해 '벌왜(伐倭)'를 명분으로 '범궐(犯闕)' 하기로 약속했다.[8] 원래는 안기영, 권정호, 채동술, 이종해가[9] 각각 1천 냥씩 내기로 약속했다.[10]

이들은 모군 담당자를[11] 뽑아 5백 명의 군사를 모아 거사를 도모했는데, 강화도에 따로 100여 명의 부하가 있다고 주장했다. 사건 주모자들은 자신들의 거사 계획을 척사(斥邪) 또는 반정(反正)이라고 불렀다.[12]

안기영사건의 주모자들이 벌왜(伐倭)를 거사의 명분으로 내세운 것은 당시 일본의 노골적인 침략에 분노한 민심에 영합하고 척사 세력의 지지를 얻기 위해서였다. 그러나 모병과 무기 구입에 어려움을 겪자, 고종 18년(1881) 9월 13일에 경기도 감시(監試)에 모일 유생들에게 대원군의 이름으로 위정척사운동을 벌일 것을 선동하여, 이들을 3대(隊)로 나누어 왕궁을 습격하여 국왕 폐립을 단행하려는 정변을 계획하였다.

이재선(당시 40세)은 고종의 이복형이다. 그는 고종 7년(1870) 3월에 별군직(別軍職)에서 남양부사(南陽府使)로 제수받았으나[13] 담벽증(痰癖症)을 앓아 부임하지 못했다.[14] 그 후 고종 9년(1872) 6월에 첨지가설(僉知加設)에 임명되었고, 고종 11년(1874) 12월에는 양주목사(楊州牧使)에 제수되었다. 그런데 고종 12년(1875) 2월에 "전 목사(牧使) 이재선(李載先) 등의 죄를 씻어 줄 것을 청하는 이조(吏曹)의

되었다.

8 『추안급국안』 30권(아세아문화사, 1978), 318책, 60-61면.
9 춘천의 부호로 알려진 이종해가 5천 냥을 담당하기로 약속했다는 진술도 있다. 『추안급국안』 30권(아세아문화사, 1978), 318책, 62면.
10 『추안급국안』 30권(아세아문화사, 1978), 319책, 275면.
11 이종해는 자신은 모군 담당이 아니었고, 이두영(李斗榮)이 담당할 계획이었다고 진술했다. 『추안급국안』 30권(아세아문화사, 1978), 319책, 311-312면.
12 『추안급국안』 30권, 318책, 61면. 이종해(李鍾海)의 진술이다.
13 『승정원일기』 고종 7년(1870) 3월 17일(계미).
14 『승정원일기』 고종 7년(1870) 4월 3일(기해).

청이 있었다."는 사실로 미루어볼 때 양주목사 자리에는 불과 2개월 정도 머물렀다. 1주일 후 다시 첨지가설에 임명되었고, 고종 16년(1879) 12월에는 가선대부(嘉善大夫)를 가자(加資)받았다.

사건 주동자들은 한직에 밀려나거나 허울만 있는 품계에 머물러있는 자신의 처지에 대해 불평을 품고 있던 이재선을 왕으로 추대하고, 위정척사 세력과 함께 민씨 척족 세력을 타도하고 대원군을 재기시켜 정권을 잡고자 했다.

사건이 발생하자 9월 3일에 이재선은 의금부에 자수했고[15] 다른 죄인들과 동일하게 엄하게 심문하라는 대신들의 요청이 빗발쳤다.[16] 그러나 고종은 혈연과 관계된 일이라 이재선을 심문하는 일을 중지하도록 하교했다.[17]

이에 대신들은 재차 이 사건의 중심에 이재선이 있으므로 엄히 심문할 것을 주장했고,[18] 결국 9월 17일에 다시 추문하였다.

조사 결과 이재선이 안기영에게 '이자흉언(二字凶言)'을 했다고 전한다. '두 글자의 흉언'은 아마도 '반정(反正)'이나 '범궐(犯闕)' 등 왕위 찬탈을 뜻하는 말로 짐작된다.[19]

이재선은 이 사건의 주모자들을 전혀 알지 못한다고 극구 부인했고, 주범인 안기영도 이재선을 알지 못한다고 진술했지만,[20] 여러 정황과 증거를 볼 때 이재선은 이들의 거사 계획을 미리 알고 있었다.

---

15 추국죄인 안기영 등과 자현인(自現人) 이재선(李載先)을 봉초(捧招)하고 그대로 가두었다. 『고종실록』 고종 18년(1881) 9월 3일(임진). 이재선은 왕족이었기에 체포되지 않고, 자수하는 형식으로 포도청에 출두하였다.

16 『승정원일기』 고종 18년(1881) 9월 9일(무술).

17 『승정원일기』 고종 18년(1881) 9월 12일(신축).

18 대개 이 옥사의 긴요한 자는 바로 이재선입니다. 그가 천얼(賤孼)일지라도 처지가 절로 다르니, 능히 삼가서 스스로 조수(操守)하고 반드시 바른 사람을 사귀었다면, 어찌 오늘의 화변(禍變)이 이르렀겠습니까. (…) 평소에 속에 쌓고 빚은 것이 처음에는 역적들이 한판 승부를 거는 대상이 되고 한밤에 수작한 것이 마침내 소란한 귀신 같은 자들과 떼로 모이게 되었으니, 이름은 뭇사람의 공초에 번번이 나왔으며 정상은 저절로 드러나는 것을 엄폐할 수 없었습니다. 여러 가지 모의한 것이 거의 다 드러났어도 줄곧 항거하고 오히려 불지 않으니 – 『승정원일기』 고종 18년(1881) 9월 14일(계묘).

19 『추안급국안』 30권(아세아문화사, 1978), 318책, 64면.

20 『추안급국안』 30권, 318책, 120면.

이종해(李鐘海)의 진술에 따르면, 이재선은 7월 12일에 이철구와 함께 안기영의 집에 찾아와 고진감래(苦盡甘來)라는 말을 했다고 한다. 고진감래는 국왕 폐위 음모를 뜻하는 말로 의심받았다. 그리고 이종해는 이 사건이 겉으로는 위정척사(衛正斥邪)를 표방했지만 실은 범궐(犯闕)을 계획했다고 진술했다.[21]

사건 조사가 일단락되자 고종은 짐짓 이재선이 미쳐서 실성하여 행한 일이라고 변명해주고 형법을 적용할 필요가 없이 당일로 제주도로 압송하도록 명했다.[22] 그러나 대신들은 이재선을 "반역의 큰 괴수"로 규정하고, "무리를 불러 모아 화를 선동하고, 군사를 일으키고 난을 꾸민 일"이 분명하며 "왜적을 친다고 핑계를 대고는 돈을 보내어 군사를 모집한 일을 사주했으며, 대궐을 침입하자고 모의하고 요금문(曜金門)으로[23] 앞장서 인도할 것을 지시했고, '인계(釼稧)는 100명으로 하고 심복은 10인으로 하자.'고 주장했던" 이 사건의 우두머리로 지목했다.[24] 이튿날 거듭되는 대신들의 주청에 따라 고종은 할 수 없이 이복형 이재선을 국법에 따라 사형에 처했다.[25]

안기영사건이 발생한 지 26년 후인 고종 44년(1907) 6월에 고종은 이재선의 죄명을 없애고 직첩을 돌려줄 것을 명했고,[26] 순종은 이재선에게 군호(君號)를 내렸다.[27] 이재선의 죄 자체가 없어진 것이 아니라 왕족에 대한 예를 올리는 과정에서 사후에나마 복직시켜준 것이었다.

애초에 이 사건의 주모자들은 민씨 정권을 타도하기 위해 8월 21일에 종

21　『추안급국안』 30권(아세아문화사, 1978), 319책, 312면.

22　『승정원일기』 고종 18년(1881) 10월 26일(을유).

23　요금문은 창덕궁의 서쪽 담장문의 편액이다. 『국조보감(國朝寶鑑)』 제15권, 성종조 1, 성종 6년(을미, 1475) 8월 23일(기해).

24　『승정원일기』 고종 18년(1881) 10월 26일(을유).

25　차마 할 수 없는 일이기는 하지만 공론을 돌아보지 않을 수 없고 국법도 생각하지 않을 수 없다. 남간(南間)에 가둔 죄수 이재선을 사사(賜死)하라." 하였다. 『고종실록』 고종 18년(1881) 10월 27일(병술).

26　"이재선(李載先)의 사건은 이미 지나간 일이고, 또 형제를 친애하는 의리로 생각해 볼 때 참작할 점이 없지 않으니, 죄명을 원안(原案)에서 말소하고 직첩(職牒)을 돌려줌으로써 흠휼지전(欽恤之典)을 보이도록 하라." 하였다. 『고종실록』 대한제국 광무(光武) 11년(1907) 7월 15일.

27　죽은 종2품 이재선(李載先)을 완은군(完恩君)으로 추증하였다. 『순종실록』 대한제국 융희(隆熙) 1년(1907) 8월 17일.

로 네거리에서 서울에 과거 보러 올라온 유생들을 모아놓고 '타도 일본[伐倭]'을 부르짖으면 반드시 호응하는 선비들이 있을 것으로 여겼다.[28] 그들을 몰아 창덕궁을 기습하여 고종을 사로잡고 척신들을 잡아 죽이는 쿠데타를 도모했다. 그러나 이 사건은 이풍래의 밀고로 실패하고 말았다.

안기영(당시 63세)의 결안(結案)에 "골방에 모여 쑥덕공론을 하는 일에서는 소굴의 주인 노릇을 달게 하였으며, 지방에서 군사를 불러 모으는 계책을 위하여 여러 사람을 파송하였습니다. 소굴을 만들기 위하여 강화도를 먼저 침범하려 하였고 무기를 빼앗아 가지고 서울로 곧장 향하려 하였습니다. 용호영(龍虎營)의 군사에 대비할 계획을 세운 지 벌써 오래였고, 요금문(曜金門)으로 돌입할 포치(布置)를 매우 면밀하게 짰습니다. 8월로 기일을 정하고 거사하려 하였으며 두 글자의 흉악한 말을 지어냈습니다."라 했다. 그는 모반대역부도(謀反大逆不道)로 능지처참형을 판결받았다.[29]

권정호(당시 46세)의 결안에 "왜적을 배척한다는 명목을 핑계 대고 감히 반역의 음모를 실현하려 하였습니다. 골방의 모임에 참가하여 두 글자의 흉측한 말을 얻어들었으며 지방 사람들을 모집할 때에는 천금의 자금을 스스로 담당했습니다."라 했다. 권정호도 모반대역부도죄로 능지처참형에 처해졌다.[30]

이철구(당시 51세)의 결안에 "겉으로는 이단을 배척한다고 핑계 대었으나 생각은 전적으로 임금을 모해하려는 데 있으며 속으로는 음흉한 계책을 실현하려고 언제나 밤중에 비밀리에 행동하였습니다. (…) 강화유수(江華留守)로 임명할 것을 도모하면서 2만 꿰미의 돈이 없는 것을 한탄하였고 서울을 침범하려하면서 120명의 계원을 스스로 대표하였습니다."라 했다. 이철구도 모반대역부도죄로 능지처참형을 처분받았다.[31]

---

28 이들은 거사일에 유건(儒巾)과 유복(儒服)을 입고 종로에 모여 요금문으로 곧장 쳐들어갈 계획이었다. 이 계획은 김윤문(金允文)이 처음 제안했는데, 조중호(趙中鎬)와 이연응(李然應)이 상의하여 대원군에게 고한 다음에 요금문으로 향하려 했다. 『추안급국안』 30권(아세아문화사, 1978), 319책, 272면.

29 『승정원일기』 고종 18년(1881) 10월 10일(기사).

30 『승정원일기』 고종 18년(1881) 10월 10일(기사).

이들은 판결받은 다음 날 능지처참당했으며, 가족과 친척들도 연좌죄로 처벌받았고, 재산을 몰수당하고 집을 부수고 그 터를 웅덩이로 만드는 최악의 형벌을 당했다.[32]

강달선(姜達善, 당시 27세)의 결안(結案)에 "안기영, 권정호와 공모하면서 두 역적의 심복 노릇을 기꺼이 하였고, 운종가(雲鍾街)에 모여 부대를 나누어서 스스로 한 부대의 두령(頭領)이 되었습니다. 군사를 모으는 자금을 북도(北道)에 보내주었고, 왜적(倭賊)을 치기로 약조한 날이라고 핑계 대고는 등호(燈號)를 만들어 두 갈래의 길로 전진하면서[33] 밤을 타서 대궐에 숨어들기를 감히 청하였으니 (…) 빨리 사형(死刑)에 처하소서."라 했다.[34]

이두영(李斗榮, 당시 49세)의 결안에 "안기영과 일을 꾸미고 장차 종로(鐘路)에 모여 강달선의 아래로 들어가 지시를 받으려 하였습니다. 대궐로 가려고 계획하면서 사다리를 붙여서 궁궐에 들어갈 수 있다고 하였습니다."라 했다.[35]

이종학(李鍾學, 당시 50세)의 결안(結案)에 "안기영의 집에 늘 들어가 그의 지시

---

31 『승정원일기』 고종 18년(1881) 10월 10일(기사).

32 또 의금부의 말로 아뢰기를, "모반대역부도죄인 안기영, 권정호, 이철구 등이 이미 승복하였으니, 사형에 처해야 하겠습니다. 그 부모, 처첩, 자녀, 조손, 형제, 자매, 자식의 처첩, 백숙부, 형제의 자식 등의 나이, 성명, 존몰, 거주지를 한성부로 하여금 장적(帳籍)을 조사해 내게 하고, 또 오부(五部) 및 각 해도에 분부하여 연좌해야 할 사람들을 일일이 조사해 내어 성책(成册)하여 첩보(牒報)한 후에 법률에 의거하여 거행하되, 가산을 적몰하고 집을 부수어 웅덩이로 만드는 등의 일은 각 해사로 하여금 전교를 받들어 거행하도록 하는 것이 어떻겠습니까?" 하니, 윤허한다고 전교하였다. 『승정원일기』 고종 18년(1881) 10월 11일(경오) 안기영의 형 안세염은 함경도 고원군(高原郡)에 연좌하여 관노로 삼고, 큰 조카 안병렬은 평안도 자산부(慈山府)에, 둘째 조카 안동렬은 전라도 장성부(長城府)에 유삼천리안치(流三千里安置)되었다. 『승정원일기』 고종 18년(1881) 10월 29일(무자).

33 강달선의 공초에 의하면, 등호(燈號)와 군호(軍號)를 정하여 만전의 계책을 삼되 등은 '천(天)' 자 등과 '봉(蜂)' 자 등을 만들어, '천' 자 등은 이재선이 거느리고 '봉' 자 등은 강달선이 거느린다고 하였다. 등(燈)을 만들어 신호로 삼자는 계책은 유정환(兪貞煥)이 내놓았다. 그런데 김윤문은 등호(燈號)를 이재선이 만들었다고 진술했다. 『추안급국안』 30권(아세아문화사, 1978), 319책, 272면. 한편 "종로에서 모여 북쪽에서는 '천(天) 자 등(燈)을 걸고, 남쪽에서는 '성(成) 자 등을 걸고 두 곳에서 한꺼번에 진격하여 호응하기로 했다. (…) 交會鍾街, 兩路竝進, 燈號爲應. 北燈天字, 南燈成字. (…)"는 진술도 있다. 『추안급국안』 30권(아세아문화사, 1978), 319책, 396면. '봉(蜂) 자 보다는 '성(成) 자가 '천(天) 자'와 상응하여 어울리는 듯하다.

34 『고종실록』 고종 18년(1881) 10월 23일(임오). 『승정원일기』에 의하면 부대시참형(不待時斬刑)을 받았다.

35 『고종실록』 고종 18년(1881) 10월 23일(임오). 『승정원일기』에 의하면 부대시참형을 받았다.

를 받았고 강가(姜哥)와 김가(金哥)에게 400명의 군사를 모집해 주는 일을 모두 약속대로 하였습니다. 유생(儒生)의 복장을 하고 종로(鐘路)에서 모이기로 약속했고, 임철호(任哲鎬)에게 도록(都錄)을 전해주었습니다."라 했다.[36]

이종해(李鍾海, 당시 33세)의 결안(結案)에 "안기영의 심복 노릇을 하였습니다. 어느 모임에나 모이지 않은 곳이 없었고 어느 음모에나 참여하지 않은 적이 없었습니다. 담당한 돈이 800냥이나 되었고 군사를 모집할 것을 계획하였습니다. 강화도(江華島)를 함락시키고 서울로 향하려 했다는 말과 8월에 계획을 꾸민 것에서 지극히 흉악함이 나타나며, (…)"라 했다.[37]

이들은 강화도의 군병과 인천의 포수들을 끌어모아 먼저 천연정(天然亭)을[38] 불태운 후에 거사를 일으키려 했다. 이종해는 이 계획은 안기영과 이철구가 의논하여 결정한 것이라고 진술했다.[39]

채동술(蔡東述, 당시 41세)의 결안(結案)에 "왜적을 친다는 핑계로 모반을 꾀하는 무리 속에 섞여 들어갔습니다. 안방에 모여 의논할 때는 안기영의 부름에 기꺼이 달려갔고, 지방에 모였을 때는 권정호의 계획에 참여했습니다. 세 개의 칼을 와서 찾았으니 흉악한 모의를 이미 알고 있었으며, 8월에 기약한 것을 들었으니 마음이 서로 통했던 것입니다."라 했다.[40]

조중호(趙中鎬)의 결안(結案)에 "정탐한다는 구실로 모의의 주동자가 되었고, (…) 이두영(李斗榮)의 집에 모여 서로 결탁하여 등호(燈號)를 의논하는 데 참여하였으니 (…) 좌상장(左廂將)이라 지칭하고 길을 나누어 나란히 전진하였고 도군안(都軍案)을 만들 것을 제안하면서 종이를 잘라 병부(兵符)를 만들었습니다."[41]

---

36 『고종실록』 고종 18년(1881) 10월 23일(임오). 『승정원일기』에 의하면 부대시참형을 받았다. 도록은 각 죄인들이 담당한 돈의 액수와 모군(募軍)의 명수를 적은 목록을 말하는 듯하다.

37 『고종실록』 고종 18년(1881) 10월 23일(임오). 『승정원일기』에 의하면 부대시참형을 받았다.

38 모화관(慕華館) 북쪽에 있는 서지(西池) 서쪽 언덕 위에 있는 정자이다. 『신증동국여지승람』 제3권, 비고편 — 동국여지비고 제2편, 한성부(漢城府).

39 『추안급국안』 30권(아세아문화사, 1978), 319책, 273-274면.

40 『고종실록』 고종 18년(1881) 10월 23일(임오). 『승정원일기』에 의하면 부대시참형을 받았다.

41 『고종실록』 고종 18년(1881) 10월 25일(갑신).

라 했다.

조중호는 "군정(軍丁)이 없어서는 안 되니, 군안(軍案)을 작성하고 종이를 잘라 밀부를 만들어야 한다."는 의견을 제시했다.[42] 그러나 조중호는 국문을 당하는 내내 역적들의 계책을 듣고 실정을 정탐하기 위해 일부러 그 무리에 들어간 것이라고 주장하였다.

정건섭(丁建燮)의 결안에 "요금문(曜金門)으로 곧장 향하려던 계획은 자신의 공초에서 확실하게 드러났는데 돈을 모으는 일을 담당한 사실도 오늘날 어찌 감히 숨기겠습니까? 부대시참(不待時斬)하소서."라 했다.[43]

임철호(任哲鎬)의 결안에 "여러 악인의 소굴을 찾아가서 도록(都錄)을 작성하였으니 죄가 화응한 데서 드러났으며, 종로(鐘路)의 대오에 배속되었으니 악인과 일을 주선한 자취를 면하기 어렵습니다. 권정호(權鼎鎬)를 찾아갔을 때 귓속말은 듣지 못하였다고 하더라도, 역적 정건섭과 손잡았을 때는 무엇 때문에 함께 갔겠습니까?"라 했다.[44]

이휘정(李彙靖)의 결안에 "'안기영을 따르고 그의 심복 노릇을 하면서 흉악한 음모에 참여하여 귀역(鬼蜮)처럼 행동했습니다. 닭 털을 모아 준비하면서 반드시 9월에 거사한다고 하였으며, 불경을 외워 사람들을 현혹시키면서 편운(片雲)의 허망한 술법을 과장하였습니다. 무장한 군사를 동원할 계획을 오래전부터 품고 있었는데, 역적 이종해(李鍾海)가 와서 물으니 중심부에서 갑자기 봉기하는 것이 좋으니 어찌 강화도에서 먼저 거사하겠는가라고 답하였습니다. 실상이 모두 드러났으니 잠시라도 용서할 수 있겠습니까?' 하였습니다. 부대시참하소서."라고 아뢰었다.[45]

좌우포도청(左捕盜盜廳)에서 아뢰기를, "본청(本廳)에 현재 갇혀있는 죄인 명

---

42 『추안급국안』 30권 319책.
43 『고종실록』 고종 18년(1881) 10월 25일(갑신).
44 『고종실록』 고종 18년(1881) 10월 25일(갑신).
45 『고종실록』 고종 18년(1881) 10월 25일(갑신).

창록(明昌祿)과 최쾌룡(崔快龍) 등은 역적 안기영(安驥泳)의 가동(家僮)으로, 일이 있을 때마다 여러 역적들이 모인 소굴에 심부름을 다녔으니 (…) 안창기(安昌基) 같은 이는 무식한 천인(賤人)으로서, 흉악한 반역의 내막을 전혀 모르면서 안기영의 종용을 기꺼이 따르고 순전히 안씨(安氏) 족보에 끼어들 욕심으로 800냥을 희사하였으니, 이것은 진실로 저들에게 속임을 당한 것이지 자신이 죄를 지은 흔적은 없습니다. 이풍래(李豊來)는 바로 고발한 사람으로 아직까지 본청에 갇혀 있으나 신중하게 처리해야 할 일이므로 역시 감히 마음대로 처리할 수 없습니다." 하니, 전교하기를, "명창록과 최쾌룡 두 놈은 (…) 원악도(遠惡島)에 정배(定配)하고, 안창기는 특별히 풀어주고 이풍래는 즉시 석방하고 논상(論賞)할 때 응당 처분이 있을 것이다." 하였다.[46]

당시 이연응(李然應)은 육임(六壬)을[47] 써서 점을 쳐 9월 21일 해시(亥時)로 거사일을 정하였고, 궐문으로 쳐들어가는 문제에 대해 "옛날에 도끼를 쓴 일이 있는데, 어찌 열쇠를[48] 쓰겠는가?〔古有用斧, 焉用開金?〕"라는 말을 했다고 한다.[49]

조중호, 이연응 등이 거사가 실패할 것을 염려하자 정건섭(丁建燮)은 "일은 신속한 것이 제일이니 곧장 요금문(曜金門)으로 향해야 한다."고 주장했다.[50]

국문 끝에 이두영, 이종학, 이철구, 이종해, 이연응(李然應) 등도 사형되었다.

안기영사건은 왜를 멸하고 반정(反正)을 도모한 역모로 규정되었다. 민씨 척족 정권은 이 사건을 역이용하여 유림들의 격렬한 척사상소운동을 막는데 이용했고, 대원군의 재기를 효과적으로 제지할 수 있었다. 이후 대원군과 특히 남인 계열의 수구파에 대해 탄압을 가하여 지배 계층의 분열이 심화되었고, 백성들의 정부에 대한 불신감은 더욱 조장되었다.

---

46 『고종실록』 고종 18년(1881) 10월 26일(을유).

47 육임은 음양오행의 진행을 운용하여 길흉을 점치는 방법의 하나이다.

48 개금은 『가례도감의궤영조정순왕후(嘉禮都監儀軌英祖貞純王后)』와 『임하필기(林下筆記)』 등에 열쇠라는 뜻으로 사용되었다.

49 『추안급국안』 30권, 319책.

50 『추안급국안』 30권, 319책.

② 안기영사건에 보이는 예언사상

이 사건과 연루되어 거사에 화응(和應)했다는 죄목으로 심문받은 이종해(李鍾海, 당시 33세)는[51] 춘천(春川) 출신의 부자로 고종 18년(1881)에 과거를 보러 서울로 올라와서 고모부인 안기영의 집을 찾아갔다. 이종해는 그해 3월부터 그곳에 머물던 이용상(李龍祥, 당시 74세)이라는 신이한 노인을 만난다. 이용상은 본명이 휘정(彙靖)이다.[52]

이종해가 그해 윤 7월에 학도암(學道庵)에서 이용상(李龍祥)에게 강화도를 먼저 함락한 다음 서울로 향하려는 이유가 무엇인지를 묻자, 이용상은 우선 강화도를 함락하지 않으면 심복들이 따르지 않을 것이라고 대답했다. 다시 이종해가 그렇다면 강화도에는 어떻게 입성(入城)하려느냐고 묻자 이용상은 다음과 같이 대답했다.

> 이용상이 말하기를 "지금 기다리는 사람이 있다. (…) 그는 승려 편운(片雲)이다. (…) (그는) 도술이 매우 뛰어나 모르는 것이 없는데, 현재 남조선(南朝鮮)에 있다."[53]

위의 인용문은 이른바 남조선신앙과 관련된 매우 중요한 기록이다. 철종 13년(1862)에는 그해 7월에 발생한 이재두(李載斗)사건에 연루되어 사사된 왕족 이하전(李夏銓)이 죽지 않고 남조선 홍의도(紅衣島)에 숨어있다는 풍문이 떠돌기도 했다. 고종 9년(1872) 6월에 일어난 유흥영(柳興榮)사건에서도 장혁진(張赫晋) 등이 "남조선(南朝鮮)이 장차 우리나라를 침공할 것이니 이재궁궁(利在弓弓)하다."는 말을 퍼뜨려 민심을 동요시켰던 일이 있었다.

현전하는 이른바 『정감록』에는 '남조선'이라는 용어는 보이지 않는다. 『정

---

51 최쾌룡(崔快龍), 이종해(李鍾海), 이용상(李龍祥) 등 3명을 의금부로 옮겨 보내겠다는 포도청의 보고가 있다. 『승정원일기』 고종 18년(1881) 9월 4일(계사).

52 『승정원일기』 고종 18년(1881) 10월 13일(임신).

53 李龍祥曰, 方有苦待之人也. (…) 卽僧片雲也. (…) 道術超等無所不知, 方在南朝鮮也. 「우포도청등록」 제30책, 『포도청등록』(보경문화사, 1985), 877면.

감록』에 포함되는 각종 비결서에 남(南), 남해(南海), 남도(南島), 남해도(南海島) 등지에서 진인(眞人)이 출현할 것이라는 예언이 풍부하게 전한다. 남쪽 조선, 조선의 남쪽 바다, 조선의 남쪽 바다에 있는 신비한 어떤 섬 등에서 세상을 구원할 성스러운 존재가 나타날 것이라는 민중들의 오랜 염원이 1860년대 이후에는 '남조선'이라는 용어로 정착되었고, 이후 지속적으로 전개된 남조선신앙의 시발점이 되었다. 물론 남조선이라는 용어가 『정감록』에 피난처로 언급되는 십승지(十勝地)가 대부분 남쪽 조선에 있는 지역으로 거론된다는 점과도 연관이 있을 것이다.

안기영사건에도 남조선이라는 용어가 나타나며 남조선에 편운이라는 이름을 지닌 승려가 진인으로 상정되었다. 안기영사건에 등장하는 이용상이 "남조선에 도술이 뛰어나 모든 일을 알고 있는 신승(神僧)인 편운(片雲)이 있다."고 주장하고, "편운이 출현하기를 기다려 강화도를 공격하여 취한 다음 서울로 쳐들어간다."는 계획을 세웠다. 실제 편운이라는 승려가 존재했는지의 여부는 차치하고라도 거사 계획의 핵심에 "남조선에 있다고 믿어지는 신이한 승려와 그를 추종하는 일련의 승려 집단이 거사를 도울 것이다."라는 믿음이 있었음을 인용문을 통해 짐작할 수 있다.

이 외에도 이용상은 편운이 지녔다는 신비한 술법에 대해 언급했다. 안기영이 이용상에게 '왜적을 막는 법〔防倭之策〕'을 묻자, 이용상은 자신의 소원도 같다고 호응하면서 다음과 같이 말했다.

> 편운(片雲)이라는 승려가 보강법(步罡法)을 행하는데, 자기가 익힌 것과 경학(經學)으로써 왜적을 막는 데 힘을 보태고자 합니다.[54]

인용문의 보강법(步罡法)은 재해를 없애고 액을 풀기 위해 북두칠성의 별자

---

54 有僧片雲, 爲步罡法, 而依穢跡經術, 欲爲助力於防倭矣. 『추안급국안』 30권(아세아문화사, 1978), 319책, 286면. 예적(穢跡)의 뜻이 분명하지 않지만, 자신의 성취를 낮추어 부르는 말로 의역했다.

리 모양을 따라 발을 디디면서 신령을 불러 행하는 도교적 방술이다. 편운이 개인이나 특정 집단의 사리사욕을 위해 방술을 행하는 차원을 벗어나 국가적 위기 상황을 초래한 왜적을 막는 대사에 신비한 술법을 사용할 것이라고 강조한 것이다. 편운이 실제로 존재하는 인물임을 강조하기 위해 이용상이 보강법이라는 구체적인 술법이름을 제시하고 보강법을 구사하는 승려의 신이한 능력을 빌어 왜적을 물리치자고 제안했다.

또 이용상은 이종해에게 검술을 가르쳐주겠다고 제의하기도 했다. 실제로 이용상은 환도(環刀)를 구입했는데, 이종해와 안기영이 보강법(步罡法)을 행하기 위해 준 18냥으로 구입한 것이라고 진술했다.[55] 이 진술에 따르면 보강법이 검을 가지고 행하는 술법이며, 이용상 자신도 어느 정도 행할 수 있다고 주장했을 가능성이 높다. 이용상이 편운을 잘 알고 있으며, 편운의 제자를 자처했을 수도 있다. 어쨌든 안기영사건에서 이용상만이 편운과 그의 능력에 대해 언급하고 있다. 편운의 실존 인물 여부는 현재로서는 알 수 없다. 다만 편운의 존재 가능성과 신이한 능력에 대해 사건 관련자들이 믿었고 실제 거사 때 구체적인 도움을 줄 것이라고 확신했었음을 확인할 수 있다.

한편 안기영은 학도암(學道菴)의 승려 운선(雲善)이 파자(破字)와 복서(卜筮)에 능하다는 소문을 듣고 찾아갔다고 진술했다.[56] 우선 사건을 주도한 인물이 점술과 비결 풀이에 관심이 많았던 점이 확인되고, 예언 능력이 있다고 믿어진 승려와도 교류했다는 사실이 밝혀진다. 또 이용상도 학도암에 상당한 기간 동안 머물렀다는 진술을 통해 비결과 관련된 예언사상에 심취했던 인물들이 그곳에 모여 함께 거사를 모의했던 흔적을 찾을 수 있다.

그렇다면 이용상은 어떤 인물인가? 이용상은 안동군(安東郡) 춘양면(春陽面) 신양리(新陽里)에 거주하였다. 유업(儒業)에 종사하면서 대소과(大小科)에 16차례나 응시했으나 떨어져 억울한 심정을 지닌 채 경향(京鄕) 각지를 떠돌아다녔던

---

55 『추안급국안』 30권(아세아문화사, 1978), 319책, 310면, 348면, 350면.

56 學道庵僧雲仙, 善爲破字卜筮, 故以此往見.『추안급국안』 30권, 318책, 122면.

인물이다. 이용상은 고종 18년(1881) 3월에 안기영의 집을 찾아가 그곳에서 권정호, 오우영(당시 47세)[57] 등을 만나 그들이 척왜(斥倭)를 주장하며 거사를 모의하고 있음을 전해 듣는다. 6월 1일에 다시 안기영의 집을 찾아갔을 때 이종해와 나눴던 대화에 대해 이용상은 다음과 같이 진술했다.

6월 초하루에 (안기영의) 집에 갔더니, (때마침) 미성(尾星)이[58] 출현했다. 이종해가 "이 별이 나타나면 대중화(大中華)와 소중화(小中華)가 함께 망한다고 하는데 과연 그렇습니까?"라고 묻자, 내가 "하늘에 기도해서 천명을 구하는 일은 예로부터 있어왔다. 옛날 우리 태조대왕께서도 순(順) 자를 (조선왕조의 운수가) 830년에 이를 것이라고 해석하셨는데 지금이 바로 이때인 듯하다. 너는 (집으로) 돌아가 옛사람의 글을 읽어보라."라고 대답해주었습니다.[59]

인용문을 통해 하늘에 특별한 별이 나타나면 중국과 우리나라가 모두 망한다는 예언이 당시에 회자되었음을 알 수 있다. 그리고 이어지는 비결 풀이는 태조 이성계가 새롭게 조선왕조를 개창한 후 글자를 통해 왕조의 운수를 점쳤다는 이른바 '순자결(順字訣)'이다. 순(順)을 파자(破字)하면 3, 100, 6 또는 60, 8 또는 80이라는 숫자가 되는데, 308, 803, 830, 380 등의 숫자 조합을 얻을 수 있다. 어떤 숫자를 택하여 해석하는가는 해독자의 자유다. 현전하는 『정감록』에 나오는 '순자결'의 내용은 다음과 같다.

---

57 10월 2일과 17일에 의금부는 이 사건에 연루된 한성근(韓聖根)과 오우영(吳友泳)은 핵심적인 혐의와 관련되지 않았음이 밝혀져 풀어주었다. 한성근의 이름은 이재선(李載先)의 공초(供招)에서 나왔지만, 그 공초의 내용 가운데 왜(倭)를 정벌할 것을 약속했다느니 총을 구할 것을 부탁했다느니 하는 말에 근거가 없다고 판단했다.

58 이십팔수(二十八宿)의 하나로 창룡칠수(蒼龍七宿)의 여섯 번째 별이다. 별 아홉이 있으며 모두 천갈좌(天蝎座)에 소속된다. 『장자(莊子)』「대종사(大宗師)」에, "부열(傅說)이 도를 얻으면 무정(武丁)의 재상이 되어 문득 천하를 소유할 것이며, 동유성(東維星)과 기미성(箕尾星)을 타고 올라가 열성(列星)들 사이에 끼일 것이다."라 하였다. 부열성(傅說星)은 기성과 미성의 사이에 있는데, 이 별은 부열이 죽은 뒤에 하늘로 올라가서 별로 화한 것이라고 전한다. 후대에는 이로 인하여 사람이 죽어서 하늘로 올라가는 것을 뜻하게 되었다.

59 六月初一日來則, 尾星出. 李鍾海言內, 此星何如, 大中小華幷亡云云. 余答, 祈天求命, 自古有之. 昔我太祖大王, 解順字八百三十年, 而正當今之時. 子歸讀古人書. 「우포도청등록」 제30책, 『포도청등록』(보경문화사, 1985), 877면.

갑술년 3월에 임금께서 경창궁(慶昌宮)에 납시어 몸소 국사(國師)에게 술을 권하고 (왕조의) 명운을 길이 이어갈 방법을 물으셨다. (국사가) "영원한 명운은 하늘에 달린 것이지 사람에 달린 것이 아닙니다."라고 대답하고, '순(順) 자'를 써서 (임금께) 바쳤다. 임금께서 "(이 글자가) 무슨 뜻이냐?"라고 물으셨다. (국사가) "신이 (나라의) 산수(山水)를 살피고 점을 쳐서 얻은 글자 하나가 바로 '순(順) 자'입니다. '순 자'의 뜻은 바로 보면 순수(順數)가 되고, 거꾸로 보면 역수(逆數)가 됩니다. 산수(山水)와 함께 풀이해보니 순수(順數)는 360이 되고 역수(逆數)는 630이 됩니다. 306은 없으니 년수(年數)가 630년에 응하지 않겠습니까?"라 대답했다. 임금께서 "그렇다면 충분하다."라 하셨다. 국사가 말하기를 "이것은 대운(大運)이고, 그 가운데 소운(小運)이 있습니다. 소운은 측량하기가 어려우나 오로지 사람의 능력에 달려 있습니다. (…) (임금께서) 즉위하신 지 7년 만에 군사가 한 집안에서 일어날 것이니, 전하께서 궁궐을 떠나는 액이 있을 것입니다. (그리고 왕조가 세워진 지) 100년이 못 되어 대군(大君)이 임금을 쫓아낼 것이며, 왕조가 세워진 지 200년 후에는 푸른 옷을 입은 사람들이 동쪽에서 침략하여 전 국토가 전쟁터로 변하여 7년 동안 들썩일 것이며, (왕조가 세워진 지) 250년 후에 북쪽 오랑캐가 쳐들어올 때에는 임금께서 옷을 바꿔 입고 (적괴의 우두머리에게) 친히 술을 올리는 화를 당할 것입니다. (…)"라 했다.⁶⁰

갑술년 3월에 임금께서 창경궁에서 왕조의 운수를 무학(武鶴)대사에게 물었다. 무학이 '순(順) 자'를 써서 바치며 말하기를 "순수(順數)는 360년이고, 역수(逆數)는 630년입니다. (왕조가 세워진 지) 100년 후에는 대군이 임금을 쫓아낼 것이며, 200년 후에는 푸른 옷의 난리가 있을 것이며, 400년 후에는 북쪽 오랑캐가 쳐들어와 (임금이 적괴의 수장에게) 술을 바치는 치욕이 있을 것입니다."라 했다.⁶¹

---

60 甲戌三月, 上御慶昌宮, 親以御醞勸國師, 問承命之術. 對曰, 永命在天非人也. 乃寫順字以進. 上曰, 何意也? 臣論山水且筮得一字, 乃順字也. 順字之義, 順則順數可也, 逆則逆數可也. 請以山水白之, 順數則三百六十, 逆數則六百三十. 無乃三百六, 世應六百三十年乎? 上曰, 然則足矣. 師曰, 此乃大運, 其中自有小運, 小運亦難矣, 專在人事而已. (…) 卽位七年, 兵自一室而起, 殿下有離宮之厄, 未及百年, 大君逐主, 據國二百年後, 靑衣之人, 自東而來, 八路兵烟火, 七載板蕩. 二百五十年後, 北胡入城時, 君有易服行酒之禍. 「징비록」, 김용주본 『정감록』(1923) 〔『정감록집성』 (아세아문화사, 1973), 494면.〕 「감인록」 〔(안춘근 편, 『정감록집성』(아세아문화사, 1973), 605면.〕

61 甲戌三月, 上御昌慶宮, 問國祚於武鶴, 武鶴進順字, 順數則三百六十年, 逆數則六百三十年. 百年大君逐主, 二百年後, 有靑衣之亂, 四十年後, 北胡入域, 有行酒之恥.「운기구책」, 김용주본 『정감록』(1923) 〔『정감록집성』(아세아문화사, 1973), 498면.〕 청의(靑衣)의 청(靑)은 오행설에 따르면 동쪽을 가리킨다. 결국 동쪽에서 오는 오랑캐라는 뜻이다.

인용문에 나오는 왕은 태조이고, 국사는 무학(無學)대사이며, 갑술년은 태조 3년(1394)이라고 흔히 해석한다. 그런데 경창궁은 조선시대에 아예 없었던 궁궐이고, 창경궁은 성종 14년(1483)에 태종이 머물렀던 수강궁(壽康宮) 터에 창건되었다. 따라서 태조 때에는 창경궁이라는 이름의 궁궐 자체가 없었다.

태조 7년(1398) 태조의 와병 중에 신의왕후 한씨 소생인 이방원(李芳遠)이 제1차 왕자의 난을 일으켜 신덕왕후 강씨 소생의 세자인 방석(芳碩)과 동생 방번(芳蕃), 정도전, 남은 등을 살해한 후 정치적 실권을 장악한 사건이 일어났다. 태조는 골육상쟁의 처참한 상황에 몹시 상심하여 왕위를 물려주고 서울을 떠났다. 그리고 수양대군이 조카인 단종(端宗)을 쫓아내고 세조(世祖)로 즉위한 일이 있었고, 선조(宣祖) 때에는 임진왜란이 7년 동안 발생했고, 인조(仁祖)는 청(清) 태종(太宗)에게 굴욕적인 항복을 했다. 이 모든 사건들이 국사(國師)에 의해 왕조가 세워진 직후에 예언되었다는 주장이다. 그러나 이러한 기록이 있다는 사실 자체가 이 모든 사건이 일어난 이후에야 이렇게 기록될 수 있었을 것이라는 역사적 진실을 웅변하고 있다.

한편 짧은 인용문은 무학(武鶴)이라고 표현하여 태조대의 무학(無學)과 다른 인물이라고 주장하였다. 착오이거나 무학과 비견할 만한 또 다른 이인(異人)이 있었을 가능성을 제기한 것이다.

현전하는 『정감록』에서 '순(順) 자'는 360이나 630으로 풀이된다. 반면 안기영사건에 등장하는 이용상은 830이라는 숫자로 해석했다. 파자이므로 주장하는 사람이나 보는 사람에 따라 여러 숫자가 나올 가능성은 있다. 그런데 왜 이용상은 해석이 가능한 가장 높은 숫자인 830을 유추해 내었을까? '타도 일본'을 기치로 실은, 대궐에 침입하여 왕을 갈아치우자는 역모를 도모하고 책략가로서 행동한 인물이 조선왕조의 운명이 830년이나 유지될 것이라는 비결풀이를 했을 리가 없다. 이용상이 비결이나 예언에 매우 관심이 많았던 인물이었으니 이른바 『정감록』에 수록된 '순자결'에 대해서도 잘 알고 있었을 것이다. 비결에 나오는 '순(順) 자'를 굳이 830으로 풀이하고 조선왕조의 운수가

830년 동안 지속될 것이라는 이용상의 주장은 아마도 포도청의 혹독한 심문을 벗어나고 자신의 반왕조적 성향을 감추려는 일종의 립 서비스(lip service)였을 것이다.

윤 7월에는 이종해가 이용상과 안기영에게 "미성(尾星)이 출현한 것은 대국(大國)에 불리하고, 또 우리나라에도 불리할 것인데, 이는 분야(分野)가 서로 같기 때문입니다."라고 말했다.[62] 이는 앞에서 살펴본 내용과 비슷한 것인데, 중국과 우리나라의 운수가 같다는 내용이며 왕조의 교체와 같은 엄청난 파국이 올 것임을 암시하고 있다.

그런데 이용상은 이 말을 편운에게 들었다고 진술했다.

> 내가 편운에게 들으니 "금년에 미성이 출현하면 사람이 많이 상할 운이 올 것이다."라 했습니다. (…) 서울과 지방에 반드시 괴질이 발생할 것이라고 말했습니다.[63]

이용상의 진술에 따르면 미성(尾星)이 나타나는 때에 많은 사람들이 상해를 입을 것인데, 그 구체적 양상은 괴질의 발생이라 했다. 전염병이 전국 각지에 급격히 퍼져 죽고 상하는 사람들이 엄청나게 생길 것이라는 예언이다. 이용상은 남조선에 있다고 믿어지는 편운이라는 승려의 입을 빌려 미성이 출현하는 시기에 괴질이 일어날 것을 예언했다. 여기서 편운은 천문을 살펴 인간사를 예언하는 신비가로 등장한다.

또한 이용상은 자신이 바람을 일으키고 닭 털을 불태운 재를 사용하여 전쟁에서 이기는 술법을 가지고 있다고 주장했다. 대질심문 과정에서 이종해가 이용상에게 다음과 같이 물었다.

> 오손풍(五巽風)으로 공중에 바람을 일으키는 술법과 다섯 집에서 닭고기를 먹은

---

62 李龍祥與安驥永曰, 尾星不利於大國, 又不利於東方. 分野相同故也. 『추안급국안』 30권 (아세아문화사, 1978). 319책, 274면.

63 吾聞于片雲, 則今年有尾星, 人多傷命云. (…) 京鄕必有怪疾云矣. 『추안급국안』 30권, 319책, 314면.

후 깃털을 모두 모아 불태워 재로 만들어놓으면 장차 군중(軍中)에서 쓰일 날이 올 것이라고 말한 것은 네가 말한 술법이 아니냐?[64]

이에 대해 이용상은 과연 그런 말을 한 적이 있으며, 이러한 물건들을 안기영의 집에 감추어두었는데 특히 닭의 깃털을 태운 재는 "벌왜(伐倭)할 계책"이라고 진술했다.[65] 오손풍(五巽風)이 무엇을 가리키는지는 불명확하지만, 이용상이 바람을 일으키는 술법을 지닌 사람으로 자처했던 사실은 분명하다. 그리고 닭 털을 불태운 재를 가지고 왜적을 토벌할 수 있다고 주장했던 이용상을 사건 관련자들이 어느 정도는 신뢰하고 있었음도 짐작할 수 있다.

나아가 이용상은 안기영에게 "내가 불경(佛經)을 모두 읽으면 장차 경천위지(經天緯地)할 수 있는 술법을 가질 수 있을 것입니다. 그렇게 되면 거사를 일으키기에 충분합니다."라고 말한 적도 있다.[66]

또 이용상은 안기영에게 8월에 거사하면 반드시 성공하지 못할 것이므로 9월 25일에 거사해야만 길할 것이라고 예언했다.[67] 이 외에도 이용상은 『음부경(陰符經)』의 글귀도 인용하고, 불경(佛經)에 이른 "원만주(圓滿呪)를 40만독(萬讀)하면 소원 성취하고 전염병이 퍼지는 것을 막고 병귀(病鬼)를 멀리 쫓아버릴 수 있다."는 말을 믿고 학선암(鶴仙菴)에 들어가 원만신주(圓滿神呪)를 40일 동안 읽던 중 체포되었을[68] 정도로 도교와 불교에도 일정한 지식과 대단한 관심을 가지고 있었던 인물이다.

거사 일자를 정해주고 특정한 주문을 40만 번 읽은 후 세상을 근본적으로

---

64 五巽風, 空中生風之術, 食五家鷄肉, 而羽則都取燒火爲灰, 將用於軍中云者, 非汝之術法乎?『추안급국안』 30권(아세아문화사, 1978), 319책, 314면.

65 『추안급국안』 30권(아세아문화사, 1978), 319책, 315면.

66 『추안급국안』 30권(아세아문화사, 1978), 319책, 315면.

67 若八月擧事, 必不成. 須以九月二十五日爲吉云. 『추안급국안』 30권(아세아문화사, 1978), 319책, 348면.

68 陰符云, 沈水入火, 自取滅亡. (…) 佛經云, 若人善誦圓滿呪四十萬編, 則所願成就, 亦却癘疫行, 病鬼五萬里退送云, 故讀此圓滿神呪, 鶴仙菴, 四十日. 今乃被捉. 「우포도청등록」 제30책, 『포도청등록』(보경문화사, 1985), 877면.

변혁시킬 능력을 지닐 것이라고 확언한 이용상에 대해 거사 관계자들의 신뢰는 지대했다. 이용상이라는 신이한 인물이 가진 신비한 술법과 능력에 거의 전적으로 의지한 거사가 실현될 가능성은 그리 높지 않았다. 그가 기도 중에 체포되었기 때문에 실패했다고 변명할 수는 있지만 좀 더 현실적인 거사 계획을 세우고 준비하는 과정이 부족했던 것은 사실이다. 이러한 점은 전근대적 사고방식이 지배하던 시대적 한계로 볼 수도 있다.

한편 이연응(李然應, 당시 30세)도 거사 일자를 택일(擇日)하고 주마육임(走馬六壬)[69] 등의 말을 했다고 한다. 이에 대해 포도청에서 추궁하자, 이연응은 특별한 술법이 있는 것이 아니라 『천기대요(天機大要)』에 실려 있는 내용이었다고 진술했다.[70]

『천기대요』는 음양오행설에 의거하여 관혼상제를 비롯한 일상생활의 거의 모든 분야에서의 길흉을 가리는 방법을 기술한, 조선 후기 민간에 널리 사용되었던 방서(方書)로 2권 1책이다. 원래 이 책은 중국 명나라 때 임소주(林紹周)가 편찬하였고, 우리나라에는 인조 14년(1636)에 도입되었다. 영조 13년(1737)에 음양과(陰陽科) 출신인 지백원(池百源)이 『천기대요』를 보충하여 『신증천기대요(新增天機大要)』라는 표제로 관상감(觀象監)에서 간행한 이후 일반인에게 널리 알려졌다. 조선 후기의 역모사건에 『음부경』과 『천기대요』가 간혹 등장하는데, 이는 신이한 내용을 지닌 책이라는 인식이 강하게 작용했던 결과로 보인다.

이용상에 대한 판결문은 다음과 같다.

> 의금부 죄인 이휘정(李彙靖) ─ 이용상 ─ 은 74세이다. 결안에 아뢰기를, "죄인

---

69 육임은 점법(占法)의 하나로 태을(太乙), 둔갑(遁甲)과 아울러 삼식(三式)이라고 칭한다. 오행(五行)이 수(水)에서 시작하기 때문에 임(壬)이라 하고, 천일생수(天一生水)하여 지육성지(地六成之)하므로 육(六)이라 하였다. 그 법은 『역경(易經)』에서 비롯되었다. 『육임대전(六壬大全)』.

70 遣走馬六壬, 卽載天機大要者也. 非矣身獨知之妖術也. 「우포도청등록」 제30책, 『포도청등록』(보경문화사, 1985), 881면.

의 신원은 다음과 같습니다. 아비는 이관순(李寬淳), 할아비는 이귀운(李龜運), 어미는 허조이(許召史), 외할아비는 허만(許滿)인데, 모두 작고했습니다. 부모가 경상도 안동 춘양면(春陽面)에서 낳았는데, 부모에게 길러지고 호적에 들어 살았습니다.

실정을 알고도 고발하지 않은 경위는 다음과 같습니다. 마음가짐이 완악하고 행실은 음흉합니다. 역적 안기영에게 복종하여 앞잡이 노릇을 하면서 흉악한 음모에 참가하여 귀신처럼 행동했습니다. 닭 털을 모아 준비하면서 반드시 9월에 거사한다고 하였으며, 주문을 외워 사람들을 현혹시키면서 편운(片雲)의 허망한 술법을 거짓으로 추어올렸습니다. 군사를 동원할 계책을 오래전부터 꾸민 결과 역적 이종해가 와서 물을 때, 심장부에서 갑자기 일어나는 것이 제일이라 하면서 강화도에서 어찌 먼저 거사하겠느냐고 하였습니다. 내막이 폭로되지 않은 것이 없으니 한 시각인들 어찌 용서하겠습니까?

모반 대역부도 지정불고(知情不告)가 분명하고, 그 죄를 자복하였습니다. 죄가, 『대명률』 모반대역조에 "무릇 모반의 실정을 알고도 고의로 방임하거나 숨긴 자는 참수한다."와 같은 율문 사수복주대보조에 "그 십악의 죄를 범하여 응당 죽여야 할 자는 때를 기다리지 않고 결행한다."라고 하였습니다. 이휘정을 때를 기다리지 말고 참수에 처하소서." 하였다.[71]

인용문에서 "심장부에서 갑자기 일어난다."는 말은 수도인 서울에서 순식간에 거사를 일으켜야 한다는 뜻이다.[72] 이용상은 핵심 가담자로 분류되어 참수형에 처해졌다.

현전하는 『정감록』 「경주이선생가장결(慶州李先生家藏訣)」의 저자가 누구인지는 알 수 없다. 익명의 인물을 전제하고 예언을 기록했다. 여기에 다음과 같은 내용이 보인다.

지난 60년은 그만두고 양류목(楊柳木)의 운(運)인 해에는 갑자기 군대가 소요를 일으켜 여군주(女君主)가 도망칠 것이다. 만일 동남쪽에서 반란이 일어나면 나그네

---

71 『승정원일기』 고종 18년(1881) 10월 25일(갑신) 편운(片雲)은 인명이다. 고전번역연구원에서 "조각 구름 같은"이라고 잘못 해석했기에 바로잡는다.
72 自心腹突起 『추안급국안』 30권(아세아문화사, 1978), 319책, 285면.

가 도리어 주인 행세를 하게 되리라. 나라의 태공은 푸른 바다에 외로운 그림자가 되어 신세가 처량해질 것이나, 아무도 찾지 않을 것이다. 살아있는 백성들은 달아나 숨기 바쁘니 삼강오륜이 끊어지도다. 하늘의 재앙은 혹독해 벌레의 독을 무어라 형언하랴? 부자가 먼저 죽나니, 후회해도 소용없도다.[73]

양류목은 납음오행(納音五行)에 따르면 임오년과 계미년을 가리킨다. 따라서 위의 예언은 고종 19년(1882)에 일어난 임오군란과 명성황후의 충주로의 피난 등을 정확히 예언한 것으로 이해된다. 또한 청나라 군대를 이끌고 온 오장경(吳長慶)이 마음대로 주인 행세를 했던 일과 관련하여, 손님이 오히려 주인 행세를 한다는 예언이 맞은 일로도 해석 가능하다.

그러나 「경주이선생가장결」의 고종 23년(1886) 이후의 예언은 맞지 않았다. 이에 따라 「경주이선생가장결」은 갑신정변이 일어난 직후에 완성되었다고 보기도 한다.[74]

「경주이선생가장결」이 임오군란, 갑신정변, 청국의 대원군 납치, 대원군과 고종의 반목, 1880년대의 자연재해 등의 역사적 사실을 그대로 적고 있으며, 바로 이때 병화(兵禍)가 일어나는데 정씨가 해도(海島)에서 갑오년 12월에 금강에 도착할 것이라고 예언했다.[75] 이는 이 비결서의 작자가 개항 이후의 시대를 말세로 인식하고 있고, 이씨가 망하고 새로운 왕조가 세워져야 한다고 생각했음을 알려준다. 이에 따라 이 비결서는 19세기 말이나 20세기 초에 만들어졌다고 본다.[76]

결국 「경주이선생가장결」은 이 사건이 일어난 이후 어느 시기에 익명의 인물이 비결을 기록한 것으로 짐작된다. 구한말의 격랑 속에 혼란스러운 당대의 현실을 나름대로 반영한 것으로 평가할 수 있다. 정치적 격변기에 「경주이

73 「경주이선생가장결」.

74 백승종, 위의 책, 241쪽.

75 김용주 편, 「정감록」(한성도서주식회사, 1923), 「정감록집성」, 586면.

76 장영민, 『동학의 정치사회운동』(경인문화사, 2004), 23쪽.

선생가장결」역시 편년체 형식의 예언으로 기록되었다.

> 정중수(井中水)의 운은 자미북두성 자리에 저녁 무지개가 뜬 형국이다. 그러다 무
> 지개가 다시 동쪽으로 달아나리라. 나라에 변고가 일어나 죽음이 참혹하구나. 남북
> 군사들이 부딪쳐 화가 점차 심한 불길처럼 번져나갈 것이다.「경주이선생가장결」

정중수는 납음오행에 따르면 갑신년과 을유년에 해당된다. 자미성은 천자
또는 임금을 상징하는 별자리다. 그곳에 무지개가 뜨면 임금의 운세가 크게
흉하다고 해석하고, 무지개는 '하늘에 뜬 벌레'로 풀이되어 점성술에서는 변란
을 뜻한다.

위의 비결은 고종 21년(1884) 10월에 발생한 갑신정변(甲申政變)을 예언한 것
으로 보인다. 갑신정변은 김옥균과 박영효 등이 주도한 사건으로 이들이 3일
동안 집권하여 위로부터의 근대적 개혁운동으로 평가된다. 정변이 실패하고
사건 주모자들이 일본으로 망명했던 일도 "무지개가 다시 동쪽으로 달아나리
라."는 예언이 정확하게 실현된 일로 믿어진다.

고종 22년(1885) 4월에 청나라와 일본은 천진조약을 체결하여 장차 우리나
라에 중대한 사건이 발생하면 두 나라가 동시에 군대를 파견할 것을 약속하였
다. 이후 우리나라의 국운은 바람 앞의 등불 신세로 전락하였는데 비결에서
"남북의 군사들이 부딪혀 화가 점차 심한 불길처럼 번져나갈 것이다."라는 예
언이 실현된 일로 여겨진다.

지배층에서도 비결에 대한 신앙을 믿었고 의도적으로 유포하기도 했다.
그 대표적인 사례가 경복궁을 중건할 때 그 정당성을 강조하기 위해 다음과
같은 비결을 퍼뜨린 일이다.

> 景福宮殿更爲創建, 寶座移定, 聖子神孫, 繼繼承承, 國祚更迤, 人民富盛[77]

---

[77] 『捕盜廳謄錄』中, 乙丑 4月, 景福宮重建事及秘訣.

조선 후기에 전개된 민중운동들은 풍부한 종교성을 가졌음에도 불구하고, 그것이 내포한 신비적 요소와 주술성으로 인해 항구적인 인적 통합의 기능을 창출해 내지 못함으로써 우발적이고 일시적인 운동에 그치고 말았다. 또한 주술적인 힘에 의지하여 종교적 결사체를 도모하거나 보다 제도화된 종교 교단으로 연결되지 못하고 주변부에서 미성숙한 천년왕국적인 민중운동에 그치고 말았다는 평가가 있다.[78]

그러나 17세기와 18세기에 확산되었던 미륵신앙운동과 비결신앙운동은 봉건체제에서 억압받던 민중이 종교적 이념과 이상세계에 대한 대망을 바탕으로 전개한 운동이었다는 점에서는 새로운 종교운동의 기반을 제공한 것으로 볼 수 있다.

즉 민중사회에서의 미륵신앙과 비결신앙의 확산은 그동안 억눌려 왔던 민중의 종교적 욕구를 분출시키는 계기를 마련함으로써, 성리학적 가치에 의해 사회 통합을 유지해 오던 조선왕조에서 새로운 종교운동의 출현을 예비케 했다는 점에서 중요한 의미를 갖는다.[79]

비결신앙이 지니는 사회변혁 이데올로기로서의 성격은 이 신앙이 개인의 안락을 구하는 개인주의적이고 기복 중심적인 차원을 넘어 사회적 불의와 구조적 모순을 타파하고 공동선을 추구하는 사회 중심적이고 세계 보편적인 성격을 지니게 했다.[80] 이는 비결신앙의 내면에 이타적(利他的) 성격이 내재되어 있음을 의미한다.

봉건사회로부터 벗어나려는 민중의 열망을 반영하고 운동에 결합함으로써 일부는 권력자나 교주의 권력을 정당화하고 민중과 신도들의 재물을 탈취하는 수단으로 이용되기도 했다. 비결신앙은 시한부 종말론의 확산에도 영향을 미쳤는데, 특히 자신이 직면한 문제들을 자신의 노력보다는 앞으로 나타날

---

78 황선명, 『조선조 종교사회사 연구』(일지사, 1985), 282쪽.
79 노길명, 『한국의 종교운동』(고려대학교 출판국, 2005), 56-57쪽.
80 노길명, 위의 책, 61쪽.

메시아에게 전적으로 의탁함으로써 한국의 종교 문화가 개인주의적이고 기복 중심적이고 의타적인 성격을 강화하도록 하는 데 일조하였다.

이러한 신앙이 발전하기 위해서는 개인의 기복적 차원을 넘어 사회의 모순과 부조리를 극복하고 이상적인 사회를 지향하려는 이타적이며 보편적인 가치를 찾아내는 동시에, 그것을 현실사회 안에 구현시키려는 보다 적극적인 노력이 따라야 할 것이다. 이들 신앙이 지배계급으로부터 극심한 억압을 받으면서도 민중 세계에 면면히 이어져 올 수 있었던 것은 예언신앙이 지니는 독특한 역동성과 생명력 때문이었다. 따라서 보다 활성화된 민중의 신앙으로 활력을 되찾기 위해서, 나아가 보다 나은 사회 건설에 이바지하는 긍정적인 사회적 가치로 기능하기 위해서는, 그 안에 내재된 보편적이고 이타적이며 자력적인 성격을 찾아내어 활성화시키는 작업이 필요할 것이다.[81]

이상사회를 내세가 아닌 현세에서 이루려 하는 성격을 지니고 있었기 때문에 급진적 종말사상이나 개벽사상으로 전개되었다. 그리고 거기에서 파생되는 현세 구복적이고 현세 변혁적인 성격은 이상향을 내세에서 찾았던 서학과는 성격이 달랐다. 민중에 전승되어 오는 전통적 민간신앙이 예언사상의 밑거름이 되었던 것이다.

조선 후기에 심화된 사회의 해체 상황은 억압과 고통으로부터 벗어나려는 민중의 열망과 기존 질서의 청산 및 새로운 질서와 세계의 도래를 약속하는 여러 형태의 종교운동을 촉발시켰다. 미륵신앙운동, 비결신앙운동, 서학신앙운동 등은 민중종교운동으로서의 성격을 지니고 있었다.

이와 같은 민중종교운동은 19세기 중엽에 이르러 보다 체계적인 조직과 교리를 갖춘 신종교운동으로 구체화되기 시작했다. 그 효시는 수운 최제우가 창도한 동학이었다. 동학은 그동안 민중 사이에 전개되어 왔던 다양한 형태의 종교운동 체험이 축적되어 나타난 근대 신종교운동의 효시였다.

신종교운동은 급격한 사회적 전환기에 등장하였다. 한 사회가 내적 요인

---

81 노길명, 위의 책, 62쪽.

이나 외적 충격에 의해 급속한 변화를 겪게 되면 기존의 가치나 규범이 지니던 영향력이 급속히 약화되기 마련이고, 그에 따라 이러한 급속한 변동에 적응하지 못하는 사람들은 자신을 둘러싼 사회와 세계를 해석할 능력을 상실하게 된다.

이때 이들 가운데 상당수는 자신들에게 고통을 가져다주는 현실세계의 종말과 새로운 세계의 도래를 열망하게 된다. 이러한 열망으로 기존 사회질서를 낡은 세계나 악의 세계라고 규정하면서, 인간의 참다운 자유와 평등 그리고 물질적 축복이 넘치는 새로운 세계로서의 지상천국이 곧 도래할 것이라는 신앙을 강화시킨다.

신종교운동은 사회의 구조적 모순과 부조리에 대한 원인을 분석하고 그에 대한 나름대로의 대응 방안을 제시한다. 그 방안은 대부분 새로운 사회질서로의 개편이며 따라서 이러한 운동은 사회변동의 동력이 된다. 이상사회에 대한 민중의 소망을 수렴하고 그 열기를 에너지로 삼아 전개된다. 따라서 과격하거나 혁명적 성격을 띠기 마련이다.

신종교운동은 개인적 구원에 만족하지 않고 집단적·민족적 구원을 지향하며, 이상향이 내세에 이루어지는 것이 아니라 지상인 이 땅에서 이루어지는 현세적인 것이라고 주장하며, 점진적으로 진행되는 것이 아니라 갑자기 이루어진다는 긴박성을 강조하고, 초자연적이고 초월적인 존재에 의해 이루어지는 신비한 현상으로 이해한다.

이근응
사건

88

고종 27년(1890) 8월에 고형석(高亨錫, 당시 37세)과 손흥준(孫興俊, 당시 37세)이 언서(諺書)로 윤태선(尹台善) 등의 역모를 포도청에 고변했다.[1]

윤태선, 이근응(李瑾應), 중 가허(駕虛), 임하석(林河錫), 이상익(李象翼), 정형섭(丁亨燮), 방병구(方炳九), 김의균(金義均) 등이 10월 10일에 모사(謀事)하기로 정했다. 이들은 남한산과 북한산에서 각각 수십 명씩 포(砲)를 쏘면서 서로 웅하면 관내의 직령관(直領官)이 호응할 것이며, 이때 도성이 비등(沸騰)함을 틈타 호위군이라고 가칭하고 서울로 쳐들어가면 불과 1-2일 내에 궁궐을 장악하여 거사를 성공할 것이라고 확신했다.

이근응은 30여 년 동안 때를 만나지 못해 자신의 뜻을 펴지 못한 것을 안타까워하다가 거사를 도모했다고 진술했다. 이들은 고종 24년(1887) 무렵부터 "러시아에 지략이 있는 사람을 파견하여 조선과 밀착시키고, 그에 따라 조선

---

1 「좌우포도청등록」, 제1책, 『포도청등록』 하(보경문화사, 1985), 19-29면.

과 청국 사이에 틈이 생기면 그 기회를 이용하여 거사를 일으킨다."는 계획을 꾸며왔노라고 진술했다. 또 "당적(黨賊)이 크게 일어나는 것은 훈련도감의 여당(餘黨)"이므로 각처에 산재하는 훈국군(訓局軍) — 훈련도감군 — 을[2] 모아 민요를 일으키려는 계획도 세웠다.

김충곡(金忠谷)은 곧 익룡(益龍)이다. 윤태선의 강개(慷慨)함과 의리를 알고 만나서 말하기를 "국운이 10월에 멈출 것은 비결에 이른바 '나라에 사건이 일어나려면 보리 추수가 안될 것이고, 흰 학이 밤에 날면 그 눈물에 청산(靑山)이 젖으리라.'라 했기 때문이다."라는 말을 주고받았다.[3]

동학으로 대표되는 19세기 후반의 변란에 나타나는 주목할 만한 특징 가운데 하나는 변란 주도층들이 척왜(斥倭)와 척양(斥洋)을 위한 의병을 일으킨다는 명분을 내세웠던 점이다. 이러한 현상은 당시의 시국과도 관련이 있다. 고종 5년(1868)에 발생한 오페르트 도굴사건 직후에 내려진 국왕의 교시에 "해적을 섬멸하는 자는 비록 과거에 급제하지 못한 사람이라 하더라도 모두 등용할 것이다."라는 내용은 지방에까지 널리 알려져 있었다.

사회 전반적으로 팽배해 있던 대외적 위기의식과 외세의 침략 행위가 한편으로는 엽관적인 인물들에게는 입신양명할 수 있는 좋은 기회가 되었던 것이다. 고종 5년에 5백 명의 신병(神兵)과 덕유산에 있는 장사들과 함께 남중(南中)에서 거사하려던 정덕기는 "후세에는 연일(延日) 정가(鄭哥)가 집권한다.", "서양 함대를 물리치기 위한 의병을 모집한다."는 명분을 내세웠다.

이필제도 진주사건에서 서양 오랑캐와 왜구의 침략에 대비하여 의병을 일으킨다는 명분을 내세웠고, 영해사건에서도 왜선(倭船) 수백 척이 쳐들어올 것이라는 말로 민심을 동요시키고 의병을 모집한다는 말로 동모자를 끌어들였다.

---

2 조선 후기 중앙 군영의 하나인 훈련도감에 소속되어 군사 훈련, 수도 방위, 국왕 호위 등의 임무를 수행하며 급료를 받는 군인을 가리킨다. 고종 18년(1881)에 군제 개혁으로 별기군(別技軍)이 설치되어 신식 군대 조직이 이루어지자 훈련도감은 이듬해에 폐지되었다.

3 國運之止於十月也, 訣云國家有事, 麥秋亦秋, 白鶴夜飛, 淚濕靑山, 所以云云. 「좌우포도청등록」제1책, 「포도청등록」하(보경문화사, 1985), 25면.

고종 14년(1877)의 이병연사건에서도 이병연은 "만약 양이(洋夷)와 왜(倭)가 쳐들어오면 마땅히 나라를 위해 의병을 일으켜야 할 것이다."라는 말로 동지를 포섭하였다. 고종 19년(1882)에는 조병천이 중국에 침입한 영국이 우리나라에 쳐들어오면 물리치자고 주장하고 이와 함께 벌왜(伐倭)를 주창하여 변란을 기도했다. 또 동학농민혁명 직후에 발생한 황해도의 동학 여당들이 일으킨 변란에서도 척왜양(斥倭洋)을 위한 창의였다.

이러한 경향은 19세기 전반의 변란에서 왜(倭)와 합세하여 거사할 계획을 세웠던 일과는 뚜렷이 구별된다. 이는 철종 11년(1860)의 북경 함락에 대한 소식, 병인양요와 신미양요의 발생, 일본에 의해 강압적으로 행해진 문호 개방 등이 조선사회에 반외세적이고 반일적인 분위기를 고조시켰기 때문이다.

철종 13년(1862)에 전국적으로 일어난 임술민란 이후 꾸준히 전개되었던 민란은 1880년대 중반 이후에 들어서면서 가히 폭발적이라고 할 만큼 전국에서 동시다발적으로 일어났다. 그러나 민란에서는 '반외세'라는 구호가 보이지 않는다.

고종 4년(1867) 3월에는 양이, 왜, 미국이 합세하여 우리나라에 쳐들어올 것이라는 소문이 있었고, 고종 10년(1873) 8월에는 서양 오랑캐와 유구국이 합세하여 쳐들어올 것이라는 정보를 청나라가 보내왔다는 소문도 떠돌았다.[4] 반외세의 구호를 내세운 19세기 후반의 변란은 민란 차원에서는 전혀 제기되지 않았던 문제다.

민란에서는 나타나지 않았던 척왜, 척양의 구호는 1860년대 이후의 변란 모의에서부터 지속적으로 보인다. 이는 반봉건적인 구호에 기울고 고을 단위로 고립되어 있던 민란을 전국적 차원의 항쟁으로 끌어올리고, 보다 광범위한 계층을 포섭할 수 있는 반외세적 민족주의의 단초가 형성되는 과정으로 이해된다. 즉 서세동점(西勢東漸) 시대를 맞아 민중운동에도 반봉건적인 측면과 아

---

4   한우근, 「개항 당시의 위기의식과 개화사상」, 『한국사연구』 2(1967), 성대경, 「대원군 정권의 성격 연구」(성균관대학교 박사학위논문, 1884) 등을 참고하시오.

울러 반외세적인 논리가 획득되어 가는 과정으로 볼 수 있을 것이다.[5]

그러나 변란의 이러한 이념적 성향을 근대 민족주의로 곧장 연결시키기에는 반봉건, 반외세라는 두 측면 모두에서 한계를 안고 있었다. 반외세의 측면에서는 여전히 화이론적(華夷論的) 세계관을 극복하지 못했고, 반봉건의 측면에서도 조선왕조를 부정했지만 여전히 그다음 사회에 대한 전망이 또 다른 왕조라는 전근대적 인식의 틀 속에 갇혀 있었다.[6]

철종 2년(1851) 최봉주는 병자호란 때의 원수를 갚고 태조의 창업을 계승하기 위해 전횡도(田橫島)라는 가상의 섬에 살고 있다는 명나라의 후손들과 합세하여 청나라를 공격하자고 주장했다. 이필제의 진주사건에 함께 모의한 양영렬은 주자(朱子)의 둔전법(屯田法)을 실시하려 한다고 주장했다. 이는 두 사건의 주도층이 화이론적 세계관과 함께 태조의 창업 정신이나 봉건적 토지제도라는 성리학적 이데올로기에 머물러 있었음을 단적으로 보여준다. 이는 변란 주모자들 개개인의 의식이 가진 한계이기도 하지만, 당시의 시대가 가진 한계이기도 했다.

그렇지만 변란이 거듭되면서 이러한 한계도 조금씩 극복되어 갔다. 짧게나마 거사에 성공한 민회행의 광양사건과 이필제의 영해사건에서 민중이 지닌 역량을 본격적으로 인식하기 시작함으로써 민란과 변란이 결합될 수 있는 단서가 마련되고 있었다. '지속 가능한 항쟁'을 계속 유지하기 위해서 가장 필요한 것이 민중의 힘이었다.

민회행은 광양사건에서 봉기의 목적을 "진주민란을 본받아 거사하여 읍폐를 바로잡고자 한다."고 밝혔고, 관아를 점령하자마자 관곡(官穀)을 풀어 읍민들에게 나누어주었다. 이필제는 진주사건에서 "대의(大義)로써 팔방에 포고하고, 인의(仁義)를 갖춘 군율(軍律)을 행하여 민심을 어루만지고 은혜를 베푼 후라야 일이 이루어질 것이다."라고 말했다.

---

5   배항섭, 「변란의 추이와 성격」, 『한국사』 36권(국사편찬위원회, 1997), 376-377쪽.
6   배항섭, 위의 글, 377쪽.

이들은 거사가 성공하기 위해서는 무엇보다도 민중들의 지지가 필수적이라는 사실을 잘 알고 있었던 것이다. 이필제의 진주사건 때 성하첨이 "임술민란 때 그 읍의 물정을 살펴보니, 그 무리가 쉽게 모이고 쉽게 흩어지더라. 이미 굳은 의지가 없으니 당연히 대패하였다.", "작년(1869) 봄에 일어난 광양의 변란은 3-4읍을 공략하여 성공하였는데, 작년 가을에 일어난 통영민요는 주사(舟師)와 군병이 모두 장교의 수중에 있어서 실패했다."고 변란의 성공과 실패 요인을 분석하였다.

그리고 최봉의가 이필제에게 "작년 통영민요 때 어찌 거사하지 않았는가? 나와 같은 사람이라도 만약 찬역(簒逆)하려는 마음이 있어 기회를 보아 모의했다면 일은 손바닥 뒤집듯이 쉬웠을 것이다."라고 말하여 거사 시기를 놓쳤다고 힐난했다.

변란 주도층이 민란을 통해 폭발적으로 분출하던 민중의 힘을 본격적으로 인식하기 시작하는 과정이자, 민란과 변란이 결합될 수 있는 단서가 마련되고 있었음을 보여주는 중요한 대목이다. 수없이 시도되었던 변란이 실패한 근본적인 요인은 바로 민중들의 광범위한 지지를 받지 못했기 때문이다.

이필제의 진주사건에서 그가 "먼저 진주를 도륙내려고 한다."고 말하자, 정만식이 "진주는 물산이 풍부하고 토지가 넓기 때문에 민심이 안정되어 있어서 다른 지역과는 다르니 경솔하게 범해서는 안 된다."고 대답했다. 이러한 대화를 통해 당시 이필제는 민중과 함께 호흡하며 그들을 자연스럽게 동원하는 방식이 아니라, 일단 주모자들이 먼저 거사를 일으키면 민중들이 따라서 가담할 것이라고 막연히 기대하고 있었음을 알 수 있다. 민중과 조직적이고 자연적인 결합을 도모하기보다는 단순히 민중들의 분노와 불평불만에 기대려는 차원에 머무르고 있었다.

이필제가 고종 7년(1870) 정월에 진주에서 거사를 일으키려 했던 것도 예언사상의 영향을 받아 지리산 일대로 피난 온 사람들이나 차력술이나 무예를 닦는 자들의 호응을 기대했기 때문이다. 그러나 이러한 바람도 직접 그들과 대화하고 접촉하면서 거사에 동참시키기 위해 권유하는 방식이 아니라, 이필제 등의 거사 주도층의 일방적인 희망 사항에 불과했다.

그리고 이필제가 영해를 세 번째 거사 장소로 선택한 것도 영해 인근의 험준한 산속 곳곳에 숨어 살던 다수의 동학교도들의 동참을 기대했기 때문이다. 영해는 동학의 초기 포교 지역이자 많은 교인들이 있었고, 이필제는 동학의 조직과 힘을 이용하여 다시 변란을 시도했던 것이다.

변란이 새로운 차원으로 전개되기 위해서는 먼저 변란이 가진 반외세적인 이념과 조직의 지역 간 연계성을 계승하고 보전하는 동시에 민중들과 정서적 공감을 마련하고, 나아가 그들이 가진 힘을 전국적인 항쟁으로 이끌어내어야 한다. 그렇게 하기 위해서는 민중들의 생활이 이루어지는 향촌사회 내부에서 출발하지 않을 수 없었다. 그러나 향촌사회의 민중들은 그때까지는 반봉건과 반외세라는 이중의 과제를 해결할 주체적인 역량이 마련되어 있지 않았다.[7]

---

7   배항섭, 앞의 글, 379쪽.

정약종(丁若鍾, 1760-1801)이 지은 『주교요지(主敎要旨)』는 문답식으로 구성된 순 한글 천주교 교리 해설서로 국문 목판본과 활자본이 현존한다.

이 책에 다음과 같은 내용이 보인다.

세상이 장차 끝날 때에는 천하만국이 서로 싸우고, 서로 죽이며, 흉년이 들고, 나쁜 병이 크게 돌고, 재앙이 무수하여 사람이 많이 죽고, 바다가 뒤끓고 산이 무너지며, 온 땅이 진동하고, 하늘이 어지러이 흔들리며, 해와 달과 별들이 다 그 빛을 잃는다. 하늘로부터 큰불이 내려와 초목과 짐승과 사람을 죄다 불태우고 (…)

인용문에는 사회변동에 따른 위기의식의 표현과 현실도피적이고 은둔적인 경향의 말세사상이 엿보인다. 물론 계시록에 나오는 형태의 말세관이 엿보이지만 한국적 예언서에 보이는 말세관과도 어느 정도 관련성이 있다고 볼 수 있다.

한국천주교회 창립의 중심인물이자 우리나라 최초의 교단 조직인 이른바 가성직자계급(假聖職者階級)의 지도자였던 이벽(李檗, 1754-1785)이 주인공으로 등장하는 『이벽선생몽회록』은 말미에 "뎡유 뎡아오스딩셔 우등셔졍이라."라고 적혀 있어서 정약종(丁若鍾, 1760-1801)이 정조 1년(1777) 정유년에 썼다고 주장되는 1책의 한글로 필사된 고전소설이다. 원래 이 책은 김양선(1907-1970)의 수장본인데, 1983년에 숭실대학교 기독교박물관에 기증되었다. 전체 분량은 11장 22면으로 깨끗한 정자체로 매 장 10행, 매 행 18자 내외로 필사되어 있다.

그러나 이 책은 이벽이 죽은 뒤 60년 만인 헌종 12년(1846) 병오년 6월 14일에 정학술의 꿈에 나타나 이야기한 것을 기록한 내용으로 구성되어 있고, 정조 1년에는 몇몇 사람들이 모여 한역서학서(漢譯西學書)를 보고 토론하는 정도였다는 점을 고려한다면 결코 정약종이 지었을 가능성이 없다. 정유년이라는 기록을 전적으로 신뢰한다면 차라리 헌종 12년 이후의 정유년인 광무 1년(1897)에 이름을 밝히지 않은 어떤 인물에 의해 창작되었다고 추정하는 것이 타당하다. 물론 이때가 창작 시점인지 필사 시점인지에 대해서는 좀 더 고찰할 필요가 있지만 현재로서는 자세히 밝힐 수 없다. 따라서 『이벽선생몽회록』은 1840년대 후반 이후에 서학의 전파를 목적으로 쓰인 필자와 필사자가 미상인 종교소설이다.[1]

『이벽선생몽회록』의 앞부분에는 몽회록의 서술자인 정학술이 꿈속에서 이벽을 만나 천주교 교리에 대해 문답한 내용과 이벽이 생전에 지은 『천주밀험기(天主密驗記)』를 찾아 교도들에게 알리라는 말을 듣고 잠에서 깨는 장면까지가 적혀 있다. 뒷부분은 이벽의 생애를 기록한 부분으로 가계와 탄생, 학문과 신앙 수양 과정, 아버지와의 갈등 속에『천주밀험기』를 짓고 승천하기까지에 대해 적고 있다.

이 책은 '현실→꿈→현실'의 구조를 지닌 몽유(夢遊) 양식의 전통 속에서 창

---

1   김영수, 「천주교인 이벽」, 『조선 후기 소수자의 삶과 형상』(보고사, 2007), 34쪽. 소재영, 「이벽선생몽회록 해제」, 『숭실어문』 1(숭실대학교, 1984), 조성용, 「여니벽몽회록 연구」, (고려대학교 석사학위논문, 1998).

작되었으며, 천주교 신앙 체계에 대한 옹호 논리를 지니고 있고, 실제 현실 속에 일어났던 신유(1801)교난, 기해(1839)교난 등을 예언의 형식으로 언급한 비기류(秘記類) 산문의 성격을 띤다.

1840년대 무렵에 천주교인들이 지녔던 현실 인식과 그들이 품었던 미래에 대한 소망 등을 『천주밀험기』를 통해 알 수 있을 것이다. 원문은 옛 한글체로 적혀 있지만 독자의 편의를 위해 현대어로 고쳤다.

> 갑인을묘에 서방인 동방천사 내빈하여 형세를 알리고 천당으로 가나니 다시 조정과 민심이 동하야 크게 괴변이 일어나고, 병진정사에는 부자 형제 일가친척이 서로 반목하여 산천이 음산하고,
>
> 기미경신지간에는 국운이 어지러워지고, 신유임술지간에는 서학교도가 참살당하니 그 피가 강산을 물들이고 사람인 자는 함구무언이라. (…)
>
> 임진계사에는 윤질괴질이 대치하니 서방천사가 다녀가니 길흉을 판별치 못하리라. 갑오을미에는 곡성이 진동하야 부지라.
>
> 병신정유에는 다시 서방사자 래도하니 만민이 경악하고
>
> 무술기해지간에는 다시 서학교도 참살당하야 민심이 흉흉하고 경자신축지간에 뇌성이 부지하고 백 일 후에 뇌우가 내리리라.
>
> 임인기묘지간은 당쟁 있으리라.
>
> 갑진을사지간에는 민심이 스스로 동요하여 동하리라.
>
> 병오후로는 내세가 임하여 죄 있는 자 모두 토멸당하야 선하고 천주공경하는 자 혹 세상을 이어갈 때가 오고 있나니라 하더라.[2]

간지(干支)를 먼저 제시하고 그때 어떠어떠한 사건이 발생할 것이라는 형식으로 기록된다는 점은 『정감록』과 매우 비슷하다. 동방천사, 서방천사, 천당 등의 용어에서 천주교와의 연관성이 짐작될 뿐 다른 내용은 『정감록』적 비결서와 거의 일치한다. 비결서나 참서(讖書)의 내용이 천주교적으로 각색되었다. 즉 천주교의 교리와 우리나라의 기층문화가 융합되는 과정을 알 수 있는 기록

---

2   『천주밀험기』 가운데 내세예언기. 김영수, 앞의 글, 42쪽.

이다.

당시의 암울한 시대상을 반영하고 있고, 대규모 박해로 인해 사회적 지향점을 잃어버리고 지식인층의 참여가 막힌 상황에서 개인 구원을 위주로 하는 내세 지향의 신앙으로 변모된 모습을 보인다.

한편 고종 16년(1879) 3월에 전국적으로 지진이 발생한 사건을 두고 정씨 왕조가 개창될 것을 예언한 일로 해석한 기록도 전한다.

> 3월 12일 밤 12시 무렵에 전국적으로 지진이 발생했다. 이때 남쪽에서 들려오는 '곽곽찰찰'이라는 소리가 부녀자들이 베틀 판에서 북을 밀어서 손을 주고받는 소리와 비슷했는데, 이를 '북당나귀〔北唐羅狗〕'라 했다. 우리말에 '사(梭)'는 '북'으로 새기고, '려(驢)'는 '당나귀'로 풀이한다. 그리고 정씨(鄭氏)는 은어로 '당나귀'라고 부른다. 이에 어리석은 백성들이 말을 퍼뜨리기를 정씨가 장차 일어날 조짐이라고 했다.[3]

또 고종 24년(1887)에 전국에 전신주를 세운 일을 참언과 부합한다고 본 경우도 있었다.

> 가을에 전보국(電報局)을 설치하여 의주부터 동래까지 전신주를 세웠다. 민간에서는 예전부터 "천 리에 늘어선 소나무가 하루아침에 하얗게 될 것이다."라는 참언(讖言)이 있었다. 고종 13년(1876)에 발생한 큰 흉년에 남쪽 지방의 백성들이 소나무 껍질을 벗겨 먹어, 큰 소나무들이 껍질이 벗겨진 채 하얗게 늘어선 모습을 보고 어떤 사람들이 참언이 들어맞았다고 말한 적이 있었다. 이때는 황현이 구황(救荒)을 위한 초목이 어찌 참서(讖書)에 올라 있을 이치가 있겠는가라고 반박했었다고 한다. 그런데 전신주가 전국적으로 늘어선 이때의 상황을 본 황현은 "여항에서 떠도는 말이 모두 근거가 없다고는 할 수 없겠다."고 인정할 수밖에 없었다.[4]

---

3 임형택 외 옮김, 『역주 매천야록』 상(문학과 지성사, 2005), 142쪽. 三月十二日丙辰夜三鼓, 有聲自南來, 頃刻滿京城, 霍霍札札, 不可名狀, 婦孺擦梭于板, 競相傳效, 謂之北唐羅狗. 方言訓梭曰北, 訓驢曰唐羅狗. 又謎鄭曰驢. 於是愚民相扇, 以爲鄭氏將興之兆. 권 1, 상.

4 임형택 외 옮김, 『역주 매천야록』 상(문학과 지성사, 2005), 261쪽. 秋建電報局, 立電桿, 起自義州入

또 『용호한록』 4권 20책 「하동죄인송환경참사(河東罪人宋煥慶讞辭)」에 십승지와 궁궁(弓弓)에 대한 언급이 보인다.[5]

그리고 『용호한록』 4권 20책 「하동부거인송태환참사(河東府居人宋泰煥讞辭)」에도 자칭 술사라는 송태환이라는 인물이 진인을 찾아 나라를 구할 의지를 불태우다가 비결을 나름대로 풀이했으며 피난지로 추정되는 곳을 찾아다녔다는 기록이 보인다.[6]

于京, 自京至東萊. (⋯) 民間舊有零讖曰, 千里連松一朝盡白. 丙子大侵, 南民剝松皮代粮, 大松白立相望, 或者以爲讖也. 余時弱冠駁之曰, 安有救荒草木登諸讖書之理乎? 至是乃驗, 蓋閭巷流傳之談, 亦不可謂盡無所自也. 권 1, 상.

5 河東罪人宋煥慶. 白等, 矣身自二十年前, 奮身慷慨, 自知將濟世報國, 一心誠意, 勤懇慇懇, 考覽古蹟, 周盡時物, 以爲日後圖成萬一之功, 亦欲求覓同志經綸之士, 未能見得, 自古有志之士, 皆深藏不市, 故平時則難見其人, 有事後, 可見其人, 一言蔽之曰, 拘留罪民, 以待日後, 覺報其萬一焉, 以愚所見, 商量思之, 則北變先起, 南變繼出, 其似在今年八九月間, 然何敢斷言, 徐觀時變而已, 亦在豫備之如何耳, 古訣, 瞻彼出蓼江山, 人多生路, 亦云, 湖西內外四郡內浦聖住烏棲兩山之地, 湖南之金堤萬頃, 光陽之白雲, 嶺南之梁山智異山圓寂山東萊西北金井山金海 熊川三邑之島也, 十勝不良, 沒敗而歸, 十勝則報恩俗離也, 公州維鳩山麻谷也, 寧越北東上流也, 安東太白山春陽面也, 豊基小白山下兩水間, 車巖下金鷄村也, 醴泉金塘谷也, 星州伽倻山南萬壽洞也, 雲峯知理山銅店里也, 扶安邊山壺巖也, 兩白山中, 必有自中之亂, 其外金剛山, 江陵五臺山, 興陽八永山, 皆爲勝地, 而且象壬辰勝地, 不關於日後勝地, 壬辰利在松松, 故呼曰松牙也, 壬申利在家家, 故呼曰家也之, 戊辰利在弓弓, 故呼曰島也之, 且云, 弓弓其眞樂地, 而無人居之, 其誰知之, 且云, 弓弓卽乙巳之間, 甲기乙辰太乙之間, 乃巽方也, 且曆書方位圖, 癸丑以前, 皆書以或巽或巳, 而癸丑以後, 一以巽字書之, 此乃有知者, 欲使世人曉知也, 且世人言不知曰者, 非巽方也, 且言無人知巽爲方之意也, 且訣云, 苗角苗角之意, 卽國之邊隅也, 且春陽有方亭, 乃巽方初入也, 且訣云, 似曾非僧者, 着靑衣自南來云, 不利山不利水, 利則方方落來孤西乳, 四乳者, 卽深山平野大島中七點山, 怳似雙乳者四點也, 且云高四邱, 且云落盤高子臺, 且趙訣云, 遠見則五峯, 近見則七點, 明沙十里四德之間, 四德者, 梁山萬德, 金海德島, 東萊 德浦, 熊川 加德也, 且云避兵圖生, 莫如蓬瀛, 蓬不如瀛, 瀛不如平沙之下, 蓬卽活萬人, 欲加德, 加德雖好, 亦爲倭舶所近, 故不如大島與鳴湖也, 謙巖秘訣云, 萬頃蘆花東萊, 瀛卽識個中方意, 耳其川川是其土, 且永平訣云, 鳥有飛而不離彼枝此枝, 牛有鳴而不見上坪下陌, 非淺非深, 一片生耳之地, 且大島象三釵江, 卽大島生耳與鳴湖之生耳也, 廣濶長直, 有高低深淺, 阡陌周回, 蘆花茂盛, 落來落去之形也, 且云, 千人萬人咸來處, 一水二水營洄也, 且斗小銅大, 銅大者, 島中多峇, 斗穀甚少, 而蘆多鹽多, 日出萬錢, 故云銅大也, 銅者靑銅也, 大者多也, 俗諺云, 熊川不出我八字, 且天下之朝鮮也, 朝鮮之金海等地, 多土多鹽, 柴木菜草, 人心人物, 卽朝鮮之第一也, 土價敖價, 魚鹽菜草之價, 比他至歇, 雖有無前大小風波, 此等島, 人無一死生, 漸高漸盛. 餘漏未錄, 可歎.

6 河東罪人宋泰煥. 河東府報內, 本府居人宋泰煥爲名人, 自稱術士, 卽入官庭, 謂之曰, 今年八九月間, 南北亂大出樣, 丁寧納告, 屢次刑訊, 終始如一, 至於結營, 而題內, 查實次捉囚大邱鎭事, 卽爲捉來鎭營, 連日取招, 則招內, 矣身自二十歲, 周覽朝鮮山川, 欲得眞人, 學其眞法, 以爲國家萬一圖報之誠矣, 曰力未明, 未得其人, 然世態人心, 比前大變, 天時地理, 可謂今逢大變, 則大變不多言, 囚此罪民, 以待其時可也, 變出則北變先起, 南變鱗出, 自國家至列邑, 豫備可也, 戊辰之利, 在於方方者, 世人未知也, 方方卽巽方也, 曆書方位圖, 後甲時, 以巽字書畫矣, 先甲時, 亦以巽字書畫, 詳看曆書, 可知也, 生方卽巽, 而巽方, 卽金海鳴湖熊川也, 星州 伽倻南萬壽洞, 安東太白山, 全羅道 錦山 雲峯, 江原道五臺山也, 而最好處, 金海鳴湖也, 秘訣云, 一坪蘆花活萬人, 此之謂也, 若不信吾言, 數日內, 詳察天文則可知也, 數日後, 卽八月十六日也, 三更量, 白虹自北指南, 形如白木一片廣, 而貫月而橫, 如是後, 滿城人心, 無非猖獗, 一招再招, 片言

89. 서학의 비결신앙 349

또 『민충정공유고(閔忠正公遺稿)』 권 2 「천일책(千一策)」에는 동학이 치성하고 서북 지방에 민요가 발생하는 일을 비결에 부응한 것으로 보고 이를 남조선비결이라고 해석한 경우도 보고된다.[7]

不異, 顔色自若, 可謂狂則狂矣, 眞則眞矣, 自營啓聞, 向日捉上京師, 卽八月晦日也. 三街都會市南廬, 誰
識儼然大俠居, 歌歇琴停還擊筑, 酒醒茶罷又看書, 松陰入夢精神鶴, 雲水藏踪變化魚, 莫道世間功業晩,
陳平去後一衡餘, 屠手, 生涯暫托鼓刀廬, 後日經綸疑鼎居, 不遇悲懷歌釼筑, 無爲智畧讀兵書, 嗟吾未展
藏楸驥, 憐爾難逃涸轍魚, 上甲初醒長夜夢, 江山八域盛衰餘. 卞雇手, 書懸南門, 率家逃去耳, 全州.

7 近日三南東學, 西北民擾, (…) 諺識所謂, 南亂先起, 北亂次至者, 非此耶, 且嘗考瀛寰誌, 無所謂南朝鮮,
而南朝鮮之說, 其傳已久, 則必是吾邦讖言也, 此輩之意, 欲使三南, 別立一局, 以應南朝鮮之讖也, (…).

동 학 의
예 언
사 상
90

(1) 머리말

19세기 이후 조선은 서구 열강의 직접적인 침략을 받지 않았지만 이양선 (異樣船)의 출몰이 잦아지면서 양이(洋夷)의 침공에 대한 급박한 위기의식이 사회 전반에 만연하였다. 특히 철종 11년(1860)에 일어난 영불 연합군에 의한 북경 함락 소식은 조선사회에 엄청난 위기의식과 혼란을 초래하였다. 조정에서도 천하를 장악한 중국조차 당해내지 못했던 서양 오랑캐의 무력에 전율하면서 곧 조선에 닥칠지도 모를 위험에 대해 걱정만 하는 실정이었다.[1]

민간에서는 곧 서양 오랑캐가 쳐들어와 난리가 일어날 것이라는 소문이 널리 퍼져 보따리를 싸 들고 산과 계곡으로 피난하는 사람들이 속출했고, 심지어 일부는 서둘러 성경을 구입하거나 십자가를 목에 걸고 다니기도 했다.[2]

---

1 『승정원일기』, 철종 11년(1860) 12월 10일.
2 성대경, 「대원군정권 성격연구」(성균관대학교 박사학위논문, 1984), 9-11쪽.

19세기 후반에 민간에 널리 유포된 이른바 이단사상은 철종 11년(1860) 4월에 창시된 동학(東學)과 비결(秘訣) 또는 비기(秘記)로 대변되는 예언사상이었다. 동학과 예언사상은 조선왕조가 직면한 여러 내부적 모순과 서양 세력의 침투라는 외부적 모순에 따른 민중의 위기의식과 불안의 산물이자 이를 극복하고 해결하기 위한 사상 체계로 제시되었다.

동학의 창시자 수운(水雲) 최제우(崔濟愚, 1824-1864)는 「권학가」에서 "경신년(1860)에 전해온 세상의 이야기는 요망한 서양의 적이 중국을 범하여"라고 노래했고, 「포덕문」에서는 "서양은 싸워서 승리를 취해 이루지 못하는 일이 없다고 전한다.", 또 "(서양이) 천하를 진멸하니 순망지탄(脣亡之歎)이 아닐 수 없다. 보국안민(輔國安民)의 계책을 장차 어떻게 세울 것인가?"라고 말하여, 이제 현실적으로 다가온 서양 오랑캐의 침략을 막기 위해, 특히 사상적 측면의 공격에 대비하기 위해 동학을 세운다고 선포했다.

당시 조선 정부는 처음에는 동학을 서학(西學)이 이름을 달리한 것으로 여기거나 저급한 이단사상으로 인식하여 별다른 주목을 하지 않았다. 그러나 동학이 경상도 일대를 중심으로 급속하게 전파되자, 그 조직력과 영향에 대해 크게 우려하여 동학을 성리학적 지배 이데올로기에 대한 중대한 도전으로 간주하였다. 결국 정부는 고종 원년(1864) 3월에 동학의 교조 수운을 좌도난정(左道亂正)이라는 죄목으로 처형하였다. 하지만 정부의 끈질기고 강력한 탄압에도 불구하고 동학은 점차 세력을 넓혀 나갔으며 동학사상은 전국적으로 확산되기 시작하였다.

한편 이전부터 단편적으로 전해지던 비결(秘訣)과 진인출현설(眞人出現說) 등의 예언사상도 이 시기에 급격하게 확산되어 당시 끊임없이 전국적으로 일어났던 수많은 변란의 이념적 무기이자 사상적 배경이 되었다. 이 예언사상은 이씨(李氏) 조선의 멸망과 정씨(鄭氏) 왕조의 개창이라는 역성혁명사상(易姓革命思想)이 핵심이다.

이러한 예언사상이 빠른 속도로 민간에 알려지게 된 배경에는 조선사회 내부의 각종 모순으로 야기된 불안감과 서양 세력의 침공이라는 대외적 위기의식이 자리잡고 있었다. 이씨 왕조로서는 더 이상 민중이 느끼는 불안과 위기를 해결할 수 없을 것이라는 판단은, 민중이 다양한 예언사상을 받아들이고 믿는 결정적 계기가 되었고, 예언사상에 기초한 거사(擧事)도 불사하는 담대한 도전의식에 불을 지피는 기름이자 발화점이 되었다.

예언사상은 역성혁명에 기초하여 기존 왕조의 멸망을 예언하고 새로운 왕조가 새 인물에 의해 열릴 것이라는 희망을 제시하였다. 그리고 예언사상은 서양의 침공이라는 대외적 위기의식을 반영하고 있으며, 사회질서의 문란과 지배층의 부정부패에 대한 반감과 함께 기근(饑饉)의 빈발과 전염병의 유행에 따른 불안감과 공포감 등이 포함되어 있다. 이처럼 기존 왕조체제에 대한 전면적 부정과 이상사회와 이상적 존재의 출현에 대한 민중의 동경이 녹아있는 예언사상이 사회 전반에 퍼져 민심을 동요시켰다.

서양의 침공에 대한 사상적 대비책으로서 제시된 동학은 인간 존중을 통한 새로운 이상사회의 구현이라는 종교적 이상(理想)을 제기했다는 점에서 기존의 질서와 이념에 대해 혁명적일 수밖에 없었다. 바로 이러한 점에서 동학과 예언사상은 일맥상통하는 접점을 이룰 수 있었고, 양자의 동질감이 확인된다. '대안의 부재'라는 기존 사회의 부패와 무능력을 과감히 고치기 위해서는 무언가 새로운 세력이나 조직이 나타나 새 사회 구현을 위한 사상을 제시해야 한다. 진인(眞人)이나 새 왕조의 출현을 기대하는 일은 새로운 이상과 이념 체계를 제기하는 동학의 출현을 거부하거나 반대하지 않는다. 이와 마찬가지로 동학은 진인출현설을 받아들일 수밖에 없었던 시대적 배경과 사상적 맥락을 가지고 있었다.

이 글에서 필자는 동학과 예언사상이 공통분모로 삼는 부분들을 동학의 예언사상이라는 제목 아래 구체적인 역사 자료를 통해 상세히 고찰해보고자 한다.

(2) 수운 최제우의 예언사상

조선 후기 이래 면면히 이어진 민중의 사회변혁운동과 신앙운동의 전통은 동학을 탄생시켰고, 동학은 그 토양을 더욱 기름지게 가꾸었다. 최제우가 창도한 동학의 교리에는 새로운 이상세계에서 사람다운 사람으로 살고 싶다는 민중의 소망과 의지가 짙게 배어 있다. 이러한 희망찬 메시지가 민중세계로 되돌아가자, 민중들은 열광적인 신앙으로 화답하였다.[3]

동학은 귀천, 상하, 남녀를 차별하지 않는 평등주의와 각자 가진 재산을 조금씩 나누어 가난한 사람을 돕는 유무상자(有無相資)를 실시하여 입교자가 더욱 증가하였다. 이러한 평등주의와 상호부조 정신은 신앙 공동체적 의식의 발로였다. 이러한 동학 발생의 종교 문화적 배경은 『정감록』과 같은 도참(圖讖)과 진인출현설에 대한 민중의 믿음과 그를 토대로 한 민중신앙운동이다.[4]

이와 같은 맥락에서 이돈화(李敦化, 1884-?)는 순조, 헌종, 철종대의 상황에 대해 언급하면서 양반 토호와 지방 관리들의 작폐가 심하여 정치와 사회 등 여러 방면으로 억압과 가렴주구에 시달린 백성들이 살길을 도모하는 방법으로는 직접 집권층에 반항하는 민요(民擾)를 일으키는 일, 외래 세력에 의지하고자 천주교에 귀의하는 것, "재래의 비결(秘訣) — 『정감록(鄭鑑錄)』 — 에 의하여 십승지지(十勝之地)와 진인(眞人)의 출현을 기대하는 일" 등을 선택했다고 설명한다.[5] 즉 부패한 정권에 대항하여 민란을 일으키거나 서양 세력에 기대어 서학을 신앙하거나 『정감록』류의 예언에 의지하여 진인이 출현하기를 기다리는 일이 당시 민중들이 선택할 수 있었던 행위규범이었다. 이 가운데 도참으로 대표되는 예언사상은 당시 전 사회에 걸쳐 영향을 끼쳤다.

『동학사』의 저자 오지영(吳泳, ?-1950)은 고종이 즉위한 갑자년(1864) 이후의 조선 정부의 위기 상황에 대해 자세히 설명하면서 다음과 같은 기록을 남겼다.

---

3   장영민, 『동학의 정치사회운동』(경인문화사, 2004), 1쪽.
4   장영민, 『동학의 정치사회운동』(경인문화사, 2004), 5쪽.
5   이돈화 편술, 『천도교창건사』(천도교중앙종리원, 1933), 5쪽.

> 홍선대원군이 국정(國政)을 섭정(攝政)하며 (…) 참언(讒言)을 망신(妄信)하여 만인(萬人)을 남살(濫殺)하였고 (…)[6]

인용문은 국정을 쥐락펴락하던 홍선대원군이 도참설을 굳게 믿어 만여 명을 함부로 죽였다는 주장이다. 대원군이 조선왕조의 수명을 연장하기 위해서는 "살만인(殺萬人)"하라는 비결을 잘못 해석하여 수많은 서학교인들을 학살했다는 말이다. 원래 이 비결은 나라의 보물인 해인(海印)을 훔쳐갈 만인(萬人)이라는 승려를 죽이라는 말이었다고 한다.[7]

이러한 상황에서 동학은 조선왕조의 정치 부패, 조세 수탈 가중, 계급적 모순의 심화, 잦은 흉년과 전염병 발생 등의 내부적 모순과 서양 세력의 정치·경제적 수탈과 침략이라는 외부적 모순으로 야기된 민중의 불안과 고통을 해결하기 위해 발생하였다. 기존의 부패하고 낡은 현실을 부정하고 이상적인 미래를 제시하면서 포교된 동학의 사상 체계는 사회 개혁과 새로운 해결책을 찾으려 했던 일부 지식인층과 대다수 민중들에게 커다란 호소력을 지녔고 큰 반향을 불러 일으켰다.

하지만 당시는 성리학적 이념과 윤리가 사회 전반을 장악한 지배 이데올로기로 작용하던 시대였다. 따라서 동학교세의 급격한 증가는 사회문제로 인식되었고, 집권층에 대한 중대한 도전으로 간주되어 동학이 심하게 탄압받은 것은 당연한 결과였다.

동학 역시 서학 또는 서학과 유사한 형태의 새로운 체계를 내세운다는 이단사상이라는 점에서 집권층의 박해를 받았다. 이단사상이란 한마디로 말하면 왕조나 정부의 지배 질서와 권위에 대한 도전이었다. 따라서 이단사상은 통치자들의 집요한 반대와 탄압을 받았다. 현실적인 왕권을 대신하는 관념적이거나 신비적인 천주(天主)나 한울 또는 상제(上帝)를 상정하는 일 자체가 탄압

---

6 오지영, 『동학사(간행본)』(영창서관, 1940), 94쪽. 오지영 저, 이장희(李章熙) 교주본(校註本), 『동학사』(박영사, 1974), 117쪽.

7 이에 대해서는 김탁, 『한국의 보물, 해인』(북코리아, 2009)을 참고하시오.

받을 수밖에 없는 이단이었다.

①『동경대전』과『용담유사』에 보이는 수운의 예언사상

동학(東學)의 창시자이자 교조(敎祖)인 수운(水雲) 최제우(崔濟愚, 1824-1864)는 자신의 도를 무극대도(無極大道)라고 불렀다. 이제 수운의 예언사상을 그의 저작을 중심으로 살펴보도록 하자. 수운의 대표적 저작물인『동경대전(東經大全)』과『용담유사』의 인용문은 현재 천도교중앙총부의 번역과 한문 삽입을 따랐다. 원래『용담유사』는 순 한글본 가사이다. 현전하는 내용은 동학의 2대 교주 해월 최시형의 기억을 토대로 구술된 것을 옮겨 적은 것이다.[8]

『동경대전』「포덕문」은 1861년 7월,「논학문」은 1862년 1월 하순,「수덕문」은 1862년 6월,「불연기연」은 1863년 11월 무렵에 지은 것으로 추정된다.

그리고『용담유사』의「용담가」는 1860년 5월,「몽중노소문답가」는 1861년 3월,「처사가」는 1861년 4월-5월,「안심가」는 1861년 8월,「교훈가」는 1861년 12월 초순,「도수사」는 1861년 12월 하순,「권학가」는 1862년 1월 초,「도덕사」는 1863년 7월,「흥비가」는 1863년 8월 무렵에 지어진 것으로 추정된다.[9]

먼저 수운은 '지극히 높은 큰 도'가 이 세상에 내려올 것이라고 강조했다.

"무극대도 받아내어 정심수신(正心修身) 하온 후에"「교훈가」,『용담유사』

"만고(萬古) 없는 무극대도 받아놓고 자랑하니"「교훈가」,『용담유사』

"만고(萬古) 없는 무극대도(無極大道) 여몽여각(如夢如覺) 득도(得道)로다."「용담가」,

---

8 포덕(布德) 6년(1865) (…) 선시(先時)에 동경(東經)과 유사(遺詞)가 대신사(大神師)의 피해되심을 경(經)하여 이미 화로(火爐)에 속(屬)하여 무여(無餘)한지라. 신사(神師) 염구(念久) 영합(靈合)하시다가 곧 동경(東經)과 유사(遺詞)를 구호(口呼)하사 인(人)으로 하여금 서(書)케 하시었다. (…)「천도교서(天道敎書)」,『아세아연구』제9호(1962년 5월호), 220쪽. 이돈화는 "(1881년) 다시 간행소를 단양군(丹陽郡) 남면(南面) 천동(泉洞) 여규덕가(呂圭德家)에 개(開)하시고 조선문(朝鮮文) 가사 8편을 구송(口誦)하야 간행케 하시니, 이것이 곧 용담유사(龍潭遺詞)이었다."라고 서술했다. 이돈화,『천도교창건사』제2편(천도교중앙종리원, 1933), 30면.

9 박영학,『동학운동의 공시(公示) 구조』(나남출판사, 1990), 82-85쪽.

『용담유사』

　"무극대도 닦아내니"「용담가」

　"만고 없는 무극대도 이 세상에 날 것이니"「몽중노소문답가(夢中老少問答歌)」

　"이 세상 무극대도 전지무궁(傳之無窮) 아닐런가?"「몽중노소문답가」

　"만고 없는 무극대도 여몽여각 받아내어"「도수사(道修詞)」

　"성경(誠敬) 이자(二字) 지켜내어 차차차차 닦아내면 무극대도 아닐런가?"「도수사」

　"내 역시 이 세상에 무극대도 닦아내어"「도수사」

　"만고 없는 무극대도 이 세상에 창건하니"「권학가(勸學歌)」

　인용문을 통해 수운은 자신이 한울님으로부터 받은 도를 무극대도라고 불렀으며, 이 무극대도로 자신이 도를 깨달았으며, 장차 무극대도가 이 세상에 펼쳐지게 될 것이라고 예언했다. 수운은 이전 세상에서는 볼 수 없었던 지극하고 무궁무진한 도법이 이제 자신을 통해 이 세상에 출현하게 되었다는 자부심을 드러낸다.

　수운은 무극대도가 이 세상에 드러나게 되는 과정을 천지가 처음 시작한 개벽 이후에 다시 한 번 맞는 '다시 개벽'으로도 표현했다.

　"십이제국 괴질운수(怪疾運數) 다시 개벽 아닐런가?"「안심가」, 「몽중노소문답가」

　세상이 처음 창조되는 개벽에 맞먹는 '다시 개벽'이 일어날 때 이 세상에는 괴질(怪疾)운수로 표현되는 괴병(怪病)이 천하에 만연하게 될 것이라고 예언했다. 이러한 수운의 천하의 괴질운수는 이후 증산교(甑山敎)의 천하개병설(天下皆病說)과 연결된다. 어쨌든 수운은 '다시 개벽'하는 운세를 맞이하기 위해서는 그 이전에 천하에 괴질이 발생하게 될 것이라는 암울한 예언을 했다.

　그리고 수운은 자신이 살던 때를 무극대도가 세상에 드러나게 될 시기라고 다음과 같이 강조하였다.

　"삼각산 한양도읍(漢陽都邑) 사백년(四百年) 지낸 후에 하원갑(下元甲) 이 세상에"「몽중노소문답가」

"하원갑(下元甲) 지내거든 상원갑(上元甲) 호시절(好時節)에 만고 없는 무극대도 이 세상에 날 것이니"「몽중노소문답가」

"하원갑 경신년(庚申年)에 전해 오는 세상 말이 요망한 서양적(西洋賊)이 중국(中國)을 침범해서"「권학가」

수운은 새로운 갑자년(1864)에 이 세상에 큰 변화가 올 것을 예언하면서 그 핵심은 무극대도가 출현하는 일이라고 강조한 것이다.

이제 동학 이후 증산교(甑山敎)와 원불교(圓佛敎) 등의 한국 신종교에서 계속 언급되는 개벽, 선천, 후천 등의 개념과 관련하여 수운 이후 동학사상을 계승한 인물들의 주장에 대해 살펴보도록 하자.

동학의 2대 교주인 해월(海月) 최시형(崔時亨, 1827-1898)은 "이 세상의 운수는 천지가 개벽하던 처음의 큰 운수를 회복한 것이니라."라고[10] 말했고, "이 세상의 운수는 개벽의 운수라." 라고[11] 주장했다. 이는 천지가 개벽하던 때와 마찬가지로 엄청난 변혁의 물결이 이 세상에 밀려들 것이라는 말이다.

그리고 해월은 이어서 "천지(天地)도 불안(不安)하고, 산천초목도 편안하지 못하고, 강물의 고기도 편안하지 못하고, 나는 새와 기는 짐승도 다 편안하지 못하리니, 어찌 홀로 사람만이 따스하게 입고 배부르게 먹으며 편안하게 도를 구하겠는가?"라고 말하여, 천하의 모든 만물과 사람이 편안하지 못할 때가 올 것이라고 예언했다.

이 밖에도 해월은 동학이 "천황씨의 근본 대운을 회복한 것"이라고[12] 자부하였으며, "새 하늘 새 땅에 사람과 물건이 모두 새로워질 것"이라고[13] 예언했다.

---

10 斯世之運, 天地開闢初之大運回復也.「개벽운수(開闢運數)」,「해월신사법설(海月神師法說)」.

11 斯世之運, 開闢之運矣.「개벽운수」,「해월신사법설」.

12 우리 도는 천황씨의 근본 대운을 회복한 것이니라. (…) 吾道, 回復天皇氏之根本大運也.「개벽운수」,「해월신사법설」.

13 새 한울 새 땅에 사람과 물건이 또한 새로워질 것이니라. 新乎天, 新乎地, 人與物, 亦新乎矣.「개벽운수」,「해월신사법설」.

1891년 12월에 남계천(南啓天)이 "우리 도(道)의 창명(創明)할 시기"를 묻자 최시형은 "산(山)이 다 검고, 길에 비단을 펼 때가 곧 그 시기니라."라고 말하고,[14] 이어서 "만국병마(萬國兵馬)가 우리나라 강토 안에 왔다가 물러갈 때"에 그렇게 되리라고 예언했다.[15]

해월은 장차 우리나라에 영웅호걸이 많이 태어날 것이며, 이들을 세계 각국에 파송하면 한울님과 부처라는 칭송을 받게 될 것이라고 예언했다. 나아가 해월은 "포덕사(布德師)를 세계에 파송하면 모든 나라가 자연히 천국(天國)이 될 것"이라고 주장했다.

우리 도의 운수로 인하여 우리나라 안에 영웅호걸이 많이 날 것이니, 세계 각국에 파송하여 활동하면, 형상 있는 한울님이요, 사람 살리는 부처라는 칭송을 얻을 것이니라. (…) 지금은 도를 권하면 사람들이 다 믿지 아니하나, 일후에는 사람들이 다 손바닥에 시천주(侍天主) 주문을 써 달라고 할 것이니라. 이때를 당하여 포덕사(布德師)를 세계 각국에 파송하면 모든 나라가 자연 천국(天國)이 되리라.[16]

또 해월은 중국에 포덕할 때가 되면 포덕천하(布德天下)가 이루어질 것이며, 만국과 교역할 때가 되어야 동학의 도가 세상에 드러나게 될 것이라고 말했다. 그는 마음을 급하게 먹지 말고 기다리면 자연스럽게 일이 이루어질 것이며, 특히 만국(萬國)의 병마(兵馬)가 우리나라에 들어왔다가 후퇴하는 때에 그렇게 될 것이라고 강조했다.

우리 도는 중국에 가서 포덕할 때가 되어야 포덕천하를 달성하리라. 묻기를 "어느 때에 도가 드러나겠습니까?"라 하니 신사(神師)께서 대답하시기를 "산이 모두 검

14　오지영, 『동학사(간행본)』(영창서관, 1940), 42쪽.

15　천도교중앙총부 교사편찬위원회, 『천도교백년약사(상권)』(미래문화사, 1981), 161쪽.

16　由吾道之運, 而吾國內, 英雄豪傑, 多出矣, 派送於世界萬國而活動, 獲得稱誦, 有形天也, 活人佛也. (…) 今日勸道, 則人皆不信, 日後, 則人皆謂, 願書於掌中侍天主呪文矣. 當此時, 布德師, 派送于世界各國, 而萬國自然樂天地也. 「개벽운수」, 『해월신사법설』.

게 변하고, 길에 모두 비단을 펼 때요, 만국과 교역할 때이니라."라 하셨다. 또 묻기를 "어느 때에 이와 같이 되겠습니까?"라 하니, 신사께서 대답하시기를 "때는 그 때가 있으니, 마음을 급히 하지 말라. 기다리지 아니하여도 자연히 오리니, 만국의 병마가 우리나라 땅에 왔다가 후퇴하는 때이니라."라 하셨다.[17]

만국의 병마가 우리나라에 진주했다가 물러가는 때를 일부 사람들은 한국전쟁으로 해석하기도 한다. 어쨌든 아직은 동학의 도가 세계 각국에 전해지지는 않았으므로 실현되지 않은 예언으로 남겨두어야 할 것이다.

수운은 선천(先天)과 후천(後天)이라는 용어를 사용하지 않았으며, 선천개벽과 후천개벽이라는 말도 쓰지 않았다. 하지만 동학의 3대 교주인 의암(義菴) 손병희(孫秉熙, 1861-1922)는 후천개벽(後天開闢)이라는 용어를 사용하였는데,[18] 개벽은 천지가 뒤바뀌는 것이 아니라 "썩은 것을 깨끗하게, 복잡한 것을 단순하게 하는 것"이며 천지만물의 개벽은 공기(空氣)로써 하고 인생만사의 개벽은 정신(精神)으로써 한다고 주장하여 천지의 개벽보다는 인간 정신의 개벽을 강조했다.[19]

이 외에도 의암은 천지개벽(天地開闢)이라는 용어를 사용했고,[20] 개벽에 대한 정의를 내리기도 했다.[21]

수운은 천지가 개벽한 지 오만 년 만에 자신이 태어났고, 자신이 펼칠 한울님의 도인 무극대도가 장차 오만 년 동안 이어질 것이라고 다음과 같이 예언

17 吾道, 至於中原布德之時, 能達布德天下矣. 問曰, 何時, 顯道乎? 神師曰, 山皆變黑, 路皆布錦之時也. 萬國交易之時也, 問曰, 何時如斯乎? 神師曰, 時有其時, 勿爲心急. 不待自然來矣, 萬國兵馬, 我國疆土內, 到來而後退之時也. 「개벽운수」, 『해월신사법설』.

18 성심수련(誠心修煉)으로 본래의 성(性)을 바꾸라. 후천개벽(後天開闢)의 시기에 처한 우리는 먼저 각자의 성신(性身)부터 개벽해야 하나니라. 「이신환성설(以身換性說) 2」, 『의암성사법설(義菴聖師法說)』.

19 개벽(開闢)이라 함은 천추지함(天墜地陷)하여 혼돈일괴(混沌一塊)로 합(合)하였다가 자축(子丑) 양단(兩段)으로 분(分)함을 의미함인가? 아니다. 개벽이란 부패(腐敗)한 자(者)를 청신(淸新)케 복잡(複雜)한 자를 간결(簡潔)케 함을 위(謂)함이니, 천지만물(天地萬物)의 개벽은 공기(空氣)로써 하고, 인생만사(人生萬事)의 개벽은 정신(精神)으로써 하나니, 여(汝)의 정신이 곧 천지의 공기(空氣)니라. 「인여물개벽설(人與物開闢說)」, 『의암성사법설』.

20 천지개벽(天地開闢)이 아닌가? 「무하사(無何詞)」, 『의암성사법설』.

21 개(開)하고 벽(闢)하며, 벽하고 개하니, 개(開)라는 것은 한울과 땅의 시작이요, 벽(闢)이란 것은 만물의 처음이라. 開而闢之, 闢而開之, 開者, 天地之始也, 闢者, 萬物之初. 「개벽금(開闢琴)」, 『의암성사법설』.

했다.

> "한울님 하신 말씀 개벽후(開闢後) 오만년(五萬年)에 네가 또한 첨이로다." 「용담가」
> "무극대도 닦아내니 오만년지(五萬年之) 운수(運數)로다." 「용담가」
> "만세리지(萬世一之) 장부(丈夫)로서 오만년지(五萬年之) 시호(時乎)로다." 「검결(劍訣)」

이에 대해 해월도 천지가 처음 개벽한 후 오만 년 만에 수운이 태어났으며, 앞으로 오만 년이 지속될 무극대도의 운을 수운이 개창했으며, 이 모든 것은 하늘이 정해준 운수라고 강조했다.

> "천지가 부모인 이치를 알지 못한 것이 오만년이 지나도록 오래되었다." 「천지부모(天地父母)」, 『해월신사법설(海月神師法說)』[22]
> "개벽 오만년 이후에 선생께서 처음 지으신 것이라." 「도결(道訣)」, 『해월신사법설』[23]
> "우리 스승님께서 오만년 무극대운을 받아" 「도결」, 『해월신사법설』[24]
> "우리 도(道)는 오만년(五萬年)의 미래(未來)를 표준(表準)함에 있어" 「용시용활(用時用活)」, 『해월신사법설』
> "하물며 이 고금에 없는 오만년 내려갈 초창(初創)의 도운이랴?" 「명심수덕(明心修德)」, 『해월신사법설』[25]
> "천운(天運)이 순환(循環)하여 오만년의 대도(大道)가 창명(創明)된지라." 「기타(其他)」, 『해월신사법설』

이에 대해 의암도 "오만년 운수를 지닌 천도교"가 장차 이 세상에 꽃피우게 될 것이라고 거듭 강조했다.

---

22 不知天地其父母之理者, 迄五萬年久矣. 『해월신사법설』.

23 開闢五萬年以後, 先生之始創者也. 『해월신사법설』.

24 吾師受五萬年無極大運 『해월신사법설』.

25 矧玆曠前絶後, 五萬年初創之道運乎? 『해월신사법설』.

"오만년 천도교의 한울이 정한 것을 지키라." 「아지정신(我之精神)」, 『의암성사법설(義菴聖師法說)』[26]

"오만년의 회복지운(回復之運) 희호세계(熙皥世界) 분명하다." 「몽중문답가」, 『의암성사법설』

"일천지하(一天之下) 넓은 천지(天地) 화개소식(花開消息) 전했으니 오만년지(五萬年之) 무궁(無窮)이라." 「무하사(無何詞)」, 『의암성사법설』

"오만년의 운이 이 땅에 돌아오니, 내 마음 열리는 곳에 세상도 또한 열리네." 「시문(詩文)」, 『의암성사법설』[27]

또 수운은 노천(老天)이라는 말로 지난 세월을 표현했지만,[28] 이에 대비되는 소천(少天)이나 신천(新天)이라는 용어는 사용하지 않았다. 다만 수운은 「교훈가」에서 "부(富)하고 귀(貴)한 사람 이전(以前) 시절(時節) 빈천(貧賤)이요, 빈(貧)하고 천(賤)한 사람 오는 시절 부귀(富貴)로세."라고 말하여, '이전 시절'과 '오는 시절'이라는 말을 사용했다. 이러한 수운의 표현은 후대의 증산교(甑山教)에 이르면 선천(先天)과 후천(後天)이라는 말로 바뀐다. 수운이 말한 '다시 개벽'을 기점으로 선천과 후천이 나뉘게 된다는 뜻이다.

그런데 해월은 "마음은 선천과 후천의 마음이 있고, 기운도 선천과 후천의 기운이 있는 것이니라.",[29] "선천이 후천을 낳았으니, 선천운이 후천운을 낳은 것이라."라 하여[30] 개벽을 기점으로 분리되는 개념으로서의 선천과 후천이라는 용어를 사용하기도 했다. 나아가 해월은 "선천과 후천의 운이 서로 엇갈리어 이치와 기운이 서로 싸우는지라, 만물이 다 싸우니 어찌 사람의 싸움이 없겠는가?"라고[31] 말하여 선천과 후천은 운이 전혀 다른 개념으로 이해하였다.

---

26 可守五萬年敎天定限哉. 『의암성사법설』.

27 五萬年運此地回, 吾心開處世亦開. 『의암성사법설』.

28 지금은 노천(老天)이라 영험(靈驗) 도사 없거니와 몹쓸 사람 부귀하고 어진 사람 궁박타고 하는 말이 이 뿐이오. 「도덕가」.

29 心有先天後天之心, 氣亦有先天後天之氣. 「영부주문(靈符呪文)」, 『해월신사법설(海月神師法說)』.

30 先天生後天, 先天之運, 生後天之運. 「개벽운수」, 『해월신사법설』.

31 先天後天之運, 相交相替, 理氣相戰. 萬物皆戰, 豈無人戰乎? 「개벽운수」, 『해월신사법설』.

이 외에도 해월은 수운의 말이라고 다음과 같은 내용을 언급한다.

대신사(大神師) 항언(恒言)하시되, 차세(此世)는 요순공맹(堯舜孔孟)의 덕(德)이라도
부족언(不足言)이라 하셨으니 이는 현시(現時)가 후천개벽(後天開闢)임을 이름이라.
선천(先天)은 물질개벽(物質開闢)이요, 후천(後天)은 인심개벽(人心開闢)이니, 장래 물
질발명(物質發明)이 기극(其極)에 달하고 만반(萬般)의 사위(事爲) 공전(空前)한 발달을
수(遂)할지니, 시시(是時)에 재(在)하여 도심(道心)은 더욱 미(微)하고 인심(人心)은 더
욱 위(危)할지며, 더구나 인심을 인도하는 선천도덕(先天道德)이 시(時)에 순응치 못
할지라. 고로 천(天)의 신화중(神化中)에 일대개벽(一大開闢)의 운(運)이 회복되었나
니, 고로 오도(吾道)의 포덕천하(布德天下) 광제창생(廣濟蒼生)은 천(天)의 명(命)하신
바니라. (…) 「기타(其他)」, 『해월신사법설』

이에 따르면 수운이 후천개벽이라는 용어를 사용했으며 선천은 인간을 둘
러싼 천지자연의 개벽이 이루어지는 시기이고, 후천은 사람의 마음 또는 정신
이 개벽되는 시기라고 주장했다고 한다. 물론 이러한 내용은 해월이 한문을
몰랐으며 수운의 사후(死後) 오랜 시간이 흐른 다음에 기록된 것이므로 좀 더
면밀한 분석이 요구된다. 하지만 이러한 주장에 따르면 후대의 원불교(圓佛敎)
에서 강조한 정신개벽(精神開闢)이라는 용어도 원래는 수운의 인심개벽(人心開闢)
에서 유래한 것으로 볼 수 있다.

이 외에도 해월은 선천개벽과 후천오만년이라는 용어를 사용하여 수운이
선천개벽을 주장한 천황씨에 버금가는 후천오만년을 열 새로운 천황씨라고
강조하였다.

천황씨(天皇氏)는 원래 천인합일(天人合一)의 명사(名辭)라. 고로 천황씨는 선천개
벽(先天開闢)의 유인(有人)의 시신(始神)의 기능으로 인(人)의 원리(原理)를 포함한 의
(義)가 유(有)하니, 만물(萬物)이 개(皆) 천황씨의 일기(一氣)라. 금일(今日) 대신사(大
神師)께서 천황씨로서 자처하심은 대신사 역시 신(神)이신 인(人)이시니, 후천오만

년(後天五萬年)에 차리(此理)를 전(傳)케 함이니라. (…) 「기타」, 『해월신사법설』

동학은 제3세 교주 의암(義菴) 손병희(孫秉熙, 1861-1922)에 의해 1905년 12월 1일에 천도교(天道敎)로 개칭하였다. 의암은 선천(先天)이라는 용어를 사용했지만 이에 대비되는 후천에 대해서는 설명하지 않았다.[32] 그렇지만 의암은 오행(五行)이 상생(相生), 상극(相克)하여 세상 만물과 만사가 이루어진다고 설명하였다.[33] 그리고 의암은 자신이 살던 시기를 사계절에 비하면 가을이요, 하루에 비하면 저녁 무렵이라고 주장하여 세상이 큰 변화의 시기에 이르렀다고 강조했다.[34]

한편 수운은 운수(運數)라는 말을 사용하여 우리나라의 국운이 험난할 것을 예언했지만, 이와 동시에 우리나라가 세계에서 가장 먼저 무극대도를 맞이하게 될 것이라고 강조했다.

"십이제국(十二諸國) 다 버리고 아국운수(我國運數) 먼저 하네." 「안심가(安心歌)」
"가련하다 가련하다 아국운수 가련하다." 「안심가」
"기험(崎險)하다 기험하다 아국운수 기험하다." 「안심가」

나아가 수운은 장차 전 세계에 괴질이 유행하게 될 것이며 이는 세상이 곧 근본적인 변혁기를 맞이하게 될 징조라고 예언했다.

---

32 무릇 선천(先天)의 운은 처음으로 열린 수(數)라. 이것은 순전한 음기(陰氣)로 순연히 물건을 이룬 것이므로 사람의 기질은 순후한 성심(誠心)이니라. (…) 이 세상의 운수는 곧 폭양(爆陽)의 기운이 천하에 드러나 크게 한번 변하고 크게 한번 열리는 수(數)이니라. (…) 盖先天之運, 則始判之數也. 乃以純陰之氣, 粹然成物, 故人氣也淳厚誠心也. (…) 斯世之運, 則爆陽之氣, 創明於天下, 大一變大一闢之數也. 「명리전(明理傳)」, 『의암성사법설(義菴聖師法說)』.

33 무릇 한울이 높고 땅이 두터운 사이에 금목수화토(金木水火土) 오행(五行)이 상생상극(相生相克)하여 물건과 모양마다 각기 그 개성을 이룬다. 大抵, 天高地厚之間, 金木水火土, 相生相克, 物物形形, 各遂其性. (…) 「응천산이발달인조장(應天產而發達人造章)」, 『의암성사법설』.

34 천지(天地)의 기수(氣數)로 관(觀)하면 금일(今日)은 사시지추(四時之秋)요, 일일지석(一日之夕)인 세계(世界)라. 물질(物質)의 복잡(複雜)과 공기(空氣)의 부패(腐敗)가 기극(其極)에 달(達)하였으니 (…) 대기일전(大機一轉)의 시일이 안전(眼前)에 박도(迫到)하였도다. 「인여물개벽설(人與物開闢說)」, 『의암성사법설』.

"십이제국 괴질운수(怪疾運數) 다시 개벽 아닐런가?"「안심가」,「몽중노소문답가」

"한울님을 공경하면 아동방(我東方) 삼년(三年) 괴질(怪疾) 죽을 염려 있을쏘냐?"「권
학가」

"아동방(我東方) 연년(年年) 괴질 인물상해(人物傷害) 아닐런가?"「권학가」

위 인용문의 핵심은 전염성이 매우 강한 질병의 발생을 예언한 것이며, 그
괴질이 유행하게 될 기간이 3년이라고 못을 박고 있다는 점이다.

이에 대해 수운은 괴질운수에 대처한 처방은 불사약이며, 불사약은 자신
이 한울님께 전해 받은 물형부(物形符)라고 주장했다.

"삼신산(三神山) 불사약(不死藥)을 사람마다 볼까보냐?"「안심가」

"편작(扁鵲)이 다시 와도 이 내 선약(仙藥) 당할쏘냐?"「안심가」

"생전(生前) 못 본 물형부(物形符)가 종이 위에 완연터라."「안심가」

수운은 당시 전국적으로 참서(讖書)가 유행하였고 이를 믿는 사람들이 매우
많았다는 점을 언급하면서 중국 진(秦)나라 때 유행했던 비결에 대해 언급하기
도 했다.

"괴이(怪異)한 동국참서(東國讖書) 추켜들고 하는 말이, 이거임진(已去壬辰) 왜란(倭亂)
때는 이재송송(利在松松) 하여 있고, 가산정주(嘉山定州) 서적(西賊) 때는 이재가가(利在
家家) 하였더니, 어화 세상 사람들아, 이런 일을 본받아서 생활지계(生活之計) 하여보
세. 망진자(亡秦者)는 호야(胡也)라고 허축방호(虛築防胡) 하였다가, 이세망국(二世亡國)
하온 후에 세상 사람 알았으니, 우리도 이 세상에 이재궁궁(利在弓弓) 하였다네."「몽
중노소문답가」

위 인용문에 보이는 '동국참서'는 『정감록』류의 비결서를 가리킨다. 인용
문에 나오는 이야기는 이른바 '조선국운삼절론(朝鮮國運三絶論)'이다. 조선의 국
운이 세 차례에 걸쳐 위기를 겪게 된다는 말이다. 수운은 임진왜란과 순조 11
년(1811)에 일어난 홍경래의 난을 지나간 두 번의 위기 상황으로 이해하고 있

다. 이처럼 수운은 당대에 유행했던 『정감록』류의 비결신앙에 대해 잘 알고 있었으며, 전통적인 이해와 해석과는 다른 자신만의 독특한 해석을 시도하고 있다.

이와 관련하여 동학의 유불선 삼교 합일 주장은 표면상의 원칙을 말한 것뿐이고 실은 우리 민족의 전통적인 요소가 가장 강하며, 그러한 맥락에서 『정감록』의 영향이 크다는 견해가 있다. 『정감록』류의 비결서가 만연한 당시 사회에서 수운(水雲)이 그 영향을 받지 않을 수 없었을 것이고, 일반 농민들의 심리의 저변에는 정감록사상이 작용하지 않을 수 없었을 것이므로, 수운이 『정감록』을 모방 내지 융합하였기 때문에 전국적인 호응을 얻고 공감대를 형성했다고 본다.[35]

조선국운삼절론과 관련된 가장 대표적인 구절들을 현전하는 『정감록』에서 찾아보면 다음과 같다.

> 흑룡이재송송(黑龍利在松松), 적서이재가가(赤鼠利在家家), 청룡이재궁궁(青龍利在弓弓). 궁궁자(弓弓者), 낙반고사유야(落盤高四乳也). 「징비록」[36]
> 흑룡이재송송(黑龍利在於松松), 적서이재가가(赤鼠利在家家), 청룡이재궁궁을을(青龍利在弓弓乙乙). 「운기구책」[37]
> 흑룡이재송송(黑龍利在松松), 황후이재가가(黃猴利在家家), 적후이재궁궁을을(赤猴利在弓弓乙乙). 「비결」, 『비결집록』[38]

그런데 일반적인 비결 해석에 따르면 임진왜란과 병자호란이 지나간 두 번의 위기 상황이다. 흑룡(黑龍)은 임진년, 적서(赤鼠)는 병자년을 가리키는 표기법이다. 임진왜란 때는 소나무가 있는 산으로 피난 가거나 '송(松)' 자 지명이

---

35 구양근, 『갑오농민전쟁원인론』(아세아문화사, 1993), 403쪽.
36 안춘근 편, 『정감록집성(鄭鑑錄集成)』(아세아문화사, 1973), 489면.
37 안춘근 편, 『정감록집성(鄭鑑錄集成)』(아세아문화사, 1973), 506면.
38 안춘근 편, 『정감록집성(鄭鑑錄集成)』(아세아문화사, 1973), 828면.

붙어있는 곳으로 피난 가서 위기를 극복할 수 있었다고 풀이된다. 혹은 원군으로 우리나라를 도와 왜군을 물리친 명나라 장수 이여송(李如松)을 가리키는 비결로도 해석된다. 병자호란은 한겨울에 발생한 난리여서 섣불리 집 밖으로 피난 갔다가는 동사(凍死)하는 경우가 많았기 때문에 집 안에서 조용히 있으면 난리를 피할 수 있었다는 풀이이다. 청룡(靑龍)은 갑진년(甲辰年)을 가리킨다. 궁궁(弓弓)에 대해서는 다양한 풀이가 있는데, 궁벽한 땅이나 개활지 등의 해석이 있다.

이제 "망진자(亡秦者)는 호야(胡也)라고 허축방호(虛築防胡) 하였다가, 이세망국(二世亡國) 하온 후에 세상 사람 알았으니"라는 구절에 대해 알아보자.

진시황(秦始皇)이 천하를 통일한 후 자손 대대로 천자(天子)의 자리를 누리기 위해 자기 이후로는 이세황제(二世皇帝), 삼세황제(三世皇帝) 등으로 칭하도록 하였다. 그런데 방사(方士) 노생(盧生)이 도참설(圖讖說)에 의거하여 "진(秦)나라를 멸망시킬 자는 호(胡)이다."라고 하자, 진시황은 북방(北方)의 호족(胡族)들을 물리쳐 방어하기 위해 만리장성을 쌓았으나 끝내는 이세황제인 호해(胡亥)의 무도한 정치로 인하여 진나라가 멸망하고 말았음을 의미한 말이다. 도참설의 근거인 녹도서(錄圖書)는 도참(圖讖)과 부명(符命)에 대한 내용을 기록한 책으로, 진시황이 녹도서에 있는 "진(秦)나라를 망하게 할 것은 호(胡)이다."라는 구절 때문에 북방 오랑캐를 막기 위해 장성(長城)을 쌓았다고 한다.[39]

앞의 인용문에 이어지는 구절에서 수운은 세상 사람들이 모두 곧 닥칠 세 번째 위기 상황을 극복할 수 있는 비결로 제시되는 궁궁(弓弓)이 무엇인가를 애타게 찾아 헤매고 있다고 주장했다.

---

39 진(秦)의 시황(始皇)이 무고한 장자(長子) 부소(扶蘇)를 원통히 죽이고 패자(悖子) 호해(胡亥)를 총애함에 방사(方士) 노생(盧生)이 이를 풍자하기 위하여 "망진자(亡秦者)는 호야(胡也)라."는 소위 녹도서(錄圖書)를 시황(始皇)에게 올렸다. 시황(始皇)은 호해(胡亥)의 호(胡)를 가리킨다는 사실을 알지 못하고, 동호(東胡)의 호(胡)로 잘못 해석하여 오랑캐를 막기 위해 만리장성을 헛되이 쌓았다는 내용이다. 盧生入海還, 奏錄圖書曰, 亡秦者胡也. 鄭玄註, 胡, 胡亥也. 秦見圖書, 不知此爲人名, 反備北胡云. 「馬史」.

"매관매작(賣官賣爵) 세도자(勢道者)도 일심(一心)은 궁궁(弓弓)이오, 전곡(錢穀) 쌓인 부첨지(富僉知)도 일심은 궁궁이오, 유리걸식(遊離乞食) 패가자(敗家者)도 일심은 궁궁이라. 풍편(風便)에 뜨인 자도 혹은 궁궁촌(弓弓村) 찾아가고, 혹은 만첩산중(萬疊山中) 들어가고, 혹은 서학(西學)에 입도(入道)해서, 각자위심(各自爲心) 하는 말이 내 옳고 네 그르지, 시비분분(是非紛紛) 하는 말이 일일시시(日日時時) 그 뿐일네." 「몽중노소문답가」

권력자, 부호, 가난한 자 모두 궁궁이 무엇인지를 열심히 찾고 있는데, 풍문을 듣고 풍수지리적으로 명당인 궁궁촌(弓弓村)으로 숨어들거나 서학(西學)의 세력에 의지하여 목숨을 도모하려 하거나 한다는 말이다. 이는 곧 닥칠 위기를 극복하기 위해 다양한 방법으로 살길을 모색하는 과정을 서술한 것인데, 그 바탕에는 궁궁이 무엇인지 찾으라는 비결신앙이 있다는 주장이다.

이러한 세상의 인심에 대해 수운은 이재궁궁(利在弓弓)이 무엇인지를 찾는 일을 우습게 여기지 말 것이며, 이재궁궁은 자연히 돌아오는 세상의 운수이며 전 세계가 괴질운수를 당해 새로운 세상을 여는 과정으로 이해해야 된다고 다음과 같이 강조한다.

가련한 세상 사람 이재궁궁(利在弓弓) 찾는 말을 웃을 것이 무엇이며, 불우시지(不遇時之) 한탄(恨歎) 말고 세상 구경 하여서라. 송송가가(松松家家) 알았으되 이재궁궁(利在弓弓) 어찌 알꼬? 근심 말고 돌아가서 윤회시운(輪廻時運) 구경하소. 십이제국 괴질운수 다시 개벽 아닐런가?" 「몽중노소문답가」

해월도 이른바 '조선국운삼절론'에 대해 알고 있었으며, 동학이 삼절운의 마지막에 해당하는 시기에 창도되었다고 밝혔다.

우리 도는 삼절(三絶)의 운에 창립하였으므로 나라와 백성이 다 이 삼절운을 면치 못하리라. 「개벽운수」, 『해월신사법설』. [40]

---

[40] 吾道, 創立於三絶之運. 故國與民, 皆未免此三絶之運也. 『해월신사법설』.

한편 최수정은 수운(水雲) 최제우가 「필법(筆法)」에서 "상오국지목국(象吾國之木局) 하니 수불실어삼절(數不失於三絶)"이라고 말한 것이 바로 교운(敎運)이나 국운(國運)을 삼절관(三絶觀)으로 보았던 명백한 증거라고 주장하면서, 이러한 사상은 이씨 왕조의 국운이 세 번 끊긴다는 『정감록』의 영향이라고 평하기도 했다.[41]

그렇다면 과연 수운이 생각한 궁궁(弓弓)은 무엇일까?

수운은 경신년(1860) 4월에 상제(上帝, 한울님)와 만나는 신비체험을 하는 과정에서 한울님이 "나에게 영부(靈符)가 있으니, 그 이름은 선약(仙藥)이요, 그 형상은 태극(太極)이요, 또 형상은 궁궁(弓弓)이니, 나에게 이 부(符)를 받아 사람들을 질병에서 구하라."고 했다고 주장했다.[42] 나아가 수운은 "가슴에 불사약(不死藥)을 지녔으니, 그 형상은 궁을(弓乙)이오." 라고 노래했다.[43] 수운은 한울님께 받았다는 부적 모양의 신비한 형태의 그림을 궁궁 또는 궁궁을을이라고 강조한 것이다.

이에 대해 해월(海月)은 "궁을의 모양은 곧 마음 심 자이니라."라 했고,[44] "마음이란 나에게 있는 본연의 한울이니, 천지 만물이 한 마음에 근본한 것이니라."라 했다.[45] 해월은 궁을을 '마음 심(心)자' 모양이라고 밝혔다. 또 해월은 "궁(弓)은 천궁(天弓)이요, 을(乙)은 천을(天乙)이니, 궁을(弓乙)은 우리 도(道)의 부도(符圖)요, 천지의 형체니라."라 하여,[46] 궁을이 동학의 부도(符圖)라는 점을 명확히 했다. 그리고 "산도 이롭지 않고, 물도 이롭지 아니하리라. 이로운 것은 밤낮 활을 당기는 사이에 있나니라."라 하여[47] 이러한 해석이 전통적인 비결신앙과 부합한다고 강조했다.

---

41 최수정(崔守正), 『鄭鑑錄에 對한 社會學的 考察』(解放書林, 1948년 1월 24일), 25쪽.

42 吾有靈符, 其名仙藥, 其形太極, 又形弓弓, 受我此符, 濟人疾病. 「포덕문(布德文)」, 『동경대전(東經大全)』.

43 胸藏不死之藥, 弓乙其形. 「수덕문(修德文)」, 『동경대전』.

44 弓乙其形, 心字也. 「영부주문(靈符呪文)」, 『해월신사법설』.

45 心者, 在我之本然天也. 天地萬物, 本來一心. 「영부주문」, 『해월신사법설』.

46 弓是天弓, 乙是天乙, 弓乙, 吾道之符圖也, 天地之形體也. 「영부주문」, 『해월신사법설』.

47 山不利, 水不利, 利在晝夜挽弓之間. 「강시(降詩)」, 『해월신사법설』.

이러한 해월의 주장은 다음의 인용문에서 더욱 확실하게 드러난다.

> 궁을(弓乙)은 우리 도(道)의 부도(符圖)니, 대선생(大先生) 각도(覺道)의 처음에 세상 사람이 다만 한울만 알고 한울이 곧 나의 마음인 것을 알지 못함을 근심하시어, 궁을(弓乙)을 부도(符圖)로 그려내어 심령(心靈)의 약동불식(躍動不息) 하는 형용(形容)을 표상(表象)하여 시천주(侍天主)의 뜻을 가르치셨도다. 「기타」, 『해월신사법설』.

사람의 마음이 곧 한울의 마음이라는 시천주(侍天主)사상의 표현인데, 궁궁이니 궁궁을을이니 하는 것이 별다른 물건이나 특정한 장소를 가리키는 것이 아니라 인간의 정신 속에 내재된 힘을 가리킨다는 해석이다. 다만 대부분의 세상 사람들이 이러한 해석을 받아들이지 못함을 안타깝게 여겨 수운(水雲)이 궁을(弓乙)이라는 글자를 이용하여 '마음 심(心)자' 모양을 그려내어 인간 정신의 약동하는 형상을 나타내어 시천주(侍天主)사상을 제시했다고 한다.[48] 하지만 여전히 "궁을을 부도(符圖)로 그려내어"라는 구절에서 부적을 불태워 물에 타 마시는 신비스러운 방법을 완전히 배제하지는 못하고 있음을 알 수 있다.[49] 이와 관련하여 동학의 궁을(弓乙)은 정심(正心)을 상징한다는 연구도 있다.[50]

궁을(弓乙)에 대해 해월 최시형은 1891년 2월에 "궁을(弓乙)은 우리 도의 부도(符圖)니, 대신사(大神師)께서 각도(覺道)하실 처음에 세상 사람이 다만 한울만 알고 한울이 곧 나의 마음인 것을 알지 못함을 근심하사, 궁을을 부도로 그려내어 심령(心靈)의 쉬지 않고 약동하는 형용(形容)을 표상(表象)하여 시천주(侍天

---

48 현전하는 『정감록』의 「서계이선생가장결」에서 궁궁을을(弓弓乙乙)을 "낙반고사유(落盤孤四乳)"라고 풀이한다. 이를 "반석이 무너지는 경우와 같은 위난이 닥치더라도 홀로 마음만 바로잡으면 두려울 것이 없다."는 의미로 해석하기도 한다. 한우근, 「동학 창도의 시대적 배경」, 『두계 이병도 박사 구순기념 한국사학논총』(지식산업사, 1987), 686쪽.

49 집병(雜病)을 앓는 사람들에게는 궁(弓) 자를 쓴 종이를 불에 태워 마시게 하면 이내 병이 나았습니다. (…) 이른바 약이라고 하는 것은 '규(弓)' 자에서 그 글자 반쪽의 뜻을 취한 것으로서 종이 위에 둥그런 원을 그려놓고 종이의 가장자리에 궁(弓) 자 두 자를 써넣은 것인데 해석하기를, "그 이름은 태극(太極)이라고도 하고, 또 궁궁(弓弓)이라고도 한다."고 하였습니다. 『고종실록』 고종 1년(1864) 2월 29일.

50 김상기, 『동학과 동학난』(한국일보사, 1975), 61-63쪽.

主)의 뜻을 가르친 것"이라고 설법했다.[51] 그리고 궁을이 묵필로 그린 천(天) 자 모양의 부적이라는 견해도 있다.[52]

한편 수운은 다가올 위기 상황의 핵심을 전쟁이나 기상이변이 아니라 질병의 만연으로 보았다.

그러므로 우리나라는 악질(惡疾)이 가득 차서 사람들이 언제나 편안할 때가 없으니 이 또한 상해(傷害)의 운수이다. 「포덕문」, 『동경대전』[53]

수운의 '다시 개벽' 사상은 낡은 세계의 종말과 새로운 이상세계가 올 것이라는 믿음이다. 고통과 절망을 강요하는 현실세계를 부정하고, 왕조세력의 부패와 수탈 그리고 외세의 침략이 곧 현실화될 것이라는 급박한 위기 상황을 반영하고 있다. 그리고 외세의 침략과 함께 괴이한 질병이 만연할 것이라는 암울한 예언을 제시한다. '상해(傷害)의 운수'로 표현되는 악질(惡疾)이 사람들을 불안하게 만들 것이라고 예언했다.

동학은 당시 조선왕조의 내부적 모순과 서양 세력의 침공이라는 외부적 모순을 극복하기 위해 등장했으며, 심리적으로는 학정(虐政)에 대한 분노와 침략에 대한 불안의 산물이었다.

또 동학은 시천주(侍天主)사상을 통해 인간 개개인의 천부적인 인권에 대한 자각을 일깨웠으며, 이 세상의 절대 유일한 주재자인 한울님을 부각시켜 서학의 천주(天主)에 맞서는 동학의 상제(上帝)를 강조하였다. 나아가 동학은 '다시 개벽'되는 세상의 구원자로서 수운 최제우를 등장시켜 구원사상을 제시하였다.

결국 동학은 조선왕조의 전면적 변혁으로 대변되는 교체 내지 멸망과 함

51 오지영, 『동학사(간행본)』(영창서관, 1940), 68쪽. 천도교중앙총부 교사편찬위원회, 『천도교백년약사(상권)』(미래문화사, 1981), 158쪽.

52 김동욱(金東旭)이 소장한 『동경대전 도경합(道經合)』의 궁을해(弓乙解)에 설명과 부적이 있으며, 동(東) 자와 서(西) 자도 부적으로 그려서 설명하고 있다. 한우근, 앞의 책, 308-309쪽과 325쪽 참고.

53 是故, 我國, 惡疾滿世, 民無 四時之安, 是亦傷害之數也. 「포덕문」

께 전혀 새로운 차원의 새 세상의 도래를 꿈꾸었다.

하원갑(下元甲) 경신년(1860)에 전해오는 세상 말이 요망(妖妄)한 서양적(西洋賊)이 중국(中國)을 침범해서 「권학가」, 『용담유사』

서양은 싸우면 이기고 치면 빼앗아 이루지 못하는 일이 없으니, 천하가 다 멸망하면 또한 순망지탄이 없지 않을 것이라. 보국안민의 계책이 장차 어디에서 나올 것인가? 「포덕문」, 『동경대전』[54]

1860년 영불 연합군의 북경 함락 소식은 당시 중국을 천하의 중심인 대국으로 여기던 조선사회에 엄청난 위기의식과 혼란을 초래하였다. 조정에서는 서양 오랑캐의 강력한 무력과 위세에 전율하면서, 중국과는 입술과 이와 같은 관계에 있던 우리나라에도 곧 위험이 닥칠 것이라고 심히 걱정하였다. 민간에서도 서양 오랑캐가 쳐들어와 난리가 일어날 것이라는 소문이 널리 퍼져 보따리를 싸 들고 산과 계곡으로 피난하는 사람들이 이어졌다.

실체를 알 수 없었던 서양 오랑캐라는 막연한 공포의 대상이 이미 북경 함락 사건을 통해 구체적인 대상으로 떠올랐다. 공포와 불안감에 떨던 당시의 민중들은 곧 들이닥칠 전란에 대한 두려움과 이로부터 벗어나려는 시도를 모색했지만, 아무런 대책조차 내놓지 못하는 무력한 정권에 실망할 수밖에 없었다.

현실에 대한 불만이 고조된 상태에서 좌절과 고통으로 대변되는 조선왕조를 과감히 부정하고 곧 새 세상이 올 것이라는 희망을 동학은 '다시 개벽' 사상으로 제시하였다. 이러한 맥락에서 동학은 서양 세력의 침략에 대한 불안감의 산물이자 대응이었다.

---

54 西洋戰勝攻取, 無事不成而天下盡減, 亦不無脣亡之歎. 輔國安民, 計將安出? 「포덕문」, 『동경대전』.

② 한울님신앙 – 동학의 신관

「포덕문」에서는 우주의 주재자를 천주(天主)라 했고, 수운의 종교체험에 등장한 존재를 상제(上帝)라고 불렀으며, 『용담유사』 「안심가」에서는 "호천금궐(昊天金闕) 상제(上帝)님"이라고 호칭했다. 「논학문」에서 수운을 찾아온 선비들은 "천령(天靈)이 선생께 강림(降臨)했다고 합니다."라 했다. 「논학문」에서도 천주(天主)라는 용어를 사용했는데, "묻기를 온 세상 사람들이 어찌하여 한울님을 공경하지 않습니까?"라고[55] 하여 천주를 한울님으로 풀이했다.

수운에게 있어서 상제 또는 한울님은 자연, 세계, 역사를 주재하는 초월적이고 절대적인 존재이다.

사시성쇠와 풍로상설이 그 때를 잃지 않고 그 차례를 바꾸지 아니하되 이슬과 같은 창생은 그 까닭을 알지 못하고, 어떤 이는 천주(天主)의 은혜라 이르고, 어떤 이는 화공(化工)의 자취라고 말한다. 그러나 은혜라고 말할지라도 오직 보지 못한 일이요, 조화의 자취라고 말할지라도 또한 형상하기 어려운 말이다. 무엇인가? 옛적부터 지금까지 그 중도를 살피지 못한 것이니라. 「논학문」[56]

한편 수운은 한울님이 인간의 역사에 개입하는 존재라고 주장한다.

개벽시(開闢時) 국초(國初)일을 만지장서(滿紙長書) 나리시고 십이제국(十二諸國) 다 버리고 아국운수(我國運數) 먼저 하네. 「안심가」, 『용담유사』

개벽 이후 이 세상을 주관하고 '다시 개벽'하는 시대를 맞아 전 세계에서 오직 우리나라의 운수를 먼저 정하는 한울님은 인간의 생사를 주관하고 화와 복도 관장하는 존재이기도 하다.

---

55 一世之人, 何不敬天主也? 「논학문(論學文)」, 『동경대전』.
56 四時盛衰, 風露霜雪, 不失其時, 不變其序, 如露蒼生, 莫知其端. 或云, 天主之恩, 或云化工之迹. 然而, 以恩言之, 惟爲不見之事, 以工言之, 亦爲難狀之言. 何者, 於古及今, 其中未必者也.

천생만민(天生萬民) 하였으니 필수기직(必授其職) 할 것이요, 명내재천(命乃在天) 하였으니 죽을 염려(念慮) 왜 있으며, 한울님이 사람 낼 때 녹(祿) 없이는 아니 내네. (…) 착한 운수 둘러놓고 포태지수(胞胎之數) 정(定)해 내어, 자아시(自兒時) 자라날 때 어느 일을 내 모르며, 적세(積歲) 만물(萬物) 하는 법(法)과 백천만사(百千萬事) 행(行)하기를 조화중(造化中)에 시켰으니 (…) 「교훈가」, 『용담유사』

한울님은 사람의 생사를 주관하는 존재이며, 온 세상의 질서를 조정하고 만법의 조화를 관장하는 존재이다. 그리고 한울님이 정한 조화에 의해 수많은 사람들이 태어난다고 믿었다.[57]

목숨이 한울에 달렸다느니 한울이 모든 사람을 내었다느니 하는 것은 옛날 성인의 하신 말씀으로서 지금까지 미루어 오는 것이다. 「논학문」[58]

수운은 자신이 이 세상에 태어난 것도 한울님의 명령에 의한 것으로 자부한다.

대저 생령(生靈) 초목군생(草木群生) 사생재천(死生在天) 아닐런가, 하물며 만물지간(萬物之間) 유인(惟人)이 최령(最靈)일세, 나도 또한 한울님께 명복(命福)받아 출세(出世)하여 (…) 「안심가」, 『용담유사』
나도 또한 한울님께 명복(命福)받아 출세(出世)하니 (…) 자조정(自朝廷) 공경(公卿) 이하(以下) 한울님께 명복(命福)받아 부귀자(富貴者)는 공경(公卿)이요, 빈천자(貧賤者)는 백성이라. 「안심가」, 『용담유사』

그리고 한울님은 선악을 물론하고 모든 인간을 똑같이 사랑하여 행복한 세상을 만들고자 노력하는 존재이다.

---

57 장평갱졸(長平坑卒) 많은 사람 한울님을 우러러서 조화중(造化中)에 생겼으니 (…) 「권학가」, 『용담유사』.
58 命乃在天, 天生萬民, 古之聖人之所謂, 而尙今彌留. 『동경대전』, 「논학문」.

그러나 한울님은 지공무사(至公無私) 하신 마음 불택선악(不擇善惡) 하시나니, 효박(淆薄)한 이 세상을 동귀일체(同歸一體) 하단 말가? 「도덕가」, 『용담유사』

한울님은 인간의 잘못을 꾸짖기도 하며,[59] 재앙을 내리기도 한다.[60] 그런데 사람들은 한울님을 공경하지 않기도 하지만, 위기를 맞아서는 찾는다.[61]

수운은 인간은 한울님의 조화의 힘에 의해 태어났으므로 그 근본을 잊지 말아야 하며, 한울님을 공경해야 한다고 강조한다.[62]

동학도인들이 주문을 외우는 일은 곧 한울님을 지극히 위하기 때문이다.[63] 수운은 주문에 대해 설명하면서 "주문은 마음으로 맹세하는 글이니, 한울님을 지극히 위하는 뜻으로서 사람으로 하여금 한울마음을 가지게 하고, 지상(地上)에 천국(天國)을 건설(建設)하려고 마음으로 비는 글이니라."라 했다.[64]

한울님을 지극히 위하는 정성이 있어야 영부(靈符)도 효력이 있고, 그렇지 않은 사람에게는 효과가 없다.[65] 한울님은 존경과 두려움의 대상이므로 경외(敬畏)해야 하며,[66] 한울님을 일심(一心)으로 믿어 도성입덕(道成立德) 하라는 것

---

59 남만 못한 사람인 줄 네가 어찌 알았으며, 남만 못한 재질(才質)인 줄 네가 어찌 알잔 말고, 그런 소리 말아서라. 「교훈가」, 『용담유사』.

60 이도 역시 천정(天定)일네, 한울님이 정했으니 반수기앙(反受其殃) 무섭더라. 「안심가」.

61 묻기를 "온 세상 사람이 어찌하여 한울님을 공경하지 않습니까?"라 하니, 대답하기를 "죽을 때를 당하면 한울님을 부르는 것은 사람의 상정(常情)이라. 曰一世之人, 何不敬天主也. 曰臨死號天, 人之常情." 「논학문」, 『동경대전』. "불시풍우(不時風雨) 원망(怨望)해도 임사호천(臨死號天) 아닐런가?" 「권학가」, 『용담유사』.

62 장평갱졸(長平坑卒) 많은 사람 한울님을 우러러서 조화중(造化中)에 생겼으니 은덕(恩德)은 고사(姑捨)하고 근본(根本)조차 잊을쏘냐? 가련한 세상 사람 각자위심(各自爲心) 하단 말가? 경천순천(敬天順天) 하여서라. 효박(淆薄)한 이 세상에 불망기본(不忘其本) 하여서라. (…) 성지우성(誠之又誠) 공경(恭敬)해서 한울님만 생각하소. 처자(妻子) 불러 효유(曉諭)하고 영세불망(永世不忘) 하여서라. 「권학가」, 『용담유사』.

63 묻기를 "주문의 뜻은 무엇입니까?"라 하니, 대답하기를 "지극히 한울님을 위하는 글이므로 주문이라고 이른다."라 했다. (…) 曰呪文之意, 何也? 曰至爲天主之字, 故以呪言之. 「논학문」, 『동경대전』.

64 이돈화 편술, 『천도교창건사』(천도교중앙종리원, 1933), 55쪽.

65 정성을 들이고 또 정성을 들여 지극히 한울님을 위하는 사람은 매번 들어맞고, 도덕을 순종하지 않는 사람은 하나도 효험이 없었으니, 이것은 받는 사람의 정성과 공경이 아니겠는가? 誠之又誠, 至爲天主者, 每每有中. 不順道德者, ──無驗. 此非受人之誠敬耶? 「포덕문」, 『동경대전』.

66 아동방(我東方) 현인달사(賢人達士) 도덕군자(道德君子) 이름 하나 무지(無知)한 세상사람 아는 바 천지(天地)라도 경외지심(敬畏之心) 없었으니 아는 것이 무엇이며 (…) 이 같이 아니 말면 경외지심(敬

이[67] 동학의 핵심이다.

한울님은 수운과 대화를 나누고 스스로의 의지를 지녔다는 점에서 인격신(人格神)이다. 수운은 신과 인격적 관계를 유지하는 일을 강조하며, 인격신에 대한 신앙을 부정하는 입장인 성리학(性理學)을 비판한다. 사계절이 순환하고 시대의 성쇠(盛衰)가 모두 천주(天主) 즉 한울님께서 부리는 조화(造化)의 자취라고 주장한다.[68]

한편 송대(宋代) 성리학의 집대성자인 주희(朱熹)는 "귀신이란 굴신왕래(屈伸往來) 하는 자취가 있으니, 마치 추위가 오고 더위가 가는 것과 해가 오고 달이 가는 것과 봄이 오고 여름이 있고 가을에 추수하고 겨울에 저장하는 것과 같은 것은 모두 귀신의 공용(功用)이다."라 했다.[69]

수운의 설명과 거의 비슷한 내용이다. 주희는 시간의 변화와 사시사철의 특징이 모두 귀신(鬼神)의 공용(功用)이라고 설명한다. 즉 수운의 한울님과 주희의 귀신은 비슷하다. 주희에 의하면 귀신은 실리(實理)이며, 음양지기(陰陽之氣)이며 운동의 정상(情狀)이며, 자연현상의 표시이다. 이러한 관점은 수운과 닮았다.

집집이 위한 것이 명색(名色)마다 귀신(鬼神)일세. 이런 지각(知覺) 구경하소, 천지(天地) 역시 귀신이요, 귀신 역시 음양(陰陽)인 줄 이같이 몰랐으니 (…) 사람의 수족(手足) 동정(動靜) 이는 역시 귀신이요, 선악간(善惡間) 마음 용사(用事) 이는 역시 기운(氣運)이요, 말하고 웃는 것은 이는 역시 조화(造化)로세. (…) 「도덕가」

천지도 귀신이고 귀신은 음양이다. 수운은 사람이 손과 발을 움직이는 일

畏之心) 고사(姑捨)하고 경명순리(敬命順理) 하단 말가? 「도덕가」, 『용담유사』.

67 어질다 제군(諸君)들은 이런 말씀 본(本)을 받아, 아니 잊자 맹세해서 일심(一心)으로 지켜내면 도성입덕(道成立德) 되려니와 「도덕가」, 『용담유사』.

68 저 옛적부터 봄과 가을이 갈아들고 사시(四時)가 성하고 쇠하는 것이 옮기지도 아니하고 바뀌지도 아니하니, 이 또한 한울님 조화의 자취가 천하에 뚜렷한 것이로다. (…) 皆自上古以來, 春秋迭代, 四時盛衰, 不遷不易, 是亦天主造化之迹, 昭然于天下也. 「포덕문」, 『동경대전』.

69 鬼神者, 有屈伸往來之迹, 如寒來暑往, 日往月來, 春生夏長, 秋收冬藏, 皆鬼神之功用. (『주자어류(朱子語類)』 권 68) 장립문(張立文), 『주희사상연구(朱熹思想研究)』(중국사회과학출판사, 1980), 318-326면.

과 마음을 쓰는 일과 말하고 웃는 일 모두가 귀신, 기운, 조화라고 주장한다.

결국 수운은 귀신이 바로 한울님이며, 한울님을 모신 자신이라고 강조한다.

"귀신이라는 것은 곧 나니라." 「논학문」[70]

한울님의 존재와 권능을 음양(陰陽)으로 해석할 때 발생하는 논리적 오류를 극복하기 위해 귀신(鬼神)이라는 용어를 사용한 듯하다. 음양의 기운이 바로 귀신이며 그 조화의 근원이 한울님이라는 주장이다. 그런데 귀신이 곧 한울님이라는 주장은 낯설다. 민중들이 받아들인 동학의 한울님은 초월적이며 절대적인 인격신이었다.

또 수운은 우주 자연의 질서 속에서 천주, 상제, 한울님의 모습을 찾을 수 있다고 강조한다. 그는 「불연기연(不然其然)」에서 조물주(造物主)가 존재해야 한다는 주장을 역설적으로 강조한다.

그런데 수운은 이러한 인격신적 면모를 보이는 한울님과는 다른 주장을 하기도 했다. 즉 수운은 만물과 인간의 근원이 음양오행의 이치라고 설명하기도 한다.

음과 양이 서로 어울려 비록 온갖 만물이 그 속에서 화해나지만 오직 사람이 가장 신령한 것이니라. 그러므로 삼재(三才)의 이치를 정하고 오행(五行)의 수(數)를 내었으니, 오행이란 무엇인가? 한울은 오행의 벼리가 되고, 땅은 오행의 바탕이 되고, 사람은 오행의 기운이 되었으니, 천지인(天地人) 삼재의 수를 여기에서 볼 수 있느니라. 「논학문」[71]

인용문에서 수운은 유학적인 개념을 사용하여 세계 질서를 설명하고 있

---

70 鬼神者, 吾也. 「논학문」, 『동경대전』.

71 陰陽相均, 雖百千萬物, 化出於其中, 獨惟人最靈者也. 故定三才之理, 出五行之數, 五行者, 何也? 天爲五行之綱, 地爲五行之質, 人爲五行之氣, 天地人三才之數, 於斯可見矣. 「논학문」, 위의 책.

다. 그러나 근본적으로 초월적이고 절대적인 신격을 상정하는 일은 유교적 범주를 한참 벗어나 있다.

그리고 수운은 기(氣)에 대한 설명도 시도한다.

기(氣)라는 것은 허령(虛靈)이 창창(蒼蒼)하여 모든 일에 간섭하지 아니함이 없고, 모든 일에 명령하지 아니함이 없으나, 모양이 있는 것 같으나 형상하기 어렵고, 들리는 듯하나 보기는 어려우니, 이것은 또한 혼원(混元)한 한 기운이다. 「논학문」[72]

따라서 동학의 사상을 동양 고래(古來)의 천도(天道)와 천덕(天德)사상으로 보거나,[73] 도교적(道敎的) 기일원론(氣一元論)으로[74] 이해하기도 한다.

한편 수운은 기(氣)를 탁기(濁氣)와 숙기(淑氣)로 구분한다.

흐린 기운을 쓸어버리고, 맑은 기운을 어린아이 기르듯 하라. 「탄도유심급」[75]

「강령주문(降靈呪文)」에 나오는 지기(至氣)는 가장 지극하며 순수하다는 뜻이므로 유일하고 근원적인 기(氣)이다. 모든 만물이 궁극적 하나에서 비롯한다는 일원론적 인식과 이해에 따르자면 지기(至氣)에 인격적인 의미를 부여하고[76] 나아가 신적(神的) 존재와 동일시하는 일이 가능하다.

기존의 성리학적 입장을 고수하는 유학자들은 형이상학적 개념의 인격화나 신격화는 상상하지 못했다. 만물의 근원을 태극이나 천리(天理)로 규정했을 뿐이다. 반면 수운은 형이상학적인 개념으로 초월적 존재를 설명하고자 노력

---

72 氣者, 虛靈蒼蒼, 無事不涉, 無事不命. 然而, 如形而難狀, 如聞而難見, 是亦渾元之一氣也. 「논학문」, 위의 책.

73 한우근, 「동학사상의 본질」, 『동방학지』 10호(1969)

74 신일철, 「동학사상의 도교적 성격문제」, 『한국사상』 20집(1985)

75 消除濁氣, 兒養淑氣. 「탄도유심급(嘆道儒心急)」

76 김경재, 「최수운의 신관념(神觀念)」, 『한국사상』 12집과 이혁배, 「천도교의 신관에 관한 연구」, 『종교학연구』 7집(1988)을 참고하시오.

했다. 즉 수운은 먼저 인격적 존재를 만나는 신비체험을 한 다음, 이를 논리적으로 설명하고자 전통적인 성리학적 개념을 차용한 것이다. 수운은 동학의 교리를 이론적으로 체계화하고 윤리화하고자 노력했지만, 약간의 논리적 오류가 엿보인다. 초월적이며 인격적인 존재라는 관념이 어떻게 형이상학적 개념으로 설명될 수 있는가?

수운은 막연하고 추상적인 관념으로 내려오던 전통적인 한울님을 적극적으로 해석하여 궁극적 존재로 설명한다. 또한 수운이 말한 천도(天道), 천덕(天德), 천명(天命)은 각각 한울님의 도, 한울님의 덕, 한울님의 명령을 의미한다.[77]

동학운동이 지역적 한계성을 넘어 범민중적인 규모로 확산될 수 있었던 것은 민중의 삶과 밀착되어 있던 민간신앙이나 주술신앙도 교리나 의례에 적극적으로 수렴하였고, 한울님이라는 신 관념을 통해 초월적 신앙 대상을 갈망하던 민중의 종교적 욕구에도 부응했기 때문이었다.[78]

19세기 이후 본격화된 한국 신종교운동들은 이전의 민중종교운동들과는 상당한 차이를 나타냈다. 즉 이전의 종교운동이 억압과 수탈이라는 계급 모순으로부터 벗어나려는 민중 해방의 성격을 띠었던 데 비해, 신종교운동은 계급 모순과 함께 제국주의의 물결로 인해 나타나는 민족 모순을 바로잡고자 하는 민족종교운동으로서의 성격도 함께 지니고 있었다.[79]

그러면서도 수운은 서학(西學)에서 주장하는 초월적 신을 부정하는 의미의 노래를 남겼다.

천상(天上)에 상제(上帝)님이 옥경대(玉京臺)에 계시다고 보는 듯이 말을 하니, 음양 이치(陰陽理致) 고사하고 허무지설(虛無之說) 아닐런가? 「도덕가」

---

77 최동희, 「동경대전 해설」, 『한국의 민속 종교사상』(삼성출판사, 1990), 488쪽.
78 노길명, 『한국신흥종교연구』(경세원, 1996), 111-134쪽.
79 노길명, 『한국의 종교운동』(고려대학교 출판국, 2005), 132쪽.

수운은 당시 사람들은 한울님의 존재를 잊고 있거나[80] 조화 중에 생겨났다는 사실을 망각하고 있으며,[81] 심지어 영험함이 없어졌다고 무시한다고 비판한다.[82]

수운은 자신의 종교적 체험을 통해 강력한 조화력을 지닌 초월적이고 절대적이며 가장 높은 지위에 있는 한울님에 대한 인식을 분명히 가지고 있었다. 그는 민중들에게 신앙대상을 분명히 가르쳐 새로운 신앙운동의 구심점으로 제시했다.

그렇지만 초월적 인격신에 대한 관념이 동양 전통에서는 없었고, 천주(天主)라는 용어도 서학(西學)에서 차용한 개념이었기 때문에 수운의 뒤를 잇는 해월 최시형에 있어서는 범신론(汎神論)이나 양천주(養天主)로 변화되었다.[83]

한울님을 내 몸에 모신다는 수운의 주장은 천주(天主)라는 절대적 인격신과는 모순되는 주장이다. 따라서 수운이 한울님을 대신하는 대리자로서의 면모로 받아들여졌음은 분명한 사실이다. 수운에게 천령(天靈)이 내렸다는 소문을 듣고 찾아온 사람들이 많았으며,[84] 심문을 받을 때에도 수운은 자신에게 천신(天神)이 내렸다고 진술하였다.[85]

이때 천신은 수운에게 다음과 같이 알려주었다고 전한다.

---

80 어리석은 사람들은 비와 이슬의 혜택을 알지 못하고 무위이화(無爲而化)로 알더니 (…) 愚夫愚民, 未知 雨露之澤, 知其無爲而化矣. 「포덕문」, 「동경대전」.

81 효박(淆薄)한 이 세상에 불고천명(不顧天命) 하단 말가? 장평갱졸(長平坑卒) 많은 사람 한울님을 우러러서 조화중(造化中)에 생겼으니 은덕(恩德)은 고사하고 근본(根本)조차 잊을소냐? 「권학가」, 「용담유사」.

82 몰몰(沒沒)한 지각자(知覺者)는 옹총망총 하는 말이, 지금은 노천(老天)이라 영험(靈驗)도사 없거니와 몹쓸 사람 부귀(富貴)하고 어진 사람 궁박타고 하는 말이 이뿐이오. 「도덕가」, 위의 책.

83 황선명, 「조선조종교사회사연구」(일지사, 1985), 349-352쪽. 그는 수운의 천주라는 개념은 과도기적인 형태에 지나지 않아 민중의 체험적 신앙에 부응하기 위하여 종교 상징의 축은 후천개벽으로 이동했다고 본다.

84 사방에서 어진 선비들이 나에게 와서 묻기를 "지금 천령(天靈)이 선생님께 강림하였으니 어찌 된 일입니까?"라 하였다. 내가 대답하기를 "가고 돌아오지 아니함이 없는 이치를 받을 것이니라."라 했다. (…) 四方賢士, 進我而問曰, 今天靈降臨先生, 何爲其然也? 曰, 受其無往不復之理. 「논학문」, 「동경대전」.

85 처음 그 공부를 시작할 때에 몸이 떨리면서 귀신을 접했습니다. 그런데 하루는 천신(天神)이 내려와 가르치기를, "요사이 바다 위에 배로 오고 가고 하는 것들은 모두 양인인데 칼춤이 아니고는 제어할 수 없을 것이다."라고 하면서 검가(劍歌) 한 편을 주었습니다. 「고종실록」 고종 1년(1864) 2월 29일.

조상빈(趙相彬)은, "제가 최복술을 만나보니, '천신(天神)이 내려와서 분명히 나에게 가르치기를 금년 2월과 5월 사이에 양인(洋人)이 의주(義州)로부터 들어올 것이라고 하였는데 내 통문(通文)을 가지고 일제히 따라가라. 이 춤을 익힌 자가 앞으로 나라를 보전하고 백성을 편안하게 하여 공을 세울 것이니, 내가 고관(高官)이 되면 너희들은 각기 다음 자리의 벼슬들을 하게 될 것이다.'라고 하였습니다."라고 진술하였습니다.[86]

천신이 내려와서 수운에게 말했다는 주장에서 수운이 스스로 이러한 사실을 분명히 확신했었음을 엿볼 수 있다. 천신은 매우 구체적으로 시점과 장소를 제시하면서 서양인이 우리나라로 침공할 것이라고 알려주었다. 이에 대해 수운이 내린 방비책은 자신의 통문에 따라 검가(劍歌)를 익히라는 것이었다. 즉 검가를 익혀 서양인의 침공을 막아 나라를 보전하고 백성을 편안하게 만드는 공을 세우면 벼슬을 할 수 있다는 주장이었다. 물론 이러한 일은 실제로 일어나지는 않았다.

매우 구체적인 세부 사항을 알려주는 천신(天神) 또는 천주(天主)는 서학의 천주와는 뚜렷이 구별되는 관념이다. 우리 민족 고유의 한울님 신앙과 절대적 유일신을 주장하는 서학과의 관련성은 어떻게 이해해야 할 것인가? 수운이 한울님을 굳이 한자로 표기할 때 생긴 용어가 천주라고 보아야 할 것이다. 그러면서도 수운은 상제라는 용어를 함께 사용하여 유학적이고 중국 중심적인 주재자(主宰者) 개념으로 오해할 소지를 제공하였다.

한편 해월은 수운의 도를 인황(人皇)의 이치라고 설명했는데,[87] '다시 개벽' 되는 시대에서 수운은 천황에 비유된다.[88]

---

86 『고종실록』 고종 1년(1864) 2월 29일.

87 천황의 도와 지황의 덕을 인황이 밝히나니, 천황과 지황이 세상에 난 뒤에 인황이 세상에 나는 것은 이치의 당연한 것이리라. (…) 天皇道, 地皇德, 人皇明之, 天皇地皇出世以後, 人皇出世, 理之固然矣. 「오도지삼황(吾道之三皇)」, 『해월신사법설』.

88 말씀하시되 태고적 천황씨는 우리 스승께서 스스로 비교한 뜻이요. (…) 曰, 太古今天皇氏, 我先師自比之意也. 「명심수덕(明心修德)」, 『해월신사설』.

③ 시천주사상(侍天主思想) — 동학의 인간관

수운은 다음과 같이 새로운 인간관을 제시했다.

> 시(侍)라는 것은 안에는 신령(神靈)이 있고 밖에는 기화(氣化)가 있어 온 세상 사람이 각각 알아서 옮기지 못하는 것이다. 「논학문」[89]

객관적 숭배 대상으로 존재하는 한울님이 이제는 사람마다 자신의 마음에 모시고 있다는 믿음으로 발전되었다. 이처럼 한울님이 내 몸에 모셔져 있다는 의미 자체가 인간의 가치를 높이는 일이다. 결국 한울님과 인간 개개인은 본질적으로 동질적인 존재인 것이다.

동학에서는 한울님을 인간의 몸에 불러들이기 위해서 주문(呪文)을 외우는데, 이때 몸이 떨리고 마음에 한기를 느끼는 신비체험이 일어난다고 한다. 이는 절대자 한울님과 하나가 된 상태 또는 절대자와의 합일의 경지를 가리킨다.[90]

신비적이고 주술적인 체험은 비일상적이고 비이성적이며 논리를 초월한 것이다. 동학교도들은 주문을 열심히 외워 이러한 신비체험을 경험하였고, 사람이 한울이 되는 진리라는 확신을 가지게 되었다.[91]

수운 당시에도 풍문만 듣고 주문을 따라 읽는 사람들이 많았다.

> 혹은 떠도는 말을 듣고 닦으며, 혹은 떠도는 주문을 듣고 외우니, 어찌 그릇된 일이 아니며 어찌 민망한 일이 아니겠는가? 「수덕문」[92]

한편 수운이 서학(西學)을 비판한 요지는 기화지신(氣化之神)이 없다는 것이다.[93] 그렇지만 지나치게 초자연적이고 신비한 체험만 바라는 사람은 경계한다.

---

89 侍者, 內有神靈, 外有氣化, 一世之人, 各知不移者也. 「논학문」, 『동경대전』.

90 이부영, 「최수운의 신비체험」, 『한국사상』 11집(1973), 21쪽과 조용일, 『동학조화사상연구』(동성사, 1988), 113-117쪽을 참조하시오.

91 박승룡, 「대신사(大神師)에 대한 나의 체험」, 『천도교회월보』 1924년 12월호.

92 或聞流言而修之, 或聞流呪而誦焉, 豈不非哉, 敢不憫然? 「수덕문」, 『동경대전』.

수운은 본래 인간의 몸에는 한울님이 모셔져 있다고 보았다. 초월적 신일 뿐만 아니라 인간의 내부에 자리잡고 있는 내재신(內在神)을 강조한 것이다.

나는 도시 믿지 말고 한울님을 믿어서라, 네 몸에 모셨으니 사근취원(捨近取遠) 하단 말가? 「교훈가」, 『용담유사』

이런 관점에서 수운은 초월적 유일신만 강조하는 서학(西學)을 허무한 주장이라고 비판하였다.[94] 한울님을 혼원(渾元)한 일기(一氣)나 지기(至氣)로 보았기 때문에 가능한 해석이다.

인간은 만물 가운데 가장 신령한 존재이므로 지기(至氣)로 표현되는 한울님을 모시는 일이 가능하다고 보았다. 따라서 인간은 한울님과 동질적인 존재이며 그만큼 존엄하다. 인간은 시천주(侍天主)를 통해 한울님과 만날 수 있고, 한울님을 몸 안에 모실 수 있는 존귀한 존재이다. 그렇지만 경외의 대상인 한울님은 여전히 외재적 존재로도 계신다.

모든 인간을 한울님처럼 여기고 대우하여 인간의 존엄성과 평등이 보장될 때 이상세계가 현실화될 것이라는 종교적 메시지다. 이는 동학의 윤리관이자 적극적인 실천을 통해 새로운 사회를 이룩할 책임을 부여하는 것이다.

성리학에서는 기질지성(氣質之性)의 차이에 따라 인간의 선천적인 차별을 인정하지만, 동학에서는 근원적인 차별은 찾아볼 수 없다. 인간의 차이는 수심정기(守心正氣) 하는 태도와 한울님을 지극히 위하고 도덕을 잘 따르는가에 달렸다. 인간은 한울님의 조화에 의해 생성된 가장 신령한 존재이므로 인간들 사이에는 어떠한 차별도 있을 수 없다는 입장이다.[95]

---

93 西人 (…) 身無氣化之神 「논학문」, 위의 책.

94 천상(天上)에 상제(上帝)님이 옥경대(玉京臺)에 계시다고 보는 듯이 말을 하니, 음양이치(陰陽理致) 고사하고 허무지설(虛無之說) 아닐런가? 「도덕가」, 『용담유사』.

95 이길용, 「초기 동학의 인간관 연구」,(서강대학교 박사학위논문, 1990), 77-78쪽.

④ '다시 개벽' 사상 - 동학의 시대관

한울님이 본 조선사회의 모습은 도탄에 빠져 있고 민중들은 죽을 땅에 빠져 있는[96] 인륜과 질서가 무너진 사회다.[97] 그리고 서양 세력의 침공이 곧 들이닥칠 위기에 처해 있으며,[98] 장차 지난날 임진왜란과 같은 전쟁이 발생할 것이며 온 세상에 괴질이 퍼질 것이다.[99]

수운은 이러한 위기가 다가오는데도 불구하고 사람들이 제각기 자신만을 위해 살아간다고 비판하였다. 사람들은 자기 자신만을 생각하는 이기심으로 가득 찼고, 천리(天理)를 따르지 않고 천명(天命)을 쳐다보지 않는다.[100]

그리고 세상을 이끌어갈 윤리 체계이자 정신적 지주 역할을 해야 할 종교인 유불도(儒佛道)의 운수도 다했다.[101] 요순(堯舜)과 공자(孔子)와 맹자(孟子)로 상징되는 성현(聖賢)들이 줄지어 나오더라도 이 위기는 극복하기 어려울 것이다.[102] 서학에 입도하거나 비결에 의지해도 어려울 것이다.[103]

하지만 동학 경전에는 말운(末運)이나 말세(末世)라는 용례는 보이지 않는

---

96 일세상(一世上) 저 인물(人物)이 도탄중(塗炭中) 아닐런가, 함지사지(陷之死地) 출생(出生)들아 보국안민(輔國安民) 어찌할꼬? 「권학가」, 『용담유사』.

97 군불군(君不君) 신불신(臣不臣)과 부불부(父不父) 자불자(子不子)를 주소간(晝宵間) 탄식하니 「몽중노소문답가」, 위의 책.

98 서양 사람은 천주(天主)의 뜻이라고 하면서 부귀는 취하지 않고 천하를 쳐서 빼앗아 그 교당을 세우고 그 도를 행한다고 한다. (…) 西洋之人, 以爲天主之意, 不取富貴, 攻取天下, 立其堂, 行其道. 「포덕문」, 『동경대전』. (…) 서양 사람은 (…) 무기로 침공함에 당할 사람이 없다 하니, 중국이 소멸하면 어찌 순망(脣亡)의 환(患)이 없겠는가? (…) 攻鬪干戈, 無人在前, 中國燒滅, 豈可無脣亡之患也. 「논학문」, 위의 책.

99 가련(可憐)하다 가련하다 아국운수(我國運數) 가련하다. 전세임진(前世壬辰) 몇 해런고? 이백사십 아니런가. 십이제국(十二諸國) 괴질운수(怪疾運數) 다시 개벽(開闢) 아닐런가? 「안심가」, 『용담유사』. (…) 천운(天運)이 둘렸으니 근심 말고 돌아가서 윤회시운(輪廻時運) 구경하소. 십이제국 괴질운수 다시 개벽 아닐런가? 「몽중노소문답가」.

100 또 이 근래에 오면서 온 세상 사람이 각자위심(各自爲心)하여 천리(天理)를 순종하지 아니하고, 천명(天命)을 돌보지 아니하므로, 내 마음이 항상 두려워 어찌할 바를 알지 못하였더라. 又此挽近以來, 一世之人, 各自爲心, 不順天理, 不顧天命, 心常悚然, 莫知所向矣. 「포덕문」.

101 유도불도(儒道佛道) 누천년(累千年)에 운(運)이 역시 다했던가? 「교훈가」.

102 아서라 이 세상은 요순지치(堯舜之治)라도 부족시(不足施)요, 공맹지덕(孔孟之德)이라도 부족언(不足言)이라. 「몽중노소문답가」.

103 풍편(風便)에 뜨인 자도 혹은 궁궁촌(弓弓村) 찾아가고, 혹은 만첩산중(萬疊山中) 들어가고, 혹은 서학(西學)에 입도(入道)해서 각자위심(各自爲心) 하는 말이 내 옳고 네 그르지 (…) 「몽중노소문답가」.

다. 현실세계가 종말을 고하고 새로운 이상세계가 도래한다는 예언만 있을 뿐이다. 세계관과 인생관의 근본적 변화를 추구하는 종교적 성격이 강하다. 혼란과 고통에 찬 하원갑(下元甲)의 시대가 지나가고 인간이 이상적 삶을 누릴 수 있는 상원갑(上元甲) 시대가 온다는 예언이다.

> 삼각산(三角山) 한양도읍(漢陽都邑) 사백 년 지낸 후에 하원갑(下元甲) 이 세상에 (…) 하원갑 지내거든 상원갑(上元甲) 호시절(好時節)에 만고(萬古) 없는 무극대도(無極大道) 이 세상에 날 것이니, 너도 또한 연천(年淺)해서 억조창생(億兆蒼生) 격양가(擊壤歌)를 불구(不久)에 볼 것이니, 이 세상 무극대도 전지무궁(傳之無窮) 아닐런가? (…) 「몽중노소문답가」, 『용담유사』

고려 인종 10년(1132) 11월의 기사에 "옛사람의 가르침에 이르기를 '수만 년이 지나게 되면 반드시 동지(冬至)가 갑자일이 되어 해와 달과 오성(五星)이 모두 자방(子方, 북쪽)으로 모이는데, 이를 일컬어 상원(上元)이라고 하며 일력(日曆)의 기원으로 삼았다. 개벽(開闢) 이래로 성인의 도가 이로부터 행해졌다.' (…)"라 했다.[104]

갑자년이 60년 만에 한 번씩 되돌아오기 때문에 이를 일주(一周)라 한다. 이 일주가 60회(回) 바뀐 것을 60주갑(周甲)이라 하며 이를 일원(一元)이라 한다. 즉 일원(一元)은 60년×60주(周)=3,600년이다. 이 일원(一元)이 상·중·하의 삼원(三元)으로 되풀이되는데, 소요되는 연수는 10,800년이다. 새로 시작되는 갑자년을 상서로운 조짐이 있거나 커다란 변혁이 있을 해로 보았다. 결국 수운은 새 세상이 이루어지기 위한 큰 변화가 시작될 시기가 바로 갑자년(1864)이라고 주장한 것이다. 이와 관련하여 육십갑자를 구궁(九宮)에 따라 배열한 다음 셋으로 나누어 제1갑자(甲子)를 상원(上元), 제2갑자를 중원(中元), 제3갑자를 하원(下元)으로 나누는 것이 삼원법(三元法)이라고 한다.[105] 즉 삼원법은 180년을 한 주기

---

104 訓有之曰, 積數萬歲, 必得冬至甲子, 日月五星, 皆會于子, 謂之上元, 以爲曆始. 開闢以來, 聖人之道, 從此而行. 『고려사』 권 16, 인종 10년(임자년) 11월 기묘일.

로 삼으며, 중국에서는 하원갑자에 엄청난 재변이 일어난다고 믿었다 한다.[106]

수운은 우주의 운행 질서와 순환 법칙에 의해 새로운 시대가 열릴 것이라고 예언했다.[107] 이를 초기 동학교단에서는 5만 년 무극대도라고 명명했다.[108] 이는 5만 년 만에 '다시 개벽'이 이루어질 것이라는 새로운 이상세계를 희망하는 종말론적 종교사상이다. 결국 후천개벽은 과학적이고 객관적인 연대 계산법에 의한 것이 아니라 주관적인 판단과 시대 인식에 따른 계산법에 따라 이루어질 것이다. 그러므로 5만 년은 숫자에 불과하다.

수운은 단순히 왕조 교체만 원하는 것이 아니라 우주적이고 역사적인 변화를 추구했으며, 궁극적 변혁을 모색했다. 이 과정에서 종교적 성격이 강조되었는데 "천하가 모두 없어지는 지경"에[109] 이른 이 시대에 전쟁이 아닌 다른 재앙이 닥칠 것이라고 예언했다.[110] 쇠운을 극복하는 새 운수가 도래하면 모든 것을 다시 시작해야 하는 '다시 개벽'이 이루어질 것을 강조했다.

그렇지만 수운은 앞으로 변화된 세상에 대해서는 특별히 언급하지 않았다. 다만 이전 시대의 신분과 부귀가 뒤바뀐 세상이 될 것이라고만 말했고,[111] 군자(君子), 지상신선(地上神仙), 선풍도골(仙風道骨), 신선(神仙) 등으로 새 세상을 강조했다.[112]

---

105 최갑순, 「명청대(明淸代) 종교결사의 삼양설(三陽說)」, 『역사학보』 94 · 95 합집(역사학회, 1982), 291-293쪽.

106 술수가들의 설에 따르면 명(明)의 천계(天啓) 4년(1624)이 하원갑자에 해당한다고 한다. 이에 따르면 1864년이 하원갑자에 해당되며 그 이후의 상원갑자는 1924년이다.

107 시운(時運)을 의논(議論)해도 일성일쇠(一盛一衰) 아닐런가? 쇠운(衰運)이 지극(至極)하면 성운(盛運)이 오지마는 (…) 「권학가」.

108 천운(天運)은 순환하여 한번 가서 돌아오지 않는 것이 없으니, 이로써 오만 년 무극(無極)의 도(道)를 내게 명해 내린 것이다. (…) 是故, 天運循環, 無往不復, 以五萬年無極之道. 윤석산 역주, 『초기 동학의 역사 – 도원기서(道源記書) –』(도서출판 신서원, 2000), 87쪽. 『최선생문집도원기서』는 1879년에 간행되었는데, 『동학사상자료집』 1(아세아문화사, 1978)에 수록되어 있다.

109 천하진멸(天下盡滅) 「포덕문」.

110 무병지란(無兵之亂) 지낸 후에 살아나는 인생들은 (…) 「안심가」.

111 부(富)하고 귀(貴)한 사람 이전(以前) 시절(時節) 빈천(貧賤)이요, 빈(貧)하고 천(賤)한 사람 오는 시절 부귀(富貴)로세. (…) 「교훈가」.

112 입도(入道)한 세상 사람 그날부터 군자(君子) 되어 무위이화(無爲而化) 될 것이니 지상신선(地上神仙)

수운은 앞으로 올 세상에 대해 "좋은 운수", "춘삼월 호시절", "태평성세", "만고 없는 무극대도" 등으로 간접적으로 표현했다.[113] 막연하고 불명확한 추상적 모습만 제시했고, 낡은 세계가 없어지고 곧 새로운 이상세계가 현세에 이루어질 것이라고 예언했다.

⑤ 수운(水雲)에 대한 인식 – 동학의 구원관

수운은 한울님과 직접 대화가 가능했던 인물이자 한울님의 대리자였다. 한울님 즉 상제(上帝)가 수운을 처음 만났을 때 "너는 나의 아들이니, 나를 아버지라고 불러라."라 했고, 그 명에 따라 수운은 한울님을 아버지라고 불렀다.[114]

이처럼 수운은 단순한 인간의 아들이 아니라 절대최고신의 아들로 믿어진다. 한울님이 수운을 시험하기 위해 백의재상(白衣宰相)이 되게 해주겠다고 유혹하자, 수운은 자기는 한울님의 아들이기 때문에 그런 것이 필요 없다고 거절한다.

한울님은 수운이 행했던 모든 일을 알고 있는 존재이기도 하다.[115] 수운이 한울님과 만나기 전까지 모진 고생을 한 것도 모두 한울님의 뜻이었다.[116] 그

네 아니냐? (…) 「교훈가」, 선풍도골(仙風道骨) 내 아닌가? (…) 「안심가」, 불로불사(不老不死) 하단 말가? (…) 「안심가」, 나도 또한 신선(神仙)으로 (…) 「안심가」, 나도 또한 신선이라. (…) 「용담가」, 시호(時乎) 시호 그때 오면 도성입덕(道成立德) 아닐런가? (…) 「도수사(道修詞)」.

113 좋은 운수 (…) 「교훈가」, 춘삼월(春三月) 호시절(好時節)에 또다시 만나볼까? (…) 「도수사」, 태평성세(太平聖世) 다시 정해 국태민안(國泰民安) 할 것이니 (…) 「몽중노소문답가」, 만고(萬古)에 없는 무극대도(無極大道) 이 세상에 날 것이니 (…) 「몽중노소문답가」.

114 上帝又曰, 汝吾子, 爲我呼父也. 先生敬敎, 呼父. 윤석산 역주, 『초기 동학의 역사 – 도원기서(道源記書) –』(도서출판 신서원, 2000), 35쪽. 『도원기서(道源記書)』는 강시원(姜時元) 등이 기묘년(1879)에 초고를 작성한 것으로 추정된다. 김상기, 『동학과 동학난』(한국일보사, 1975) 부록에 실린 『수운행록(水雲行錄)』은 4종의 필사본이 전한다. 그 가운데 가장 오래된 판본은 광무 2년(1898)에 필사되었다. 여기에도 "上帝又曰, 汝則吾子, 呼我謂父也. 先生敬敎呼父."라는 내용이 있다. 한울님이 수운에게 "너는 나의 아들이다."라고 말했다는 내용은 오지영 저, 이장희(李章熙) 교주본(校註本), 『동학사』(박영사, 1974), 19쪽에도 실려 있다.

115 포태지수(胞胎之數) 정(定)해 내어 자아시(自兒時) 자라날 때 어느 일을 내 모르며, 적세 만물(萬物)하는 법과 백천만사(百千萬事) 행(行)하기를 조화중(造化中)에 시켰으니 (…) 「교훈가」.

116 첩첩(疊疊)이 험(險)한 일을 당(當)코 나니 고생(苦生)일세. 이도 역시 천정(天定)이라 무가내(無可奈)라 할 길 없다. (…) 「안심가」, 한울님도 한울님도 이리될 우리 신명(身命) 어찌 앞날 지낸 고생 그다지 시키신고 (…) 「교훈가」.

리고 수운이 한울님과 만나기 전에 겪었던 모든 길흉화복도 한울님이 간섭한 결과였다.[117]

한울님은 수운을 통해 자신의 뜻을 이 세상에 펼치기 위해 개벽 이후 5만 년을 기다렸다고 말했다.[118] 또한 한울님은 수운을 이 세상에 태어나게 하여 우리나라의 운수를 보전하려 했다.[119] 이처럼 수운은 한울님과의 특별한 관계를 거듭 강조하는데, 한울님은 질병으로 가득 찬 혼란스럽고 고통스러운 세상을 구원하기 위해 수운을 선택했다.[120]

수운은 자신의 임무를 자각하고 있었으며, 한울님께 "옥새를 받았다."고 주장하여 자신만이 세상을 구원할 존재라고 강조하며, 나아가 사람들이 자기에게 수명을 연장해 주기를 빌 것이라고 주장했다.[121] 이러한 수운의 임무는 한울님이 정하신 것이어서 그 누구도 바꿀 수 없는 숙명이었다.[122]

한편 수운은 관군에게 체포되기 직전인 계해년(1863) 10월 28일 자기의 생일에 제자들에게 "세상 사람들이 나를 천황씨(天皇氏)라고 부를 것이다."라고 말했다.[123] 즉 수운이 후천을 창시한 새로운 창조주라고 천명한 주장이다. 여

---

117 上帝又謂曰, 汝之前後吉凶禍福, 吾必所爲涉之也. 윤석산 역주, 『초기 동학의 역사 – 도원기서(道源記書) –』(도서출판 신서원, 2000), 41쪽.

118 한울님 하신 말씀 개벽(開闢) 후 오만년(五萬年)에 네가 또한 첨이로다. 「용담가」.

119 한울님이 내 몸 내서 아국운수(我國運數) 보전(保全)하네 (⋯) 『용담유사』, 「안심가」.

120 대답하시기를 "내 또한 공(功)이 없으므로 너를 세상에 내어 사람들에게 이 법을 가르치게 하노니, 의심하지 말고 의심하지 말라."라 하셨다. 묻기를 "그렇다면 서도(西道)로써 사람을 가르치리이까?" 하니, 대답하시기를 "그렇지 않다. 나에게 영부(靈符)가 있으니 그 이름은 선약(仙藥)이요, 그 형상은 태극(太極)이요, 또 형상은 궁궁(弓弓)이니, 나의 영부를 받아 사람을 질병에서 건지고, 나의 주문(呪文)을 받아 사람을 가르쳐서 나를 위하게 하면, 너도 또한 장생(長生)하여 덕을 천하에 펴리라."라 하셨다. (⋯) 曰, 余亦無功, 故生汝世間, 敎人此法, 勿疑勿疑. 曰然則, 西道以敎人乎? 曰, 不然, 吾有靈符, 其名仙藥, 其形太極, 又形弓弓, 受我此符, 濟人疾病, 受我呪文, 敎人爲我, 則汝亦長生, 布德天下矣. 「포덕문」.

121 구미산수(龜尾山水) 좋은 풍경(風景) 아무리 좋다 해도, 내 아니면 이러하며 내 아니면 이런 산수 아동방(我東方) 있을쏘냐? (⋯) 「용담가」, 만세명인(萬世名人) 나뿐이다. (⋯) 나도 또한 한울님께 옥새보전(玉璽保全) 봉명(奉命)하네. 무병지란(無兵之亂) 지낸 후에 살아나는 인생(人生)들은 한울님께 복록(福祿) 정해 수명(壽命)으랑 내게 비네. (⋯) 한울님이 내 몸 내서 아국운수 보전하네 (⋯) 『용담유사』, 「안심가」.

122 윤회(輪廻) 같이 둘린 운수(運數) 내가 어찌 받았으며, 억조창생(億兆蒼生) 많은 사람 내가 어찌 높았으며, 일 세상(世上) 없는 사람 내가 어찌 있었던고 (⋯) 한울님이 정하시니 무가내(無可奈)라 할 길 없네. (⋯) 「교훈가」.

기서 천황씨는 '다시 개벽'된 새 세상의 창시자 또는 첫 임금 등의 의미다.

수운은 현세에서의 즉각적이고 궁극적인 구원을 고대하며, 지상 선경을 제시하고 구원의 메시지를 전달했다는 점에서 예언이 확산될 기반을 마련하였다. 이는 조선사회에 오랫동안 제기되어온 진인(眞人)의 이미지와 비슷하다.

『동경대전』과 『용담유사』에 『정감록』에 보이는 궁궁(弓弓)에 대한 수운 최제우의 독창적인 해석이 보인다. 우선 경신년(1860) 4월 5일 수운의 신비체험에 나타난 궁궁(弓弓)과 궁을(弓乙)에 대한 설명을 살펴보자.

> "한울님이시여, 무엇을 가르치고자 하시나이까?" 한대 (…) "나에게 영부(靈符)가 있으니 그 이름은 선약(仙藥)이라 하고, 그 형상은 궁궁(弓弓)이며, 또 태극(太極)이니, 나의 영부를 받아 사람들의 질병을 건지고 나의 주문(呪文)을 받아 사람을 가르치되 나와 같이 되게 한즉 네 또한 장생(長生)하야 덕을 천하에 펴리라."하거늘, 대신사(大神師) 이 말이 끊어지자마자 눈앞에 아무것도 보이는 것이 없고 다만 무한한 허공에 찬란하고 휘황(輝煌)한 빛이 가득히 차서 뛰고 동(動)하고 번쩍거리되 우주의 한끝과 한끝이 서로 맞닿은 듯하며, 한울과 땅의 뿌리가 서로 얽히어 온 천지 만물이 그 밑층으로부터 나타났다 꺼지고 꺼졌다 다시 나는 듯한지라. 대신사 이것이 영부(靈符)임을 알고 눈을 들어 자세히 보고자 한즉 그 광채가 문득 없어져 보이지 아니하며, 공중을 향하여 귀를 기울여 말을 다시 듣고자 한즉 들리던 말이 없어지고 마는지라. 대신사 다시 수심정기(守心正氣) 한즉 영부의 광채가 한울과 땅의 속을 뚫고 일만 물건의 가운데를 통하여 가지고 눈앞에 완연히 보이며 다시 공중에서 말이 들리되 "네 백지(白紙)를 펴서 이 영부를 받으라." 하거늘 대신사 말대로 백지를 편즉 영부가 백지 위에 비추어져 뛰고 동(動)하는 것이 그 형상이 완연히 태극의 형용과 같고 굽은 선[曲線]의 움직이는 모양이 완연히 궁을(弓乙)과 같거늘 (…)[124]

위의 인용문에 대한 천도교 측의 공식적인 설명은 다음과 같다.

---

123 世上謂我天皇氏云云. 윤석산 역주, 『초기 동학의 역사 ─ 도원기서(道源記書) ─』(도서출판 신서원, 2000), 83쪽. 이에 대해 이돈화(李敦化, 1884-?)는 "천황씨는 선천인류(先天人類)의 시조(始祖)를 의미한 것이니, 대신사(大神師) 스스로 천황씨라 하심은 후천(後天)의 시조를 명언(明言)한 것이었다." 라고 주석하였다. 이돈화 편, 『천도교창건사』 제1편(천도교중앙종리원, 1933), 47면.

124 이돈화 편술, 『천도교창건사』(천도교중앙종리원, 1933), 44-45쪽.

궁궁(弓弓) 이자(二字)는 수운 선생(水雲先生) 득도(得道)의 초(初)에 강필(降筆)로써 된 영부(靈符)에 나타나 있는 그림이다. 그 그림의 형상이 천연(天然) 마음 심자(心字)의 초서형(草書形)으로 되어 있어 마치 활 궁(弓) 자와 방불하였다. 선생은 말씀하되 사람이 그 마음 하나만 잘 찾고 보면 세상에 모든 악질(惡疾)은 스스로 다 없어진다고 하였다. 세상 사람들은 불사약(不死藥)이 제 몸에 있는 줄 알지 못하고 그 살길을 산에나 물에나 궁자(弓字)만을 찾고자 하나니, 그것은 궁궁(弓弓)이 제 마음인 것을 깨닫지 못한 까닭이라고 하겠다.[125]

즉 궁을(弓乙)은 심(心)을 상징하는 글자로 본다.[126] 수운이 한울님에게 받았다는 영부에 나타난 글자 모양의 무늬라는 주장이다.

수운은 이상사회가 앞으로 5만 년 동안 이어질 것이라고 강조했다. 수운의 신비체험이 있던 경신년(1860) 4월 5일에 상제(上帝)가 수운에게 "개벽(開闢) 후 5만 년에 내 또한 노(勞)할 뿐 공(功)이 없는지라."라 했고,[127] 검가(劍歌)에서 "만세일지장부(萬世一之丈夫)로서 오만년지시호(五萬年之時乎)로다."라 읊었으며,[128] 계해년(1863) 10월 28일 자신의 생일 기념식에서 "한울이 오만년(五萬年) 무극대도(無極大道)로써 나에게 맡기시니, 오도(吾道)는 후천(後天) 오만년의 대도니라."라 말했다.[129]

또 해월 최시형은 을해년(1875) 10월 18일에 "대저 도(道)는 용시용활(用時用活) 하는 데 있나니, 때와 짝하여 나아가지 못하면 이는 사물(死物)과 다름이 없으리라. 하물며 우리 도(道)는 5만 년의 미래를 표준(表準) 함에 있어 앞서 때를 짓고 때를 쓰지 않으면 안 될 것은 선사(先師)의 가르친 바라. 내 이 뜻을 후천만대(後天萬代)에 보이기 위하여 특별히 내 이름을 고쳐 맹세코자 하노라."라고

---

125 오지영, 「동학사서(東學史序)」, 『동학사(간행본)』(영창서관, 1940), 2쪽. 오지영 저, 이장희(李章熙) 교주본(校註本), 『동학사』(박영사, 1974), 4-5쪽.

126 김상기는 『동학과 동학난』(대성출판사, 1947), 36쪽에서 궁을이 정심(正心)을 의미한 듯하다고 주장하였다.

127 이돈화 편술, 『천도교창건사』(천도교중앙종리원, 1933), 12쪽.

128 이돈화 편술, 『천도교창건사』(천도교중앙종리원, 1933), 32쪽.

129 이돈화 편술, 『천도교창건사』(천도교중앙종리원, 1933), 79쪽.

말하고, 본명인 경상(慶翔)을 시형(時亨)이라고 고쳤다.[130] 갑오년 동학농민전쟁 때에도 포사(砲士)들은 "어깨에 궁을(弓乙) 두 글자로 표시하고, 몸에는 동심의 맹(同心義盟) 네 글자를 써서 붙이고, 깃발에는 특히 오만년수운(五萬年受運)이라고 썼다."고 전한다.[131]

그리고 동학에서도 선천(先天)과 후천(後天)의 구별이 분명히 있었음은 해월의 다음과 같은 설법에서 확인할 수 있다.

> 오도(吾道)의 대운(大運)은 천황씨(天皇氏)의 근본원리를 회복한 것이니, 고로 무극지운(無極之運)이라 하는 것이니라. 천황씨라 함은 선천개벽(先天開闢)의 시조(始祖)를 의미하여 말한 것이요, 대신사(大神師) 스스로 천황씨라 칭하심은 후천개벽(後天開闢)의 시조로 자처한 것이니, 도 닦는 자들은 선천의 탁기(濁氣)를 버리고 후천 신생(新生)의 숙기(淑氣)를 기르면 은은총명(隱隱聰明)이 자연(自然)의 중(中)에서 화출(化出) 할지니라.[132]

어쨌든 동학은 성리학적 지배 질서에 위배되는 이단사상으로 인식되었고 당시 조정에서는 동학을 서학이 이름을 달리한 것으로 이해했다. 지식인층은 물들 염려가 없는 저급한 사상으로 도외시했으나 동학이 경상도 일대를 중심으로 급속히 전파되어가자 그 조직력과 교세의 확산을 크게 우려하였다. 특히 검가가 주목되었다.

> 시호(時乎) 시호 이 내 시호 부재래지(不再來之) 시호로다. 만세일지(萬世一之) 장부(丈夫)로서 오만년지(五萬年之) 시호(時乎)로다. 용천검(龍泉劍) 드는 칼을 아니 쓰고 무엇하리. 무수장삼(舞袖長衫) 떨쳐입고 이 칼 저 칼 넌즛 들어 호호망망(浩浩茫茫) 넓은 천지(天地) 일신(一身)으로 비껴 서서 칼노래 한 곡조(曲調)를 시호 시호 불러내니, 용천검 날랜 칼은 일월(日月)을 희롱하고 게으른 무수장삼 우주(宇宙)에 덮여있네. 만

---

130 이돈화 편술, 『천도교창건사』(천도교중앙종리원, 1933), 115쪽.
131 이돈화 편술, 『천도교창건사』(천도교중앙종리원, 1933), 149쪽.
132 이돈화 편술, 『천도교창건사』(천도교중앙종리원, 1933), 117쪽.

고명장(萬古名將) 어데 있나 장부당전(丈夫當前) 무장사(無壯士)라, 좋을시고 좋을시고 이 내 신명(身命) 좋을시고. (…)「검결(劍訣)」

결국 1864년 3월에 동학의 교조 최제우는 대구에서 좌도난정(左道亂正)의 죄목으로 처형되었다. 그러나 신도들은 수운이 여전히 살아있다고 믿었다.

선생이 사형을 받아 이 세상을 떠난 이후, 그 도(道) 하는 사람들은 언론이 분분하여 어느 말이 정견(正見)인 줄 알 수가 없었다. 혹은 말하되, 선생이 비록 죽었으나 아주 죽고 만 것이 아니요, 다시 살아나서 남해(南海) 도중(島中)에 들어가 있다고 하는 자도 있으며, 혹은 말하되, 선생이 죽기는 죽었으나 또다시 살아날 날이 있다고 하는 자도 있으며, 혹은 말하되, 선생은 육신은 비록 죽었으나 그 영(靈)으로서 출세(出世)한다고 하는 이도 있었다.[133]

이후 동학사상이 교리로 체계화되면서 수운의 법신(法身)은 영원히 죽지 않는다든가[134] 천신(天神)인 대신사가 되었다든가[135] 상제(上帝)의 화신으로 인간세상에 출현해서 창생을 널리 구제하려 했다는 주장도 있었다.[136]

한편 수운의 탄생과 얽힌 비결이 다음과 같이 전한다.

대명(大明)[137] 때에 장처사(張處士)라는 사람이 황장(黃將)과 비결(秘訣)을 논하여 말하기를 "아름답구나, 동방(東邦)이여, 기이하도다 동방이여! 천년이 지나 이씨(李氏)의 끝에 이르면 도학선생(道學先生)이 태양(太陽)의 기운(氣運)으로 그 세상에 태어날 것이고, 제자는 28수(宿)의 정령(精靈)에 응하여 지상신선(地上神仙) 2백 명이 나오게 될 것이며, 덕(德)이 사해(四海)에 흘러 이름이 천하에 떨칠 것이다."라 했다.[138]

---

133 『동학사상자료집』 2, 『천도교회월보』 1910년 8월호. 거의 동일한 내용이 오지영 저, 이장희(李章熙) 교주본(校註本), 『동학사』(박영사, 1974), 46쪽에 실려 있다.

134 이돈화, 「대신사성령출세설(大神師聖靈出世說)」, 『천도교회월보』 1918년 7월호.

135 봉산(鳳山), 「대신사 강생(降生) 95주년 기념일」, 『천도교회월보』 1918년 11월호.

136 멱당생(汨堂生), 「대신사 성령출세설과 동경(東經)」, 『천도교회월보』 1919년 5월호.

137 중국 위진남북조시대의 송(宋)의 연호로 서기 457년부터 464년까지 사용되었다.

한울님을 신앙의 중심에 놓고 구심점으로서의 수운의 역할을 강조했다는 점에서 수운의 구원자로서의 면모가 드러난다. 수운의 카리스마적 권능을 강조한 것은 동학이 종교운동으로 발전할 결정적 기반을 조성했다. 요컨대 수운은 구세주(救世主)로 믿어졌다.

그렇다면 역사의 무대에서 일어났던 실제 사건의 진상은 무엇인지 살펴보도록 하자.

1863년 12월에 수운을 체포한 선전관(宣傳官) 정운구(鄭雲龜)의 계(啓)에 다음과 같은 내용이 있다.

> (문경) 새재에서 경주까지 4백여 리가 되는데 (그 사이) 10여 개 주군(州郡)에 동학에 관한 이야기가 들리지 않는 날이 없을 정도였다. 경주 인근의 여러 읍에서는 동학이 더욱 번성하여 가게와 집안의 부녀자와 산과 계곡의 어린아이까지 동학의 주문을 외우고 전했다.[139]

이때 수운은 제자 23명과 함께 체포되었다.[140] 당시 수운을 따르는 무리가 이미 상당한 세력을 형성하고 있었다는 기록도 전한다.[141]

민란(民亂) 발생 가능성을 걱정했던 관리들은 수운을 따르는 무리들을 단순한 신앙집단이 아니라 난도(亂徒)로 보았다. 그만큼 수운을 추종하는 세력들은 상당했으며, 주목받기에 충분할 정도였다.

---

138 大明時, 有張處士, 與黃將論訣曰, 美哉, 東邦, 奇哉東邦! 逈過千年, 至李氏之末, 道學先生, 以太陽之氣, 化生於其世, 則其弟子, 以二十八宿之精, 應出地上仙二百, 德流四海, 名振天下云云. 윤석산 역주, 『초기 동학의 역사 - 도원기서(道源記書) -』(도서출판 신서원, 2000), 133쪽.

139 自鳥嶺至慶州, 爲四百餘里, 州郡凡十數, 東學之說, 幾乎無日不入聞. 而環慶州隣近諸邑, 其說尤甚, 店舍之婦, 山谷之童, 無不誦傳其文. 『비변사등록』 250책, 철종 14년(1863) 12월 20일.

140 선전관(宣傳官) 정운귀(鄭雲龜)가 올린 서계(書啓)에, (…) 그들이 최 선생이라고 부르는 자는 아명(兒名)이 복술(福述)이고 관명(冠名)이 제우(濟愚)로서, (…) 사람들은 본래 그것이 어떤 내용인지 알지 못하는데 그가 홀로 '선도(善道)'라고 한답니다. (…) 한밤중에 그 소굴을 곧바로 들이쳐 최복술을 결박하여 끌어내고 또 제자들 23인도 결박하였습니다. 『고종실록』 고종 즉위년(1863) 12월 20일(임진).

141 최한(崔漢)이라고 불리는 괴수의 무리가 이미 번성하였다. (…) 崔漢曰渠魁, 黨徒旣繁. 『일성록』 철종 14년(1863) 12월 21일.

비변사에서는 1863년 12월 21일에 동학죄인 최복술(수운)과 이내겸은 서울로 압송하고 나머지 죄인은 경상감영과 경주부(慶州府)가 함께 조사하라고 명했다. 그런데 이튿날 대왕대비전(大王大妃殿)에서 임금의 붕어를 맞이한 때에 죄인을 압송하는 일은 옳지 못하다고 하교했다.[142]

수운은 자신의 직업이 훈장이며 양학(洋學)이 갑자기 득세하는 상황에서 동학(東學)을 창도하여 서학(西學)을 억제하려 했다고 밝혔다.[143] 동학이 세력을 확장하게 된 결정적인 계기는 치병(治病)에 있었으며, 그 방법은 주문을 외우거나 제사를 지내거나 궁(弓) 자를 쓴 종이를 불에 태워 마시게 하는 것이었다.[144] 이러한 수운의 처방은 실제로 효과를 나타내어 많은 사람들을 모을 수 있었다.[145]

---

142 「우포도청등록」 제18책, 『포도청등록』 중(보경문화사, 1985), 557면.

143 경상감사(慶尙監司) 서헌순(徐憲淳)이 (다음과 같이) 보고하였다. 경주(慶州)의 동학(東學)죄인 최복술(崔福述) 등에 대해서 그 전말을 밝혀 경중을 나눠 논리(論理)하여 등문(登聞)하라는 명을 내리셨습니다. 참사관(參査官) 상주목사(尙州牧使) 조영화(趙永和), 지례현감(知禮縣監) 정기화(鄭夔和), 산청현감(山淸縣監) 이기(李沂)가 신문해야 할 사람들을 함께 세밀히 신문하니, "최복술은 경주 백성으로서 아이들에게 공부를 가르치는 것을 직업으로 삼아 왔습니다. 그런데 양학(洋學)이 나왔다는 말을 듣자 의관(衣冠)을 갖추고 행세하는 사람으로서 양학이 갑자기 퍼지는 것을 차마 보고 앉아 있을 수 없어서, 하늘을 공경하고 하늘에 순종하는 마음으로 '위천주고아정영세불망만사의(爲天主顧我情永世不忘萬事宜)'라는 13자로 된 말을 지어서 동학(東學)이라고 불렀는데, 동쪽 나라의 학문이라는 뜻에서 취한 것입니다. 양학은 음(陰)이고, 동학은 양(陽)이기 때문에 양을 가지고 음을 억제할 목적에서 늘 외우고 읽고 하였습니다. 『고종실록』 고종 1년(1864) 2월 29일(경자).

144 그의 아들이 간질병에 걸렸다가 이것을 외워서 저절로 완쾌되었고, 병이 있던 자는 그것이 풍병(風病)이든 간질병이든 관계없이 이것을 외우기만 하면 차도가 있었다고 합니다. 글씨를 좀 쓸 줄 알아 누가 혹시 써 달라고 할 때면 언제나 거북 귀(龜) 자와 용 룡(龍) 자를 대수롭지 않게 생각하고 써 주었습니다. 병을 치료하려는 사람이 있는 경우에는 산속에 들어가서 제사를 지냈지만 소를 잡은 적은 없습니다. 잡병(雜病)을 앓는 사람들에게는 궁(弓) 자를 쓴 종이를 불에 태워 마시게 하면 이내 병이 나았습니다. 『고종실록』 고종 1년(1864) 2월 29일(경자).

145 지상(紙商) 강원보(姜元甫)는, "저는 풍담(風痰)으로 집에서 앓고 있다가 그것을 외우기만 하면 다 빠졌던 머리털도 다시 나온다는 소문을 듣고 찾아갔습니다. 병이 나은 후로는 더 외울 맛이 없어서 그만두었습니다. 더 이상 말할 것이 없습니다."라고 하였습니다. 박응환(朴應煥)은, "제가 병 때문에 최가를 찾아갔더니 그가 말하기를, '정성스러운 마음으로 하늘을 공경하고 삼강오륜(三綱五倫)을 숭상하면 병도 나을 수 있다. 아침이 되면 수학(受學)하는 것이 좋겠다.'고 하였습니다. 각기 잠자리로 돌아가 자던 중에 붙들려 왔으므로 다른 것은 더 말할 것이 없습니다."라고 하였습니다. (…) 동몽(童蒙) 김의갑(金義甲)은, "저는 최복술과 같은 동리에 살고 있는데 어떻게 감히 실정을 속이겠습니까? 최복술의 아들 최인득(崔仁得)은 늘 나무칼을 가지고 뛰거나 춤을 추면서 '용천이검(龍泉利劍)'이라는 노래를 불렀기 때문에 미치광이로 알고 절대로 상종하지 않았습니다. 각종의 사람들이 모여드는 것이 적어도 30명 아래로 내려가지 않았는데, 뒷산에 올라가 하늘에 제사를 지내면서 병이 낫게 해주기를 빌었으나 끝내 효력이 없었기 때문에 대다수가 등지고 가버렸습니다. 그리고 최가의 행동이 황당해서 밤에 어디를 가노라고 횃불을 찾으면 온 동리가 비웃고 꾸짖었습니다."라고 하였습니다. 이정화(李正華)는, "제가 고질병이

당시 정부에서 주목한 부분은 무리를 짓고 칼춤을 추며 귀신을 부른다며 돈과 쌀을 토색질했다는 혐의였다.[146] 그리고 하늘에 직접 제사를 지낸다고 강조한 점, 하늘의 기운을 내리게 기도한 점, 천주(天主)라는 용어를 사용한 점 등이 서학(西學)과 유사하다고 의심받았으며, 특히 검가(劍歌)를 불러[147] 폭력 집단화 했을 가능성 등이 주목되었다.[148]

그런데 수운은 검가에서 "이제 ('다시 개벽'할) 때가 도래했다."고 노래하여 천명(天命)을 받은 존재로 부각되었고, 나아가 천신(天神)의 가르침을 받는 사람으로서 서양의 기세를 억누르기 위해 검가를 계시로 전해 받았다는 믿음이 동학 발생 초기에도 있었다.[149]

있어서 최가에게 가 보았더니 '위천주(爲天主)' 등의 13자를 가르쳐 주면서 그 운자(韻字)에 맞추어 부(賦)를 지으라고 하였습니다. 그래서 제가 지었더니 최복술이 썼습니다. 그날 밤에 함께 붙들렸습니다." 라고 하였습니다. 『고종실록』 고종 1년(1864) 2월 29일(경자).

146 먼 데서나 가까운 데서 찾아오는 사람들을 부득이 만나 주었기 때문에 도당(徒黨)이라는 이름이 붙은 것이지, 붓을 잡고 귀신이 내리게 했거나 칼춤을 추면서 공중으로 솟아올랐거나 돈과 쌀을 토색질한 일은 애초에 없었습니다. 선생이니 제자니 하는 소리도 그가 자칭한 것이 아닙니다. 이것은 간악한 종교와는 달라서 애초에 숨기거나 속이지 않았습니다."라고 하였습니다. 『고종실록』 고종 1년(1864) 2월 29일(경자).

147 동몽 최인득(崔仁得)은, "제가 사실 칼춤을 추었지만 본심에서 한 짓이 아니라 미친병이 갑자기 발작해서였습니다. 나무칼을 들고 춤을 추기도 하고 노래를 부르기도 하였는데, 그 노래는 '때로구나 때로구나.'라고 하는 곡입니다. 이것을 익히기 위하여 먼저 하늘에 제사를 지냅니다."라고 하였습니다. 『고종실록』 고종 1년(1864) 2월 29일(경자).

148 은퇴한 아전(衙前)인 이내겸(李乃謙)은, "제 아버지의 병에는 약도 효력이 없기 때문에 최가를 찾아가 보았더니, 13자를 써 주면서 읽으라고 권하여 밤낮으로 외웠으나 병이 차도가 없기 때문에 그만 걷어치우고 그 자와의 관계를 끊어버리는 편지까지 썼습니다. 이른바 그 문서라는 것은 포덕문(布德文)과 수덕문(修德文)입니다. 그 주문(呪文)에 이르기를, '지극한 기운이 이제 이르렀으니, 원컨대 크게 내리소서. 至氣今至願爲大降'라고 하고, 또 이르기를, '천주(天主)께서 내 정성을 돌아보니 만사를 알게 한 은혜를 영원히 잊을 수 없다. 爲天主顧我情永世不忘萬事知'라고 하고, 검가(劍歌)에는 이르기를, '날이 시퍼런 용천검을 쓰지 않고 무엇하리? 龍泉利劍不用何爲'라고 하는 것이 있습니다. 돼지고기, 국수, 떡, 과일을 가지고 산에 들어가서 하늘에 제사를 지낸 것은 병을 치료하자는 뜻에서 나온 것입니다. 최복술이 본래 글씨를 잘 쓴다는 소문이 있어서 거북 귀(龜) 자, 용 룡(龍) 자, 구름 운(雲) 자, 상서로울 상(祥) 자, 의로울 의(義) 자 등의 글자를 써서 사람들에게 주었는데, 그러면 그 부형들이 약간의 돈이나 곡식으로 수고를 갚았을 뿐, 실제 토색질을 한 적은 없습니다."라고 하였습니다. 『고종실록』 고종 1년(1864) 2월 29일(경자).

149 최복술의 두 번째 공초(供招)에, "제가 경신년(1860)경에 듣건대, 양인(洋人)이 먼저 중국을 점령하고 다음에 우리나라로 오면 그 변(變)을 장차 헤아릴 수 없다고 하기 때문에 13자로 된 주문(呪文)을 지어 사람들을 가르쳐서 양인을 제어하기 위함입니다. 하늘에 제사를 지낸 것은 정성을 다하면 이롭지 않은 일이 없기 때문이었습니다. 양인의 책은 반드시 규(弓)로 이름을 달았는데 그 글자는 '궁(弓)' 자의 밑에 두 점을 찍은 것입니다. 그것을 불태워 마셔서 액운을 없애자는 것이었습니다. 처음 그 공부를 시작할

수운이 천신에게 받았다는 검가와 서양의 액운을 없앤다는 궁(弓) 자 종이의 실체는 다음과 같다.

이내겸(李乃兼)의 두 번째 공초에, "최복술이 이른바 검가(劍歌)라고 하는 것은 '때로구나, 때로구나, 이야말로 내 때로구나. 날이 퍼런 용천이검(龍天利劍)을 쓰지 않고 무엇하리! 만대에 한 번 태어난 장부요, 5만 년에 한 번 만난 때로구나. 날이 퍼런 용천검을 쓰지 않고 무엇하리! 춤추는 소매에 긴 장삼을 떨쳐입고 이 칼, 저 칼 바로 잡고 호호망망 넓은 천지에 한 몸을 기대고 서서 검가(劍歌) 한 곡조를 부르노라. 때로구나 때로구나 노래를 부르니 날이 퍼런 용천검이 해와 달에 번쩍이는 구나. 늘어진 소매가 달린 장삼으로 우주를 덮으리. 예로부터 이름난 장수를 어디로 갔단 말인가? 장부가 앞에 나서니 장사도 소용없구나. 때로구나 때로구나, 좋구나, 이야말로 내 때로구나. 좋구나.'라는 것입니다. 이른바 약이라고 하는 것은 '궁(弓)' 자에서 그 글자 반쪽의 뜻을 취한 것으로서 종이 위에 둥그런 원을 그려놓고 종이의 가장자리에 '궁(弓)' 자 두 자를 써넣은 것인데 해석하기를, '그 이름은 태극(太極)이라고도 하고, 또 궁궁(弓弓)이라고도 한다.'고 하였습니다. 이른바 크게 내린다는 내용을 담은 8자는 이것만 외우면 몸이 떨린다고 합니다. 들은 것을 다 고하였습니다." 라고 하였습니다.[150]

검가는 이 세상이 급격하게 변할 시기가 목전에 닥쳤으며 5만 년 만에 한 번 오는 아주 중요한 때라는 점을 강조한 시이다. 그리고 궁자(弓字) 부(符)는 궁궁(弓弓)이라고도 부르는데 서양 세력을 물리치게 한다는 약으로 인식되었다. 이는 『정감록』류의 비결서에 나오는 이재궁궁(利在弓弓)에 대한 수운의 새로운 해석이다.

때에 몸이 떨리면서 귀신을 접했습니다. 그런데 하루는 천신(天神)이 내려와 가르치기를, '요사이 바다 위에 배로 오고 가고 하는 것들은 모두 양인인데 칼춤이 아니고는 제어할 수 없을 것이다.'라고 하면서 검가(劍歌) 한 편을 주었습니다. 문(文)을 짓고 부(賦)를 지어 불렀는데 과연 그런 사실이 있었습니다. 그 외에는 더 말할 것이 없습니다."라고 하였습니다. 『고종실록』 고종 1년(1864) 2월 29일(경자) 여기서 규(弓)의 음은 규(樛)이고, 『설문(說文)』에는 규(糾)와 같은데, 도경(道經)의 권질(卷帙)을 뜻한다고 한다. 『대한화사전』 권 4, 696면.
150 『고종실록』 고종 1년(1864) 2월 29일(경자).

특히 수운은 천신(天神)의 예언에 따르면 갑자년(1864) 2월과 5월 사이에 서양인들이 의주로부터 침략할 것이라고 제자들에게 말했다.

조상빈(趙相彬)은, "제가 최복술을 만나보니, '천신(天神)이 내려와서 분명히 나에게 가르치기를 금년 2월과 5월 사이에 서양인이 의주(義州)로부터 들어올 것이라고 하였는데 내 통문(通文)을 가지고 일제히 따라가라. 이 춤을 익힌 자가 앞으로 나라를 보전하고 백성을 편안하게 하여 공을 세울 것이니, 내가 고관(高官)이 되면 너희들은 각기 다음 자리의 벼슬들을 하게 될 것이다.'라고 하였습니다."라고 하였습니다.[151]

구체적인 시기와 장소를 제시하면서까지 서양인의 조선침략이 이루어질 것이라는 수운의 예언은 당대에 주변 사람들에게 많은 영향을 끼쳤다. 천신(天神)에게 계시받은 검가를 부르고 춤을 추면서 수운이 지은 문서를 휴대하고 서양 세력을 막는 공을 세우면 고관대작이 될 수 있을 것이라는 수운의 말은, 그를 추종하는 사람들에게는 물리칠 수 없는 유혹이었다. 나라를 지키는 공적을 이루면 높은 벼슬을 할 수 있을 것이라는 수운의 가르침은 결국 무위로 그쳤고, 그의 예언은 실제로 이루어지지 않았다.

그렇지만 동학이 서양 세력의 침략으로부터 나라를 지키려는 사상적 대응의 하나였다는 사실은 분명하며, 그 핵심에는 갑자년에 세상이 전면적으로 변할 것이라는 예언이 있었다는 점을 확인할 수 있다. 물론 서양의 침략에 대응하려는 방법이 다분히 주술적이며 신비적인 믿음에 기초하고 있었고, 벼슬을 앞세워 사람들을 유혹했다는 한계는 있다. 어쨌든 수운이 갑자년 변혁설을 주창하고 확산시켰다는 역사적 사실이 심문 기록에 의해 확인되었다. 이 갑자년 변혁설은 동양의 60년 주기의 역사 인식에 의한 것으로 이후 시대가 흐름에 따라 갑자년이 다시 돌아올 때마다 역사의 무대에 자주 등장하게 된다.

---

151 趙相彬, "渠見福述, 則曰, '天神下降, 叮嚀敎我曰, 「今年二五月之間, 洋人出自龍灣,」 持我通文, 一齊隨去. 習此舞者, 其將保國安民, 建功樹勳. 吾爲高官, 汝各次職"云.『고종실록』고종 1년(1864) 2월 29일(경자). 여기서 금년은 갑자년(1864)을 가리킨다.

한편 위의 인용문에 나오는 고관(高官)과 차직(次職)은 곧 정권 획득을 뜻하는 말이다. 여기서 새 왕조의 건설을 염두에 둔 수운의 의지와 희망을 엿볼 수 있다. 이는 당시 조정에서는 도저히 묵과할 수 없는 역적질이나 역적모의였다. 더욱이 수운은 자신이 통문(通文)을 발하면 즉시 따라나서라고 행동을 요구하고 있다. 민중 선동의 주모자로서 수운은 민중 동원에 대한 자신감을 나타낸다. 공을 세우면 고관이 될 수 있다고 강조했다. 이에 대해 당시 조정에서는 동학 혐의자들에게 거사를 준비하려는 역적모의죄를 적용했다.

이제 이재궁궁(利在弓弓)에 대한 수운의 주장을 살펴보자.

이정화(李正華)의 두 번째 공초에, "최복술이 제사를 지낼 때, 저는 귀신을 내리게 하는 글을 외우고 최복술은 칼을 휘둘렀습니다. (그는) 글씨를 잘 써서 병을 빨리 낫게 하였는데 '염병 귀신은 달아나고 학질 귀신은 사라져라.'라는 주문이었습니다. 이른바 약이라고 하는 두 개의 궁(弓) 자를 혹 불태워 마시기도 하고, 혹 씹어서 삼키기도 하는데, 최복술이 그 뜻을 해석하기를, '옛날 임진년(1592)이나 임신년(1812년)에는 이(利)가 송송(松松)에 있다고 하고 가가(家家)에 있다고 하였지만, 갑자년(1864)에는 이(利)가 궁궁(弓弓)에 있기 때문에 궁 자를 불태워서 마시면 제어하기에 충분하다.'고 하였습니다."라고 하였습니다.[152]

우선 수운은 갑자년에 이로움이 궁궁(弓弓)에 있다고 주장했다. 여기서 수운이 갑자년을 큰 변혁의 시기로 믿었고 그때를 학수고대했다는 점을 알 수 있다. 인용문에 나오는 설명은 이른바 '조선국운삼절론'이다. 임진왜란, 홍경래의 난, 곧 다가올 서양의 침략 등 세 번의 위기가 조선을 찾아올 것이라는 예언이다. 여기서 수운이 이재송송(利在松松)과 이재가가(利在家家), 이재궁궁(利在弓弓) 등『정감록』류의 비결신앙에 대해 잘 알고 있었다는 사실이 드러난다. 요컨대 수운은 전래되는 많은 예언사상에 정통하고 있었고, 이재궁궁에 대해 독자적인 해석을 내렸다. 수운은 갑자년(1864) 즉 자신이 살아있을 때 서양 세력

---

152 『고종실록』 고종 1년(1864) 2월 29일(경자).

이 북쪽으로부터 우리나라로 쳐들어올 것이고 이를 막는 방법이 궁자(弓字)를 쓴 종이를 불에 살라 물에 타서 마시는 것이라고 주장했다. 인용문의 제어한 다는 표현은 서양 세력을 막는다는 뜻이다.

그런데 서양인이 쳐들어오는 시기가 계해년(1863) 12월 19일이 될 것이라는 수운의 진술이 있다.

최복술의 세 번째 공초에, "양인이 나온다고 하는 것은 간사한 마귀에 속은 것이고, 갑자년(1864)에는 이(利)가 궁궁(弓弓)에 있다는 소리는 전해 내려오는 말입니다. 마귀라는 것이 분명히 와서 이르기를, '계해년(1863) 12월 19일에는 양인(洋人)이 나올 것이고, 갑자년(1864) 1월에는 응당 들려오는 이야기가 있을 것이다. 계해년 10월에는 네가 하양현감(河陽縣監)이 되고, 12월에는 이조판서(吏曹判書)가 될 것이다.'라는 것이었습니다. 검무(劍舞)도 마귀가 시킨 노릇입니다. 글씨를 쓰는 것도 귀신을 접한 이후 더욱 기묘해져서 써 달라는 자가 많았기 때문에 종종 써 주었습니다. 하루에 몇백 리를 걷는다는 설에 대해서는 본래부터 걸음이 느려서 몇십 리만 걸어도 발이 부르틀 지경입니다. 가마를 타고 다닌다는 설은 과연 지난해에 신녕(新寧)과 영천(永川) 땅에 갔다 온 일이 있습니다. 일월산(日月山)에서 소동을 일으켰다는 설은 어떤 사람이 그 산에 들어가서 제사를 지냈다고들 하는데, 제가 들어갔던 것은 아닙니다. 더 아뢸 말이 없습니다."라고 하였습니다.[153]

수운은 아주 구체적인 시기가 특정되어 천신으로부터 계시되었다고 진술했다. 특정한 날짜에 서양 세력이 우리나라를 침범할 것이라는 예언은 아주 구체적이다. 물론 수운은 자신이 천신(天神)에게 속은 것이라고 항변했다. 그러나 수운이 특정한 시점을 제시하면서까지 서양인의 침공설을 강조했다는 점은 분명하다. 서양인의 조선침략이 갑자년 2월과 5월 사이에 있을 것이라는, 앞서 살펴본 수운을 추종하던 사람의 진술과는 다른 시점을 제시했다는 점에서 예언의 시기가 늦추어졌다는 사실도 확인된다. 대략적인 시기는 비슷하지만 계해년 12월에서 갑자년 2월부터 5월 사이로 예언의 시점이 변경되었

---

153 『고종실록』 고종 1년(1864) 2월 29일(경자).

던 것이다.

그리고 실제로 수운이 하양현감이 되고, 이조판서가 될 것이라고 진술했다는 점에서 그의 권력지향적 의지가 확인된다. 수운은 자신이 먼 훗날이 아니라 당대에 고위직에 오를 것이라고 제자들에게 강조했던 것이다.

한편 일월산 아래에 모여 있는 무리들은 보다 현실참여적 성향이 강하고 군사적 행동을 위해 모여 있었던 것으로 보인다. 이들은 결막취회(結幕聚會) 할 정도였으며,[154] 따라서 당시 정부의 집중적인 주목을 받았다.

서양 세력의 침공 시기가 다시 한 번 늦추어졌다. 갑자년 2월과 5월 사이도 아닌 갑자년 10월 11일이었다.

최복술의 네 번째 공초에, "『옥편(玉篇)』과 같은 책에서 '규(弓)' 자를 도교(道敎)의 경서(經書)라고 해석하였으니, 서학(西學)도 도교의 경서와 같은 종류인 것 같습니다. 억측으로 생각하건대, 이(利)가 궁궁(弓弓)에 있다고 한 것은 '조(弔)' 자 밑의 두 개의 점이 바로 궁궁(弓弓)이 되는 것을 취한 것 같습니다. 계해년(1863) 12월 19일이라는 기한이 되었는데도 아무런 소식이 없기 때문에 학도들이 사실이 아닌 것으로 여길까봐 다시 갑자년(1864) 10월 11일 운운하였습니다. 만약에 이달도 그냥 지나면 다시는 공부를 하지 말자는 뜻으로 서로 약속을 하였습니다. 돈이요, 양곡이요, 갑옷이요, 병기요 하는 등의 문제에 대해서는 서양 도적이 나오더라도 주문과 칼춤으로 도적을 막을 것이고, 하늘 귀신의 도움을 받을 것이니 무슨 준비가 필요하겠습니까?"라고 하였습니다.[155]

인용문에서 수운은 자신이 내린 이재궁궁에 대한 해석의 근거를 제시한다. 궁자(弓字)와 비슷한 글자인 규(弓)자를 옥편에서 찾아보고 그 뜻이 도교의 경서이므로 서학도 도교의 일종이 아닐까 생각했다는 것이다.

---

154 이내겸(李乃兼)의 세 번째 공초에, "일월산에 대한 설은 영양(英陽)과 진보(眞寶)에 사는 사람들이 산 밑에 임시 거처를 만들어 놓고 모여서 공부한 것이라고들 합니다. 최복술이 산에 들어갔다는 이야기는 듣지 못했습니다."라고 하였습니다. 『고종실록』 고종 1년(1864) 2월 29일(경자).

155 『고종실록』 고종 1년(1864) 2월 29일(경자).

수운이 애초에 천신(天神)에게 계시받은 날짜인 계해년(1863) 12월 19일이 되어도 서양인의 침공은 물론 아무 소문이나 소식도 전혀 들리지 않자 수운은 매우 실망했다. 이에 수운은 예언이 실현될 시기를 갑자년(1864) 10월 11일로 늦추었다. 천신의 계시에 의해서가 아니라 수운 스스로 예언의 시점을 연기한 것이다. 수운은 만약 갑자년 10월에도 특별한 일이 일어나지 않으면 천신으로부터 전수받은 가르침을 배우는 공부를 포기하자고 추종자들과 약속했다. 수운은 그의 마지막 공초에서 갑자년 10월 11일이라고 구체적 날짜를 못 박았다. 만약 그때에 특별한 사건이 일어나지 않으면 다시는 도를 닦지 말자는 맹세를 할 정도였다.

그러나 수운은 계해년 12월 말에 전격적으로 관군에게 체포되어 이듬해 갑자년 3월에 처형되고 말았다.[156] 수운의 예언은 결국 이루어지지 못했던 것이다. 만일 갑자년 10월 11일까지 수운과 그의 제자들이 이른바 공부를 계속했더라면 어떤 일이 일어났을까? 역사에서 추정은 금물이지만 아마도 예언의 시기는 다시 늦추어졌을 것이다. 예언은 이루어지지 않는 것이 아니라 실현되는 시점까지 연기되기 때문이다. 예언을 믿는 사람들은 예언이 실현되기까지 그 예언이 이루어질 것이라는 희망을 놓지 않는다. 결국 예언은 믿음의 영역에 속하는 문제다. 따라서 예언은 결코 실패하지 않으며, 다만 실현되는 시기까지 기다리는 사람들의 마음속에 영원한 희망으로 기대된다.

한편 수운은 서양 세력을 물리치는 일은 동학만이 할 수 있다고 확신했는데, 무력을 사용하지 않고 이길 수 있다고 자신했다.[157] 그런데도 수운의 추종

---

156 수운은 3월 10일 대구에서 참형에 처해졌고, 강원보와 최자원은 절도(絕島)로 정배(定配)되었고, 이내겸, 이정화, 박창욱, 박응환, 조상빈, 조상식, 정석교, 백원수 등은 원지(遠地)로 정배(定配)되는 중형을 받았다.

157 강원보(姜元甫)의 두 번째 공초에, "최복술이, '이 도적들은 불로 하는 공격을 잘하므로 무력으로 막을 바가 아니다. 오직 동학(東學)이라야 그 무리를 모두 섬멸할 수 있다.'라고 하였으며, 또 '양인이 일본(日本)에 들어가서 천주당(天主堂)을 세웠고, 우리 동방에 와서 또 그런 것을 세우려고 하지만 내가 응당 소멸할 것이다.'라는 것이었습니다."라고 하였습니다. 이정화(李正華)의 두 번째 공초에, "최가가 말하기를, '나무의 날카로움이 쇠보다도 더하면 양인들의 눈이 현혹하여 보검(寶劍)인 줄 알게 되므로 제 아무리 든든한 갑옷과 날카로운 무기를 가졌더라도 감히 우리에게 접근하지 못할 것이다.'라고 하였습

자 가운데서는 군대를 조직하여 거사하는 일로 수운의 가르침을 이해하기도 했다.[158] 수운의 수제자 가운데 한 사람으로 언급되었던 백원수의 머슴들은 군대를 일으켜 정권을 차지하려는 야심을 지녔다. 이들은 자신들을 이끌 인물로 주인인 백원수 대신에 강원보를 택했다. 바로 이런 점이 조정의 주목을 받아 거사모의죄로 엄벌되는 결정적 이유가 되었다.

서양인의 침략에 대비하여 검무를 가르쳤다는 점은 신체 단련을 통한 무예 습득이며, 이는 결국 군대 양성을 위한 준비 작업으로 이해되었다. 이들은 체제 전복을 위한 구체적 행동을 도모했는데, 이는 은연중에라도 군사행동을 뜻하는 이야기가 없었으면 도저히 나올 수 없는 표현이다.

당시 정부에서는 동학의 주장이 미신이며 실체는 난리를 도모하고 몰래 무리를 모은 것으로 파악하고 한(漢)나라 때의 황건적과 같은 도적으로 이해하였다.[159] 결정적 죄목은 아무 일 없는 때에 난리를 생각하고 무리를 모았다는 것이었다. 혁세적 거사를 도모한 민란 주동자로 체포된 것이다. 동학은 집권층의 통치에 반발하는 집단 반항 세력으로 간주되었다. 당시 조정에서는 동학은 서양의 술수를 받아들여 이름만 바꾼 것에 불과하다고 판단하고 있었다. 성리학적 가치 체계를 거부하고 새로운 사상적 틀을 제시한 동학에 대하여 정부는 단호하게 엄벌에 처했다.

동학이 대응하기 위해 그토록 노력했던 서학과 비슷하다는 죄목으로 처벌

니다. 그리고 최가와 가장 친밀한 사람들로서 수제자(首弟子)라는 자들은, 곧 최자원(崔自元), 강원보(姜元甫), 백원수(白源洙), 최신오(崔愼五), 최경오(崔景五) 등입니다."라고 하였습니다. 『고종실록』 고종 1년(1864) 2월 29일(경자).

158 백원수(白源洙)는, "저의 집의 고노(雇奴)인 김인찬(金仁贊)이 동학을 외우던 끝에 갑자기 광기(狂氣)가 발작하여 아들 김용성(金龍成)과 함께 귀신이 내렸다고 합니다. 그러면서 붓을 들어 큰 글씨로 '김인찬은 대장(大將)이 되고, 김용성은 중군(中軍)이 되고, 강원보(姜元甫)는 훈도(訓導)가 될 것이다.'라고 썼습니다. 그래서 그 고노를 곧 내쫓았습니다."라고 하였습니다. 『고종실록』 고종 1년(1864) 2월 29일(경자).

159 '궁(弓)' 자 약은 비방에서 나왔다고 하였고, 검무(劍舞)를 추면서 흉악한 노래를 퍼뜨렸으며 평온한 세상에 난(亂)을 생각하고, 은밀히 도당(徒黨)을 모았으며 걸핏하면 귀신이 가르친 것이라고 하였습니다. 그 술법은 바로 한(漢)나라 때 누런 두건을 쓴 도적들과 같은 것이고, 누구에게나 돈과 곡식을 가져다 바치게 하였으니 그 무리는 바로 한(漢)나라 때 미적(米賊)과 같은 것입니다. 법이 더없이 엄한 이상 조금도 용서할 수 없습니다. 『고종실록』 고종 1년(1864) 2월 29일(경자).

받은 일은 역사의 아이러니다.[160] 당시 정부 입장에서 볼 때 서학은 사학(邪學)과 이단(異端)에 불과했다. 미신을 숭상하고 하늘과의 직접 교통을 주장하며 무리를 모은 것이 동학과 서학이 닮은 점이다. 바로 이런 관점에서 동학과 서학은 정부의 엄벌에 처해졌던 것이다.

진인에 대한 민중의 염원은 동학을 창시한 수운(水雲)에게 투사되었다. 그는 한울님만 믿으라고 가르쳤지만, 민중들은 수운이 한울님의 명을 받고 온 진인(眞人)이라고 믿었다. 경주 지역에서는 수운을 진인이나 신인(神人)으로 여기는 구비 설화가 지금도 여전히 채록된다.[161]

동학교도들은 낡은 세상이 종말을 고할 때 초월적 존재인 선생(先生), 즉 수운이 다시 강림한다고 믿었다.[162] 동학교인들은 동학을 전도하는 수단으로 이인(異人)이 다시 살아날 것이라거나 선생, 즉 수운이 다시 강림할 것이라는 진인출현설을 주장하였다.[163] 이들은 수운을 진인(眞人)으로 인식했던 것이다.[164] 그리고 동학의 교조 수운 최제우가 죽지 않고 조화를 부려 자신들을 구원하러 올 것이라고 믿었던 경우도 있다.[165] 또 동학교도들은 주문을 외우면 소원하는 바가 모두 이루어질 것으로 믿기도 했다.

동학이 경상도 일대를 중심으로 급속하게 전파되기 시작하자 그 조직력과 영향력에 대해 심각히 우려한 지배층은 철종 14년(1863) 12월에 교조 최제우를 체포하였고 이듬해 3월에 좌도난정(左道亂正)의 죄목으로 처형하였다. 이후 동

---

160 의정부(議政府)에서 아뢰기를, "이번에 동학(東學)이라고 일컫는 것은 서양의 사술(邪術)을 전부 답습하고 특별히 명목만 바꿔서 어리석은 사람들을 현혹하게 하는 것뿐입니다. 만약 조기에 천토(天討)를 행하여 나라의 법으로 처결하지 않는다면 결국에 중국의 황건적(黃巾賊)이나 백련교(白蓮敎)라는 도적들처럼 되지 않을는지 어떻게 알겠습니까? 『고종실록』 고종 1년(1864) 3월 2일(임인)

161 조동일, 『동학성립과 이야기』(홍성사, 1981)를 참고하시오.

162 「입의통문(立義通文)」, 『한국민중운동사자료대계』, 57-60면. 1892년 10월 17일 삼례취회에서 나온 통문이다.

163 「동학금칙통유(東學禁飭通諭) - 향문(鄕文)」.

164 『수운행록』, 28면, 『최선생문집도원기서』, 185면. 이들은 수운이 부활할 것으로 믿기도 했다. 『수운행록』, 34면, 『최선생문집도원기서』, 196-197면.

165 「동학당 소란원인 조사결과보고서 송부의 건」, 『주한일본공사관기록』 6권(국사편찬위원회, 1991), 25면.

학의 교세는 일시적으로 위축되었지만 최시형(崔時亨, 1827-1898)을 중심으로 한 교인들의 끈질긴 수행과 포교에 힘입어 1870년대 후반에는 지도체제가 확립되었고, 동학의 기본 경전인 『동경대전(東經大全)』과 『용담유사』의 출판과 함께 의식(儀式)도 확립되어 교세가 점차 증가하기 시작했다. 1880년대에 동학은 정부의 집요하고도 끈질긴 탄압을 견디면서 충청도 지역을 중심으로 교세가 급격하게 증가했고, 마침내 전라도 지역은 물론 전국적으로 점차 그 세력을 넓혀나갔다.

이러한 동학의 성장은 당시 지배층에게는 상당한 위협으로 인식되었고, 그에 따라 각 지방의 수령들은 동학에 대해 지속적으로 탄압을 가했다. 지방 수령들에 의한 동학에 대한 탄압은 이른바 사학(邪學)을 금한다는 명분 아래 동학교인들의 재산을 수탈하거나 체포하는 방식으로 이루어졌다. 이러한 탄압에 대해 도망치거나 돈을 주고 풀려나는 소극적인 방법으로 대응하던 동학교인들은 1890년대에 들어서는 교조신원운동(敎祖伸冤運動)이라는 합법적 청원운동을 통해 정부 측의 공인과 포교의 자유를 보장받으려는 집단운동을 일으키는 적극적인 대응책을 전개하였다.

(3) 동학농민혁명 이전 시기 동학의 예언사상

동학은 이필제(李弼濟, 1825-1871)가 1871년에 주도한 영해민란 이후 커다란 위기를 맞이했지만,[166] 이후 해월 최시형의 헌신적인 노력에 의해 재기하는 데 성공했다. 개항 직후에 정부가 대외적인 도전에 대응하느라 동학에 대한 탄압을 늦추기도 했지만, 더욱 고통스러워져만 가는 현실을 벗어나기 위해 종교에 의지하려는 민중들의 욕구가 강해지게 되었던 사정도 한몫했다.

이에 따라 1890년 초반에 동학은 교세가 비약적으로 성장했다. 이는 동학 자체의 사상적 역량에 힘입은 바도 있지만, 근본적으로는 대내외적 위기가 증

---

166 김탁, 「조선 후기의 예언사상 - 이필제사건을 중심으로 -」, 『한국종교』 34집(원광대학교 종교문제연구소, 2010)을 참고하시오.

가하던 당시의 시대적 모순에 따른 것이다. 동학의 급속한 발전에 놀란 정부와 양반 집권층들이 동학교도들을 탄압하기 시작하자, 이를 극복하기 위해 동학은 교조의 신원운동이라는 정치·사회적 성격의 운동을 전개하였다.

교조신원운동은 애초의 목적을 달성하지 못하고 보다 가중된 탄압만 결과했지만, 한편으로는 집권층과의 전면적 대결을 구체적으로 실행함으로써 민중들의 정치의식을 높이고 동학의 조직을 통한 대중 동원 능력을 배가시켰다.

몰락한 양반층, 즉 잔반층(殘班層)에 해당한 인물들은 경제적으로 궁핍하여 흔히 한유(寒儒) 또는 빈사(貧士)라고 불렸다. 이들은 19세기 이후 현실에 대해 강한 불만을 품고, 일부는 『정감록』 등을 이용하여 변란(變亂)을 도모하기도 하고, 다른 일부는 19세기 중반 이후 빈발하던 민요(民擾)의 지도자가 되기도 했다.[167]

그러나 1880년대 이후에는 변란을 도모하는 이들은 거의 사라졌다. 조선왕조의 전복을 목표로 한 여러 차례의 변란이 민중들의 지지를 거의 받지 못한 채 매번 실패로 끝났기 때문이다.

빈번하게 발생한 참혹한 흉년과 전염병은 조선 후기의 민중들에게 고통과 절망에 찬 현실 속에서 무기력한 존재라는 사실을 일깨워주었고, 관념적으로나마 고통스러운 현실을 거부하고 이상적이고 행복한 종교적 세계를 갈구하게 만들었다. 절대적 권능을 지닌 강력한 초월적 존재에 의지하여 악과 불의로 가득한 현실세계를 부정하고 새로운 이상세계를 희구하는 현상은 지극히 자연스러운 인간의 종교적 심성의 발로이다.[168]

절박한 처지에 놓인 민중들은 자신들을 궁극적으로 구원해주기 위해 기존의 종교에 의지하기보다는 새로운 종교를 열망한다. 기성종교는 이미 현실의 지배 질서에 편입되어 단순히 현세의 고통을 참고 견딜 것을 요구하거나 심지

---

167 배항섭, 「19세기 후반 변란의 추이와 성격」, 『1894년 농민전쟁연구』 2(역사비평사, 1992)와 고동환, 「대원군 집권기 농민층 동향과 농민항쟁의 전개」, 『1894년 농민전쟁연구』 2(역사비평사, 1992)를 참고하시오.
168 황선명, 「후천개벽과 혁세사상」, 『한국근대민중종교사상』(학민사, 1983).

어 다른 형태의 억압기제로 작용하기도 하기 때문이다. 동학을 창도한 수운 최제우가 유, 불, 선의 운이 다했다고 선포한 이유도 바로 여기에 있었다. 따라서 민중들은 현세에서의 구원을 약속하며 새로운 삶과 이상세계를 예언하는 신종교를 기대하였고, 그에 부응하여 동학이 새로운 민중종교로 태동되었다.

전정(田政), 군정(軍政), 환정(還政) 등 삼정(三政)의 문란, 매관매직의 성행, 잦은 자연재해의 발생, 통치 기강의 해이 등 조선사회 내부의 모순과 이양선 출몰, 북경 함락 소식, 개항에 따른 피해의식 등 대외적 위기에 내몰린 민중들은 불안감에 휩싸였다.

더욱이 경제적 기반마저 무너진 상황에서 『정감록』류의 비결을 이념적 무기로 삼아 민중 지도자들이 고을 단위에 머물던 민란을 넘어서 전국 단위의 변란을 계획했던 것이다. 일회적 거사에 그치지 않고 수년 혹은 수십 년 동안에 걸쳐 여러 차례의 변란을 시도한 경우도 있었다. 투쟁의 목표도 읍폐(邑弊)의 개혁이나 수령과 아전들을 징치하는 데 그치지 않고 조선왕조 자체를 전복하고 권력을 장악하고자 한 반란이나 혁명으로까지 발전할 수 있는 분위기를 형성했다. 이러한 경향에 가장 자극적이고 매혹적인 사상적 무기로 사용된 것이 『정감록』류의 비결신앙이었다.

동학이 농민군에게 공급해 준 사상은 강렬한 반외세, 반침략의 민족주의 사상이다. 동학은 이름에서 드러나듯이 서양 세력과 서학(西學)의 침투에 대결하여 보국안민(保國安民)의 계책으로 창도된 민족주의적 종교사상이었다. 동학은 청국(淸國)의 침략과 간섭에 대해서도 매우 비판적이었고, 중국에 대한 강렬한 자주독립사상을 가지고 있었으며, 특히 일본의 침략에 대해서는 창도자인 수운 자신이 결사 항전의 의지를 가지고 있었다.

동학의 이러한 강렬한 반외세, 반침략의 민족주의와 자기 나라의 보전, 독립, 융성을 추구하는 민족주의는 당시 일본과 서양 세력의 급속한 침입을 격정하고 있던 애국적 농민들에게 열렬한 환영을 받았다.

또한 동학은 시천주(侍天主)사상이라는 독특한 평등사상을 강조하여 농민들의 마음을 사로잡았다. 즉 동학은 사람은 누구나 각각 마음속에 한울님을 하나씩 모시고 있는데, 이 한울님은 신분, 적서(嫡庶), 노주(奴主), 남녀, 노소, 빈부에 전혀 차별이 없이 모두 똑같은 지고지귀(至高至貴)한 한울님을 각각 모시고 있기 때문에 사람들은 모두 평등하다고 설교하였다.

이러한 동학의 평등사상은 당시 서학이 설교하던 평등사상보다 더욱 강력하고 확고부동한 평등의 신념을 농민층에 공급해 주었다. 그리고 동학은 "사람이 곧 한울님이다."라는 인시천(人是天)사상의 휴머니즘을 주장하여, 인간은 하느님의 종이라는 서학보다 한 차원 높은 휴머니즘을 설파했다.

동학은 전통사상과 민간신앙을 새롭게 체계화시켜 민중의 종교적 욕구를 충족시키려 한 새 종교운동이었다. 또 동학은 19세기 중엽 이후 보다 심화된 계급 모순과 제국주의와 자본주의 충격이 가져온 민족 모순을 고발하고 그에 대응하고자 했던 민족종교운동이었다.[169]

동학의 기본 교리인 "사람 섬기기를 한울님 섬기듯 하라.〔事人如天〕"와 "사람이 곧 하늘이다.〔人乃天〕"에 포함된 인간의 존엄성과 평등에[170] 관한 사상은 봉건체제 아래에서 억압과 수탈을 당하던 민중들에게는 새로운 사회질서의 도래를 알리는 '사회복음'으로 받아들여지기에 충분했다. 따라서 동학은 성리학적 사회질서를 거부하고 새로운 사회질서를 수립하고자 하는 사회 개혁적 성격을 지니고 있었다.

또한 동학은 후천개벽사상을 통해 새 시대의 도래를 기다리는 농민들을 결합하였다. 이제 선천세계 5만 년이 끝나고 동학의 창도와 포덕을 통해 후천

---

169 노길명, 『한국의 신흥종교』(가톨릭신문사, 1988)를 참고하시오.

170 1894년 5월 이후 많은 수령과 사족이 동학농민군을 따르니, 어리석은 백성이 이를 본받아 많은 사람들이 들어가는 것을 엿보고 있다가 좇았다. 『동경대전(東經大全)』을 대성인(大聖人)이 쓴 것으로 보아 마을마다 강당을 세우고 밤이 새도록 배우고 익혔는데, 어린아이도 모두 격검가(擊劍歌)와 궁을가(弓乙歌)를 입에 올리니, 논둑길에서도 들을 수 있었다. 시천주(侍天主)를 외우는 소리가 좁은 길을 시끄럽게 하였으니, 호남부터 경기까지 천 리에 그치지 않았고, 평민이 감히 지목하여 물리치지 못하였다. 동학농민군에 따르는 것을 입도(入道)라고 하고, 동학농민군을 도인(道人)이라 하였다. (⋯) 동학농민군의 상견례(相見禮)는 매우 공손하여 귀천과 노소가 없이 한결같이 베풀었다. 황현, 『오하기문(梧下記文)』, 제2필, 49-50면.

개벽이 막 시작되었으며, 동학이 앞으로 후천세계 5만 년을 지도할 것이라고 설명하였다.[171]

제국주의의 사회적, 경제적 침략으로 야기된 민족적 위기를 극복하기 위해 아래로부터의 혁명적인 변혁을 추구하기 위한 반체제운동에 있어서, 가장 강력한 사상적 무기로 이용될 수 있었던 도구 가운데 하나가 바로 비결로 대표되는 예언사상이었다. 결국 동학은 구체적인 사회 개혁책은 제시하지 못했다는 한계를 지닌다.

동학이 치병의 수단이 되거나 신비한 방술이 있는 집단으로 이해된 경우가 있다. 전근대 사회에서의 민중운동은 주술적 내용을 포함한 미신이나 이상향을 추구하는 종교가 주도적으로 이끌 수 있다.

동학은 창도 당시부터 주문을 외워 주술적인 효과만 원했던 사람들이 많아 수운이 염려했으며,[172] 동학에 모여든 이들 가운데는 주문만 열심히 외우면 하늘로 오르고 땅으로 들어갈 수 있고, 기사회생할 수 있으며, 농사를 짓거나 장사를 하지 않아도 의식을 해결할 수 있다고 믿었던 나무꾼이나 목동 등 배우지 못하고 무식한 사람들이 많았다.[173] 나아가 어떤 이들은 동학에는 산과 바다를 옮기는 술법이 있다고 말하기도 했다.[174]

이에 대해 당시 유학자들은 동학을 주문을 외우는 무당과 같은 무리로 폄하했고,[175] 유학자의 복색을 갖추고 학자로 행세하지만 속내는 귀신의 술법을 행하려는 자도 있었다고 평가했다.

조직적이고 대규모적인 민중운동으로 확산되기 위해서는 사상이나 이념은 물론 강력한 카리스마를 지닌 지도 세력의 참가가 필수적이다. 이러한 일

---

171 신용하, 『동학과 갑오농민전쟁연구』(일조각, 1993), 56-58쪽.

172 「수덕문」, 『동경대전』.

173 이원조(李源祚), 「동학금착사통유일향문(東學禁捉事通諭一鄕文)」, 『응와선생문집(凝窩先生文集)』 권 10.

174 『좌포청등록』 무진년(1868) 황재두발고(黃載斗發告)와 박윤수(朴允垂), 정덕기(鄭德基) 대질.

175 '직일무사귀축자(直一巫史鬼呪者)'라고 불렸다. 최승희, 『한국고문서연구』(지식산업사, 1989), 492-494면에 실린 서원의 동학 배척 통문과 최승희, 「서원(書院) 유림세력의 동학배척운동소고」, 『한우근박사 정년기념 사학논총』(1981)을 참고하시오.

이 가능하기 위해서는 서로 떨어진 지역에서도 공감할 수 있는 정신적 동질감이 공유되고, 어느 정도 체계적으로 발전된 지도자들의 조직과 활동이 전제되어야 할 것이다.

동학을 제외한다면 19세기 후반의 조선사회에서 그 어떤 사상과 조직도 동학농민운동이라는 대규모의 투쟁을 지속적으로 이끌 수 없었다. 따라서 동학의 민중적 사상운동과 투쟁 조직으로의 변모가 농민운동의 주도적 역할을 했던 것은 분명하다.

사회변혁을 바라는 수많은 객관적 정세가 이루어져 있다고 하더라도 이를 주도적으로 이끌 수 있는 주체적 역량이 갖추어져야 비로소 가능한 일이 혁명이다. 민중의 자각은 단순히 기다리거나 억지로 끌어서 되는 일이 아니다.

전근대적인 사회였던 19세기 후반기라는 조선왕조의 상황에서 동학이 가지는 위상이 적확하게 평가되어야 할 것이다. 동학을 근대적 사회 혁명으로 볼 수 없는 점도 상당히 있다. 그럼에도 불구하고 동학이라는 사상과 종교를 통해 19세기 후반의 민중들이 자신들의 정치사회적 욕구를 풀고 희망을 가질 수 있었다는 점은 간과되어서는 안 된다.

당시 대부분의 민중들은 스스로 변화를 추진하는 주체적 역량을 갖추려는 노력과 자각이 없이 단지 자신들을 억압과 수탈로부터 해방시켜줄 새로운 세상과 인물의 도래를 막연히 갈망하고 염원하는 수준에 머물렀다. 이와 관련하여 동학의 무위이화(無爲而化)사상은 사회를 변혁시킬 구체적이고 현실적인 원동력으로 작용하기에는 다소 한계가 있었다.

한편 동학교단은 부적, 주문, 참언 등의 매개물을 통해 동학을 포교하였고, 농민 역시 동학을 부적, 주문, 참언 등을 통해 이해하고 받아들였다는 연구가 있다.[176] 당시 농민의 절대다수는 문자 생활을 향유하지 못하고 있었기 때문에 동학 경전을 읽고 동학사상을 이해할 수 있는 능력을 지니지 못하였다.

---

176 이희근, 「1894년 농민전쟁기 농민의 동학에 대한 인식」, 『한국근현대사연구』 제5집(한울, 1996)을 참고하시오.

더구나 농민은 동학사상에 내포된 추상적인 문제를 이해할 수 없었다. 당연히 동학교단은 부적 등의 매개물을 통해 동학을 포교하고, 농민 역시 이러한 매개물을 통해 동학을 이해하고 받아들였을 것이다.[177] 전근대 사회에서 예언은 기존 질서가 극도로 혼란스러울 때 그 시대의 사람들에게 광범위하게 유포되고 강력한 영향력을 발휘하기 마련이다.

① 1890년 초기 동학의 진인출현설

오지영(吳知泳, 1868-1950)의 『동학사(東學史)』 초고본(草稿本)은 모두 4책으로서 1책은 「부천도교연혁대관(附天道敎沿革大觀)」이라는 제목 아래 1926년 이후 만주 지역에서 정리한 것으로 보이며, 2책은 「동학사(東學史) 서(序)」에 '포덕(布德) 65년 갑자(甲子) 3월 일 우일서(于一序)'라는 문구가 있는 것으로 볼 때 1924년 3월에 서문을 쓴 것이다. 이 『동학사』에 다음과 같은 내용이 보인다.

> 이째 조선(朝鮮) 각지(各地)에 백성(百姓)의 마음은 나날이 극도(極度)의 위구(危懼)를 품엇스며, 말긋마다 나라는 망(亡)한다 꼭 망(亡)하여야 올타 이러고야 엇지 망(亡)하지 안 할 리(理)가 잇스랴? 엇지 얼는 망(亡)치 안는고 하며, 이러타시 백성(百姓)들은 망국가(亡國歌)를 늘 부르고 잇섯든 것이다.
>
> 세상(世上)이 망(亡)하랴면 사람의 마음이 먼저 동(動)하는 것이 원리(原理)라 하겟지만은, 게다가 겸(兼)하야 이상(異常)하고 괴상(怪常)한 요언(謠言)이 유행(流行)되여 위구(危懼)한 인정(人情)을 더욱 더 동요(動搖)를 식히고 잇섯다.
>
> 그는 무어냐 하면 정감록(鄭堪錄)이라는 일종(一種)의 참서(讖書)가 민간(民間)에 도라단니는 것이다. 그 참서(讖書)는 어느째 어느 사람이 지여 내노는 것인지는 알 수가 업는 것이나 그 참서(讖書) 속에 씨여 잇는 말로는 "이조(李朝) 오백년후(五百年後)는 공주(公州) 계룡산(鷄龍山)에 정가(鄭哥) 성(姓) 가진 자(者)가 왕(王)노릇을 하리라 하엿스며, 진인(眞人)은 남해도중(南海島中)으로붓허 나는다 하엿스며, 이조말(李朝末)에는 인종(人種)이 만이 업서저서 일남구녀(一男九女)가 되리라 하엿스며, 유덕자(有德者)는 생(生)하고 무덕자(無德者)는 사(死)라 하엿스며, 부자(富者)는 망(亡)하고 궁자(窮者)가

---

177 이희근, 위의 글, 9쪽.

산다 하엿스며, 피난지(避亂地)는 십승지(十勝地)를 말하엿다."라 했다.

　그리해서 이 말이 만구전파(萬口傳播)로 도라다니며 경상도(慶尙道) 태백산(太白山)과 전라도(全羅道) 지리산(知異山)이며 충청도(忠淸道) 유구(維鳩) 마곡(麻谷) 등지(等地)를 차자가는 사람이 만엇섯다.

　대범(大凡) 참서(讖書)라는 것은 미신(迷信)의 일종(一種)이오 호사자(好事者)의 예언(預言)이라. 그 진위(眞僞) 여하(如何)는 알 수가 업는 것이나 글로 인연(因緣)하야 의구중(疑懼中)에 잇는 백성(百姓)의 마음이 일층(一層) 더 동요(動搖)된 것 임은 사실(事實)이라 할 것이다.[178]

　인용문의 "이때"는 임오군란(壬午軍亂, 1882)과 갑신정변(甲申政變, 1884)이 발생하기 직전 사이의 시간대이다. 『정감록』이라는 예언서가 민간에 널리 유통되는 상황을 설명하면서 그 핵심 내용이 "이씨 왕조가 세워진 지 5백 년 후에 계룡산에 정씨(鄭氏) 성을 가진 자가 나타나 새 왕조를 건설할 것"이라고 밝혔다. 또 정씨 성을 가진 진인은 남해의 섬에서 출현할 것이며, 이씨 왕조 말기에는 많은 사람이 죽을 것인데 십승지를 찾아 피난하라는 내용이 담겨 있다고 설명했다. 이러한 『정감록』의 내용이 민간에 알려져 태백산, 지리산, 유구, 마곡 등지로 피난처를 찾아가는 사람들이 상당히 많았다고 부언했다.

　한편 백범(白凡) 김구(金九, 1876-1949)는 진인(眞人)이 출현하여 각종 이적을 행하며, 장차 계룡산에서 정도령이 나라를 세운다는 소문이 돌아 그곳에 이사를 한 사람도 있었음을 다음과 같이 전한다.

　이때에(1892년, 필자 주) 사방에는 여러 가지 괴질이 돌았다. 어디서는 진인(眞人)이 나타나서 바다에 다니는 화륜선(火輪船)을 못 가게 딱 붙여놓고 세금을 받고야 놓아주었다는 등, 머지않아 계룡산에 정도령(鄭道令)이 도읍(都邑)을 할 터이니, 바른 목에[179] 가 있어야 새 나라의 양반이 된다 하여 세간을 팔아 가지고 아무개는 계룡산

---

178 이와 거의 비슷한 내용이 오지영, 『동학사』(영창서관, 1940)에 실려 있으며, 이장희(李章熙) 교주본(校註本), 『동학사』(박영사, 1974), 124쪽에도 실려 있다.

179 바른 목은 바깥목과 같은 말로, 다른 곳으로 빠져나갈 수 없는 중요한 통로의 좁은 곳을 말한다고 한다. 난세의 피난처라는 뜻이다.

으로 이사를 하였다는 등의 소문이 있었다.[180]

인용문은 동학의 급속적인 확산과 함께 당시 진인출현설이 전국 각지에 유포되고 있었던 사정과 그 핵심적인 내용이 "새로운 왕조가 새 인물에 의해 계룡산에서 건설될 것"이라는 점을 알려준다. 그런데 '정도령'이라는 용어는 『정감록』류의 비결서에는 등장하지 않는다. 정씨, 진인 등의 용어만 나온다. 진인이 새로운 인물이라는 점을 주목하여 아직 세속적인 때가 묻지 않은 신선한 인물이라는 의미에서 '도령'이라는 용어가 붙은 것으로 보인다.

그리고 동학을 믿는 사람들은 일반사람과는 다른 특별한 능력과 기행 이적을 행하는 존재로까지 믿어졌었다는 사실도 백범의 다음의 증언을 통해 알수 있다.

> 우리 동네에서 남쪽으로 20리쯤 가서 갯골이란 곳에 사는 오응선(吳膺善)과 그 이웃 동네에 사는 최유현(崔琉鉉)이라는 사람이 충청도 최도명(崔道明)이라는[181] 동학(東學) 선생에게서 도를 받아 가지고 공부를 하고 있는데, 방에 들고 나기에 문을 열지 아니하며, 문득 있다가 문득 없어지며, 능히 공중으로 걸어 다니므로, 충청도 그 선생 최도명한테 밤 동안에 다녀온다고 하였다.[182]

물론 이와 같은 일은 가능하지 않았을 것이지만, 동학이 기적과 같은 일도 마음대로 이룰 수 있는 신앙체계라는 점이 민중들의 관심을 끌었고, 실제로 이러한 소문에 현혹되어 동학에 입도하는 사람들이 많았을 것은 분명하다.

이에 백범은 오응선을 찾아가 동학에 입도하였는데, 상놈이었던 그를 '양반 댁 서방님'이었던 오응선이 맞절을 해 주며 "(동학은) 빈부귀천(貧富貴賤)에 차별이 없고, 누구나 평등으로 대접한다."고 대답했다. 오응선은 백범에게 동학

---

180 김구, 『백범일지』(청목사, 2000), 35쪽.
181 최도명은 동학의 2세 교주 최시형을 가리키는 듯하다.
182 김구, 앞의 책, 35쪽.

의 내력과 도리의 요령을 설명해 주면서 도의 종지(宗旨)를 "말세(末世)의 간사한 인류로 하여금 개과천선하여서 새 백성이 되어 가지고, 장래에 진주(眞主)를 모시어 계룡산에 새 나라를 세우는 것"이라고 말했다.[183] 이처럼 당시 황해도 지역의 동학을 이끈 사람도 동학의 종지를 "진주(眞主) 즉 진인(眞人)을 모셔 계룡산에 새 왕조를 여는 일"로 인식하고 있었다. 이는 전형적인 진인출현설이자 계룡산 도읍설이다.

당시 동학은 강원도, 충청도, 전라도 등지에서 세력을 확산하고 있던 시기였다. 이러한 믿음을 지역적으로 멀리 떨어진 황해도에서 일어난 일시적인 일로 도외시할 수도 있는 사건이지만, 해당 지역에서 이름이 널리 알려진 동학 교인의 입에서 동학의 종지가 "계룡산에 새 왕조를 여는 일"로 선포되었다는 점이 주목된다. 진인이 출현하여 계룡산에 도읍을 정해 새 나라를 세울 것이라는 예언은 『정감록』류의 비결서에 나타나는 핵심 사상이다.

결국 백범이 동학에 입도한 이유는 "상놈 된 원한이 골수에 사무친 나로서는 동학의 평등주의가 더할 수 없이 고마웠고, 또 이씨(李氏)의 운수가 다하였으니 새 나라를 세운다."는 말을 들었기 때문이었다.[184] 백범의 동학 입도 동기가 조선왕조의 운수가 다하고 새로운 나라가 건설될 것이라는 예언에 심취했기 때문이라는 점이 확인된다.

백범이 동학에 입도한 지 불과 수개월 만에 그가 포교한 신자가 수백 명에 달하여 '아기 접주(接主)'로 불렸고,[185] 1893년 가을에는[186] 보은에 있던 동학의 제2세 교주 최시형에게 황해도 지역 도인의 명단을 제출하는 중요한 임무를

---

183 김구, 위의 책, 36-37쪽.

184 김구, 위의 책, 37쪽.

185 사람들은 요술과 같은 조화를 원했으며, 심지어 백범이 한 길이나 떠서 걸어 다니는 것을 보았다는 풍문이 돌기도 했다.

186 배경식은 황해도 지역에는 동학이 비교적 늦게 전해졌기 때문에 1893년의 보은집회 때는 황해도 대표가 참가하지 않았다는 사실을 근거로 백범 일행이 보은을 방문한 때는 1894년 가을에 최시형이 동원령을 내린 동학의 2차 봉기 때의 일이었다고 주장한다. 『시천교역사(侍天敎歷史)』에는 1894년 무렵에 최유현 등의 황해도 대표가 최시형을 처음 방문했다고 기록한다. 김구 지음, 배경식 옮김, 『올바르게 풀어쓴 백범일지』(너머북스, 2008), 75쪽.

맡고 파견된 15명 가운데 뽑힐 정도였다. 그때 황해도 지역을 대표하는 백범을 포함한 인물들은 해월 최시형에게서 "신통한 조화"를 받을 것으로 여겼으나, "그런 것은 없었다."는 표현에서 알 수 있듯이 섭섭함을 나타내기도 했다.[187]

그 후 백범은[188] 팔봉(八峰) 접주로서 척양척왜(斥洋斥倭)의 기치를 내걸고 산포수(山砲手)가 주축인 동학농민군 수천 명을 지휘하여 해주를 공격할 때 선봉장이 되었다. 후에 백범은 구월산으로 이동하여 전력을 강화하던 중 같은 동학군인 이동엽의 군대와 충돌하게 되어 해산되고 말았다.

동학교도들에 의해 교조인 수운 최제우에 대한 신원운동이 일어나기 시작한 1892년은 임진년(壬辰年)이었는데, 3백 년 전에 발생한 임진왜란과 같은 전쟁이 일어나 이씨 왕조가 멸망할 것이라는 참언이 유행하여 사회적으로 불안감이 고조되었다.[189] 또 그해는 조선왕조가 개국한 지 정확히 5백 년이 되는 해이기도 했다. 조선왕조가 5백 년 운수를 지녔다는 예언서의 내용이 알려짐에 따라 위기의식은 더욱 확산되었다.

이러한 사회적 배경에서 동학은 차별이 없는 평등주의를 주장하면서 억압과 수탈로 고통받는 민중들에게 희망을 제시하고 위안을 주는 사상으로 인식되었다. 진인출현설의 열기가 고조되는 상황에서 동학의 주장은 더욱 호소력을 지녔고 이는 동학교도의 폭발적 증가로 이어졌다. 여기에는 조선왕조의 멸망을 예언하는 비결신앙이 한몫을 담당했다.

이와 관련하여 1894년 무렵 동학이 전파되지 않았던 함경도 지방에도 『정감록』이 유행하고 있었으며, 기문둔갑(奇門遁甲), 장신술(藏身術), 축지법(縮地法) 등을 공부하는 사람도 많았다고 한다.[190]

---

187 김구, 위의 책, 40쪽.

188 이때 이름은 김창수(金昌洙)였다.

189 「빠리 외방전교회(外邦傳敎會) 년보(年報)」, 『교회사연구』 4집(한국교회사연구소, 1983), 277쪽과 강만길 편, 『명치관보발췌주조선일본국영사관보고(明治官報拔萃駐朝鮮日本國領事館報告)』(신서원, 1988), 1892년 8월 22일조.

190 무극자, 「동학때의 이적」, 『천도교회월보』 271(1934년 8월호), 34쪽.

한편 매천(梅泉) 황현(黃玹, 1855-1910)도 당시 상황에 대해 동학교도들이 "장차 이씨는 망하고 정씨가 일어나는데, 앞으로 큰 난리가 일어나 동학을 믿는 사람이 아니면 살아남을 수 없다."는 말로 양민을 속였으며, 또 교조 최제우에 대해서도 "칼날을 벗어났다.", "날아서 하늘로 올라갔다.", "둔갑(遁甲)으로 모습을 감춰 죽지 않고 현재 세상에 살아있다." 등의 허황된 말로 사람들을 현혹시켜 끌어들였다고 기록했다.[191]

② 보은집회 때의 진인출현설과 남조선신앙

동학의 보은집회 당시 동학교도들이 반왕조적인 행위를 조직적으로 할 수 있었던 중요한 요인 가운데 하나는 바로 비결신앙이었다.

> (호남의) 난리를 꾀하는 간사한 무리들이 이를 빌미로 선동하자, 이에 동학에 귀의하는 무리들이 마치 시장에 몰려가는 듯하였다. 그리하여 전라우도로부터 좌도의 산골짜기까지 동학도가 없는 고을이 없었는데, 그 수가 수십만이나 되었다. 그 무렵 "무장(茂長)의 산골 절벽 속에서 용당선사(龍塘禪師)의 참결(讖訣)을 얻으면 거사를 일으킬 수 있으며, 때를 놓쳐서는 안 된다."라는 말이 사사로이 민간에 널리 퍼졌다. 그래서 계사년(癸巳年, 1893) 2월에 호서(湖西)의 보은현에 동학도들이 모두 모이게 되었다.[192]

동학이 급속도로 무리를 모으게 된 결정적인 계기가 바로 이른바 용당선사의 비결을 얻는 일이었다고 설명한다. 동학에서 그 비결을 입수했다는 풍문이 전국에 돌아 수십만이나 되는 엄청난 인파가 동학도의 모임에 참가했다는

---

191 황현, 『오하기문(梧下記聞)』, 『동학농민전쟁사료총서』 1, 42-43쪽.

192 황현, 『오하기문(梧下記聞)』, 수필(首筆), 『동학농민전쟁사료총서』 1, 46쪽. (…) 姦民思亂者, 從而煽之, 於是, 東學之黨, 歸者如市. 自右道延及左峽, 無邑無之. 其衆數十萬. 訛言茂長山壁中, 得龍塘禪師讖訣, 可以擧事, 時不可失, 私通傳告. 使以癸巳二月, 都會湖西之報恩縣. 初濟愚誅, 姙時亨亡命, 居報恩山中, 以其學, 傳授, 湖西之民, 素苦士夫之武斷, 翕然從之. (…) 『오하기문(梧下記聞)』 수필(首筆) 임형택 외 옮김, 『역주 매천야록』 하(문학과 지성사, 2005), 720쪽. 이 글에서는 김창수, 『한국 근대의 민족의식 연구』(동화출판공사, 1987), 298쪽부터 337쪽까지 실려 있는 『오하기문』을 저본으로 삼았다. 여러 필사본을 비교 검토하여 활자본으로 기록한 저자의 노력에 감사드린다.

주장이다. 당시 보은집회를 주도한 최시형도 부적과 주문을 강조하면서 민중을 선동했다고 전한다.[193]

나아가 황현(黃玹, 1855-1910)은 『매천야록(梅泉野錄)』에서 그가 들은 동학에 대한 소문을 다음과 같이 전했다.

> 처음에 최복술(崔福述) 일명 제우(濟愚)는 이미 처형을 당해 죽었는데, 그의 조카 시형(時亨)이 보은의 산중에 숨어 있다가 요사스러운 술법을 몰래 전파하며 익혔는데 동학(東學)이라는 것이다. 이들은 유언비어를 퍼뜨리기를 "장차 세상에 큰 난리가 날 텐데, 동학이 아니면 살아날 수가 없다. 진인(眞人)이 출현하여 계룡산에 도읍을 정할 것인데, 장군과 재상으로 새 임금을 도울 자는 모두 동학교인 가운데서 나온다."라 했다. 이 말이 널리 전하여 선동하고 유혹하니 학정(虐政)에 시달리던 어리석은 백성들이 기뻐서 호응했는데, 그 세력이 충청도와 전라도에 가득 찼다.[194]

이러한 소문이 퍼진 것은 1890년 이전의 상황이었다고 기록하고 있다.[195] 최시형이 수운의 조카라는 주장은 사실과 다르지만, 최시형이 주도한 보은집회 당시에 동학이 퍼뜨린 소문은 "곧 큰 난리가 발생할 것인데, 동학을 믿어야만 살 수 있다. 머지않아 진인(眞人)이 출현하여 계룡산에 도읍을 정하면 새 왕조의 요직에 동학교인들이 임명될 것이다."라는 것이었다고 한다. 이러한 동학의 주장이 전국에 퍼져 많은 무리를 모을 수 있었다는 보고다. 이 인용문을

---

193 예전부터 최시형은 어리석은 백성들을 미혹하느라 부적을 지니고 주문만 외우면 물에도 빠지지 않고 불에도 타지 않으며 비가 와도 옷이 젖지 않으며 화살이나 총탄도 뚫고 들어오지 못한다고 하였다. 그러므로 어리석은 백성들은 이 말을 믿어 따르는 자가 날로 늘어났다. 보은에서 열린 집회에 도착했을 때, 마침 하늘에서 큰 비가 내려 여러 사람들이 밖에 서 있다가 의관이 온통 젖었다. 그래서 그들 무리는 점차 의심하게 되었다. (…) 初, 時亨, 誘愚民, 但持符念呪, 則水不沈火不熱, 雨不沾衣, 矢石鉛丸, 皆不入. 故愚民信之, 從者日衆. 及至都會, 天大雨, 衆露立, 衣冠盡濕. 其黨稍疑之. 『오하기문(梧下記聞)』 수필(首筆) 임형택 외 옮김, 『역주 매천야록』 하(문학과 지성사, 2005), 721쪽.

194 初崔福述, 一名濟愚, 旣誅, 其侄時亨, 竄伏報恩山中, 以妖術潛相傳習, 名曰東學. 訛言世將大亂, 非東學無以活, 眞人出, 定都鷄龍山, 將相佐命, 皆自東學中人. 轉輾扇誘, 愚民方苦虐政, 逐翕然應之, 彌滿兩湖. 황현(黃玹)의 『매천야록(梅泉野錄)』 권 1, 하, 국사편찬위원회, 『매천야록』(탐구당, 1971), 123면. 임형택 외 옮김, 『역주 매천야록』 상(문학과 지성사, 2005), 321쪽.

195 황현 지음, 허경진 옮김, 『매천야록』(한양출판, 1995), 167-168쪽.

통해 동학이 진인출현설을 굳게 믿고 있었으며, 그 핵심은 계룡산에 도읍을 정할 정씨 진인을 기다리는 것임을 알 수 있다.

『정감록』류의 도참(圖讖)과 비기(秘記)에 나타난 진인출현설은 정치적 예언으로 제시되었지만 종교적 성격이 농후하였고 민중의식과 긴밀하게 연결되었다. 이는 당시 지배층의 이념이었던 성리학에 대한 사상적 도전이었다. 이처럼 성리학적 사회질서를 거부하고 조선왕조의 멸망과 신왕조로의 교체를 주장했던 민중사상은 조선 후기의 사회변동에 일정한 영향을 끼쳤다.

왕조 교체를 주요 내용으로 하는 역성혁명의 가능성을 설파한 예언사상에는 현실사회의 모순과 부조리와 불평등을 타파하려는 민중의 의지가 들어있었다. 정씨(鄭氏)로 대표되는 진인(眞人)이 등장하여 역사의 변혁을 주도할 것이라는 민중의 희망을 집약하여 제시하고 있는 것이다.

바로 이러한 진인출현설은 신종교 성립의 배경과 기반이 되었다. 민중들의 진인출현설에 대한 믿음은 집단적인 무의식적 가치관에 뿌리를 두어 민중의 대망을 근거로 새로운 종교로 탄생되어 사회 개혁의 의지로 작용되었다.

진인(眞人)과 그가 사용할 조화(造化)의 힘에 대한 믿음과 새 시대의 도래가 필연적으로 올 것이라는 주장은 시운관(時運觀)으로 제시되었다. 낡은 시대인 선천(先天)이 지나가고 곧 한울님의 무극대도에 의해 지상 선경이 세워질 것이며 이는 오만 년의 운수로 이어질 것이라는 믿음이었다.

이와 같은 철저한 현실부정적 태도는 조선왕조의 멸망이[196] 필연적이며 곧 새로운 왕조가 새 인물에 의해 개창될 것이라는 비결신앙과 연결된다. 수운은 "괴이한 동국참서"라고 표현하고 이를 부정하는 듯한 가사를 남겼지만, 실은 비결신앙과 일맥상통하는 사상을 제시한 것이다. 진인출현설이라는 민중신앙을 종교적으로 승화시키려는 수운의 노력이 결국 민중들의 열렬한 호응을

---

196 Spencer J. Palmer, *Korea-American Relations, Vol 2*, University of Califonia Press, 1983, pp. 297-300. 조선 주재 미국공사로 오랫동안 근무했던 Augustine Heard는 1891년 2월에 조선은 왕조가 멸망할 것이라는 참언이 유행하고 있으며 불만의 요소를 결합시키는 지도자만 있으면 심각한 혁명이 발생할 것이라고 본국에 보고했다. 장영민, 앞의 책, 375쪽에서 재인용.

받았다.

『남유수록(南游隨錄)』은 부여(扶餘)의 유생(儒生) 소정(小亭) 이복영(李復榮, 혹은 이우영(李遇榮), 1870-?)이 1889년 9월 1일부터 1934년까지 45년에 걸쳐 매일의 대소사를 기록한 일기로서 전체 39책의 방대한 분량이다. 특히 동학농민전쟁기를 전후하여 작성한 『일기(日記) 속오(續五)』 제6(1893. 1. 1. ~ 4. 8.), 『남유수록』 제7, 제9(1893. 4. 9. ~4. 19.과 1893. 8. 30.~1894. 4. 29.)와 제10(1894. 4. 29.~1895. 윤(閏) 5. 25.) 등에서 동학 관련 기록이 확인된다.

이 자료의 계사년(1893) 음력 3월 29일조에 다음과 같은 기록이 보인다.

동학의 무리가 보은 속리산에 모여들어 성을 쌓고 연못을 파니 좇는 자가 날마다 증가하여 60만이라고 떠든다. 호남에는 금구와 원평에 모여 있는데 수만 명 이상이 모여들었다. (…) 어제 정씨 노인이 (다음과 같은) 소문을 전했다. 정산(定山) 백실(白室)에 사는 남씨(南氏) 성을 가진 사람에게 아들이 한 명 있어 목천(木川) 등지에 이사해서 살았는데 며칠 전에 갑자기 아버지를 찾아와 말하기를 "일이 아주 급하게 되었으니 이사하셔야 합니다."라고 청했다고 한다. 그 아비가 "어디로 가서 산단 말이냐?"라고 하자, 아들이 "남조선(南朝鮮)입니다. 동학(東學) 무리가 왜양(倭洋)을 배척한다고 소리 높여 말하니 왜양은 반드시 거리낌 없이 독기를 품을 것인즉 남조선에 들어가서 이 나라가 어지러워 흔들리기를 기다리면 두 세력이 서로 죽이고 죽는 지경이 될 때 진인(眞人)이 남조선(南朝鮮)으로부터 동학(東學)을 이끌고 다시 출현하여 두 세력을 평정할 것이니 병화(兵禍)는 피할 수가 없을 것입니다. 저는 숨어 있지 않고 몰래 동학을 좇아 이러한 사정을 알 수 있었으니 의심하지 마십시오."라고 말했다고 한다. 아비가 "동학 하는 사람들은 모두 재주가 있다고 하는데 내가 볼 수 있느냐?"라고 묻자 그 아들이 3-4장이나 몸을 솟구쳐 말하기를 "저의 배움은 천박하여 이것밖에 할 수 없습니다. 도를 이룬 사람과 재주가 높은 사람은 진실로 가히 (그 능력을) 측정할 수 없을 정도입니다."라고 대답했다고 한다. (하지만) 그 아비는 (이사하는 일을) 끝내 허락하지 않았고, 그 이웃사람들에게도 권했지만 역시 모두들 따르지 않았다고 한다. (그 아들이) 마침내 비통하게 영원한 이별을 (아비에게) 고하고 떠나는 것을 목격한 자가 많았다고 한다.[197]

---

[197] 東學之徒, 聚據于報恩俗離山, 方築城鑿池, 赴者日衆, 號爲六十萬. 湖南則聚于金溝元平, 市亦不下數萬

인용문을 통해 당시 농민들 사이에 일본 및 서양 세력이 쳐들어와 온 나라가 난리에 휩싸일 것인데, 이때 진인(眞人)이 남조선(南朝鮮)으로부터 동학(東學)을 이끌고 다시 출현하여 난리를 평정할 것이고 동학을 믿으면 병화(兵禍)를 피할 수 있다는 예언이 상당히 유포되고 있었다는 사실을 짐작할 수 있다. 이는 진인출현설과 남조선신앙의 전형적인 표현이다. 어쨌든 이러한 풍문을 들은 사람 가운데 일부는 난리를 피하기 위해 보은집회에 참가하였다.

『일사(日史)』는 전남(全南) 강진군(康津郡) 작천면에 살던 유생(儒生) 강재(剛齋) 박기현(朴冀鉉)이 남긴 일기이다. 『일사』는 1891년부터 1903년에 이르기까지 장흥(長興)과 강진 일대 향촌사회의 동향과 함께 박기현을 중심으로 하는 인근 유생들과의 교유 관계, 특히 갑오년을 전후한 시기 장흥과 강진 일대의 동학농민군 측과 관군 측의 동향 및 당시 전투 상황 등을 소상히 알려주는 자료로서 이 일대의 동학농민혁명사를 이해하는 데 있어서 필수적인 자료이다.

『일사』 1893년 4월 21일조에 다음과 같은 기록이 보인다.

수년 전부터 동학이 크게 번성하여 전국 각 읍에 한 곳도 빠진 곳이 없었다. 이른바 그 학문이란 것은 양국(洋國)의 천주학(天主學)이 동학으로 이름을 바꾸어 민중을 현혹시키는 것이다. 그 서책을 이름하기를 유불선(儒佛仙) 삼대도(三大道) 성경대전(聖經大全)이라 하고, 또 말하기를 동학을 믿는 자는 가난한 자는 부자가 되고 수명이 짧은 자는 장수하게 된다고 한다. 비록 흉년과 굶주린 때가 있더라도 죽지 않는다 하고, 병화(兵禍)와 악질(惡疾)이 있더라도 살 수 있다고 하며, 혹은 경전에 의지하여 어리석은 사람들을 어지럽히고 혹은 참어(讖語)에 기대어 천박하고 경솔한 무리를 불러 모은다. 대저 혹세무민하는 이야기들은 조작되지 않은 것이 없다. 작년 가을 초회(招會)에 동학 무리 몇만 명이 계룡산 등지에 모였다가 한 달여 만에 파

(…) 去昨日, 鄭丈傳所聞, 定山白室有南姓人, 其一子爲人, 後離居木川地, 向日忽來見其父曰, 時事急矣, 請搬移. 父曰, 將安往. 曰, 南朝鮮也. 東學之徒, 聲言斥倭洋, 倭洋必肆毒則, 歸南朝鮮, 待其一國板蕩, 互相魚肉, 眞人自南朝鮮, 率東學復出, 而定之其間, 兵禍不可不避也. 兒不敢終隱, 間從東學, 備知其情, 伏請勿疑. 父曰, 東學者, 皆有才可令吾見乎? 其子躍身三四丈, 曰, 兒學淺止於斯而已. 道成才高者, 誠不可測也. 其父終不許, 乃勸其鄰人, 亦皆不從. 逐悲歎永訣而去, 多目覩者云. 이복영, 『남유수록(南游隨錄)』 일기(日記) 속(續) 5 계사년(癸巳年, 1893) 음력 3월 29일, 『동학농민혁명사료총서』 3권, 131면.

했다. 금년 3월에 또 그 무리가 모였는데 수만 명이 전라, 충청, 경지 등지에 모여 열읍의 성문에 방문을 내걸고 장차 서울에 사는 왜적 등을 제거하려는 뜻을 서울 안 팎에 공표하니 어찌 두렵지 않으랴? 한 달여 만에 모임을 파하고 이번 가을에 다시 모임을 가진다 하니 그 누가 근심하고 두려워하는 뜻을 버릴 수 있겠는가? [198]

동학이 급속하게 전파되는 과정을 상세히 보고하고 있으며, 이들이 무리를 모으는 일에 참위설이 중점적으로 사용되었다는 주장이다. 그리고 동학도들이 계룡산을 중심으로 자주 모이고 있다고 보고하여, 진인출현설이 동학도를 모이게 하는 결정적 요인 가운데 하나라는 점을 알려준다.

또 언제 기록된 문서인지는 알 수 없으나 충청도 지역 유생들의 동학에 대한 인식을 짐작할 수 있는 자료가 있다.

지난 경신년에 경주의 최제우가 멋대로 반역의 마음을 품어, 도참(圖讖)을 주장하며 천서(天書)라고 부르고 어리석은 백성을 속여 무리를 모아 난리를 일으켰다. [199]

여기서도 동학의 핵심 사상이 도참설이며 이를 이용하여 동학 무리가 모여들었다고 판단한다.

한편 이때 귀인(貴人)이 나타나 왜양(倭洋)을 몰아내고 우리나라가 천자(天子)의 나라가 된다고 믿는 사람들도 참가하고 있었다. 『백석서독(白石書牘)』에는[200] 어떤 동학교도가 "장래에 부귀해지기 위해 도문에 입도했으며, 서양 오

---

198 自數年前, 東學大熾, 八路各邑, 無一闕焉. 所謂其學卽, 洋國天主學而改名東學, 以惑衆者也. 名其書曰, 儒佛仙三大道聖經大全, 而且曰, 爲東學者, 貧者富, 夭者壽. 雖凶年飢歲, 不能殺, 雖兵禍惡疾, 獨能活, 或附經傳, 以撓愚直之人. 或托籤語, 以招浮薄之徒. 凡可以惑世誣■之說, 無所不造矣. 去年秋招會, 其黨■萬, 於鷄龍山等地月餘罷. 今年三月又會其黨, 累巨萬於全羅忠淸京畿等地, 而掛榜於列邑城門, 以將除京中所居倭■之意, 爲名京上京下, 莫不戒懼矣. 月餘又罷曰, 待秋成復會云, 人誰其能捨憂懼之志哉?.

199 往在庚申, 慶州崔濟愚, 濫生不軌之心, 講張圖識, 稱以天書, 迷惑愚氓, 聚群作鬧. 「정운경가 동학고문서」, 『동학농민혁명 국역총서』 6(동학농민혁명참여자 명예회복심의위원회, 2009), 340쪽. 정운경(鄭雲慶)은 1894년 4월 충청도 영춘(永春)에서 민보군을 조직하여 동학농민군 토벌에 나섰던 유생인데, 이 문서는 그의 집안에 보관하던 고문서의 일부이다.

200 答曰, 爲將來顯貴, 入于此道, 而斥逐洋倭後, 我邦爲天子國云. 『동학농민전쟁사료총서』 3권(여강출판

랑캐와 일본 오랑캐를 물리친 후에 우리나라가 천자국(天子國)이 될 것이다."라
고 말했다고 한다. 이러한 믿음도 남조선신앙의 변형된 형태로 보인다.

1893년 3월 보은집회 때 선무사(宣撫使)였던 어윤중(魚允中)은 동학교도들이
큰 소리치던 것과 달리 명분으로 내걸었던 척왜척양도 실현하지 못하고 포교
의 자유나 교조의 신원도 얻지 못한 채 해산하고 말았던 결과에 대해 "쥐새끼
들이 서로 모인 것과 같고, 오로지 부참(符讖)에만 의지한다. 다행히 걸출한 인
재가 없어서 크게 걱정하지 않아도 될 듯하다."고 평가했다.[201]

③ 오태원사건에 보이는 남조선신앙

여러 비결서의 글귀에서 유추된 다양한 믿음들이 복합적으로 작용하여 기
록상으로 남조선신앙의 실체가 확인되는 사건은 동학도(東學徒)와 관련된다.
동학혁명이 일어나기 직전인 1893년경에 무장(茂長), 영광(靈光), 정읍(井邑) 등지
에 거주하는 몇몇 동학도들이 계룡산에 개국할 천명(天命)을 받았다고 주장했
다.[202] 이들은 정부 관료 조직을 본떠 독자적인 관직을 임명했고, 무기와 화약
을 구해 무장봉기를 준비하는 일을 꾸미기도 했다. 이러한 내용을 알려주는
문서에 그들이 "명산대천에 가서 남조선(南朝鮮) 정씨(鄭氏)를 위해 하늘에 제사
를 지냈다."는 기록이 보인다.

고종 30년(1893) 오태원(吳泰源), 김병일(金炳一), 오계원(吳啓源) 등이 무장, 함
평, 영광, 정읍 등지에서 거사를 모의했다는 밀고 문서가 뮈텔 주교에게[203] 전

사, 1994), 309-310면. 『백석서독』은 이용목(李容穆, 1826-?)의 편지를 모은 책이다. 그는 일찍이
경상도 삼가(三嘉)에서 살다가 만년에 충청도 보은(報恩) 지방으로 이거하였고, 1894년 당시에는 상
주(尙州)로 피난하였다. 아들 이중필(李重弼)이 보은군수를 역임했다.

201 김윤식(金允植), 『속음청사(續陰晴史)』 상, 276쪽.

202 이에 대해서는 김탁, 「한국종교사에서의 증산교와 민간신앙의 만남」, 『신종교연구』 제2집 (한국신종교
학회, 2000), 236-240쪽을 참고하시오.

203 Mgr. Gustav Mutel(1854-1933, 한국명 민덕효(閔德孝))은 1854년 프랑스에서 출생하여 1877년
파리 외방선교회(外邦宣敎會)의 선교사로 서품(敍品)되어, 1880년 11월 12일 조선(朝鮮)에 잠입(潛
入)해서 선교활동을 전개하기 시작하였다. 그는 1890년 조선교구(朝鮮敎區)의 제6대 교구장(敎區長)
에 취임한 이래, 1933년 사망하기까지 천주교(天主敎)의 조선포교(朝鮮布敎)에 가장 중요한 역할을

해졌다. 이들은 "계룡산에서 개국(開國)하라는 천명(天命)을 받았다."고 주장하면서 6경(卿)과 문무 대신들을 선정하고, "먼저 서양 오랑캐와 왜놈들을 멸한 후 무리를 불러 모아 대소(大小) 이씨와 민씨를 진멸하려 한다."는 계획을 세웠다.[204]

주모자들은 이러한 계획을 실행하기 위해 해마다 상경하여 시세의 추이를 엿보았으며, 고종 21년(1884) 8월 갑신정변 때에도 김옥균(金玉均), 박영효(朴泳孝), 서광범(徐光範), 홍영식(洪英植) 등 이른바 사적(四賊)과 자주 상종하였다.

이 거사는 거사꾼들에 의해 영의정으로 선정된 오태원(吳泰源), 좌상으로 선정된 김병일(金炳一), 창의도원수로 선정된 오두원(吳斗源) 등이 중심인물이었다. 이들은 서울에서 사건이 일어날 때마다 상경하여 정국의 추이를 살폈고, 무주 적상산성의 철환 궤를 훔치고 담양 추월산성의 화약 궤를 훔쳐 거사에 대비하였다.

또한 이들은 무장 선운사 도솔암 석불의 비결을 탈취하는 데도 참여하였다. 동학교도이기도 한 이들은 승려 세력과도 손을 잡고 보은과 원평에서 대규모 집회가 있을 때 불갑사 승려인 인원(仁源), 백양사 승려인 우엽(愚葉)과 수연(水演) 등을 원평집회에 참여하게 하고, 서울의 승려 긍엽(亘葉)을 보은집회에 참가하도록 하여 집회의 동향을 살피게 했다. 이들은 이듬해 일어난 동학농민혁명에도 적극적으로 참가하였다.[205]

「뮈텔 문서」 번호 1893-51 「동학도개국음모건(東學徒開國陰謀件)」은 무장(茂長), 영광(靈光), 정읍(井邑) 등에 거주하는 오태원(吳泰源)을 비롯한 동학도들이 계룡산(鷄龍山)에 도읍을 정하고 삼태육경(三台六卿)과 문무대신(文武大臣)을 선정해서 개국(開國)을 음모하고 있다는 사실을 기록한 문서다. 특히 양왜탐정사(洋倭

수행하고 있던 선교사였다. 조선교구장(朝鮮敎區長)으로 취임한 이래 자신이 목격했거나 전문(傳聞)한 교회내외(敎會內外)의 사건들을 일기(日記)로 기록하는 한편, 자신에게 접수된 모든 문서들을 정리하여 보관하고 있었다. 「뮈텔(Mutel) 문서(文書)」로 명명된 이 자료는 모두 13,451건에 이르는 방대한 분량이다. 이 문서 가운데 동학농민혁명에 관한 부분은 대략 45건 정도가 된다.

204 「동학문서」, 『동학농민전쟁사료총서』 5, 47~57쪽.
205 역사문제연구소 동학백주년추진위원회 편, 「동학문서(뮈텔문서)」, 『동학농민전쟁사료총서』 5(사운연구소, 1996), 47~57면.

探情使)를 지정하고 있으며, 선운사 등의 승려들의 참여 사실을 적고 있어 주목된다. 동학농민혁명 직전 남접(南接) 관계 교도의 동향 및 동학과 선운사 석불(石佛) 비결(秘訣)의 관계를 파악하는 데에 도움을 줄 수 있는 자료이다. 이 문서 내용의 전체는 다음과 같다.

동학도개국음모건(東學徒開國陰謀件)

동학의 무리가 자칭 천명(天命)이 자기들에게 내렸다고 주장하면서 계룡산에서 개국하라는 명을 받았다고 강조하며 삼태육경과 문관과 무관을 정했다.
영상 진사 오태원
좌상 김병일 – 무장에 거주한다.
우상 오계원
내외병권창의도원수 오두원
대사마대장군 찰방 김수향
형조판서 정낙원
공조판서 강일원
이조판서 정대유
오조판서 정성오
예조판서 이홍록 – 함평에 거주한다.
운량도감 전 고창현감 이경인
군기도감 전 상주영장 김해민 – 인채로 개명했는데 영광에 거주한다.
척멸양인양교 훈련대장 진사 오태원
선봉장 찰방 김수향
부원수 김병일
운주 오계원
양왜탐정사 오두원 – 무장에 거주한다.
보운당 긍엽 – 서울 밖 북격동에 거주한다.
개국국사 환송당 인원 – 영광 불갑사에 거주한다.
농은당 우엽 – 본래 백양산 이선당에 있었다.
팔도취당중군장은 보부상 반수(班首)인데 정읍포내의 동학접장 감찰 박민중이다.
– 정읍 읍내에 거주한다.[206]

오태원, 김병일, 김수향, 오계원, 오두원 등은 해마다 상경하여 정국의 추이를 살폈고 남촌에 있는 유밀양의 집에 많이 머물렀다. 이 다섯 명은 갑신년 10월 변란 때의 사적(四敵)과 자주 사귀었으며 화적 떼와 상응하여 무위도식하였다. 괴수는 호남의 동학 무리인데 13포(抱) 내의 영수, 접주, 좌령들로서 전국의 명산대지에 가서 하늘과 산에 제사드리고 부처에 빌며 남조선(南朝鮮)을 세울 정씨(鄭氏)를 위했다. (이들은) 항상 말하기를 "천명(天命)이 우리 도문(道門)에 내려와 진주(眞主)를 보좌한다."고 했다.[207]

몇 년 전에는 무주 적상산성에서 철환 궤를 훔쳤고, 또 몇 년 전에는 담양 추월산성에서 화약 궤를 훔쳤다. 또 '민씨가 망할 것이다.'라는 두 글자로 표시하여 동학 무리들이 곤전(坤殿)을 비방하고 다른 나라 사람들이 우리나라에 쳐들어와 음란하고 간사한 행동을 하는 중에 서양과 왜적과 더불어 친하게 되었다고 비판했다. 임진년(1892) 8월에는 무장 선운사 상도솔암 석불 뇌문에서 금은을 도둑질할 때 오태원, 오두원, 김병일, 김수향, 오계원 등 다섯 명이 300여 명의 무리를 농간하여 모았다.[208]

그때 승려로서 심복하여 따른 자는 불갑사의 인원, 백양산의 우엽과 수연이었다. 금은을 훔칠 때 밤에 동학 무리 300여 명 가운데 총과 장검을 가진 자는 20여 명이었고, 그 외는 각기 1척가량의 나무를 어깨에 걸고 궁을진을 돌았다. 오태원, 김병일, 김수향, 오두원, 오계원 등은 대담하게 말하기를 "전일에 이서구(李書九)가 순력할 때는 감히 열어보지 못했는데, (이제) 천운이 돌아왔으니 누가 금할 수 있으랴? 먼저 서양과 왜적을 멸한 연후에 우리 도문의 의기(意氣) 남자들을 뽑아 나라 안의 크고 작은 이씨와 민씨들을 진멸시키면 진짜 정씨가 해도(海島)에서 출세하리

---

206 東學之輩自稱天命歸于我等, 鷄龍山開國受命, 擇定三白六卿文武大將. 領相 進士 吳泰源, 左相 金炳一- 居茂長, 右相 吳啓源, 內外兵權倡義都元帥 吳斗源, 大司馬大將軍察訪 金秀香, 刑曹判書 鄭洛元, 工曹判書 姜一元, 吏曹判書 鄭大有, 戶曹判書 鄭星五, 禮曹判書 李弘祿 - 咸平居, 運糧都監 前 高敞縣監 李景寅, 軍機都監 前 尙州營將 金海民 改名 仁采 靈光居, 斥滅洋人洋敎訓鍊大將 進士 吳泰源, 先鋒將 察訪 金秀香, 副元帥 金炳一, 運籌 吳啓源, 洋倭探情使 吳斗源 茂長居, 普雲堂亘葉 居京城外北格洞, 開國國師 幻松堂仁源 居靈光佛甲寺, 蘽隱堂愚葉 本在白羊山移禪雲奪, 八道聚黨中軍將 步負商 班首 井邑抱內東學接長 監察朴敏重 居井邑邑內 (…) 여기서 삼백(三白)은 삼태(三台)의 오기로 보이고, 탈(奪)은 사(寺)의 오기로 보인다.

207 吳泰源, 金炳一, 金秀香, 吳啓源, 吳斗源, 年年上京觀機向背, 多住南村柳密陽家. 此五漢甲申十月之變四敵, 往往從游, 相應火賊中坐食. 魁首湖南東學之徒, 十三抱內領袖接主坐令, 八域去名山大地, 祝天祈山禱佛, 爲南朝鮮鄭氏. 常言天命賦在我道中, 輔翊眞主.

208 幾年前偸去, 茂朱赤裳山城鐵丸櫃. 又年前竊取, 潭陽秋月山城火藥櫃, 又以閔亡二字標, 東學輩誹謗坤殿, 他國人物入內淫奸交通之中與洋倭尤好. 壬辰八月, 茂長禪雲奪, 上兜率石佛腦門, 金銀盜去時, 吳泰源, 吳斗源, 金炳一, 金秀香, 吳啓源五漢, 弄奸聚黨三百餘徒.

라. 만약 임진년과 계사년에 거사가 이루어지지 않는다면 오년(午年)과 미년(未年)에 (일이) 반쯤 이루어지리라. 만일 오년과 미년도 그냥 지나간다면 다가오는 진년(辰年)과 사년(巳年)에는 반드시 좋은 일이 있을 것이다."라 했다. 화적(火賊)들이 전국의 동학 무리를 모아 봉기하는 것은 그 실정은 모두 오태원, 김병일, 김수향, 오두원, 오계원의 수단 부림에 있다.²⁰⁹

순영과 병영의 수령들이 깊이 잠들어 막을 줄을 모르는 중에 국가 대역죄를 들으니 서양 성교(聖敎)의 큰 종기가 아직도 낫지 않고 있다. 하늘이 만약 말류의 죄를 다스리지 않는다면 비록 왕을 보좌할 만한 재주와 편작의 처방이 있더라도 어찌하겠는가? 자고로 도를 얻은 고승(高僧)들은 나라와 세상을 돕고 복되게 하는 일에 진력하나니 어찌 비결로써 나라의 흥망을 논할 것인가? 대저 불상을 조성할 때 (불상의) 가슴과 배 안에 삿된 기운을 물리친다는 뜻으로 대장경 목록을 써넣거나 금은 등 칠보를 깊이 감추어두는데, 오태원, 오계원, 오두원, 김병일, 김수향 등 다섯 명이 비결(秘訣)이라고 칭하면서 인심을 선동하고 무리를 모아 훔쳐 갔으니 (그들의) 본의는 재물을 탐내는 화적이다.²¹⁰

다섯 명은 모두 정순팔(鄭順八)과 유수덕(劉水德)을 보좌하며 헛되이 공명을 탐하는 자들이다. 정순팔과 유수덕은 동학 무리 가운데 왕이라 불리는 자다. 오태원, 오계원, 오두원, 김병일, 김수향 등 다섯 명은 동학 무리 가운데 입상출장(入相出將)할 만한 자들로 불린다. 승려 된 자로서 어찌 대역부도한 동학 무리에 휩쓸려 들어갔는가? 인원, 우엽, 수연 등은 금구 원평에서 열린 (동학의) 도회(都會)에 참가했으며, 궁엽은 보은 도회에 참석했으니 어찌 된 곡절인가? 양대인(洋大人) 선생께서는 급히 이 서찰을 조선의 국왕 전에 올려주소서.²¹¹

---

209 其時僧徒服心者, 佛甲奪仁源, 白羊山愚葉水演也. 金銀盜去是夜, 東學之輩三百餘漢中持炮杖劍者, 二十餘漢, 其外各執一尺之木聳肩, 環弓乙陣. 吳泰源, 金炳一, 金秀香, 吳斗源, 吳啓源大談曰, 前日李書巡歷時, 不敢開見, 天運誰能禁之. 先滅洋倭, 然後擧吾道中意氣男子, 珍藏域內大小李閔, 眞鄭出于海島. 若壬辰癸巳事不成, 半在午未. 午未若過, 快在來之辰巳. 火賊之連綿八路東學之徒蜂起, 其實則都在於吳泰源, 金炳一, 金秀香, 吳斗源, 吳啓源, 手端卷舒.

210 巡營兵營守令深眠, 不知壅於上, 聞國家大逆, 西洋聖敎之大腫, 方今不治. 天若不誅末流, 雖王佐之才, 扁鵲之方, 胡爲乎? 自古得道高僧, 眞務福國祐世, 何以秘訣, 論國之興亡哉? 大抵佛之造像也, 胸腹之中, 以闢邪之意, 大藏經目錄書之生, 金銀等七寶深藏, 吳泰源, 吳啓源, 吳斗源, 金炳一, 金秀香五漢, 以秘訣稱云, 扇動人心樹黨盜去, 本意則貪財之火賊.

211 五漢皆是輔翊鄭順八, 劉水德, 徒貪功名也. 順八水德東學輩中王也. 吳泰源, 吳啓源, 吳斗源, 金炳一, 金秀香五漢, 東學輩中入相出將也. 爲僧者, 何以歸服大逆不道,東學之輩乎? 仁源, 愚葉, 水演, 參金溝院坪都會, 亘葉投入報恩都會, 是曲折耶? 洋大人先生, 急急此書奉上, 朝鮮 國王前.

이 문서를 작성한 사람은 자신의 이름을 밝히지 않고, 다만 문서의 마지막 부분에 "양대인(洋大人) 선생께서는 급히 이 서찰을 조선의 국왕 전에 올려주소서."라고 적었다. 정체를 숨긴 그는 문서를 받아 보는 뮈텔 주교가 이 문서를 직접 고종(高宗)에게 전해줄 것을 기대했던 것이다. 그러나 뮈텔 주교가 이 문서를 고종에게 전했는지의 여부는 알 수 없다.

이 문서는 모두 5장으로 이루어졌는데, 첫째 장에는 좌상, 우상, 각 판서 등의 관직에 임명된 사람들의 명단이 적혀 있다. 이 가운데 척멸양인양교훈련대장(斥滅洋人洋教訓鍊大將)과 양왜탐정사(洋倭探情使)라는 관직명이 있는 것으로 볼 때, 이들의 목적 가운데 하나가 서양 사람과 서양의 종교를 없애는 것은 물론 서양과 일본의 세력에 대항하려는 것이라는 사실을 짐작할 수 있다. 그리고 내외병권창의도원수, 운량도감, 군기도감, 선봉장 등의 관직명도 있다는 점에서 그들이 실제로 거사를 모의하고 행동화하려는 목적 아래 일정한 조직을 이루었던 것을 알 수 있다.

이어지는 내용은 "이 다섯 사람이 (…) 호남 동학 무리의 괴수 노릇을 했다. 13포 내의 영수와 접주, 좌령들이 전국의 신도로 하여금 명산대지에 가서 남조선(南朝鮮)을 세울 정씨(鄭氏)를 위해 하늘에 제사 지내고 명산에 기도 드리고 부처에게 빌게 했다. (그들은) 항상 천명이 자신들에게 내려서 진주(眞主)를 보좌한다."라는 것이다. 이 사건 모의자들이 동학도를 자처했으나 실은 남조선을 세운다는 정씨를 진주로 모시고 있다는 고발이다. 이들은 동학을 표방했으나 남조선신앙과 비결신앙에 몰두했던 인물들이었다.

나아가 이들은 실제로 몇 년 전에 무주 적상산성에서 철환 궤를 훔쳤으며, 담양 추월산성에서 화약 궤를 훔쳤고, 또 민씨가 망한다는 뜻의 '민망(閔亡)'이라는 두 글자로 무리의 표시를 삼았다고 전한다. 그리고 1892년 8월에 그들이 무장 선운사 위쪽에 있는 도솔암 석불의 비결을 훔쳐 갈 때 300여 명의 무리를 모았는데, 이때 승려로서 따르는 사람도 몇 명 있었다고 한다.

당시 이들은 대담하게 말하기를 "전일에 이서구(李書九, 1754-1825)가 이 비결을 감히 열어보지 못했는데, 이제는 천운(天運)이 내렸으니 누가 감히 막을 수 있겠는가? 먼저 서양과 왜적을 멸한 연후에 우리 도문의 의기(意氣) 남자들과 함께 나라 안의 크고 작은 이씨와 민씨들을 진멸시키면 진짜 정씨(鄭氏)가 해도(海島)에서 출세할 것이다."라 했다.

또 이들은 오년(午年)과 미년(未年)이 되면 (일이) 반쯤 이루어질 것이며, 여의치 않으면 진년(辰年)과 사년(巳年)에 좋은 일이 생길 것이라고 주장했다. 이에 대해 이 문서 작성자는 "비결로써 나라의 흥망을 논한다."고 비판하고 인심 선동에 불과하다고 주장했다. "오년과 미년에 즐거움이 있으리라.", "진년과 사년이 되면 성인이 출세하리라."는『정감록』류의 비결서에 등장하는 내용이다.

그리고 이 문서를 작성한 사람은 화적들이 전국 각처에서 일어나는 일과 동학 무리가 봉기하는 일도 모두 위에 거론한 다섯 인물의 조작이라고 주장했다.

나아가 이 문서 작성자는 불상을 만들 때 그 흉복(胸腹)에 벽사(辟邪)의 의미로 대장경 목록서와 금은 등의 칠보(七寶)를 감추어 두는 일을 오태원 등 다섯 사람이 비결이라고 칭하고 인심을 선동하며 무리를 지어 훔쳐 갔는데, 그 근본은 재물을 탐하는 화적(火賊)일 뿐이라고 주장했다.

또 위의 다섯 사람은 정순팔과 유수덕이라는 사람을 보좌한다고 자처하는데, 정순팔과 유수덕은 동학 무리 가운데 왕이요 자신들 다섯 사람은 동학 무리 가운데 입상출장(入相出將)에 해당한다고 말했다고 전한다. 더욱이 이 문서 작성자는 동학과의 관련의 구체적인 양상으로 그들이 몇몇 승려들을 금구와 원평의 도회(都會)와 보은 도회에 몰래 참여하게 했다고 주장했다.

위에서 인용한「뮈텔 문서」의 내용을 세밀히 살펴보면 거사모의자들이 남조선신앙에 심취했었다는 사실이 자명해진다. 남조선을 세울 정씨를 위해 종교적 소망을 빌게 한 일이라든지 진짜 정씨가 해도에서 출현할 것이라는 믿음, 오년과 미년에 일이 반쯤 이루어질 것이고 진년과 사년이 되면 좋은 일이 일어날 것이라는 비결 풀이, 정씨 성을 가진 인물을 왕으로 모신 점 등이 그 증거이다.

따라서 오태원 등의 동학도들이 당시에 여러 사건을 일으키고, 실제로 임의로 관직을 임명하고, 산성에서 폭발물을 강탈했으며, 비결을 이용하여 민심을 선동했던 일은 남조선신앙에 따른 것이었다.

④ 선운사 석불비결사건

한편 무장 선운사의 석불비결(石佛秘訣)에 대한 이야기는 오지영이 쓴 『동학사』(1940)에도 나온다.[212] 이 이야기는 1892년 8월경에 일어난 사건으로 거론되므로, 앞에서 살펴본 「뮈텔 문서」와 시간상으로 일치한다.

오지영에 따르면 전라도 무장현 선운사 도솔암 남쪽에 큰 불상이 바위에 새겨져 있었는데, 전설에 의하면 그 석불의 배꼽 속에는 신비한 비결이 들어 있으며, 이 비결이 나오는 날에 조선왕조가 다할 것이라는 풍문이 전하였다고 한다.

1892년 8월 손화중(孫和仲, 1861-1895)의 포(包)에서 고창 선운사의 비결을 얻었다는 소문이 나서 많은 사람들이 대거 동학에 입도하였다.[213] 선운사 용문암(龍門菴)의 석불(石佛)에는[214] 비결책(秘訣冊)이 들어 있으며, "비결이 세상에 나오는 날에 그 나라가 망할 것이요, 망한 후에 다시 흥한다."는 풍문이 있었다고 전한다.

전라도 무장현 선운사 도솔암 남쪽의 50여 길이나 되는 층암절벽에 있는

---

212 오지영 저, 『동학사』(영창서관, 1940), 88-92면, 이장희 교주, 『동학사』(박영사, 1974), 111-115쪽.
213 도에 들기 전에 그 사람의 심리가 먼저 세상이 크게 바뀐다는 데서 감정(感情)된 것이라고 할 것이다. 이 일로 말미암아 불같은 지목(指目)이 일어남에도 불구하고 세상 사람들이 물밀듯이 동학(東學)에 들어오는 것도 알 수가 있는 것이다. 도(道)를 타고 온다는 것보다도 비록(秘錄) 그것이 도인(道人)의 손으로부터 발견되었다는 것을 이상히 여기는 마음이 먼저 있었던 때문이라 함이 과언은 아닐까 한다. 다시 말하면 세상에는 큰 가뭄이 들어 만물이 모두 다 말라죽으려 할 즈음에 때마침 동학이라는 바람이 불어 구름을 일으키고 단비를 장만하는 기미(機微)의 속에서 자연의 충동으로 그리함인가 한다. 오지영, 『동학사』 초고본, 437-439쪽. 오지영 저, 이장희(李章熙) 교주본(校註本), 『동학사』(박영사, 1974), 110쪽.
214 오지영의 『동학사』(초고본), 『동학농민전쟁사료총서』 1(사예연구소, 1996), 437쪽에는 용문암으로 적혀 있는데, 『동학사』(간행본)에는 비결이 들어있던 장소가 도솔암(兜率菴)이라고 기록했다. 『동학사상자료집』 2(아세아문화사, 1979), 444쪽.

석불은 3천 년 전 검당선사(黔堂禪師)의 진상(眞像)이라고 하는데 그 석불의 배꼽 속에는 신기한 비결이 들어있다고 하며 그 비결이 나오는 날은 한양은 다된다는 말이 전하고 있었다.[215] 백여 년 전 전라감사로 내려온 이서구(李書九, 1754-1825)가 그 석불의 배꼽을 떼고 비결을 내어 보다가 마침 뇌성벽력이 일어나 다못 보고 도로 봉해 두었던 것을, 손화중 포에서 석불의 배꼽을 도끼로 부수고 그 속에 있는 것을 꺼내었다고 한다.[216] 손화중은 20대 때 처남 유용수(柳龍洙)를 따라 십승지(十勝地)를 찾아 지리산 청학동(靑鶴洞)에 들어갔다가 동학에 입도한 인물로서[217] 『정감록』류의 비결신앙에 경도되었던 인물이다.

당시 손화중 접중(接中)에서 선운사 석불비결에 관한 이야기가 나왔는데 좌중에 오하영(吳河泳)이라는 도인이 그 비결을 열어보는 책임을 맡겠다고 말하여, 석불의 배꼽 부분을 도끼로 부수고 그 속에 있는 것을 꺼내보았다. 이때 선운사 중들의 방해를 막기 위하여 미리 수십 명의 중들을 결박해 두었는데, 다음 날 그 중들이 동학군들이 중들을 결박하고 석불을 깨뜨리고 그 속에 있는 것을 도적질해 갔다고 무장관청에 고발하였다. 그리하여 수백 명이 잡혔는데 그중 괴수로는 강경중(姜敬重), 오지영(吳知泳), 고영숙(高永叔) 세 사람이 지목되었다. 무장현감이 이 세 사람을 취조하면서 비결책을 바칠 것과 손화중과 기타 주모자들의 행방을 물었다. 그러나 이른바 비결이라는 것은 손화중이 가지고 어디론가 가버렸으며, 여러 두령들의 행방도 알 수 없다고 자백하자, 무장현감은 전라감사에게 보고하여 위 세 사람을 강도 겸 역적죄로 몰아 사형을 언도하였다.

그러나 무장현감이 비결책을 찾는다는 말을 들은 동학 무리들이 불경(佛經)책을 보자기에 싸서 수천 명이 들고 오며 예를 갖추어 이를 받을 것을 무장현감에게 통고했다. 무장현감이 비결책을 받으러 오자 몇 사람이 그에게 동학군

---

215 오지영 저, 이장희(李章熙) 교주본(校註本), 『동학사』(박영사, 1974), 111쪽.

216 오지영 저, 이장희(李章熙) 교주본(校註本), 『동학사』(박영사, 1974), 112쪽.

217 최현식, 『갑오동학혁명사』(향토문화사, 1980), 56쪽.

수천 명이 고을을 함락시키고 관리들을 죽이러 오는 것이라고 거짓 보고하자, 이에 현감이 스스로 도망쳐버렸다고 한다. 이러한 긴 보고 끝에 이 사건에 핵심 인물로 연루되었던 저자 오지영은 선운사의 중들과 무장읍의 아전과 장교와 심부름꾼에 이르기까지 모두 동학도인이 되었다고 이야기를 끝맺는다.

결국 『동학사』에 나오는 선운사 석불비결사건과 「뮈텔 문서」의 이야기는 년도와 지역만 같고 그 주동 인물은 전혀 다르다. 물론 『동학사』에 등장하는 오하영이라는 인물이 「뮈텔 문서」에 나오는 오태원, 오두원, 오계원 가운데 한 사람일 가능성은 있지만 현재로서는 확인 불가능하다. 어쨌든 당시 무장현 지역에 비결신앙이 상당히 유포되었다는 사실을 확인할 수 있고, 「뮈텔 문서」에 등장하는 오태원 등이 남조선신앙에 심취했었던 인물이라는 점이 밝혀졌다.

선운사 석불비결사건과 관련하여 김재홍(金在洪)의 『영상일기(嶺上日記)』에는[218] 영암(靈岩) 선원사(仙源寺)에 전하는 비결을 전라감사 영평(永平) 이서구(李書九)가 열어보려 했지만 실패했고, 1892년 가을에 동학의 무리들이 100장 높이 절벽에 올라가서 신서(神書)를 열어보고 갔다는 이야기가 다음과 같이 적혀 있다.[219]

아침 일찍 영암 선원사의 일을 전해 들으니 (…) 영평(永平) 이서구(李書九)가 완백(完伯) ― 전라감사 ― 으로 있을 때 이 절 제석(梯石)에 이르러 위로 올라가 열어보려 했으나 바람과 벼락이 크게 일어나 할 수 없었다. 금년 가을에 동학 무리들이 이 절의 백 장 높이 절벽에 이르러 힘들게 위로 올라가 (불상을) 열고 신서(神書)를 얻어 갔다. 어리석은 백성들이 말하기를 "이영평이 얻어 보지 못한 것을 동학 무리가 얻었으니 필시 신기한 일이다."라고 하며 (동학을) 따르기를 남보다 처지는 것을 두려워할 정도였다. 아, 이영평과 같은 지식인조차 괴기한 책을 보고자 했는데, 하물

---

218 『영상일기』는 남원의 유생이었던 김재홍이 1892년 10월 7일부터 1895년 1월 30일까지 자신이 겪은 경험과 전해 들은 사실들을 기록한 것이다. 그는 동학을 사도(邪道)로 규정하는 입장에서 당시 동학농민군의 활동을 구체적으로 기록하였다.

219 김재홍, 「영상일기」, 『동학농민혁명 국역총서』 5(동학농민혁명참여자 명예회복심의위원회, 2009), 5쪽. 물론 영암 선원사는 고창 선운사의 오기(誤記)이거나 잘못 전해 들은 기록이다.

며 어리석은 백성들이랴? 대저 동학과 같은 기괴한 것을 만든 자는 최제우다. (그
는) 지금 임금 갑자년에 복주(伏誅)되었는데 일족 최시형이 그 찌꺼기를 끌어모아 그
무리가 전국에 매우 번성하니 미혹됨을 탄식하지 않을 수 없도다. 전해 들으니 그
무리들이 공주에 모여 계룡산을 주술을 외우는 장소로 삼고자 따로 건물을 짓겠다
는 뜻을 금백(錦伯) ― 충청감사 ― 에게 청했다고 한다. 금백이 그 주모자를 죽이지
못하니 그 무리가 날마다 모여들어 숫자를 헤아리기 어려웠고 다시 조정하려 했으
나 이들이 동학 무리가 되었다고 한다.[220]

수운이 처형된 후에 일어난 일로 기록하고 있는데, 정확한 시기는 적혀 있
지 않다. 실제로 동학도들이 공주에 모여서 계룡산에 건물을 짓겠다고 충청감
사에게 건의한 일이 있었는지는 지금으로서는 확인할 수 없다. 그러나 이러한
소문이 널리 유포되었다는 사실은 분명하다. 동학도들이 계룡산을 매우 중요
하게 인식했고, 자신들의 주문을 외우는 특별한 건물을 짓겠다고 정부에 건의
했다면 계룡산에 종교적 건축물을 지어 신앙의 성지로 만들려는 생각이 있었
다고 보아야 할 것이다.

⑤ 계룡산 중시에 관한 비결신앙

1893년 2월 14일 밤에 서울의 기퍼드(Gifford) 학당의 문에 서교(西敎)를 배척
하고 기독교를 믿는 조선인들에게 경고하는 방문이 붙었는데, 그 말미에 다음
과 같은 내용이 적혀 있었다.[221]

수락양두(邃落兩頭) 구횡일목(口橫一木) 일혜월혜(日兮月兮) 선왕거수(先王去水)

---

220 凤閒靈岩仙源 (…) 李永平書九爲完伯時, 巡到此寺梯石, 而上欲爲開? 風雷大作未果. 今秋東學之徒到此
寺百丈絶壁, 踢蹴而上, 開得神書而去. 愚民以爲李永平之所未見得者, 東學乃得之, 必是神奇. 趣附猶恐
爲人後. 噫永平號爲有知之人, 怪奇之書, 猶欲見之, 況愚盲之民乎? 夫東學之作俑者, 崔濟愚也. 今上甲
子伏誅, 其族時亨拾其糟糠, 寔繁其徒八域, 溺可勝嘆哉? 傳聞厥黨聚于公州, 以鷄龍山爲習呪咀之所, 別
營舍宇之意, 請于錦伯. 錦伯不听殺其主事者, 其黨日聚日甚, 不可勝數, 更爲調停, 任他爲東學云.

221 『구한국외교문서』 10, 고종 30년(1893) 2월 18일, #1071, 「기포학당(奇包學堂) 문전(門前) 야소교
(耶蘇敎) 배척문 첨부에 관한 건」, 718-719면. 「동학문서」, 『동학농민전쟁사료총서』 5권, 58면-59면.

계사(癸巳) 이월(二月) 일(日) 야반(夜半) 백운산인(白雲山人) 궁을선생(弓乙先生) 불명서 (不名書)

약유지식자(若有知識者) 방아어계룡산낙사촌(訪我於鷄龍山樂斯村)

인용문의 수락양두는 축(逐), 구횡일목은 화(和), 일혜월혜는 명(明), 선왕거 수는 선왕법(先王法)의 파자이다. 뜻은 "화합을 구하는 무리를 쫓아내고 선왕의 법을 밝힌다."는 것으로, 척사론적인 내용이다. 이는 파자 등을 사용한 비결이 크게 유행하고 있었던 당대의 사회적 분위기를 짐작하게 해준다. 이 방문은 백운산인과 궁을선생을 자처하면서 이름을 밝히지 않은 채 지식이 있는 사람 들은 계룡산 낙사촌으로 자신을 찾아오라고 말을 맺는다.

방문을 붙인 인물의 정체는 알 수 없지만 『정감록』류의 비결에 자주 언급 되던 궁을(弓乙)과 계룡산을 강조한다는 점에서 비결신앙자임은 틀림없다. 동 학신도라는 확신은 할 수 없지만, 최소한 동학의 영향을 일부 받았던 인물이 라는 짐작은 든다.

이외에도 종친부(宗親府) 앞에 붙었다는 방문의 내용은 전하지 않지만 사 (巳), 주기(走己), 언유반사(言有反絲), 토물목(兔勿目), 역재행환(力在幸丸) 등의 파자 가 쓰여 있었다고 전한다.[222] 사는 사(四), 주기는 기(起), 언유반사는 변(變), 토 물목은 면(兔), 역재행환은 세(勢)의 파자로 사방에서 변란이 일어날 것을 예고 하는 내용이다.[223]

⑥ 동학의 참위설에 대한 유생들의 상소문

당시 사람들이 동학에 입도한 계기는 동학의 교리에 대한 이해나 공감보 다는 조선왕조가 장차 멸망하고 곧 새로운 세상이 도래한다고 예언하는 비결

---

222 「동학문서」, 위의 책, 75면.

223 「일본외무성외교사료관 소장문서: 한국동학당봉기일건(韓國東學黨蜂起一件)」, 『동학농민전쟁사료총 서』 19, 97쪽. 이 밖에 登天數豆盡(癸) 龍本半是蛇(巳) 仁人在何處(二) 良明失其侶(月) 讀易日之暮 (初) 吉言不出處(士) 聞道珍平客(實) 壬癸申用金(劍)이라는 파자가 동학교도들이 사용하던 것이라고 보고하고 있는데, 계사년 2월 초에 선비들이 보검을 들고 거사를 일으킬 것을 예고했다고 풀이했다.

이 그들에게 전해졌다는 소문 때문이었다.[224] 교리에 감동되어 입도했다기보다는 진인이나 메시아를 기대하는 심리가 더욱 많이 반영되었다.

이 외에도 동학농민혁명이 발생하기 이전부터 동학이 참위설과 비결에 가탁하여 민심을 선동하고 있다는 상소문이 빗발쳤다. 그 대표적 사례는 다음과 같다.

> 방외유생(方外儒生)인 유학 박제삼(朴齊三) 등이 상소하기를 (…) 신들이 저 이른바 동학당(東學黨)의 무리들이 그들 내부에서 전한 통문(通文) 4통 및 전주(全州)감영에 정소(呈訴)한 글을 볼 수 있었는데, (…) 겉으로는 이단의 설에 가탁하였으나 속으로는 불측한 음모를 도모하여, 공공연히 선생(先生)을 신원(伸冤)하고 명호(名號)를 창립(倡立)한다고 하면서 우매한 백성들을 꾀고 도당을 불러 모아서 팔도에 세력을 뻗치니, 그들이 움직였다 하면 숫자가 만으로 헤아리게 되었습니다. (…) 먼저 저주(咀呪)와 참위(讖緯)의 내용이 담긴 부적을 사람들이 통행하는 길가에 게시하고, 나중에는 패악스럽고 법도에 어긋나는 설로 감히 궐문 앞에서 부르짖으면서 속에 품은 흉악한 반역의 마음으로 국론을 떠보고 인심을 현혹하더니, (…)[225]
>
> 의녕원수봉관(懿寧園守奉官) 서홍렬(徐鴻烈) 등이 상소하기를 (…) 최근에 사설(邪說)을 멋대로 퍼트리고 우매한 백성을 선동하여 미혹시키면서 사도를 좀먹는 자들이 있는데, 그 괴귀배(怪鬼輩) 박승호(朴升浩)에 이르러 극에 달하였습니다. 그들의 술수(術數)에 대하여 대략 들어보니 난적(亂賊) 최제우(崔濟愚)를 그들의 우두머리로 여기는데, 그를 '노래하고 춤추며 공중에 올라 걸어 다닌다.'라고 말하고, 저주(咀呪)와 부적(符籍)으로 남의 질병을 고쳐 주고, 망령되이 참위설(讖緯說)을 만들어서 세상의 운수(運數)를 설명하고, 화복(禍福)에 대해서 거짓으로 떠들어 무리를 끌어모아서 도당을 결성하였습니다.[226]
>
> 수찬 홍종찬(洪鍾燦)이 상소하기를, (…) 아, 불행히도 밝으신 성상의 시대에 일종의 괴상하고 음사(陰邪)한 부류들이 동학(東學)이라고 칭하며 좌도(左道)로써 무리를

---

224 남원의 유생이었던 김재홍(金在洪)이 쓴 『영상일기(嶺上日記)』에도 선운사 비결사건이 언급되어 있다. 『동학농민전쟁사료총서』 2, 271-272면. 그리고 「박봉양경력서(朴鳳陽經歷書)」, 『동학난기록』 하, 519쪽에도 기록되어 있다.

225 『승정원일기』 고종 30년(1893) 2월 25일(무인).

226 『승정원일기』 고종 30년(1893) 2월 25일(무인).

현혹시키고 있습니다. 그 술수는 허탄하고 망령된 것인데 주문(呪文)과 참위설(讖緯說)의 경우는 양주(楊朱)와 묵적(墨翟)도 차마 주장하지 못한 것이요. 그 설은 윤기(倫紀)를 무너뜨리는 것인데 분수를 범한 정도에서는 노장(老莊)과 불가(佛家)에서도 감히 말하지 않았던 것입니다.[227]

전라도 유생 김택주(金澤柱) 등이 상소하기를, (…) 최근에 이른바 동학(東學)의 설(說)이 날로 치성하고 달로 뻗어 가고 있습니다. 외적으로는 하늘을 섬긴다고 일컬으면서 내적으로는 저주(咀呪)를 숭상하고, 겉으로는 성인(聖人)을 사모한다고 하면서 안으로는 부적(符籍)과 참위설(讖緯說)을 일삼으니, 우매하고 미욱한 자들이 그것에 미혹되고 빠져들어 (…)[228]

의정부(議政府)에서 아뢰기를 (…) 아! 저 일종의 간사한 무리들이 자칭 동학(東學)이라고 하면서 함부로 주문(呪文)과 부적(符籍)을 만들어 사람을 꾀고 감히 참위설(讖緯說)에 의탁하여 선동하고 현혹하니 (…) 소두(疏頭)만 처벌하고 그 밖의 무리들은 용서하여 주었습니다.[229]

동학이 주문과 부적을 중심으로 각종 참위설을 주장하여 무리를 모은다는 상소문이 많이 올라왔다. 당시 유생들이나 위정자들이 파악하기에 동학은 근거가 부족한 참위설로 백성들을 미혹하는 미신에 불과했다. 반면 이러한 상소문이나 보고서가 남아있다는 사실은 동학이 참위설을 주장했다는 점을 반증해주기도 한다.

위에서 살펴본 바와 같이 이른바 "세상이 바뀌기를 바라는" 사람들이 동학에 대거 입도하는 시기는 1892년을 전후한 무렵이었다. 물론 동학에 입도한 사람들은 동학을 치병(治病)의 수단으로 여기거나[230] 불로장생(不老長生)의 비방

---

227 『승정원일기』 고종 30년(1893) 2월 26일(기묘).
228 『승정원일기』 고종 30년(1893) 2월 27일(경진).
229 『고종실록』 고종 30년(1893) 2월 28일(신사).
230 박맹수, 「최시형 연구」(한국정신문화연구원 한국학대학원 박사학위논문, 1995), 163-164쪽. 1900년에 동학에 입도한 박달성(朴達成)의 "그때(1900년) 우리 집에서는 가족 중에 누가 병이 나면 (…) 청수(淸水)와 주문(呪文)으로 고쳤습니다. 그보다도 부서(符書)로써 고쳤습니다. 온 집안을 청결히 소제하고 목욕재계하고 청수상(淸水床)과 청수기(淸水器)를 다시 닦고 청수를 모셔놓고 온 가족이 꿇어앉아 강령주문(降靈呪文)과 본주문(本呪文)을 한참 외우다가 청수물로 먹을 갈아 백지에다가 월궁방악(月弓防惡)이라는 부서(符書)를 써서 그것을 태워서 청수에 탄복(呑服)도 하고 또 병처(病處)에 붙이

으로 믿거나 화를 피하기 위한 수단으로 생각하거나[231] 이산이해(移山移海)하는 술수로 이해하거나[232] 단순히 배고픔을 면하기 위한 방편으로 간주하기도 했다.[233]

⑦ 『오하기문』에 보이는 동학의 예언사상

『오하기문(梧下紀聞)』은 매천(梅泉) 황현(黃玹, 1855-1910)이 지은 미간행 초고 필사본이다. 정리되지 않은 원사료를 그대로 옮겨 써서 분권성책(分卷成冊) 하지 않은 채 제1필(筆)에서 제7필까지 내용과 필체가 다른 권차를 편의상 붙여 놓았다. 제1필 가운데 수필(首筆)은 동학농민혁명의 발생 원인과 결과를 비교적 자세히 기록하고 있는 독립적 성격의 글이다. 아마 이 부분은 동학농민혁명의 전말을 기술했으나 현재 망실되어 전하지 않는 『동비기략(東匪紀略)』의 대본이 되었으리라 짐작된다. 야사(野史)의 성격을 지닌 까닭에 정사(正史)에서는 찾아볼 수 없는 참신하고 흥미로운 내용을 담고 있는 것이 특징이다.

이 『오하기문』에 동학의 성격에 대해 다음과 같이 서술하고 있다.

그런데 국가가 장차 망하려 할 때가 되면 반드시 요망스런 조짐이 있고, 난민(亂民)이 봉기하려면 반드시 집단의 힘에 의지하게 된다. 요사한 말로 대중을 현혹시키지 않으면 우부우부(愚夫愚婦)들을 움직이는 데에 부족하다. 그런 까닭에 예로부터 간활한 도적은 반드시 난리가 나기를 바라는 백성들에게 바탕을 둔다. 요언(妖

기도 하고 문간이나 방 안에 붙이기도 하였습니다. (…)"라는 회고담을 통해서도 그 사례를 확인할 수 있다. 박달성, 「회고 교회생활 28년」, 『신인간』(1927년 5월호), 37-38쪽.

231 1882년에 입도한 손병희도 동학은 삼재팔난(三災八亂)을 면하는 술(術)이라는 말을 듣고 입도하였다. 『천도교회사초고』 482쪽.

232 당시 유학자 가운데 동학이 호풍환우(呼風喚雨)하고 차력축지(借力縮地)하는 술수를 선전하였다고 기록했다. 〔『한계유고(韓溪遺稿)』 권 6, 잡저(국사편찬위원회), 217쪽.〕 또 1894년에 장흥접주 이인환이 "조화가 비상하여 앉아서 십여 장이 되는 나무를 뛰어넘는다."는 소문이 나서 날마다 사람들이 구름처럼 모여들었다는 전언이 있을 정도였다.〔성암, 「교사이문: 갑오년 동학이야기」, 『천도교회월보』 271(1934년 8월), 27쪽.〕 그리고 1934년에도 육정육갑둔신법이나 승천입지(昇天入地)하는 재주를 배우기 위해 천도교에 입교하는 자들도 적지 않았다고 한다. 〔홍순덕, 「정성을 드리자.」, 『천도교회월보』 269(1934년 5월호), 16쪽.〕.

233 『포도청등록』 하, 무진 6월, 황재두지리산모역고변.

言)으로 선동하고, 도참(圖讖)을 조작하며, 점차로 파고들다가 드디어 창궐하여 무도한 짓을 행한다.[234]

이어서 매천은 동학의 태동 과정을 설명하면서 수운 역시 『정감록』류의 비결에 심취했었고 이를 적극 주장했다고 다음과 같이 설명한다.

철종(哲宗) 말년에 장동(壯洞) 김씨가[235] 세력을 더욱 확장하여 탐학을 부리자 백성들이 모두 탄식하고 원망하였다. 이때 경주에서 최제우라는 사람이 스스로 말하기를 "천신(天神)이 난세에 내려왔다."고 주장하면서, 문서를 찬술하고, 요언(謠言)을 지어내며, 부적과 주문을 퍼뜨렸다. 이들의 교리 또한 천주(天主)를 받들었지만, 스스로 서학(西學)과 구분을 짓기 위해 동학(東學)이라고 바꾸어 불렀다. 그리고 지례, 금산 등지와 호남의 진산, 금산의 산골로 돌아다니며 양민들을 기만하여 하늘에 제사 지내고 계율을 받도록 하되, "장차 이씨(李氏)가 망하고, 정씨(鄭氏)가 흥한다. 대란(大亂)이 곧 일어날 터인데, 동학을 믿지 않으면 살아남을 수 없으리라. 우리들은 오직 앉아서 천주(天主)만을 외우며, 진주(眞主)를[236] 보좌하면 장차 태평의 복을 누리리라."고 선언하였다.[237]

인용문에서 매천은 동학이 정씨 왕조 출현설을 강조하고 진주(眞主)를 보좌하려는 운동이라고 명확히 밝혔다. 이씨 왕조가 곧 망하고 새롭게 정씨 왕조가 건설될 것이라고 선전하며 무리를 모은 것이 동학의 실체라고 파악한 것이다. 이 과정에서 동학의 창도자 수운이 신비화되고 신격화되어 불사신으로 믿

---

234 然國家將亡, 必有妖孽, 亂民之興, 必藉徒黨. 非妖言惑衆, 不足以動愚夫愚婦. 故自古姦盜猾賊, 必因思亂之民. 煽動妖言, 造作圖讖, 浸淫猖獗, 售其不軌之謀. 『오하기문(梧下記聞)』 수필(首筆).

235 안동 김씨를 가리킨다. 대표 주자 격인 김조순(金祖淳)이 경복궁 북쪽 창의문 아래에 있던 자하동(紫霞洞)에 살았는데, 그 동네 이름을 부를 때 음을 줄여 자동(紫洞)이라 하기도 했고 빨리 불러 장동(壯洞)이라고 하였다. 김조순이 국구(國舅)가 되어 조정의 권세를 준 이후 3대에 걸쳐 국혼(國婚)을 맺고 외척의 세도를 부렸다.

236 진명지주(眞命之主)의 약어로, 하늘의 뜻을 받아 어지러운 세상을 평정하고 통일하는 임금이다.

237 哲宗末, 壯金盆肆其虐, 民皆嗟怨. 於是, 慶州有崔濟愚者, 自言天神降亂. 撰文書, 造謠言, 施符呪. 其學亦尊天主. 而欲自別於西學, 改稱東學. 往來知禮金山及湖南珍錦山谷間, 騙騙良民, 祭天受戒, 宣言李氏將亡, 鄭氏將興, 大亂將作, 非東學者, 無以得生. 吾黨但念天主, 輔佐眞主, 將享太平之福. 『오하기문(梧下記聞)』 수필(首筆). 임형택 외 옮김, 『역주 매천야록』 하(문학과 지성사, 2005), 715쪽.

어지게 되었다고 설명한다.[238]

매천은 임술민란과 화적 떼의 출현도 특별히 자주 발생하는 지역이 있으며, 동학농민혁명이 발생한 이 지역이 특히 방술과 도참설을 좋아했다고 주장했다.[239]

또 매천은 "동학이 대천리물(代天理物)하여 보국안민(保國安民)한다."는 말을 퍼뜨려 사람들을 모았다고 전한다.[240] 동학이 하늘을 대신하여 세상 만물을 다스린다는 표현은 국왕이 하늘을 대신하여 백성들을 다스린다는 전근대적인 왕조 자체를 부정하는 말이다. 따라서 매천은 이들을 간민사란자(奸民思亂者), 즉 "간악한 백성으로서 난리를 도모하는 자들"이라고 정의했다.

⑧ 매천 황현의 『정감록』 비판

매천은 우리나라에 예전부터 각종 비결신앙이 성행한 것은 불교를 숭상했기 때문이라고 주장하고, 이른바 『감록(勘錄)』이나 『향린산총론(香麟山總論)』이 전해진다고 했다. 그 내용은 현전하는 『정감록』과 거의 유사하게 이씨 왕조는 한양에 도읍하고 정씨가 계룡산에서 도읍한다는 내용이 실려 있다고 보고했다.[241]

---

238 그가 동학을 창도한 것은 경신(1860)년과 신유(1861)년 사이였는데, 이윽고 형벌을 받아 죽임을 당했다. 그 이후로 동학의 무리는 숨어 지내게 되었다. 그러나 최제우 사후에 우매한 백성들이 더욱 미혹되어 그의 종적을 신기하게 만들고 싶어 혹은 검해(劍解)라 일컫기도 했고, 혹은 비승(飛昇)이라고 일컫기도 했으며, 혹은 육신을 감추고 죽지 않은 채 오늘의 세상에 살아있다고도 말했다. 이 때문에 그 무리들이 잠복하여 교세가 끝내 근절되지 않았다. (…) 其倡在庚申辛酉間, 已而誅死. 其黨屛息. 然淆愚死後, 愚民轉益誑惑, 欲神奇其跡, 或稱劍解, 或稱飛昇, 或稱遁形不死, 現在人間. 是以其黨雖伏其教終不絕. 『오하기문(梧下記聞)』 수필(首筆). 임형택 외 옮김, 『역주 매천야록』 하(문학과 지성사, 2005), 715쪽.

239 임술(1862)년의 민요(民擾)와 근년의 화적 떼도 호남 우도가 더욱 심하였다. 또한 이 지방 사람들은 재주와 지혜를 가진 자가 많고 이해가 빠르며, 방술(方術)과 도참학(圖讖學)을 좋아하였다. (…) 壬戌民擾, 近年火賊, 湖右爲尤甚. 且其人多才慧善悟解, 喜方術圖讖之學. 『오하기문(梧下記聞)』 수필(首筆)

240 倡言東學, 代天理物, 保國安民 황현, 『오하기문(梧下記聞)』 수필(首筆), 『동학농민전쟁사료총서』 1, 52쪽. 『매천야록』 권 2에도 비슷한 내용이 보이는데, 보국안민(輔國安民)이라고 썼다.

241 우리나라는 신라와 고려 이래로 항상 불교를 국교로 삼아 옳지 못한 도를 숭상하였던 까닭에 피이한 행적을 펴는 승려들이 많았다. 저 의상(義湘)과 도선(道詵) 같은 자들이 바로 그런 경우이다. 우리 조선이 건립되었던 초기에도 무학(無學)과 같은 무리들이 번갈아가며 예언서를 만들었는데, 그것이 지금까지

이어서 매천은 이른바 『감록』 내지 『정감록』이 세상에 널리 유포되기 시작한 것이 임진왜란 때 재상이었던 서애 유성룡에 의해서였다는 민간 전설을 다음과 같이 서술하였다.

총론의 내용은 이미 오래전부터 세상에 떠돌아다니고 있었지만, 『감록』의 내용은 세상에 알려져 있지 않았는데 임진년의 전란 때 (…) 당시 승상이던 서애(西崖) 유성룡(柳成龍)이 마침내 『감록』을 열었더니, 거기에는 우리나라 국운이 아직도 오랫동안 계속될 것이라고 되어 있는 것을 보고 백성들의 충성심을 격발시키고자 마침내 그 내용을 숭례문(崇禮門)에 사흘 동안 게시하였다.

이렇게 되어 임진년 이전의 『감록』은 원문에 따를 뿐이었으나, 임진년 이후의 것은 내용이 뒤바뀌고 혼란스러워 간웅들의 저의를 막을 만하였다. 서애는 다시 원문의 내용대로 한 벌을 베껴 자신의 집에다 보관하였기 때문에 오늘날 유(柳)씨 집안에는 아직도 『감록』의 진본이 전해오고 있으며, 그 나머지도 모두 이것을 베낀 것이나 그 내용이 맞지 않는 것도 있다.

또 다른 이야기로는 "원본에 임진년의 전란에 대한 부분이 있는데 이재송송(利在松松)이라 표현되어 있으며, 순조 때의 홍경래 난에 관한 부분은 이재가가(利在家家)라 되어 있고, 국운이 다하는 부분은 궁궁을을(弓弓乙乙)이라 되어 있다."라 한다. 이것을 해석하는 사람들이 "왜(倭)가 이여송(李如松)을 만나 패하였으니 송송(松松)이라는 말이 적중하였고, 관서 지방에서 난이 일어났을 때 마침 날씨가 몹시 추워 집을 떠나지 않은 사람들이 살아남았으니 가가(家家)라는 말도 맞다. 그러나 다만 궁궁을을(弓弓乙乙)이 장차 어떤 일을 예언하는지는 모르겠다."라고 하였다.[242]

전해오고 있으며, 그 말이 가끔 기이하게 적중하기도 하였으므로 세상 사람들이 자못 현혹되기도 하였다. (…) 이런 류에는 『감록』이라고 하는 것과 『향린산총론』이라 하는 것이 있었다. 이것이 베껴져서 전해졌는데, 그 종이가 오래되어 너덜거리며 민간의 집구석에 돌아다녔지만 아무도 그것이 어떤 경로로 전해졌는지 몰랐다. (…) 우리 태조의 선대에 이심(李沁)이라는 사람이 있었는데 그가 중국에 들어가 봉황성(鳳凰城)에 이르렀을 때, 마침 절강(浙江) 출신인 정감(鄭勘)이라는 사람이 오계(五季)의 난을 피하여 동쪽으로 오던 중 서로 마주치게 되었는데 이심은 그가 보통 사람이 아님을 알아보고 그와 함께 우리나라로 돌아와 향린산에 들어가 우리나라 산천의 운세에 대하여 두루 의견을 나누었다. 이때 정감은 "왕씨는 송악에 도읍하고, 이씨는 한양에 도읍하고, 정씨는 계룡산에 도읍하고, 조씨는 가야산에 도읍하고, 범씨가 칠산에 도읍하는 데서 끝난다."고 하였다는데, 이것이 이른바 『향린산총론』의 내용이다. 또 말하기를 "세대와 연월의 흥망성쇠와 길흉화복에 관한 운세를 추론하여 은어로 비결을 만들어 돌상자에 넣어 굳게 잠근 다음 궁중의 깊은 곳에 감추어두었다고 하는데, 고려에서 조선으로 은밀히 전해졌지만 아무도 그것을 들추어보지는 못하였다."고 한다. 이것이 이른바 『감록』이라고 하는 것이다. (…) 황현 지음, 김종익 옮김, 『번역 오하기문』(역사비평사, 1995), 131-132쪽.

이러한 전설적인 이야기에 대해 황현은 이른바 『감록』에 대해 조목조목 비판하는데 핵심 내용은 다음과 같다.

아! 이러한 것은 진실로 거짓에 불과하여 말할 가치조차 없을 뿐이다. 더욱이 그 내용을 밝혀보면 쉽게 그 논거를 깨뜨릴 수 있는 몇 가지 증거가 있다. 삼가 『선원보(璿源譜)』를[243] 살펴보면 신라 때 사람인 사공한(司空翰)으로부터 기록되는데, 심(沁)을 기휘하지 않고 한결같이 그대로 적은 것이 첫 번째 증거이며, 심이 정말 감(勘)과 더불어 이야기하고 그것을 저술하였다는 사실을 당시에 누가 믿겠으며 후세에 누가 그것을 전하였겠는가? 하물며 역대 왕조에서 궁중에 비밀히 보관할 수 있었겠는가? 이것이 두 번째 증거이다.

또 정말로 궁중에 깊이 보관해두었다면 임진년 4월 (…) 선조께서 비를 맞으며 도성을 떠날 때 유 승상은 임금을 모시고 따라갔는데 어느 겨를에 예언서를 숭례문에 게시할 수 있었겠는가? 이것이 세 번째 증거이다. (…) 하물며 서애 같은 어진 인물이 국가의 위급한 틈을 이용하여 자손들이 피난할 길을 도모하겠는가? 이것이 네 번째 증거이다.

또 우리나라의 내란에는 이시애의 난, 이몽학의 난, 이인거의 난, 이괄의 난, 정희량의 난, 이인좌의 난이 있었는데, 이것에 대한 기록은 없고 무슨 까닭에 홍경래의 난만을 적었는가? 외적의 침입에 관한 부분에서 여진족의 침입에는 정묘년(1627)의 침입과 정축년(1637)의 침입이 있었으며, 왜(倭)가 침입한 것에는 정유년(1597)에 다시 침범하여 저지른 참혹한 만행은 임진년보다 더 심하였는데, 이 모두를 기록하지 않고 무슨 까닭에 임진년의 일만 기록하였는가? 어떤 사람들은 송송(松松)이 정유년의 일을 함께 나타낸 것이라고 하지만, 그러나 이때 이여송은 이미 중국으로 돌아가 전사한 지 오래되었을 뿐이다. 이것이 다섯 번째 증거이다.

이미 지나간 일에 대한 증험이라는 것도 모두 이처럼 억지에 가까운 말로 정확하게 해명되지 않을 뿐이니, 그 궁을(弓乙)이라고 하는 것이 정말 있다고 하더라도 대개 이와 같은 류에 지나지 않을 것이다.

아! 미래의 일을 미리 알고자 하는 공부는 군자가 중히 여기는 것이 아니며, 옛것을 미루어 운세를 예측하는 사람들은 쓸데없이 뜻만 넓어 기이한 내용을 몇 마

---

242 황현 지음, 김종익 옮김, 『번역 오하기문』(역사비평사, 1995), 133쪽.
243 『선원보』는 조선조 왕과 그 일족의 족보이다.

디 말로 하여 세상 사람들을 놀라게 하는 경우가 많다. (…) 어찌 일부러 글자를 만들어서 세월 속에 숨겨진 무궁한 자연의 조화를 누설할 수야 있겠는가? 이런 까닭에 세상에 전해지고 있는 『이순풍비기(李淳風秘記)』와 『예조난지(藝祖亂之)』라는 것을 나는 믿지 않는다.

또 설사 진짜 참(讖)이 존재한다면 이해하기 어려워 그것을 참(讖)이라고 이르는 것일 터인데, 만약 사람마다 쉽게 알 수 있다면 참(讖)으로서의 오묘함을 이미 상실한 것일 뿐이다. 한(漢)나라 이후로 미래를 예언하는 책자가 세상에 나돌아 다녔는데, 그 초기에는 아마도 진본이 있기는 있었겠지만, 간사하고 음모를 꾸미는 자들이 반드시 그 내용을 뒤섞어서 어리석은 사람들을 유혹하였을 것이다. 심한 경우에는 편리한 대로 내용을 해석하여 자신들을 추종하도록 하였다. 이리하여 진정한 예언서까지 징험을 나타낼 수 없었다.[244]

인용문에서 매천은 조선왕실의 족보에 이심이라는 인물이 보이지 않는다는 점, 이심과 정감의 대화가 세상에 전해졌다는 설에 대한 신빙성 부족, 유성룡의 행적과 관련한 역사적 사실에 근거하여 예언서를 숭례문에 게시했을 가능성이 희박한 점, 유성룡의 인품이 친족 보존을 위한 기회주의자가 아니라는 점, 우리나라에서 발생한 여러 난리가 『감록』에 보이지 않는다는 점, 정유재란의 피해가 더욱 심각했는데 비결 풀이에서 등장하지 않는 점 등을 들어 조목조목 『감록』의 존재에 대해 비판을 가했다. 나아가 매천은 미래의 일을 예측하는 일은 군자로서 하지 말아야 할 일이며, 예언서를 운운하는 자들은 간사자나 음모자들의 술수일 따름이라고 비판하였다.

한편 위의 인용문에 매천이 생존했을 당시에 민간에 유행되었다는 『이순풍비기』와 『예조난지』라는 비결서 이름이 전한다. 그러나 현전하는 『정감록』류의 비결서에는 이와 같거나 비슷한 이름의 비결서는 존재하지 않는다. 당시에 이러한 비결서가 인구에 널리 회자되었다는 사실이 확인될 뿐이다.

결론적으로 매천은 예언서의 대부분이 근세에 만들어진 것이며 간사한 인

---

244 황현 지음, 김종익 옮김, 『번역 오하기문』(역사비평사, 1995), 133-135쪽.

물들이 인심을 유혹하기 위해 만들어 낸 것으로 파악하고, 그 가운데 하나가 이른바 『감록』이라는 허황된 책이라고 다음과 같이 주장하였다.

> 어떤 사람들은 "그렇다면 예언서라는 것은 없는가?"라고 묻는다. 옛날의 도사들이 궁구하였던 것이 하나둘 흘러 내려오지 않은 것은 아니나, 오늘날 성행하는 것의 대부분은 근세의 간사한 인물들이 만들어낸 것으로, 그중 일부가 『감록』인데 허황한 문장에 불과할 뿐이다. 일찍이 무슨 궁을(弓乙)을 판별할 수 있겠는가?[245]

매천은 당대에 유행하던 예언서의 대부분이 당시 간사한 의도를 가진 인물들에 의해 만들어진 조작물이라고 판단하고, 그 가운데 대표적인 것이 이른바 『감록』 내지 『정감록』이라고 설파하였다. 그리고 예언서에 자주 등장하는 궁을이라는 용어에 대해서 다양한 해석이 제기되고 있지만, 그 실체를 정확히 파악하는 일은 어렵거나 불가능하다고 주장하였다.

(4) 동학농민전쟁기 동학의 예언사상

1880년대 후반부터 격증하기 시작한 민란은 1890년대에 들어와서는 "민란이 일어나지 않는 고을이 없다."고 말할 정도였지만, 아직은 기본적인 형태나 내용 면에서 이전 시기의 민란과 커다란 차이는 없었다. 대부분의 경우 투쟁 공간, 투쟁 구호, 투쟁 양상 등에서 여전히 개별적인 고을 단위에 머물러 있어서 전국적 규모의 반란이나 혁명을 전망하기는 어려웠다.

그리고 각 지역에서 발생한 민란에서 반외세와 관련된 구호나 내용이 전혀 제기되지 않아 이 시기 민족운동의 단초를 열어가는 데도 기본적인 한계가 있었다. 또 이 시기에도 끊임없이 변란이 시도되었지만, 변란 역시 이전 시기와 마찬가지의 한계를 드러내어 결국 거사에 실패하는 일이 반복되었다.

이러한 사회 분위기에서 동학은 날로 교세를 확장해나갔고, 민중의 힘을

---

245 황현 지음, 김종익 옮김, 『번역 오하기문』(역사비평사, 1995), 136쪽.

북돋아 키워나가고 응집시키고 있었다. 바야흐로 대규모 민중항쟁을 위한 객관적 정세가 무르익어 가자 동학의 조직과 세력을 이용하려는 '저항적 지식인들'이 주체적 역량을 갖추어 역사의 무대에 새롭게 등장하기 시작했다.

동학은 1880년대 중반 무렵부터 경북 북부와 강원도의 산간 지방을 벗어나 충청, 경상, 경기, 전라도 등지의 평야 지대로 진출하면서 교세가 급격히 확장되기 시작했다. 동학의 교세가 빠른 속도로 퍼진 것은 기본적으로 교리와 사상 체계에 있었다.

인간의 존엄성을 극도로 강조하고 누구나 한울님을 자기 몸에 모시고 있다는 평등의 논리는 천대받고 억압받던 민중의 몸과 마음을 어루만져 스스로 구원받는 방법을 가르쳐주었다. 이러한 맥락에서 동학은 시대의 어둠을 밝히는 새벽의 얼굴로 다가왔고, 암흑을 쫓아내는 타오르는 횃불로 민중의 가슴을 밝혀주었다.

그리고 동학이 '서세동점(西勢東漸)'의 상징이자 서양 정신력의 근원으로 인식된 서학(西學)에 대응하고 그들의 침공을 막기 위한 유일한 정신적 무기라는 인식이 반영되었다. 검가를 부르며 검무를 추고 주문을 외우며 "이제 서양 세력을 몰아낼 때가 왔다."고 노래하는 동학교도의 모습은 서학에 맞서 정신적으로 싸우는 동방의 전사(戰士)가 되기에 충분했다.

한편 동학의 교세 확장과 더불어 주목되는 사실은 동학을 이용하여 자신들의 야심을 펼치려는 변혁지향적인 인물과 "도(道)보다는 난리"에 유난히 관심이 많던 사람들도 대거 입도했다는 점이다. 이는 지배층의 수탈과 억압에 시달리며 세상이 바뀌기만을 기다릴 수밖에 없었던 이 땅의 민중들과 야심을 품고 초야에 숨어있던 자들이 동학의 교리와 조직을 매개로 점차 굳건하게 결합해 나가기 시작했음을 알려준다. 1890년대 초반에 민중운동은 동학을 발견하고 포착함으로써 새로운 국면과 단계를 열어가고 있었던 것이다.

동학은 민중의 힘을 한곳에 모을 수 있는 많은 장점을 지녔지만, 한편으로는 한울님의 조화력에 의한 무위이화(無爲而化)에 의지했다는 점에서 체계적인 정치의식은 결여된 사상 체계였다. 그럼에도 불구하고 동학은 반외세라는 분명한 이념과 전국에 퍼진 조직망을 마련하고 있었기 때문에 이전 시기의 변란보다는 훨씬 체계적이고 조직적으로 거사를 준비하고 실행할 역량을 갖추었다.

동학은 국지성과 고립성이라는 민란의 한계를 뛰어넘었고, 일시적이고 소규모적인 거사에 그쳤던 변란의 차원을 초월하여, 장기간에 걸쳐 대규모 민중항쟁을 일으킬 역량을 가지고 정세가 무르익기를 기다렸다. 이러한 과정을 거쳐 변란과 민란은 각기 그 한계를 일정하게 극복하며 반봉건, 반외세를 기치로 내건 동학농민혁명이라는 역사적 대사건을 만들어나갔다.

동학은 저항적 지식인, 빈농, 천민들을 모두 받아들여 반외세와 반봉건을 위해 함께 싸울 것이라는 연대의식을 고취시켜나갔고, 공감대와 정서적 교감을 통해 차츰 혁명의 불길을 지펴나갔다. 의식의 성장은 각성을 가져오고, 깨어난 정신은 실천적 행위로 스스로의 의지를 이루어나간다. 이는 개인이나 집단도 마찬가지다.

종교적 구원에 대한 갈망은 민중신앙운동으로 전개되었고, 현실을 부정하기 때문에 자연스럽게 기존의 질서를 개편하자는 정치적 요구가 강한 형태로 제기되었다.

따라서 동학사상에 보이는 현실부정적 원리는 단순한 유토피아적 환상이 아니라 봉건사회의 전통적 질서에 대한 부정이었다. 나아가 동학은 사회 개혁을 도모하는 혁신성을 지녔다. 동학사상이 실천사상으로 해석되고 정치적 개혁운동의 원리로 정립된 것은 동학농민혁명기에 와서의 일이었다. 외세 침투에 대한 민족적 항거사상으로 제시된 것이다.

현실적으로 퇴폐한 양반 주도의 사회질서와 유교 윤리를 부정하고 지상천국의 도래를 예언하는 현실부정적 성격을 지녔다는 점에서 동학은 혁명적일 수밖에 없었다. 나아가 동학은 외세의 위협과 서학에 대한 저항이었다는 점에서는 민족적 종교라는 성격을 뚜렷하게 간직하고 있었다.

동학이 반체제적인 사회 개혁사상이었음은 분명하다. 그러나 한편으로는 보수적이며 관념에 그쳐 실천을 추동시키는 제약적 요인도 내포하고 있었다. 동학 지도자들은 혁신성과 보수성을 동시에 지닌 동학사상을 실천적으로 해석하여 농민들의 사회적 요구와 결합하여 보국사상(輔國思想)으로 발전시켜 동학의 관념적인 보수성을 극복하고자 노력했다.

동학은 민중들에게 희망과 위안을 주는 종교로 출발했지만, 19세기 후반에 조선이 대내외적인 모순이 심화되는 과정에 따라 점차 종교라는 테두리를 벗어나 정치·사회적 운동으로 전개되어 우리 역사에 커다란 족적을 남겼다. 그 가운데 가장 빛나는 업적은 동학농민혁명으로, 동학의 사상을 기반으로 삼고 그 조직을 동원하여 결집된 민중의 역량이 이룩한 민중민족운동이라는 금자탑이었다.[246] 그러나 이러한 운동의 주체가 동학이라는 종교 체계였기에 가질 수밖에 없었던 한계도 분명히 드러났음을 잊어서는 안 될 것이다.

동학사상에는 새로운 정치체제의 구상과 전망이 결여되었고, 19세기 농민들의 저항운동 과정에서 형성된 민중의식이 공동체의 차원을 넘어 민족의식으로까지 확장되었다는 주장도 있다.[247] 동학은 일반사회에 대하여 종교적·신비주의적인 입장을 보이기도 했으며, 현실적으로는 사회변혁적 성격을 보이기도 했다. 이처럼 복합적 성격을 지니는 동학의 종교사상과 이에 기초한 활동이 농민전쟁 시기에는 사회변혁적인 활동으로 드러난 것이다.

한편 1894년 농민전쟁은 민족적·체제적 위기를 극복하여 근대 민족국가를 수립하려는 반체제, 반외세 운동이었다. 조선 후기 이래 군현을 중심으로 전개되어온 농민항쟁의 흐름을 전국적인 규모에서 종합하여 중세체제 모순의 척결을 촉구하는 한편, 개항 이후의 제국주의 침략에 대항하려는 것이었다. 한국 근현대사의 출발을 중세체제의 타파와 반제국주의 민족운동의 시작으로 파악할 수 있다면, 1894년은 그 출발점에 있다고 할 수 있을 것이다. 1894년 농민전쟁은 한국 근현대사가 안고 있는 민족적·계급적 위기의 해결을 목표

---

246 장영민, 『동학의 정치사회운동』(경인문화사, 2004), 1쪽.
247 안병욱, 「19세기 민중의식의 성장」, 『1894년 농민전쟁연구』 3권을 참고하시오.

로 한 최초의 변혁운동이었다는 평가가 있다.[248]

여기서 '중세체제의 타파'는 정치적, 사회적, 경제적 맥락에서 서술된 것으로 이해되지만, 최소한 사상적, 신앙적 맥락에서는 경계가 명확하지 못하며 오히려 넘어서지 못하고 과도기적인 측면이 분명히 있었다고 판단된다. 앞으로 살펴볼 여러 사료들에서 동학농민전쟁의 과정에서도 여전히 새로운 왕조의 건설과 진인출현설 또는 비결서를 이용하거나 신봉했던 정황이 명확히 드러나기 때문이다.

동학군 지도자들이 선택했던 투쟁 노선은 시대적 모순과 민중의 고양된 저항의식에서 형성되었다. 전봉준이 공초(供草)에서 밝혔듯이 그들은 학정(虐政)에 시달리며 원망, 탄식하는 민중을 위해 일어섰던 것이다. 그가 보기에 참고 또 참는 민중의 인내는 막다른 한계에 도달하였으므로 시대적 모순은 더 이상 좌시할 수 없고 지금 당장 해결하여야 하였다. 이 시기 동학교도 사이에 널리 퍼졌던 정진인(鄭眞人) 출세설(出世說) 등 『정감록』적인 분위기, 또 선생(先生)이 곧 강림해서 새로운 세계를 이룰 것이라는 종교적 믿음도 현실세계의 즉각적인 종말을 고대하는 열망인 말세의식에서 나왔다.[249]

인간 존재를 부정하고 생명을 부인하는 극단적 모순이 횡행하는 사회에서는 언제나 민중들의 신앙운동이 발생하였다. 극도의 고통과 의미의 상실을 현실적인 수단과 방법으로 해결할 수 없을 때, 인간은 관념의 세계로 빠져들고, 초월적이며 절대적인 존재를 갈구하는 종교적 본성을 지녔다.

특히 초자연적인 세계관에서 벗어나지 못한 전근대 사회의 민중은 현실문제를 해결하고, 삶의 의의를 찾기 위해서 종교에 쉽게 몰입하였다. 그렇기 때문에 현실을 강력하게 부정하며 새로운 세계가 당장 도래한다고 외치는 민중신앙운동에는 고통스러운 현실에서 당장 벗어나려고 하는 민중들이 삽시간

---

248 이영호, 「1894년 농민전쟁의 사회경제적 배경과 변혁주체의 성장」, 『동학과 농민전쟁』(도서출판 혜안, 2004), 138쪽.

249 장영민, 「최시형과 서장옥 – 남북접 문제와 관련하여」, 『동학농민혁명과 농민군 지도부의 성격』(서경문화사, 1997), 126쪽.

에 몰렸다. 따라서 새로운 신앙운동의 추종자 가운데는 삶의 궁극적 의미를 추구하며 종교적 세계 속에 몰입하는 자도 많지만, 이와 다르게 현세에서의 풍요하고 안락한 삶을 원하는 자들도 나오게 된다.

동학도 조선사회에서 면면히 전개되어 온 민중신앙운동의 열매였고, 교도들이 추구하던 목표도 종교적인 것과 현세적인 것이 뒤섞여 있었다.[250] 이 장에서는 동학농민혁명기에 제기되었던 동학의 예언사상에 대해 구체적인 사례와 기록을 통해 살펴보도록 하겠다.

① 전봉준에 대한 비결신앙

동학농민혁명이 일어나기 수십 년 전부터 호남 지역에 전해져 오는 동요에 갑오년(1894)에 동학농민혁명의 주도자 전봉준이 나타날 것을 예언한 동요가 불려지기 시작했다는 기록이 있다.[251] 이와 관련하여 1880년대에 세상에 유행된 동요(童謠)가 있었다는 다음과 같은 보고도 있다.

새야 새야 녹두(綠豆)새야
웃역 새야 아랫역 새야
전주 고부 녹두새야
함박 쪽박 열나무 딱딱후여

---

250 장영민, 위의 글, 132쪽.

251 이에 앞서 수십 년 전에 호남 지방에 다음과 같은 동요가 유행하였다. "윗녘 새 아랫녘 새 전부고부 녹두 새 함박 쪽박 딱딱 후여" 시골 아이들은 새를 쫓으며 이 노래를 다투어 불렀지만, 이 노래가 나타내고자 하는 의미가 무엇인지는 몰랐다. 봉준은 생김새가 왜소하였고, 성품은 경박하면서도 익살스러운 면이 있었다. 사람들은 이런 점을 비유하여 그를 '녹두(菉豆)'라고 불렀는데, 이는 봉준의 어렸을 때 이름이다. 난이 일어나자 민간에서는 '동학대장 전녹두'라는 소문이 파다하게 퍼졌고, 전주와 고부의 피해가 가장 혹독했기 때문에 동요에 내포된 뜻이 비로소 증명되었다. 또 마조패(馬弔牌)라는 돈내기 놀이가 있었는데 (…) 아홉을 '갑오(甲午)'라고 불렀는데, 이 패를 잡으면 판돈을 모두 거두어 갔다. 그러므로 도박을 하는 사람이 아홉 패를 잡으면 패를 땅에다 던지며 큰 소리로 '갑오갑자미(甲午甲子尾)'라고 소리쳤고, 이는 마치 장기나 쌍륙을 할 때 주사위를 던지는 것과 비슷하였다. 이것이 행해진 지 이미 오래되었지만 '갑자미'가 뜻하는 것이 무엇인지는 몰랐다. 이 무렵에 이르러 떠도는 말에 "고종 임금께서 갑자년에 왕위에 오르셨고 금년은 갑오년으로 큰 난이 일어나 나라의 운명이 다할 것이니, 이는 장차 갑오가 갑자의 꼬리가 된다는 말이다."라 했으니, 이는 나라를 망하게 하는 화가 갑오년에서 비롯된다는 것을 뜻한 것이다. 황현 지음, 김종익 옮김, 『번역 오하기문』(역사비평사, 1995), 102쪽.

이 동요는 이이들이 벼 밭에서 새 떼를 모는 소리였는데, 전봉준의 아명(兒名)이 녹두라 하여 이 동요가 예언으로 나온 것이라는 말이 분분하였다 한다.[252] 이 외에도 또 다른 노래가 전해졌다.

> 새야 새야 팔왕(八王) 새야
> 네 무엇하러 나왔느냐
> 솔잎 댓잎이 푸릇 푸릇
> 하절(夏節)인가 하였더니
> 백설(白雪)이 펄펄 휘날리니
> 저 건너 청송(靑松) 녹죽(綠竹)이 날 속인다.

이 노래에서 팔왕(八王)은 전(全)의 파자요, 청송과 녹죽은 동학당의 신기운을 말함이요, 백설은 시기가 아직 일러 추운 겨울에 있어 봄소식이 미처 돌아오지 못했음을 의미한다고 전한다.[253] 파자와 상징과 비유를 통해 동학농민혁명이 일어날 것이 이미 예언되었으며 겨울철이 되면 동학군의 세력이 궤멸될 것이라는 뜻으로 풀이한 것이다.

또 동학농민혁명 때 전주성이 함락되었는데, 전주의 한 정자에 이서구(李書九)가 감사로 있을 때 적어놓았다는 비결서가 있었으며 그 내용이 전봉준이 난리를 일으킨다는 예언으로 해석되기도 했다.[254]

고종 31년(1894) 동학군(東學軍)은 옛날부터 전해오던 궁을(弓乙)과 진인(眞人)

---

252 오지영 저, 이장희(李章熙) 교주본(校註本), 『동학사』(박영사, 1974), 187쪽.

253 오지영 저, 이장희(李章熙) 교주본(校註本), 『동학사』(박영사, 1974), 188쪽.

254 전해오는 말에 전주가 함락되고 다가정이 허물어졌을 때 그 대들보 사이에서 재상 이서구가 전라감사로 재직할 때 남긴 예언서를 얻었는데, 그 내용은 "홍(洪)은 장수직을 감당하지 못하고, 여섯 번째 일어나는 자가 진짜"라고 하였으며, 또 전하는 말에 청주에서 오래된 우물을 퍼내다가 글이 새겨진 돌을 얻었는데 "만리장성 커다란 문의 천자께서 동쪽의 속국을 보호한다. 팔왕(八王)이 난을 일으킴에 누가 진정시킬 것인가? 갑옷을 걸치고 말 위에 있는 사람이 있다."라는 시가 씌어 있었다고 한다. 그것을 해석하는 사람들은 "팔왕은 전(全), 피갑상마자는 신(申)을 뜻하는 것으로 (…) 어느 시기의 참서인지는 알 수가 없었다. 『오하기문(梧下記聞)』 수필(首筆) 황현 지음, 김종익 옮김, 『번역 오하기문』(역사비평사, 1995), 103쪽.

사상을 동학군의 전쟁 의욕을 북돋우기 위해 사용했다. 동학군의 우두머리였던 전봉준(全琫準, 1855-1895)은 동학군들 사이에서 진인으로 믿어지기도 했다.[255] 전봉준은 육효(六爻)와 단시(斷詩) 등 복서(卜筮)에 능통하였고, "구미성인출(龜尾聖人出)"이라는 참위설에 따라 김개남, 송희옥과 함께 전주(全州) 봉상면(鳳翔面) 구미리(龜尾里)로 이주했다고 전한다.[256]

전봉준은 전쟁 중에도 손에 105개의 염주(念珠)를 들고 주문을 외우며, 부하들에게는 어깨에 궁을(弓乙) 두 자를 표하고, 몸에는 동심의맹(同心義盟) 네 자를 써 붙이고, 기(旗)에는 오백년수운(五百年受運)이라고 쓰게 했다.[257]

이와 관련하여 매천 황현은 동학농민혁명의 주도자인 전봉준이 방술을 익히고 참위설에 경도되어 난리를 일으켰다고 주장했다.[258] 또 후대에도 전봉준을 미신으로써 동학군을 이끈 인물로 묘사했다.[259]

구체적으로 "전대장(全大將)은 참 영웅이니 이인(異人)이니, 신출귀몰(神出鬼沒)의 재조(才操)가 있고 승풍가운(乘風駕雲)의 묘술이 많아 천하의 장사요 세상에 없는 영웅이라. 총인(銃釼)을 맞아도 죽지 않고 총구멍에서 물이 나게 하는 법이 있다고 떠들며 조화(造化)가 비상(非常)하다고 만구전파(萬口傳播)로 지껄이는 소리는 전조선(全朝鮮)이 흔들흔들하였다."라 했다.[260]

『남유수록』 1894년 5월 3일조에 다음과 같은 내용이 보인다.

---

255 김상기(金庠基), 『동학(東學)과 동학난(東學亂)』(한국일보사, 1975), 104쪽.

256 김상기, 위의 책, 109-110쪽.

257 장봉선 편, 「전봉준 실기」, 『정읍군지』(영인본, 1988), 385쪽.

258 처음에 전봉준은 집안이 가난하고 의지할 바가 없어 약을 팔아 생계를 이었고 방술을 익혔다. (…) 오랫동안 동학에 물들고 요망한 참언에 현혹되어 항상 난리를 일으킬 생각을 했다. (…) 初, 琫準, 家貧無賴, 賣藥自給, 習方術, (…) 久染東學, 惑於妖讖, 常鬱鬱思奮, 『오하기문(梧下記聞)』 수필(首筆).

259 전봉준은 특히 뛰어난 인물로서 지혜가 있었고, 누차 관군을 현혹시켜 패배시켰다. 오로지 미신(迷信)으로써 무리들을 복종시켰지만, 위험한 일을 당하더라도 피하지 않고 모범을 보였다. (…) 全琫準, 尤桀黠類有謀, 屢誤官軍以敗之. 專以迷信, 服其徒衆, 赴湯蹈火, 無所回避. 박은식, 「갑오동학지난(甲午東學之亂)」, 『한국통사(韓國痛史)』 제2편 26장, 44쪽. "뜨거운 물에 들어가고 불길에 뛰어드는 행동"을 위험한 일을 당해서도 회피하지 않는 일로 의역했다.

260 오지영, 『동학사(간행본)』(영창서관, 1940), 115쪽. 오지영 저, 이장희(李章熙) 교주본(校註本), 『동학사』(박영사, 1974), 140쪽.

이보다 앞서 동요(童謠)에 "전부 고부의 녹두, 새가 모두 먹어버리니 우리 대장은 무엇을 먹을까?"라고 하였고, 다시 정숙하지 못한 자를 성내어 꾸짖기를 "녹두 호령하여 경박하고 패악한 자들을 크게 물리치셨네."라고 하였는데 거의 이것을 말하는 것이었다. 지금 저들의 괴수 전명숙(全明叔)을 녹두장군(綠豆將軍)이라고 부르는데 이것이 그 조짐인가? 근래에 가장 선풍을 끈 것이 아라리요(俄羅里謠)인데 음절이 슬프고 급하여 식자(識者)들은 틀림없이 아라사(俄羅斯) — 러시아 — 의 우환이[261] 있을 것이라고 생각하였다.[262]

전주 고부 지역에 녹두장군이 출현하여 악의 세력을 물리칠 것이라는 비결신앙이 유포되었고, 특히 아리랑이 러시아 군대의 침범을 알려주는 내용이라는 해석이 퍼졌다는 사실을 짐작할 수 있다.

② 동학군의 비결신앙과 예언

동학군이 백산(白山)에 모여 기포했을 때 엄청나게 많은 사람들이 모였는데, 이를 두고 "입즉백산(立則白山)이요, 좌즉죽산(坐則竹山)이라."는 비결이 맞았다고 풀이했다. 이는 수만 명의 사람 가운데 죽창(竹槍)을 가진 자가 많아서 앉으면 죽산이 된다는 것이었다.[263] 당시 "백산은 가활만인(可活萬人)의 장소"라는 비결이 전하고 있었다.[264]

비서류찬(秘書類纂) 조선교섭자료(朝鮮交涉資料) 「전라도고부민요일기(全羅道古阜民擾日記)」 갑오년(1894) 1월 25일조에 다음과 같은 기록이 있다.

---

261 당시 경상도 칠곡 사람들은 러시아가 곧 우리나라를 점령할 것이라는 예언을 믿어, 아무리 일을 하여도 보람이 없게 될 것이라고 하면서 누구도 일하려 하지 않았다고 한다. 『주한일본공사관기록』 1권(국사편찬위원회, 1991), 69면.

262 동학농민혁명참여자 명예회복심의위원회, 「남유수록(南遊隨錄)」, 『동학농민혁명 국역총서』 4 (2008), 374쪽.

263 오지영, 『동학사(간행본)』(영창서관, 1940), 116쪽. 오지영 저, 이장희(李章熙) 교주본(校註本), 『동학사』(박영사, 1974), 140쪽.

264 정창렬, 「고부민란연구」 상, 『한국사연구』 48집(1985), 123쪽.

종래 민군(民軍)은 마수역(馬首驛)에 진영을 설치하였으나, 공격과 수비에 이롭지 못한 점이 있어 백산(白山)이라는 곳으로 이전하였다고 한다. 백산(白山)은 조선비결(朝鮮秘訣)에 올라있는 곳으로서 삼면이 강으로 둘러싸여 있고 한쪽만 겨우 인마(人馬)가 다닐 수 있으며 근처는 유명한 평야이고 백산(白山)만 홀로 높아서 비결에 이르기를 "고부(古阜)의 백산(白山)은 만민(萬民)을 살릴 수 있는 땅이다."라 한다.[265]

이 기록은 당시 전라도 지방을 여행하던 파계생(巴溪生)이라는 일본인이 음력 4월 12일에 호남(湖南) 내호(萊湖)에서 부산 지방으로 보낸 일기문의 내용이다. 동학농민군의 최초 집결지인 백산이 비결에 실려 있는 예정된 땅이라는 해석이 당대에 널리 퍼졌음을 알 수 있다.

동학농민혁명 당시 정부에서 내린 한글로 된 선유문(宣諭文)에도 동학군이 참서(讖書)를 이용했다고 기록한다.

너의 무리가 참서(讖書)를 주장하고 요괴(妖怪)를 선동(煽動)하여 우맹(愚氓)을 미혹하고 윗사람을 능범(凌犯)하며 군기(軍機)를 도절(盜竊)하고 공곡(公穀)을 늑탈(勒奪)하여 고을도 치고 원도 해롭게 하니 난역(亂逆)이 아니고 무엇인가?[266]

갑오년(1894) 4월 18일 동학군이 나주의 관속에게 보낸 통문에 다음과 같은 내용이 있다.

옛 비결에 "광주와 나주 사이에 피가 내를 이루며 흐른다."고 하였고, 도선(道詵)은 "광주와 나주 지방에 인적이 영원히 끊어진다."고 하였으니, 두렵고 무서운 일이다. 이러한 뜻을 직접 너희 관사(官司)에게 보고하여 각 고을에서 모집한 군대는

---

265 白山ハ朝鮮秘訣ニ上リタル程ノ地ニテ、三方江流ヲ繞ラシ一面僅カニ 人馬ヲ通ズ、近傍ハ有名ナル平野ニシテ、白山獨リ高シ、訣ニ曰ク古阜白山ハ可活萬民トナリ『주한일본공사관기록』「전라고부민요일기(全羅古阜民擾日記) 사본(寫本) 송부(送付)」(문서번호 경제(京第) 29호, 발송일 1894년 5월 30일) 부산(釜山)에 있던 총영사(總領事)가 경성(京城)의 임시대리공사(臨時代理公使)에게 보낸 문서이다.

266 「언문선유방문(諺文宣諭榜文)」, 『동학난기록』 하, 377면의 기록을 현대문으로 바꾸고 한자를 넣어 알기 쉽게 풀이한 것이다.

농사일에 돌아갈 수 있도록 돌려보내고, 감옥에 갇힌 동학도들을 바로 석방하여 풀어준다면, 우리들은 너희들의 관할 지역에 들어가지 않을 것이다.[267]

1894년 5월 22일(음력 4월 18일) 함평에 머물던 동학농민군은 나주 아전들에게 통문을 보내 자신들이 봉기한 목적을 밝혔다. 그 내용 가운데 나주목사가 각 읍에서 병사를 모아 공격하였기 때문에 무고한 이민(吏民)들만 다치게 되었음을 탓하는 한편 "광주와 나주 사이에 피가 흘러 강을 이룬다."는 고결(古訣)과 "광주와 나주의 땅에 인적이 영영 끊이게 된다."는 도선(道詵)의 말을 거론하여 위협하면서 각 읍에서 모군한 병사들을 모두 귀농시키고 수감된 동학교도들을 석방시키면 나주를 공격하지 않을 것이니 곧바로 회답을 달라고 요구하였다.[268] "피가 흘러 강을 이룬다."와 "인적이 영원히 끊길 것이다." 등의 구절은 『정감록』류의 비결서에 자주 보이는 내용이다.

『면양행유일기(沔陽行遺日記)』는 한말의 개화파 관료 김윤식(金允植, 1835-1922)이 충청도 면천(沔川)에 유배되면서 농민전쟁 시기에 전문(傳聞)한 것을 일일이 기록한 일기책이다. 수록된 부분은 『속음청사(續陰晴史)』의 권 7로 내제(內題)가 「면양행견일기」로 되어 있는 부분 가운데 계사년(1893)부터 갑오년(1894)까지 일기를 수록한 것이다.

이 자료의 1894년 음력 5월 2일의 기록에 다음과 같은 내용이 있다.

적도(賊徒) 가운데 정도령(鄭道令), 서총각(徐總角), 최사문(崔斯文)이라는 자들이 우두머리인데 모두 그들의 지휘를 받는다. 각 부서에 명령을 내리기를 매번 대적할 때마다 병사들이 피를 흘리지 않고 이기는 것을 으뜸 공적으로 친다. 부득이하게 전투하더라도 인명을 해치지 않는 것을 귀하게 여기고, 행진할 때 지나가는 곳에 사람이나 물건을 상하게 하지 말고, 효제충신(孝悌忠信) 하는 사람이 사는 마을 10

---

267 賊黨通文于羅州公兄其略曰 (…) 古訣云, 光羅之間, 流血成川. 道詵云, 光羅之地, 人烟永絶, 可怕可懼. 此意直告于官司, 各邑募軍, 一倂放送歸農, 在囚道人, 卽爲解散, 則吾不入境矣. 『오하기문(梧下記聞)』 수필(首筆) 황현 지음, 김종익 옮김, 『번역 오하기문』(역사비평사, 1995), 87쪽.

268 황현, 『오하기문(梧下記聞)』, 『총서(叢書)』 1권, 69-70쪽.

리 이내에는 주둔하지 말라는 등 12개조의 경계를 하달하였다.[269]

동학군의 우두머리가 정도령이라는 전문인데, 정도령은 정씨 진인을 가리킨다. 즉 계룡산에 새 왕조를 세울 인물이 바로 동학군의 수장이라는 소문이었다. 정도령, 서총각, 최사문은 실제 이름으로 보기 어렵고, 상징적인 인물을 가리키는 용어로 보아야 할 것이다. 이 기록을 통해 당시 동학군이 정씨 진인의 지휘를 받는다는 소문이 널리 퍼졌음을 알 수 있다.

한편 1894년 7월 보름에 조선왕조가 망한다는 구체적인 예언이 횡행하기도 했다.[270] 그리고 당시 농민들은 메시아이자 진인인 수운 최제우가 음력 7월 1일 운봉(雲峰)의 두류산(頭流山)에서 신선이 되어 출현할 것이라는 예언을 믿고 이달을 기해 전국적인 봉기를 계획하기도 했다.[271]

또 『주한일본공사관기록』에 따르면 동학 주문의 조화정(造化定)을 조아정(助我鄭), 즉 "우리 정씨를 도와준다."고 해석하기도 했다.[272] 동학의 주요 주문 자체가 정씨 왕조를 세울 진인을 도와줄 것이라는 의미로 해석되었다. 이 기사를 통해서도 동학군과 정씨 진인출현설과의 밀접한 관계를 짐작해 볼 수 있다.

1894년 10월경에 「순무사(巡撫使) 방시문(榜示文)」에 "너희들이 도참설(圖讖說)로 터무니없는 말로 속여 요망하고 괴이한 일을 선동하고, 우매한 자들이 꾀어 미혹되게 하고"라는 내용이 있다.[273] 도참설의 구체적인 내용은 설명되지 않았지만, 새 왕조 건설과 관련된 진인출현설일 것이다.

---

269 賊徒中有鄭道令, 徐總角, 崔斯文者, 爲魁, 皆受其指揮. 下令各部曰, 每於對敵之時, 兵不血刃而勝, 爲首功. 雖不得已而戰切勿傷命爲貴, 每於行陣, 所過之處, 勿害人物, 孝弟忠信人, 所居之村十里內, 勿爲屯住, 且有十二條戒令.

270 이복영, 『남유수록』, 『동학농민전쟁사료대계』 3권(여강출판사, 1994), 195면, 203-204면.

271 「이륙신보(二陸新報)」 1894년 8월 12일자, 이희근, 앞의 글, 18쪽과 37쪽에서 재인용.

272 장영민, 앞의 책, 581쪽. 장영민은 인용문을 밝히지 않았지만 전거는 『동경조일신문(東京朝日新聞)』 1895년 5월 11일자에 실려 있는 "煽動者は其呪文中の侍天主造化定と云ふを同國韻音助我鄭と相通じ卽ち鄭氏は我等を助くるものなりと揚言し"라는 내용이다.

273 동학농민혁명참여자 명예회복심의위원회, 「순무선봉진등록(巡撫先鋒陣謄錄)」, 『동학농민혁명 국역총서』 2(2007), 10쪽.

그리고 경상도 칠곡(漆谷)의 유림 장승택(張升澤, 1838-1916)이 지은 '동비(東匪)를 물리치자는 글[斥東匪文]'에 다음과 같은 내용이 있다.

(동학의 죄상을 밝히자면) 첫째는, 계룡의 새로운 백성[鷄龍新民]이라 스스로 일컬으며, 관부(官府)를 불태우고 군기(軍器)를 빼앗으며 반란의 형적을 이미 다 갖추었으니, 이는 조정을 향해 저지르는 대역죄인입니다.[274]

새로운 세상이 열리는 중심지이자 도읍지로 계룡산을 상정하고 있는 '계룡신민'이라는 용어가 주목된다. 이 역시 정씨 진인이 출현하여 계룡산에 새로운 왕조를 세운다는 믿음에 기초하여 동학군이 봉기했다는 증거이다. 동학군이 『정감록』류의 비결을 굳게 믿고 새로운 세상을 꿈꾸며 계룡산을 중심으로 건설될 새 왕조의 신민(新民)을 자처했다는 사실이 동학군의 첫째 죄목으로 거론된다는 점에서 동학이 예언신앙에 심취했었음을 다시 한 번 확인할 수 있다.

전봉준은 동학농민군의 봉기가 계룡산의 정기를 받았다고 주장하면서 닭고기를 먹지 못하게 했다. 이는 『정감록』에 계룡산이 새 왕조의 도읍지가 된다는 주장을 깊이 믿었기 때문이다. 이 외에 장승택은 동학의 죄상에 대해 여염집을 휩쓸고 다니면서 해치고 산업을 노략질하며 남의 부녀자를 욕보이는 사나운 도적이며, 선비들을 협박하여 그 무리에 몰아넣고 악행을 저지르는 유학을 어지럽히는 도적이라고 주장했다.

또 동학군은 부적과 주문으로 총알과 화살을 막을 수가 있다고 믿었다.[275] 그리고 여러 풍설이 돌았는데 "동학군은 달아나고 싶으면 달아날 주(走) 자를 써서 손에 쥐고, 날고 싶으면 날 비(飛) 자를 써서 손에 쥔다.", "맑은 날에도 구름 운(雲) 자를 써서 날리면 비가 온다.", "지팡이를 가지고 칼로 쓰면 칼이 되고, 창으로 쓰면 창이 되고, 타면 말이 된다.", "강령주문(降靈呪文) 여덟 자만 외

---

274 一則自稱鷄龍新民, 燒燬官府, 恸奪軍器, 反形已具, 朝家之大逆也. 장승택, 『농산집(農山集)』, 『동학농민혁명 국역총서』 6(동학농민혁명참여자 명예회복심의위원회, 2009), 538쪽.

275 황현 지음, 허경진 옮김, 『매천야록』(한양출판, 1995), 216쪽.

우면 천신(天神)이 내려와서 몸을 둘러싸고, 본주문(本呪文) 열세 자만 외우면 죽었던 사람도 살아난다.", "무슨 일에 심고(心告)만 드리면 마음먹은 대로 안 되는 일이 없다."는 등이었다.[276]

동학농민군은 궁을부(弓乙符)를 몸에 붙이면 탄환도 비껴간다고 믿었는데,[277] 이는 동학 지도층이 민중의 환상적 주술에[278] 대한 기대 심리를 교묘하게 이용한 것이다.[279] 1894년 5월 15일 초토사(招討使) 홍계훈(洪啓薰)이 내서(內署)에 올린 전보에 "당초에 염주를 목에 걸고 몸에 부적(符籍)을 붙이면 총이나 창에도 부상을 입지 않는다는 말에 심히 현혹되었다가 동도 괴수가 많이 죽는 것을 보고 동학을 배척하면서 후회하고 도주하니"라는 내용이 보인다.[280]

『주한일본공사관』기록에도 동학군들이 총탄을 막는 신이한 방법에 대해 다음과 같이 보고하고 있다.

주둔한 무리들이 매일 진법을 수련하고 매일 밤에 경문을 읽었다. (…) 진을 치고 적을 상대할 때에는 먼저 흰 무명으로 만든 휘장을 휘둘렀다. 관군이 대포와 소포를 많이 발사했으나 총탄과 철환이 휘장 바깥쪽에 떨어지고 말아 이 때문에 관군들이 매번 패했으니 매우 괴이하고 괴이하도다.[281]

---

276 천도교중앙총부 교사편찬위원회, 『천도교백년약사』 상(미래문화사, 1981), 222쪽.

277 홍계훈(洪啓勳)이 각 읍에 내린 감결(甘結)에 "誦呪則, 謂然疾病不侵, 粘符則謂刀兵不入, 無知村童, 稱爲神人, 假托除弊, 起爲姦宄, 臨戰則背書乘勝, 以此誑衆, 并底誅戮, 則誦呪反爲喪身之媒, 神童還作害人之魔, 所謂除弊, 不過速死."라는 내용이 있다. 『오하기문(梧下記聞)』 수필(首筆).

278 적도는 손에 손에 창과 화승총 등을 쥐고, 가운데는 무기를 가지지 않고 소나무 가지를 꺾어 흔드는 자도 있었다. 그 등에는 모두 탄환을 막기 위하여 황색 종이에 붉은 글씨로 주문을 써 붙여 놓았다. 또 십여 명이 한 집단이 되어 앞면에 백포(白布)를 높이 펴서 세워 수십 백의 대오를 만들었다. 입으로는 탄환을 막는 주문 – 시천주조화정(侍天主造化定) – 을 높은 소리로 외우고 함성을 지르며 탄우(彈雨) 속으로 돌진하였다. 『전주부사(全州府史)』, 115면.

279 전봉준이 궁을부를 붙이면 몸을 보호할 수 있다고 주장하고, 몰래 탄환 수십 개를 소매 속에 넣어두었다가 그들을 둘러싼 사람들에게 공포탄을 쏘게 했다는 일화가 전한다. 김상기, 앞의 책, 155쪽.

280 동학농민혁명참여자 명예회복심의위원회, 『양호전기(兩湖電記)』, 『동학농민혁명 국역총서』 1(2007), 233쪽.

281 屯聚之徒, 每日操練陣法, 每夜誦讀經文 (…) 若對陣相敵之時, 先揮白布帳, 則官軍多發大小砲, 銃彈鐵丸紛紛落之於白布之外, 以此官軍, 每每見敗, 甚怪甚怪. 『주한일본공사관기록』 1, 발(發) 제102호, 346면.

"너희들이 관군에 대항해 전투할 때 일제히 흰 무명 휘장을 흔드니 화살과 돌과 포탄이 뚫고 들어가지 못했으니 무슨 까닭이냐?"라고 묻자, 그자가 "지금 서양의 여러 나라를 살펴보니 각기 화학(火學)으로써 이치를 얻었다고 생각합니다. 저희들 은 수학(水學)에서 이치를 얻었으니, 물이 불을 이기는 것은 당연하니 화포가 어찌 능히 물을 범할 수 있었겠습니까?"라고 대답했다.[282]

그러나 동학군은 종교적 열광, 주술적 환상, 고양된 집단의식에 의존하다 가 관군이 가진 신식 무기의 엄청난 화력 앞에 무참히 허물어져버렸다. 심리 적 충격이 컸다. 총탄에 맞아도 죽지 않는다는 미신과 환상이[283] 깨어져버렸 다. 위축, 동요, 공포가 동학군을 지배하자 사기가 급속히 저하했고, 수백 명 에 불과한 관군과 일본군에게 수천 명의 동학농민군이 일시에 궤멸되었던 사 례가 많았다.

한편 동학농민전쟁 당시 7세였던 사람의 다음과 같은 목격담이 전한다.

갑오년 봄부터 마을에 동학열이 더욱 심하여 집집마다 청수단을 만들고 낮이나 밤이나 소리가 글방에서 글 읽는 소리 같았다. 접주 이인환이 동학대모임을 연 뒤, 들려오는 말은 접주는 조화가 비상하여 앉아서 십여 장 되는 나무를 뛰어넘고, 용도 되고 범도 된다고 한다. 또 고읍면 송현리 등지에서는 시녀(侍女)가 나고 최제 우의 신원운동이 나서, 돌바위 밑에 용천검이 있고, 갑옷이 있으니 파라고 해서 날 마다 사람이 구름 모인 듯하였다. 한편에서는 소를 잡고 도야지를 잡고 술을 마시 고 동학의 기분이 굉장하였다. 접주의 기포령이 내리자 사람들이 물 끓은 듯하였 다. 아버지와 삼촌도 행군에 나갔다. 대장기 아래 청수를 모시고 주문을 세 번 고 성대독하니 강산초목이 동하는 것 같았다.[284]

---

282 問曰, 汝之抗戰官軍之時, 一揮白布帳, 則矢石砲彈不得穿入, 何故? 渠曰見今泰西, 各以火學得其理也, 我等, 以水學得其理, 水克火也, 火砲焉能犯水乎? 『주한일본공사관기록』 1, 발(發) 제94호, 343면.

283 천(天)의 조화(造化)가 인(人)에 재(在)하다는 이유로 심고(心告)만 하면 총구(銃口)에 수(水)가 생 (生)한다, 궁을부(弓乙符)를 신(身)에 부(付)하면 시석(矢石)이 불입(不入)한다 하며 (…) 이현규(李 顯奎), 『신세기(新世紀)』, 43쪽. 장영민, 앞의 책, 584쪽에서 재인용.

284 성암, 「교사이문 – 갑오년 동학이야기」, 『천도교회월보』 1934년 8월호, 27-29쪽.

위 인용문은 동학군이 모여드는 과정을 생생하게 묘사하고 있다. 동학군의 지도자인 접주는 신비한 조화력을 지닌 존재로 부각되었고, 동학군이 모여드는 곳에서는 동네잔치가 벌어져 참가자들을 고무시켰다. 이러한 고취된 열기에 취해 동학 무리들은 전쟁터로 자발적으로 모여들었던 것이다.

1894년 11월에 경상도 예천에서 관군에게 체포된 장복극이라는 동학군은 "군대를 물리치는 부적[退兵符]과 군대를 물리치는 주문[退兵呪文]"을 지니고 있었다.[285] 전쟁에 참가하여 부적을 사용해 목숨을 보전할 것이라는 믿음이 확인된다.

동학군은 자신의 지도자를 '정씨 성을 가진 진인'으로 인식하였고,[286] 이와 관련하여 정씨 왕을 자처하는 동학군 지도자도 있었다.[287] 이들은 정씨가 우리를 도와줄 것이니 아무런 두려움을 갖지 말고 이씨 왕조를 멸망시켜 정씨 왕조를 건설하기 위해 봉기하자고 농민들을 선동하였다.[288]

이와 관련하여 박은식(朴殷植, 1859-1925)은 『한국통사(韓國痛史)』에서 "우리나라에는 『정감록』이라는 비기(秘記)가 전하는데, 곧 예언의 으뜸으로 여겨져 국민들에게 보급되었다. 그 안에는 '이씨(李氏)의 국운(國運)은 5백 년으로 끝나고 진인(眞人)이 대신 일어날 것이다.'라는 말과 '이로움이 궁궁을을(弓弓乙乙)에 있다.'라는 말이 있었는데, 동학(東學)이 그 뜻을 취하여 자신들의 주장으로 삼았다."라고 주장했다.[289]

285 동학농민혁명참여자 명예회복심의위원회, 「갑오척사록(甲午斥邪錄)」, 『동학농민혁명 국역총서』 3 (2008), 326쪽.

286 『주한일본공사관기록』 1권(국사편찬위원회, 1991), 14면, 「박봉양경력서」, 『동학난기록』 하, 519면, 『영상일기(嶺上日記)』, 『동학농민전쟁사료대계』 2권(여강출판사, 1994), 282면, 김윤식, 『속음청사』 상(국사편찬위원회, 1971), 311면 등을 참조하시오.

287 『주한일본공사관기록』 6권(국사편찬위원회, 1991), 24면.

288 『주한일본공사관기록』 6권(국사편찬위원회, 1991), 25면.

289 吾國有秘記流傳, 曰鄭鑑錄, 卽預言之大宗, 而普及于國民者也. 其言有曰, 李氏國運終五百年, 而眞人代興, 又曰, 利在弓弓乙乙, 東學取其義, 而飾其詞. 박은식, 『한국통사』[대동편역국(大同編譯局), 1915], 42면.

③ 소년 진인출현설과 남조선신앙

매천 황현의『오하기문』에 다음과 같은 내용이 있다.

　　4월 18일 (…) 적들은 함평에 있으면서 진세를 펼치고 기예를 과시하여 눈을 어
지럽게 하였다. 평민이 선두에서 나이 십사오 세쯤 된 아이 한 명을 업고 진 앞에
나섰는데, 아이는 푸른색 홀기를 쥐고서 마치 지휘하는 것과 같았고 그 뒤를 뭇 적
들이 뒤따라왔다. (…) 진세를 배열하였는데, 모두들 어린아이가 잡고 있는 푸른색
기가 지시하는 것을 쳐다보았다. 대개 적들은 어린아이 중에서 키가 작고 교활한
아이를 뽑아서 진중에 두고 며칠 동안 미리 어떤 진을 펼칠 것인가를 가르치고는
그럴싸하게 신동이라고 하여 보고 듣는 사람들을 현혹시켰다. 이는 전단(田單)이[290]
신령스러운 장수를 받들었던 지모인데 어리석은 백성들은 이것도 모르고 참으로
신인(神人)인 줄 여겼다.[291]

　　위의 인용문과 관련하여 동학농민전쟁 때 "동도대장군(東徒大將軍)은 이씨
로 14세이지만 천문과 지리에 능통하고 남조선(南朝鮮)에서 나왔는데, 정병 10
만 명이 뒤따라온다."는 소문도 있었다.
　　『주한일본공사관기록』문서에[292] 다음과 같은 내용이 있다.

　　"너희들의 괴수는 어떤 사람이냐?"라고 묻자, 답하기를 "동도대장군(東道大將軍)
이씨(李氏)입니다. 나이는 14세이지만 위로는 천문(天文)에 통했고, 아래로는 지리(地

290　중국 전국시대 제나라 장수이다.

291　四月十八日 (…) 賊在咸平郡擺陣, 夸藝眩耀, 平民先負小兒年可十四五者一人, 出在軍前. 兒持藍色笏旗,
似指麾狀, 諸賊隨行, 先吹胡笛, 次仁字義字旗一雙, 次禮字智字旗一雙, 次白旗二, 一署普濟, 一署安民
昌德, 皆篆書. 次一黃旗, 楷書普濟衆生, 餘旗各標邑名. 次甲冑騎馬舞劍者一, 次持劍步行者四五雙, 次
大吹打着紅團領者二人. 次二人又吹胡笛, 次一人戴折風帽, 持紅傘. 身穿道服乘驢以行而穿夾袖衣戴折
風帽持雨傘. 騎而周繞者六人次之, 兩行萬餘銃手, 皆着巾裹頭, 巾五色不一. 銃後持竹槍, 其步武折旋,
或作之字或口字. 排列陣勢, 皆膽小兒藍旗所指, 蓋賊擇童子短小黠狡者, 置陣中, 逐日預敎作何陣. 假稱
神童, 以惑觀聽, 乃田單奉神師之餘智, 而愚民不悟, 以爲眞人云.『오하기문(梧下記聞)』수필(首筆) 황
현 지음, 김종익 옮김,『번역 오하기문』(역사비평사, 1995), 86쪽.

292　문서제목은 (12) 동학당휘보(東學黨彙報)이고, 문서번호는 발제(發第) 94호와 발제(發第) 95호이며,
원산영사(元山領事) 발제(發第) 59호 외무성(外務省)이며, 발송일은 1894년 5월 21일이고, 발송자는
임시대리공사(臨時代理公使) 삼촌준(杉村濬)이며, 전라도감사와 초토사의 합계(合啓) 대개(大槪)이다.

理)에 통달했으며, 중간으로는 인간 세상의 화복을 다스립니다. 또 두 사람의 원수 (元帥)가 있는데, 한 사람은 정씨(鄭氏)이고 또 다른 사람은 서씨(徐氏)로서 모두 영웅 입니다."라 했다. (…) 동도대장군 이씨가 남조선(南朝鮮)에서 나오면 정병 10만 명이 그 뒤를 따라 나올 것입니다. 그들이 (세상의 악한 것들을) 없애기 시작하면 난신 들에게는 (낙엽이 지는) 가을과 같을 것입니다.[293]

인용문은 정씨 진인출현설이 아니라 이씨 진인출현설을 주장하고 있다. 그런데 이씨가 모시는 원수 가운데 한 명이 정씨라는 점에서 역시 정씨 진인 출현설의 변형으로 보인다. 여기서 주목되는 점은 "동도대장군 이씨가 남조선 에서 나오면 정병 10만 명이 그 뒤를 따를 것"이라는 주장이다. 이는 전형적인 남조선신앙과 진인출현설이 결합된 형태다. 동학군의 심문 과정에서 이러한 기록이 보인다는 점에서 당시 동학의 남조선신앙이 동학군을 결집시키는 기 폭제 역할을 했다는 점을 확인할 수 있다.

그리고 동학농민혁명 당시 전설에 의하면 전봉준의 부하 가운데 7세의 신 동(神童)과 14세의 신동이 있어 많이 도와주었다고 한다.[294]

이른바 14세 신동으로 신격화했던 동장사(童壯士) 이복용(李福用)이 부상을 입고 관군에게 잡혀 참수되고 말았다.[295] 갑오년 5월 3일 전주(全州) 용두현(龍頭 峴) 서봉(西峰) 전투 때 김순명(金順明)과 어린 장수인 이복용이 잡혀서 참수되었 던 것이다.[296]

---

293 問曰, 汝之魁首何人? 答云, 東道大將軍李也. 年纔十四歲, 上通天文, 下達地理, 中辨人間禍福. 且有兩 元帥, 一曰鄭, 一曰徐. 皆英傑, 雖古之著名良將, 莫過於此也. 東道大將李氏, 自南朝鮮出來, 而精兵十 萬, 踪後出來矣. 爲之剿滅亂臣之秋也. 『주한일본공사관기록』 1권, 발(發) 제94호, 343면.

294 오지영 저, 이장희(李章熙) 교주본(校註本), 『동학사』(박영사, 1974), 144쪽.

295 (갑오년) 5월 3일 적은 북문으로 나왔다. 선봉에 선 이복룡은 커다란 깃발을 세우고 유안대를 거쳐 황 학대를 지나 곧바로 완산으로 올라갔다. 이들은 마치 굴비를 꿰듯 한 줄로 늘어서서 진격하였으므로 (…) 복룡이 포탄에 맞아 거꾸러졌으나 죽지는 않았는데, 경군이 재빨리 달려가 복룡의 목을 베어버렸 다. (…) 五月初三日, 賊出北門, 先鋒李伏龍, 建大旗, 自剿安臺, 過黃鶴臺, 直上完山, 魚貫以進. (…) 伏龍中丸斃未殊, 京軍馳斬之. 『오하기문(梧下記聞)』 수필(首筆) 황현 지음, 김종익 옮김, 『번역 오하 기문』(역사비평사, 1995), 100쪽. 이외에도 『양호전기(兩湖電記)』, 5월 7일조에 거의 같은 내용이 실려 있다. [최현식, 『갑오동학혁명사』(향토문화사, 1980), 95쪽.].

296 「전라감사 김학진이 올린 계초」, 『수록(隨錄)』 동학농민혁명참여자 명예회복심의위원회, 『동학농민혁

『남유수록』에도 동학군의 모사(謀士)인 소년 장수 복용(福用)이 참수당했다고 전한다. 당시 전주성에는 모사(謀士)인 5세 아이와 14세 아이가 있었는데 먼저 성을 나가면서 "이 성을 지키는 것은 반드시 죽게 되는 계책이다."라고 말했다고 한다.[297]

한편 무신(武神)이 강림했다는 13세의 소년 장군이 몸에 홍포(紅袍)를 입고 장검과 죽창을 좌우에 쥐고 진두에서 대담한 활약을 보여 동학군의 사기를 고무하고 관군을 괴롭혔는데, 당시 동학농민군은 그를 천강홍의장군(天降紅衣將軍)이라고 불렀다.[298] 기존의 참위설을 이용하여 군중심리를 자극하여 용기를 불어넣고 행동에 나서도록 고무시킨 것이다.

1894년 8월에 전라도 운봉(雲峰)에 살던 박봉양(朴鳳陽)이 지은 「박봉양경력서(朴鳳陽經歷書)」에 전라도와 경상도 각 읍에 돌린 다음과 같은 격문이 실려 있다.

지나가면서 노략질하는 것은 적미(赤眉)보다[299] 심하며, 참람되게 행동하는 것은 황건적(黃巾賊)보다 지나치다. 혹은 어린아이에게 홍포(紅袍)를 입혀 군대의 앞에 신고 다니며 거짓된 말을 하니 입에 담을 수가 없고, 혹은 바위에 고전(古篆)을 새겨 거짓으로 비결을 지어 잘못된 설을 퍼뜨리니[300] 귀로 차마 들을 수가 없다.

그 무리들을 속이고 대궐에 글을 올릴 때 자칭하여 계경(鷄京)의[301] 유생이며 서추틈(徐僉閏)으로 개명하였다고 했으나 실은 정씨(鄭氏)이다. 심지어 깃발에 특별히

명 국역총서(3)』(2008), 38쪽. 『동비토록(東匪討錄)』5월 4일조에도 5월 3일에 김순명과 14세 소년 장사 이복용이 잡혀 죽었다고 기록했다. 5월 10일의 기록에는 김순명과 이복용은 물론 선봉인 정장군(鄭將軍)과 곽장군(郭將軍) 등도 잡혀 죽었다고 한다. 동학농민혁명참여자 명예회복심의위원회, 『동학농민혁명 국역총서(3)』(2008), 134쪽, 142쪽.

297 동학농민혁명참여자 명예회복심의위원회, 『남유수록』, 『동학농민혁명 국역총서』4(2008), 210-211쪽.
298 김상기, 『동학과 동학난』(한국일보사, 1975), 156-157쪽. 김상기는 홍의장군과 이복용을 동일 인물로 추정한다.
299 적미는 중국의 왕망(王莽)이 세웠던 신(新)나라 말기에 농민반란을 일으킨 인물이다. 후에 후한(後漢)의 광무제가 된 유수에게 평정되었다.
300 계사년(1893)에 손화중 등이 고창 선운사의 절벽에 새겨진 불상에서 비결을 꺼냈다는 이야기를 가리키는 듯하다.
301 번역본에는 경주(慶州)로 풀이했지만, 의미상 계룡산에 세워질 정씨 진인의 도읍지를 가리키는 말로 보아야 할 것이다.

'팔유대부(八酉大阝)'라고 썼으며, 서추틈의 기이한 형상을 일컬어 닭 벼슬과 용 비늘(鷄冠龍鱗)의 모습이라고 하였다. 어리석은 백성들을 선동하면서 꺼리고 두려워하는 바가 없으니 (…)[302]

박봉양의 격문에 나오는 팔유대부(八酉大阝)는 정(鄭) 자의 파자(破字)이다. 동학군이 깃발에 정씨를 상징하는 파자를 적었다는 것은 정씨 진인이 출현하기를 기다린다는 뜻이다. 한편 1892년에 동학도들이 광화문에서 올린 복합상소는 서병학과 서장옥 등이 주동했다. 인용문의 내용에 따르면 당시 이들이 진인(眞人) 정씨(鄭氏)로 믿어졌을 가능성이 있다. 서씨라고 주장했지만 실제 성은 정씨이며, 그의 모습이 왕이 될 풍모를 지녔다고 선전했던 것이다.

동학군은 황토현 전투 이후 영광에서 대오를 정비한 다음 어린아이에게 붉은 옷을 입히고 앞세웠는데 이 아이를 이인(異人)으로 받들었다. 이에 대해서는 『영상일기(嶺上日記)』의 다음과 같은 기록이 전한다.

전녹두는 (…) 은밀히 고부 아전의 14-15세가 된 어린이를 선발하였는데, 장두(狀頭)라고 부르고, 혹 노새를 타고 앞 선두에 서게 하였다. 군진에 임했을 때는 그 아이에게 지휘하게 하고 정가(鄭家)의 신동(神童)이라고 사특하게 칭하였다. 어리석은 백성들이 미혹되어 추종하는 자가 더욱 많아졌다.[303]

전봉준이 14세가량 되는 소년을 선발하여 동학군의 선두에 세우고 군대를

---

302 天倫墮地, 所過擄掠, 逾於赤眉, 敢行僭逆, 浮于黃巾, 或裝小兒以紅袍, 載行軍前, 而詐言口不可道, 或埋古篆於石崖, 假作秘訣, 而訛說耳不忍聞, 誑惑其黨, 上言北闕, 自稱鷄京儒生, 改姓徐酋閭云, 其實鄭氏. 甚至於特書旗面, 以八酉大阝號, 徐異狀曰鷄冠龍鱗. 煽動愚民, 無所忌畏, (…) 동학농민혁명참여자 명예회복심의위원회, 「박봉양경력서(朴鳳陽經歷書)」, 『동학농민혁명 국역총서』 3(2008), 253쪽. 이 자료는 박봉양이 농민군을 방어한 내용을 기록한 공적서로서, 군공조사위원총대(軍功調査委員總代) 권재형(權在衡)에게 제출한 것이다. 박봉양은 이서 출신으로 주서(主書) 벼슬을 얻었는데, 당시 운봉에 살면서 창의소를 설치하고 민보군을 조직하여 동학농민군과의 여러 차례 공방전을 벌여 승리로 이끌었으며, 2차 봉기 때에는 김개남이 북상하자 남원을 점령하는 공을 세우기도 하였다.

303 田彔頭 (…) 選古阜吏童, 年至十四五者, 號稱仗頭, 或乘驢子, 使之前行. 臨陣之時, 使之指揮, 邪稱鄭家神童. 愚民迷惑, 趨附益甚. 김재홍, 『영상일기』, 『동학농민혁명 국역총서』 5(동학농민혁명참여자 명예회복심의위원회, 2009), 28-29쪽. 원문의 전(田)은 전(全)의 오기이며, 장(仗)은 장(狀)의 오기이다.

지휘하게 했으며, 그를 가리켜 '정가의 신동'이라고 불렀다는 사실은 정씨 진인출현설을 굳게 믿은 결과였다. 이 외에도 진인이 전씨(全氏) 성을 지닌 소년으로 알려진 경우도 있었다.[304]

④ 동학군의 전내패(奠乃牌)

동학군이 궁을(弓乙)이라는 노래를 지어 참서(讖書)를 따랐으며, 전내(奠乃), 즉 정(鄭)의 파자를 패로 만들어 찼다고 한다. 경상도 진주의 유생이었던 한약우(韓若遇)가 지은 『백곡지(柏谷誌)』에 갑오년(1894) 말에 다음과 같은 내용이 보인다.

> 또한 이때에 참서(讖書)가 성행하여 궁을(弓乙)이라는 참서가 있었는데, 동학에서 궁을의 노래를 지었다. 전내(奠乃)의 참서가 있었는데, 동학에서 전내(奠乃)의 패(牌)를 만들었다. 그래서 백성 중에 제법 육갑(六甲)을 아는 자가 한꺼번에 동학에 들어갔다.[305]

한약우는 동학이 궁을(弓乙)의 노래를 지은 것은 『궁을』이라는 참위서가 있었기 때문이라고 주장한다. 현전하는 『정감록』류의 비결서에는 『궁을』이라는 이름의 예언서는 찾을 수 없다. 전내(奠乃), 즉 정씨(鄭氏)를 상징하는 글자 이름의 참위서도 존재했다는 주장은 현재로서는 확인할 수 없는 내용이다.

그런데 이 부분은 참위서라기보다는 참언(讖言)으로 해석해야 옳을 듯하다. 참위서의 제목이 아니라, 참위의 내용을 표현한 것으로 보아야 할 것이다. 어쨌든 동학군이 정씨 진인을 상징하는 전내라는 글자를 새긴 패를 만들어 찼다는 주장은 정씨 진인출현설을 신봉했기 때문이다. 이 때문에 진인출현설에

---

304 『주한일본공사관기록』 1권(국사편찬위원회, 1991), 31면.

305 時讖書盛行, 有弓乙之讖, 東學作弓乙之歌. 有奠乃之讖, 東學作奠乃之牌. 是以凡民之粗識六甲者, 一齊沒入. 한약우, 『백곡지』, 『동학농민혁명 국역총서』 6(동학농민혁명참여자 명예회복심의위원회, 2009), 560쪽.

대해 한 번이라도 들어본 적이 있는 사람은 앞을 다투어 동학에 입도했다고 한다.

그리고 한약우는 동학은 부자를 누르고 가난한 자를 도왔기 때문에 빈민들이 많이 동학에 입도하였고, 부적과 정화수로 병을 치료할 수 있다고 주장하여 병자들이 동학에 많이 들어갔고, 우리말로 설교를 했기 때문에 부녀자도 동학에 많이 입도했다고 평가했다.

또 이면재(李冕宰)의 『갑오일기(甲午日記)』 1894년 7월조에 다음과 같은 기록이 있다.

> 이때에 동학이 크게 일어나니, 시골 마을에 사는 주민들이 새로 동학에 많이 가입하여 (…) 혹시 술법(術法)을 쓸 때에는 갑자기 주문(呪文)을 외우고 개구리처럼 뛰는 모양이 가장 볼만한 광경인데, 이를 '강신(降神)'이라 하였다. 그들은 모두 허리춤에 '전내패(奠乃牌)'를 차고 있다. [306]

위의 인용문은 충청도 중원군(中原郡) 살미면(乷味面) 무릉동(武陵洞)에 모여든 동학군이 허리춤에 '전내패(奠乃牌)'를 차고 있었다는 내용이다. 전내(奠乃)는 정(鄭)의 파자(破字)로 정씨 진인을 상징하는 말이다. 따라서 동학군이 전내패를 차고 있었다는 말은 정씨 진인출현설을 굳게 믿고 있었으며, 스스로를 정씨 진인의 군대로 인식하고 있었다는 말이다.

이와 관련하여 동학에 입도할 때에 하늘에 제사를 지냈으며, 입도하면 닭고기와 개고기를 먹지 못하게 금했고, 전내패를 만들어 차고 다녔다는 다음과 같은 『오하기문』의 기록이 전한다.

> 입도할 때는 반드시 하늘에 제사를 지내는 의식이 있었는데, 제물로 맑은 술과

---

306 時東學大熾, 鄕黨居民, 無不新入, (…) 或用術時, 則輒咀呪, 又善躍如蛙, 最爲壯觀, 號曰降神. 見腰下, 皆佩奠乃牌. 이면재, 『갑오일기』, 『동학농민혁명 국역총서』 6(동학농민혁명참여자 명예회복심의위원회, 2009), 323쪽. 『갑오일기』는 충청도 청풍(淸風)의 선비 이면재가 자신의 견문을 기록한 것이다.

물고기, 과일 등 세 접시만 쓰도록 하였고, 닭과 개고기는 먹지 못하게 금하였다. 개고기는 더러운 고기로 여겼고, 닭은 계룡산 정씨들이 장차 흥기할 것이므로 왕기(王氣)를 상하게 할까 두려워 기피한 것이다. 또 반드시 용신(龍神)에 제사를 올려 산맥을 보호하였다. 전내패(奠乃牌)를 만들어 차고 다녔는데, 무리가 많아진 다음에는 반드시 패를 차지는 않았다. 패를 찬 것은 그들이 동학의 가르침을 따른다는 의미였다.[307]

전내패가 동학에 입도한 상징으로 이용되었으며, 초기 동학의 주요 입문 의례였다는 사실이 확인되었다. 동학군이 닭고기를 먹지 못하게 금지한 것은[308] 계룡산에 정씨 진인이 도읍할 것이라는 진인출현설을 믿었기 때문이다.

전봉준은 공주(公州)로 진격하면서 부하들에게 동학의 거사는 계룡산의 정기를 받았으니 닭고기를 먹지 말라고 명하고 개고기를 먹으면 정신이 흐려지니 먹지 말라고 지시했다. 이는 도참설에 근거했지만 동학군이 마을에 들어가 개와 닭을 잡아먹지 못하게 하는 효과를 가져왔다. 닭과 계룡산을 연결시켜 이제 정씨가 장차 흥왕할 것이므로 닭고기를 먹으면 왕기(王氣)를 손상시킨다고 풀이한 것이다. 즉 계룡산에 정씨 진인이 도읍을 정하고 새 왕조를 열 것이라는 예언을 믿고, 혹시라도 왕기를 해칠 경우를 염려하여 닭고기까지도 먹지 말라고 명령했던 것이다.

이와 관련하여 한약우(韓若愚)가 지은 『백곡지(柏谷誌)』에도 동학군이 가리는 음식에 닭이 포함되었다고 진술한다.[309]

---

307 其入道也, 必祭天, 醴酒魚果止三豆, 禁不喫雞狗, 以狗醜肉也, 雞則, 雞龍山鄭氏將興, 恐傷王氣, 必祭龍神, 以佐山脈, 作奠乃牌, 佩之, 衆旣盛, 不必佩, 牌其從學也. (…) 황현의 『오하기문(梧下記聞)』 수필(首筆) 이에 대해 김종익은 "제물을 올릴 때는 패(牌)를 만들어 차고 의식을 행하였는데, 추종하는 무리가 많아진 다음에는 꼭 패를 차고 의식을 집전하지는 않았다."라고 해석하였다. 황현 지음, 김종익 옮김, 『번역 오하기문』(역사비평사, 1995), 130쪽. 이는 전내패와 관련된 다른 자료를 보지 못했기 때문에 생겨난 오역으로 여겨진다.

308 또한 저들이 꺼려서 먹지 않는 것들이 개와 닭이다. 만약 개와 닭을 기르는 집이 있으면 이것으로 트집을 잡아 공연히 시비를 건다. (…) 동학농민혁명참여자 명예회복심의위원회, 「피난록」, 『동학농민혁명 국역총서』 4(2008), 326쪽.

309 가리는 음식은 닭, 개, 술, 밀가루였다. (…) 其所忌食, 鷄狗酒麵. (…) 한약우, 『백곡지』, 『동학농민혁명 국역총서』 6(동학농민혁명참여자 명예회복심의위원회, 2009), 559쪽. 『백곡지(柏谷誌)』는 경상

⑤ 동학군의 남조선신앙

동학군을 이끈 주요 인물 가운데 한 사람인 김개남(金開南, 1853-1895)의 원래 이름은 김기범(金箕範)이었는데, 꿈에 신인(神人)이 나타나 그의 손에 '개남(開南)'이라는 두 글자를 써 주었기 때문에 그렇게 개명했다고 한다.[310] 개남(開南)은 "남조선을 개벽(開闢)한다."는 뜻이라고 전한다.

1891년 해월 최시형이 전라도 일대에 순행하며 포덕에 열중할 때 김개남은 동학에 입교하였다. 그 뒤 그는 각종 집회에서 주도적 역할을 한 강경파로 부상한다. 1894년 연합 전선이 형성되어 본격적인 봉기가 전개되자 그는 대장 전봉준 다음 서열인 총관령이 되었다.

전주에서 농민군이 퇴각할 때 김개남은 전라좌도인 지리산 지역으로 진출했다. 당시 그의 지휘권은 남원을 중심으로 임실, 장수, 무주 등지였다. 김개남이 남원에 웅거하고 있을 때 노비, 백정, 승려, 장인, 재인 등을 중심으로 한 천민 부대를 거느리고 있었다.

고종 31년(1894) 9월의 동학군 2차 봉기 때 김개남은 비결서의 "남원에 60일간[311] 머물러야 된다."는 이야기를 믿고[312] 주력 부대인 전봉준군과 합류하지 않고 부대를 움직이지 않았을 정도로 비결신앙에 심취했던 인물이었다. 이와 관련하여 황현의 『매천야록』 권 2에 "적당(賊黨)은 참언(讖言)을 핑계 대며 남원에 60일 동안 유진(留陣)했다."라는 기록이 전한다.[313] 그리고 김개남이 남원

도 진주의 유생이었던 한약우(韓若遇)가 1895년에 지은 기록이다.

[310] 태인접주 김개남은 도강 김씨로 원래 이름은 기범(箕範)이었다. 그는 스스로 말하기를 "꿈에 신인(神人)이 나타나 손바닥에 개남(開南)이라는 두 글자를 써주었다."라 하고 이름을 개남으로 고쳤다. 箕範自言, 夢有神人, 署開南二字於掌中, 遂自號開南. 국사편찬위원회, 『매천야록』 권 2(탐구당, 1971), 158면과 황현 지음, 허경진 옮김, 『매천야록』(한양출판, 1995), 212쪽.

[311] 매천은 "적당들이 '남원에 진 치고 60일을 머물러야 한다.'는 참언을 퍼뜨려, 드디어 소굴을 만들려는 계획을 세웠다."고 증언한다. 국사편찬위원회, 『매천야록』 권 2(탐구당, 1971), 158면. 어떤 비결인지 밝혀져 있지 않아서 당시의 상황에 대해서는 자세히 알 수 없지만, 김개남은 1894년 음력 8월 25일(양력 9월 24일)에 임실에서 남원으로 들어갔으며 음력 10월 14일에 남원을 출발하여 전주로 향하여 정확히 49일 동안 남원에 머물렀다. 신용하, 『동학과 갑오농민전쟁연구』(일조각, 1993), 296쪽과 314쪽.

[312] 김개남이 참서(讖書)에 예언한 시기만 기다렸다는 기록이 전한다. 『갑오약력(甲午略歷)』, 74면.

[313] 賊以讖稱, 留陣南原六十日. 임형택 외, 『역주 매천야록』 상(문학과 지성사, 2005), 401쪽.

에 있을 때 안남국(安南國)을 세우고 자신을 개남왕(開南王) 혹은 개남국왕(開南國王)이라고 칭했다는 주장도 있다.[314]

실제로 김개남은 8월 25일부터 10월 14일까지 정확히 49일 동안 남원에 머문 뒤 북상을 시도했다. 아마도 그는 "남(南)에서 진인(眞人)이 출현한다."는 비결을 자신에게 맞추어 해석했을 것이며, 당시에는 이러한 이야기가 상당한 설득력을 가지고 널리 알려지고 믿어졌던 것이다.

최봉길(崔鳳吉, 1853-1907)의 『세장년록(歲藏年錄)』에 다음과 같은 기록이 전한다.

> 김기범이라는 자가 개남왕(開南王)이라고 참칭하고, 남원부를 분할하여 점거하였다고 한다.[315]

위 인용문은 김기범, 즉 김개남이 '남조선을 열 임금'을 자처했다는 기록이다. 이 외에도 박주대의 『나암수록』에 다음과 같은 내용이 보인다.

> 전라감사 김학진이 올린 장계에 계하한 내용을 보니, "남원부에 모인 비적이 5-6만 명이나 되는데, 각각 무기를 가지고서 날뛰고 있고, (…) 이때 호남의 동학 괴수 김개남이 군사 수만 명을 거느리고 전주를 점거하고 칭호를 참칭하고, 좌상(左相) 우상(右相)과 육조(六曹)의 장관을 설치하고, 붉은 일산을 쓰고 8인이 메는 교자를 탔다. 그리고 연호를 개남(開南)이라고 하였다. 선봉대장 전봉준과 손화중은 푸른 일산을 쓰고 8인이 메는 교자를 타고 수만 명을 거느렸는데, 한 갈래는 공주 금강에 다른 한 갈래는 공주 이인에 도착하였다.[316]

---

314 그러나 확실한 근거를 제시하지 않고 제기된 주장이다. 장영민, 앞의 책, 555쪽.

315 金琦範云者, 僭稱開南王, 割據南原府云. 최봉길, 『세장년록』, 『동학농민혁명 국역총서』 6(동학농민혁명참여자 명예회복심의위원회, 2009), 381쪽. 『세장년록』은 경산도 김산군(金山郡) 조마남면(助馬南面) 안서동(安棲洞) − 현 금릉군 조마면 신안동 − 의 화순(和順) 최씨가(崔氏家)에서 5대에 걸쳐 써 내려온 가승일기(家乘日記)의 일부이다. 필사본 2권 2책으로 되어 있다.

316 全羅監司金鶴鎭, 狀本啓下者, 則南原府聚會之匪徒, 爲五六萬, 各持兵器, 日夜跳踉, (…) 是時, 湖南東魁金盖南, 率兵幾萬, 據全州僭稱號, 置左右相六曹長官, 紅傘八人轎. 而開元開南. 先鋒大將全奉孫和仲, 幷靑傘八人轎, 率萬兵, 一枝到公州錦工, 一枝到公州和(利)仁. 박주대, 「갑오(甲午) 9월 신식절목(新式節目)」, 『나암수록』, 『동학농민혁명 국역총서』 6(동학농민혁명참여자 명예회복심의위원회, 2009), 465쪽.

김개남은 왕이고 전봉준과 손화중은 선봉대장으로 표현했다는 점이 흥미롭다. 주목을 끄는 것은 김개남이 육조의 장관을 임명하고 '남조선을 연다.'는 의미의 개남(開南)을 새로운 왕조의 연호로 사용했다는 점이다.

한편 이범석(李範奭, 1862-?)의 「경란록(經亂錄)」에 다음과 같은 기록이 전한다.

이에 역적이 곧 다시 크게 기병(起兵)하고 각 군을 소탕하고 승승장구 진격하여 전주성에 들어가 거점으로 삼고, 스스로 국호(國號)를 세우고 자칭 왕호(王號)를 사용하였다. [317]

동학농민군이 전주성을 점령했을 때 "스스로 국호를 세우고, 스스로 왕호를 칭했다."는 기록은 다른 기록에는 보이지 않는다.

1894년 9월 2차 봉기가 일어날 때 김개남은 전봉준의 공주 공격에 합류하지 않았다. 그는 강력한 직속 농민군을 이끌고 10월에 장수, 금산, 진잠을 거쳐 청주와 병원 공격에 나섰지만 실패했다. [318] 그는 11월 13일 청주성 전투에서 패한 뒤 남쪽으로 후퇴했다가 12월 1일 전라도 태인에서 관군에 붙잡혀 죽임을 당했다.

⑥ 동학의 도참설 유포에 관한 보고들

1894년 4월에 선무사(宣撫使) 어윤중(魚允中)이 올린 장계(狀啓)에 다음과 같은 내용이 있다.

저 무리를 따라온 사람들은 스스로 모인 이후 날마다 수천 개의 계획이, 마치 물이 계곡에 넘치고 불이 언덕을 태우는 것과 같이, 쏟아져 나와 막을 수가 없었습

---

317 田賊, 旋復大起兵, 掃蕩各郡, 長驅大進, 入據全州城, 自建國號, 自稱王號. 이범석, 「경란록」, 『동학농민혁명 국역총서』6(동학농민혁명참여자 명예회복심의위원회, 2009), 61쪽. 「경란록」은 충청도 아산에 살았던 이범석이 1860년대부터 1919년까지 일어난 사건들을 기록하고 평가한 글이다. 그의 문집인 『확재집(確齋集)』8권 4책 가운데 8권에 수록되어 있다.

318 이이화, 『발굴 동학농민전쟁 인물열전』(한겨레신문사, 1994), 84-89쪽.

니다. 처음에는 부적과 주문을 가지고 무리를 현혹시키고, 도참설을 전파하여 세상을 속이니, 마침내 재주와 기상을 믿었다가 일이 뜻대로 되지 않은 사람들이 그들을 따랐고, 탐욕이 멋대로 행해지는 것에 대해 분개하여 백성을 위해 생명을 내놓은 자들이 그들을 따랐으며, 바깥 오랑캐들이 우리의 이익의 원천을 빼앗는 것을 분하게 여겨 함부로 큰소리치던 자들이 그들을 따랐고, 탐욕스러운 장수와 속이 검은 아전에게 학대를 당하여도 억울함을 호소할 곳이 없었던 자들도 그들을 따랐습니다. 서울과 시골에서 무단(武斷)으로 협박과 통제를 받아 스스로 보전할 수 없었던 자들이 그들을 따랐고, 서울 밖으로 죄를 짓고 도망한 자들이 그들을 따랐으며, 감영과 고을에 의지할 수 없어 흩어져 살던 자들이 그들을 따랐고, 농사를 지어도 곡식을 남기지 못하고 장사를 하여도 이익을 남기지 못한 자들이 그들을 따랐으며, 어리석고 우매하여 소문만 듣고 동학에 들어간 것을 즐겁게 여기던 자들이 그들을 따랐고, 빚을 져 독촉을 이겨내지 못하던 자들이 그들을 따랐으며, 상민과 천민이 귀하게 되기를 원하는 자들이 그들을 따랐습니다.[319]

이어지는 기록에 "온 나라에 불평의 기운이 가득한 것을 모두 모아 하나의 단체와 마을을 만들어 놓고 팔을 걷어 붙이며 호언장담을 하고, 눈으로는 죽음을 단지 그냥 돌아가는 것처럼 여기며, 선비의 의관과 복장을 하여 비록 무기를 지니지 않는 듯하지만 성에 깃발을 꽂고 망을 보고 살피는 것은 자못 전쟁하는 기상이 있습니다. 부서가 서로 이미 정해져 행동거지가 어긋남이 없어 글을 하는 사람이 오면 글로써 접대하고, 무술을 하는 사람이 오면 무술로써 접대하여 스스로 판단하는 방법이 있으니, 함부로 무력을 사용해서는 아니 됩니다."라 했다.[320]

선봉장 이규태(李圭泰)도 다음과 같은 내용을 게시했다.

너희들은 도참설로 속이고 요괴함을 부추기고 어리석은 백성을 미혹시키고 윗사람을 능욕하고 병기를 훔치고 공공 기물을 약탈하였다.[321]

---

319 동학농민혁명참여자 명예회복심의위원회, 「취어(聚語)」, 『동학농민혁명 국역총서』 1(2007), 42쪽.

320 동학농민혁명참여자 명예회복심의위원회, 「취어(聚語)」, 『동학농민혁명 국역총서』 1(2007), 43쪽.

321 爾等譸張圖讖, 皷扇妖怪, 誘愚惑迷, 凌上犯長, 偸弄戒器, 掠奪公賄. 이규태(李圭泰), 「선봉진각읍료발

호남전운사로 임명된 이성렬은 "동비(東匪)들이 부적과 참언으로 사람을 유인하고, 소리쳐 당을 모아, 왜양을 물리친다고 거짓으로 이름하고, 수령의 탐학을 허물로 잡는 것"이라고 전쟁의 원인을 설명한다.[322]

『동비토록(東匪討錄)』 1894년 4월 15일자 전라감사의 비밀 전보의 내용에 다음과 같은 내용이 있다.

> 호남 우도(右道)의 여러 읍은 빈 곳과 같아서 만약에 조정에서 특별히 안무(按撫)하는 방도를 내리지 않는다면, 지혜로운 자도 다스리기 어려울 것입니다. 저들이 부적과 도참(圖讖)으로 사람을 유혹하고 서로 불러서 무리를 모으며, 거짓으로 왜와 양을 배척한다는(斥倭斥洋) 명분을 내걸고 수령의 탐학에 허물을 두었습니다.[323]

1894년 4월 고부성(古阜城)을 함락했을 무렵 동학도들은 "국운이 다했고 천명(天命)이 장차 새로워질 것이라고 외치면서, 거짓으로 대장(大將)을 세우고 재상(宰相)으로 자처하였다."고 전한다.[324]

1894년 5월에 작성된 『주한일본공사관기록』에도 다음과 같은 내용이 보인다.

> 대체로 저들은 부적(符籍)과 참서(讖書)로 사람들을 유인하여 일당(一黨)을 만들고, 왜병(倭兵)과 양인(洋人)을 배척한다는 명분을 내세우고 수령들이 탐학(貪虐)을 한다고 허물을 잡고 있으니 이것은 일조일석(一朝一夕)의 연고가 아닙니다.[325]

관급감결(先鋒陣各邑乙發關及甘結)」,『동학농민혁명사료총서』 16권)은 1894년 12월 12일부터 1895년 2월 4일까지 선봉장 이규태가 동학농민군을 소탕하기 위해 충청, 전라도 각 지역을 순회하면서 예하 각부대장과 각 군, 면, 동에 발송한 관문과 감결, 전령, 방시문 등을 수록한 자료다. 동학농민혁명참여자 명예회복심의위원회, 「순무사방시문(巡撫使榜示文)」,『동학농민혁명 국역총서』 8(2010), 297쪽에도 비슷한 내용이 실려 있다.

322 『일성록(日省錄)』, 1894년 5월 13일.

323 1894년 4월 15일 진시 전라감사의 비밀 전보, 동학농민혁명참여자 명예회복심의위원회,『동학농민혁명 국역총서(3)』(2008), 107쪽.

324 동학농민혁명참여자 명예회복심의위원회, 「토비대략(討匪大略)」,『동학농민혁명 국역총서』 3(2008), 374쪽. 『토비대략』은 경상도 상주(尙州)의 유생 김석중(金奭中)이 농민군을 토벌한 사실을 기록한 진중일기(陣中日記)이다.

양호우선봉장(兩湖右先鋒將)이었던 이두황(李斗璜, 1858-1916)이 1894년 10월 미원장터에 붙인 효유문의 내용에도 "(동학은) 평등을 거짓 칭하여 명분(名分)을 훼손시켰고, 기이한 말과 괴이한 행위로 어리석은 백성들을 현혹시키고 망령되이 기수(氣數)를 말하여 불궤(不軌)한 범죄를 저질렀다."고 했다.[326]

또 이두황은 「순무영방시문(巡撫營榜示文)」에서 동학이 도참설을 지어내어 사람들을 선동했다고 밝혔다.

너희들은 터무니없는 도참설을 지어내 남을 속이고 요망하고 괴이한 일을 선동하고 우매한 자들을 꾀어 미혹되게 하고, 윗사람과 어른을 능멸하고 범하고, 병기를 도둑질하여 공적인 재물을 약탈하고 성을 공격하여 아전을 해치는 등 이미 반역이 드러났다.[327]

갑오년(1894) 10월 21일에 상주(尙州) 각 읍에 내린 방문에도 다음과 같은 내용이 보인다.

옛날부터 하늘의 운행은 어려움이 많아 삿된 주장이 횡행하였으니 일종의 요사스러운 무리들이 동학이라 자칭하고 부적과 주문으로 속이고 도참(圖讖)을 전하여 어리석은 백성을 속이고 간악한 이들에게 법을 전했다. 몇 년이 지나자 그 무리가 점점 커져 명성과 위세가 방자한즉 불러 모은 자가 천만이나 되고, (…)[328]

---

325 『주한일본공사관기록』으로 전라도 전주에서 귀경(歸京)한 자의 직화(直話) 문서번호 발제(發第) 97호 부산총영사(釜山總領事), 발제(發第) 60호 외무성(外務省), 발제(發第) 56호 원산영사(元山領事)이며, 발송일은 1894년 5월 21일이다.

326 『양호우선봉일기(兩湖右先鋒日記)』, 『동학난기록』 상(국사편찬위원회, 1959), 11월 13일조. 『양호우선봉일기』는 순무영(巡撫營) 예하 선봉장(先鋒將) 이두황의 진중일기(陣中日記)로 1894년 9월 10일부터 1895년 2월 18일까지의 일기체 기록이다. 1894년 9월에 제2차 동학농민혁명이 발생하자 정부에서는 순무영을 설치하고 죽산부사(竹山府使) 이두황을 그 예하의 장위영령관(壯衛營領官)으로 임명하여 죽산(竹山), 안성(安城) 등지의 농민군을 토벌케 하였다.

327 爾等譸張圖讖, 破煽妖忙(妄), 誘愚惑迷, 凌上犯長, 偸弄戎器, 掠奪公賄, 攻城戕吏, 亂迹. 이두황(李斗璜), 『양호우선봉일기(兩湖右先鋒日記)』, 『동학농민혁명사료총서』 15권 동학농민혁명참여자 명예회복심의위원회, 「양호우선봉일기」 1894년 10월 21일, 『동학농민혁명 국역총서』 7(2010), 56쪽에도 같은 내용이 실려 있다.

328 徂玆天步多艱, 邪說橫流, 一種妖怪之輩, 藉稱東學, 譸張符呪, 傅會圖讖, 以誑誘愚俗, 傅法莠民. 積有年

갑오년(1894) 11월 29일에 정의묵이 승정원에 올린 계문에도 동학의 도참 신앙에 대한 언급이 있다.

대저 일종의 요괴의 무리들이 동학을 창도하였는데 부적과 주문으로 (백성을) 기 만하고 도참설을 퍼뜨리는 것으로 시작되었다. (그들은) 어리석은 백성들을 속이고 무리를 모아 날뛰고 설쳐 마침내 여러 성읍을 깨뜨리는 지경에 이르렀다. 군기(軍 器)를 약탈하고 패역이 지극하여 어지러운 형상이 이미 드러났으니, 이는 마땅히 모두 잡아 죽여 없이 하여야 할 것입니다.[329]

특히 1895년 음력 2월 11일에 있었던 전봉준에 대한 2차 신문에 다음과 같 은 내용이 있다.

"동학에 들어가면 능히 괴질을 면한다고 하는데 그러한가?"라고 물었다. 이에 전봉준이 "동학의 책에 말하기를 앞으로 3년 괴질이 있으니, 한울을 공경하고 마 음을 닦으면 피할 수 있다고 한다."라고 대답했다.[330]

동학의 예언에 앞으로 3년 동안 괴질이 발생할 것이라고 했던 사실을 다시 한 번 확인할 수 있다. 그 환란을 피하는 방법은 동학의 가르침에 따라 한울님 을 공경하고 마음을 닦는 공부에 있다고 믿었다. 결국 동학을 믿고 실천해야 만 난리를 피할 수 있다고 생각했던 것이다.

⑦ 관군의 비결신앙

한편 관군 측도 비결을 이용하여 동학군에 대항하려 했다는 기록이 있다.

紀, 及其黨與滋蔓, 聲勢鴟張則, 所在嘯聚千萬. 정의묵(鄭宜默)의 「소모사실(召募事實)」, 『동학농민혁 명사료총서』 11권.

329 夫何一種妖怪之徒, 倡出東學, 請張符呪, 傳會圖讖始也. 訛誘愚民, 聚黨晻突, 終至蕩燒城邑. 掠奪軍物, 悖逆愈甚, 亂形已著, 是宜勤捕戮減之無遺. 정의묵(鄭宜默)의 「소모사실(召募事實)」, 『동학농민혁명사 료총서』 11권.

330 問, 投入東學, 能免怪疾云, 然乎? 供, 東學書中云, 三年怪疾在前, 敬天守心可免矣.

충청도 홍주(洪州)에서 동학군 진압 활동을 벌였던 홍건(洪健)이 기록한『홍양기사(洪陽紀事)』1894년 8월 18일조에 당시 홍주목사였던 이승우(李勝宇)가 참문(讖文)을 유포하여 동학군을 교란시켜 해산시킬 계책을 내놓기도 했다. 이때 유포시킨 참문은 "청마(靑馬)는 90에 살기(殺氣)가 많아 검은 것을 숭상하는 자는 죽는다. 옛날 문생(文生)은 어떠하였는가? 해가 나오니 지금 그대와 나아가지 못하고 풀꽃에 떨어진다."는 내용이었다. 이들은 작은 조각의 나무를 도장처럼 만들어 참문을 새겨 수천 장을 찍어 충청도 유역에 퍼뜨렸다.[331] 그리고 필자가 미상인『피난록(避亂錄)』에도『홍양기사』와 비슷한 이야기가 전한다. 갑오년 초가을에 "갑오년 90일 동안 살기가 가득하니, 검은색을 숭상하는 자는 죽고 문을 아끼는 자는 살았다. 어떻게 그대와 해를 맞이할까? 땅에 떨어지지 않는 것은 화초뿐이다."라는 두 구절의 비결이 유행했는데 부절을 맞추듯이 잘 들어맞았다는 내용이 있는데, 비결에 대한 해석의 차이가 있을 따름이다.[332]

동학농민군 토벌을 지휘했던 강릉부사 이회원(李會源)이 지은『임영토비소록(臨瀛討匪小錄)』에 "'오대산이 10년 동안 적의 소굴이 된다.'는『정감록』의 말을 누가 허무맹랑하다고 했는가? 두 개의 면 — 내면과 봉평면 — 은 100리가 되는 산골짜기인데 곧 양산박(梁山泊)과 같은 소굴이 되었다."는 내용이 있다.[333] "오대산이 10년 동안 적의 소굴이 된다."는 내용은 현전하는『정감록』에서는 찾아볼 수 없는 내용이다.

또『토비대략(討匪大略)』1894년 12월 17일조에 보은 지역의 동학군을 야간에 기습하기를 꺼리는 일본 장교에게 김석중(金奭中)이 일본군과 합세하여 동학군을 공격할 때 한 다음과 같은 말이 전한다.

331 동학농민혁명참여자 명예회복심의위원회, 「홍양기사」, 『동학농민혁명 국역총서』 4(2008), 68-70쪽.
332 靑馬九十殺氣多, 如何日出方與子, 尙黑者死, 昔文生, 不向落草花. 동학농민혁명참여자 명예회복심의위원회, 「피난록」, 『동학농민혁명 국역총서』 4(2008), 374쪽.
333 동학농민혁명참여자 명예회복심의위원회, 「임영토비소록」, 『동학농민혁명 국역총서』 4(2008), 483쪽.

도참설에 이르기를, '속리산에 흰옷을 입은 적(賊)이 있으면 마고성(麻姑城) 아래 땅이 피로 가득 찬다.'라고 하였는데 지금 삼남(三南)의 극적(劇賊)이 때마침 모두 이곳에 모여 있다. 자고로 도참설은 믿을 것이 못 되지만 이치로써 추론하니 반드시 패할 것이 분명하다.[334]

위 인용문에 보이는 비결은 현전하는 『정감록』류의 비결서에는 보이지 않는 내용이다. 어쨌든 당시에 동학의 움직임과 관련하여 각종 비결과 연관 지어 보는 예가 많았음을 확인할 수 있다.

『시문기(時聞記)』 갑오년(1894) 12월에 다음과 같은 내용이 보인다.

12월에 동학군이 진멸되었다. (…) 이해 봄에 참서(讖書) 한 구절이 세상에 전해졌는데 "서리가 초목에 내린 후에 온 땅에 창이(蒼耳) — 도꼬마리 — 머리가 가득하리."라 했다. 해석하는 자가 말하기를 "의서(醫書)에 창이라는 이름이 있는데 이는 곧 도인(道人)의 머리를 뜻한다. 이제 동학군이 자칭 도인(道人)이라고 말하며, 만약 도인이라고 부르지 않는 자가 있으면 그들의 노여움을 받게 된다. 그러므로 세간에서 그 무리를 두려워하는 자들은 반드시 도인이라는 칭호로 부른다. 이것이 바로 동학군이 많이 죽으리라는 참언이 아니냐?"라 했다. 이러한 사실로 볼 때 이 참언을 지은 자는 아는 것이 있었다 할 만하다.[335]

위 인용문에 나오는 비결도 현전하는 『정감록』에는 보이지 않는다. 어쨌든 동학군에 대항하여 관군도 비결을 사용하여 동학군의 패망을 예언했다. 이는 당시 비결신앙이 관군과 동학군 모두에게 상당한 영향을 미쳤음을 짐작케 한다.

---

334 以圖讖則曰, 俗離山中白衣賊, 麻姑城下血滿地. 今三南劇賊, 適然都聚於此五也. 自古圖讖雖不足取信, 然以理推之, 必敗乃已. 『동학농민혁명사료총서』 11권. 동학농민혁명참여자 명예회복심의위원회, 「토비대략(討匪大略)」, 『동학농민혁명 국역총서』 3(2008), 405쪽. 『토비대략』은 경상도 상주의 유생 금석중이 상주에서 농민군 토벌을 위한 소모영(召募營)의 유격장(遊擊將)으로 임명되어 농민군을 초토한 진중일기(陣中日記)다. 1893년 4월과 1894년 4월부터 12월 28일까지의 사실을 수록하고 있다.

335 十二月東徒盡 (…) 是歲春, 有讖書一句, 浮傳于世曰, 霜落草木後, 滿地蒼耳頭. 釋者曰, 醫書中云, 蒼耳一名, 卽道人頭. 今東徒自稱道人, 若不以道人稱者, 輒逢彼之怒. 故世之畏其黨者, 必以道人稱. 此非東徒多死之讖乎? 以今觀之則, 作是讖者, 有知者云.

⑧ 일본의 동학군 예언사상에 관한 보고

『갑오조선내란시말(甲午朝鮮內亂始末)』이라는 자료 가운데 「현세기(現世紀)の 대세(大勢)」에 다음과 같은 내용이 있다.

혹은 이씨(李氏) 5백 년의 천하(天下)를 대신하는 것은 정씨(鄭氏)가 될 것이라고 하는 예언은 이제 틀림없이 진행되는 것 같고, 폭동 백성을 거느리는 영수의 윗자리에는 경상도 안동부에 거주하는 자를 추대하여 군중(軍中)의 일체 권력을 잡게 하고, 정가(鄭哥)는 진천주(眞天主)로서 스스로 자칭하여 다수의 무리들을 지휘해 자못 세력이 있으니 이와 같은 것은 견강부회하여 구태여 믿을 수 있는 것이 못 되나, (…)[336]

동학군이 봉기할 무렵에 이씨 왕조가 망하고 곧 정씨 왕조가 시작될 것이라는 예언이 널리 퍼진 상황에 대해 보고하고 있고, 동학군이 이러한 예언을 기초로 전쟁을 일으켰다는 내용이다. 그리고 동학군의 우두머리가 정씨라는 풍문이 퍼졌고, 그가 진짜 천주로 자칭하고 있다고 전한다. 동학군의 실제 두목이 정씨 진인이라는 진인출현설이 유포되고 있었고, 동학은 이에 부응한 혁명적 거사라는 점을 밝히고 있다.

한편 동학군은 태평가(太平歌)에서 "태평 세상 미래 5백 년을 노래 부르네. (…) 임금이 될 운수가 있는 참언이 있어 정씨(鄭氏)를 생각하네! (…) 동학의 도는 최부자(崔夫子)가 주장하였네! 마음에 세상을 구제하는 생각을 품고 서학(西學)의 재앙을 척결하네! (…)"라고 노래했다.[337] 동학군이 장차 5백 년 동안 새 왕조를 세울 정씨 진인을 출현하게 하는 결정적 거사를 일으킬 것이라는 주장

---

336 或は李氏五百年の天下に代るは鄭氏なるべしとの豫言は今や正に其進行に向ひつゝあるものゝ如く暴民の統領の上に尙は慶尙道安東府の住人なるものを推し軍中一切の權力を執らしめ鄭哥は眞天主を以て自ら居り黨衆を指揮し頗る勢力を有せりと是等は附會の臆說敢て信するに足らずと雖今日此等の言を出さしむるに至りたるは 함남일인(函南逸人) 편(編), 「갑오조선내란시말(甲午朝鮮內亂始末)」, 『동학농민혁명사료총서』 24-25권, 『동경조일신문(東京朝日新聞)』 1894년 5월 29일자(『동학농민혁명사료총서』 22-23권)에도 비슷한 내용이 실려 있다.

337 太平歌: 太平唱來五百年, 厝火積薪坐貪眠, 曆數有識思鄭氏, 八道無人解倒縣, 三南時聞杜鵑叫, 泰山欲呼寸膚雲, 半夜聞鷄誰唾手, 幾人撫枕氣愀然, 東學道主崔夫子, 心抱濟世斥西祆, 名高一代誠妄作, 十萬敎徒擔一肩. 길창왕성(吉倉汪聖)의 『천우협(天佑俠)』『동학농민혁명사료총서』 24-25권.

이 동학군 사이에서 불리던 노래를 통해 확인된다. 이들은 동학이 최수운에 의해 창도되었고 서학에 대항하여 제기된 체계라는 사실을 잘 알고 있었으며, 동학군이 실은 정씨 진인출현설을 믿고 거사했다고 강조하였다.

『동경조일신문(東京朝日新聞)』 1895년 5월 11일자에 다음과 같은 내용이 보인다.

> 삼읍(옥천, 영동, 청산)의 대통령(大統領)은 정시권(鄭時權)인데 "조선미래기(朝鮮未來記)에 이씨(李氏)가 망하고 정씨(鄭氏)가 흥한다는 말이 있어 맹신하는 자들이 많은데 이 자는 아직 체포되지 않았다."[338]

정씨는 올해 42, 43세의 남자라고 하는데, 구체적인 이름이 제기될 정도로 풍문이 사실적으로 전해졌던 사정을 알려준다. 역시 이씨가 망하고 정씨가 흥한다는 비결에 의지하여 동학군의 봉기가 이루어졌다고 보고한다.

『대판매일신문(大阪每日新聞)』 1894년 5월 22일자에는 정씨가 강원도에 살며 곧 강원도에 대궐을 짓고 왕위에 즉위할 것이라는 풍문이 떠돌았다는 기사가 있다.[339]

(5) 동학농민혁명기 이후 동학의 예언사상

동학의 제2세 교주 해월 최시형은 무술년(1898) 4월에 접주를 지낸 송경인(宋敬仁)의 밀고로 관군에 의해 체포되었다. 송경인은 송인회(宋寅會)와 함께 "계룡산왕(鷄龍山王) 할 자는 최해월(崔海月)"이라는 글귀를 옥석(玉石)에 새겨 보은 속리산 천황봉 아래에 묻어 놓고, 가만히 어떤 자를 시켜 그 산에 기도하다가 산신령의 현몽(現夢)으로 그 비결을 얻었다고 하며, 그것을 가지고 서울에 올라가 정부 측에 거짓 밀고했다고 전한다.[340] 계룡산에 새 왕조를 열 인물이 바로

---

338 右三邑の大統領は鄭時權なり(朝鮮未來記に李氏亡びて鄭氏興ると云ふ事あるよし之を以て妄信者の名けしものか此者は捕縛するを得ず) (…) 『동학농민혁명사료총서』 22-23권.

339 『동학농민혁명사료총서』 22-23권.

최시형이라는 밀고가 당시 정부 측의 주목을 받았던 것이다. 최시형이 체포되어 결국 형장의 이슬로 사라지게 된 이유 가운데 하나가 진인출현설이라는 점이 확인된다.

서장옥(徐璋玉, 1851-1900)은 호를 일해(一海)라고 하는데, 해월을 도와 동학의 의례와 제도 등을 많이 만든 인물이다. 그는 본래 불도(佛道)에서 30여 년 동안 수양했던 선객(禪客)으로 널리 알려졌으며, 도승(道僧), 이인(異人), 진인(眞人) 등으로 불렸다.[341] 그는 동학 남접파(南接派)의 우두머리로 인정되었으며,[342] 최시형과는 별도로 독자적인 조직 체계와 세력을 형성하였던 인물이다.[343] 서장옥 역시 진인이나 이인으로 믿어졌다는 사실은 동학이 진인출현설과 무관하지 않았음을 단적으로 드러내주는 증거의 하나이다.

동학농민운동은 표면적으로는 비결이나 진인출현설과는 거리가 먼 듯 보인다. 동학농민운동은 관념적이고 환상적인 개혁을 꿈꾸지는 않았다. 조선왕조 체제를 타도하고 외세의 침략에 맞서기 위한 동학의 정치사회운동은 조선시대 최대의 민중운동으로서 체제와의 전면적 항쟁을 도모한 무력투쟁을 전개하였다.

그러나 동학은 새로운 국가의 정치 · 사회적 면모에 대한 구상을 하지 못했고 구체적으로 정책을 마련하거나 경제적 기반을 다지기 위한 시도는 못 했다는 점에서 '미완의 혁명'이었다. 기존의 세계관을 근본적으로 부정하고 이상적 세계관을 제시했던 종교 창시자에게 정치적 대안체제를 요구하는 일은 무리이다. 그럼에도 불구하고 동학이 현실 순응이 아닌 적극적 대응으로 투쟁에

---

340 오지영, 『동학사(간행본)』(영창서관, 1940), 192쪽. 오지영 저, 이장희(李章熙) 교주본(校註本), 『동학사』(박영사, 1974), 211-212쪽.

341 오지영, 『동학사(간행본)』(영창서관, 1940), 193쪽. 오지영 저, 이장희(李章熙) 교주본(校註本), 『동학사』(박영사, 1974), 213쪽.

342 이영호, 「1894년 농민전쟁의 지도부와 서장옥」, 『동학과 농민전쟁』(도서출판 혜안, 2004), 154쪽. 「동학당 소란원인 조사결과보고서 송부의 건」(1894년 양력 5월 13일), 『주한일본공사관기록』 6권(국사편찬위원회 번역본, 24쪽. 김재홍, 『영상일기(嶺上日記)』 갑오년 6월. 황현, 『오하기문(梧下記聞)』 1필.

343 이 부분은 장영민, 「최시형과 서장옥」, 『동학의 정치사회운동』(경인문화사, 2004)을 참고하시오.

참가한 사람들에게 격려하고 용기를 불어넣는 기제로 작용했던 점을 간과해 서는 안 된다.

동학은 종교적 성격이 강했고, 근대적 체제를 수립하기 위한 투쟁을 전개 했지만 새로운 생산력을 토대로 한 계급적 성격도 그다지 강하지 않았다. 하 지만 왕조와 전면적인 대결을 시도하고 실제로 관군과 전쟁을 불사한 점에서 일정한 의의가 있다.

새로운 세계관과 인간관을 제시하여 투쟁을 위한 사상을 제공했던 동학은 '다시 개벽'하여 새로운 세상이 곧 전개될 것이라는 예언을 전국적 규모의 조 직과 유능한 지도자들에게 제공하고 연대감을 고취했으며 정신적 연대감으로 한데 묶었다. 따라서 동학군은 출전하기에 앞서 집단적 종교 의례를 행하고 매일 주문을 읽는 등 다소 주술적 환상이지만 강력한 집단의식으로 고양되었 던 것이다.

이 장에서는 동학농민혁명이 실패로 끝난 뒤에 동학 여당이나 동학의 영 향을 받은 집단이나 사건에 나타나는 예언사상에 대해 알아보도록 하자.

① 황해도 지역 백낙희 산포의 봉기 계획

백범 김구는 동학혁명운동이 실패한 후 황해도 신천군 두라면(斗邏面) 청계 동에 있는 안태훈(安泰勳)의[344] 집에 은둔하고 있었다. 1895년 4월에 청계동에 참빗 장수 행색으로 찾아온 김형진(金亨鎭)은 김구보다 15세가 많았는데, 본명 이 김원명(金元明)으로 전라도 남원 지역의 동학 접주였다.[345] 김구는 1895년 음

---

[344] 안중근의 아버지인 안태훈은 동학농민혁명이 일어나자 산포수 70여 명을 모집하여 부대를 편성하고 동 학군 토벌에 참가했다. 안태훈 부대는 1894년 11월에 박설골에서 원용일 부대 2천여 명을 대파하는 등 동학농민군 토벌에 큰 성과를 거두었다. 안태훈은 당시 20세였던 김구의 의기와 자질을 높이 평가하 여 1895년 2월에 청계동에 집을 마련하여 김구가 부모와 함께 살도록 배려했다.

[345] 김형진의 신분은 성균관 진사였는데, 1895년 음력 5월과 9월에 만주 지역을 여행하고 돌아온 뒤에 쓴 『노정약기(路程略記)』(1898)가 전한다. 그는 척양척왜의 큰 뜻을 이루기 위해 각지를 돌아다니다가 황해도에서 수천 명의 의병을 모으고 있던 안태훈을 만나러 갔다가 "왜병 두목과 싸우다 패하여 깊은 산 속에 숨어 살고 있던" 김구를 만났다고 기록했다. 반일(反日)이라는 점에서 뜻이 통한 사이였다고 짐작 되는데, 동학에 대해 언급하고 있지 않은 점이 특기할 만하다. 김구 지음. 배경식 풀고 보탬, 『올바르게

력 5월에 김형진과 동행하여 평양, 홍원, 신포, 함흥, 북천, 갑산, 혜산, 삼수 등을 거쳐 통화현, 환인, 관전, 임강, 집안, 심양 등의 만주 지역을 돌아보았다. 1895년 8월 명성황후 시해 사건인 을미사변이 일어나자 대책을 마련하기 위해 김구와 김형진은 그해 9월에 두 번째 청국 여행길에 올랐다. [346]

그들은 1895년 11월에는 그해 8월 20일에 일어났던 명성황후(明成皇后) 시해 사건의 복수를 내건 삼도구(三道溝)[347] 지역에 살던 김이언(金利彦)이[348] 일으킨 의병의[349] 국내진격 전쟁에 참가하기도 했다. [350]

그 후 김구는 1895년 겨울에 백낙희(白樂喜)의 산포(山砲)가 봉기할 때 참여했다.

백낙희는 1894년 7월에 동학에 입도하여 교장(敎長)을 역임하였고, 그해 10월 해주 점령 시에 적극적으로 참가했던 인물이다. 1895년 12월 12일 백낙희는 해주(海州) 검단방(檢丹坊)의 김창수(金昌守) ─ 김구 ─ 와 함께 묵방 청룡사에 있던 김형진을 방문하였다.

다음은 백범의 증언이다.

일찍이 단발로 각처에서 의병이 봉기할 때에 저는 의병좌기총(義兵左旗總)이[351] 되어 전라도 김형진과 함께 해주 검단방 청룡사에 머무르다가 음력 12월에 안악 지

풀어쓴 백범일지』(너머북스, 2008), 112쪽.

346 이때 김창수(김구)와 김형진은 김구의 재종조 김재희(金在喜)의 주선으로 안악 사람 최창조(崔昌祚)가 지원해 준 돈을 여비로 삼았다.

347 강계성에서 서쪽으로 80리를 가서 압록강을 건넌 곳에 있는 황성(皇城)에서 다시 십여 리 되는 곳에 있다.

348 김이언은 평안도 벽동 출신으로 용맹과 학식이 뛰어나 청나라 장교들도 특별히 대우했다고 전한다. 당시 50여 세였는데, 5백 근이나 되는 화포를 앉아서 들었다 놓았다 할 정도의 장사였다고 전한다.

349 평안도 초산, 강계, 위원, 벽동 등지의 산포수와 압록강 건너에 이주한 포수들 300여 명이었다.

350 「갑오해영비요전말(甲午海營匪擾顚末)」, 『동학란기록』 하, 734면.

351 김구는 치하포사건의 공판 때 청국 서금주(西錦州) ─ 심양(瀋陽)으로 지금의 봉천(奉天) ─ 진동영(鎭東營)의 서경장(徐敬章)으로부터 의병좌통령이라는 직첩을 받았다고 진술했다. 서경장은 심양, 뇌양(雷陽), 길림(吉林)의 삼도도통령(三道都統領) 겸 흥부도태(興部道泰)라는 직위를 가진 장수로서 황제로부터 청천(靑天)이라는 호를 받았을 정도로 유명한 인물이었다. 서경장은 청일전쟁이 일어나자 군대를 이끌고 일본군과 싸워 공을 세웠고 이재민 구휼에도 힘썼다고 한다.

방에 가서 이곳 대덕방에 사는 좌통령(左統領) 최창조와 서로 논의하며 며칠을 머무르다가 돌아왔습니다.[352]

김구는 청국으로 가기 전에 김형진과 함께 단발에 반대하는 의병 활동을 모의했던 것이다. 여기서 언급하는 검단방에 있는 친구 집은 김구와 함께 산포수 봉기모의에 가담했던 유학선이 살고 있던 곳이며, 당시 김형진도 근처에 있는 청룡사에 머물고 있었다.

황해도에서는 이른바 동학 여당(東學餘黨)이 중심이 되어 척왜양(斥倭洋)을 기치로 내걸고 변란을 도모했다. 김형진과 김구는 청국(淸國) 심양(瀋陽)의 서금주(西錦州)에 가서 마대인(馬大人)에게 출병(出兵) 약속과 함께 진동창의사(鎭東倡義士)라는 인신(印信)과 직첩을 받아왔다. 우선 군사를 이끌고 군수와 관속들을 도륙한 후 군기를 탈취하여 해주로 가서 정월 초 3일에 각 읍이 대도회(大都會)하여 해주부와 각 읍을 도륙하면 마대인이 병사를 거느리고 올 것이고, 이들과 합세하여 서울로 직향하여 왜양(倭洋)을 토멸하고 여러 대신들을 주살한다는 계획을 세웠다. 주모자들은 그때가 되면 해도(海島)에서 나온 실정(實鄭)이 즉위할 것이라는 말을 퍼뜨리며 동모자들을 규합하였다. 진짜 정씨 진인이 출현하여 새 정부를 구성하고 새 왕조를 열 것이라는 믿음이 반영되었다.[353]

이 봉기 계획의 핵심 인물은 백낙희와 김재희였다. 이들은 스스로 산포(山砲) 명사반수(明査班首)와 산포(山砲) 도반수(都班首)라고 칭하고 12월 12일에 김구와 김형진을 찾아가 거사에 대해 논의했다. 이때 김형진은 봉기의 필요성과 그 가능성을 역설하였는데, 김형진은 자신이 중국의 마대인(馬大人)으로부터

---

352 김구의 이름인 김창수(金昌洙)와는 한자명이 다르지만 김형진과 관련된 점을 볼 때 두 사람은 동일인으로 여겨진다. 김구가 1896년 2월에 일본 상인을 살해한 일로 심문받을 때 해주감영에서 진술한 내용 가운데 1895년 11월 단발령으로 인해 전국 각처에서 의병이 일어났을 때 의병좌기총(義兵左旗摠)이 되어 김형진과 함께 해주 검단방 청룡사에 머물렀다는 기록이 있다. 「보고서」(규장각 문서번호 26048). 이영호, 「농민전쟁 이후 동학농민의 동향과 민족운동」, 『동학과 농민전쟁』(도서출판 혜안, 2004), 310쪽.

353 배항섭, 「1890년대 초반 민중의 동향과 고부민란」, 『1894년 농민전쟁연구』 4권(역사비평사, 1995)을 참조하시오.

진동창의(鎭東倡義)라는 인신(印信)과 직첩(職帖)을 받고 돌아왔으며 마대인이 머지않아 군대를 이끌고 우리나라에 들어올 것이니[354] 자신은 평안, 전라, 황해도 삼도도통관(三道道統官)이 되고 백낙희는 장연(長淵)선봉장이 되어 장연산포수들을 주력으로 삼아 봉기하기로 약속했다.

이들은 우선 장연과 안악의 산포수들을 동원하여 1896년 1월 1일 장연관아를 점령하여 군기를 탈취하고 관장과 관속을 도륙한 후 1월 3일에는 각 읍에서 봉기하여 해주(海州)로 진격한 뒤에 김형진과 김구의 지휘 아래 해주성을 점령한 다음 황해도 각 읍을 점령할 계획을 세웠다. 이들의 거사에는 검단방의 유학선, 안악 대덕방의 최창조(崔昌祚), 문화 차장동의 이가(李哥) 등이 협력하기로 했으며, 이때 약속한 대로 마대인의 청병(淸兵)이 들어와 봉기군과 합류하면 그들과 함께 서울로 진격하여 양왜(洋倭)를 토멸하고 대신들을 주멸한 뒤 해도(海島)의 정씨(鄭氏)를 맞이하여 왕으로 추대한다는 계획을 세웠다.[355] 이들도 섬에서 출현할 정씨를 기대린다는 이른바 진인출현설에 심취했었다는 사실이 확인된다.

그러나 이 계획은 사전에 발각되어 실패하고 말았다. 1차 거사일로 예정되었던 정월 초하루에 장연 신화방(新花坊)에서 봉기 인원을 동원하던 백낙희는 안악의 김재희 세력과 합류하기 전에 전양근, 백기정, 김계조, 김의순 등과 함께 동네 주민들에게 체포되고 말았다. 백낙희 등이 체포되자 김구를 비롯하여 김형진, 최창조, 김재희, 유학선, 문화 차장동의 이씨 등 또 다른 봉기모의 주동자 여섯 명은 피신했다.[356]

---

354 『노정약기』에 따르면 김형진과 김구가 심양 진동영(鎭東營)의 서경장(徐敬章)을 찾아가 반일운동을 위한 협조라는 방문 목적을 설명하자, 서경장이 보군도통령(步軍都統領)을 상징하는 금자령기(金子令旗) 한 쌍을 주면서 "우리 군대를 차후에 반드시 동국(東國) － 조선 － 에 보내어 돕겠다."고 문서로 약속하고, 두 사람에게 인신과 직첩을 써주었다고 한다. 김구 지음, 배경식 풀고 보탬, 『올바르게 풀어쓴 백범일지』(너머북스, 2008), 127쪽. 배경식은 위대인(魏大人)과 이대인(李大人)으로부터 직책과 인신을 받은 것으로 기록했으나, 『백범김구전집』에는 보이지 않은 이름이다.

355 백낙희 산포의 봉기 과정에 대해서는 「본군신화방산포백낙희등공안(本郡薪花坊山砲白樂喜等供案)」, 『중범공초(重犯供草)』(건양 원년 2월) 규장각 17282-6을 참조하시오.

356 1946년에 김구는 전주에서 김형진의 유족인 아들과 조카 등을 만나기도 했다. 김구 지음, 배경식 풀고

이들이 각 읍 수령과 대신들의 살해를 강조하고 있고, 마대인이 청나라 군사를 이끌고 들어올 때 삭발한 사람은 모두 죽일 것이라는 진술을 하고 있다는 점에서 단발령에 대해 강력하게 저항하고 있었음을 알 수 있다.

당시 진동창의사 김형진이 해주부에 전달됐다는 관서포고문(關西布告文)이 있었고,[357] 각 군의 산포가 장연군에 모여 장연군을 도륙하고 백낙희를 구출하려 한다는 소문이 퍼질 정도로 황해도 산포의 세력은 상당히 강력했던 것으로 보인다. 결국 서울에서 군대를 파송하고 나서야 비로소 진압되었다.

개화와 제국주의를 반대하고 있지만 친청(親淸)의식을 지녔다는 한계가 있으며, 『정감록』류의 비결에 의지한 이상주의적 형태의 봉기를 꾀하고 있음을 알 수 있다.

동학농민전쟁이 실패로 돌아간 이후에도 황해도 지역에서 동학과 관련된 농민들은 반외세 활동을 적극적으로 펼쳐나갔다는 사실을 확인할 수 있고, 특히 이때에도 "정씨가 새 왕조의 임금으로 등극한다."는 진인출현설이 여전히 민중들을 동원하여 봉기하기 위해 필요한 매우 효과적인 기폭제로 작용했음을 알 수 있다.

이 사건과 관련된 문서인 「중범공초(重犯供草)」는 농민전쟁 이후 황해도 산간 지역에서 산포(山包)라는 또 다른 형태로 재기를 도모하던 농민군 전양근, 백기정,[358] 김계조, 김의순,[359] 백낙규[360] 등에 대한 신문 기록이다. 농민전쟁이

보탬, 『올바르게 풀어쓴 백범일지』(너머북스, 2008), 631쪽.

357 포고문의 내용은 전하지 않지만, 당시 그들의 활동 전반에 대한 보고는 있다. 『사법품보』 갑, 건양 원년 2월 30일, 3월 4일, 3월 23일, 3월 31일 해주부 장연군수의 보고와 해주부 참사관의 보고를 참고하시오.

358 백기정초사(白基貞招辭): 신화(薪花) 빈양동(彬陽洞) 백기정(白基貞) 년삼십팔(年三十八) 백등의신(白等矣身)이 여백낙희(與白樂喜)로 동거 일개(同居一開[開])에 위 십일촌숙질간야(爲十一寸叔姪間也). 이작년음력십이월이십삼일(而昨年陰曆十二月二十三日)에 낙희(樂喜)가 출타환래(出他還來)ᄒ여 의신(矣身)을 종용(慫慂[通])ᄒ난 말숨이 해주(海州) 유(留)ᄒ난 김진사(金進士)와 김창수(金昌守) 양인(兩人)이 청국(淸國)을 가셔 마대인(馬大人)예계 진동창의(鎭東倡義) 인신(印信)과 직첩(職帖)을 수래(受來)ᄒ연난디 불구(不久)에 마대인(馬大人)이 출래(出來)ᄒ니 여혹살발즉개사(如或削髮則皆死)라. 산포기포(山砲起包)ᄒ여 본(本) 군수(郡守)와 각(各) 관속(官屬)을 도륙(屠戮)ᄒ고 해주(海州)로 가셔 각군(各郡) 산포(山砲)를 도회(都會)ᄒ여 각읍(各邑) 관장(官長)을 몰수(沒數)이 살해(殺害)ᄒ면 대사(大事)를 가성(可成)이라 ᄒ면셔 (…).

359 김의순초사(金義淳招辭): 김의순(金義淳) 년삼십(年三十) (…) 홀어음력정월초일일조조(忽於陰曆正

마무리되었지만 각 지역에서는 유사한 조직을 유지하고 농민군의 활동이 재개되고 있었는데, 예컨대 고부와 홍덕 등지에서 영학당(英學黨) 활동이 있었다면 이 자료는 특히 황해도 장연을 중심으로 활동한 농민군 잔여 세력들의 움직임을 알려주고 있다. 따라서 황해도 지역에서 농민전쟁과 그 후 농민군 활동을 추적하는 데 긴요한 사료로 판단된다.

농민전쟁 때 교장을 맡았던 백낙희는 김형진으로부터 재차 봉기하여 해주부와 서울을 점령하자는 제의를 받고 김재희와 더불어 장연산포를 일으켜 신화읍(薪花邑)을 치려다가 체포된 인물이다.

전양근 또한 동학농민전쟁에 참가한 농민군으로서 1895년 9월 백낙희의 산포에 참여하였다가 역시 백낙희와 같은 일을 하려다 체포되었다.[361] 백기정

月初一日早朝)에 (⋯) 낙희언내(樂喜言內) 금(今)에 진동창의사(鎭東倡義士)와 김창수(金昌守)가 해주지(海州地)에 유(有)하야 각군(各郡) 산포(山砲)을 소취(嘯聚)하는데 창수(昌守)에 종조(從祖) 김재희(金在喜)는 대곡산포(大曲山砲)을 타기(打起)하야 본읍(本邑) 조우(棗隅)로 내(來)할터인즉 아(我)는 신화방산포(薪花坊山砲)와 민인(民人)을 초집(招集)하야 재희(在喜) 영래지산포(領來之山砲)로 합력(合力)하야 본군(本郡)에 직입(直入)하야 군수(郡守)와 관속(官屬)을 도륙(屠戮)하고 해주(海州) 진동창의소(鎭東倡義所)로 왕(往)하여 각군(各郡) 산포(山砲)을 도회(都會)하야 해주부(海州府)을 소탕(掃蕩)하고 청국(淸國)으로 가서 마대인(馬大人)과 합세(合勢)하여 아국도성(我國都城)을 쏘한 소탕(掃蕩)하면 모사(謀事)을 가성(可成)이라 하고 (⋯).

360 백낙규초사(白樂圭招辭): 백낙규(白樂圭) 년삼십일(年三十一) 백등(白等) 의형낙희(矣兄樂喜)가 (⋯) 작년칠월분(昨年七月分)에 동학(東學)에 모입(冒入)하야 교장(教長)이라 칭(稱)하옵고 여김재희(與金在喜)로 혹(或) 해주기포(海州起包)도 가며 본방(本坊)에 설포(設包)도 하옵다가 (⋯) 작년십일월분(昨年十一月分)에 김재희(金在喜)가 칭이산포반수(稱以山砲班首)하고 의형(矣兄)을 선동(煽動)하는 말씀이 전라도(全羅道) 김진사(金進士)가 해주(海州)와서 유(留)하는데 아지종손(我之從孫) 김창수(金昌守)와 청국(淸國)에 입거(入去)하여 진동창의(鎭東倡義) 인신(印信)과 직첩(職帖)을 수래(受來)하고 마대인(馬大人)이 쏘호 솔병(率兵)하고 의주(義州)로 출래(出來)하여 여아합력(與我合力)하야 양왜(洋倭)을 소척(掃斥)할 터이니 만일 동참(同參) 아니하면 필경(畢竟) 난보성명(難保性命)이라 하온즉 의형(矣兄)이 산포(山砲)에 투입(投入)하여드니 (⋯) 의형(矣兄)은 신화인민(薪花人民)을 휘동(揮動)하여 백여명(百餘名)을 기포(起包)하여쓰더니 (⋯)

361 전양근초사(全良根招辭): 신화(薪花) 빈양동(彬陽洞) 거(居) 전양근(全良根) 년이십사(年二十四) (⋯) 낙희(樂喜)은 동학교장(東學教長)을 하옵고 의신(矣身)도 쏘한 투입동학(投入東學)이라가 동도귀화(東徒歸化)한 후(後) 의신(矣身)도 귀화(歸化)하얏드니 작년구월분(昨年九月分)에 백낙희(白樂喜)와 김재희(金在喜) 등(等)이 의신(矣身)더러 산포(山砲)에 동참(同參)하라 하옵기 과위참섭(果爲參涉)이옵드니 낙희(樂喜)가 작년십이월분(昨年十二月分)에 출타(出他)하얏다가 이십삼일(二十三日)에 환래(還來)하여 하난 말씀이 해주(海州) 묵방(墨坊)이 유(留)하난 김진사(金進士)와 김창수(金昌守) 양인(兩人)이 청국(淸國) 가셔 마대인(馬大人)게 김진사(金進士)가 진동창의사(鎭東倡義士) 인신(印信)과 직첩(職帖)을 수래(受來)하얀난디 마대인(馬大人)이 불구(不久)에 솔병출래(率兵出來)하야 여아합력(與我合力)에 정벌왜인(征伐倭人)할 터인디 우선(于先) 장연(長淵) 동학화포(東學火砲)을 기포(起包)하야 본군(本郡) 관장(官長)과 관속(官屬)을 몰수(沒數)이 도륙차뇌약(屠戮次牢約)훈 후에

도 같은 사건에 연루되었고, 김계조도 동학농민전쟁에 참가한 인물로서 백낙희와 함께 거사를 추진 중에 체포되었고, 김의순, 백낙규도 같은 사건으로 체포되었다.

이들은 동학농민전쟁이 끝났음에도 어떠한 형태로든 재기를 도모하여 농민전쟁을 계승하려 한 인물들인데, 여기에 이웃 고을의 김창수(김구), 호남의 김형진 등도 연계되어 있어 꽤 광범위하게 활동하였음을 알 수 있다.

김형진이 청국의 마대인으로부터 군대를 지원받고, 정씨 왕조를 세운다는 약간은 과장된 내용이 있으나 당시 청국에 대한 민중의 동향과 19세기 내내 위력을 떨쳤던『정감록』의 영향을 읽을 수 있어 주목할 만하다. 이 부분을 해석하기에 따라 허황된 것으로 볼 수도 있지만, 당시 민중의 청국관을 통해 청과 조선의 독특한 관계와,『정감록』을 비롯한 민중사상이 농민전쟁과 민중의 의식에 미친 영향이라는 점에 초점을 맞춘다면 대단히 유용한 내용이 될 수 있다. 이하 인용문은 이 사건과 관련된 주요 내용이다.[362]

각인(各人) 등 초사(招辭)는 성안수보(成案修報)이옵거니와 개차(蓋此) 산포(山砲)는 즉(卽) 동도여당(東徒餘黨)이올시다. (…) 해주부(海州府) 산포(山砲)에 혹칭(或稱) 반수(班首)ᄒᆞ며 혹칭(或稱) 접장(接長)ᄒᆞ고 (…) 백낙희(白樂喜)가 동도괴수(東徒魁首)로 우의(又爲) 산포괴수(山砲魁首)ᄒᆞ여 잠양불측지흉계(潛釀不測之兇計)이온바 (…) 전양근(全良根), 백기정(白基貞), 김계조(金桂祚), 김의순(金義淳) 등(等) 사한(四漢)이 수운협종(雖云脅從)이온나 전양근(全良根)은 여(與) 낙희(樂喜)로 동참동도(同參東徒)ᄒᆞ고, 우입산포(又入山砲)ᄒᆞ야 음모흉계(陰謀兇計)를 동위주류(同爲綢繆)ᄒᆞ고, 백기정(白基貞)은 수종낙희(隨從樂喜)ᄒᆞ야 휘동각동지민(揮動各洞之民)ᄒᆞ다가 (…) 김계조(金桂祚)는 여전백양한(與全白兩漢)으로 살유간언(煞有間焉)이오나 종피낙희(從被樂喜)ᄒᆞ여 시종참섭(始終參涉)ᄒᆞ여스니 언환당사(焉逭當死)이오며, (…) 낙희소초중(樂喜所招中) 김형진(金亨〔亨〕鎭), 김창수(金昌守), 김재희(金

김재희(金在喜)는 대곡방(大曲坊)으로 왕(往)ᄒᆞ여 화포(火砲)을 휘동(揮動)ᄒᆞ야 정월초일일(正月初一日) 본읍(本邑) 조우동(棗隅洞)으로 약회(約會)ᄒᆞ야 승야입읍(乘夜入邑)에 선설관장관속(先殺官長官屬)ᄒᆞ고 군기(軍器)을 탈취(奪取)ᄒᆞ자 ᄒᆞ옵지 의신(矣身)이 병력(竝力)ᄒᆞ야 본방각동민인(本坊各洞民人)을 휘동(揮動)ᄒᆞ다가 현발(現發)되어 피촉래대(被捉來待)이오나 (…).

362 백범김구편찬위원회,『백범김구전집』제3권(대한매일신보사, 1999)에 관련 자료가 수록되어 있다.

在喜), 유학선(柳學善), 최창조(崔昌祚), 문화명부지이가(文化名不知李哥)는 구거타향(俱居他郡)이온즉 자군(自郡)으로 난가촉득(難可捉得)이오며 (…) 자(玆)에 보고(報告)ᄒ오니 통촉(洞燭)하신 후 각기의율극처(各其依律亟處)ᄒ야 비정하취풍화지지(俾正遐陬風化之地)를 요(要) 홈

건양(建陽) 원년(元年, 1896) 2월 30일
해주부(海州府) 장연군수(長淵郡守) 염중모(廉仲謨)
1896년 음력 2월 백낙희초사(白樂喜招辭)

신화(薪花) 빈양동(彬陽洞) 거(居) 백낙희(白樂喜) 년삼십팔(年三十八) (…) 재작년(再昨年) 칠월(七月) 모입동도(冒入東徒)ᄒ야 교장각색(敎長名色)을 ᄒ여다가 작년춘(昨年春)에 귀화의(歸化矣)러니 작년(昨年) 음력십일월분(陰曆十一月分)에 의동거(矣洞居)하든 김재희(金在喜)는 산포도반수(山砲都班首)를 도차(圖差)ᄒ고 의신(矣身)은 명사반수(明査班首)를 ᄒ여쏩든니 작년(昨年) 십이월십이일(十二月十二日)에 해주(海州) 검단방(檢丹坊) 손이고기 김창수가(金昌守家)를 위방(委訪)ᄒ야 창수(昌守)와 한가지로 묵방(墨坊)이 청룡사(靑龍寺)에 유(留)ᄒ는 김형진(金亨鎭)을 방견(訪見)ᄒ온즉 형진(亨鎭)에 말숨이 작년(昨年) 유월(六月) 구월(九月) 양차(兩次)을 왕우청국(往于淸國)ᄒ야 심양둔주(瀋陽屯住)ᄒᆫ 마대인(馬大人)과 심양자사(瀋陽刺史) 연왕(燕王) 이대인(李大人)께 진동창의(鎭東倡儀〔義〕) 인신(印信)과 직첩(職帖)을 수출후즉입황성(受出後卽入皇城)ᄒ야 상소(上疏)ᄒ고 환래(遷來)ᄒ여난디 마대인(馬大人)이 불구(不久)에 솔병(率兵)ᄒ고 출래(出來)할 터이니 아즉평안전라황해(我則平安全羅黃海) 삼도도총관(三道都統管)이 되고 여즉장연선봉장(汝則長淵先鋒將)이 되어 각기군병(各其軍兵)을 취(聚)ᄒ난디 네가 장연산포(長淵山砲)을 기동(起動)ᄒ야 선탈군기후(先奪軍器後)에 관장(官長)과 관속(官屬)을 도륙(屠戮)ᄒ고 솔병래아(率兵來我)ᄒ면 검단방(檢丹坊) 유학선(柳學先)과 안악대덕방(安岳大德坊) 최창조(崔昌祚)와 문화(文化) 차색동(遮墻洞) 명부지이가(名不知李哥)로 합력(合力)ᄒ야 해주부(海州府)을 소탕(掃蕩)ᄒ면 어언간(於焉間) 청병출래(淸兵出來)할터이나 기시합세(其時合勢)ᄒ여 경성(京城)으로 직향(直向)ᄒ야 도성(都城)을 도륙(屠戮)ᄒᆫ 후(後)에 이정위왕(以鄭爲王)ᄒ면 대사(大事)을 가제(可濟)라 ᄒ옵기 의신(矣身)이 감청기언(甘聽其言)ᄒ고 (…)

해주부를 소탕하면 곧 청나라 군대가 조선에 들어올 것이고 그들과 합세하여 서울로 침공하여 도성을 도륙한 후에 정씨(鄭氏)를 왕으로 삼으려 했던 계

획이었다.

특히 김계조(金啓祚)의 초사(招辭)에 다음과 같은 내용이 보인다.

신화(薪花) 빈양동(彬陽洞) 거(居) 김계조(金啓祚) 년사십일(年四十一) 백등의신(白等矣身)이 여백낙희(與白樂喜)로 동거일뇨(同居一窺)이온디 재작년칠월분(再昨年七月分) 의신(矣身)이 낙희(樂喜)와 동입동학(同入東學)ㅎ여짜가 금춘(今春)에 귀화(歸化)이옵드니 작년 십월초(昨年十月初)에 백낙희(白樂喜)와 김재희(金在喜)가 일시(一是) 산포도반수(山砲都班首)요, 일시(一是) 명사반수(明查班首)로 의신(矣身)을 향(向)ㅎ야 쏘한 산포(山砲)에 동참(同參)ㅎ자 ㅎ오나 청종(聽從)치 아니 ㅎ엿드니 궐후(厥後) 십이월분(十二月分)에 낙희(樂喜)가 출타(出他)ㅎ여짜가 이십삼일(二十三日)에 환가(還家)ㅎ여 동민(洞民)을 소집이언왈(招集而言曰) 금(今)에 해주(海州) 묵방(墨坊) 유(留)ㅎ는 김진사(金進士)와 김재희종손창수(金在喜從孫昌守)가 청국(淸國)에 입거(入去)ㅎ야 심양(瀋陽)에서 마대인(馬大人)을 만나 김진사(金進士)가 진동창의(鎭東倡義) 인신(印信)과 직첩(職帖)을 수래(受來)ㅎ여스니 당차시(當此時)ㅎ여 아등(我等)이 솔군(率軍)ㅎ고 위선(爲先) 본(本) 군수(郡守)와 각(各) 관속(官屬)을 도륙(屠戮)ㅎ 후 군기(軍器)를 탈취(奪取)ㅎ여 가지고 해주(海州) 김진사(金進士)한 디로 왕(往)ㅎ야 음력정월초삼일(陰曆正月初三日)에 각읍(各邑)이 대도회(大都會)ㅎ여 해주부(海州府)와 각군(各郡) 몰수도륙(沒數屠戮)ㅎ면 어언간(於焉間) 마대인(馬大人)이 출래(出來)할 터이니 합세(合勢)ㅎ야 경성(京城)으로 향(向)ㅎ야 양왜(洋倭)을 토멸(討滅)ㅎ고 각(各) 대신(大臣)을 주멸(誅滅)한 즉 해도중실정(海島中實鄭)이 즉위(卽位)할 터이라 ㅎ고 여의신(與矣身)으로 동위기포(同爲起包)ㅎ야 신화(薪花) 일경지민(一境之民)을 휘동(揮動)ㅎ야 본읍(本邑)을 도륙(屠戮)ㅎ고 즉왕해주즉(卽往海州則) 대사(大事)를 가성(可成)이라 ㅎ면서 (…) 낙희(樂喜)을 수행(隨行)ㅎ야 수삼동민인(數三洞民人)을 선동(煽動)ㅎ옵다가 본사(本事)가 발각(發覺)ㅎ야 (…)

해주부를 점령하면 곧 중국에서 마대인이 군대를 이끌고 들어와 합세하여 함께 서울로 가서 서양과 왜적을 토멸하면 해도(海島)에서 진짜 정씨(鄭氏)가 나와 새 왕조의 국왕에 즉위할 것이라는 주장이다. 전형적인 진인출현설이다.

② 소백산 지역 봉기 세력의 남조선 신앙

「동학관련판결선고서(東學關聯判決宣告書)」는 1900년에 일어난 최시형(崔時亨) 신원운동에 관한 내용을 비중 있게 포함하고 있다. 여기에 관련된 인물들은 대부분 경상북도 출신들인데, 이들은 속리산에서 치성을 드리고 '남조선(南朝鮮) 충의장군(忠義將軍) 선봉(先鋒) 대원수(大元帥)'라고 크게 쓴 청색 깃발을 앞세워 상경하여 이른바 복합상소를 하고자 하였다. 주모자는 정해룡(鄭海龍)과 양지동(梁地動)인데 달아나고 말았다.

이 사건은 갑오년 이후에도 꺾이지 않는 경북 지방에서의 동학 교세를 알려주고 있고, 동시에 이른바 19세기 후반 '남조선(南朝鮮) 왕국(王國)' 등을 앞세우고 활약했던 변혁 세력의 움직임까지 포착할 수 있게 한다. 다음은 이 사건의 판결선고서 전문이다.

판결선고서(判決宣告書)

경상북도(慶尙北道) 대구군(大邱郡) 거(居) 농민(農民) 피고(被告) 서정만(徐定萬) 년(年) 사십(四十)

경상북도(慶尙北道) 개녕군(開寧郡) 거(居) 농민(農民) 피고(被告) 김당골(金堂骨) 년(年) 삼십칠(三十七)

경상북도(慶尙北道) 금산군(金山郡) 거(居) 농민(農民) 피고(被告) 편합덕(片合德) 년(年) 삼십오(三十五)

경상북도 금산군 거(居) 농민 피고 육사명(陸四明) 년(年) 사십(四十)

우(右) 피고(被告) 서정만과 피고 김당골과 피고 편합덕과 피고 육사명에 대훈 안건을 검사(檢事) 공소(公訴)에 유(由)ᄒ야 차(此)를 심리(審理)ᄒ니, 피고 서정만은 증전(曾前) 동학거두(東學巨魁)로 복법(伏法)훈 최시형(崔時亨)의 제자 선산(善山) 거(居) 김치만(金致萬)에게 동학(東學)을 수(受)ᄒ얏더니, 최시형 복법(伏法)훈 후에도 피고가 동학을 폐기치 아니ᄒ고 기학(其學)을 암주(暗呪)ᄒ더니, 음력(陰曆) 본년(本年) 이월분(二月分)에 기도(其徒) 정해룡(鄭海龍), 양지동(梁地勤)과 상의ᄒ야 최시형의 신원차(伸冤次)로 모중구재(募衆鳩財)ᄒ야, 속리산(俗離山)에 치성(致誠)훈 후 잉위상경복합(仍爲上京伏閣)ᄒ다ᄒ고, 청기(靑旗)를 조(造)ᄒ야 남조선(南朝鮮) 충의장군(忠義將軍) 선봉(先鋒) 대원수(大元帥)라 대서(大書)ᄒ고, 상복(喪服), 지납(紙衲) 등롱(燈籠) 등물(等物)을 준비(準備)ᄒ야 속리산(俗離山)에 왕(往)ᄒ얏스며, 피고 김당골과 피고 편합덕과 피고 육사명은 작년 음력 기해동(己亥冬)부터 서정만에게 동학(東學)을 수(受)ᄒ야 서정만을 도통(道通)흔 인(人)으로 인(認)ᄒ야 속리산치성(俗離山致誠)에 동위왕부(同爲往赴)ᄒ얏스며, 속리산발왕(俗離山發往)ᄒ기 전에 피고 등이 산협우준(山峽愚蠢)흔 농맹(農氓)을 수지봉견(隨知逢見)ᄒ고, 서정만(徐定萬) 위인(爲人)을 성칭(盛稱)ᄒ며 위국모(爲國母) 불공(佛供) 등설(等說)노 환사유인(幻辭誘引)ᄒ야 소위(所謂) 성심전(誠心錢)을 출(出)ᄒ며, 상복(喪服)과 병주등물(餠酒等物)을 준비ᄒ야 다인(多人)이 약회동왕(約會同往)케 ᄒ얏고, 정해룡 양지동은 재도(在逃)ᄒ야 고미착획(姑未捉獲)흔 기(其) 사실이 피고 등 진공(陳供)에 증(證)ᄒ야 명백흔 지라, 피고 서정만은 대명률(大明律) 제사편(祭祀編) 금지사무사술조(禁止師巫邪術條) 일응(一應) 좌도난정위수자율(左道亂正爲首者律)에 조(照)ᄒ야 교(絞)에 처ᄒ고, 피고 김당골과 피고 편합덕과 피고 육사명은 위종자율(爲從者律)에 조(照)ᄒ야 태일백(笞一百) 징역(懲役) 종신(終身)에 각처(各處)ᄒ노라.

광무(光武) 4년(1900) 7월 25일

평리원(平理院) 검사(檢事) 태명식(太明軾), 검사(檢事) 한동복(韓東履) 입회(立會)

평리원 재판장 홍종우(洪鍾宇)[363]

이 외에도 소백산맥 지역에서도 봉기를 위한 군사 조직이 있었는데, 대표적인 것이 소백산맥 동쪽 지역에서 활동한 서정만(徐定萬)과 서쪽 지역에서 활동한 이관동(李關東)의 세력이었다.

서정만과 정해룡(鄭海龍) 세력은 광무 4년(1900) 음력 3월 4일에 속리산에 들어가 기도 및 제천 행사를 개최하려다가 발각되어 20여 명이 체포되었다. 진술에 따르면 당의 인원은 300명가량이며 상주, 선산, 지례, 개령, 거창, 김산 등 6개 군에 걸쳐 있다고 했다.[364] 이들은 광무(光武) 4년(1900) 무렵에 동학의 조직을 다시 구성하고 제천 행사를 통해 동학을 재건하고자 시도했다. 1900년 4월 8일에 반외세운동을 전개하기 위하여 전주집회에 참가를 지시하는[365] 통문

---

363 「서정만 · 김당골 · 편합덕 · 육사명(경상북도: 광무 4년 7월 25일)」, 『동학농민혁명사료총서』 18권.

364 『사법품보』 을, 광무 4년 4월 11일, 충청북도관찰사의 보고서. 송원상 등은 이들 세력이 수천 명에 달했다고 진술하기도 했다. 『황성신문』 광무 4년 4월 16일, 잡보, 청산공보(靑山公報) 참고.

365 당시 동학의 북접 교단이 서북 지방에 대한 포교에 힘쓰며 개화와 친일로 방향 전환을 모색하기 시작하

과 깃발과 백지휘장 등을 준비하면서 구체적인 전략을 수립하던 과정에서 체 포되었다.[366]

특히 서정만 세력은 각종 대소 깃발을 사용하여 봉기 조직의 편제를 나타 냈는데, 녹색 비단으로 만든 대기(大旗)는 대장기로서 맨 윗부분에 '남조선(南朝鮮)'이라고 가로로 썼고, 그 아래에 세로로 신장(神將) 관운장(關雲長) 모사(謀士) 후령선생(後靈先生), 선봉대원수(先鋒大元帥) 겸(兼) 충의장군(忠義將軍) 서정만(徐定萬), 중봉(中鋒) 제우도원수(濟愚都元帥) 최선생(崔先生), 부원수(副元帥) 정해룡(鄭海龍) 양지동(梁地動) 김당골(金堂骨), 모사(謀士) 광덕선생(廣德先生) 십장(十將) 모사(謀士) 제갈(諸葛)이라고 적었다.[367]

신장, 관운장, 모사, 제갈 등은 신이한 능력을 지녔다고 믿어지는 중국 한 대(漢代)의 인물이 종교적 신앙으로 받들어진 것으로 보이는데, 후령선생은 알 수 없다. 동학의 교조인 수운 최제우가 도원수로 제시되어 동학의 정신을 계 승하고 그 사상적 영향을 강조하고 있다. 실제적인 대장은 서정만이며, 그를 도와 함께 거사한 핵심 인물이 정해룡, 양지동, 김당골이라는 내용이 적힌 것 이다.

한편 1900년 3월에 '남조선(南朝鮮) 정(鄭)'이라는 인물이 내린 「남조선발령 (南朝鮮發令)」이라는 문건이 전한다.[368] 그 내용은 3월 7일에 발정(發程)할 예정인 데, 목적은 최제우의 쌓인 업원(業冤)과 최시형이 이루지 못한 척왜양창의(斥倭

자, 이에 반대하여 1894년 동학농민전쟁 때 농민군이 점령한 일이 있었고 이씨 왕조의 본향인 전주에 서 반외세의 민족운동을 전개하려 했던 것이다. 그러나 이들의 계획은 보부상 조직의 첩보 활동에 의해 발각되고 말았다. 이영호, 「농민전쟁 이후 동학농민의 동향과 민족운동」, 『동학과 농민전쟁』(도서출판 혜안, 2004), 316쪽.

366 『사법품보』갑, 광무 4년 4월 2일, 전라북도재판소 판사의 질품서.

367 『황성신문』 광무 4년 4월 16일, 잡보, 「최위임(崔委任)과 동학당」에는 기면(旗面)에 '남조선(南朝鮮) 산여곡(山如谷) 육사명(陸四明) 후봉(後峰)' 등의 내용이 적혀 있었다고 한다. 또 다른 기록에는 1900 년 2월에 '정해룡과 서정만이 최시형의 신원을 위하여 속리산에 치성한 뒤 서울에 올라가 복합한다고 하고, 청기를 만들어 남조선(南朝鮮) 충의장군(忠義將軍) 선봉대원수(先鋒大元帥)라고 크게 쓰고'라 했다. 『동학관련판결문집』(총무처 정부기록보존소, 1994), 35-36쪽.

368 이영호, 「농민전쟁 이후 동학농민의 동향과 민족운동」, 『동학과 농민전쟁』(도서출판 혜안, 2004), 327쪽에서 재인용.

洋倡義)의 뜻과 민비의 살해 사건을 해결하기 위함이라고 밝혔다. 지금 세상이 어지러운 것은 동서남북 4학(學)이 제 기능을 다 하지 못하기 때문인데, "남조선도 역시 조선"이므로 "이제 만세의 명인(名人)이 나타나 명세(命世)의 경륜을 가지고 이를 해결하여 태평해질 것"이라고 하였다. 여기서 남조선은 봉기 대상 지역을 가리키거나 북접 교단에 대비한 남접 세력의 의미로 해석할 수 있다.[369]

이 외에도 남조선(南朝鮮) 정만(鄭萬), 정해룡(鄭海龍), 정뇌성(鄭雷聲)의 명의로 보은군수에게 보낸 「전령(傳令)」이 있는데, 보국안민(輔國安民)의 뜻으로 대인의 행차가 있을 것이니 병정들은 천령(天令)을 받들어 천심에 순응하라는 내용이다. 여기서 정만은 서정만(徐定萬)의 이름을 정씨로 표현한 것으로 보인다. 이 전령에도 남조선사상과 『정감록』류 비결서의 영향을 확인할 수 있다. 서정만 세력은 봉기를 위해 각종 종교 행사를 올리기도 했다.[370]

정해룡은 힘이 세서 양 옆구리에 사람을 끼고 성을 넘어가는 초인적인 인물로 소문이 났으며, 각처에 통문을 발하여 1903년 음력 4월 15일에 속리산이나 지리산에서 집회를 열고 7월 14일에는 제천 행사를 올린 다음 보은에 숨겨둔 무기를 가지고 봉기한다는 풍문이 퍼지기도 했다.[371]

이에 대해 당시 충주군수가 비류(匪類) 등에 관해 보고한 다음과 같은 내용이 있다.

문서번호: 보고서 제26호
발송일: 1900년 4월 11일
발송자: 충청북도 관찰사 서리 충주군수(忠州郡守) 최문환(崔文煥)
수신자: 의정부(議政府) 찬정법무대신(贊政法部大臣) 권재형(權在衡) 각하

---

369 이영호는 남조선사상을 조선 후기에 이르러 민간 사이에 이상화된 은둔적 민중사상으로 보고, 그 이상 사회를 구상화한 것이 『정감록』이라고 보았다. 이영호, 위의 글, 327쪽.

370 보은 속리산과 무주 덕유산 등지에서 제천 행사를 올렸는데, 특히 북해용왕에게 제사를 올려 봉기에 대한 정신적인 후원을 빌었다. 「황성신문」 광무 4년 4월 16일, 잡보, 「최위임과 동학당」.

371 「사법품보」 을, 광무 7년 1월 27일, 평리원 재판장의 질품서.

내개(內開)에 금(今) 음력(陰曆) 삼월(三月) (…) 초사일(今初四日) 유시량(酉時量)에 유인 십사명(有人+四名) 내도본사(來到本寺)흐야, 위이거재대구(謂以居在大邱) 정대면(丁大面) 주남리(周南里) 이기도차내도운(而祈禱次來到云) 이견심수상(而見甚殊常)흐야 자이치고(玆以馳告)여 흐온 바, (…) 여수서기(與首書記) 이한호(李漢鎬)로 분력포착(奮力捕捉)흐야 착 득십일명(捉得十一名)흐고 삼명(三名)은 실포미착(失捕未捉)이올고 (…) 상항비류(上項匪類) 서정만(徐定萬) 등(等) 십일명(十一名)은 인원수수부위임지위(因元首帥府委任知委)흐야 고 위엄수군옥(姑爲嚴囚郡獄)흐오며 동비류등소장등본여기면등물목기(同匪類等疏章謄本與旗面等物目記) 문초기(問招記) 비류성명기(匪類姓名記) 병좌개보고등인(並左開報告等因)이오며 (…) 일병문초(一併問招) 즉소고구이동도기도차(則所告俱以東徒祈禱次) 입래속리사(入來俗離寺)이다 납고(納告)이오며 (…)

비류등구초기(匪類等口招記)

一. 괴수(魁首) 서정만(徐定萬) 초내(招內) 금년정월분(今年正月分) 속리산천왕봉여지 례삼도봉기도(俗離山天王峰與知禮三道峰祈禱)흐고 금번즉(今番則) 속리사불공축원후(俗離寺 佛供祝願後)에 착상복(着喪服)흐옵기난 일즉국모주몽복(一則國母主蒙服)흐고 일즉최선생 몽복(一則崔先生蒙服)흐고 초칠일(初七日) 일제상경(一齊上京)흐야 신원(伸冤)도 흐고 일인 (日人)도 축출차(逐出次)이오며 (…)

천왕봉행제(天王峰行祭)에 매우일척부조이이당즉삼백명(賣牛一隻扶助而已黨則限三百名) 이상주(而尙州), 선산(善山), 지례(知禮), 개녕(開寧), 거창(居昌), 금산(金山) 합육군부당운 운(合六郡赴黨云云) (…) 기면(旗面)

남(南) 신장(神將) 관운장(關雲長) 모사(謀士) 후령선생(後靈先生)

선봉(先鋒) 대원수겸충의장군(大元帥兼忠義將軍) 서정만(徐定萬)

조(朝) 중봉(中鋒) 제우도원수(濟愚都元帥) 최선생(崔先生)

부원수(副元帥) 정해룡(鄭海龍), 양지동(梁地動), 김당골(金堂骨)

선(鮮) 모사(謀士) 광덕선생(廣德先生) 십장모사(十將謀士) 삼제갈(三諸葛)

(…) 동경대전(東經大全) 책(冊) 일권(一卷), 동경진언(東經眞諺) 책(冊) 일권(一卷)

좌개(左開)

남조선발령(南朝鮮發令)

(…) 오대선생주적년지업원(吾大先生主積年之業冤)과 법사장주척왜양창의미취지업원 (法師丈主斥倭洋倡義未就之業冤)과 일국국모지조변(一國國母之遭變)이 총도시만고무유지변

야(總都是萬古無有之變也)라. (…) 동서남북사학위명(東西南北四學爲名)이 도유벌(徒有伐) 재지호(齊之號) ᄒ야 사학시독(肆虐施毒)에 도탄중생령(塗炭中生靈)이 구무제섭지재(久無濟涉之材) ᄒ며 방병중대종(方病中大腫)이 불우집증지편작(不遇執症之扁鵲) ᄒ니 (…) 남조선(南朝鮮)도 역조선야(亦朝鮮也)라. (…)

남조선(南朝鮮) 정(鄭) 명불기(名不記)

경자삼월(庚子三月) 일(日) 차역중(此亦中) 비전각도각읍(飛傳各都各邑) ᄒ리라.

전령청주관찰소보은수개탁(傳令清州觀察所報恩守開坼) (…) 차역중(此亦中) 도부지일(到付之日) 물의지체(勿爲遲滯) ᄒ고 성화즉전(星火卽傳)

남조선(南朝鮮) 정만(鄭萬), 정해룡(鄭海龍), 정뇌성(鄭雷聲), 언서주문책(諺書呪文冊) 일권(一卷) (…) 비류구명성명기(匪類九名姓名記) (…)

광무(光武) 사년(四年) (…) 사월(四月) 십육일(十六日) 접수(接受) 제269호(號)

명성황후에 대한 불공을 사칭하여 돈을 뜯은 동학교도 서정만에 대한 처분 보고

문서번호: 보고서(報告書) 제206호
발송일: 1900년 7월 25일
발송자: 평리원재판장(平理院裁判長) 홍종우(洪鍾宇)
접수일: 1900년 7월
수신자: 의정부참정(議政府參政) 법부대신임시서리(法部大臣臨時署理) 의정부찬정(議政府贊政) 민종묵(閔種默) 각하(閣下)
결재자: 대신(大臣) 협판(協辦)

피고(被告) 서정만(徐定萬)과 피고(被告) 김당골(金堂骨)과 피고(被告) 편합덕(片合德)과 피고(被告) 육사명(陸四明) 등(等)의 안건(案件)을 검사공소(檢事公訴)의 유(由) ᄒ야 심리(審理) ᄒ온즉 피고(被告) 서정만(徐定萬)은 증전동학거두(曾前東學巨魁)로 복법(伏法) ᄒ 최시형(崔時亨)의 제자(弟子) 선산거(善山居) 김치만(金致萬)에게 동학(東學)을 수(受) ᄒ얏더니, 최시형(崔時亨)이 복법(伏法) ᄒ 후(後)에도 피고(被告)가 동학(東學)을 폐기(廢棄)치 아니 ᄒ고 기학(其學)을 암주(暗呪) ᄒ더니, 음력(陰曆) 본년(本年) 2월분(月分)에 그도(其徒) 정해룡(鄭海龍) 양지동(梁地動) 등(等)과 상의(相議) ᄒ야, 최시형(崔時亨)의 신원차(伸寃次)로 모중구재(募衆鳩財) ᄒ야 속리산(俗離山)에 치성(致誠) ᄒ 후(後) 잉위상경복합(仍爲上京伏閤) ᄒ다 ᄒ고, 청기(青旗)를 조(造) ᄒ야 남조선충의장군선봉대원수(南朝鮮忠義將軍先鋒大元

師)라 대서(大書)ᄒ고 상복(喪服), 지납(紙衲), 등롱(燈籠) 등(等) 물(物)을 준비(準備)ᄒ야 속리산(俗離山)에 왕(往)ᄒ얏스며, 피고(被告) 김당골(金堂骨)과 피고(被告) 편합덕(片合德)과 피고(被告) 육사명(陸四明)은 작년(昨年) 음력(陰曆) 기해(己亥) 동간(冬間)부터 서정만(徐定萬)에게 동학(東學)을 수(受)ᄒ야 서정만(徐定萬)을 도통(道通)ᄒ 인(人)으로 인(認)ᄒ야 속리산치성(俗離山致誠)에 동위왕부(同爲往赴)ᄒ얏스며, (…) 서정만위인(徐定萬爲人)을 함칭(咸稱)ᄒ며 위국모불공등설(爲國母佛供等說)노 환사유인(幻辭誘引)ᄒ야 소위(所謂) 성심전(誠心錢)을 출(出)ᄒ며 상복(喪服)과 병주등물(餠酒等物)을 준비(準備)ᄒ얖, 정해룡(鄭海龍) 양지동(梁地動)은 재도(在逃)ᄒ야 고미촉획(姑未捉獲)ᄒ 기사실(其事實)이 피고(被告) 진공자복(陳供自服)에 증(證)ᄒ야 명백(明白)ᄒ지라 (…)

광무 4년(1900) 1월 보은군의 보고에 따르면 상주 땅에서 정체를 알 수 없는 100여 명이 속리산 천왕봉으로 올라가면서 자칭 기도를 드리러 간다고 하고, 깃발 하나를 세웠는데, '천지합덕(天地合德) 척왜양창의기(斥倭洋倡義旗)'라고 크게 씌어 있었다. 그들은 3일 동안 머무르다 떠났다고 한다.[372]

소백산 지역의 동학 농민 잔당들의 남조선신앙에 대해 다음과 같은 기록도 있다. 이 사건에 연루된 육사명(陸四明)이 주도한 사건으로 보인다.

전 감찰(監察) 최재호가 관군을 이끌고 속리산을 수색하여 비도(匪徒) 40인을 체포하고 그들의 문서를 획득하여 위에 보고하였다. 그 가운데 '용왕(龍王)에 제사 지내는 글'이 있었는데 이르기를 "경자년(1900) 3월 15일 자시(子時)에 선봉(先鋒)은 대원수(大元帥), 중봉(中鋒)은 삼황(三皇), 후봉(後鋒)은 오제(五帝)가 맡아 행차하는 것은 장차 한강을 건너 서울로 들어가려는 것이다. 그러므로 이러한 연유로 북해용국(北海龍國)에 제물을 바치니, 주인은 제사를 흠향한 후에 용왕(龍王)은 선봉이 되고 흑제장군(黑帝將軍)은 후봉이 되어 수군(水軍)의 병마(兵馬) 3천 명을 거느리고 3월 15일 인시(寅時)까지 한양에 도착하도록 하라. 만일 이 명령을 어기면 별도로 태형(笞刑) 3백 대를 가하고 순종하지 않는 어류(魚類)들의 죄는 북방의 불모지로 유배시킬 것이

---

372 又報恩郡報, 自尙州地有何許人百餘名, 上俗灘山天王峰, 自稱祈禱, 建一旗, 大署天地合德, 斥倭洋倡義旗, 留三日乃去. 임형택 외 옮김, 『역주 매천야록』 하(문학과 지성사, 2005), 42쪽. 원문은 『매천야록』 권 30이다.

요, 혹룡국(黑龍國)은 혁파할 것이다."라 했다. 그리고 기(旗)에는 '남조선(南朝鮮) 산여곡(山如谷) 육사명(陸四明) 후봉(後鋒)'이라는 11글자가 큰 글씨로 쓰여 있었다. 그 비루하고 허황됨이 이와 같았는데도 어리석은 백성들 가운데 따르는 무리들이 끊이지 않았다. 또 보은군의 아전 이한호는 청주군의 부대와 힘을 합쳐 활빈당 30여 명을 체포했고, 청산군에서도 동비(東匪) 3명을 붙잡았는데 "우리들 무리 수천 명이 장차 한식일(寒食日)에 천왕봉에 모여 최제우(崔濟愚)에게 제사 지내고 곧 서울을 향할 것이다."라고 진술했다고 한다. 그들은 각자 효복(孝服) — 상복(喪服) — 1벌씩을 가지고 있었는데, 제사 지낼 때 입을 것이라고 했다.[373]

이와 관련하여 광무 4년(1900) 2월 동학 잔당들이 해서(海西)의 여러 고을에서 다시 일어나고 충청도와 전라도 지방의 남은 무리들은 덕유산에서 하늘에 제사를 지냈다는 기록도 있다.[374]

한편 광무 4년(1900) 5월에는 영남의 비적 우두머리 손숙개(孫叔介)가 체포되었는데, 그가 이끈 동학 무리가 28포(包)로 합치면 4만 8천 명이나 되었다고 한다.[375]

③ 지리산 지역의 진인출현설

평리원에서 피고 박준대의 동학도 결성과 무고죄 처벌에 관한 서류를 보냈는데, 그 전문은 다음과 같다.

문서번호: 질품서(質稟書) 제181호

---

373 前監察崔載浩, 率官軍, 搜俗離山, 捕匪徒四十人, 獲文書上聞. 中有祭龍王文曰, 庚子三月十五日子時, 先鋒大元帥, 中鋒三皇, 後鋒五帝之行次, 將渡漢江而入京城. 兹以緣由奉祭物于北海龍國, 主人祭享後, 龍王爲先鋒, 黑帝將軍爲後鋒, 率水軍兵馬三千, 三月十五日寅時, 得達于漢陽. 若違此令, 則別笞三百, 以魚鼈不順之罪, 定配于北方不毛之地, 革罷黑龍國云云. 旗面大書南朝鮮山如谷陸四明後鋒十一字. 盖其鄙俚誕妄如此, 而愚民信從者, 終不絶. 又報恩郡吏李漢鎬, 與淸州隊合, 逐捕活貧黨三十餘人, 靑山郡, 又捉東匪三人, 供稱其黨數千, 將以寒食聚天王峰, 祭崔濟愚, 因向京城. 各持孝服一領, 用之祭時云. 국사편찬위원회, 『매천야록』권 3(탐구당, 1971), 250-251면. 임형택 외 옮김, 『역주 매천야록』하(문학과 지성사, 2005), 46-47쪽.

374 東匪復起于海西諸郡, 兩湖餘匪, 祭天于德裕山. 권 3. 임형택 외 옮김, 『역주 매천야록』하(문학과 지성사, 2005), 44쪽.

375 嶺南匪魁孫叔介, 爲御使金華榮所獲, 叔介所統東匪二十八包, 衆合四萬四千人. 임형택 외 옮김, 『역주 매천야록』하(문학과 지성사, 2005), 55쪽.

발송일: 광무 6년(1902) 10월 04일

발송자: 평리원재판장(平理院裁判長) 임시서리(臨時署理) 의정부참찬(議政府參贊) 이용
태(李容泰)

접수일: 광무 6년(1902) 10월 월 제 호

수신자: 의정부참정(議政府贊政) 법부대신(法部大臣) 임시서리(臨時署理) 의정부참정
(議政府贊政) 성지운(成歧運) 각하(閣下)

결재자: 대신(大臣) 협판(協辦)

피고(被告) 박준대(朴準大) 안건(案件)을 유검사공소심리(由檢事公訴審理)ᄒ온즉 피고(被
告)가 상년(上年) 음력(陰曆) 일부기십월분(日不記十月分)에 여기매부(與其妹夫) 김규호(金圭
鎬)로 함양등지(咸陽等地)에 과(過)ᄒ다가 명부지단성거김성인(名不知丹城居金姓人)을 봉
착(逢着)ᄒ야 동행반향(同行半晌)인바 해김성인언내(該金姓人言內)에 함양(咸陽) 마천지(馬
川地)에 유일요동(有一妖童)ᄒ야 자칭(自稱) 정진인(鄭眞人)이라 ᄒ고 우유여도인(又有呂道
人)ᄒ니 해인(該人)은 즉 정동지선생야(卽鄭童之先生也)라. 소취결당수천인(嘯聚結黨數千
人)ᄒ야 고불합중어일처(姑不合衆於一處)ᄒ얏스나 일삭혹양삭지간(一朔或兩朔之間)에 이
암호(以暗號)로 둔취어정벽처(屯聚於靜僻處)ᄒ야 금년(今年) 음력(陰曆) 오월내(五月內) 거
사(擧事)ᄒ기를 약조(約條)ᄒ얏는디 정(鄭)의 상모(狀貌)가 비범(非凡)ᄒ야 매당의사지시
(每當議事之時) 즉중인(則衆人)이 습복(慴伏)ᄒ야 불감앙시고(不敢仰視故)로 우치지맹(愚嗤之
氓)이 혹인진당여(或引進黨與)ᄒ며 혹출전곡(或出錢穀)ᄒ야 이조거사지소비(以助擧事之所
費)라 ᄒ는디 해(該) 정동(鄭童) 항주처급거사지지(恒住處及擧事之地)는 즉(卽) 지리산(智異
山) 북록(北麓)이라. 그중(其中)이 험조(險阻)ᄒ야 수장천병만마(雖藏千兵萬馬)라도 외인(外
人)이 막능지득(莫能知得)ᄒ니 진소위(眞所謂) 일부당관만부막개지지(一夫當關萬夫莫開之地
也)라. 차이한불조치(此而旱不鋤治)면 영호지동학 여당(嶺湖之東學餘黨)과 황년유개지민
(荒年流丐之民)이 일시향응(一時響應)ᄒ야 기세창궐(其勢猖獗)에 필근어갑오지동요(必近於
甲午之東擾)ᄒ리니 미치지선(未熾之先)에 거병초멸(擧兵剿滅)인딘 막약설모취지(莫若設謀取
之)오 기설모지방(其設謀之方)은 재어득인(在於得人)이라ᄒ기 피고(被告)가 득문차언(得聞
此言)ᄒ고 정동급여도인(鄭童及呂道人)을 경위원(警衛院)에 고발(告發)ᄒ야 자해원(自該院)
으로 착송정여양인(捉送鄭呂兩人)ᄒ얏기 심사(審査)ᄒ즉 소위(所謂) 요동(妖童)의 성(姓)은
비정이차(非鄭伊車)에 명시수룡(名是珠龍)이오 도인(道人)의 성(姓)은 비여이김(非呂伊金)
에 명시성문(名是性文)인디 누도반핵(屢度盤核)에 호무범정(毫無犯情)이어늘 피고(被告)가
칭이우려국사(稱以憂慮國事)ᄒ야 불위상탐(不爲詳探)ᄒ고 이도로풍설(以道路風說)노 무고

지인(無辜之人)을 솔이고발(率爾告發) ᄒᆞ얏슨즉 기무고(其誣告)ᄒᆞᆫ 죄(罪)를 난면(難免)홀 기
사실(其事實)은 피고진공자복(被告陳供自服)에 증(證)ᄒᆞ야 명백(明白)ᄒᆞ온지라, 피고(被告)
박준대(朴準大)를 대명률소송편(大明律訴訟編) 무고조(誣告條) 범무고인지사죄소무지인
미결자율(凡誣告人至死罪所誣之人未決者律)에 조(照)ᄒᆞ와 태일백징역종신(笞一百懲役終身)에
처(處)ᄒᆞ옴이 하여(何如)ᄒᆞ올지 자(玆)에 질품(質稟)ᄒᆞ오며 해일체서류(該一切書類)를 반
정(伴呈)ᄒᆞ오니 사조지령(査照指令)ᄒᆞ심을 위망(爲望).

1901년 10월경에 박준대가 그의 매부와 함께 함양 지역을 지나다가 이름
을 알 수 없는 김씨 성을 가진 사람과 만나 동행하게 되었다. 김씨라는 사람이
말하기를 "함양 마천 땅에 신이한 어린아이가 있는데 스스로 정씨 진인이라
일컫고, 여씨(呂氏) 성을 가진 사람이 그 스승이다. 무리가 수천 명인데 10일이
나 20일 안에 궁벽처에 모여 1902년 5월 안에 거사를 일으킬 것을 약속하였
다. 정씨 진인은 지리산 북쪽 기슭에 머무르고 있는데, 천하의 요새다. 영남과
호남의 동학 여당과 유민(流民)들이 향응하여 갑오년 동학난과 맞먹을 것이니
빨리 동참하라."고 했다.

박준대가 이 말을 듣고 정씨 진인이라는 어린아이와 스승 여씨를 경위원
(警衛院)에 고발하여 조사하였더니, 신이한 어린아이의 이름은 차수룡(車珠龍)이
었고 스승이라는 자는 김성문(金性文)이었으며, 누차 심문해도 특별한 범죄의
단서를 찾을 수 없었다. 결국 박준대가 풍설을 듣고 무고한 사람을 무고(誣告)
하였다고 판단하였다.

이 사건을 통해 당시 지리산 지역에서 정씨 진인이 출현했다는 풍설이 떠
돌았으며, 정씨 진인이 동학 여당과 유민들과 합세하여 거사를 일으킬 것으로
믿어졌다는 사실을 확인할 수 있다.

④ 동학 분파에 보이는 『정감록』류의 비결신앙
1904년 9월 무렵에도 전국에 동학 여당들이 활발하게 활동하고 있었다는
다음과 같은 보고가 있다.

조령(詔令)을 내리기를, "요즘 듣건대 동학 비적(東學匪賊) 잔당이 다시 퍼져서 혹 공공연히 주문을 외우기도 하고 혹 몰래 내통해서 고을과 촌락들에 모여 무기를 휘두르며 곳곳에서 소란을 피우면서 장차 연곡지하(輦轂之下)에[376] 모일 것이라고 성명을 냈다고 한다. 인심의 미혹과 백성들의 불량한 버릇이 어찌 이 지경에까지 이르렀단 말인가? 전철(前轍)이 소연(昭然)하니 속히 막을 대책을 강구하지 않을 수 없다. 각도(各道)의 관찰사(觀察使), 안무사(按撫使), 선유사(宣諭使), 지방 진위대(鎭衛隊), 각 집포관(戢捕官)들로 하여금 엄하게 초포(剿捕)하게 하되 두목은 즉석에서 처단하고 추종하는 무리들은 잘 타일러 해산시켜서 화란(禍亂)의 싹을 잘라 지방을 안정시키도록 하라." 하였다.[377]

오지영이 지은 『동학사』에는 동학의 분파를 30개로 제시하며 간략하게 설명하고 있는데 그 가운데 비결과 관련된 교파에 대해 살펴보자.

청림교파(靑林敎派)니, 본파는 수운 선생 당시 이백초(李白初)라는 도인이 갑산(甲山)으로 정배(定配)되어 그곳에서 은도(隱道)로 도를 전하여 청림도사(靑林道士)라고 칭하여 그것이 청림교가 되었다고도 하고, 혹은 한오(韓悟), 태두섭(太斗燮), 남정(南正) 등이 그것을 설립하였다고 하는 이도 있으나, 그것은 다 청림교라는 명칭이 생겨나온 이후의 일이라. 그 진상(眞狀)을 확실히 알 수 없는 것이라.[378]

남진교파(南辰敎派)니, 본파는 청림교의 일파로서 동학은 곧 선도(仙道)라 하여 죽은 수운 선생이 부활하여 남해도중(南海島中)에 있다고 하며 장차 조선(朝鮮)으로 출세(出世)한다는 등 허황설(虛荒說)로써 세상을 유혹한 것이다.[379]

이능화(李能和, 1869-1943)의 『조선기독교급외교사』(1928)에는 시천교(侍天敎)와 보천교를 『정감록』의 영향을 받아 일어난 대표적 종교운동으로 규정한다.[380]

---

376 연곡은 천자가 타는 수레로 연곡하(輦轂下)는 천자가 있는 서울이라는 뜻이다.

377 『고종실록』 고종 41년(1904) 대한 광무(光武) 8년 9월 20일.

378 오지영, 『동학사(간행본)』(영창서관, 1940), 238쪽. 오지영 저, 이장희(李章熙) 교주본(校註本), 『동학사』(박영사, 1974), 256쪽.

379 오지영, 『동학사(간행본)』(영창서관, 1940), 240쪽. 오지영 저, 이장희(李章熙) 교주본(校註本), 『동학사』(박영사, 1974), 258쪽.

손병희, 손천민과 함께 최시형의 3대 제자 가운데 한 사람이었던 김연국(金演局, 1857-1944)은 1907년에 천도교의 대도주(大道主)가 되었지만 손병희와의 불화로 이듬해에 천도교를 탈퇴하여 이용구(李容九)가 조직한 시천교의 대례사(大禮師)가 되었다. 1912년에 이용구가 죽은 후에 김연국은 박형채와 대립하여 별도로 시천교총부(侍天教總部)를 조직하였다가, 이후 1925년 6월에는 계룡산에 들어가 신도안[新都內]에 상제교(上帝教)를 세워 교주가 되었다.

이능화는 시천교, 정확히 말하자면 상제교의 교리가 교주가 계룡산에 새로운 도읍지를 세워 벼슬을 내린다는 터무니없는 것이라고 비판한다.[381]

또 이능화는 청림교(青林教)라는 교명이 정감록비기(鄭鑑錄秘記) 가운데 '수종백토주청림(須從白兎走青林)'이라는 글귀에서 따온 것이라고 주장했다.[382]

이능화는 청림교의 교주 한오(韓晤)가 『매일신보』에 실었던 「청림교취지문」을 인용하기도 했다. 이와 관련하여 『조선의 유사종교』(1935)에는 경성의 양반 출신인 남정(南正) 또는 호가 청림인 한오(韓晤)가 명치 37년(1904)에 사망하자, 1920년에 김상설(金相卨), 이옥정(李玉汀) 등이 청림교를 부활시켰다고 보고한다. 그런데 『매일신보』 1921년 2월 6일자에는 청림교주 한병수(韓秉洙, 일명 晤) 등의 이름이 적혀 있다. 따라서 청림교주가 1904년에 죽었다는 무라야마의 보고는 착오가 있다.

또한 "청림교(青林教)는 대정(大正) 12년(1923)에 경성(京城)에서 『정감록』의 자구를 견강부회하거나 다른 미신을 가미하여 포교하기 시작했다. 점차 각도(各道)에 교세가 퍼지자 이 교단은 항상 '정씨가 계룡산에 도읍을 세운다.'라는 황당무계한 이야기를 유포하여 어리석은 사람들을 미혹하고 치안을 방해하는 일이 심하였다. 따라서 포교자를 검거하기를 수십 회에 이르자 대정 10년

---

380 이능화, 「정감록미신지유래」, 『조선기독교급외교사』 하편, 18면.

381 이능화의 신종교 연구에 대해서는 김탁, 「이능화와 한국신종교의 연구」, 『이능화연구』(집문당, 1994)를 참고하시오.

382 이능화, 『조선도교사』, 332-333면.

496 조선의 예언사상 下

(1921) 무렵부터 쇠퇴하기에 이르렀다. 그렇지만 이 교단은 어리석은 사람들의 미신에 힘입어 일시에 교세가 전국에 미쳤고, 교도도 많았다. 대정 9년(1920) 3월 경성에 거주하던 청림교도 가운데 한창수(韓昌洙) 등이 이 교단의 진흥을 도모하여 종교적 방편에 의해 조선 내지(內地)와 외지(外地)의 사람들에게 불온한 사상을 교정하고 시정(施政)에 공헌할 것이라고 칭하였는데, 본부를 경성에 두고 각 도에는 지부를 설치하고 다수의 포교자를 각지에 파견하여 포교에 종사하고 있다."라는 보고도 전한다.[383]

한편 『동아일보』 1931년 1월 25일자 기사에 청림교 사건 공판에 관한 기사가 실렸는데, 제목은 「『정감록(鄭鑑錄)』은 허위(虛僞), 교도모집에 리용하얏슬 뿐, 강홍국(康弘國)의 재판공술(判廷供述)」이고 주요 내용은 다음과 같다.

청림교에 관한 보안법 위반 사건의 제2회 공판은 23일 신의주지방법원 형사법정에서 (…) 개정되었다. (…) 사건의 수괴는 김제(金濟) (…) 청림교 총시장(總視長)으로 있으면서 다수한 교도를 모집한 강홍국(53세)이었는데 (…) 피고가 교도를 모집할 때 『정감록』을 이용하여 우매한 백성을 속인 것은 『정감록』을 자기 역시 절대로 신용치 아니하였으나 신도를 모으기 위하여 그러한 허무맹랑한 말을 한 것이라고 진술하였다.

「동아일보」 1935년 7월 5일자 기사에 『정감록』을 맹신하여 양민을 속여 재산을 편취한 태두섭(太斗燮) 등 9명을 체포하여 재판한 이른바 청림교(靑林敎) 사건에 대한 다음과 같은 내용이 보인다.

경성지방법원 제1예심에서 (…) 피고 8명은 경성지방법원공장에 회부되고 (…) 이 사건은 피고 태두섭(66세) 등이 『정감록』을 빙자하여 장차 계룡산 속에서 정도령이 등극한다고 우매한 농민들을 속여 적지 않은 사기를 하는 한편 유언비어를 만

---

383 호세이(細井 肇), 「정감록의 검토」〔안춘근 편, 『정감록집성(鄭鑑錄集成)』(아세아문화사, 1973), 673면.〕.

들어 치안을 방해했다는 것으로 (…)

동아일보 1935년 9월 28일자 기사에도 위 사건에 관한 기록이 있다. 제목은 「『정감록(鄭鑑錄)』으로 혹세(惑世)한 청림교사건공판(靑林敎事件公判), 보안법위반(保安法違反)과 사기피고사건(詐欺被告事件) 피고동성(被告同聲)으로 사실부인(事實否認)」이고 주요 내용은 아래와 같다.

충남 계룡산 속에서 『정감록』을 빙자하여 정도령이 등극한다고 우매한 농민들을 속여 경향 각지에서 적지 않은 사기를 하는 동시에 유언비어를 만들어 치안을 방해하였다는 청림교 (…) 교주 태두섭은 대정 3년(1914) 이래로 정도령이 계룡산에 나타나서 등극한다는 말로 선도적(仙道的) 색채를 가미한 청림교를 조직하여 제1대 교주로 한병수(韓秉秀)를 세운 후 경성부 창신동에 본부를 두었다가 여의치 못하여 지방 농민을 속일 예정으로 충남 논산군 두마면 두계리로 이전한 후 교도를 모집 중 교주인 한병수가 죽게 되자 태두섭은 스스로 제2대 교주가 된 후 정도령이 등극할 때에는 반드시 화우(火雨)와 석우(石雨)가 내리게 될 터인데 청림교도만이 이를 피할 수 있고 또는 청림교로 하여금 신국가가 실현되는 때에는 청림교도 중에 지식이 있는 자에게는 고관대작을 얻게 할 수도 있다고 우매한 농민을 속이고 장차 흉년이 들게 될 터인데 그때에는 괴질이 성행하게 되어 수많은 사람이 죽게 되므로 이를 피하기 위하여 피화당(避禍堂)을 건축하기로 하며 (…) 수백 농민에게 수만 원을 사취하였다.

동아일보 1935년 10월 8일자에도 「『정감록(鄭鑑錄)』으로 농민(農民) 속인 청림교도(靑林敎徒)에 체형(體刑), 경향 각지로 다니며 사기를 영업 최고(最高) 오년역(五年役)을 언도(言渡)」라는 기사가 있다.

(6) 맺음말

진인출현설이나 남조선신앙과 같은 예언사상이 반왕조적 세력을 결집시키고 민중을 동원하는 수단으로서 기능하였다. 변란 세력은 『정감록』류의 예언서를 전술이나 이념적 무기로 삼아 동조자들을 규합하고 민중을 동원하였다.

비록 비현실적이고 추상적인 수준에 머물렀다는 한계는 있지만, 사회변동기에 온갖 변란과 반란사건에 빠짐없이 등장하였던 『정감록』류의 예언서들의 영향은 컸다. 이씨 왕조가 운을 다하고 이제 곧 새로운 정씨 왕조가 계룡산에 도읍을 정할 것이라는 예언은 정씨 진인출현설의 핵심이다. 그리고 새 도읍지로 남쪽 조선이 선택될 것이며, 정씨 진인이 남쪽 조선 혹은 남해 바닷가의 섬에서 출현할 것이라는 남조선신앙이 당시 유포된 예언사상의 한 축이었다.

이러한 맥락에서 동학은 『정감록』류의 예언서에서 유추된 정씨 진인출현설과 남조선신앙 등의 민중사상을 수용하여 새로운 사회에 대한 비전을 제시한 종교적 예언을 시도하였다.

동학은 어디까지나 종교였다. 사회변혁운동으로 제기된 것은 분명 아니었다. 따라서 동학은 구체적이고 현실적인 정치 프로그램을 제시하거나 사회 개혁 논리를 제공할 수 없었다. 그럼에도 불구하고 동학은 근대지향적인 구원의 상과 삶의 철학을 전파하고 있었고, 대중들은 그 속에서 근대 변혁의 논리를 찾았다.[384]

동학은 민중사상이나 민간신앙의 형태로 전승되던 『정감록』류의 비결신앙을 체계화된 주장인 종교로 제시하였다. 수운의 사상이나 동학군의 행태에 일관된 비결신앙이나 예언사상이 보이며 특히 진인출현설과 남조선사상으로 표출된 것이다.

그리고 예언사상이 동학혁명이라는 한국 근대사의 혁명적 사건이 일어나는 촉매제 역할과 폭발적 호응으로 이어지는 기폭제 기능을 했었음도 명확하다. 이는 당대의 시대적 요청에 의한 것이자 민중들의 간절한 소망에 대한 나름대로의 응답이었고, 전래되던 비결신앙에 대한 새로운 해석을 제기한 것이기도 했다.

수운 최제우는 당대의 문제들을 해결하기 위한 새로운 방안을 모색하여

---

384 우윤, 「정감록과 동학의 상호 관련성에 관한 연구」, 『한국사론』 36집(국사편찬위원회, 2002), 88쪽.

민중들에게 커다란 호소력을 지녔고 열렬한 환영을 받았다. 그는 집권 이데올로기였던 성리학적 질서를 부정하고 대안을 모색했는데, 이제 만고 없는 무극대도가 출현하여 5만 년 동안 이어질 것이라고 강조했다. 앞으로 3년 동안 십이제국에 괴질운수가 도래할 것이며, 이 시기가 지나면 '다시 개벽'될 것인데, 그 시기는 새로운 갑자년인 상원갑(上元甲)이 될 것이라고 예언했다. 또 우리나라의 운수가 매우 험할 것이지만 한울님이 아국운수를 먼저 보전한다고 선언하였다.

『정감록』류의 비결서에 나오는 조선국운삼절론(朝鮮國運三節論)의 비방인 궁궁(弓弓)에 대해 기존에는 궁궁촌, 궁벽지, 서학(西學) 입도 등 다양한 해석이 제기되었다. 그러나 수운에 의해 불사약과 선약(仙藥)으로 명명된 것은 주문(呪文)과 영부(靈符)였다. 후대에 해월 최시형은 궁궁은 심(心) 자를 상징한다고 해석하였다.

그리고 수운은 천주, 상제, 한울님으로 불리는 초월자이자 인격신이 인간 역사에 개입한다고 주장했다. 또 수운은 인간은 한울님의 조화로 이 세상에 태어나며 시대의 변화는 한울님 조화의 자취라고 강조했다.

나아가 수운은 시천주(侍天主)사상을 제시하여 주체적 인간과 평등한 인간 본질을 주창하여 한울님과 본질적으로 동등한 지고한 존재로서의 인간상을 주장하였다.

인륜과 질서가 무너지고 서양 세력이 침공하고 유불도의 운이 다하고 괴질이 만연하여 천하가 진멸 지경에 이르러 상원갑의 새 시대가 전개되는 '다시 개벽'할 것이라는 수운의 예언이 이루어지면 기존의 신분과 부귀 등이 모두 뒤바뀔 것이라고 한다.

이러한 급박한 위기 상황에서 한울님의 아들인 수운이 나타나 아국운수를 보전하는 일은 한울님이 정한 운수이다. 천황씨이자 진인(眞人)으로 인정되는 수운은 불사신적인 존재로 믿어졌으며, 때로는 남해의 섬에 살아있으며 곧 다시 출세할 것이라고도 믿어졌고, 상제의 화신으로까지 신봉되었다.

수운은 천명을 받은 존재로서 천신의 계시를 받았는데 이는 진인이 새롭게 출현할 것이라는 진인에 대한 민중의 염원이 투사된 것이다. 수운은 실제로 갑자년(1864) 2월과 5월 사이에 '다시 개벽'하는 때의 서두에 서양적의 침입이 이루어질 것이라고 선언했다. 그러나 그 시기는 갑자년 10월로 연기되었다. 여전히 서양에 대한 대비책은 궁궁(弓弓)의 핵심인 영부(靈符)를 불태워 물에 타서 마시거나 목검을 들고 검가를 부르는 신비한 조화를 주장하였다.

1884년 갑신정변 이전 시기부터 조선사회에는 『정감록』이 크게 유행하여 이씨 왕조가 5백 년을 지난 후에 계룡산에 정씨가 출현하여 새 왕조를 건설할 것이라는 소문이 널리 알려졌다. 진인은 남해의 섬에서 출세할 것인데, 환란을 피하려면 십승지(十勝地)를 찾아 피난하라는 것이었다.

백범 김구의 증언에 따르면 1890년대 황해도 지역에 알려진 풍문에 곧 괴질이 유행하고 진인이 출현하여 계룡산에 정도령이 도읍할 것이라 했다. 백범은 동학의 종지가 진주(眞主)를 모시고 계룡산에 새 나라를 세울 것이라고 믿었고, 동학에 입문하여 접주가 되었다.

한편 동학의 교조신원운동이 일어난 1892년은 조선왕조가 개국한 지 꼭 500년이 되는 해였는데, 이때 조선의 운수가 다할 것이라는 풍문이 파다했다.

매천 황현도 이씨가 망하고 정씨가 흥하는 때에 동학을 믿어야만 난리를 피할 수 있다는 소문에 따라 동학에 입도하는 사람들이 많았다고 증언한다. 진인이 출현하여 계룡산에 도읍을 정하면 동학도를 믿는 자 가운데 많은 사람이 고관대작이 될 것이라는 풍설이 유포되었다.

1893년 3월 동학의 보은집회 때도 남조선(南朝鮮)에서 진인이 동학 무리를 이끌고 출현할 것이므로 동학을 믿는 일만이 유일한 피난책이라는 이야기가 널리 알려졌고, 동학 무리들이 도참설을 주장하였다. 이때 동학교도들은 계룡산에 동학의 주문을 외울 장소를 세울 것을 충청감사에 주청하기도 했다.

1893년 「뮈텔 문서」에 보이는 오태원사건에서 사건 당사자들은 계룡산에서 개국할 천명(天命)을 받았다고 주장하며 무장봉기를 주도했다. 동학교도인

이들은 남조선을 세울 정씨(鄭氏)를 위해 하늘에 제사 지냈는데, 진인이 곧 해도(海島)에서 출현할 것이라고 주장하고 스스로 주요 관직을 임명하였다. 또 이들은 자신들이 진주(眞主)를 보좌한다고 강조하고, 선운사에서 석불비결을 탈취하고 동학 집회에 승려들을 잠입시켜 상황을 예의 주시하였다.

한편 선운사 석불비결 탈취 사건은 1892년 8월에 일어났다. 동학의 주요 접주 가운데 한 사람인 손화중 포에서 오하영이라는 도인이 주도했는데 곧 나라가 망할 것이고, 망한 후에 다시 흥할 것이란 비결을 얻었다는 내용이다. 동학교도들은 선운사 석불비결사건을 통해서 새 왕조를 세울 비결을 열어보았다는 믿음을 유포시켜 민중들을 동원시켰다.

당시 유생들이 올린 상소문에도 동학이 참위설을 주장하고 부적과 주문으로 민심을 유혹했다는 내용이 빗발쳤다.

『오하기문』에도 동학이 이씨가 망하고 곧 정씨가 흥할 것을 믿었고, 장차 큰 난리가 일어날 터인데 동학이 피난책이라는 내용이 보인다. 동학이 진주(眞主)를 보좌하고 하늘을 대신하여 세상을 다스릴 것을 믿었다고 한다.

동학농민혁명의 선구자 전봉준은 녹두장군으로 불렸으며 팔왕(八王)새라는 비결을 대변하는 인물로 알려졌다. 그리고 동학군이 겨울에 이르러 궤멸될 것을 암시하는 비결도 유포되었다. 또 전주성이 함락될 때에는 이서구가 남긴 비결에 의해 전봉준이 난리를 일으키는 진인이라는 참위설도 제기되었다.

동학군이 처음 집결하여 봉기한 장소인 백산(白山)은 만인을 살릴 수 있는 땅이라는 비결에 정해진 장소로 믿어졌다. 또 동학군이 나주를 공격할 때 내건 격문에는 광주와 나주 사이에 피가 흐르며 인적이 영원히 끊어질 것이라는 전래되는 비결이 사용되기도 했다. 이 외에도 정도령과 서총각이 출현할 것이라는 예언이 알려졌으며, 동학군이 외우는 시천주(侍天主) 주문이 정씨 진인의 출현을 도울 것이라는 해석이 있었고, 동학에 참여하는 일이 계룡산에 새 왕조를 세우는 새로운 백성이라는 자부심을 드러냈다고 믿었다.

한편 동학군은 부적과 주문으로 총칼을 막을 수 있다고 선전했고, 동학 접주들은 초능력을 지닌 존재로까지 소문이 났다. 또 박은식은『한국통사』에서 동학이『정감록』의 영향을 받아 진인출현설을 주장했다고 기록했다.

소년 진인출현설도 제기되었는데 동도대장군 이씨가 남조선에서 출현할 것이며 이들을 이끄는 원수가 정씨라는 주장이다. 또 동학군을 이끄는 7세와 14세의 신동이 바로 정씨 진인의 신동으로 선전되기도 했다. 동학군은 선봉에 신동(神童)을 앞세워 새 시대 건설의 임무를 띤 군대라는 자신감을 고취시켰다. 그리고 동학군의 우두머리인 전봉준이 진인이자 이인(異人)이라는 소문이 퍼졌고, 김개남은 남조선을 새롭게 열 인물로 믿어졌고 스스로 안남국왕(安南國王) 또는 개남국왕(開南國王)을 자처하였고 비결에 응하여 남원에서 49일 동안 동학군의 북상을 늦추기도 했다.

관군의 비결신앙은 동학군의 비결신앙에 대한 대응책이었으며, 동학군에 대항하기 위해 비결을 새롭게 제시하여 해석함으로써 동학군의 패망을 예언했는데 그 자체가 비결신앙이 널리 알려진 당시 시대적 조류를 반영한 것이다.

그리고 동학군은 왕이 될 용모를 지닌 서투쯤이라는 인물이 실은 정씨이며 계룡산에 새 도읍을 세울 정씨의 파자라는 주장을 제기하였다. 동학군은 정씨 진인출현설을 굳게 믿었는데, 동학군이 초기에 전내패(奠乃牌)를 만들어 찼고 계룡산에 등극할 정씨 왕조의 기운을 보호하기 위해 계룡산에 비유되는 닭고기조차 먹지 않았다는 사실이 그 명백한 증거이다. 동학군이 전내패를 찬 것은 스스로를 정씨 진인의 군대라고 자부했다는 점을 드러낸다.

이 외에도 동학군의 도참설 유포에 대한 보고들이 상당히 있으며, 동학군이 부적과 도참설로 백성을 속이고 무리를 모은다고 했다. 일본 측의 신문과 보고서에도 동학이 이씨 5백 년을 대신하여 정씨 왕조를 세운다는 믿음에 기초했다고 보고한다. 또 동학의 2대 교주 최시형도 계룡산에서 왕 노릇을 할 사람이라는 무고(誣告)를 받아 체포되었다.

동학농민혁명이 무위로 그친 뒤에도 동학과 관련한 거사모의 사건이 발각되었다. 황해도 지역에서 동학의 교장(敎長) 출신이었던 백낙희가 주도한 산포

(山砲)가 1896년 1월에 거사를 계획했는데 여기에 동학 접주 출신이었던 김구와 김형진 등이 참가하였다. 특히 김형진은 청국(清國)의 마대인(馬大人)에게서 우리나라를 통치한다는 의미의 진동창의사(鎭東倡義使)로 선택되어 인신과 직첩을 받았다고 주장했다. 이들은 청국 군대와 합세하여 서울로 가서 서양과 일본 세력을 물리치고 정씨 진인을 맞아 새로운 왕으로 즉위시킨다는 계획과 믿음을 갖고 있었다.

1900년 소백산 지역에서 정해룡, 양지동, 서정만 등이 주도한 거사모의 사건은 수운 최제우의 신원과 억울하게 죽은 명성황후를 위해 불공을 드린다고 모여 하늘에 제사 지내고 서울로 가서 복합상소를 올리겠다는 계획을 갖고 있었다. 이들은 남조선(南朝鮮) 충의장군 등을 깃발에 적어 전형적인 남조선신앙을 신봉하고 있었다.

1902년 지리산 지역에도 정씨 소년 진인이 여씨를 스승으로 삼아 거사를 모의하고 있다는 무고 사건이 발생하였다. 이들은 수천 명이 지리산 험곡에 웅거하고 있다는 소문을 냈는데 거짓으로 판명 났다.

동학의 분파인 청림교는 『정감록』에 나오는 구절에 연유하여 교단명을 지었는데 청림도사가 주도하여 계룡산에 정도령이 등극할 것이라는 예언을 유포하였다. 그리고 남진교에서는 수운이 남해의 섬에 여전히 살아있고 조만간 출현할 것이라는 이야기를 교리화시켰다. 또 시천교를 연 김연국은 계룡산에 상제교라는 교단을 세웠는데, 계룡산에 새 왕조가 건설될 것이라고 믿었다.

지금까지 동학에 대한 연구에서 동학의 예언사상에 대해 관심을 가진 일은 없었다. 동학이 요원의 불길처럼 전국에 활활 타오를 수 있었던 배경에는 전래되던 진인출현설과 남조선신앙이 기초하고 있었다. 동학군이 참위설을 유포하며 사람들을 모았고 이씨 왕조가 망하고 정씨 왕조가 새롭게 열릴 것을 믿었다는 사실은, 동학농민혁명에 대한 새로운 시각과 연구를 필요로 한다. 나아가 동학농민혁명이 어디까지나 동학이라는 종교 체계에 토대를 둔 혁명적 사건이라는 점을 다시 한 번 알 수 있다. 따라서 이른바 동학이라는 종교외

피설로 동학농민혁명운동을 바라보는 시각과 연구는 재고되어야 할 것이다.

동학이 좀 더 체계적인 종교 체계로 제시되지 못했다는 한계는 있지만, 당시 시대적 상황에서 동학의 교리보다는 동학이 갖는 민중운동적 측면에서의 진인출현설과 남조선신앙이 더욱 확산되고 민중들에게 받아들여졌음도 분명하다. 동학농민혁명은 미완의 혁명으로 남았고, 동학의 진인출현설은 실패한 예언으로 인정된다.

그러나 동학의 예언사상은 후대에도 여전히 강력한 영향을 끼쳤으며, 일제강점기의 진인출현설과 남조선신앙으로 명맥이 유지된다. 예언은 실패하지 않는다. 다만 그 실현 시점이 연기될 뿐이다. 동학사상과 동학농민혁명운동에서도 예언사상은 방대하고 강력한 영향을 끼쳤다는 사실이 이 글을 통해 드러났다. 앞으로 동학 연구에 있어서 지금까지 소외되고 방관되었던 동학의 예언사상에 대한 심도 깊은 이해와 연구가 추진되기를 바란다.

동학 이후
1910년까지
의 예언사상

91

남학(南學)은 1860년 무렵에 이운규(李雲圭)에 의해 창도된 이후 1878년경에
는 일부(一夫) 김항(金恒)이 충남 연산을 중심으로 무극대도(無極大道) 또는 대종
교(大宗教)와 광화(光華) 김치인(金致寅)의 전북 진안을 중심으로 한 오방불교(五方
佛教) 또는 남학(南學)으로 분화되었다. 이들을 모두 남학이라고 부르기도 하지
만 특히 광화계를 남학이라고 불렀다.[1]

남학도 동학의 봉기에 부응하여 봉기하려 했다는 혐의로 체포령이 내려졌
으며, 결국 1895년 3월 초에 지도부 10여 명이 체포되어 전주로 압송되어 참
수당하였다. 그 후 남학당은 내부 분열과 분화가 발생하였으며, 그 가운데 한
세력이 제주도로 넘어갔다.[2] 이들은 화전을 개발하면서 대정군 광청리 일대에

---

1 매천 황현은 남학을 불학(佛學)이라고도 불렀다. 『오하기문』 3필, 1895년 3월.
2 남학은 "바다 가운데 나라가 있다."고 말한다는 기록이 있다. 김성규(金星圭), 『초정집(草亭集)』 권 7,
   『향약사목(鄕約事目)』, 18쪽. 『향약사목』은 김성규가 1894년 12월에 작성하여 이듬해 1월에 전라감
   사 이도재가 전라도 지역에 반포한 것이다.

정착하여 살았다

대한제국 광무 2년(1898)에 발생한 제주도 농민항쟁[3] 때에도 해도기병설이 이용되었다. 화전민들로 이루어진 남학당(南學黨)을 이끌며 항쟁을 주도한 방성칠(房星七)은 "제주는 방성(房星) 분야이며, 나의 성씨가 방(房)이므로 서로 부합된다. 그리고 비기에 '방씨(房氏)와 두씨(杜氏) 장군'이라는 표현이 있는데, 이 또한 나의 성과 부합되니, 이것이 하늘의 뜻이 아닌가? 지금 국운이 이미 쇠퇴하여 진인이 마땅히 해도에서 나올 것이니, 이 기회를 잃을 수 없다."고 주장하여[4] 민심을 선동하여 봉기의 정당성을 확보하고자 노력했다.

현전하는 「감결」에 "계룡산에 나라를 세우면 (…) 방성(房姓)과 우가(牛哥)가 손발같이 일하리라."라는 구절이 있으며, 「토정가장결」에 "전읍(奠邑)이 바다 섬의 군사를 이끌고 방성(方姓)과 두성(杜姓)의 장수와 함께 갑오년 섣달에 즉시 금강을 건너면, 다시 천운이 커질 것이다."는 내용이 보인다.

광무 2년(1898) 2월 제주도에서 일어난 방성칠(房星七)의 난은 당시의 사회경제적 모순으로부터 비롯된 민중의 저항이 조세 수취 구조의 개혁을 요구하는 방향에서 폭발한 것이었으며, 나아가 조선왕조 자체를 부정하고 새로운 국가 건설을 꾀한 사건이다. 또 이 난의 전 과정에 남학당(南學黨)이라는 종교 집단이 중심이 되어 주도해 나갔다.[5]

남학은 1860년대에 충청도와 전라도 일대에 유포되었던 신종교였다. 이 교단은 유불선과 민간신앙을 포괄하였으며, 후천세계(後天世界)와 무량낙원(無量樂園)의 개벽을 기치로 새로운 세계관을 주장했다. 1894년 동학농민혁명이 일어나자 남학교도들도 독자적으로 용담 대불리에서 봉기하였다. 이들은 누

---

3 조성윤, 「1898년 제주도 민란의 구조와 성격 ─ 남학당의 활동과 관련하여 ─」, 『한국사회사연구회논문집』 4집(문학과 지성사, 1986)을 참고하시오. 화전세를 비롯한 조세 문제의 시정을 요구하여 일어난 농민항쟁사건이다.

4 濟州房星分野, 吾姓房, 與之相符. 且秘記有房杜之將, 亦與吾姓相符, 此非天耶. 今國運已衰, 眞人當出於海島, 此機不可失也. 金允植(1835-1922)의 『續陰晴史』(상) 권 8, 光武 2년 3월 4일.

5 조성윤, 「1898년 제주도 민란의 구조와 성격 ─ 남학당의 활동과 관련하여 ─」, 『한국전통사회의 구조와 변동』(문학과 지성사, 1986), 209쪽.

런 저고리를 입고 오방기(五方旗) 아래 집결하여 "남문 열고 바라 치니 계명산천 밝아온다. (…)"라는 노래를 부르면서 대벌리까지 진출했다.

이 봉기의 주도 세력은 교단의 하급 간부와 일부 신도였는데, 교단의 지도부는 난세를 당해서는 오직 도덕을 닦고 안심해야 한다고 주장하면서 교도들의 집단행동을 극력 저지하였다. 결국 지도부의 방해로 봉기는 좌절되었고, 동학농민혁명이 실패로 끝난 후 신종교에 대한 대대적인 탄압 과정에서 1895년 봄에 교주인 김광화를 포함한 남학 지도부 8명은 전주 서문 밖에서 혹세무민의 죄로 처형되었다.

박해를 피해 제주도로 이주한 남학교도 가운데 일부는 당시 화전 개간이 활발하게 진행되던 대정군 광청리(光淸里)의 산간 지대에 정착하였다. 당시의 사회적 불안과 더불어 이들은 정착지를 중심으로 점차 교세를 확대할 수 있었다.

1898년 2월 7일 방성칠을 지도자로 한 광청리 일대 화전민 수백 명이 제주성 내의 관아에 몰려와 소장을 제출하였다. 소장의 주요 내용은 화전세, 목장세 및 호포의 과다 징수와 환곡의 폐단을 바로잡아 달라는 것이었다. 폐단의 시정을 약속한 제주목사 이병휘(李秉輝)는 오히려 비밀리에 장정들을 모아 부족한 관군에 보충하는 한편 장두인 방성칠을 잡아들이려 했다.

이 소식을 접한 방성칠과 화전민들은 크게 분노하고 보다 적극적인 대응책을 세우기 시작했다. 이들은 육지에서 이주해 온 화전민인 남학교도 수백 명으로 친군(親軍)을 구성하고, 동조 세력을 모았다.

참가한 도민들은 모두 머리에 흰 수건을 쓰고 몽둥이를 들었는데, 육지에서 이주해 온 화전민 남학당 수백 명으로 구성된 친군(親軍)은 모두 황전립(黃氈笠)을 쓰고 남(南) 자를 써서 부적처럼 몸에 붙이고 있었다.

이들은 3월 1일 제주성 안으로 들어가 목사와 군수 등을 성 밖으로 내쫓았고, 이방을 죽였다. 방성칠은 조선 사회의 상황을 국운이 쇠퇴하는 말세(末世)라고 이해하고, 새로운 왕조의 도래를 예언한 『정감록』류의 각종 비기에 바탕을 둔 민간예언사상을 인용하여 민란에 새로운 의미를 부여하였다.[6]

이들은 제주를 중심으로 봉기하여 새로운 이상향을 이룰 것을 희망하였다. 이와 관련된 『정감록』의 내용은 다음과 같다.

國初眞人, 從何而出世乎? 初自濟州, 而更至全羅, 而自南而來.[7]
眞人出濟州島鳴島, 姓鄭名道仁, 字仁鑑, 生丙辰.[8]

방성칠은 제주도가 임금이 솟아날 방성분야(房星分野)라는 천문지리설과 자신의 성이 합치됨을 지적하고, 진인(眞人)이 해도(海島)에서 나타난다는 정감록설이 실현될 때가 바로 지금이라고 주장했다. 나아가 그는 정도령과 함께 있을 방두지장(房杜之將)과 자신을 동일시한 다음, 무장(武將)들과 함께 적객(謫客)들이[9] 많이 있어 가히 문무를 겸비하였으므로 새로운 국가를 건설할 능력을 갖추었다고 강조했다.

원(元)나라는 제주도를 방성(房星)에 해당하는 지역이라 하여 말과 소를 산에다 놓아 먹여서 목장으로 만들었다.[10]

방성은 28수 가운데 네 번째 별로 마신(馬神)을 맡았다. 이는 전국시대에 중국 본토와 부근 국가의 영토를 28개 구역으로 나누고 방위에 따라 28수를 배정한 일에서 비롯된다.

「토정가장결(土亭家藏訣)」에 "이때 정씨가 바다 섬의 군사를 이끌고 방성(方姓), 두성(杜姓)의 장수와 함께 갑오년 섣달에 즉시 금강(錦江)을 건너면 다시 천운(天運)이 커질 것이다."라는 내용이 있다.[11]

---

6 조성윤, 위의 글, 223쪽.

7 「요람역세」, 『정감록』(한성도서주식회사, 1923), 『정감록집성』(아세아문화사, 1973), 527면.

8 「요람역세」, 『정감록』, 『정감록집성』, 529면.

9 적객은 육지에서 제주도로 귀양 또는 유배된 사람들을 가리킨다.

10 元以爲房星分野, 縱駿馬牝牡於山, 爲牧場. 이중환(1690~1752) 지음, 이익성 옮김, 『택리지』(을유문화사, 2002), 195쪽.

11 此時, 奠邑率海島之兵, 與方杜之將, 甲午臘月, 卽渡錦江, 則天運回泰. 「토정가장결」, 『정감록』(한성도서주식회사, 1923), 『정감록집성』(아세아문화사, 1973), 594면.

그리고 「운기구책」에 "계룡산 (정씨의) 개국공신은 방씨와 우씨인데 수족과 같아 동쪽을 치면 서쪽이 원망하고 북쪽을 쳐들어가고 남쪽이 위태로울 것인데 한번 전투복을 입으면 사방에서 모두 우러러보리라."라는 내용이 보인다.[12]

또 「감인록」에도 "계룡산 개국의 원훈은 변씨 성의 신하와 배씨 성의 재상과 방씨 성과 우씨 성의 장수가 수족과 같이 도울 것이다."라는 내용이 전한다.[13]

방성칠사건에 남(南) 자를 써 붙인 난민들이 모여들었으며, 방성칠이 비기를 인용하고 진인이 해도에서 나올 것이라고 주장했다는 내용이 다음과 같이 전한다.

난민들이 모였는데 화전민들로서 모두 남학당(南學黨)인데 몽둥이를 들고 남(南) 자를 써붙였다. 방성칠(房星七)이 유배와 있던 최영순과 김낙영을 불러 중요한 일을 함께 도모했는데, 두 사람은 속은 체 했다. 방성칠이 말하기를 "제주도는 방성(房星)이 주도하는 지역에 속하는데, 나의 성씨가 방(房)이니 서로 부합한다. 또 비기에 '방씨와 두씨의 장군'이라는 말이 있는데, 이 역시 나의 성씨와 부합하니 이것이 하늘의 뜻이 아닌가? 이제 국운은 이미 쇠퇴했고 마땅히 진인이 해도에서 나올 것이니, 이 기회를 잃어버릴 수는 없다. 그리고 제주도에는 귀양 온 사람들이 많으므로 오늘날과 같이 문무를 두루 갖춘 때가 이제껏 없었으니 이것은 하늘이 나의 일을 돕는 것이다. 이제 일본과 러시아가 서로 다투고 있고 조정에는 많은 사건이 있으니 이곳까지 파병할 겨를이 없을 것이며, 비록 온다고 하더라도 두려울 것이 없다."라 했다.[14]

한편 『매천야록』에는 "방성칠이 갑오(1894)년에 제주에 들어와 참언(讖言)

---

12 鷄龍開國功臣, 房牛如手如足, 東征西怨, 北伐南僕, 一着戎衣, 四方咸仰. 「운기구책(運奇龜策)」, 『정감록』(한성도서주식회사, 1923), 『정감록집성』(아세아문화사, 1973), 506면.

13 鷄龍開國元勳, 卞臣襄相, 房姓牛哥, 如手如足. 「감인록」, 『정감록집성』(아세아문화사, 1973), 610면.

14 亂民一向屯聚, 所謂火田民, 皆南學黨也, 所執捧皆書南字. 房七星 - 卽甲一名 - 招謫居人崔永淳·金洛榮要與同事, 崔·金皆佯許. 房曰, 濟州房星分野, 吾姓房, 與之相符. 但秘記有房杜之將, 亦與吾姓相符, 此非天耶. 今國運已衰, 眞人當出於海島, 此機不可失也. 且濟州謫客之多, 未有如今日, 文武俱修, 此天贊吾事也. 今日俄相爭, 朝廷多事, 未暇派兵來此, 雖來不足畏也. 김윤식(金允植), 『속음청사(續陰晴史)』 상 광무(光武) 3월 4일조.

과 성력(星曆)을 풀이한 것으로 대중을 현혹시키면서 그곳을 거점으로 삼아 스스로 왕이 되고자 하였다."라고 기록했다.[15]

여기서 방성칠은 지상에 낙원을 세워 태평성세를 누리고 싶다는 생각을 민중종교사상을 통해 표현하면서 이를 실천에 옮기려는 적극적인 측면을 보여주고 있다. 그러나 이러한 그의 구상은 정감록사상이 언제나 그렇듯이 근대 지향적인 개혁사상을 결여한 채 복고지향적인 모습을 띠면서 제주도에서 독자적인 왕국을 건설하는 선에서 머물렀다. 이는 정도령이 해도에서 출현하여 군사를 이끌고 육지로 건너가 조선왕조를 멸망시키고 계룡산에 도읍을 정하여 새로운 왕조를 연다는 정감록에서 제시되던 구상보다도 소극적인 수준이었다.[16]

3월 4일 남학당 지도부는 적객 가운데 명문거족의 후예인 정병조(鄭丙朝)를[17] 정도령으로 추대하려고 그에게 제주도 삼읍의 공사(公事)를 맡겼다.

닭이 울 무렵에 정세마(병조)와 황감역(병욱)이 왔다. 방성칠이 역모의 말인 "정세마는 대대로 녹봉을 받아온 후예로서 재주와 빛나는 기운이 남보다 뛰어나므로, 장차 삼군의 공사를 맡아줄 것을 간청하고자 한다. 이는 비기에 나오는 정씨출현설에 부응하는 것이다. 황감역도 장차 천거하여 중앙을 다스리는 장군으로 쓰리라."라고 말했다.[18]

그러나 정병조는 이 이야기를 전해 듣고 크게 놀라 성을 넘어 도망쳐버렸다. 이에 아전과 군교들이 호응하여 방성칠을 잡아 죽임으로써 사건이 종결되

---

15 有陸民房星七者, 以甲午入濟州, 解妖讖星曆惑衆, 欲據島自王. 권 2. 임형택 외 옮김, 『역주 매천야록』 상(문학과 지성사, 2005), 544쪽.

16 조성윤, 앞의 글, 224쪽.

17 정병조(1863-1945)는 동래 정씨로 판관 기우(基雨)의 아들이자 만조(萬朝)의 아우였다. 1896년 명성황후 시해의 음모를 미리 알고도 방관했다는 탄핵을 받아 제주도로 종신 유배되었다.

18 雞鳴時, 鄭洗馬(丙朝), 黃監役(炳郁)來 (⋯) 房逆言, 鄭洗馬, 世祿之裔, 才華超羣, 將敦請, 視三郡公事, 此符秘記假鄭示應. 黃監役亦將擧用以修中央之將. 김윤식(金允植), 『속음청사(續陰晴史)』 상, 광무(光武) 3월 5일조.

었다.

광무 3년(1899) 1월에 전주 건지산(乾止山)에 전주 이씨의 시조인 이한(李翰)의 묘로 추정되는 곳에 조경단(肇慶壇)을 축조했다. 당시 함경도 출신의 주씨(朱氏) 성을 가진 지사(地師)가 몰래 위조한 참서(讖書)를 파묻어 놓았는데 그 사실이 드러나자 "황제를 칭한 이후 국운이 300년까지 이어진다."고 말했다. 임금이 크게 기뻐하여 마침내 그만두지 않았다고 전한다.[19]

1902년 12월 "자칭 정해일(鄭海日)이란 자가 경상도에서 체포되었다. 그는 겹으로 된 눈동자를 가지고 있었고, 가슴과 등에는 칠성(七星)과 삼태성(三台星)의 사마귀가 있었으며, 손바닥에는 이상한 글자가 씌어 있었다는 것이다."라는 보고가 있다.[20] 이 역시 정씨 성을 가진 인물이 자칭 진인임을 주장했던 일로 보인다.

이와 관련하여 광무 7년(1903) 1월 24일 "정해일이 서울로 압송되어 경무청에 수감되었는데, 고종 임금께서 그를 두둔하여 잘 보호하고 있다고 하니 이상한 일이다. 신문에도 났다."라는 보고도 있다.

"이른바 정해일이라는 자의 공술서(供述書)를 얻어 보았다. 몸에 검정 사마귀가 많은데 모두 천문상(天文象)이라 하며, 그가 주장하기를 대운(大運)이 박두하였으므로 내년 봄에 거사하여 계룡산(鷄龍山) 밑에 도읍(都邑)을 정하고 대업(大業)을 이루어야 한다는 등 꺼리는 바가 없이 횡설수설하였다."라는 보고도 있다.[21] 당시 세간에서는 그를 구세주를 자처하는 괴인으로 보았다.

광무 7년(1903) 6월에 영남의 집포관(戢捕官) 김상한(金商翰)에게 정해일(鄭海日)이 반역을 모의했다고 무고(誣告)한 죄목으로 반좌율(反坐律)을 적용하였다. 정해일이 필상(筆商)으로 돌아다닐 때 해인사에서 정씨 성을 가진 자의 옥사(獄

---

19 임형택 외 옮김, 『역주 매천야록』 하(문학과 지성사, 2005), 12쪽. 地師北關人姓朱者, 潛埋僞讖, 露之, 槪稱稱帝後國祚三百年, 上大喜, 役遂不可罷. 권 3.

20 박성수 주해, 『저상일월(渚上日月)』(민속원, 2003), 314쪽.

21 박성수 주해, 『저상일월(渚上日月)』(민속원, 2003), 113쪽.

事)가 일어나 오랫동안 그자를 체포하지 못했다. 이에 김상한은 정해일이 어리석은 것을 보고 그를 유인하여 "자신을 스스로 정모(鄭某)라고 하면 금방 부귀를 이룰 수 있다."고 하였다. 김상한은 정모(鄭某)를 붙잡았다고 거짓 보고하면서 정해일의 머리에 오악(五岳)이 나열되어 있고, 이마에는 천자(天子)라는 글자가 쓰여 있으며, 가슴에는 28수(宿)가 있고, 등에는 삼태성(三台星)이 있다고 하였다. 그러나 정해일을 서울로 붙잡아 신문하자 모두 허망한 일이라는 사실이 드러나 그를 석방했다.

원문은 다음과 같다.

영남(嶺南) 집포관(戢捕官) 김상한(金商翰)이 정해일(鄭海日)을 역모죄로 무고하여 반좌율(反坐律)에[22] 걸렸다. 정해일은 본래 필상(筆商)으로, 그가 걸식을 하고 다닐 때, 마침 해인사(海印寺)의 정씨(鄭氏) 옥사가 발생하여 범인을 오랫동안 체포하지 못하고 있었다. 이때 김상한은 우둔하게 생긴 정해일을 유인하여 그로 하여금 정모(鄭某)로 칭하면 큰 부귀를 누릴 수 있다고 하므로, 정해일은 그의 청을 승낙하자 김상한은 정모를 체포하였다고 보고하였다. 그는 머리에 오악(五岳)이 그려져 있고, 이마에는 천자(天子)라는 글자가 있고, 가슴에는 28숙(宿)이 있으며, 등에는 삼태성(三台星)이 그려져 있다고 하였다.

그 후 그를 서울로 압송한 다음 신문하기 전에 모든 형구를 다 갖추어 놓았다. 정해일은 이런 광경을 보고 기겁을 하면서 "김상한아! 나의 목숨을 살려 달라, 부귀는 누리지 않아도 되니 지금 이 형구를 갖다 놓은 것은 무슨 이유냐?"라고 하여 간수들의 웃음을 자아냈다.

그를 신문하였으나 아무 근거도 없어 석방을 해주었다. 처음에는 김상한을 참형으로 처리하려고 하였으나 결국 여론이 일어날까 싶어 그만두었다. 이때 영남과 호남 지방 사람들은 이 옥사에 걸려들어 가산을 탕진한 사람이 매우 많았다.[23]

---

22 반좌율은 무고 또는 위증으로 타인을 죄에 빠지게 한 자에게 그 빠진 자와 동일한 형에 처하도록 규정한 법이다.

23 嶺南戢捕官金商翰, 坐誣告鄭海日謀逆, 擬反坐律. 海日筆商, 行乞時, 海印寺鄭姓獄發, 久未獲. 商翰見海日惷駘, 誘之, 使稱鄭某, 富貴可立致. 海日諾之, 商翰乃報獲鄭某, 頭列五岳, 頂有天子字, 胸羅二十八宿, 背有三台. 逮至京, 訊之. 刑械畢具, 海日愕然曰, 金商翰保我一髮, 不牽可富貴, 今何刑械. 爲獄官失笑. 及閱實皆烏有也, 釋之. 初擬商翰斬, 竟傳生議. 嶺湖之民, 罹是獄, 蕩覆者衆. 권 3. 임형택 외 옮김.

한편 정환덕(鄭煥悳, 1857-1944)의 『남가몽(南柯夢)』에 고종이 정환덕에게 물었다는 다음과 같은 기록이 있다.

갑오경장 이후로부터 국가의 운명이 점점 위급하고 어려워져 재이(災異)가 거듭 일어났다. (…) 흉역의 무리가 계속 일어나 거의 평안하고 안정된 때가 없었다. (…) 당초 태조가 한양에 터를 잡을 때 5백 년으로 왕조의 운명을 삼아 종묘의 문에 창엽(蒼葉)이라고 현판을 써서 걸었다. 창(蒼)이라는 글자는 분명히 이십팔군(二十八君)이고, 엽(葉)이라는 글자도 또한 이십팔세(二十八世)를 뜻하는데 운수가 과연 그와 같은가?[24]

종묘는 조선시대 역대 왕과 왕비, 그리고 추존왕과 왕비의 신주(神主)를 봉안한 사당이다. 종묘에 정도전이 쓴 것으로 전하는 창엽문이라는 현판이 있는데, 바로 이 글자가 조선왕조의 운명이 26대 고종, 27대 순종, 28대 영친왕에서 끝날 것을 예언했다는 내용이다. 영친왕은 왕위에는 오르지 못했지만 종묘에 위패가 봉안되었다. 이 기록에 근거하여 후대에도 창엽이라는 종묘 대문의 이름이 조선왕조가 정확히 28대로 끝난다는 예언으로 믿어졌다.[25]

그리고 조선왕조 최후의 임금인 순종에게 후사가 없었던 일도 왕실의 불행이었다. 순종의 비 순명왕후 민씨는 민태호의 딸인데 11살인 임오년(1882)에 태자비로 간택되어 33살인 갑진년(1904)에 승하했는데, 그동안을 처녀의 몸으로 지냈다고 전한다. 이에 대해 『남가몽』은 다음과 같이 기록한다.

이후에도 밤마다 11시경이면 순종이 빈궁(嬪宮)의 침소를 찾았으나 아들을 낳을 희망은 전혀 없었다. (…) 순종의 이 같은 행동은 국가의 운명과도 관계되는 일이다. 왜냐하면 당초 무학대사와 정도전이 종묘의 주춧돌을 놓을 때 28칸 반으로 정

『역주 매천야록』 하(문학과 지성사, 2005), 142-143쪽.

24 박성수, 『남가몽 - 조선 최후의 48년 -』(왕의 서재, 2008), 65-66쪽. 이 책은 『남가몽』의 원문을 일부 해석한 다음 저자가 자신의 견해를 서술하는 체제로 구성되어 있다.

25 신봉승, 『신봉승의 조선사 나들이』(도서출판 답게, 1996), 51쪽.

했는데, 이로 미루어본다면 이 나라의 운수는 가히 움직이기 어려운 일인가?[26]

정도전에 의해 종묘는 모두 28칸 반으로 건립되었다고 한다. 이 일은 5백 년 후의 조선왕조 멸망을 예측한 일로 믿어졌다.

이 질문에 대해 정환덕은 "국가의 운수가 정해진 수가 없는 것은 아니지만 국가가 다스려지느냐 다스려지지 않느냐에 달려있으므로 확정 지어 말씀드리기는 어렵습니다. (…) 폐하에게 주어진 재위 연수는 정유년(1897) 이후 11년으로 그쳤으니, 이 수는 피할 수 없습니다."라고 대답했다고 한다. 즉 정환덕은 고종이 일제의 강압으로 인해 정미년(1907)에 순종에게 양위할 수밖에 없을 것을 정확히 예언했다고 주장했다.

『남가몽』은 고종과 순종을 최측근에서 모셨던 정환덕이 1863년부터 1910년까지 조선에서 일어났던 일과 궁중 비화들을 기록한 책이다. 정환덕은 경북 영천에서 역학(易學)을 공부하다가 광무 1년(1897)에 상경하여 1902년 11월에 시종원 시종으로 임명받아 황제를 모셨다. 이후 그는 15년 동안 궁궐에 재직하면서 보고 들은 사건을 기록하였다.

『매천야록』제4권 광무 8년(1904)에 "경무사(警務使) 신태휴(申泰休)가 무당들의 축원 행위를 엄금하여 민간에서 뫼시고 있는 관제상(關帝像)을 모두 거두어 들여 북묘(北廟)로 옮겨 놓은 수가 3천개나 되었다. 그중에는 향차(香車)와 청룡도(靑龍刀) 등도 포함되어 있었으며 불에 태운 것도 수백 개나 되었다. 그리고 이때 술객(術客) 정환덕(鄭煥悳)과 조세환(曺世煥) 등은 고향으로 도주하고, 대내(大內)에 출입하던 여무(女巫)들도 수감된 사람들이 줄을 잇고 있었다."라는 기록이 있다.

정교의 『대한계년사(大韓季年史)』권 7 광무 8년조에도 정환덕이 복술(卜術)로 관직이 종2품 시종부경(侍從副卿)에 이르렀다고 기록한다.[27]

---

26 박성수, 『남가몽 - 조선 최후의 48년 -』(왕의 서재, 2008), 126-127쪽.
27 종2품 정환덕(鄭煥悳)을 시종원부경(侍從院副卿)에 임용하고 칙임관(勅任官) 3등에 서임(敍任)하였

광무 10년(1906) 6월 대안문(大安門)이라는 이름을 고쳐서 대한문(大漢門)이라 하고, 이 문을 경운궁(慶運宮)의 정문으로 삼았다. 전 비서승 유시만(柳時萬)은 겸 암(謙庵) 유운룡(柳雲龍)의[28]의 비결을 얻었다고 말했는데, 3백 년 된 묘를 천장 (遷葬)하면서 미리 참언을 거짓으로 만들어 옛 무덤 속에 몰래 숨겨놓았다가 꺼 내 은밀히 임금에게 바쳤다. 그 참언의 대략은 대안문을 대한문으로 고치고, 안동의 신양면(新陽面)으로 천도를 하면 국운이 계속 창성할 것이라는 내용이 었다. 임금이 이에 현혹되어 즉시 문의 이름을 고쳤으며, 유시만에게 돈을 많 이 주어 행궁(行宮)을 건축할 자금으로 사용하도록 했다.[29]

다음은 광무 10년(1906) 7월의 기록이다.

충청남북도에 큰비가 3일 동안 내렸다. 만여 호가 물에 휩쓸렸으며, 은진(恩津) 과 강경포(江景浦)가 역류하여 범람한 것이 수십 리였다. 민간의 참어(讖語)에 "초포 (草浦)에 배가 다니고 계산(鷄山)의 바위가 하얗게 되면 시사(時事)를 알 수 있다."라 하였으니, 이에 이르러 강경포가 범람하고 초포에 배가 다니게 된 것이다.

이른바 "민간의 참어"는 『정감록』의 내용이다. 황현도 이 참언의 내용을 잘 알고 있었으며, 어느 정도 인정하는 경향이 있었다.[30]

순종(純宗) 융희(隆熙) 2년(1908) 5월에는 백백도(白白道)라는 무리들이 성행했다.

순천(順天)과 자산(慈山) 등지에 요망한 자들이 백백도(白白道)라 일컬었다. 그 주문

으며 (…) 『고종실록』 고종 광무 10년(1906) 3월 21일.

28 유운룡(1539-1601)은 유성룡(柳成龍)의 형으로 이황(李滉)의 가르침을 받았고, 인동현감과 풍기군 수 등을 역임하였다. 설화에서는 유성룡보다 우월한 능력을 지닌 이인(異人)으로 자주 등장한다.

29 改大安門, 曰大漢門, 門爲慶運宮正門. 前秘書丞柳時萬者, 謙庵雲龍祀孫也. 自言得雲龍秘鑑, 遷其三百 年之墓, 因造僞讖, 潛藏舊壙而出之, 密進于上. 其略言, 改大安門以大漢, 遷都于安東之新陽面, 則國祚 延昌. 上惑之, 託言油夢兆, 卽改門號, 大出金錢, 資時萬營行宮. 권 5. 임형택 외 옮김, 『역주 매천야록』 하(문학과 지성사, 2005), 331쪽.

30 忠清南北道, 大雨三日, 如傾盆, 壞襄無前. (…) 漂萬餘戶, 恩津江景浦, 兩蛟出鬪, 橫塞大川, 逆流汎濫 數十里. 民間舊有讖曰, 草浦舟行, 鷄山石白, 時事可知. 至是江景汎濫, 爲草浦舟行之漸. 권 5. 임형택 외 옮김, 『역주 매천야록』 하(문학과 지성사, 2005), 336쪽.

에 '백백백(白白白) 적적적(赤赤赤) 감응감응(感應感應)'이라 했고, 밤에는 깨끗한 물을 떠놓고 하늘에 제사를 지냈다. (그들은) 서로 거짓으로 유혹하기를 "얼마 지나지 않아 백백도(白白道) 선생이 출현할 것인데, 왜놈들은 자멸할 것이다."라 했다.[31]

『호남학보』 제5호(1908년 10월) 이기(李沂)의 「답이강제서(答李康濟書)」에 다음과 같은 내용이 보인다.

其 期는 則 鷄山石白ㅎ고 草浦船行之日이라 而我父祖數三世에 望之不見者也니 奈何奈何오. (…) 우리 부조(父祖)가 수삼대(數三代)를 걸쳐 계룡산(鷄龍山)의 돌이 하얗게 되고 초포(草浦)에 배가 다니는 날을 보려고 해도 볼 수 없는 것과 같은 결과가 될 것이니 어찌할 수 있겠는가?

"계룡산의 돌이 하얗게 되고 초포에 배가 다니는 날"은 현전하는 『정감록』 「감결」에 보인다. 이처럼 이 시기에도 정감록의 내용이 인구에 널리 회자되고 있는 사실이 확인된다.

한편 『대한협회회보』 제4호(1908년 7월) 진주회원(晉州會員) 김갑순(金甲淳)이 지은 「부유(腐儒)」의 내용은 다음과 같다.

第二는 迷惑派니 慧寶가 不廣ㅎ고 眼孔이 眇少ㅎ야 人生의 正義를 不知ㅎ며 時務의 必要를 不問ㅎ고 흔갓 汚怪흔 思想으로 陰陽界에 獻身ㅎ야 現在의 事情도 朦解ㅎ면서 未來의 禍福을 妄評ㅎ며 諱秘의 讖書를 溺信ㅎ야 呼風喚雨의 術을 硏究ㅎ려고 深山靜谷에 禱神祝鬼로 平生을 虛送ㅎ고 弓弓乙乙 南朝鮮等 設노 世人을 誑惑ㅎ며 且 將來 世界는 陰陽家 手中에 落在흔다 ㅎ야 實際의 事業을 不做ㅎ고 口頭에 玄理를 空談ㅎ야 自己의 一身을 誤了ㅎ고 人世進化를 障害ㅎ니 其 汚怪흔 腦髓는 黃河의 水淸을 待ㅎ야 無遺灌注ㅎ드라도 滌蕩키 難흔 者이오.

---

31 順天慈山等地, 有妖人倡白白道. 其呪曰, 白白白赤赤赤感應感應, 夜汲淨水祭天. 相訛誘曰, 未幾有白白道先生出現, 倭人將自滅. 국사편찬위원회, 『매천야록』 권 6(탐구당, 1971), 459-460면.

세간에 음양참위의 술법에 미혹하여 심산유곡에서 신에게 기도하며 궁궁을을이나 남조선설로 민중을 유혹하는 무리가 있다는 보고다. 이는 여전히 궁궁을을의 비결을 신봉하거나 남조선신앙에 혹심한 자들이 많았음을 반증한다.

또 『대한협회회보』 제6호(1908년 9월) 호남지회시찰원(湖南支會視察員) 김광제(金光濟)가 지은 「육파(六派)의 습관(習慣)을 벽파연후(劈破然後)에 가이자보(可以自保)」라는 내용은 다음과 같다.

　　詭異ᄒ 讖訣이나 深信ᄒ고 某山 某洞은 即 三災不入에 可活萬人之地라. 避亂而居라가 待時出世云ᄒ며 若有人이 問曰 君能知而何無所爲오 ᄒ면 答以時姑不至ᄒ니 宜如釣渭乞漂時代라 ᄒ고 且 問不保身家ᄒ니 何能治國고 ᄒ면 答以三丈之予ᄂ 能捕南山之虎而不能獵甕間之鼠라. 器有所用之不同ᄒ니 我非苟且治家之材라 ᄒ고 又問國勢如此ᄒ니 何能回復고 ᄒ면 答以南朝鮮 鷄龍山等處에 自有待時之英雄異人ᄒ야 時至而出ᄒ면 倭洋을 何足憂오 ᄒ니 此 眞訨者로다.

승지에 피난하면 삼재가 침입하지 않는다는 주장을 믿고 나라의 운수를 새로 감당할 인물이 남조선이나 계룡산 등지에 숨어있다고 강조하는 인물들이 다수 있다는 보고다. 여기서 남조선신앙이 여전히 영향력을 행사하고 있으며 계룡산 신왕조건국설도 여전히 기세를 펼치고 있음이 확인된다.

『태극학보』 제23호(1908년 7월) 송남(松南)이라는 인물이 지은 「절위아함남신사동포방성대곡(竊爲我咸南紳士同胞放聲大哭)」에는 다음과 같은 내용이 있다.

　　鄭堪錄이니 南朝鮮이니 呼風喚雨ᄒᄂ 眞人이니 砲穴에 生水ᄒ고 汽船이 攔海ᄒᄂ 道術이니 各種 怪謊罔測ᄒ 鄙談俚語로 亂啼狂叫ᄒ야 靈特ᄒ 子弟의 新鮮ᄒ 腦髓를 淆雜케 ᄒ니 亡國의 原因은 諸公이 罪를 辭치 못ᄒ리로다.

정감록과 남조선 그리고 진인이 도술을 행한다는 이야기 등이 망국의 한 원인이라는 지적이다. 여기서도 남조선신앙과 정감록 등의 예언서가 널리 횡행하고 있음이 다시 한 번 확인된다.

또 『호남학보』 제4호(1908년 10월) 매오(梅塢) 윤주혁(尹柱赫)이 지은 「청년동포(青年同胞)」라는 글에는 다음과 같은 내용이 전한다.

南朝鮮이니 鷄龍山이니 ᄒᄂ 妄想이 能히 祖宗의 邦國을 安寧케 ᄒ며 青鶴洞이니 十勝地니 ᄒᄂ 管見이 能히 民族의 生命을 保全케 ᄒᆯ가.

여기서도 남조선, 계룡산건국설, 청학동이나 십승지피난설 등이 민간에 유행하고 있다는 사실을 보고한다.

한편 황현의 『매천야록』에는 다음과 같은 기이한 일을 보고하기도 한다.

융희 3년(1909) 7월에 영월의 한강 지류에서 어떤 어부가 길이가 3척쯤 되고 사지가 있고 머리와 꼬리는 물고기 모양이었지만 온몸에 흰색의 가는 털이 있는 이상한 물고기를 잡았다. 기어(畸魚)라고 하는데, 인조 병자년에 출현했을 때에는 청국 군대가 우리나라를 침략했으며, 이보다 앞서 선조 임진년에 출현했을 때는 왜란이 있었다고 한다. 민간에서 전하는 말이 대개 이와 같았다.[32]

기이한 모양의 물고기가 잡혔을 때 임진왜란과 병자호란이 발생했으며, 이제 1909년에 다시 이 물고기가 잡혔으니 나라에 큰 불행이 닥칠 것을 예언한 현상으로 믿었던 것이다. 이 일에 응해서인지는 알 수 없지만 곧이어 나라가 일본에 강점당하는 불행이 닥쳤다.

융희 3년(1909) 10월에는 함양에 사는 어떤 인물이 산신의 명을 전하면서 명성황후의 묘소를 남원의 명당으로 옮기면 국운이 3백 년 연장될 것이라고 주장한 일이 있었다고 한다.

융희 3년(1909) 10월에 함양 사람 하성순(河聖淳)이라는 자가 말하기를 "나에게 산

---

32 寧越漁民, 獲一魚于永春界之漢江支流, 魚長三尺許, 具四肢, 首尾成魚形, 遍體生白細毛. 盖名畸魚云, 仁祖丙子間出, 有清兵東搶之事, 又宣祖壬辰間出, 有倭亂. 野人相傳如此. 권 6. 임형택 외 옮김, 『역주 매천야록』 하(문학과 지성사, 2005), 581쪽.

신(山神)이 내렸는데, 만일 명성후(明成后)의 재궁(梓宮)을[33] 남원(南原) 고절방(高節坊)의 제자맥(帝字脈)으로 옮겨 모신다면 국운(國運)이 3백 년 더 연장될 것이다."라 하면서 소(疏)를 지어 동궐(東闕) 밖에서 10일 동안 부복해 있었다. 순사(巡査)가 쫓아버렸다.[34]

융희 4년(1910) 6월에는 최치원이 자신의 30세 후손에 성인이 출세할 것이라는 예언을 남겼는데 당시 동학 무리들이 최제우의 등장을 예언한 내용으로 믿었다는 보고도 있다.

세상에 전하기를 최고운(崔孤雲) — 치원(致遠) — 이 "나의 30세 후손에 반드시 성인(聖人)이 나타나리라."라는 참언을 남겼다는데, 이때 이르러 동학(東學)의 무리들이 최제우가 고운의 후손이니 그 참언에 합당할 것이라고 주장했다.[35]

한편 충청도 공주에 살던 유생 서상철(徐相轍)이 안동(安東)까지 가서 1894년 6월에 발생한 일본군의 경복궁 침입 사건에 항거할 의병을 모으고자 했다. 그가 쓴 격문에 조선왕조의 수명이 803년이라는 이른바 순자(順字) 참언(讖言)이 들어있었다.

박주대(朴周大, 1836-1912)의 『나암수록(羅巖隨錄)』에 갑오년 6월 26일에 돌린[36] 「호서충의서상철포고문(湖西忠義徐相轍布告文)」이 실려 있는데, 중요한 대목은 다음과 같다.

호서의 충성스러운 선비 서상철 등은 특별한 대의(大義)로써 우리 동방에 포고하

---

33 원래 제왕의 관은 가래나무로 만든다고 하여 재궁이라 한다. 여기서는 제왕의 묘소를 가리키는 말이다.

34 咸陽人河聖淳者, 自言爲山神所憑, 若移奉明成后梓宮于南原高節坊帝字脈, 則國祚延三百年, 製疏伏東闕外旬日. 巡査逐之. 권 6. 임형택 외 옮김, 『역주 매천야록』하(문학과 지성사, 2005), 596쪽.

35 俗傳崔孤雲(致遠)留識曰, 我三十世後, 必有聖人, 至是東學黨, 以崔濟愚爲其後, 足以當之. 국사편찬위원회, 『매천야록』권 6(탐구당, 1971), 537면. 이와 관련하여 동학측의 『본교역사(本教歷史)』에 "수운(水雲)의 먼 조상이 문창후(文昌侯) 최치원인데, 우리나라 문학(文學)의 조종(祖宗)이다. 其遠祖文昌侯致遠, 我東文學之祖."라는 기록이 있다.

36 한인석(韓麟錫), 이경재(李聱載), 한수동(韓守東)과 함께 선림점사(仙林店舍)에 모여서 이 글을 발표하였다.

노라. (…) 조약을 들어 말하더라도 그것은 우리나라가 당연히 우리나라의 일을 한 것인데, 어찌 그들이 정한단 말인가? 그리고 우리 임금을 위협하고 백관을 핍박한 것과 호위병을 쫓아내고 무기고를 약탈한 것은 신민(臣民)들도 너무나 슬퍼 차마 말할 수가 없으니 임진란 때보다 더 심한 일이다. (…) 이 왜놈 군대는 방방곡곡에 없는 곳이 없으니, 십승지(十勝地)라는 명산에 들어간들 어찌 도피할 수 있을 것인가? 그런즉 왜놈 군대가 우리 동방의 백성들을 한 사람도 남김없이 죽일 지경에 이르렀도다. 맞서 싸워도 죽고 물러나 숨어도 죽을 것이니, 어찌 손을 묶어두고 죽음만 기다릴 것인가? (…) 우리나라에는 '순(順)' 자 803년의 참(讖)이 있으니 수많은 백성들이 복수할 마음으로 의병을 일으키는 날에는 어찌 한 사람이 왜병(倭兵) 백 명을 못 당할 것이며 백 명이 만 명을 못 당할쏘냐? 저 원수들이 멸망할 날은 이 한 번의 의거에 있을 것이다. 이 격문이 도착하는 날 받아보신 팔도의 충의를 지닌 선비들께서는 이달 25일에 일제히 안동부(安東府) 명륜당으로 오셔서 적도를 토벌할 기일을 약속해 주시면 매우 다행스럽게 생각하겠습니다.[37]

용사(龍蛇)는 용이 진(辰), 사가 사(巳)를 뜻하니 임진년과 계사년을 가리킨다. 양반들에게 일본군과 맞서 싸울 것을 호소하는 격문에도 이러한 비결이 공공연하게 거론된다는 점을 볼 때, 당시 사회 전반에 걸쳐 비결에 대한 신앙이 널리 퍼져있었고 예언사상에 대한 거부감이나 거리낌이 없을 정도로 자연스러운 현상으로 받아들여졌던 듯하다.

하지만 이만도(李萬燾)는 갑오년 7월 20일에 예안향교까지 찾아와서 의병을 모으려는 서상철의 노력과 권유를 "임금의 의병을 불러 모은다는 명이 없을 뿐만 아니라, 선비가 직접 의병이 되는 일은 조정에 죄를 얻는 것이 아닐까 두렵기 때문입니다. 但上無召募之命, 士自起義, 恐得罪於朝論耳."라는 교묘

37　湖西忠義徐相轍等, 特以大義布告于我東土. (…) 惟以約條言之, 我國當行我國事也, 是豈渠之所定也? 劫主上, 逼百官, 逐兵衞, 奪武庫, 卽臣民之於邑, 不忍言, 而甚於龍蛇者也. (…) 且倭兵, 坊坊曲曲, 無處無之, 雖曰十勝名山, 何可逃避乎? 然則我東之生民, 無孑遺乃已是. 進亦死, 退亦死, 何可束手待死乎? (…) 我國雖有順字八百三年之讖, 而生民有億兆, 復讐之心擧義之日, 豈不一當百, 百敵萬乎? 讐敵滅亡在此一擧. 檄文到日, 八路忠義, 以今二十五日, 齊赴于安東府之明倫堂, 如期討敵之地, 千萬幸甚. 박주대, 『나암수록』, 『동학농민혁명 국역총서』 6(동학농민혁명참여자 명예회복심의위원회, 2009), 441쪽. 박주대는 경상도 예천 출신의 유생으로 고향에 은거하며 자신의 견문을 기록으로 남겼다.

한 논리로 비껴갔다.[38]

광무 4년(1900) 8월 무렵에 엄빈(嚴嬪)이 당시 유행하던 참언에 "능(陵)을 옮기면 국통(國統)이 끊어지고 지손(支孫)에게 이롭지 않다."는 말을 듣고 명성황후의 능인 홍릉(洪陵)을 금곡(金谷)에서 다시 양주(楊州) 군장리(群場里)로 옮겼다.[39]

이듬해인 광무 5년(1901) 2월에 군장리에 능을 만들기 위해 땅을 파다가 바위가 나와서 그만두고 다시 금곡에다 능을 쓰기로 결정되었다. 이때 금곡의 묘역에 있던 박동윤(朴東尹)의 묘소에서 석표(石標)가 하나 발견되었는데 다음과 같이 적혀 있었다.

목복(木卜)이 일찍이 점지한 땅이 마침내 밝은 세상의 능이 되었으니, 홍(洪)으로 이름하도다. 드넓은 터전은 황제의 위업을 돕고 모름지기 군신이 함께 누리는 복을 더할지니, 국운의 영원한 은택이로다. 무학(無學)이 어찌 알았으리오? 신사(神師)가 일컫던 곳이로다. 그 당시 속사(俗師)의 말을 들어 잘못 찾으려 하지 말라. 양택(陽宅)은 오히려 음택(陰宅)과 같으니라. 이는 형제(荊帝)[40] 이후로 기간이 4백 년이로다.

이에 대해 황현은 "간사한 무리들이 몰래 묻어놓고 장차 그것을 가지고 임금을 현혹시켜 총애와 이득을 얻으려 한 것이다."라고 주장했다.[41]

광무 4년(1900) 11월에 지리산 비적(匪賊)의 우두머리 김태웅이 주살(誅殺)되었다. 지리산 청암동의 진주암(眞珠菴)이라는 곳은 매우 깊고 궁벽하였다. (김태웅이) 이곳에 연약한 백성들을 불러 모아 하늘에 제사 지내고 멋대로 정한 벼슬

---

38 이만도, 『향산일기(響山日記)』(국사편찬위원회, 1985), 648면.

39 改定洪陵于楊洲群場里. 金谷所掘數萬塚, 衆情痛寃, 競造訛言. 或言讖稱陵移國絶, 或言不利支孫. 聞之嚴嬪, 遂有改卜之命. 권 3. 임형택 외 옮김, 『역주 매천야록』 하(문학과 지성사, 2005), 72쪽.

40 중국 삼국시대의 관우(關羽)가 형주자사(荊州刺史)로 있었던 일로 비추어 그를 가리키는 듯하다고 추정한다. 임형택 외 옮김, 『역주 매천야록』 하(문학과 지성사, 2005), 89쪽.

41 金谷有朴東尹墓亦被掘 (…) 得石標於崩厓, 有文曰, 木卜曾占地, 終爲皥世陵, 號洪氏. 洪址帝業彌, 須增君臣同福, 國祚長遠之壙. 無學何知? 神師所探之. 聽當時俗師莫枉尋. 陽宅猶如陰宅. 是荊帝以後茸有四百. (…) 盖亦奸人潛埋, 將持以惑上, 希圖寵利者. 권 3. 임형택 외 옮김, 『역주 매천야록』 하(문학과 지성사, 2005), 89쪽.

자리를 배정하고 날짜를 정해 몰래 출동하려 했다. 사건이 드러나 진주부(晉州府)에서 정탐하자 혹은 숨고 혹은 체포되었다. 7명은 서울로 압송되었는데 (그 가운데) 정씨(鄭氏) 성(姓)을 가진 자는 자기 손바닥에 임금 왕(王) 자를 묵(墨)으로 문신을 새겨 넣었다. 호남과 영남의 산골 백성 가운데 연루된 자가 매우 많았는데, 관찰사 김영덕이 이들을 불쌍히 여겨 용서받은 자들이 많았다.[42]

광무 5년(1901) 11월에 지리산이 3일 동안 크게 울었는데, 그 소리가 수백 리 밖에까지 들렸다. 안영중(安永重)이라는 사람은 예전에 남원에 살았는데 방술을 좋아하고 역수(易數)를 잘 이야기하여 사람들이 그를 '안주역(安周易)'이라고 불렀다. 그는 갑오년 난리 때 모친상을 당했는데도 상복을 벗어버리고 김개남을 추종하여 좌포장(左捕將)이 되었다. 전쟁에 패하고 가족들이 몰살당하자 서울로 도망쳤다. 특이한 인연으로 입대(入對)하여 임금의 신임을 얻게 되자 "지리산의 산맥이 바다를 건너 왜국(倭國)이 되었습니다. 만일 그 맥을 잘라 누르면 왜(倭)는 마땅히 저절로 멸망할 것입니다."라고 아뢰었다. 왕이 그 말을 기이하게 여겨 안영중에게 양남도시찰사(兩南都視察使)라는 벼슬에 임명하고 많은 장정들을 동원하여 운봉(雲峰)의 경계 지역에서 산맥을 파서 끊어놓도록 했다. 겨울에 역사(役事)가 시작되었는데 돌이 나오고 물이 솟아올라 삼태기와 삽질로는 공사를 진행할 수 없었다. 관찰사 조한국(趙漢國)이 여러 번 그를 소환하도록 청했지만 임금은 듣지 않았다. 마침내 안영중이 지리산이 우는 소리를 듣고 두려워서 공사를 중지했다. 얼마 지나지 않아 안영중은 현풍군수(玄風郡守)로 나아갔다.[43]

42　十一月, 智異山匪魁金太雄伏誅. 智異山靑品洞, 有眞珠菴, 最邃僻. 聚民哺聚, 祭天署僞官, 剋日窃發. 事露, 爲晉州府所詗, 或逸或捉. 押上七賊于京師, 有鄭姓者, 黥其掌作王字, 兩南峽民, 株連甚衆. 觀察使金永悳愍之, 原宥者衆. 국사편찬위원회, 『매천야록』 권 3(탐구당, 1971), 265면. 임형택 외 옮김, 『역주 매천야록』 하(문학과 지성사, 2005), 78-79쪽.

43　智異山鳴三日, 聲聞數百里. 有安永重者, 舊居南原, 好技術, 能談易數, 人稱安周易. 甲午匪亂, 方居母憂, 釋服附金介南, 爲左捕將. 及敗盡室, 逃入京. 因別蹊入對稱旨, 言智異山脈, 渡海爲倭國, 若鑿以壓之, 倭當自減. 上奇之, 除永重兩南都視察, 大發丁夫, 鑿斷山脈于雲峰界. 冬月始役, 石出水湧, 畚鍤無所施. 觀察使趙漢國, 屢請召遞, 不聽. 永重聞山鳴, 懼而止, 未幾, 出爲玄風郡守. 국사편찬위원회, 『매천야록』 권 3(탐구당, 1971), 277-278면. 임형택 외 옮김, 『역주 매천야록』 하(문학과 지성사, 2005),

광무 5년(1901) 12월 최씨(崔氏) 성을 가진 과부가 합천의 해인사에 왕래하면서 기도한 지 30년이나 되었다. 그녀는 스스로 말하기를 '성이 정씨(鄭氏)인 아들이 있다.'고 했는데, 실제로 그를 본 사람은 없었다. 전 판서(判書) 이용직(李容直)이 해인사 부근에 살면서 그녀의 뒤를 돌보아주어 괴이하게 여기는 사람들이 많았다. 서울의 군대가 해인사로 진입하여 그녀를 붙잡아 국문하고 서너 달 동안이나 그 아들의 종적을 찾았지만 끝내 체포하지 못했고, 이용직은 와주(窩主)로 몰려 수십만 냥을 바치고서야 간신히 죄를 모면했다.[44]

광무 7년(1903) 2월의 기록으로 계룡산에 깃발이 세워져 있는데 푸른 글씨로 "광무(光武) 일월(日月)에 금계(金鷄)는 새벽에 울고, 여후(女后)가 오얏나무꽃에 기틀하여 어버이를 영화롭게 하였도다. 좋은 운수는 백 가지에 이르지만 아는 자는 드물더라. 광무일월(光武日月), 금계창신(金鷄唱晨), 여후기이화영친(女后基李花榮親). 왕운수백(旺運數百), 지자선(知者鮮)."이라고 적혀 있었으며, 검은 글씨로 "땅 위에 나무가 세 그루 있으니, 꽃은 희고 열매는 푸르다. 토상삼목(土上三木), 화백자청(花白子青)."이라고 적혀 있었고, 끝에는 "마이산(馬耳山) 갈처사(葛處士)가 기운을 보고 왔노라."라고 적혀 있었다.[45]

한편 작자와 간행연대가 미상인 『계압만록(雞鴨漫錄)』에는 "남조선(南朝鮮)은 남해의 가운데 제주도 밖에 있는 지역으로, 매우 크고 토지가 기름져 살 만한 곳인데, 언제 점유되었는지는 알지 못한다. 연일(延日) 정씨(鄭氏)의 후예들이 들어가 살면서 무리를 불러 모아, 대사(大事)를 경영하고 있다. 이는 곧 후일 계룡산으로 도읍을 옮길 조짐이라고 한다. 이 일이 있은 지는 백 년이 되었

106쪽.

44 有寡女崔姓, 往來陝川之海印寺, 祈禱者三十年, 自言其子姓鄭, 而人無見者. (…) 是冬, 京兵入寺, 捕崔女, 鞠之, 跟其子, 竟不獲. 권 3. 임형택 외 옮김, 『역주 매천야록』 하(문학과 지성사, 2005), 110-111쪽.

45 鷄龍山有竪旗靑書曰, 光武日月, 金鷄唱晨, 女后基李花榮親. 旺運數百, 知者鮮民. 黑書曰, 土上三木, 花白子靑. 末署馬耳山葛處士望氣而來. 권 3. 국사편찬위원회의 원문에는 민(民)이 추가되어 있는데, 그래도 몇 글자가 빠진 듯하고 풀이하기가 어려워 임형택 등의 해석에 따른다. 임형택 외 옮김, 『역주 매천야록』 하(문학과 지성사, 2005), 131쪽.

다."라고 적혀 있다.[46]

여기에는 남조선 사람들이 모두 영민하고 준수하며, 모든 기계가 갖추어
졌을 뿐만 아니라, 이 해도 스스로 국도를 이루고 있다고 설명된다. 즉 하나의
이상사회로서의 '남조선왕국'이 그려지고 있다.

---

46 南朝鮮者, 在南海中, 濟州之外, 而地方絶大, 土沃可居, 而未知何時所占. 延日鄭氏之後裔, 入處聚黨, 經
營大事. 此是後日移都鷄龍之兆也云. 有此事已爲百年矣. 『계암만록』奎 가람 古 813.08 G997m. 정명
기, 『한국야담자료집성』 8권(고문헌연구회, 1987)을 참고하시오.

근대 신문의 『정감록』 관련 기사

92

1899년 12월에 "풍수산명(風水算命)과 참결비기(讖訣秘記) 등의 서(書)가 분문열호(分門裂戶)하고 (…) 인심을 현혹하고 세도(世道)를 저약(底弱)하기에 이르렀다. 재산을 탕진하고 돌아간 사람이 십중팔구로대 깨닫지 못하고 패가망신하고 일생을 허비한다. 도당이 번성하여 동학(東學)을 제시함에 정감록을 믿어 궁궁을을가라 칭하고 인심을 소란케 하고 사처에 창궐하여 나라를 소요케 한다. (…) 애가(愛家), 애신심(愛身心)보다는 애국심을 발휘하라."는 논설이 있다.[1]

1907년에는 '과천농부'라는 사람이 투서한 "정감록에 이른바 '부귀자는 사(死)한다, 빈천자는 성한다.' 하였으니"라는 내용이 보인다.[2]

1908년에 신문 사설에도 "국가의 운수를 정감록, 토정비결로 믿는 여러 가지 어리석은 일이니 (…)"라는 내용이 있다.[3]

---

1 「정감록(鄭勘錄)의 부족신(不足信)」, 황성신문 1899년 12월 19일자.

2 대한매일신보 1907년 9월 19일자.

3 대한매일신보 1908년 10월 1일자.

1908년 11월에는 어느 독자가 투고한 "정감록의 헛된 말로 패망한 이 많건 마는, 십승지지 찾는 자가 지금에도 허다하니, 한쪽 휴지 정감록이 수다 일인 (日人) 막아낼까, 그 사상도 어리석다 (…) 부강국이 되려 하면 마음부터 고칠지니 (…) 실지사업 힘을 써서 (…)"라는 내용이 확인된다.[4]

신한민보 1910년 10월의 기사에는 일본인들이 『정감록』을 가지고 어리석은 우리나라 사람을 미혹게 한다는 내용이 실려 있다. 당시 일본인들은 "성세추팔월(聖世秋八月) 인부간야박천수(仁富間夜泊千艘) 시사가지(時事可知)"라는 구절을 "일본 함대가 공자(孔子)가 태어난 경술년 8월 21일에 인천과 부평 사이에 들어왔고, 그 이튿날 한일합병이 단행되었다."라고 풀이했다고 한다.

또 "가정삼년(假政三年) 진인출자해도중(眞人出自海島中)"을 "황제의 정사를 일본인 통감이 대신하고, 진인은 바다에서 온 일본을 뜻한다."고 풀었다. 나아가 계룡산에 있는 비석에 새겨졌다는 "방부인과(方夫人戈) 구혹다화(口或多禾)"는 "경술국이(庚戌國移)"를 파자한 것으로 "경술년에 나라가 옮겨진다."고 풀이했다고 한다.

나아가 일본인들은 종묘 대문 현판에 새겨진 창엽문(倉葉門)이라는 글자를 파자로 풀이하여, 창(倉)은 팔군(八君)으로 엽(葉)은 20세목(世木)으로 해석하고 잎사귀 엽(葉)은 나무 목(木)의 자(子)이므로 "조선왕조는 28대의 군왕의 위패를 모시고 봉사(奉祀)하는 것으로 끝이 난다."고 풀이했다. 따라서 일본인들은 조선왕조가 망한 것은 모두 정해진 운수라고 선전했던 것이다.

당시 신문은 이러한 풍문이 널리 유포되고 있었다는 사실을 전해주고 있으며, 이러한 억지 풀이는 일본인들이 우리나라 사람들의 기를 꺾기 위해 의도적으로 유포시켰다는 점을 명확히 밝히고 있다.[5]

---

4 대한매일신보 1908년 11월 3일자.

5 「정감록을 이용」, 신한민보 1910년 10월 12일자.

증　　　　　산
강 일 순 의
예 언 사 상

93

(1) 머리말

이 글에서는 한국 신종교의 거대 산맥 가운데 하나인 증산교의 창시자 증산(甑山) 강일순(姜一淳, 1871-1909)의 예언사상에 대해 살펴보겠다. 증산의 생존 기간은 조선왕조의 최후 시기에 해당한다. 그러나 증산 생존 당시에 그의 생애와 사상에 대한 자료는 거의 전무하다. 당대의 자료가 없는 상황에서 특정 인물의 사상에 대해 살펴볼 수 있는 차선의 대안은 후대에 편찬된 그의 생애와 사상에 대해 서술한 자료를 통해서 알아보는 방법이다.

따라서 증산의 예언사상을 살펴보기 위해서는 증산교단 최초의 경전인『증산천사공사기(甑山天師公事記)』(1926)를 비롯하여 증산교의 대표적 경전인『대순전경(大巡典經)』등의 자료를 통해서 알아볼 수밖에 없다.『대순전경』은 초판이 1929년에 발행되었고, 이후 교리체계화 과정을 통해 증보되면서 편집자에 의한 최후 보완본인 6판이 1965년에 완성되었다.[1] 이 글에서는 특별한 언급이 없으면『대순전경』6판을 기준으로 인용한다.

증산이 민간에 전승되던 비결에 특별한 관심을 가지고 있었다는 사실은 그가 읽었다고 전해지는 서적의 분류 방법에 음양참위(陰陽讖緯)가 중요한 비중을 지니고 있다는 점에서 충분히 짐작할 수 있다.

천사(天師) 개연히 광구(匡救)할 뜻을 품으사 유불선음양참위(儒佛仙陰陽讖緯)의 모든 글을 읽으시고, 다시 세태(世態)와 인정(人情)을 체험하기 위하여 정유(丁酉)로부터 유력(遊歷)의 길을 떠나시니라. ─『대순전경』1장 27절

인용문은 증산이 온갖 종류의 종교 관계 문헌을 두루 섭렵했다는 점을 강조하기 위한 기록이다. 여기서 증산이 전통적인 종교인 유불선의 문헌뿐만 아니라, 당시 전래되어오던 여러 종류의 민간신앙적인 서적도 읽었다는 사실이 확인되었다. 특히 증산은 음양(陰陽)으로 대표되는 역학(易學), 역술(易術), 점복(占卜) 등의 서적과 참위(讖緯)로 대변되는 각종의 비결서를 탐독했다고 평가된다. 이 가운데 증산이 비결서를 실제로 읽었는지를 그의 행적과 관련된 기록들을 중심으로 하여 살펴보도록 하자.

증산이 살았던 시기가 동학농민혁명을 체험했다는 점과 그의 사상이 동학을 나름대로 극복할 대안으로 제기되었다는 점에서 증산이 동학의 실패를 예언했다는 점은 어쩌면 당연하다고 볼 수 있다.

스물네 살 되시던 갑오년(甲午季)에 태인(泰仁) 동골 사람 전봉준(全琫準)이 당시의 악정(惡政)에 분개(憤慨)하여 보국안민(輔國安民)의 표호(標號)로 동학신도(東學信徒)를 모아 고부에서 혁명(革命)을 일으키니 온 세상이 들끓는지라. 천사(天師) 그 전도(前途)가 이롭지 못할 줄을 알으시고 "월흑안비고(月黑雁飛高) 선우야둔도(單于夜遁逃) 욕장경기축(慾將輕騎逐) 대설만궁도(大雪滿弓刀)"란 옛글을 여러 사람에게 외워주사 겨울에 이르러 패멸(敗滅)될 것을 예언(豫言)하시며 망동(妄動)치 말라고 효유(曉諭)하

---

1 증산교의 경전과 교리체계화과정에 대해서는 김탁, 「증산교의 교리체계화과정」, 『증산교학』(미래향문화, 1992)을 참고하시오.

시니라. - 『대순전경』 1장 14절

증산은 동학혁명운동이 1년여 동안 발생한 과정을 청년기에 겪었으며 동
학군의 행군에 직접 참여하기도 했다.[2] 증산은 당대(唐代)의 시인 노륜(盧綸)이
지은 「화장복사새하곡(和張僕射塞下曲)」이라는 시구를 인용하여 동학혁명이 갑
오년 겨울에 이르면 실패로 끝날 것이라고 예언했다.[3] 한시(漢詩)를 인용하여
동학군의 패망을 예언했다고 믿어진 증산은 인근에 살던 동학 접주를 직접 찾
아가 좀 더 직접적으로 동학에 참여하지 말라고 설득하기도 한다.

> 이해 시월에 동골에 가사 동학접주(東學接主) 안윤거(安允擧)를 방문(訪問)하시니 마
> 침 태인 닥뱀이 안필성(安弼成)이 한 마을에 사는 동학신도 최두연(崔斗淵)과 함께 와
> 서 윤거에게 도담(道談)을 듣고 있더라. 천사 마루에 걸터앉으사 윤거와 더불어 성
> 명(姓名)을 통(通)하신 뒤에 일러 가라사대 고부에서 난리가 일어나서 동학군(東學軍)
> 이 황토(黃土)마루에서 승리(勝利)를 얻었으나 필경(畢竟) 패망(敗亡)을 면치 못하겠으
> 므로 동학군의 발원지(發源地)인 이곳에 효유하러 왔노라. 그대가 접주(接主)라 하니
> 삼가 전란(戰亂)에 참가(參加)하기를 회피(回避)하여 무고(無辜)한 생민(生民)을 전화(戰禍)
> 에 몰아들이지 말라. 섣달이 되면 그들이 전패(全敗)하리라 하시고 돌아가시는지라.
> 윤거 이 말씀을 듣고 드디어 접주를 사면(辭免)하고 전란에 참가치 아니하니 최두연
> 은 믿지 않고 윤거의 대(代)로 접주겸 명사장(明査長)이 되어 윤거의 부하(部下)를 인
> 솔(引率)하고 출전(齣戰)하더라. - 『대순전경』 1장 15절

증산이 동학군의 발원지에 사는 동학 접주를 찾아가 "필경 패망할 것"을
예언했다고 믿어진다. 그는 무고한 백성을 전쟁터로 몰아넣지 말라고 경고하
면서 "섣달이 되면 전패하리라."고 시기까지 확정 지어서 정확하게 예언했다
고 믿어지며, 이후 실제로 섣달이 되어 관군에 의해 동학군이 궤멸됨으로써

---

2 증산과 동학과의 관계에 대해서는 김탁, 〔한국종교사에서의 동학과 증산교의 만남〕, 『증산사상연구』
   제20집(2000)을 참고하시오.
3 김탁, 〔증산 강일순이 인용한 한시 연구〕, 『한국종교』 제19집(원광대학교 종교문제연구소, 1994),
   68-70쪽.

신출귀몰한 예언을 했던 것으로 평가된다. 물론 역사적으로 이미 지나간 사건에 대한 사후 해석이라는 점에서 예언의 신빙성과 적확성이 문제가 될 수는 있다. 어쨌든 증산이 동학혁명운동에 대해 실패할 것이라는 예언을 했다는 증산교단 측의 주장은 실재한다.

(2) 정감록의 영향과 비판

『정감록』은 조선시대 이래 민간에 널리 유포되어 온 우리나라의 대표적인 예언서이다. 『정감록』은 여러 가지의 감결류(鑑訣類)와 비결서(秘訣書)를 집대성한 책이며, 이본(異本)이 많은 민간 예언서로 평가된다. 이심(李沁)과 정감(鄭鑑)의 문답과 조선 말기의 쇠운설(衰運說)이 주축이 되며, 참위설, 풍수지리, 도교사상 등이 혼합되어 있는 책이다. 『정감록』은 정확한 원본이 발견되지 않으며 민간에 유포된 각종의 필사본이 있을 따름이다.

『정감록』의 저자나 그 성립 시기에 대한 여러 가지 설이 있으나 확실한 것은 밝혀지지 않고 있다. 『정감록』은 반왕조적이며 현실부정적인 내용을 담고 있어서 조선시대 이래 금서에 속하였지만, 민간에서는 은밀하게 계속 전승되어 왔다. 이에 근거하여 『정감록』은 정도전(鄭道傳)이 조선왕조의 역성혁명(易姓革命)을 합리화하고 민심을 조작하기 위해 저술했다는 일부의 추측도 있다. 그러나 『정감록』이 특정 인물에 의한 저술이 아니라는 사실은, 그 내용이 다양한 수십여 편의 비결들이 집대성되어 있다는 사실을 통해서도 확인된다. 또한 정감록의 내용과 형성된 과정을 추측해 볼 때 조선 후기에 집대성되었음이 분명하다.

결국 『정감록』은 형식적으로도 다양하게 서술되어 있으며, 사상적으로도 다양한 배경을 지니고 있는 책이다. 그러므로 『정감록』은 몰락한 지식 계층의 인사들이 풍수지리설이나 음양오행설에 관한 지식을 동원하여, 왕조 교체와 사회변혁의 당위성을 우주론에 입각한 운세법칙(運世法則)과 연관하여 설명해내고자 만들어낸 책으로 평가된다. 더욱이 『정감록』이 지닌 반왕조적인 성격 때문에 공식적으로 출판되거나 인쇄되지 못하고 필사본으로 해를 거듭하는 동안, 필사자들의 의도와 성향에 의해 끊임없이 첨삭이 가해졌음은 자명하다.

『정감록』의 내용은 난세에 풍수설에 따라 지정된 피난처에서만 지복(至福)을 누릴 수 있으며, 궁극적으로 정씨(鄭氏) 성(姓)을 지닌 진인(眞人)이 출현하여 이씨 왕조가 멸망하고 새로운 세계가 도래하리라는 것이 중심이다. 그 표현 기법은 직설적인 표현을 피하고 은어(隱語), 우의(寓意), 시구(詩句), 파자(破字) 등을 사용하여 해석이 난삽하고 애매한 부분이 많다.

한편 정감록신앙이란 정씨 성을 가진 진인(眞人)이 출현하여 이상적인 미래 국토를 실현하고 지복(至福)의 터전을 이룩한다는 신앙이다. 이는 「감결(鑑訣)」, 「징비록(徵秘錄)」, 「감인록(鑑寅錄)」 등에 나타나는 '이망정흥(李亡鄭興)'이라는 예언적 구절에 근거한다. 그리고 정감록신앙자들은 계룡산에 등장하는 정씨 왕조의 800년 통치에 이어, 가야산의 조씨(趙氏)왕조와 완산(完山)의 범씨(范氏) 왕조가 세워질 것이라고 믿는다.

증산이 이러한 정감록신앙에 대해 잘 알고 있었다는 사실은 다음의 기록으로 확인된다.

> 또 가라사대 예로부터 계룡산의 정씨 왕국과 가야산의 조씨 왕국과 칠산(七山)의 범씨 왕국을 일러오나, 이 뒤로는 모든 말이 영자(影子)를 나타내지 못하리라. 그러므로 정씨를 찾어 운수(運數)를 구하려 하지 말지어다 하시니라. -『대순전경』3장 22절

증산은 『정감록』의 핵심적인 내용에 대해 잘 알고 있었다. 즉 이씨 왕조의 운수가 다하고, 계룡산에 정씨 왕국이 새로 세워질 것이며, 뒤이어 조씨 왕국과 범씨 왕국이 건국될 것이라는 이야기를 증산이 알고 있었다는 사실은, 그가 어떤 경로를 통해서든지 간에 『정감록』을 읽은 적이 있었다는 사실을 증명해 준다. 그런데 인용문에서 증산은 『정감록』의 주장을 인정하지 않으며, 정씨를 찾아 운수를 구하는 일을 경계한다. 어쨌든 증산이 읽었을 것으로 짐작

되는 『정감록』의 해당 원문은 다음과 같다.

「감결(鑑訣)」, 「비난정감록진본(批難鄭鑑錄眞本)」(…) 山川鍾氣, 入於鷄龍山, 鄭氏八百年之地. 後入伽倻山, 趙氏千年之地. 全州范氏六百年, 至於松岳, 王氏復興之地.[4]

「감결(鑑訣)」(…) 山川鍾氣, 入於鷄龍山, 鄭氏八百年之地. 元脈伽倻山, 趙氏千年之地. 全州范氏六百年之地, 至於松岳, 王氏復興之地. 餘未詳, 不可考也.[5]

「비결(秘訣)」(…) 山川鍾起, 入于鷄龍, 鄭氏八百年之後. 且有伽倻山, 趙氏五百年. 而都全州, 范氏三百年後, 復入於松岳, 可期王氏之復興.[6]

「징비록(徵秘錄)」(…) 山川鍾氣, 佳淑入於鷄龍, 鄭氏八百年之地. 後入伽倻, 趙氏千年之地. 後入全州, 范氏六百年之地, 後又入松岳, 王氏復興. 其餘未詳, 不可考云云.[7]

「요람역세(要覽歷歲)」(…) 鷄龍山, 乃鄭氏八百年之地.[8] 伽倻山, 乃趙氏八百年之地. 八公山, 乃王氏七千年之地. 完山, 乃范氏爲王, 不定年數, 未詳其意.[9]

「감인록(鑑寅錄)」(…) 漢陽, 李氏三百年之地. 鷄龍, 鄭氏五百年之地.[10]

위의 인용문들의 내용이 부분적으로는 조금씩 다르지만, 대체로 정씨, 조씨, 범씨, 왕씨 순으로 일정 기간 동안 다스리는 왕국이 차례로 이 땅에 세워질 것이라고 주장한다. 이것이 바로 『정감록』의 핵심적인 내용 가운데 하나이다. 아마도 증산이 『정감록』을 보지 않았다면 이와 같은 순서로 왕국의 흥기

---

4 현병주 집(輯), 『비난정감록진본』, 〔우문환서회(友文館書會)〕은 간년 미상의 연활자본(鉛活字本)이다. 안춘근 편, 『정감록집성』(아세아문화사, 1981), 386면, 388면.

5 호세이(細井 肇) 편, 〔감결〕, 『정감록비결집록(鄭鑑錄秘訣集錄)』, 〔자유토구사(自由討究社, 1923), 2면. 안춘근 편, 위의 책, 718면.〕

6 호세이(細井 肇) 편, 위의 책, 1면. 안춘근 편, 위의 책, 823면.

7 김용주 편, 〔징비록〕, 『정감록』(조선도서주식회사, 1923), 1면. 안춘근 편, 위의 책, 485면.

8 김용주가 편찬한 『정감록』에 실려 있는 『요람역세』에는 "계룡산은 정씨가 오백 년 동안 다스릴 땅이다."라고 기록되어 있기도 하다. 안춘근, 위의 책, 513면.

9 김용주 편, 위의 책, 12면. 안춘근 편, 위의 책, 522면. 한편 『요람역세』에는 "鷄龍山脈, 鄭氏八百年, 後入伽倻山, 八王千年之地. 金氏范氏, 各六百餘年運興大, 後餘詳細不可考也."라는 구절도 있다. 김용주 편, 위의 책, 15면. 안춘근 편, 위의 책, 525면.

10 김용주 편, 위의 책, 39면. 안춘근 편, 위의 책, 643면. 한편 『감인록』의 또 다른 기록에는 "松岳, 王氏四百年之地. 漢陽, 李氏三百年之地. 鷄龍, 鄭氏五百年之地. 伽倻山, 趙氏八百年之地. 八公山, 王氏七百年之地. 完山, 乃范氏爲王, 不定年數."라고 적혀 있다. 김용주 편, 위의 책, 47-48면. 안춘근 편, 위의 책, 651-652면.

에 대해 말할 수는 없었을 것이다.

한편 증산은 유불선(儒佛仙)에 대해 다음과 같이 정의한다.

하루는 공사(公事)를 보시며 글을 쓰시니 이러하니라. "불지형체(佛之形體), 선지조화(仙之造化), 유지범절(儒之凡節)" —『대순전경』4장 142절

이 인용문과 거의 비슷한 구절이 현전하는『정감록』에 다음과 같이 보인다.

「초창결(蕉蒼訣)」(…) 대저 정씨의 운은 귀신세계이며, 유불선 세 글자를 합하여 일가를 이룬 것이다. 불(佛)이 진주(眞主)가 되니 서로 살육하는 일이 없어진다. 불(佛)의 형체, 유(儒)의 풍절(風節), 선(仙)의 조화가 계룡산 운과 만나면 대낮에 하늘로 올라가는 자가 빈번히 있을 것이다. (…) 大抵, 鄭氏之運, 鬼神世界, 儒佛仙三字, 合爲一家. 佛爲眞主, 無相戮之事. 佛之形體, 儒之風節, 仙之造化, 鷄龍山運會, 白日昇天者, 比比有之矣.[11]

증산이 썼다는 글귀와『정감록』의 글귀는 범(凡)과 풍(風)이 다를 뿐 동일하다. 이러한 글귀를 거의 똑같이 사용할 수 있다는 점은, 증산이『정감록』을 보았을 것이라는 추정을 확실하게 뒷받침해 준다. 필자는『정감록』의 풍(風)이 증산 또는 증산의 추종자들에 의해 범(凡)으로 잘못 전달되었을 것으로 본다.

또한 증산은 제자들에게 세간에서 길성소조(吉星所照)를 말한다고 이야기한 적이 있다.

시속(時俗)에 길성소조(吉星所照)를 말하나, 길성(吉星)이 따로 있는 곳이 없고, 일본 사람을 잘 대접하는 곳에 길성이 빛이 나니, 네가 이제 일본 사람과 싸우는 것은 스스로 멸망을 취함이라. —『대순전경』3장 102절

---

11 안춘근 편,『정감록집성』(아세아문화사, 1981), 171면. 〔초창결〕도 필자, 필사년 미상의 책이다. 안춘근 편, 위의 책, 6면.『요람역세』에도 이 구절과 거의 동일한 내용이 실려 있다. 김용주 편, 〔요람역세〕,『정감록』(조선도서주식회사, 1923), 4-5면. 안춘근 편, 위의 책, 514-515면.

시속(時俗)에 길성소조(吉星所照)를 찾으나 길성소조가 따로 있는 것이 아니요, 덕(德)을 잘 닦고 사람 대우하는데 길성이 빛이 나니, 이 일이 곧 피난(避難)하는 길이니라. - 『대순전경』 6장 31절

인용문에 나오는 길성소조는 난리를 피해 살 수 있는 땅을 가리키는 말로서 『정감록』에 다음과 같이 나온다.

「양류결(楊柳訣)」, 「유산결정감록(遊山訣鄭鑑錄)」 (…) 曰, 然則可居地, 何也? 吉星所照之地. 曰, 吉星, 何星也? 曰, 二十八宿也.[12]
「초창결」 (…) 吉星照臨處乎曰, 吉地.[13]
「토정비결원리(土亭秘訣原理)」, 「농아집(聾啞集)」 (…) 吉星南照, 野多福地.[14]

그런데 『정감록』에 나오는 길성소조(吉星所照)의 의미와는 달리, 증산은 특정한 장소를 가리키는 말이 아니라 덕을 잘 닦고 사람을 잘 대우하는 처세라고 풀이했다. 특히 그는 일본 사람을 잘 대접하는 일이 복을 받을 수 있는 길이라고 해석했다. 증산이 시속(時俗)이라는 단서를 달면서 길성소조에 대해 이야기했던 사정으로 미루어 볼 때, 이는 『정감록』을 가리키는 말이 틀림없다.

그리고 증산에게 『정감록』의 내용에 대해 물었던 사람들이 많이 있었다는 사실도 다음과 같은 기록을 통해 알 수 있다.

어떤 사람이 계룡산(鷄龍山) 정씨왕국(鄭氏王國)에 대한 비결(秘訣)을 말하거늘, 가라사대 일본 사람이 모든 섬 속을 샅샅이 뒤져보고 물밑까지 더듬었나니 정씨가 몸붙여서 일을 벌일 곳이 어디에 있으리오? 그런 생각은 다 버리라 하시니라.

---

12 안춘근 편, 위의 책, 43면. 『양류결』도 필자와 필사년 미상의 책으로 『유산록』의 부록으로 실려 있는 부분이다. 안춘근 편, 위의 책, 5면.

13 안춘근 편, 위의 책, 173면.

14 안춘근 편, 위의 책, 329면. 『농아집』은 "천계(天啓) 4년 갑자(甲子) 완산(完山) 이운하(李運夏)"라고 끝을 맺는 서문이 있는 필사이다. 안춘근 편, 위의 책, 244면. 여기서 천계 4년은 명(明)나라 희종(熹宗)의 연호로 서기 1624년에 해당한다. 그러나 이 시기에 저술되었을 가능성은 매우 희박하다.

-『대순전경』3장 164절

　　하루는 어떤 사람이 계룡산 건국(建國)의 비결을 물으니, 가라사대 동서양(東西洋) 이 통일하게 될 터인데 계룡산에 건국하야 무슨 일을 하리오? 가로되 언어가 같지 아니하니 어찌하오리까? 가라사대 언어도 장차 통일케 되리라 하시니라.

-『대순전경』3장 183절

　　증산에게 "계룡산 정씨왕국에 대한 비결"을 말하거나 "계룡산 건국의 비 결"에 대해 물었던 사람들이 있었다. 이러한 일을 보더라도 증산이『정감록』 에 대해 일정한 지식을 갖추고 있었고 그렇게 믿어졌음은 자명하다. 그런데 『정감록』비결에 대한 신빙성 여부를 묻는 사람들에게 증산은 단호하게 부정 적인 입장을 표명한다. 증산은『대순전경』3장 164절에서는 일본 사람들이 온갖 방법을 동원하여 정씨 왕조 건국설의 허망함을 밝힌 마당에 더 이상 정 씨 진인출현설을 믿을 이유가 어디 있느냐고 대답한다.

　　그리고 증산은『대순전경』3장 183절에서는 장차 동양과 서양이 통일이 될 것인데, 어찌 계룡산에만 집착하느냐고 대답했다. 여기서 증산은 자신의 천지공사(天地公事)에 의해 장차 동양과 서양이 통일될 것이며, 각기 다른 언어 도 통일시킬 것이라는 자신감을 표명하고 있다. 어쨌든 증산은『정감록』의 비결을 믿는 당시의 많은 사람들에게 대신 자신의 가르침을 따를 것을 권유했 다. 나아가 증산은 자신의 권능을 이용하여『정감록』의 비결을 극복할 수 있 는 일련의 종교적 행위를 시도한다.

　　가라사대 우리 국운(國運)에 대하야 정씨(鄭氏)를 없이 하였음에도 불구하고 세상 에 정씨의 노래가 끊어지지 아니하니, 혹시 이씨(李氏)가 정씨(鄭氏)의 화(禍)를 받을 염려가 있겠으므로, 이제 그 살을 풀기 위하여 이씨 기운을 돋우고 정씨의 기운을 꺾어버리는 공사를 보았노라 하시니라. -『대순전경』4장 83절

　　인용문에서 증산은 "세상에 정씨의 노래가 끊이지 않는다."라고 당시의 시 대 상황을 설명한다. 즉『정감록』류의 비결서에 등장하는 정씨 진인출현설이

널리 유포되고 있었다고 강조한다. 그런데 증산은 이씨 왕조의 기운을 돋우고 정씨의 기운을 꺾어버리는 공사를 보았노라고 선언한다. 이는 정씨 왕조 건국설에 대한 전면적인 부정이며, 이를 구체적으로 처리한 인물이 바로 증산 자신이라는 주장이다.

증산은 우리나라의 국운을 위해서는 정씨가 주장이 되어서는 안 된다고 강조했다. 그러나 세상에서 정씨의 노래가 그치지 않는 즉 정씨가 새로운 세상의 주인이 될 것이라는 정감록적 세계관에 대한 찬양이 계속되는 상황이 이어지고 있다고 비판했다. 결국 증산은 자신의 권능에 의해 이씨 기운을 돋구고 정씨 기운을 꺾는 공사를 집행했다고 주장했다. 증산은 정감록적인 주장에 대해 비판하고 있는 것이다.

> 조선 사람은 정씨(鄭氏)만 찾나니 아무것도 배운 것 없이 정씨만 찾어서 무엇하리오? 한갓 분잡게만 될 뿐이라. 그러므로 정씨와 조씨(趙氏)와 범씨(范氏)를 다 없이 하였노라. 시속에 그른 일 하는 자를 방정(訪鄭)맞다 이르고, 옳은 일 하는 자를 내정(來鄭)이 있다 이르느니라. - 『대순전경』 5장 22절

위의 인용문에서 증산은 정씨뿐만 아니라 조씨와 범씨의 기운도 없앴다고 주장했다. 즉 『정감록』류의 비결서에 등장하는 정씨 왕조 출현설, 조씨 왕조 출현설, 범씨 왕조 출현설을 부정했던 것이다. 증산은 아무것도 배운 것이 없는 무식한 대중들이 정감록신앙에 빠져 있다고 비판했다.

그런데 증산이 민간에 유포되어 있었다는 방정(訪鄭)과 내정(來鄭)이라는 말을 이용하여 정감록신앙의 헛됨을 지적했는데, 이는 근거가 부족한 주장이다. 방정은 "몹시 가볍게 하는 말이나 행동, 또는 그런 행동을 하는 사람"이라는 뜻으로 한자가 없는 순수 우리말이다. 그리고 내정(來鄭)과 가장 유사한 말로는 '장래의 사정'을 뜻하는 내정(來情)이라는·용어가 있을 따름이다. 따라서 위의 인용문은 증산이 자신의 주장을 합리화시키기 위해서 세간에 전하는 말의 속뜻을 변용한 것으로 평가할 수 있다.

또 증산은 정감록신앙이 심각한 정도에 이르렀다고 보았으며, 이에 대한 비판을 종교적으로 시도하기도 했다.

　　이제 일본 사람이 조선에 와서 천고역신(千古逆神)을 거느려 역사(役事)를 시키느니라. 이조(李朝) 개국(開國)한 후로 벼슬하는 자들이 모두 정씨(鄭氏)를 사모하였나니, 이는 곧 두 마음이라. 남의 신하로서 두 마음을 두면 곧 적신(賊神)이니, 그러므로 모든 역신(逆神)들이 그들에게 이르되, 너희들도 두 마음을 품었거니 어찌 역신을 그다지 학대하느뇨? 이로 인하야 저들이 일본 사람을 대하면 죄지은 자와 같이 두려워서 벌벌 떠느니라. ─『대순전경』 5장 23절

인용문에서 증산은 조선이 개국한 다음 그 신하된 자들이 모두 정씨 왕조 건국설에 빠져 있었다고 비판했다. 이처럼 두 마음을 품은 신하들을 도적질하는 신으로 표현한 증산은, 그들이 혁명을 꿈꾸다가 실패하여 반역으로 몰려 죽은 신들의 비판에 꼼짝하지 못한다고 설명했다.

더욱이 증산은 일본 사람들이 조선에 와서 인류 역사상 있었던 모든 역신(逆神)들을 거느리고 일을 행한다고 주장했으며, 역신을 거느리는 일본 사람들에게 정씨 왕조 건국설을 믿는 조선의 신하들이 두려워서 떤다고 보았다. 이는 현실적으로 일본의 외교 관리들에게 조선의 신하들이 굴종하는 일을 증산이 종교적으로 해석한 일로 보인다.

한편 증산은 죽기 직전에도 훗날 정감록신앙을 교리 해석에 이용했던 자신의 제자인 차경석(車京石, 1880-1936)을 힐난했다고 전한다.[15] 1920년대 초에 차경석은 자신의 실제 성씨가 정씨라고 주장하면서 천자등극설(天子登極說)을 유포하였다. 증산은 자신의 제자 차경석에게 "무슨 정가냐?"라는 말을 남기고 1909년 양력 8월에 이 세상을 떠났다. 이 구절을 증산교인들은 훗날 차경석이

15　스므나흘날 신축 아침에 형렬을 명하사 밀수(蜜水) 한 그릇을 가져오라 하사 마시시고, 사시(巳時)에 모든 종도들은 문밖으로 물러가고 경석(京石)이 들어오거늘 흘겨보시며 가라사대, 정가(鄭哥) 정가(鄭哥) 글도 무식하고 똑똑치도 못한 것이 무슨 정가(鄭哥)냐 하시고 곧 화천(化天)하시니 (…) 『대순전경』 9장 30절.

정감록적 신앙에 깊이 심취해 자신의 원래 성씨가 정가라고 주장하면서 장차 새 세상의 황제 자리에 오를 것이라 강조했던 일을 증산이 미리 예언한 것으로 믿는다.

증산은 아래와 같은 비결시를 제자들에게 외워주었다고 전한다.

하루는 종도들에게 옛글을 외워주시니 이러하니라. 칠팔년간고국성(七八秊間古國城) 화중천지일병성(畵中天地一餠成) 흑의번복풍천리(黑衣飜北風千里) 백일경서야오경(白日頃西夜五更) 동기청운공유영(東起靑雲空有影) 남래적표홀무성(南來赤豹忽無聲) 호토용사상회일(虎兔龍蛇相會日) 무고인민만일생(無辜人民萬一生) −『대순전경』3장 177절

위의 인용문에서 증산이 말한 "옛글"은『정감록』의「삼도봉시(三道峯詩)」라는 비결서이다. 삼봉(三峰) 정도전(鄭道傳, 1337-1398)이 지었다고 전해지는 비결시로 전승되어 온 것인데 원문은 다음과 같다.

삼도상봉익삼우(三道相逢盆三友) 삼도(三道)의 도움 되는 벗 셋이 만났으니
육팔운여고국성(六八運餘故國城) 6과 8의 운수는 고국의 성에 남고
화중천지일병성(畵中天地一餠成) 그림 가운데 천지는 한 개의 떡이라네.
흑의표북풍천리(黑衣飄北風千里) 검은 옷은 북풍 천리에 나부끼고
백익등서야오경(白鶂登西夜五更) 흰 익조는 밤 오경에 서쪽으로 올라가네.
동기청운공포영(東起靑雲空抱影) 동쪽에서 일어나는 푸른 구름은 부질없이 그림자를 안았고
남래적치암무성(南來赤幟暗無聲) 남쪽에서 오는 붉은 깃발은 아무 소리도 없네.
용사호토상최세(龍蛇虎兔相催世) 진, 사, 인, 묘 서로 세상을 재촉하니
무죄인민만일생(無罪人民萬一生) 죄 없는 인민은 만에 한 명이 사네. [16]

『대순전경』의 기록과『정감록』의「삼도봉시」를 비교해 보면,『대순전경』

---

16 호세이 편,「삼도봉시」,『정감록비결집록』(자유토구사, 1923), 20-21면. 안춘근 편,『정감록집성』(아세아문화사, 1981), 792-793면.

의 칠(七)은 『정감록』에는 육(六)으로 되어 있고, 『대순전경』의 연간고(年間古)
는 『정감록』에는 운여고(運餘故)로 되어 있고, 『대순전경』의 번(飜)은 『정감록』
에는 표(飄)로 적혀 있고, 『대순전경』의 일경(日頃)은 『정감록』에는 익등(鷁登)
으로 되어 있고, 『대순전경』의 유(有)는 『정감록』에는 포(抱)로 기록되어 있고,
『대순전경』의 표홀(豹忽)은 『정감록』에는 치암(幟暗)으로 되어 있으며, 『대순
전경』의 호토용사(虎兎龍蛇)는 『정감록』에 용사호토(龍蛇虎兎)로 적혀 있고, 『대
순전경』의 회일(會日)은 『정감록』에 최세(催世)로 되어 있고, 『대순전경』의 고
(皐)는 『정감록』에 죄(罪)로 기록되어 있다.

몇몇 글자의 차이는 있지만 문장의 구조나 형식이 거의 같다는 사실은 그
누구도 부인할 수 없을 정도다. 따라서 증산이 전승되어 오던 『정감록』에 수
록된 비결시를 제자들에게 외워주었음이 확인된다. 전승 과정에서 몇몇 글자
의 착오가 따랐을 것으로 짐작된다. 증산이 『정감록』의 주장과 내용에 대해
비판적인 입장을 취했지만, 여전히 『정감록』의 영향하에 있었음이 확인되는
결정적 증거이다.

한편 위와 똑같은 내용의 시가 다른 『정감록』 이본(異本)들에도 실려 있다.
『정감록』의 판본에 따라 「삼도봉시」는 내용이 조금씩 다르다. 물론 글자 몇
자의 차이에 불과하다. 이는 필사본의 특성상 자연스레 생긴 결과라고 보인
다. 대부분의 『정감록』 이본에는 위의 내용 이외에 앞부분에 상당한 양의 시
가 더 실려 있다. 이 가운데 『대순전경』의 시구와 관련된 부분은 위의 인용문
과 같다.

그리고 특별한 제목이 없이 「윤고산여겸암문답(尹高山與謙菴問答)」의 내용
가운데에도 위와 비슷한 시가 다음과 같이 기록되어 있다.

육팔여년방국성(六八餘年放國城) 화중천지일병성(畵中天地一餠成) 흑의번북풍천리(黑衣
飜北風千里) 백계경서야오경(白鷄頃西夜五更) 동기청운공유영(東起靑雲空有影) 남래적표홀
무성(南來赤飄忽無聲) 용사호토상호일(龍蛇虎兎相呼日) 무죄인생만일생(無罪人生萬一生)[17]

이 윤고산과 겸암이 문답한 비결시가『대순전경』에서 증산이 제자들에게 외워준 시와 가장 비슷하다. 글자의 비교도 그렇지만, 무엇보다도 다른『정감록』의「삼도봉시」는 7언(言)으로 이루어진 20구(句)의 시가 앞부분에 더 있는 장편의 시이기 때문이다.

한편 일반적으로 이 시의 작자는 삼봉 정도전이라고 추정한다. 왜냐하면 그의 호가 삼봉(三峯)이기 때문이다. 정도전은 고려 말 조선 초의 학자인데, 정도전의 호는 그의 출생지인 충북 단양(丹陽)에서 북쪽으로 12킬로미터 거리에 있는 도담삼봉(嶋潭三峰)을 따서 지은 것이라 한다.

그러나『정감록』의「삼도봉시(三道峯詩)」가 정도전의 작품이라는 일반적인 추정은 결정적인 문제가 있다. 우선 정도전의 호는 삼봉(三峯)이지 삼도봉(三道峯)이 아니라는 점이다. 그리고 현재 남아 있는 정도전의 문집인『삼봉집(三峯集)』에는 비결과 비슷한 문구가 전혀 보이지 않는다. 그리고 일반적으로 정도전이 지은 것이라고 보는 설은 받아들이지만, 이를 전적으로 인정하지는 않겠다는 입장도 있다.

따라서 필자는『정감록』의「삼도봉시」는 정도전이 지었을 것이라고 믿고 싶어 하는 후대인들의 열망이 반영된 것으로 본다. 이러한 관점에서는 정도전이 지었느냐, 아니냐의 사실 확인이 중요한 것이 아니라, 어떻게 믿어져 왔느냐가 쟁점이 된다. 비결시가 조선 초기의 유명한 학자 정도전이 지었을 것으로 믿고 싶어 하는 사람들에 의해 정도전의 이름이 가탁되어 오랜 기간에 걸쳐 전승되었던 것이다.

어쨌든 위에서 증산이 제자들에게 외워준 시가『정감록』에 실린「삼도봉시」를 연원으로 하여, 이를 외우거나 필사하는 과정에서 약간의 착간이 있었다는 사실을 확인했다. 이 시가 일부 증산교단의 해석과 같이 민족상잔의 비극적 전쟁인 1950년에 발생한 6·25사변을 예언한 증산의 시로 믿는 입장도

---

17 〔윤고산여겸암문답〕,『유산결정감록(遊山訣鄭鑑錄)』, 안춘근 편,『정감록집성』(아세아문화사, 1981), 73면.

있을 수 있다. 그러나 실제로 이를 확신하는 입장이라면, 먼저『정감록』의 몇 몇 이본의 앞뒤 구절에 나오는 수많은 비결시들도 일정하게 풀이할 수 있어야 할 것이다.

필자는 이 글에서 최소한 증산이『정감록』에 대해 상당한 관심이 있었으며, 어떠한 형태로든지 필사된『정감록』을 보았을 것이며, 그 가운데 일부 구절을 암기하고 있을 정도로 정감록신앙에 심취했었다는 역사적 사실만 확인하고자 한다. 한국전쟁을 미리 정한 증산의 도수(度數)라고 믿는 일은 역사적 사실이 아니라. 종교적 진실에 해당할 것이기에 증산은『정감록』에 실린 비결시 가운데 하나를 제자들에게 외워줌으로써, 자신의 종교적 행위인 천지공사가 바로 실현될 것이라는 믿음을 유발시키고자 했다. 결국 이 시는 증산의 천지공사가 실제 상황으로 연결되고 있다는 후대의 믿음을 불러일으키는 촉매 역할을 했다.

증산은 정감록을 읽은 적이 있으며 이 비결서에 지대한 관심을 표명했고 상당한 영향을 받았다. 그러나 증산은 정감록적 신앙에 만족하지 않았다. 그는 자신의 종교적 행위인 천지공사에 심취했으며 이에 근거하여 정감록적 신앙을 비판했다. 증산은 정씨진인출현설을 부정했고 천지공사에 의해 새 세상이 이루어질 것이라고 강조했다.

(3) 남조선신앙(南朝鮮信仰)에 대한 새로운 해석

증산은 남조선(南朝鮮) 배 도수를 돌린다고 주장하고, 다음과 같은 종교적 행위를 제자들과 함께 행했다.

칠월에 종도들을 데리고 익산(益山) 배산〔舟山〕 부근 만성리(萬聖里) 정춘심의 집에 이르사, 중 옷〔僧衣〕 한 벌을 지어서 벽에 걸고 사명당(四明堂)을 외우시며 산하대운(山河大運)을 돌리고 또 남조선(南朝鮮) 배 도수(度數)를 돌린다 하사, 이레 동안을 방에 불을 때지 아니하시고, 춘심을 명하사 소머리 한 개를 삶어서 문 앞에 놓은 뒤에 배질을 하여 보리라 하시고, 정성백을 명하사 중 옷을 부엌에서 불사르시니, 문득 뇌성(雷聲)이 고동 소리와 같이 나며 석탄 연기가 코를 찌르며 온 집 안 도량의 큰 풍랑에 흔들리는 배속과 같아서, 온 집 안에 있는 사람들이 모두 혼도하야 혹 토하기도 하고 혹 정신을 잃으니, 이때에 참석한 사람은 소진섭, 김덕유, 김광찬, 김형렬, 김갑칠, 정춘심, 정성백과 및 그 가족들이라. ─ 『대순전경』 4장 15절

증산은 네 곳의 명당 이름을 주문처럼 외우면서 산하대운을 돌린다고 말했으며, 이와 함께 남조선(南朝鮮) 배의 도수를 돌린다고 말했다. 그가 말한 남조선 배가 정확히 무슨 의미인지는 알 수 없다. 다만 조선 후기 이후 전승되어 온 남조선신앙의 한 형태로 보인다. 전래되는 남조선신앙은 남쪽 조선에서 진인이 출현하여 장차 새 왕조를 세울 것이라는 것이 핵심이다. 조선의 운수를 새롭게 밝힐 인물의 출현을 가리키거나 새 운수가 움틀 지역을 상징하는 것이 남조선이다.

증산은 방에 불을 때지 않으면서 그 방을 배라고 주장했다. 증산은 배의 앞쪽에 해당하는 문에다 삶은 소머리를 놓고 배의 후미에 해당하는 부엌에서는 중 옷을 불살랐다고 전한다. 증산의 이러한 상징적인 행위는 곧 우레 소리가 뱃고동 소리와 같이 일어나는 이적을 유발했으며, 당시 배를 움직이는 연료인 석탄이 타는 연기가 피어나기도 했다. 그리고 배를 상징하는 집이 마치 풍랑을 만난 것처럼 심하게 흔들려서, 방 안에 있던 사람들이 기절하거나 토하기도 했다고 전한다.

이처럼 증산이 남조선(南朝鮮)이라는 용어를 배와 함께 사용한 것은 험한 바다를 헤쳐나가는 배에다 조선의 운명을 비유했기 때문이라고 짐작된다. 어쨌든 이러한 종교적 행위의 결과 증산은 남조선의 운명을 짊어진 배의 진행 경로를 새롭게 정하는 실제적인 행위를 했다고 믿어진다.

그렇다면 이제 증산이 말한 남조선 배에는 과연 어떤 사람들이 탈 수 있다고 믿어졌는지에 대해 알아보자.

하루는 양지에 이십사(二十四) 방위자(方位字)를 둘러 쓰시고 중앙에 "혈식천추도덕

군자(血食千秋道德君子)"라 쓰신 뒤에 가라사대 천지(天地)가 간방(艮方)으로부터 시작되었다 하나 그것은 그릇된 말이요. 이십사 방위에서 한꺼번에 이루어졌나니라 하시고, 또 가라사대 이 일은 남조선(南朝鮮) 배질이라. 혈식천추도덕군자의 신명(神明)이 배질을 하고 전명숙(全明淑)이 도사공(都沙工)이 되었느니라. 이제 그 신명들에게 어떻게 하여 만인(萬人)에게 앙모(仰慕)를 받으며 천추(千秋)에 혈식(血食)을 끊임없이 받아오게 된 까닭을 물은즉, 모두 일심(一心)에 있다고 대답하니, 그러므로 일심을 가진 자가 아니면 이 배를 타지 못하리라 하시고, 모든 법(法)을 행하신 뒤에 불사르시니라. -『대순전경』4장 118절

인용문에 의하면 남조선 배에는 혈식천추도덕군자의 신명들이 탈 수 있다고 한다. 그리고 이들을 총지휘하는 사람은 바로 동학혁명운동의 주동자인 전봉준(全琫準, 1855-1895)이다. 명숙은 그의 자(字)이다.

혈식천추도덕군자라는 용어에서 혈식(血食)은 모혈(毛血)을 희생(犧牲)으로 삼아 종묘(宗廟)에 제사 지내는 일을 뜻한다.[18] 천추(千秋)는 오랜 세월을 뜻하므로, 혈식천추도덕군자는 오랫동안 자손들의 제사를 받아오는 존경받을 만한 도덕적 인품의 소유자로 해석할 수 있겠다. 그러므로 역사상 유명, 무명의 도덕적 인물들이 남조선 배에 탈 수 있으며, 이는 그들이 일심(一心) 즉 성실하고 한결같은 마음을 지녔기 때문에 가능한 일이었다는 말이다. 한편 전봉준이 남조선 배의 도사공이 되었다는 증산의 설명에서, 그가 전봉준을 상당히 높이 평가하고 있음을 알 수 있다.[19]

또 증산은 세상을 살릴 계책이 남쪽 조선에 있다는 글귀를 외운 적도 있다.

만국활계남조선(萬國活計南朝鮮) (…) 라고 외우시고 (…) -『대순전경』3장 136절

나아가 증산은 다음과 같이 남조선 사람에 대한 정의도 내렸다.

---

18 『대한화사전』권 10, 130면.

19 『대순전경』4장 1절과 5장 20절에 전봉준이 증산에 의해 조선명부(朝鮮冥府)를 맡게 되었다는 기록이 있다. 증산이 전봉준을 조선의 영혼계를 책임지는 인물로 임명했다는 주장이다.

종도들에게 일러 가라사대, 시속(時俗)에 남조선(南朝鮮) 사람이라 이르나니 이는 남은 조선(朝鮮) 사람이란 말이라. 동서(東西) 각(各) 교파(敎派)에 빼앗기고 남은 못난 사람에게 길운(吉運)이 있음을 이르는 말이니, 그들을 잘 가르치라 하시니라. ― 『대순전경』 3장 41절

증산에 의하면 남조선 사람은 "남은 조선 사람"이다. 여기서 남는다는 말의 뜻은 이어지는 증산의 말에 잘 드러나듯이, 동양과 서양의 여러 종교의 교파에 참가하지 않았다는 의미이다. 기존의 전통 종교에 물들지 않은 이른바 "남은 못난 사람"이 증산이 말하는 남조선 사람이다. 그러므로 증산에 있어서 남조선 사람은 단순히 지역적인 뜻에서의 남쪽 조선에 사는 사람이 아니라, 정신적 지향이 아직 정해지지 않은 사람을 뜻한다.

그리고 남조선 사람이란 넓은 의미에서 남조선신앙 즉 남쪽 조선에서 진인이 출현함을 믿는 사람들을 지칭하는 것으로 보인다. 여기서 증산은 남조선신앙에서의 진인이 자신임을 은근히 강조하고 있다. 증산이 남조선신앙에서 여전히 자유롭지 못함을 드러낸다.

또한 증산은 남조선 배가 풍랑에 처해 위기 상황에 이르렀다고 노래했으며, 이윽고 남조선 배가 무사히 상륙했다고 말한 적도 있다.

하루는 약방에 가서 종도 여덟 사람을 벌려 앉히시고, 사물탕(四物湯) 한 첩을 지어 그 봉지에 사람을 그리사 두 손으로 드시고, 시천주(侍天呪)를 세 번을 읽으신 뒤에, 여러 사람에게 차례로 돌려서 그와 같이 시키시고, "남조선(南朝鮮) 배가 범피중류(汎彼中流)로다."라고 노래하시며 가라사대, 상륙하였으니 풍파(風波)는 없으리라 하시니라. ― 『대순전경』 4장 150절

위의 인용문에서 증산은 남조선의 운명을 상징하는 남조선 배가 무사히 육지에 도착했다고 말함으로써, 조선의 국운에 대한 자신의 희망을 표명했다. 이처럼 증산은 직접 일련의 종교적 행위를 행함으로써 남조선 배로 상징되는 조선의 국운을 잘 진행될 수 있도록 했던 인물로 믿어진다.

그리고 증산은 자신이 제자들을 모으는 과정을 남조선 뱃길이라고 표현하기도 했다.

> 정읍으로 가실 때 원평에 이르사, 군중을 향하야 가라사대 이 길은 남조선(南朝鮮) 뱃길이니 짐을 채워야 떠나느니라 하시고, 술을 나누어주시며, 또 가라사대 이 길은 성인(聖人) 다섯을 낳는 길이로다 하시니, 모든 사람은 그 뜻을 알지 못하더라. (…) — 『대순전경』 3장 21절

이로써 증산은 자신이 남조선 배의 진로를 결정하는 책임을 지니고 있다고 스스로 믿었으며, 자신의 가르침을 따르는 사람을 찾는 일이 바로 남조선 뱃길이라고 생각했었음을 알 수 있다.

이제 증산이 말한 남조선(南朝鮮)에 대한 연원을 찾아보도록 하자. 먼저 현전하는 『정감록』에 피난처로 언급되고 있는 십승지(十勝地)가 주로 남쪽 조선에 있다는 점과 남해(南海) 즉 남쪽 바다에서 진인(眞人)이 출현할 것이라는 진인출현설에서 남조선이라는 의미가 상정될 가능성이 있다.

그러나 『정감록』에는 남조선이라는 용어는 단 한 번도 나오지 않는다. 『정감록』보다 훨씬 후대에 기록된 것으로 보이는[20] 『격암유록(格菴遺錄)』의 「가사총론(歌辭總論)」에 비로소 "남문복기남조선(南門復起南朝鮮)"이라는 용어가 나온다. 물론 남조선이라는 용어가 뜻하는 바의 남해 진인출현설은 이미 『정감록』에 자주 등장하는 줄거리이다. 어쨌든 이러한 비결서들의 글귀에서 유추된 여러 믿음들이 복합되어 드디어 남조선신앙의 실체가 드러나게 되는데, 기록상 실제로 확인되는 사건으로는 동학(東學)의 남조선신앙이 대표적이다.

---

[20] 필자는 『격암유록』이 1970년대 기독교 신흥 교단인 전도관에서 만들어진 위서로 본다. 김탁, 『한국의 보물, 해인』(북코리아, 2009), 193-209쪽.

(4) 예언의 범주 확대

증산의 예언이 가지는 가장 큰 특징은 이전 시기의 예언이 특정 지역의 상황이나 국내의 정치, 사회적 변화에 국한되던 것에 비해 예언의 범주가 세계나 우주로 확대되었다는 점이다. 물론 종교 단체의 성격으로 체계화되어갔던 증산사상의 특성으로 볼 수도 있지만 예언의 범주가 확대되었음은 분명하다.

> 천사(天師) 형렬에게 일러 가라사대 이제 말세(末世)를 당하여 앞으로 무극대운(無極大運)이 열리나니 모든 일에 조심하여 남에게 척을 짓지 말고 죄를 멀리하여 순결한 마음으로 천지공정(天地公庭)에 참여하라. 나는 삼계대권(三界大權)을 주재(主宰)하여 조화(造化)로써 천지를 개벽(開闢)하고 불로장생(不老長生)의 선경(仙境)을 열어 고해(苦海)에 빠진 중생(衆生)을 건지려 하노라 하시고, 이로부터 형렬의 집에 머무르사 천지공사(天地公事)를 행하실 때 형렬에게 신안(神眼)을 열어주어 신명(神明)의 회산(會散)과 청령(聽令)을 참관(參觀)케 하시니라. — 『대순전경』 2장 5절

인용문에서 증산은 세상이 말세라고 선언하고 이제 곧 지극히 큰 운수가 열릴 것을 예언하고 있다. 이러한 좋은 세상에 참여하는 일을 증산은 "천지공정에 참여하는 일"로 규정하고, 자신이 주재하여 천지를 개벽하고 지상 선경을 건설하여 중생을 구원하려 한다고 설명한다. 이러한 증산의 종교적 행위는 증산의 독특한 용어인 '천지공사(天地公事)'로 명명되었다. 그리고 증산이 행하는 천지공사에는 신명(神明)들이 모여들었으며 증산의 명령을 받들었다고 믿어지며, 제자들에게 그 모습을 볼 수 있도록 했다고 믿어진다.

증산교인들은 증산이 행한 천지공사에 의해 세상의 모든 질서가 결정된다고 믿는다. 이전의 예언이 단순한 기대나 전망의 제시에 그쳤다면 증산은 자신의 종교적 행위에 의해 세상의 운수를 미리 정해놓았다고 확신했다.

> 계묘(癸卯) 칠월에 쌀값이 오르고 농작물에 충재(蟲災)가 성(盛)하여 인심이 불안하거늘, 천사(天師) 종도들에게 일러 가라사대 신축년(辛丑年) 이후로는 연사(年事)를 내

가 맡았으니 금년 농사를 잘되게 하여 민록(民祿)을 넉넉게 하리라 하시고, 크게 우레와 번개를 일으키시니, 이로부터 충재가 그치고 농사가 크게 풍등(豊登)하니라.
— 『대순전경』 2장 16절

이제 한 해 농사가 잘되고 못 되는 일도 증산에 의해 결정지어진다. 인용문에 나오는 "신축년(1901) 이후로는 연사(年事)를 내가 맡았다."는 증산의 말은 신축년 이후로 세상에 일어나는 모든 일은 증산의 천지공사에 의해 정해진다는 믿음으로 전개된다.

천사(天師)께서 천지대권(天地大權)을 임의로 사용하시되 일정한 법이 없고 매양 때와 장소를 따라서 임시로 행하셨나니, 예를 들면 큰 비가 올 때 비를 그치게 하실 때는 혹 종도(從徒)를 명하여 화로(火爐)의 불덩이를 문밖에 던지기도 하시고, 혹 담뱃대를 두르기도 하시고, 혹 술잔을 두르기도 하시고, 혹 말씀으로도 하사 때를 따라 달리 하시니라. — 『대순전경』 2장 124절

위의 인용문에서 증산은 "천지대권을 임의로 사용하는 존재"로 믿어진다. 따라서 증산은 예언을 하는 존재가 아니라 예언을 집행하는 존재로 격상된다. 이전 시대의 예언이 예언을 하는 주체가 불명확하거나 불특정 다수에 의해 이루어졌다면, 이제 증산에 의해 예언을 행하는 주체가 명확해졌으며 천지대권을 임의로 사용하여 이루어지는 천지공사로 확정되는 것이다. 이는 증산을 믿는 종교 집단화가 만들어낸 종교화 과정으로도 볼 수 있다.

어떤 사람이 피난(避難) 곳을 물으니 가라사대 이때는 일본 사람을 잘 대접하는 것이 곧 피난이니라. 가로대 무슨 연고니이까? 가라사대 일본 사람이 서방백호(西方白虎) 기운을 띠고 왔나니 숙호충비(宿虎衝鼻)하면 상해(傷害)를 받으리라. 범은 건드리면 해를 끼치고 건드리지 아니하면 해를 끼치지 아니하며, 또 범이 새끼 친 곳에는 그 부근 동리까지 두호(斗護)하나니 그들을 사사로운 일로는 너무 거스르지 말라. 이것이 곧 피난하는 길이니라. 청룡(靑龍)이 동하면 백호(白虎)는 물러가느니라.
— 『대순전경』 3장 77절

증산은 위의 인용문에서 "일본 사람을 잘 대접하는 것이 곧 피난하는 길"이라고 강조했다. 이는 증산이 조선이 일본에게 강점당할 것을 예언한 일로 믿어진다. 그는 일본에 대항하는 일보다 일본인이 하는 사사로운 일에 지나치게 거스르지 않는 것이 옳다고 주장했다. 일본이 백호 기운을 띠고 조선에 침범했지만 청룡이 동하면 스스로 물러날 것을 예언했는데, 이는 조선의 동쪽에 있는 미국이 들어오면 일제 강점이 없어질 것이라는 의미로 해석되었다. 증산 이전의 조선의 예언사상이 조선의 운명이나 정부의 출현 등에 국한되었다면, 증산의 시기에 와서는 국가와 국가 간의 관계나 운명으로 확대되는 것이 특징이다.

> 안내성이 일본 사람과 싸워서 몸에 상해를 입고 와 보인 데 가라사대 이로부터 너는 내 문하에서 물러가라. 너의 죽고 사는 일을 내가 간여(幹與)치 않겠노라. 내성이 이유를 몰라서 엎드려 대죄(待罪)하니 가라사대 시속에 길성소조(吉星所照)를 말하나 길성(吉星)이 따로 있는 곳이 없고 일본 사람을 잘 대접하는 곳에 길성이 비치나니, 네가 이제 일본 사람과 싸우는 것은 스스로 멸망을 취함이라. 내가 어찌 너를 가까이하리오 하시니라. ─『대순전경』 3장 102절

증산은 일본 사람과 싸워서 부상을 입고 온 제자에게 자신의 문하에서 물러가라고 역정을 낸다. 증산은 "일본 사람을 잘 대접하는 곳에 길한 기운이 비친다."는 말로 설명하고, 일본 사람과 싸우는 것은 멸망에 이르는 길이라고 주장한다. 일본 사람을 잘 대접하는 일은 증산의 가르침이며 일본은 일정한 시기가 지나면 스스로 물러날 것이라는 예언으로 받아들여진다.

> 하루는 한 술객(術客)이 이르거늘 천사(天師) 허령부(虛靈符)를 그려 보이시며 가라사대 이제 동양이 서양으로 떠 넘어가는데 공부(工夫)하는 자들이 이 일을 바로잡으려는 자가 없으니 어찌 한심치 아니하리오? 그대는 부질없이 떠돌지 말고 나와 함께 이 일을 공부들임이 어떠하뇨? 그 술객이 놀라 가로대 저는 그런 능력이 없나이다. 천사 그 무능함을 꾸짖어 쫓으시니라. ─『대순전경』 3장 97절

위의 인용문에서도 증산은 자신이 살았던 시기를 "동양이 서양으로 떠 넘어가는 때"로 규정한다. 그는 자신이 할 역할을 동양이 서양으로 떠 넘어가는 일을 막는 일로 인정했다. 천하대세를 동양과 서양의 힘겨루기로 파악하고 서양의 침략으로부터 동양을 지키는 일에 매진한다는 증산의 주장은 이전 시기의 예언의 범주를 벗어나 훨씬 대국적인 차원에서 예언하고 있다는 특징이 있다.

> 하루는 종도들에게 일러 가라사대 서양이 곧 명부(冥府)라. 사람의 본성이 원래 어두운 곳을 등지고 밝은 곳을 향하나니 이것이 곧 배서향동(背西向東)이라. 만일 서양 사람을 믿는 자는 이롭지 못하리라. ─ 『대순전경』 3장 98절

증산은 서양을 죽음의 세계로 표현하고 사람의 본성은 어두운 곳을 등지고 밝은 곳을 향하는 것이라고 주장했다. 즉 밝은 곳인 동양을 향하고 따르는 것이 옳다고 강조한 것이다. 서양 사람을 믿고 따르는 자는 이롭지 못할 것이라는 증산의 예언은 서양 세력과 서양인에 대한 동양의 우월함을 궁극적으로 주장한 것이다.

> 이제 서양 사람에게 재조를 배워 다시 그들을 대항하는 것은 배은망덕(背恩忘德) 줄에 범하므로 판 밖에서 남의 의뢰(依賴) 없이 남 모르는 법으로 일을 꾸미노라. 일본 사람이 미국과 싸우는 것은 배사율(背師律)에 범하는 것이므로 참혹히 망하리라. ─ 『대순전경』 6장 129절

위 인용문은 증산이 일본이 미국과 싸우면 참혹하게 망할 것을 예언한 것으로 믿어진다. 미국과 일본 사이의 전쟁은 1945년 8월에 종식되는데, 증산은 이를 정확히 예언한 존재로 추앙되며 그 이유를 서양에서 배운 재주로 대항하는 일본에 있다고 주장한다.

> 조선은 원래 일본을 지도하는 선생국(先生國)이었나니 배은망덕은 신도(神道)에서 허락지 아니하므로 저희들에게 일시(一時)의 영유(領有)는 될지언정 영원히 영유하지

는 못하리라. 시속에 중국을 대국(大國)이라 이르나 조선이 오랫동안 중국을 섬긴
것이 은혜가 되어 소중화(小中華)가 장차 대중화(大中華)로 뒤집혀 대국(大國)의 칭호가
조선으로 옮기게 되리니 그런 언습을 버릴지니라. ─『대순전경』6장 132절

조선이 일본을 지도하던 선생의 지위에 있던 나라였는데 오히려 배은망덕
하게 일본이 조선을 강점하게 된 일을 질타하던 증산은 그 때문에 일시적 기
간의 강점은 있겠지만 영원히 강점당하는 일은 없으리라고 예언한다. 그리고
조선이 중국을 오랜 기간 동안 섬긴 것이 은혜가 되어 결국 조선이 중국보다
더 큰 나라가 될 것이라고 예언한다.
　증산교인들은 증산이 행한 천지공사(天地公事)의 결과로서 조선을 일본에게
잠시 위탁시키는 일이 일어났다고 믿는다.

　가라사대 조선을 서양으로 넘기면 인종이 다르므로 차별과 학대가 심하야 살아
날 수 없을 것이오, 청국(淸國)으로 넘기면 그 민중이 우둔하야 뒷감당을 못 할 것이
요, 일본(日本)은 임진난후(壬辰亂後)로 도술신명(道術神明)들 사이에 척이 맺혀 있으니
그들에게 넘겨주어야 척이 풀릴지라. 그러므로 그들에게 일시 천하통일지기(天下統
一之氣)와 일월대명지기(日月大明之氣)를 붙여주어 역사(役事)를 잘 시키려니와, 한 가지
못 줄 것이 있으니 곧 '어질 인(仁)' 자라. 만일 '어질 인' 자까지 붙여주면 천하는 다
저희들의 것이 되지 않겠느냐? 그러므로 '어질 인' 자는 너희들에게 붙여주노니,
너희들은 오직 '어질 인' 자를 잘 지키라. 너희들은 편한 사람이요, 저희들은 곧 너
희들의 일꾼이니, 모든 일을 분명하게 잘하여 주고 갈 때에는 품삯도 못 받고 빈손
으로 돌아가리니 말 대접이나 후하게 하라. ─『대순전경』4장 28절

이처럼 증산이 회문산에 있다는 오선위기혈을 중심으로 행한 일련의 종교
적 행위에 따라 조선이 일본에게 일정 기간 동안 맡겨지는 형국이 역사적 현
실로 나타났다는 것이다. 증산은 서양과 청나라에 조선을 맡기지 못하는 이유
를 설명했으며, 자신의 공사가 조선과 일본 사이의 원한을 해결하는 일이라고
강조했다. 증산은 천하통일의 기운과 일월대명의 기운을 일본에게 붙여 일을

시킨다는 점을 부각시켰고, 위탁 기간이 지난 다음에 일본은 빈손으로 돌아갈 것이라고 주장했다. '어질 인'이라는 글자로 대표되는 도덕적 심성을 잘 지키는 일이 중요하다고 주장한 증산은, 조선 사람들이 주인이자 편한 사람이라고 설명한다. 이에 비해 일본은 조선을 대신하여 일하는 일꾼이며, 실속 없는 결과를 낳을 것이라고 강조한다.

> 가라사대 회문산(回文山)에 오선위기혈(五仙圍碁穴)이 있으니, 이제 바둑의 원조(元祖) 단주(丹朱)의 해원도수(解冤度數)를 이곳에 부쳐서 조선국운(朝鮮國運)을 돌리려 하노라. 다섯 신선 중에 한 신선은 주인이라 수수방관할 따름이요, 네 신선이 판을 대하야 서로 패를 들쳐서 따먹으려 하므로 시일만 천연하야 승부가 속히 나지 아니한지라. 이제 최수운(崔水雲)을 청해 와서 증인으로 세우고 승부를 결정하려 하노니 (…) - 『대순전경』 4장 28절

단주는 중국의 전설적인 제왕인 요(堯) 임금의 아들이다. 요 임금이 자신의 아들인 단주를 불초(不肖)하게 여겨 천하를 순(舜) 임금에게 전하고 단주에게는 바둑판을 주어 스스로의 마음을 다스리라고 가르쳤다는 이야기가 전한다. 천하를 다스리려는 단주의 원망을 풀어주기 위해서는 세계의 정세가 마치 다섯 신선이 바둑을 두는 형국과 같이 전개되어야 한다는 것이 증산의 설명이다.

단주의 해원을 위해 순창 회문산에 있는 오선위기혈이 중요하게 작용할 것이라는 주장이다. 이러한 단주의 해원을 위한 증산의 공사(公事)는 동시에 조선의 국운을 돌리는 일로도 믿어졌다. 즉 다섯 신선의 역할이 각기 다른데, 바둑을 두는 두 신선과 이들을 훈수하는 두 신선, 그리고 나머지 한 신선은 주인이라는 것이 증산의 설명이다.

> 현하대세(現下大勢)를 오선위기(五仙圍碁)의 기령(氣靈)으로 돌리노니, 두 신선은 판을 대하고, 두 신선은 각기 훈수하고, 한 신선은 주인이라. 어느 편을 훈수할 수 없어 수수방관하고 다만 공궤만 하였나니, 년사(年事)만 큰 흠이 없어 공궤지절(供饋之節)만 빠지지 아니하면 주인의 책임은 다한지라. 만일 바둑을 마치고 판이 헤치면

바둑은 주인에게 돌리리니, 옛날 한(漢) 고조(高祖)는 마상(馬上)에서 득천하(得天下) 하였다 하나, 우리나라는 좌상(座上)에 득천하(得天下) 하리라. — 『대순전경』 5장 25절

바로 이 다섯 신선이 바둑을 두는 형국에 맞추어 조선을 중심으로 4대 강국들이 전쟁을 치르면서 힘을 겨루는 형국으로 세계정세가 전개되리라는 해석이 가능하다.[21]

이에 따라 한반도가 바둑판이요,[22] 조선의 백성들이 바둑돌에 비유되기도 했다. 다섯 신선 가운데 주인이 되는 신선은 곧 조선(朝鮮)에 비유되었던 것이다. 구체적으로 한반도를 둘러싼 러일전쟁 시에는 프랑스와 영국이 각기 훈수를 두는 형국이 전개되었고, 중일전쟁에는 소련과 독일이 훈수를 두었고, 남북전쟁에는 미국과 소련이 각기 훈수를 두는 형국으로 전개된 일이, 증산이 오선위기혈을 중심으로 하여 조선의 국운을 돌렸던 공사에 근거한다는 해석이 일부 증산교단에서 제기되고 있다.[23]

이처럼 한반도를 중심으로 전개되는 세계정세의 급격한 변화를 증산은 씨름판에 비유하기도 했는데, 모두 3번의 씨름이 진행될 것이라고 말했다.

현하대세가 씨름판과 같으니, 애기판과 총각판이 지난 뒤에 상씨름으로 판을 마치리라. — 『대순전경』 5장 28절

이 구절을 증산교인들은 애기판은 제1차 세계대전을, 총각판은 제2차 세계대전을 이르는 것으로 믿고 있으며, 장차 상씨름으로 표현되는 제3차 세계대전의 발발을 예언한 일로 생각한다.

---

21 근거가 되는 구절은 "(…) 이제 천하대세를 회문산 오선위기형의 형세에 붙여 돌리노니 (…)"(3장 28절)라는 기록이다.

22 당시 조선에는 전국이 360주(州)의 행정조직이 있었는데, 이것이 바둑의 361점 가운데 본체 불변수인 1을 제외한 360에 응했기 때문이라고 풀이하기도 한다. 안경전, 『증산도의 진리』(대원출판사, 1984), 276쪽.

23 안경전, 『증산도의 진리』(대원출판사, 1984), 274-298쪽. 한반도가 39도선과 38도선, 그리고 태극 모양을 상징하는 휴전선으로 나뉘게 된 일도 증산의 공사 때문이라고 주장한다.

이때는 해원시대(解冤時代)라 몇천 년 동안 깊이깊이 갇혀 있어 남자의 완롱(玩弄)거리와 사역(使役)거리에 지나지 못하던 여자의 원(冤)을 풀어 정음정양(正陰正陽)으로 건곤(乾坤)을 짓게 하려니와. 이 뒤로는 예법을 다시 꾸며 여자의 말을 듣지 않고는 함부로 남자의 권리를 행하지 못하리라. －『대순전경』6장 134절

위의 인용문에서 증산은 이 시대가 원한을 풀어 없애는 시기라고 규정하고 자신의 천지공사에서 중요한 원리로 사용한다. 증산에 의하면 선천에 오랫동안 이루어져 왔던 여성의 원한이 이제 다가오는 후천에서는 바로잡혀 정음정양의 시대가 와서 해소될 것이라고 주장한다. 이에 따라 후천에서는 예법이 다시 정해져 여자의 말을 듣지 않고는 남자의 권리를 행하지 못하게 될 것이라고 예언한다. 사회의 큰 변화를 예언했다는 점에서 기존의 예언과는 격을 달리한다.

천사 가라사대 이제 혼란키 짝이 없는 말대(末代)의 천지를 뜯어고쳐 새 세상을 열고 비겁에 빠진 인간과 신명을 널리 건져 각기 안정을 누리게 하리니 이것이 곧 천지개벽이라. 옛일을 이음도 아니요 세운(世運)에 매여있는 일도 아니요 오직 내가 처음 짓는 일이라. －『대순전경』5장 1절

위 인용문에서 증산은 자신의 천지공사가 말세의 운수에 빠진 천지를 뜯어고쳐 새 세상을 여는 일이라고 규정하고 이를 천지개벽이라고 명명했다. 이 천지개벽은 세상의 운수에 있는 일도 아니라 자신이 처음 하는 일이라고 강조했다. 따라서 증산의 말은 천지간에 새로운 일로 단순한 예언이 아니라 새로 정하는 일이라고 주장했다. 증산은 자신의 말이 순조롭게 이루어질 것이라고 강조하기도 했다.[24]

---

24 크고 작은 일을 물론하고 신도(神道)로써 다스리면 현묘불측(玄妙不測)한 공을 거두나니 이것이 무위이화(無爲以化)라. 이제 신도(神道)를 골라잡아 모든 일을 도의(道義)에 맞추어서 무궁한 선경(仙境)의 운수를 정하리니 제 도수에 돌아 닿는 대로 새 기틀이 열리리라. －『대순전경』5장 3절

선천(先天)에는 상극지리(相克之理)가 인간사물(人間事物)을 맡았으므로 모든 인사(人事)가 도의에 어그러져서 원한이 맺히고 쌓여 삼계(三界)에 넘침에 마침내 살기(殺氣)가 터져 나와 세상에 모든 참혹한 재앙을 일으키나니, 그러므로 이제 천지도수(天地度數)를 뜯어고치며 신도(神道)를 바로잡아 만고의 원을 풀고 상생(相生)의 도로써 선경을 열고 조화정부(造化政府)를 세워 하염없는 다스림과 말 없는 가르침으로 백성을 화(化)하며 세상을 고치리라. — 『대순전경』 5장 4절

인용문에서 증산은 자신이 살던 시기를 중심으로 선천과 후천이라는 용어로 구분한다. 선천은 상극의 이치가, 후천은 상생의 이치가 지배하는 세상이라는 것이다. 선천에서 후천으로 진입하는 과정에서 천지도수(天地度數)를 고치는 작업이 필요하다. 증산의 예언이 독특한 점은 이처럼 천지도수를 고치는 존재가 바로 자신이라고 주장한 것이다. 즉 단순한 예언의 설파자가 아니라 예언의 집행자로 자처한다.

이제 하늘도 뜯어고치고 땅도 뜯어고쳐 물샐틈없이 도수(度數)를 짜 놓았으니 제 한도(限度)에 돌아 닿는 대로 새 기틀이 열리리라. — 『대순전경』 5장 10절

증산은 "하늘과 땅을 뜯어고쳤다."는 표현을 통해 자신이 정한 천지도수에 따라 새로운 패러다임이 전개될 것이라고 강조했다. 물 하나 샐 틈이 없을 정도로 완벽하게 짜 놓은 천지도수에 따라 세상 일이 진행될 것이라고 강조한 것이다.

후천(後天)에는 천하가 한 집안이 되어 위무(威武)와 형벌을 쓰지 아니하고 조화(造化)로써 중생을 다스려 화(化)할지니, 벼슬아치는 직품(職品)을 따라 화권(化權)이 열리므로 분의(分義)에 넘는 폐단(弊端)이 없고, 백성은 원통과 한과 상극과 사나움과 탐심(貪心)과 음탕과 노염과 모든 번뇌가 그치므로 성음(聲音) 소모(笑貌)에 화기(和氣)가 무르녹고 동정(動靜) 어묵(語黙)이 도덕에 합하며, 쇠병(衰病)사장(死葬)을 면(免)하여 불로불사(不老不死)하며 빈부의 차별이 철폐되고, 맛있는 음식과 좋은 옷이 요구하

는 대로 빼닫이간에 나타나며, 모든 일은 자유욕구에 응하여 신명(神明)이 수종(隨從)들며 운거(雲車)를 타고 공중을 날아 먼 데와 험한 데를 다니며, 하늘이 나직하여 오르내림을 뜻대로 하며, 지혜가 밝아서 과거 미래 현재 시방(十方)세계의 모든 일을 통달하며, 수화풍(水火風) 삼재(三災)가 없어지고 상서(祥瑞)가 무르녹아 청화명려(淸和明麗)한 낙원으로 화하리라. ―『대순전경』5장 16절

증산이 주장한 이상향인 후천은 지상에 이루어질 낙원이다. 기존의 예언이 특정인들을 중심으로 한 정부 개혁이나 새 정치 조직을 지향했다면 증산에 이르면 종교적 구원이 이루어진 완벽한 새 세상이다. 이제 증산에 이르러 조선의 예언사상은 종교의 영역에 확실히 이르렀음을 확인할 수 있다.

장차 일청(日淸)전쟁이 두 번 나리니, 첫 번에는 청국이 패하고 말 것이요, 두 번째 일어나는 싸움이 십 년을 가리니, 그 끝에 일본은 쫓겨 들어가고 호병(胡兵)이 들어오리라. 그러나 한강 이남은 범치 못하리니 그때에 질병이 맹습(猛襲)하는 까닭이요. 미국은 한 손가락을 퉁기지 아니하여도 쉬이 들어가리라. 이 말씀을 마치신 뒤에 "동래(東來) 울산(蔚山)이 흐느적흐느적 사국강산(四國江山)이 콩 뛰듯 한다."라고 노래 부르시니라. ―『대순전경』5장 26절

증산은 청일전쟁이 두 번 일어날 것, 중공군의 한반도 침입, 미국의 남한 철수 등을 예언한다. 물론 이러한 증산의 예언이 실현된 이후에 적혔을 가능성도 배제할 수 없지만, 구체적인 역사적 사건이 증산의 말에 의해 천지도수로 정해졌다는 증산교인들의 믿음은 확고하다.

동양은 불로 치고 서양은 물로 치리라. 세상을 불로 칠 때에는 산도 붉어지고 들도 붉어져서 자식이 지중하지만 손목 잡아 끌어낼 겨를이 없으리라.
―『대순전경』5장 30절

증산은 동양은 불로, 서양은 물로 징치할 것이라고 예언했다. 이때는 자식도 구할 여력이 없을 정도로 상황이 급박하게 돌아갈 것이라고 주장했다.

동서양 싸움을 붙여 기운 판을 바로 잡으려 하나 워낙 짝이 틀려 겨루기 어려우
므로 병(病)으로써 판을 고르게 되느니라. ─『대순전경』5장 32절

또 증산은 동양과 서양의 균형을 위해 병으로써 판을 고를 것이라고 강조한
다. 그가 주장한 병으로 판을 고르는 일은 다음과 같이 구체적으로 묘사된다.

선천개벽(先天開闢) 이후로 수한도병(水旱刀兵)의 겁재(劫災)가 서로 번갈아서 그칠
새 없이 세상을 진탕(殄蕩)하였으나 아직 병겁(病劫)은 크게 없었나니, 이 뒤에는 병
겁이 온 세상을 엄습(掩襲)하여 인류를 전멸케 하되 살아날 방법을 얻지 못하리니
모든 기사(奇事) 묘법(妙法)을 다 버리고 의통(醫統)을 알아두라. 내가 천지공사를 맡
아 봄으로부터 이 땅에 모든 큰 겁재를 물리쳤으나 오직 병겁은 그대로 두고 너희
들에게 의통(醫統)을 전하여 주리니, 멀리 있는 진귀한 약품을 중히 여기지 말고 순
전(純全)한 마음으로 의통을 알아두라. 몸 돌이킬 겨를이 없이 홍수(洪水) 밀리듯 하
리라. ─『대순전경』5장 33절
이 뒤에 괴병(怪病)이 돌 때에는 자다가도 죽고 먹다가도 죽고 왕래(往來)하다가도
죽어 묶어낼 자가 없어 쇠스랑으로 찍어 내되 신 돌려 신을 정신을 차리지 못하리
라. ─『대순전경』5장 34절
시속(時俗)에 부녀자들이 비위만 거슬리면 급살(急殺) 맞아 죽으라 이르나니, 이는
급살병을 이름이라. 하룻밤 하룻낮에 불면불휴(不眠不休)하고 짚신 세 켤레씩 떨어
치며 죽음을 밟고 넘어 병자(病者)를 건지리니, 이렇듯 급박(急迫)할 때에 나를 믿으
라 하여 안 믿을 자가 있으리오? ─『대순전경』5장 35절

기존의 예언이 전쟁, 사회 변화 등을 주제로 언급되었다면 증산에 이르면
병겁이라는 질병이 급속도로 세상에 확산될 것이라고 주장된다. 이에 대한 해
결책은 증산이 남긴 의통이라는 신물에 의해 해결되리라고 증산교인들은 믿
는다. 물론 의통이 어떤 것인지에 대해서는 증산교인들의 다양한 믿음이 존재
한다.
이 밖에도 증산은 자신이 다시 이 세상에 출세할 것이라고 다음과 같이 주
장하는데, 묘사되는 과정이 매우 구체적이다. 궁궐 같은 전각이 삼십육만 칸,

옷과 밥이라는 실물로 신명들이 받들 것이라고 주장한다.

내가 출세할 때에는 하룻 저녁에 주루보각(珠樓寶閣) 삼십육만간(三十六萬間)을 지어 각기 닦은 공력(功力)에 따라서 앉을 자리에 들어앉혀 옷과 밥을 신명들이 받들게 하리니, (…) -『대순전경』 5장 39절

나아가 증산은 자신을 신선에 비유했다.

하루는 종도들에게 일러 가라사대 나의 얼굴을 잘 익혀두라. 후일에 내가 출세 (出世)할 때에는 눈이 부시어 보기 어려우리라. 또 가라사대 예로부터 신선(神仙)이 란 말을 전설로만 들어왔고 본 사람이 없었으나 오직 너희들은 신선을 보리라. -『대순전경』 9장 7절

인용문에서 증산은 제자들에게 자신의 얼굴을 잘 익혀두라고 강조한다. 그 이유는 자신이 이 세상에 다시 출세할 때 잘 알아보기 위해서라고 주장한 다. 증산이 다시 이 세상에 태어날 것이라는 예언이다.

기존의 예언들이 신비감을 더하거나 은유적인 표현인 파자로 이루어진 것 이 대부분이었다면 증산의 예언은 직설적 표현이 특징이다. 예언의 파급이 아 니라 예언의 집행자라는 증산의 주장이 보다 설득력을 갖기 위해서이기도 하 겠지만 무엇보다도 종교라는 형태로 주장된 예언이었기에 가능했다고 본다. 즉 증산의 예언은 종교 경전으로서 교리가 체계화되면서 나타난 특성으로 보 인다.

(5) 새 세상의 질서에 관한 예언

증산은 후천이라는 지상낙원이 이루어지면 엄청난 변화가 올 것이라고 강 조하고 그 사회의 변화상에 대해 다음과 같이 언급했다.

천사 비록 미천한 사람을 대할지라도 반드시 존경하시더니 형렬의 종 지남식에게도 매양 존경하시거늘, 형렬이 여쭈어 가로대 이 사람은 나의 종이오니 존경치 말으소서. 천사 가라사대 이 사람이 그대의 종이니 내게는 아무 관계도 없나니라 하시며, 또 일러 가라사대 이 마을에서는 어려서부터 숙습(熟習)이 되어 창졸간(倉卒間)에 말을 고치기 어려울지나 다른 곳에 가면 어떤 사람을 대하든지 다 존경하라. 이 뒤로는 적서(嫡庶)의 명분(名分)과 반상(班常)의 구별(區別)이 없느니라.
  ─『대순전경』 3장 5절

계급과 신분 질서에 얽매이던 당시 사회에서 증산은 제자의 종에게도 존댓말을 하는 파격적인 행동을 보였다. 그는 앞으로는 신분 차별과 양반과 상놈의 구별이 없는 세상이 올 것이라고 예언했다.

천사 경석과 공우에게 일러 가라사대 이제 만날 사람 만났으니 통정신(通精神)이 나오노라. 나의 일은 비록 부모 형제 처자라도 모르는 일이니 나는 서천서역(西天西域) 대법국(大法國) 천계탑(千階塔) 천하대순(天下大巡)이라. 동학주(東學呪)에 "시천주조화정(侍天主造化定)"이라 하였으니 내 일을 이름이라. 내가 천지를 개벽하고 조화정부(造化政府)를 열어 인간과 하늘의 혼란을 바로잡으려 하여 삼계(三界)를 둘러 살피다가 너의 동토(東土)에 그쳐 잔피(殘疲)에 빠진 민중을 먼저 건지려 함이니, 나를 믿는 자는 무궁한 행복을 얻어 선경의 낙을 누리리니 이것이 참 동학(東學)이라. 궁을가(弓乙歌)에 "조선강산명산(朝鮮江山名山)이라 도통군자(道通君子) 다시 난다."하였으니 또한 나의 일을 이름이니라. 동학신자 간에 대선생(大先生)이 갱생(更生)하리라고 전하니 이는 대선생(代先生)이 다시 나리라는 말이니 내가 곧 대선생(代先生)이로라.
  ─『대순전경』 3장 22절

증산은 자신의 종교적 행위를 천하대순(天下大巡)이라는 용어로 표현했으며, 동학(東學)의 주문에서 언급하는 천주(天主)가 자신이라고 강조했다. 그리고 "천지를 개벽하고 조화정부를 열어 인류를 구원하는 일"이 자신이 할 일이라고 언급했으며, 자신의 가르침이 참된 동학이라고 말했다. 나아가 증산은 조선에 도통군자가 다시 태어난다는 고사를 인용하여 자신의 출현을 예언한 일이라고 설명했다. 또한 증산은 동학신자들이 수운대신사가 다시 태어날 것이라고 믿고 있으나 이는 그릇된 일이며, 자신의 탄생으로 인해 진정한 스승이 태어나는 일이 응험했다고 강조했다.

하루는 종도들에게 일러 가라사대 세상에 성(姓)으로 풍가(風哥)가 먼저 났으나 전하여 오지 못하고, 사람의 몸에 들어 다만 체상(體相)의 칭호로만 쓰게 되어 풍신(風身), 풍채(風採), 풍골(風骨) 등으로 일컫게 될 뿐이요, 그다음에 강가(姜哥)가 났었나니 강가가 곧 성(姓)의 원시(原始)라. 그러므로 이제 개벽시대(開闢時代)를 당하여 원시(原始)로 반본(返本)되는 고로 강가가 일을 맡게 되느니라. —『대순전경』 3장 47절

증산은 자신의 성씨가 강씨라는 점을 들어 앞으로 새 세상을 이끌어갈 지도자로 추대되었다고 주장했다. 그에 따르면 세상의 성씨 가운데 풍씨가 먼저 났으나 전하지 못하고 그다음으로 강씨가 등장했다고 한다. 개벽시대를 당해 세상의 질서가 원시 상태로 회복되는 운수를 맞아 강씨가 개벽시대를 관장한다고 강조한 것이다.

가라사대 이제는 해원시대(解冤時代)라. 남녀의 분별(分別)을 틔워 각기 하고 싶은 대로 하도록 풀어 놓았으나 이 뒤에는 건곤(乾坤)의 위차(位次)를 바로잡아 예법(禮法)을 다시 세우리라 하시니라. —『대순전경』 3장 61절

증산은 이제 모든 원한이 풀어 없어지는 해원시대가 전개될 것이라고 강조했다. 특히 남녀 차별로 인한 원한이 해소되는 새 시대가 열릴 것이라고 주장했는데, 남녀가 각기 하고 싶은 대로 행함으로써 원한이 풀릴 것이며 훗날 새로운 질서가 세워질 것이라고 역설했다.

하루는 공우를 데리고 태인 돌창이 주막에 들르사 경어(敬語)로써 술을 불러 잡수시고 공우에게 술을 불러 먹으라 하시거늘, 공우는 습관대로 낮은 말로 술을 불러 먹었더니 일러 가라사대 이때는 해원시대(解冤時代)라. 상(常)놈의 운수니 반상(班

常)의 구별과 직업의 귀천(貴賤)을 가리지 아니하여야 속히 좋은 세상이 되리니 이 뒤로는 그런 언습(言習)을 버리라 하시니라. ―『대순전경』3장 106절

증산이 주장한 해원시대는 남녀 차별이 없어지는 세상이자 신분 차별이 없어지고 직업의 귀천이 없어지는 좋은 세상이다. 증산이 본 세상의 원한은 남녀, 반상, 직업의 구분과 차별로 인해 생겨난다. 이러한 원한이 모두 풀어 없어지는 세상은 상대방에게 경어로써 말하는 실천에 의해 이루어질 것이라고 주장하였다.

하루는 종도들에게 일러 가라사대 부인이 천하사(天下事)를 하려고 염주(念珠)를 딱딱거리는 소리가 구천(九天)에 사무쳤으니 장차 부인의 천지를 만들려 함이로다. 그러나 그렇게까지는 되지 못할 것이요 남녀동권(男女同權) 시대가 되리라. ―『대순전경』3장 120절

위의 인용문에서 증산은 억울하게 억눌렸던 여인들이 천하사를 하기 위해 애쓰고 있다고 말하고, 장차 남녀동권 시대가 전개될 것이라고 예언했다.

매양 구릿골 앞 큰 나무 밑에서 소풍하실 새 금산(金山)안과 용화동(龍華洞)을 가리켜 가라사대 이곳이 나의 기지(基址)라 장차 꽃밭이 될 것이요 이곳에 인성(人城)이 쌓이리라 하시고, 또 "천황지황인황후(天皇地皇人皇後) 천하지대금산사(天下之大金山寺)"라고 말씀하시고, 또 "만국활계남조선(萬國活計南朝鮮) 청풍명월금산사(淸風明月金山寺) 문명개화삼천국(文明開化三千國) 도술운통구만리(道術運通九萬里)"라고 외우시고, 또 "세계유이차산출(世界有而此山齣) 기운금천장물화(紀運金天藏物華) 응수조종태호복(應須祖宗太昊伏) 하사도인다불가(何事道人多佛歌)"를 외우시니라. ―『대순전경』3장 136절

증산은 자신이 활동하던 인근 지역인 금산사 근처가 지신의 기지가 될 것이라고 주장했고 이곳에 사람들이 많이 모여들 것이라고 예언했다. 나아가 그는 만국을 살릴 계책이 남조선에서 나올 것이며 장차 문명이 삼천국에 번영할

것이라고 예언했다.

증산은 깨달은 자를 뜻하는 도통(道通)을 하는 사람들이 많이 배출될 것이라고 예언했는데, 도통시킬 때에는 유불선(儒佛仙) 각 도통신(道通神)들이 모여들어 각기 그 닦은 근기를 따라서 도를 통하게 될 것이라고 주장했다.(『대순전경』 3장 157절) 그리고 어느 한 사람이 먼저 도를 통하게 되면 선령신(先靈神)들이 편벽됨을 힐난할 것이므로 훗날 일제히 그 닦은 바에 따라 도통이 열리게 될 것이고 누구나 그 닦은 바에 따라서 도통을 하게 될 것이라고 예언했다.(『대순전경』 3장 158절)

> 또 가라사대 후천(後天)에는 팔자(八字) 좋은 사람이라야 자식 둘을 둘 것이요, 아주 못 두는 자는 없으리라. 또 부자(富者)는 각 도(道)에 하나씩 두고 그 나머지는 다 고르게 하여 가난한 자가 없게 하리라 하시니라. ─『대순전경』 3장 193절

증산은 후천 즉 다가오는 세상에는 모든 사람이 자식을 두게 될 것이며 그 가운데 팔자가 좋은 사람이라야 두 명의 자식을 갖게 될 것이라고 예언했다. 또 부자는 각 지역에 한 명씩만 두고 그 나머지 사람들의 경제력은 고르게 될 것이라고 예언했다. 여기서도 증산의 예언이 매우 구체적으로 표현됨을 알 수 있다.

> 가라사대 시속(時俗)에 어린 아해에게 개벽쟁이라고 희롱하나니 이는 개벽장(開闢長)이 날 것을 이름이라. 내가 삼계(三界)대권(大權)을 주재(主宰)하여 천지를 개벽하며 무궁한 선경(仙境)의 운수를 정하고 조화정부(造化政府)를 열어 재겁(災劫)에 싸인 신명(神明)과 민중(民衆)을 건지려 하니 (…) ─『대순전경』 4장 1절

위 인용문에서 증산은 새로운 개벽이 일어날 것이며 이를 주관하는 존재가 자신이라고 확신에 찬 어조로 강조한다. 개벽의 목표는 "무궁한 선경의 운수"이며 온갖 재앙과 겁재에 싸인 신명과 민중을 구원하고자 함이다. 여기서

특기할 만한 점은 증산이 조화정부라는 새로운 용어를 사용했다는 점이다.

조화정부는 증산교인들에게는 신명(神明)이라는 신격(神格)들이[25] 운영하는 새 정부라는 영적 조직체이다. 기존의 예언들이 현실세계에서 새 정부를 구성하려는 인간적 측면에서의 혁명을 주장했다면, 증산에 의해 조화정부가 주장됨으로써 영적 구원까지 추구하는 새 예언 실현 방법이 주장되었던 것이다.

> 천사 가라사대 솥이 들썩임은 미륵불이 출세함이로다 하시고 (…) -『대순전경』
> 4장 2절

증산은 자신의 출세가 바로 불교에서 오랫동안 주장하던 미륵불의 출세라고 힘주어 말한다. 이로써 증산은 불교의 구원관을 수렴하고자 노력했다.

> 이때에 천사(天師) 여러 종도들에게 일러 가라사대 이 지방을 지키는 모든 신명을 서양으로 건너보내어 큰 난리를 일으키리니 이 뒤로는 외인(外人)들이 주인 없는 빈집 드나들듯 하리라. 그러나 그 신명들이 일을 다 마치고 돌아오면 제집 일은 제가 다시 주장(主張)하리라. -『대순전경』 4장 4절

위 인용문에서 증산은 자신의 명에 따라 우리나라를 지키는 모든 신명들을 서양으로 보내어 큰 난리를 일으키겠다고 주장했다. 증산의 이러한 예언에 대해 증산교인들은 이러한 증산의 천지공사로 인해 세계 각 지역의 크고 작은 분쟁들 특히 세계 제1차, 2차 대전이 발생했다고 믿는다.[26] 실제 증산은 자신을 따르는 종도의 액운을 풀어주기 위해 러일전쟁을 일으켰으며 일본을 천지의 큰 일꾼으로 내세웠다고 믿어졌다.[27]

---

25 이 뒤에 종도들에게 일러 가라사대 귀신(鬼神)은 천리(天理)의 지극(至極)함이니 공사를 행할 때에 반드시 귀신으로 더불어 판단(判斷)하노라 하시고 (…) -『대순전경』 4장 23절

26 이 뒤에 함열 회선동 김보경의 집에 가시어 보경으로 하여금 큰북을 대들보에 매달고 병자(丙子) 정축(丁丑)을 계속하여 외우면서 밤새도록 쳐 울리시며 가라사대 이 북소리가 멀리 서양(西洋)까지 울려 들리리라 하시니 (…) -『대순전경』 4장 24절

27 천사 병욱에게 일러 가라사대 내가 너의 화액(禍阨)을 끄르기 위하여 일로(日露)전쟁을 붙여 일본을 도

가라사대 회문산에 오선위기혈(五僊圍棋穴)이 있으니, 이제 바둑의 원조(元朝) 단주(丹朱)의 해원도수를 이곳에 부쳐서 조선국운(國運)을 돌리려 하노라 다섯 신선 중에 한 신선은 주인이라 수수방관(袖手傍觀)할 따름이요, 네 신선이 판을 대하여 서로 패를 들쳐서 따먹으려 하므로 시일(時日)만 천연(遷延)하고 승부가 속히 나지 아니한지라. 이제 최수운을 청(請)해 와서 증인으로 세우고 승부를 결정하려 하노니 (…) 가라사대 조선을 서양으로 넘기면 인종이 다르므로 차별과 학대가 심하여 살아날 수 없을 것이요, 청국으로 넘기면 그 민중이 우둔하여 뒷감당을 못 할 것이요, 일본은 임진난 후로 도술신명(道術神明)들 사이에 척이 맺혀 있으니 그들에게 넘겨주어야 척이 풀릴지라. 그러므로 그들에게 일시 천하통일지기(天下統一之氣)와 일월대명지기(日月大明之氣)를 붙여주어 역사(役事)를 잘 시키려니와, 한 가지 못 줄 것이 있으니 곧 '어질 인(仁)' 자라 만일 '어질 인' 자까지 붙여주면 천하는 다 저희들의 것이 되지 않겠느냐? 그러므로 '어질 인' 자는 너희들에게 붙여주노니 오직 '어질 인'자를 잘 지키라. 너희들은 편한 사람이요, 저희들은 곧 너희들의 일꾼이니, 모든 일을 분명하게 잘하여주고 갈 때에는 품삯도 못 받고 빈손으로 돌아가리니 말 대접이나 후하게 하라. - 『대순전경』 4장 28절

증산은 전라도 순창에 있는 회문산에 다섯 신선이 바둑을 두는 형국의 혈이 있다고 주장하고 여기에 조선의 국운을 돌리는 천지공사를 했다. 이 공사는 주인에 해당하는 조선을 중심으로 네 나라가 둘러싸 전쟁을 치르는 형국으로 세계사가 전개될 것이라고 믿어졌다. 여기서 증산은 조선이 일본에 의해 강점되는 역사가 진행될 것이라고 예언했다.[28]

하루는 내성(乃成)을 명하사 몽둥이로 마루장을 치며 이제 병독(病毒)에 걸린 인류

와서 러시아를 물리치리라 하시니 (…) 섣달에 일로전쟁이 일어나서 일본 군사가 승세를 타서 국경을 지나가니 이에 국금(國禁)이 해이(解弛)하여지고 박영효의 혐의(嫌疑)가 드디어 풀리니라. - 『대순전경』 4장 9절 (…) 이제 만일 서양 사람의 세력을 물리치지 아니하면 동양은 영원히 서양 사람에게 짓밟힌 바 되리라. 그러므로 서양 사람의 세력을 물리치고 동양을 붙잡음이 옳으니 이제 일본 사람을 천지에 큰 일꾼으로 내세우리라 하시고 이에 천지대신문(天地大神門)을 열고 날마다 공사를 행하사 사십구 일을 한 도수로 하여 동남풍(東南風)을 불리시더니 (…) 그 뒤로 러시아가 해륙(海陸)으로 연(連)하야 패하니라. - 『대순전경』 4장 10절

28 가라사대 이씨와 일본 왕과의 싸움을 붙였더니 이씨가 패하였다 하시니라. - 『대순전경』 4장 84절. 이 구절을 증산교인들은 조선이 일본에 의해 강점되는 일을 예언한 것으로 믿는다.

를 건지려면 일등방문(一等方文)이 여기 계신데 이등방문(二等方文)이 어찌 머리를 들리오 하여 꾸짖으라 하시니라. 이 뒤에 안중근이 하얼빈에서 이등방문(伊藤博文)을 쏘아 죽이니라. -『대순전경』 4장 95절

증산은 병독에 걸린 인류를 구할 일등방문이 자신이라고 강조한다. 그런데 이 구절을 증산교인들은 이등방문과 같은 음을 가진 이토 히로부미(1841-1909)가 죽는 일로 해석한다. 증산 사후에 일어난 안중근(安重根, 1879-1910) 의사의 이등박문 암살사건을 증산이 생전에 행한 천지공사의 결과로 풀이하는 것이다.

천사 가라사대 천지개벽 시대에 어찌 전쟁이 없으리오 하시고 (…) 천사 가라사대 이 말세(末世)를 당하여 어찌 전쟁이 없으리오 뒷날 대전쟁이 일어나면 각기 재조(才操)를 자랑하여 재조가 일등(一等) 되는 나라가 상등국(上等國)이 되리라 하시니라. -『대순전경』 4장 44절

증산은 이 시대가 천지개벽 시대라고 규정하고 말세를 당하여 당연히 전쟁이 일어날 것이라고 주장했다. 증산교인들은 위의 인용문을 장차 있을 새로운 세계대전을 예언한 구절로 믿는다.

천사 매양 뱃소리를 하시거늘 종도들이 그 뜻을 묻자 조선을 장차 세계상등국(世界上等國)으로 만들려면 서양 신명을 불러와야 할지라. 이제 배에 실어오는 화물표(貨物標)를 따라서 넘어오게 되므로 그러하노라 하시니라. -『대순전경』 4장 168절

증산은 조선을 세계상등국으로 만들기 위해 천지공사를 행한다고 주장했다. 이를 위해 서양 신명을 불러와야 한다고 말한 증산은 배에 실어 오는 화물표를 따라 그 일이 가능하다고 주장하고 늘상 뱃노래를 불렀다고 한다.

(6) 맺음말

우선 증산의 예언은 세계 인식의 변화, 반상 질서의 혁파, 남녀 구별의 종식 등 당시의 시대상을 반영하고 있다는 점이 확인된다. 점차 변화되는 사회상에 따라 증산의 예언은 기존의 예언과는 달리 더욱 구체적으로 표현되는 것이다.

그리고 종교라는 특성상 증산의 예언이 풍부하다는 점이 확연하다. 기존의 예언이 일부 사건이나 지역 특성의 반영이라는 한계를 지녔다면 증산의 예언은 좀 더 세계관이 확대된 상태에서 제기되었다. 물론 증산교인들의 해석에 의한 것이지만 일본, 미국, 4대 강국 등 세계 각국의 힘겨루기, 남북 간의 전쟁, 3차 대전의 발발 가능성, 급속도로 전개될 질병의 언급 등이 그 예이다.

또 증산의 예언은 기존의 정감록적인 예언과 남조선신앙을 나름대로 극복하려 애쓴 점이 눈에 띈다. 새로운 진인의 출현, 새 왕조의 건설, 남쪽 조선에서 진인 출현 등의 예언에 일정 부분 영향을 받았지만 증산은 새로운 세계 질서 개편을 전제로 새 시대의 열림을 강조했다.

나 가 며

　조선왕조는 긴 역사만큼 다양한 예언과 예언서가 등장하여 '예언으로 본 조선사'가 가능할 정도였다. 각종 반란과 역모사건에는 으레 예언사상이 기반을 형성하고 있었으며, 동학 이후 한국 신종교의 형성과 전개에도 예언사상은 상당한 영향을 끼쳤다. 예언이라는 잣대로 조선사를 재구성한 이 연구서는 다음과 같은 몇 가지 결론을 도출할 수 있다.

　첫째, 조선시대에는 다양한 예언이 있었다.

　"태조가 꿈에 신인(神人)에게 금자〔金尺〕를 받았다.", "목자(木子)가 돼지를 타고 내려와서 다시 삼한(三韓)의 강토를 바로잡을 것이다.", "왕씨(王氏)가 멸망하고 이씨(李氏)가 일어난다.", "지리산 바위 속에서 나왔다는 비결에 을해생(乙亥生) 돼지띠이자 이씨인 이성계가 앞으로 삼한 땅을 다스릴 것이며, 배씨, 조씨, 세 명의 정씨 등이 그를 도울 것이라고 적혀 있었다.", "고려 왕실에서 은밀히 보관하던 비기에 이미 목자(木子) 즉 이씨(李氏)가 나타나 새로운 나라를 세울 것이 예언되어 있었고, 조선이라는 나라 이름까지 미리 정해져 있었다.", "신도(神都)에 도읍을 정하여 왕위(王位)를 8백 년이나 전한다.", "계룡산(鷄龍山)은 전읍(奠邑)이 도읍할 땅이다.", "이씨(李氏)가 나와 삼각산 남쪽에 도읍을 정할 것이다.", "조선이 한양(漢陽)에 도읍하면 8천 세(歲)의 국운을 이룰 것이다.", 태종대에 "승왕(僧王)이 나라를 세워 태평(太平)하게 될 것이다.", "이씨(李氏)의 사직(社稷)은 30년 기업(基業)뿐이다.", "인묘년에는 일을 알 수 있고, 진사년에는 성인이 나온다.〔寅卯事可知, 辰巳聖人出〕", "『도선참기(道詵讖記)』에 이르기를, '병정연간(丙丁年間)에 난폭한 왕(王)이 즉위(即位)하여 불법(佛法)을 다 멸한다.'고 했다.", "경인년 3월부터 바람과 비가 몹시 심해 악한 사람은 다 죽는다.", "도선(道詵)의 『참기(讖記)』에 이르기를, '10대를 전하여 국운이 다한다'라 했다.", "갑을(甲乙)에는 오히려 정하지 못하나 인묘(寅卯)에 일을 알 수 있고, 진사(辰巳)에 성인(聖人)이 나오며, 오미(午未)에는 마땅히 즐길 것을 즐긴다.", "목자(木子) 뒤에는 유(柳)가 계승을 한다.", "조씨가 왕이 된다.", "이씨가 망하고 정씨가 흥할 것이다.", "계룡산(鷄龍山) 개태사(開泰寺)터는 정씨(鄭氏)가 도읍할 곳이다.", "남쪽에서 이인(異人)이 나타날 것이다.", "월악산(月岳山) 아래가 도읍하기 좋다.", "국가가 앞으로 8-9개월을 넘기지 못할 것이다.", "이씨(李氏)를 이어 임금이 되는 자도 그 성이 이씨다.", "계룡산의 바위들이 흰색으로 변하고, 거친 갯벌에 배가 다닐 때에 새 임금이 등극할 것이다.", "초계(草溪)에 조수(潮水)가 들어오고 계룡(鷄龍)에 서울을 건립한다.", "허씨 신인이 등장할 것이다.", "이씨 왕조의 국운이 3백 년이다.", "성인이 남쪽에서 일어나게 되어 있다.", "오랑캐가 조선에게 망한다.", "조선은 정씨가 대신한다.", "한양의 역수(曆數)가 계년과 갑년 사이에 다할 것이다.", "석가의 운수가 다하고 미륵이 이 세상을 주관한다.", "한양(漢陽)은 장차 다하고, 전읍(奠邑)이 일어날 것이다.", "정성진인(鄭姓眞人)이 이미 해도중(海島中)에 나타났다.", "국가가 남인(南人)에서 종결된다.", "정도령(鄭都令)이 출현할 것이다.", "왜인(倭人) 같지만 왜인이 아닌 것이 남쪽에서 올라오는데 산도 아니고 물도 아닌 궁궁(弓弓)이 이롭다.", "조선은 산천(山川)과 천문(天文)과 지리(地理)가 모두 셋으로 갈라질 징조가 있는데, 임자년에 사변이 있어서 도적이 일어나며, 그 뒤에 마땅히 셋으로 갈라졌다가 다시 합쳐서 하나로 되며, 셋으로 갈라진다는 성씨는 정가(鄭哥), 유가(劉哥), 김가(金哥)이지만, 필경에는 정가가 마땅히 합하여 하나로 만든다.", "바다 가운데에 진인(眞人)이 있다.", "성세(聖世)에 인천과 부평 사이에 밤에 배 일천 척을 댄다.", "세상을 구할 성인(聖人)이 태어날 것이다.", "조선의 운수가 40년이 남았다.", "장차 여러 해 동안 전쟁과 화재가 있을 것이며, 나라가 셋으로 쪼개진다.", "해도(海島)에서 정씨가 반드시 나올 것이다.", "남조선(南朝鮮)이 장차 우리나라를 침공할 것이니 이재궁궁(利在弓弓)하다.", "이하전(李夏銓)이 제주도에서 사사(賜死)된 후에 그가 죽지 않고 남조선(南朝鮮) 홍의도(紅衣島)에 숨어있다.", "임진년에는 이로움이 송송(松松)에 있고, 병자년에는 이로움이 가가(家家)에 있고, 갑진년에는 이로움이 궁궁(弓弓)에 있으리라. 궁궁이란 낙반고사유(落盤高四乳)다.", "현재 나라의 운수를 살펴보니 장차 북쪽으로는 청나라의 침공이 있을 것이고, 남쪽에는 6명의 정씨가 출현하여 온 나라가 삼분사열(三分四裂)될 것이다.", "홍씨(洪氏)가 임금이 될 것이다.", "전국이 삼분오열될 것이다.", "방부마각(方夫馬角)은 금년을 가리키는 말인데, 반드시 병란이 일어날 것이다.", "전내(奠乃)가 조산(鳥山)에 내려온다.", "금년에 미성이 출현하면 사람이 많이 상할 운이 올 것이다.", "서울과 지방에 반드시 괴질이 발생할 것이다.", "무극대도(無極大道)가 출현할 것이다.", "십이제국에 괴질운수(怪疾運數)가 올 것이고, 다시 개벽될 것이다.", "오만년(五萬年) 무극대도(無極大道)가 나타날 것이다.", "나라의 운수를 새로 감당할 인물이 남조선이나 계룡산 등지에 숨어있다.", "조선왕조의 수명이 803년이다.", "천지가 개벽(開闢)되어 불로장생(不老長生)의 선경(仙境)이 열릴 것이다.", "다섯 신선이 바둑을 두는 형국에 맞추어 조선을 중심으로 4대 강국들이 전쟁을 치르면서 힘을 겨루는 형국으로 세계정세가 전개되리라.", "병겁이 온 세상을 엄습(掩襲)하여 인류를 전멸케 할 것이다.", "모든 원한이 풀어 없어지는 해원시대(解寃時代)가 전개될 것이다." 등 많은 예언이 조선시대에 제기되었다.

둘째, 조선시대에는 많은 비결서와 예언서가 있었다.

태조대의 『도선밀기(道詵密記)』, 도선(道詵)의 『유기(留記)』, 의상(義相)의 『산수비기(山水祕記)』, 『구변진단지도(九變震檀之圖)』, 도선의 『비밀서기(秘密書記)』, 『도선한도참기(道詵漢都讖記)』, 『도선참기(道詵讖記)』, 무학(無學)이 지은 『도참기(圖讖

記)』, 도선(道詵)의 『비기(祕記)』, 『산수비기(山水祕記)』, 『비기대총(秘記大摠)』, 『도선비기(道詵秘記)』, 『나옹비기』, 『남사고비결(南師古秘訣)』, 『요람(要覽)』, 『역년기(歷年記)』, 『정감록(鄭鑑錄)』, 남사고의 『십승기(十勝記)』, 한글로 된 『정감록』〔諺書鄭鑑錄〕, 『정감록비기(鄭鑑錄秘記)』, 『진정비결(眞淨秘訣)』, 『국조편년(國祚編年)』, 『옥룡자비기(玉龍子秘記)』, 『관서비기(關西秘記)』, 『동방삭비결(東方朔秘訣)』, 『한세량비기(韓世良秘記)』, 『지공대사비기(指空大師秘記)』, 『이토정비기(李土亭秘記)』, 『묵당비기(黙堂秘記)』, 『격암비기(格庵秘記)』, 『신명비기(信明秘記)』, 『도선비기(道詵秘記)』, 『두사충비기(杜思忠秘記)』, 『지공대사산수비기(指空大師山水秘記)』, 『청구비결(靑丘秘訣)』, 『삼한산수비기(三韓山水秘記)』, 『지공비기(指空秘記)』, 『고결(高訣)』, 『고산자비기(古山子秘記)』, 『사주편년(四柱編年)』, 『상주신도록(尙州新都錄)』, 『소학산비기(巢鶴山秘記)』, 『무학비결(無學秘訣)』, 『감록(堪錄)』, 『이순풍비기(李淳風秘記)』, 『예조난지(藝祖亂之)』, 겸암(謙庵) 유운룡(柳雲龍)의 비결 등의 예언서가 조선시대에 등장한다.

물론 현전하는 『정감록』을 제외한 거의 대부분의 예언서의 내용은 매우 단편적인 기록으로 역사에 나타나거나 그 이름만 전해질 뿐이다. 그러나 수많은 예언서의 이름이 전해지는 만큼 다양한 예언서가 역사상 존재했던 사실은 분명하다.

셋째, 조선시대의 예언은 인물 중심의 예언이었다.

"고려 왕실에서 은밀히 보관하던 비기에 이미 목자(木子) 즉 이씨(李氏)가 나타나 새로운 나라를 세울 것이 예언되어 있었다.", "왕씨가 멸망하고 이씨가 건국한다.", "목자득국(木子得國)", "십팔자(十八子)", "목자(木子)가 삼한(三韓)을 다시 바로잡을 것이다.", "삼전삼읍(三奠三邑)이 응당 삼한(三韓)을 멸하리라.", "'이씨(李氏)의 30년 기업(基業)이 끝난 뒤에 다른 이씨가 나온다.", "목자(木子) 뒤에는 유(柳)가 계승을 한다.", "조씨가 왕이 될 것이다.", "이씨를 대신하여 정씨가 왕이 될 것이다.", "남쪽에서 이인(異人)이 나타날 것이다." 등의 예언이 이전 시대인 고려시대가 도읍터를 정하거나 도읍지의 우수성을 강조하는 지리 중심의 예언을 중심으로 제기된 반면 새롭게 왕위를 차지할 인물의 성씨를 중심으로 제시되었다. 즉 고려시대가 풍수지리적 예언으로 일관한 반면 조선시대에는 새 왕조를 건설할 인물이 누구냐를 중심으로 예언사상이 전개되었다.

넷째, 조선시대의 예언은 진인출현설이 중심이었다.

진인출현설은 해도에서 새 인물이 기병할 것이라는 해도기병설과 진인이 남쪽 조선에서 출현할 것이라는 이른바 남조선신앙과 같은 맥락으로 전개되었다.

인조 6년(1628) 송광유사건, 인조 9년(1631) 권대진사건, 숙종 8년(1682) 노계신사건, 숙종 13년(1687) 양우철사건, 숙종 14년(1688) 여환사건, 숙종 20년(1694) 함이완사건, 영조 4년(1728) 무신난의 정도령출현설, 영조 24년(1748) 이지서사건, 정조 9년(1785) 유태수사건, 순조 1년(1801) 강이천사건, 순조 13년(1813) 백태진사건, 순조 19년(1819) 김재묵사건, 순조 26년(1826) 정상채사건, 순조 32년(1832) 신사화사건, 철종 2년(1851) 유흥렴사건 등을 포함하여 정씨 진인출현설이 제기되는 진인출현설도 모두 "새로 진인이 출현하여 새 세상을 건설할 것이다."는 주장으로 제시되었다. 이는 조선시대의 예언이 인물 중심이었다는 결론을 방증하는 구체적인 예이다.

다섯째, 진인출현설은 정씨 진인 출현이 핵심이었다.

정여립사건의 "정씨가 새로운 왕조를 세워 계룡산에 도읍을 정한다."를 필두로 인조 9년 권대진사건, 숙종 17년 차충걸사건, 숙종 20년 함이완사건, 숙종 23년 이영창사건, 영조 4년(1728) 무신난의 정도령출현설, 정조 9년(1785) 이율사건, 정조 9년(1785) 유태수사건, 정조 11년(1787) 김동익사건, 순조 11년(1811) 홍경래사건, 순조 26년(1826) 정상채사건, 철종 2년(1851) 유흥렴사건, 고종 6년(1869) 이필제의 진천사건, 고종 7년(1870) 이필제의 진주사건, 고종 8년(1871) 이필제의 영해사건, 고종 8년(1871) 이필제의 조령사건, 고종 5년(1868) 정덕기사건, 고종 30년(1893) 동학의 오태원사건, 고종 31년(1894) 동학농민혁명 등에서 정씨 진인출현설이 제기되었다. 정씨 진인 이외에도 유씨, 조씨, 이씨,

허씨, 홍씨가 새 왕조의 주인인 진인으로 내세워지기도 했지만, 조선시대에는 정씨 진인이 출세할 것이라는 예언이 중점적으로 제시되었다.

여섯째, 조선시대의 대표적 예언서인『정감록』의 형성 과정과 출현 시기를 확정할 수 있다.

영조 15년(1739) 6월에 평안도 지역에서 국경을 넘은 자들인 이빈 등을 심문하는 과정에서『정감록』이라는 책명이 처음으로 언급되었다. 책 이름이 역사의 무대에 등장하는 사실에서 그 직전 시기에『정감록』이 일부 형성되었을 가능성이 매우 높다. 따라서『정감록』의 출현은 이 시기로 확정할 수 있다. 물론 현전하는『정감록』의 온전한 내용이 이 시기에 전부 완성되었을 수는 없다. 다양한 예언이나 비결이 훨씬 후대에 집대성되었을 것이다.

영조 15년에『정감록』이라는 예언서가 나타난 이후 각종 역모사건에서 이른바『정감록』의 일부 내용이나 단편적 기록이 나온다. 정조 6년(1782) 문인방사건 때부터『정감록』은 본격적으로 역사에 등장한다. 한글로 적힌『정감록』이 있었다는 주장도 제기되었다. 현전하는『정감록』의 일부 내용은 영조 15년 이전에도 편린이나마 언급된다는 점에서도『정감록』이 특정한 시기에 특정한 인물이 작성한 예언서가 아닐 것이라는 사실이 확인된다. 많은 예언이나 비결이 집대성된 형태로『정감록』이 세간에 널리 알려지고 필사본이 유통되다가 후대에 이르러 조선을 대표하는 예언서로 인정되는 것이다.

일곱째, 조선시대의 예언사상은 변란모의에 주로 이용되었다. 역모와 변혁의 이념으로 제시되었고 새 왕조 건설이 목표였다.

기존 질서를 부정하고 새로운 질서를 표방하는 예언의 특성상 반체제적 성향의 각종 반란사건과 역모에는 항상 예언사상이 일정하게 기반을 구축하고 있다. 본론에서 살펴본 여러 사건에는『정감록』류의 예언과 비결이 늘 제기된다. 새로운 인물이 태어나 조선을 대신할 새 왕조를 이룩할 것이라는 예언은 조선시대 전체를 걸쳐 끊임없이 나타났다. 좌절되고 실패했지만 그럴수록 더욱 다양한 형태의 새로운 예언을 토대로 삼아 반란과 역모는 모의되고 실행되었다. 그릇되고 어긋난 예언은 없다. 잘못 해석되고 실현 시기가 늦춰졌을 뿐이다.

여덟째, 조선시대의 예언 유포자는 다양한 계층의 인물들이었다.

조선 초기에는 왕족이나 조정의 대신들도 예언에 대해 언급하였다. 후대에 이르면 중앙정권에서 소외되거나 배제되어 유배된 인물이나 유랑지식인으로서 체제에 비판적이고 저항적 성향을 지닌 인물들이 예언을 유포하였다. 흔히 몰락 양반 또는 잔반(殘班)이라고 불리던 인물들이 적극적으로 예언을 퍼뜨렸다. 그리고 정치지향적이고 권력지향적이며 엽관적(獵官的) 성향이 강했던 부자들, 서당의 훈장이나 의원으로 전문화된 학문적 소양을 갖춘 인물들, 학식과 일정한 경제적 능력을 지닌 승려 집단도 예언의 유포에 다수 참여했다. 또한 점술가, 관상가, 지관(地官) 등 특정한 능력을 지닌 것으로 추정되는 인물들도 예언의 유포에 적극적으로 가담했으며, 각종 부역과 세금도 내지 않고 떠돌아다니는 비승비속(非僧非俗)의 무리로 지목되었던 거사(居士)들도 동참했다.

아홉째, 조선시대의 예언은 후기로 갈수록 점차 종교 영역으로 흡수되었다.

동학 이후 한국 신종교의 전개 과정에 조선시대의 예언사상은 많은 영향을 미쳤다. 특히 증산교의 창시자인 증산 강일순은 수많은 예언을 제시하였다. 동학은 진인출현설에 심취한 흔적이 역력하지만 증산교는 증산이 바로 진인이라는 입장에서 여러 예언을 남겼다. 그리고 증산은 정감록에 일부 영향을 받았지만 일정하게 비판했으며 특히 남조선신앙에 대해서는 새로운 해석을 시도하였다. 이제 예언은 반란과 역모에 이용되었던 과정을 거쳐 종교적 교리의 형태로 정착하게 된다.